**Hugo Rokyta
Die Böhmischen Länder**

Handbuch der Denkmäler und Gedenkstätten
europäischer Kulturbeziehungen
in den Böhmischen Ländern

Hugo Rokyta
Die Böhmischen Länder

Handbuch der Denkmäler
und Gedenkstätten
europäischer Kulturbeziehungen
in den Böhmischen Ländern

Zweite überarbeitete und erweiterte Auflage

VITALIS
Buchverlag Prag

»Gott war guter Laune: Geizen
ist doch wohl nicht seine Art;
und er lächelte: da ward
Böhmen, reich an tausend Reizen«

Rainer Maria Rilke, *Larenopfer* (1896)

»Noch ist der Name Boihaemi erhalten und deutet hin
auf die alte Geschichte des Landes,
wenngleich die Bewohner gewechselt haben.«

Cornelius Tacitus, *Germania* (Kap. 28)

»Herr, bewahre weit und breit
Alle unsre Saaten,
Laß in Fülle das Getreid'
Goldig uns geraten,
Laß durch Brand und Menschenneid
Kein Dach Schaden nehmen
Und erhalt' in Ewigkeit
alle treuen Böhmen!«

Franz Ladislaus Čelakovský, *Widerhall tschechischer Lieder*

Inhaltsverzeichnis

Zum Geleit
11

Vorwort
13

Textteil
15

Ortsregister
311

Namensregister
327

Hinweise für die Leser

Aufgrund des enzyklopädischen Charakters des vorliegenden Werkes konnte auf eine durchgehende Illustration verzichtet werden. Der dritte Band des Handbuches der Böhmischen Länder »Mähren und Schlesien« enthält dennoch eine 64seitige fotografische Bildbeilage, in der ausgewählte Denkmäler – mit besonderer Bedeutung für die dargestellten Kulturbeziehungen – stellvertretend für den reichen Bestand an Kunst- und Kulturschätzen in der Tschechischen Republik gezeigt sind. Als Verweis befinden sich hinter den entsprechenden Orten die Nummern der Abbildungen in Klammern.

Der dritte Band schließt mit einem auf das gesamte Handbuch bezogenen Nachwort des Verfassers und einer Auswahlbibliographie.

In den Bänden »Böhmen« und »Mähren und Schlesien« befinden sich im Anschluß an die Haupttiteleinträge Anmerkungen zu kulturgeschichtlich bedeutenden Orten in der jeweiligen näheren Umgebung.

Alle im Text auftauchenden Übersetzungen aus dem Tschechischen ins Deutsche stammen, soweit nicht anders vermerkt, vom Verfasser.

Zum Geleit

Böhmen und Oberösterreich: Gemeinsame Geschichte
Oberösterreich verbindet mit der Tschechischen Republik im allgemeinen und Böhmen im besonderen eine Reihe von Beziehungen und eine lange gemeinsame Geschichte mit vielfältigen Traditionen im Kernland Europas.

Trotz jahrzehntelanger getrennter Wege nach dem Zweiten Weltkrieg sind die wirtschaftlichen Verflechtungen heutzutage enger und umfassender als jemals zuvor. War es vor Jahrhunderten in erster Linie das „weiße Gold", das Salz, das seinen Weg in den Norden auf goldenen Steigen und später mittels Pferdeeisenbahnen genommen hat, so sind die verkehrstechnischen Verbindungen heute viel besser ausgebaut.

Zwischen Böhmen und Oberösterreich gab es seit jeher einen großzügigen Austausch an Ideen, aber auch an Menschen: Künstler, Lehrer, Beamte, auch Priester nahmen den Weg über den Böhmerwald auf sich. Das gemeinsame Erbe, die geistige Verbundenheit hat in vielerlei Hinsicht seinen Niederschlag gefunden, zuvorderst jedoch in Kunst und Kultur.

Inbegriff der kulturellen Verbindung Böhmens und Oberösterreichs ist Adalbert Stifter. Seine Heimat ist der Böhmerwald beiderseits der Grenze, einer Grenze, die vor wenigen Jahren ihren trennenden Charakter ein für allemal verloren hat. Heute ist der Böhmerwald/Šumava Teil einer Euregio (zusammen mit dem Bayerischen Wald), die das Länderübergreifende in den Vordergrund stellt und sich Neuem ebenso wie der Revitalisierung von Altbewährtem, etwa dem grenzüberschreitenden Schwarzenbergschen Schwemmkanal oder der Pferdeeisenbahn, verschrieben hat. Dieses Erbe gilt es zu sichern.

Der geistigen Bewahrung von Kulturgut, von Denkmälern und Gedenkstätten, ist auch dieses Handbuch von Hugo Rokyta gewidmet, das seinen Beitrag leistet zur Vergegenwärtigung der ineinander verwobenen Geschichte zweier Länder im Herzen des Erdteiles.

        Dr. Josef Pühringer
        Landeshauptmann
        von Oberösterreich

Vorwort

Österreich und die böhmischen Länder, die heutige Tschechische Republik, verbindet eine über Jahrhunderte währende wirtschaftliche und kulturelle Tradition, die nur durch die Kriegswirren und durch die kommunistische Machtergreifung für einige Jahrzehnte unterbrochen war. Durch die Öffnung der Grenze ist die wirtschaftliche und kulturelle Zusammenarbeit wieder möglich und wünschenswert geworden. Nun geht es darum, diese starken traditionellen, emotionellen und kulturellen Verbindungen auszubauen. Als Honorarkonsul der Tschechischen Republik verstehe ich mich daher als Vermittler und Promotor zur Intensivierung nicht nur wirtschaftlicher, sondern auch kultureller und wissenschaftlicher Beziehungen.

Die ersten Schritte sind getan. Besonders mit Böhmisch Krumau und Budweis, aber auch mit der Hauptstadt Prag, gibt es bereits einen regen kulturellen Austausch. Kulturveranstaltungen in Böhmen gehören heute bereits wieder zur liebgewordenen Tradition vieler Oberösterreicher.

Das Buch des Denkmalpflegers Prof. Hugo Rokyta über Böhmen, seine Geschichte und Denkmäler wird dazu beitragen, das gegenseitige Interesse und das Verständnis zwischen unseren beiden Ländern zu vertiefen. Der Verfasser zahlreicher literaturwissenschaftlicher und kunsthistorischer Schriften führt uns in seinem Buch durch die reiche Geschichte Böhmens, zeigt dabei die vielfältigen Beziehungen zu Oberösterreich auf und gibt uns zum Teil unbekannte Hinweise auf die deutsch-tschechisch-jüdische Vergangenheit der einstigen böhmischen Kronländer. Die Wirkungen dieses Buches über Böhmen auf den Leser sind vorauszusehen: Es wird ihn ermuntern, sich noch mehr als bisher mit unseren böhmischen Nachbarn zu befassen.

Dr. Ludwig Scharinger
Honorarkonsul der Tschechischen Republik in Linz,
Generaldirektor der Raiffeisenlandesbank Oberösterreich

ADRŠPACH (Adersbach)
Bezirk: Náchod

Renaissanceschloß, 1577–1580 an der Stelle einer älteren Feste, Umbau im Jahre 1825.

1790 besuchte Goethe die Felsenstadt von Adersbach und Weckelsdorf (Teplice). Am 30. August hat er von Braunau (Broumov) kommend im Gasthaus »Zur Felsenstadt« Quartier bezogen. An seinen Aufenthalt erinnert ein Relief Goethes von Emil Schwantner im Museum in Braunau.

»Mehr interessiert ihn, was er über die vor kurzem zugänglich gemachten Felsenstädte von Adersbach und Weckelsdorf vernahm, die auf der böhmischen Seite lagen. Dorthin reitet er nun – via Reichenstein, Braunau, Hauptmannsdorf, Dittersbach und Bodisch – und trifft am 30. August, 5 Uhr nachmittags, im Gasthaus »Zur Felsenstadt« ein, wo er übernachtet. Die ›Tag- und Jahreshefte‹ vermerken diesen »bedeutenden Gebirgs- und Landritt«, der ihn »mit Erfahrungen und Begriffen bereichert«. Am 1. September ist er wieder in Breslau.«
        Johannes Urzidil, *Goethe in Böhmen*

Auch Kaiser Joseph II. erwähnt die Felsen von Adersbach in seinem Tagebuch.

Während ihrer Reise durch Böhmen besuchte die Schriftstellerin Elisa von der Recke in Begleitung ihrer Halbschwester, der Herzogin Dorothea von Kurland, und ihrer Nichte, der Herzogin von Sagan, auch den Adersbacher Felsen. Sie beschreibt diesen Ausflug in ihrem Tagebuch:

»d. 3. Oct. Abends nach 11. Der Prälat von Grüssau, [jetzt Hrusow, Polnisch Schlesien – gemeint ist der Abt des Benediktinerklosters. Anm. d. Verf.] gab meiner Schwester seine Equipage zur Fahrt nach Adersbach. Er hatte dort für die ganze Gesellschaft die Küche besorgen lassen und seinem Verwalter den Befehl gegeben, uns durch die labyrinthischen Felsengänge als Führer zu begleiten. Der Weg bis dahin führt durch eine wilde, aber nicht romantische Gegend. Die Felsenwand vor Adersbach hat Ähnlichkeit von der Teufelswand bei Blankenburg; nur ist sie kolossaler. Vor dem Eingange wurde einige Male eine Flinte abgeschossen, und ein vielfaches Echo wiederholte den Schall wie lautes Donnergetöse. Die labyrinthischen Felsenmassen sind mit einem Walde zu vergleichen, nur daß alle Bäume von einander Ähnlichkeit haben, hier aber jede Steingruppe oder jeder einzelne Sandfelsen eine andere phantastische Form hat. – Kanzel und Galgen stehen einander gegenüber, beide in hohen Riesengestalten, doch so geformt, daß wenn auch der Führer diese Felsen nicht so nennen würde, man ihnen keinen andern Namen geben könnte. Der umgekehrte Zuckerhut ist ein sonderbares Spiel der Natur. Nach dem Ausspruch eines Jägers hat dieser Felsen über 100 Fuß Höhe und ganz die Form eines umgekehrten Zuckerhutes, um die nach unten gekehrte Spitze ist ein kleines, rundes Wasserbassin, welches den Umfang der nach oben zugekehrten Breite zu haben scheint. Graf G. versuchte mit seinem Rohrstocke, wie tief der Boden sey; er erreichte ihn nicht und fand, daß dieser kolossale Stein im Wasser immer zugespitzter wurde. Umsinken oder vielleicht auch seine Nachbaren zerschmetternd niederstürzen wird dieser Felsen gewiß in einigen Jahren. [Er steht heute noch. Anm. d. Verf.] Ein kleines Flüsschen durchrauschte diese Felsenklüfte, deren lange schmale Gänge oft so hoch sind, daß man nur mit Mühe die Felsenspitzen und über diesen den blauen Himmel sieht. Bisweilen schimmerte durch die Spalte eines zerrissenen Felsens ein matter Lichtstrahl und erleuchtete die schauerlichen Felsengänge mit einem magischen Lichte. – Graues, weißes, röthliches und grünliches Moos bedeckte manche Felsenwand und manche Felsengruppe. – Beinahe zwei Stunden wurden wir durch dieses Felsenlabyrinth geführt.«
        Elisa von der Recke, *Tagebücher und Briefe aus ihren Wanderjahren, Bd II*

Am 6. September 1840 trat Bedřich Smetana mit einer Gesellschaft von Neustädter Bekannten einen größeren Landausflug zu den Adersbacher Felsen an.

Andělská Hora
(**Engelsberg,** früher auch **Engelhaus** oder **Engelshaus**)
Bezirk: Karlovy Vary (Karlsbad)

Malerisch gelegene Ruine, gotische Burganlage aus dem 14. Jh., seit 1713 Ruine auf 713 m hohem Klingsteinfelsen, »Böhmischer St. Michael« genannt. 1839 auf Veranlassung des Grafen H. Czernin als Ruine konserviert. Friedhofskapelle der Hl. Dreifaltigkeit (1692–1712) nach Plänen von G. B. Alliprandi erbaut. Zu Ende des 18. und Beginn des 19. Jhs. war Engelsberg ein beliebter Ausflugsort der Karlsbader Kurgäste.

»Das alte Schloß Engelshaus, wo man vorüberfährt liegt außergewöhnlich schön.«
August Graf Platen von Hallermünde, *Tagebuch, Bd I (1816)*

Seinen 37. Geburtstag, der zugleich der Tag vor dem Antritt seiner ersten Reise nach Italien war, den 28. August 1786, verbrachte Goethe mit dem Herzog Karl August, der Familie Herder und einigen Freunden in Engelsberg, das er auch später noch oft besuchte. Er lobte die geographische Lage von Engelsberg und hielt es in einer Zeichnung fest. Einige Stellen in Goethes Roman ›Die Wahlverwandtschaften‹ lassen Schlüsse auf die Umgebung von Engelsberg zu.

Der Karlsbader Buchhändler und Schriftsteller Heinrich Cuno (1796–1835) hat ein Theaterstück mit dem Titel ›Das Diadem oder die Ruinen von Engelhaus‹ geschrieben.

Am 16. September 1837 reiste der deutsche Naturforscher und Montanist Dr. Jacob Nöggerath, Universitätsprofessor in Bonn, zur Versammlung der deutschen Naturforscher und Ärzte nach Prag. Er schrieb über Engelhaus:

»Den 16. Sept. Morgens reisten wir von Karlsbad nach Prag. [...] Dann kamen wir nahe der Straße bei der schönen Burgruine Engelhaus vorbei, welche auf einem schroffen, kegelförmigen, oben abgeplatteten, aus dem Granit sich erhebenden Klingsteinfelsen liegt, und im eigentlichen Sinne ein lebendig malerisches Schauspiel darbietet, in dem sie mit den Wendungen der Straße fortwährend ihre Gestalt verändert. Es ist ein gesegneter Landstrich, den wir hier passierten. Viele Basaltberge erheben sich zu beiden Seiten der Landstrasse.«

Ausflug nach Böhmen und die Versammlung der deutschen Naturforscher und Ärzte in Prag im Jahre 1837. Neunter Brief.
Aus dem Leben und der Wissenschaft von Dr. Jacob Nöggerath.

Aš (Asch)
Bezirk: Cheb (Eger)

Das Ascher Ländchen kam zu Anfang des 14. Jhs. als Lehen zum Königreich Böhmen. Nach der Schlacht am Weißen Berg wurde die Gegenreformation hier nicht durchgeführt. Barocke evangelische Kirche (1747–1749), derzeit Ruine. Katholische Empire-Pfarrkirche St. Nikolaus (1820). Im Park vor der Ruine der abgebrannten evangelischen Kirche steht das Martin-Luther-Denkmal. Die einzige auf dem Staatsgebiet vorhandene Freiplastik des deutschen Reformators aus Schwarzguß auf einem marmornen Sockel von J. Rösner wurde von V. Ch. Lenz (Nürnberg) im Jahre 1883 im Abguß hergestellt.
Die Feier der Denkmalenthüllung fand am 10. November 1883 statt.

Am 30. Juni 1806 kam Goethe zum ersten Mal nach Asch und besuchte eine Theateraufführung von Kotzebues ›Die Hussiten vor Naumburg‹. Im Posthof zu Asch, wo er während seiner zahlreichen Aufenthalte zumeist übernachtete, traf Goethe auf der Durchreise nach Karlsbad am 28. August 1819, seinem 70. Geburtstag, ein. In einem Brief an Jakob von Willemer heißt es, daß er am »28ten bey schönem Wetter unter freyem Himmel auf dem Wege von Asch nach Carlsbad zubrachte«.

Im Jahre 1932 wurde der Goethe-Brunnen von J. Watzal auf dem Marktplatz enthüllt. Die Brunnenschale aus Granit wird von einer metallenen Goethe-Statue gekrönt. Die Statue stellt Goethe dar, der sich auf einen Stein stützt und eine Kristalldruse betrachtet. Am Sockel befinden sich Reliefs mit Szenen aus Goethes Werken ›Werther‹, ›Faust‹, ›Hermann und Dorothea‹ sowie das Ascher Stadtwappen. Inschrift (dt.):

»Goethe weilte in Asch in den Jahren 1806, 1811, 1819, 1820, 1821, 1822, 1823«

Robert Schumanns Freundin Ernestine von Fricken stammte aus Asch. Die Buchstaben dieses Stadtnamens A-S-C-H geistern, ins Musikalische transponiert, mit ihrem »sehr schmerzvollen Klang« als »lettres dansantes« durch sein op. 9 ›Carneval – Scènes mignonnes pour quatre notes‹. Das »Mädchen mit dem Madonnen-Haupt« inspirierte sein Allegro op. 8. Das Thema A-S-C-H findet sich außerdem in den op. 99 und 124.

Im Alter von 19 Jahren verlebte im Juli 1863 der damalige Schüler des Gymnasiums zu Schulpforta Friedrich Nietzsche (1844–1900) auf einer Ferienwanderung zwei Tage in Asch im Kreise der Familie seines Verwandten, des Hauptschuldirektors Georg Stöss (Rathausplatz Nr. 45). Nietzsche nahm am 19. Juli 1863 an einem Turnfest anläßlich der Weihe einer Turnerfahne teil und beteiligte sich auch mit seinen jugendlichen Verwandten am Festzug. Seiner Base Laura Stöss, später verehelichte Schmidt, schrieb Nietzsche Verse in das Stammbuch, die unter dem Titel ›Heimweh‹ in der Sammlung ›Gedichte und Sprüche‹ enthalten sind:

»Das milde Abendläuten
Hallt über das Feld;
Das will mir recht bedeuten,
Daß doch auf dieser Welt
Heimath und Heimathsglück
Wohl keiner je gefunden -
Der Erde kaum entwunden,
Kehrn wir zur Erde zurück.
Wenn so die Glocken hallen
Geht es mir durch den Sinn,
Daß wir noch alle wallen
zur ewigen Heimath hin.
Glücklich wer alle Zeit
Der Erde sich entringet
Und Heimathslieder singet
Von jeder Seligkeit.
Ein junger, Ihnen erst zwei Tage lang bekannter Vetter wagt es,
Sie zu bitten, bei Lesung dieser Zeilen sich seiner zu erinnern.
F. W. Nietzsche.«

Im Jahre 1802 fand in Asch der erste Streik der Textilarbeiter statt.
Im Jahre 1864 erfolgte hier die erste Gründung einer sozialdemokratischen Organisation in Böhmen und Österreich als Zweigstelle des »Allgemeinen deutschen Arbeitervereins«.
Der deutsche sozialdemokratische Politiker Karl Liebknecht (1871–1919) sprach am 7. August 1911 im ehemaligen Arbeiterheim (Lidový dům, jetzt Kulturní dům, Skřivánčí ulice, früher Lerchengasse 38/947) bei einer Arbeiterversammlung.

Goethestein (Goethův kámen): Dieser Stein liegt an der Straße von Asch nach Haslau. Goethe bemerkte den Stein erstmals am 8. September 1804 auf der Rückreise von Karlsbad nach Weimar. In seinem Tagebuch heißt es:
»Vorwaltendes Quarzgestein auf der nächsten Höhe und weithin. Schöner Quarzfelsen am Eingange eines Waldes neben der Chaussee.«
Josef Sebastian Grüner (1780–1846), Goethes unermüdlicher Begleiter auf dessen westböhmischen Reisen und Streifzügen, hat den Goethestein beschrieben:
»Vor der Waldung, welche Himmelreich heißt, liegt an der Chaussee ein großes Stück Quarzfels, auf welchem Goethe, von Weimar zur Kursaison kommend, stets sich niederließ und sich an der schönen Aussicht labte. Auf der Anhöhe rechts (von Eger aus gesehen) zieht sich eine lange Kette Quarzfels nordwärts in schönen Gruppierungen hin, welche gezeichnet, dem Geognosten um so willkommener sein würden, da sie einzig in ihrer Art sein dürften.«

BECHYNĚ (Bechin)
Bezirk: Tábor

Auf einem Burgflecken erbaute vermutlich um 1270 Přemysl Ottokar II. eine frühgotische Burg, die später umgebaut und zu Ende des 15. und Anfang des 16. Jhs. erweitert wurde. Hinzu kam ab 1575 ein Neubau unter dem Geschlecht der Rosenberg. Heute stellt das Schloß einen Komplex von geschichtlich denkwürdigen Bauten dar und dient der Akademie der Wissenschaften als Erholungsheim für Wissenschaftler. Auf Schloß Bechyně wird das Reliquiar des Hl. Mauritius aufbewahrt. Auf dem Areal der einstigen Vorburg entstand eine Siedlung, die in der 1. Hälfte des 14. Jhs. zur Stadt erhoben wurde.
Reste spätgotischer Befestigungen sind erhalten geblieben. Die spätgotische Kirche Mariä Himmelfahrt vom Ende des 15. Jhs. beim Franziskanerkloster, im Jahre 1491 anstelle eines Minoritenklosters erbaut, das in den Hussitenkriegen zerstört wurde, besitzt hervorragende Architektur und Diamantgewölbe.

Zu Goethes unzertrennlichen Begleitern und Vertrauten auf seinen Wanderungen in der Umgebung von Karlsbad, denen gegenüber er das selten gewährte »Du« gebrauchte, gehörte Johann Baptist Graf von Paar auf Bechyně (1780 - 1839), Flügeladjutant des Siegers von Leipzig, Carl Fürst zu Schwarzenberg, ein vielseitig gelehrter Mann, besonders auf dem Gebiet der Naturwissenschaften. Goethe widmete ihm seine Schrift ›Zur Kenntnis der böhmischen Gebirge‹ mit einem Widmungsgedicht vom 18. August 1818, ›Der Berge denke gern, auch der Gesteine‹. Paar schenkte Goethe eine Vestalin aus Bronze. Das literarische Porträt des Grafen ist in Mörikes Novelle ›Mozart auf der Reise nach Prag‹ eingegangen.

Am Stadtplatz von Bechyně steht das Geburtshaus (Nr. 10) des Komponisten und Geigers Václav (Wenzel) Pichl (1741 – 1805 Wien). Pichl war längere Zeit in Mailand als Musikdirektor am Hofe des Erzherzog Ferdinand tätig. Von 1796 an war er als Violinvirtuose am Burgtheater in Wien. Er hat insgesamt an die 700 Kompositionen hinterlassen. Sein Manuskript vom Wirken der böhmischen Musiker in Italien fiel in Mailand den Flammen zum Opfer. Pichl hat den Text von Mozarts ›Zauberflöte‹ ins Tschechische übersetzt. Karl Ditters von Dittersdorf schrieb oft über Pichl. Der schlesische Musikhistoriker K. Čeleda erwähnt, Pichl habe die erste Premiere Myslivečeks in der Mailänder Scala dirigiert und sei der Lehrer Paganinis gewesen. An dem Haus befindet sich eine Gedenktafel für den Komponisten Václav Pichl. Inschrift (tsch.):

»Hier wurde am 15. September 1741 der Komponist Václav Pichl geboren.«

Bechyně ist auch der Geburtsort des Malers »idealer Landschaften« Karel Postl (* 1769 † 1818 Prag), Schüler der Wiener Akademie.

Bechyně ist mit Tábor durch die älteste elektrische Bahn auf dem Staatsgebiet verbunden, die nach einem Projekt von František Křižík (1847–1941) im Jahre 1904 erbaut wurde und bis heute in Betrieb ist.

Albrechtice nad Vltavou (Albrechtitz): Romanische Kirche St. Peter und Paul vom Ende des 12. Jhs., vermutlich von der Bauhütte in Milevsko (Mühlhausen) mit zeitgenössischen Wandmalereien. Der Friedhof wurde seit dem 19. Jh. in den Formen ländlicher Frömmigkeit gestaltet. Auf dem Friedhof befinden sich 160 halbkreisförmige Arkaden, die eine Chronik des Ortes bilden.

Milevsko (Mühlhausen): Im Jahre 1184 stiftete Georg von Milevsko ein Prämonstratenserkloster, das von Želiv (Seelau) besiedelt wurde. Die Klosterkirche Mariä Himmelfahrt ist eine romanische Basilika vom Ende des 12. Jhs., umgebaut um 1250. Gebäude des Klosterareals aus romanischer, gotischer und barocker Zeit. Das Kloster ging 1575 unter. Im Jahre 1622 wurde es mit der Herrschaft Milevsko vom Prämonstratenserkloster Strahov erworben. Der erste Abt von Milevsko war der Chronist Jarloch (Gerlach) (1165–1228). In der Nähe des Klosters steht die Friedhofskirche St. Ägidius (ursprünglich Pfarrkirche vom Ende des 12. Jhs.), von der nur der Turm erhalten ist, Schiff und Presbyterium im Jahre 1390 umgebaut (Meister Jan und Staněk).

BENÁTKY NAD JIZEROU (Benatek an der Iser)
Bezirk: Mladá Boleslav (Jungbunzlau)

Renaissanceschloß, später barockisiert (um 1650). Im Jahre 1647 verlieh Kaiser Ferdinand III. die Herrschaft Benátky an den kaiserlichen General Jan van Werth (2 Porträts im Schloßmuseum). Schloßkirche, ehemalige Klosterkirche Mariä Geburt, erbaut 1349, oft umgebaut, Sanktuarium aus dem 14. Jh.

Auf Schloß Benátky lebte von August 1599 bis Juni 1600 der dänische Astronom Tycho Brahe (1546–1601) und führte im Auftrag Kaiser Rudolfs II. astronomische Messungen durch. Hier traf er zum ersten Mal mit seinem späteren Mitarbeiter Johannes Kepler (1571–1630) zusammen. Im Schloßmuseum befindet sich ein Gedenkraum für Tycho Brahe und Johannes Kepler mit astronomischen Instrumenten aus Tycho Brahes Besitz.

Seit dem Ende des Dreißigjährigen Krieges lebte der kaiserliche General Jan van Werth (* 6. 4. 1591 Linnich Brabant) auf dem ihm vom Kaiser geschenkten Schloß. Er starb hier am 16. 9. 1652. Seine sterblichen Überreste befinden sich in der Schloßkirche Mariä Geburt.

Benátky ist der Heimatort der Musikerfamilie Benda, deren Mitglieder an deutschen Fürstenhöfen bedeutende Stellungen erlangten. Anstelle des im Jahre 1937 abgerissenen Stammhauses der Familie befindet sich eine Gedenktafel am Neubau (Benátky II., früher Staré Benátky, Lyská ulice Nr. 44) mit der Inschrift (tsch.):

> »Hier wurden 1709 Franz Benda († 1786), 1712 Georg Benda († 1795), Komponisten geboren«.

Ein Modell des Bendaner Hauses befand sich in der Sammlung des Schloßmuseums.

Georg Anton Benda (1712–1795), Komponist und Musikdirektor am herzoglichen Hof von Gotha, ist der Begründer des neuzeitlichen Melodrams als musikalischer Kunstform. Am 27. Januar 1775 brachte Benda in Gotha das Melodram ›Ariadne auf Naxos‹, am 1. Mai desselben Jahres in Leipzig ›Medea‹ zur Aufführung. Im Jahre 1779 komponierte Benda ein Melodram auf Rousseaus Pygmaliongestalt, den antiken Bildhauer, der ein Bildwerk der Galathea schuf, welches von der Göttin Aphrodite zum Leben erweckt wurde.

In Benátky im alten Schulgebäude (Nr. 65) wurde am 22. Juli 1900 der tschechische Historiker Dr. Zdeněk Kalista als Sohn des Schuldirektors geboren. Kalista war Schüler von Josef Pekař. Als Dichter und Übersetzer reiht er sich ein in die avantgardistische literarische Generation von J. Wolker und V. Nezval.

> **Dražice:** Ruine einer gotischen Burg, begründet um die Mitte des 13. Jhs., umgebaut vom Prager Bischof Jan IV. von Dražic nach der Rückkehr aus Avignon unter Mitarbeit von französischen Architekten. St. Martinskirche aus dem Jahre 1340 mit Resten von Wandmalereien aus der 2. Hälfte des 14. Jhs.
>
> **Bon Repos:** Eine Gruppe von Schlößchen, 1718 erbaut vom Theatergrafen Franz Anton Sporck (1662–1738), der sich hier dem ritterlichen und waidgerechten Spiel des Vogelfangs widmete. Auf Schloß Bonrepos bei Lysá nad Labem (Lissa an der Elbe) lebte die Romanschriftstellerin Ossip Schubin (bürgerlicher Name: Lola Kirschner) (1854–1934). Sie stand unter dem Einfluß Turgenjews und schrieb Gesellschaftsromane aus der Décadence im Milieu des Adels und der Künstlerboheme.

BENEŠOV (Beneschau)
Bezirksstadt

> Ruine der von den Hussiten zerstörten Minoritenkirche, Reste aus dem dritten Drittel des 14. Jhs. Pfarrkirche St. Nikolaus aus dem 13. Jh., umgebaut. Barocke Kirche St. Anna am Stadtplatz (Piaristen, später Jesuiten). In der Kirche St. Anna befindet sich die Ordensgruft der Piaristen. Auf dem Friedhof steht ein Mausoleum für die Soldaten der Sowjetischen Armee (1945).

Im Rathaus von Beneschau fand im Jahre 1448 eine Zusammenkunft zwischen König Georg von Poděbrad und Aeneas Sylvius, dem päpstlichen Legaten und späteren Papst, Pius II. statt.

Beneschau war im alten Österreich als Garnisonsstadt bekannt, die durch die Anwesenheit des Besitzers des nahen Schlosses Konopiště (Konopischt), des Thronfolgers Erzherzog Franz Ferdinand von Österreich-Este besonders in den Vordergrund trat. In Beneschau befand sich ein in den Ländern der alten Monarchie weithin bekanntes Armee-Theater. Der Bahnhof der Stadt besitzt aus der Zeit des Esteschen Besitzes auf Konopischt einen Hof-Wartesaal.

Am Sterbehaus des vaterländischen Archäologen Karel Vladislav Zapp (1812–1871) befindet sich eine Gedenktafel.

In Beneschau steht das Geburtshaus des Begründers der tschechischen Anthropologischen Schule MUDr. u. RNDr. h.c. Jindřich Matiega (* 31. 3. 1862 † 4. 8. 1941).

In Beneschau starb am 29. Mai 1935 der tschechische Komponist Dr. h.c. Josef Šulc, seit 1898 Schwiegersohn von Antonín Dvořák.

Am 24. April 1936 starb in Beneschau der Schriftsteller, Regisseur und Filmautor Emil Artur Longen (bürgerlicher Name: E. A. Pittermann) (* 29. 7. 1885 Pardubitz).

Mit seiner Ehefrau, der Schauspielerin Xena Longenová, gehörte er zum Freundeskreis von Egon Erwin Kisch und Jaroslav Hašek, dem Autor des Romans ›Der brave Soldat Schwejk‹.

Chvojen: St. Jakobskirche, spätromanisch, aus dem 13. Jh., mit großem Westwerk, gotischen Wandmalereien und Plastiken aus dem Alpenraum, hierher versetzt vom Grundherrn Franz Ferdinand von Österreich-Este.

Poříčí nad Sázavou (Porschitz an der Sázava): Romanische Tribünenkirche St. Peter vom Ende des 11. Jhs. Romanische Kirche St. Gallus aus der Zeit um 1200 mit reichem plastischem Schmuck, im 18. Jh. von Lazarus Widmann und Daniel Pilat ausgeschmückt.

Jemniště (Jemnitscht): Barockschloß (1724–1752), vermutlich von Franz M. Kaňka erbaut, Deckengemälde von Václav Vavřinec Reiner und Felix Anton Scheffler. Der große Festsaal besitzt eine Darstellung der Versammlung der Götter des Olymp von Scheffler, der auch Autor der Deckenmalerei in der Schloßkapelle St. Joseph war. Museum des Kreises unter dem Berg Blaník.

Václavice: Die Landgemeinde Václavice bei Benešov ist der Geburtsort des Oberrabbiners von Böhmen und Mähren Dr. Richard Feder (1875–1970). Piaristenschüler in Prag, Orientalist und hebräischer Philologe, seit 1953 Professor, Autor eines Lehrbuches der hebräischen Sprache. Feder war 30 Jahre lang Rabbiner in Kolín, wo er auch an der Handelsakademie unterrichtete. Er überlebte das Ghetto von Theresienstadt mit wenigen Glaubensangehörigen. Feder ist Autor eines Memoirenwerkes mit Schilderungen des Familienlebens der tschechischen Landjuden. Dort berichtet er über den einstigen katholischen Pfarrer von Václavice Pater Roman Voříšek (1821–1893), tschechischer Übersetzer von Adalbert Stifters ›Hochwald‹:

»Damals war Pater Roman Voříšek Pfarrer. Der Herr Pfarrer kam zum Religionsunterricht in die Schule und bei seinem Unterricht blieb auch ich in der Schule, was ihm keineswegs mißfiel. Von ihm erfuhr ich die Kunde über die Schöpfung der Welt und über die Patriarchen, über Joseph, Moses und die Propheten. Und dabei sprach er von den Israeliten mit großer Hochachtung. Sehr traulich sprach er von der Jugend Jesu und den Personen, mit denen Jesus verkehrte. Er erzählte, daß Jesus verheißen hatte, daß er sterben werde, um durch seinen Tod die Seelen aus dem Fegefeuer zu befreien, die nicht in den Himmel aufgenommen werden konnten, weil sie von der furchtbaren Erbsünde betroffen waren. Und dann schilderte er das Gericht über Jesus und seine Kreuzigung, und da sprach er von den Juden, die für ewig für die große Verfehlung büßen mußten, derer sie schuldig geworden, als sie den Sohn Gottes kreuzigen ließen. Als ich dies vernommen hatte, begann ich zum erstenmal über Religion nachzudenken und sagte mir, daß die Lehre des Herrn Pfarrer ganz unrichtig war, denn wenn es Gottes Wille war, daß Jesus am Kreuze sterbe und durch seinen Tod Tausenden von Gerechten die Tore des Himmels öffne, die auf ihre Befreiung aus dem Fegefeuer durch lange Jahrhunderte gewartet hatten, dann handelten die Juden doch ganz nach dem Willen Gottes, und dann hat niemand ein Recht, ihnen diese Tat vorzuwerfen, die sie nach dem Willen Gottes ausführen mußten. Als ich mich in dieser Angelegenheit dem Vater anvertraute, riet er mir, mit niemandem darüber zu sprechen. [...] Wir liebten und lieben das tschechische Volk, in dessen Mitte wir aufgewachsen waren, und wenn ich soviel an meinen Heimatort Václavice denke, dann darum, weil es mir von Kindheit an ans Herz gewachsen war und ich es darum liebhaben muß. Und überall hatten uns die Menschen aufrichtig lieb, sofern sie nicht von jemandem gegen uns aufgehetzt wurden. Ich könnte aus meiner Rabbiner-Praxis darüber viel erzählen. Ich war bei Begräbnissen von Landjuden zugegen, bei denen der Pfarrer die Glocken in dem Augenblick läuten ließ, in dem sie aus dem Dorfe nach dem weit entfernten jüdischen Friedhof geleitet wurden. Ich war bei vielen Begräbnissen auf den Dörfern, zu denen tschechische Menschen von Nah und Fern sich eingefunden hatten, um den jüdischen Nachbarn zu ehren.«

BEROUN (Beraun)
Bezirksstadt

Lateinisch »Verona Bohemica«, königliche und ehemalige Kreis-, jetzt Bezirksstadt, gegründet um 1265 anstelle der Siedlung Brod (Furt). Zwei noch erhaltene Tortürme, das Prager und das Pilsner Tor. Beachtliche Reste der Stadtbefestigung (um 1300) sind erhalten geblieben. St. Jakobskirche, vom Ende des 13. Jhs., oft umgebaut. Mehrere Bürgerhäuser (Südseite). Kriegsdenkmal von K. Opatrný. Smetana-Denkmal von V. Žvec (1934). An der Hauptstraße nach Pilsen Pseudorenaissance-Palais Duslovský von A. Wiehl.

Josef Jungmann (1773–1847) besuchte die damalige deutsche Hauptschule und später als Externist das Piaristengymnasium (Plzeňská 16/31) in Beraun.

Beraun ist der Geburtsort des tschechischen Sprachwissenschaftlers und Polyglotten L. Šercl, der 45 Sprachen beherrschte (* 1843 † 1906 Ljubljana/Laibach).

In der Nähe des alten Bräuhauses befindet sich das Geburtshaus (Pivovarská 9/104) des Mitbegründers der tschechischen Stenographie PhDr. Alois Herout (* 17. 11. 1860). Dort wurde eine Bronzegedenktafel mit Porträtplastik angebracht.

Auf dem städtischen Friedhof befindet sich ein monumentales gußeisernes Friedhofskreuz, welches von dem gebürtigen Berauner Stadtdechanten und Chronisten Josef Antonín Seydl (1775–1837) gestiftet wurde.

Auf dem Friedhof befindet sich das Grab des tschechischen Dirigenten Václav Talich (1883–1961), Direktor der Philharmonie und des Nationaltheaters. Die Büste schuf der akademische Bildhauer Karel Otáhal (1940).

Králův Dvůr (Königshof): Mittelalterlicher königlicher Hof, an dessen Stelle nun ein Schlößchen steht. Hier starb im Jahre 1253 König Wenzel I., im Jahre 1394 wurde König Wenzel IV. hier auf dem Schloß von den böhmischen Herren in Gefangenschaft gehalten.

Popovice, bei Králův Dvůr: Geburtsort des tschechischen Malers und Professors der Prager Kunstakademie Jan Preisler (* 18. 2. 1872 † 27. 4. 1918), Sohn eines Eisengießers der Hütte in Königshof. Er war einer der bedeutendsten Männer seiner Generation.

Počaply (Potschapel): Barocke Dorfkirche erbaut von K. I. Dienzenhofer. Auf dem Friedhof befindet sich das Ehrengrab des tschechischen Malers Jan Preisler mit einer Büste von Otokar Španiel.

Žebrák: Städtchen an der Fernstraße nach Pilsen. In der 2. Hälfte des 13. Jhs. Marktort, im 14. Jh. befestigte Stadt. Barocke St. Laurentiuskirche, umgebaut 1780. Geburtsort des tschechischen Romantikers Šebestian Hněvkovský, Autor eines Faust-Epos. Gedenktafel am Geburtshaus. Im örtlichen Museum befindet sich ein Gedenkraum des Schriftstellers Šebestian Hněvkovský (1770–1847) und der Brüder Jan und Vojtěch Nejedlý sowie des Dichters Jaromír Erben (1811–1870). Auf dem Ortsfriedhof sind reiche figurale Grabplastik in Eisenguß in den Stilformen der Neugotik zu besichtigen. Gräber der nationalen Wiedererwecker Vojtěch und Jan Nejedlý. Über der Stadt frühgotische Burganlage, erbaut um 1280, später erweitert, seit 1336 im Besitz der böhmischen Könige. Im Jahre 1351 starb hier der erstgeborene Sohn Karls IV. Seit dem Brand im Jahre 1532, dem der hier anwesende König Ferdinand I. mit Mühe entging, ist die Burg nur noch eine Ruine. Gegenüber liegt die Ruine Točník, einstmals königliche Burg Wenzels IV.

Kublov: Geburtsort des tschechischen Komponisten Josef Leopold Zvonař (1824–1856), Vertreter des musikalischen Biedermeier, Direktor der Sophienakademie, Chordirektor, später Fachlehrer für Gesang an der Höheren Mädchenschule der Stadt Prag. Zvonař vertonte Gedichte der tschechischen Romantiker (Čelakovský, Chmelenský, Pick). Im Jahre 1858 reiste er über Salzburg, Bayern und Tirol nach Italien. Reisebeschreibungen dieser Italienfahrt veröffentlichte er in der Zeitung ›Pražské noviny‹ im Jahre 1858. Gedenktafel am Geburtshaus (Nr. 10) und Denkmal im Park vor dem Schulgebäude (Lyra mit dem Namenszug unter einem gußeisernen Baldachin in den Formen romantischer Neugotik.), errichtet am 24. 9. 1871.

Mýto (Mauth): Landstädtchen an der Fernstraße nach Pilsen. Kirche St. Johann d. T., ursprüngl. gotisch, barockisiert, Reste von Wandmalereien aus der 2. Hälfte des 15. Jhs., im Jahre 1944 restauriert von J. Jelínek. Auf dem Hügel vor der Stadt in Richtung Beraun gotische Friedhofskirche St. Stephan, spätgotische Wandmalereien, gotische St. Stephansstatue (Holz vom Ende des 15. Jhs.), St. Annenbild auf Holz (1. Hälfte des 16. Jhs.). Mauth ist der Geburtsort des Neuhistorikers, Schriftstellers und Juristen August Wilhelm Ambros (* 16. 11. 1816), Autor einer Geschichte der Musik und einer Geschichte des Prager St. Veitsdoms. Herausgeber politischer Schriften.

Suchomasty: Schloß mit Kapelle Maria Schnee. Geburtsort von František Cajthaml (Pseudonym: V. L. Liberté), bedeutende Figur der Arbeiterbewegung. Am Geburtshaus Nr. 81 wurde eine Gedenktafel angebracht. Inschrift (tsch.):
»In diesem Hause wurde am 30.3.1868 der Arbeiterschriftsteller
František Cajthaml-Liberté geboren. 1968.«
50 m vom Geburtshaus entfernt steht sein Denkmal aus Sliwenetzer Marmor. Inschrift:
»František Cajthamel-Liberté 1868 – 1936.«
Cajthamel-Liberté war Redakteur des ›Severočeský deník‹ in Teplitz, Herausgeber eines Liederbuches für Arbeiter, das 1891 konfisziert wurde, er schrieb eine Abhandlung über Johannes Hus und trat gegen die deutschnationalen Forderungen nach Abtretung Deutschböhmens auf. Er gab nordböhmische Sagen und biographische Arbeiten über Deutsche in der Arbeiterbewegung heraus. Cajthamel-Liberté starb 1936 in Bystřany bei Teplitz, wurde jedoch in seinem Heimatort Suchomasty bestattet.

Zdice: Von Herzog Břetislav I. in den Jahren 1034–1039 gegründet. Barocke Kirche am Pfarrhaus (Vorlová ulice).

BEZDĚKOV (Bezdiekau)
Bezirk: Klatovy (Klattau)

Anstelle einer gotischen Feste das heutige Schloß, umgebaut 1855
nach Plänen des Prager Architekten V. J. Ullmann

Auf Schloß Bezděkov bei Klattau lebte bis zu seinem Tod der deutschsprachige Romanschriftsteller Christian Heinrich Spiess (1755–1799), Schauspieler und Theaterdichter in Prag, seit 1788 Gesellschafter des Grafen Künigl.

Spiess gilt als ältester österreichischer Autor in Böhmen, der als Verfasser von Ritter-, Gauner- und Gespensterromanen zu einem Ahnherrn der europäischen Abenteuerliteratur geworden ist. Er ist auf dem örtlichen Friedhof begraben. – Grabinschrift:

»Am 17. August 1799 starb der Romancier Christian Heinrich Spiess
als Inspektor in Bezděkov«

In der Nähe befindet sich die in rohen Stein gehauene Reliefplastik des Dichters (Spiessova skála – Spiess-Felsen). Spiess hat regen Anteil an der tschechischen Wiedergeburt genommen.

Der tschechische Germanist Ernst (Arnošt) Kraus (1859–1951) hat eine Biographie über Christian Heinrich Spiess verfaßt. (›Der Vater des Schauerromanes‹. Beilage zur ›Bohemia‹ Prag, 1889, Nr. 262.)

BEZDRUŽICE (Weseritz)
Bezirk: Tachov (Tachau)

Ursprünglich gotische Burg, nur noch als Ruine erhalten, beim Schloßbau
erweitert, im Jahre 1770 spätbarocker Umbau.

Weseritz ist der Geburtsort des böhmischen Standesherren Kryštov Harant von Polžice und Bezdružice. Er gehört zu jenen aufständischen Herren Böhmens, die im Jahre 1621 am Altstädter Ring hingerichtet wurden.

Auf dem Friedhof von Weseritz befindet sich das Grab des Vaters von Johannes Urzidil. Das Schicksal des Staatsbahn-Oberinspektors Josef Urzidil (1854–1927) hat sein Sohn, der Jüngste aus dem Kreis der Prager Dichterschule, in dem Buch ›Die verlorene Geliebte‹ beschrieben. Dieses Werk ist eine Apotheose an die Landschaft, in der er seine Jugend verbracht hat:

»Als er in den Ruhestand trat, zogen die Alten aufs Land in einen kleinen Ort – er hieß Weseritz – zwei Wegstunden nur von des Vaters waldumhegtem Geburtsplatz. Also, da war er nun angelangt, trat den Boden der Kindheit wieder, roch den Duft der eingeborenen Landschaft, sprach mit den Leuten in der Sprache seiner Jugend.«

Johannes Urzidil, *Die verlorene Geliebte*

Schloß und Stadt Weseritz sind Schauplatz der Handlung des Romans ›Ein Schloß in Böhmen‹ von Bruno Brehm, der die charakteristische Atmosphäre nationalpolitischer Auseinandersetzungen an der einstigen Sprachgrenze schildert.

BLATNO (Platten)
Bezirk: Chomutov (Komotau)

Barocke St. Michaelskirche (1782), Interieur renoviert im Jahre 1892, Hochaltar aus dem Jahr 1775. Schloßruine, im 14. Jh. im Besitz des Deutschen Ritterordens, später der Geschlechter Lobkowicz und Buquoy.

Im Jahre 1773 gründete der Förster Johann Ehremvert auf dem Jagdschloß Platten bei Komotau im Erzgebirge auf damals gräflich Rottenhahnschen Dominium Rotenhaus (Červený Hrádek) die erste Forstschule auf dem Gebiet des Habsburgischen Staatsverbandes. Der Gründer dieser Schule unterrichtete selbst. Bis 1791 verließen jährlich 20 bis 30 Absolventen diese Anstalt. Im Jahre 1779 besuchte Kaiser Joseph II. die Schule und belohnte den Gründer mit einem Betrag von 100 Dukaten.

In Platten bei Komotau im Erzgebirge starb im Jahre 1825 Pater Hahn, bekannt durch seine Schwänke, Eulenspiegeleien und Zauberkunststücke – ein provinzieller »Faust« im geistlichen Gewand. Bei guter Laune soll Pater Hahn im Gasthaus allerlei Kunststücke aufgeführt haben:

> »Er ließ aus der Ofenröhre ein ganzes Regiment Soldaten herausmarschieren, aber auch den Teufel, so daß allen die Haare zu Berge standen.«
> *Sagen aus dem Sudetengau. Ausgewählt und neu erzählt von Gustav Jungbauer*

BOHOSUDOV (Mariaschein)
Jetzt Ortsteil der Stadt Krupka (Graupen)
Bezirk: Teplice (Teplitz)

Große barocke Wallfahrtskirche der Schmerzensreichen Mutter Gottes, die nach Überlieferung auf dem Schlachtfeld der Hussiten gegen ein Kreuzheer im Jahre 1426 steht (Abb. 87). Ambiten mit einem Kranz von Kapellen und einem Brunnenhaus. Die Wallfahrtskirche wurde von Jesuiten 1702–1708 erbaut (Architekten Giulio und Octavio Broggio aus Leitmeritz).

Johann Gottfried Seume berichtete über das wohlschmeckende Wasser von Mariaschein. Goethe schreibt über Mariaschein:

> »Mariaschein würde ganz vermodern, wenn nicht der fromme Sinn einiger Gläubiger die Türen manchmal wieder lüftete. Näher betrachtet ist dieser Wallfahrtsort mit großer Weisheit angelegt.«

Im böhmisch-österreichischen Bildungsleben war das Jesuitengymnasium von Mariaschein bis lange nach dem Ersten Weltkrieg bekannt. Viele bedeutende Lehrer fanden hier ihre Wirkungsstätte, so zum Beispiel Ferdinand Kindermann:

> »1779 ernannte Maria Theresia Ferdinand Kindermann Ritter von Schulstein Oberaufseher des Normalschulwesens im Königreich Böheim k.k. Schulrath Capitulardechant der Collegiatkirche und königlichen Landcapelle bei allen Heiligen ob dem Prager Schloße infulierter Abt und Prälat zu im Königreiche Ungarn [...] zum Probst und Obervorsteher der Wallfahrtskirche Maria Schein bei Teplitz.«
> Joseph Alexander Freiherr von Helfert,
> *Die Gründung der österreichischen Volksschule durch Maria Theresia*

Berühmte Schüler des Mariascheiner Gymnasiums waren: Ambros Opitz (1846–1907), Priester, Politiker und Journalist, Josef Nadler, österreichischer Germanist und Universitätsprofessor und Karl Hilgenreiner, Prälat, Universitätsprofessor und Politiker.

Die Seminare und theologischen Lehranstalten in Mariaschein waren vermöge ihrer weitgehenden Unvoreingenommenheit Stätten der Begegnung für die Kandidaten des priesterlichen Berufes. Erfahrungsgemäß haben mehr tschechische Priester die deutsche Sprache erlernt als deutsche die tschechische. Die Quintessenz dieser Erfahrung bekundet in seinen Lebenserinnerungen ein mehr als betont nationaler deutscher Priester, der langjährige deutsche christlich-soziale Senator, Theologieprofessor und zeitweilige Rektor der Deutschen Universität in Prag Dr. Karl Hilgenreiner, ein ehemaliger Seminarist von Mariaschein:

»Ein eigenes Kapitel war der Tschechischunterricht. Wir mußten ihn alle besuchen, aber die Note zählte für den Fortgang nicht. Hier stand der Eifer unserer Lehrer im grellen Gegensatz zu dem Fleiße der Schüler, wir wollten leider nicht Tschechisch lernen. Was hat sich doch unser guter Pater Mühe gegeben, um uns seine Muttersprache beizubringen. Mit seiner hohen Stimme hat er uns oft und oft vorgeklagt, daß wir es einmal bitter bereuen würden, Tschechisch nicht gelernt zu haben. Er hat leider recht bekommen. Gar mancher von uns hat später im Leben nachlernen müssen. Es lag eben damals in der Luft, daß man andere Sprachen gerne, Tschechisch aber nicht lernen wollte. Und man fühlte sich als nationaler Held, während man ein törichter Faulpelz war.«

Archiv für Kirchengeschichte von Böhmen – Mähren – Schlesien

Mittels Breve des Papstes Pius XI. vom 6. Juni 1924 wurde zum bevorstehenden 500-jährigen Jubiläum des Wallfahrtsortes im Jahre 1925 die Marienkirche zur päpstlichen Basilika Minor erhoben. Das Gnadenbild der Schmerzhaften Mutter Gottes wurde am 13. September 1925 vom Prager Erzbischof Dr. František Kordáč, der als päpstlicher Legat agierte, in Gegenwart von 50.000 Pilgern unter dem Titel ›Königin des Glaubens‹ gekrönt.

An großen Festtagen erregten die aus der Lausitz kommenden Prozessionen der katholischen Sorben aufgrund der malerischen Trachten ihrer Frauen und Mädchen große Bewunderung.

BOROTÍN U TÁBORA (Borotin bei Tábor)
Bezirk: Tábor

Burgruine aus der 1. Hälfte des 14. Jhs., noch im 16. Jh. durch Zubauten erweitert.
Gotische Kirche Christi Himmelfahrt.

Die malerisch gelegene Burgruine nördlich von Tábor gehörte einem Zweig der Herren von Landstein mit dem Prädikat von Borotín aus der Versippung der südböhmischen Wittigonen.

Alle Burgen und Schlösser, die sich einmal in Rosenbergischem Besitz befanden, beanspruchen für sich den Mythos der »Weißen Frau«. Deshalb wird auch auf Burg Borotín diese Sage angesiedelt.

Vítek Borotín soll hier bereits 1366 die Burganlage und eine Kirche erbaut haben. Von Žižka zeitweise belagert, wurde die Burg im Jahre 1434 von den Taboriten zerstört.

Franz Grillparzer verwandte die auf Schloß Borotín angesiedelte Sage der Berta als Vorlage für seine ›Ahnfrau‹. Unter dem Eindruck der im Jahre 1824 von J. V. Špot ins Tschechische übersetzten ›Ahnfrau‹, von Franz Grillparzer ›Pramáti‹ benannt, hat der tschechische Byronist und Lyriker Karel Hynek Mácha (1810–1836) die Ruine Borotín im Jahre 1829 im Zeichen eines romantischen Burgenkultes besucht.

Sudoměřice: Bei Sudoměřice besiegten die Hussiten ein zahlenmäßig überlegenes königlich-ständisches Heer. An der Stelle steht ein Standbild des hussitischen Feldhauptmannes auf einem Postament aus unbehauenen Steinblöcken.

Mladá Vožice (Jungwoschitz): Barockschloß, um 1735 erbaut. In der Bibliothek des Schloßes wurde bis 1960 eine Handschrift von bis dahin unbekannten Dramen Calderóns aufbewahrt, welche im Auftrag von Maria Josefa Gräfin Harrach (1663–1741), die mit dem böhmischen Standesherrn Johann Josef Graf Kuenburg verehelicht war, in Spanien abgeschrieben worden waren. Geburtsort des tschechischen Burgenhistoriographen August Sedláček (1843–1926), Autor eines Monumentalwerks über die böhmischen Burgen, Schlösser und Festen. Gedenktafel am Geburtshaus (Náměstí 190).

BOŽÍ DAR (Gottesgab, früher Wintersgrün)
Bezirk: Karlovy Vary (Karlsbad)

Höchstgelegene Stadt Böhmens und der ehemaligen Österreichisch-Ungarischen Monarchie, an den Quellen des Schwarzbaches (Černý potok) auf einer Hochfläche des Erzgebirges, 4 km von Keilberg (Klínovec) entfernt, 1275 m hoch gelegen. Im Jahre 1546 königliche Bergstadt. In der Zeit von 1459 – 1547 war der Ort sächsisch und hieß Wintersgrün. Grenzstadt zur Bundesrepublik Deutschland. St. Annenkirche, 1593 erbaut, 1772 in barocken Stilformen wiederaufgebaut. Rathaus (1844–1845). Hotel »Zelený dům« (»Grünes Haus«), in Holzkonstruktion, alte Grenzschenke (Nr. 46).

Zu den bedeutendsten Gästen des »Grünen Hauses« zählt Martin Luther, an dessen Aufenthalt eine Gedenktafel im Vestibül erinnert. Inschrift (dt.):

»Anno Domini 1542 In der Herbergsschänke im Grünen Haus hat geruhet und sich gelabet an Speiß und Tranck vom lang wandern ermattet auf dem Weg zu Johannes Mathesius von Wittenberge gegen Sanct Joachimsthal im Jahre Christi MDXXXII der große deutsche Reformator Doctor Martin Luther.«

Über dem Kamin im Vestibül des »Grünen Hauses« erinnert eine Keramik in Gestalt eines Brotlaibes an die Nahrungsnot im Dreißigjährigen Krieg und an den Ortsnamen »Gottesgab« mit folgender Inschrift (tsch.):

»Dieser Brotlaib, Gottesgab, kostete im Dreißigjährigen Krieg fünf Gulden«

Außerdem befindet sich dort ein ländliches Historienbild mit deutscher Inschrift, das an den Besuch des Kurfürsten Johann Friedrich in Gottesgab, dem damaligen Wintersgrün, im Jahre 1529 erinnert.

Gottesgab ist der Geburtsort des Prager Weihbischofs Franz Wilhelm Tittmann, der hier von 1816–1817 auch Pfarrer war. Als Prager Weihbischof hat er an dem ersten Vatikanischen Konzil (1869–1870) teilgenommen. 1840–1841 stiftete er der Stadt ein Wai-

senhaus. Die Stadt Gottesgab ließ dort ein Denkmal in Form eines schwarzen Granitobelisken mit dem bischöflichen Wappen setzen, mit folgender Inschrift:
>»Dem edlen Wohltäter und Menschenfreunde Stifter des hießigen Armen Hauses Franz Wilhelm Tittmann.«

Auf dem Bergfriedhof befindet sich das Grab des deutschböhmischen Dichters Anton Günther (1876 –1937). Auf dem Grabmonument befindet sich eine Bildnisplakette. Inschrift (dt.):
>»Dichter, Sänger Anton Günther Gottesgab 1877 – 1937«

In unmittelbarer Nachbarschaft befindet sich das Massengrab der Opfer des Hungermarsches aus dem Konzentrationslager Dachau.

BRANDÝS NAD ORLICÍ (Brandeis an der Adler)
Bezirk: Ústí nad Orlicí (Wildenschwert)

>Kirche Christi Himmelfahrt anstelle einer gotischen Kirche, erweitert 1677, neu erbaut von F. Jedlička (1778–1787). Barockschloß aus der Mitte des 17. Jhs., pseudobarocker Umbau von A. Dlabač (1914). Burgruine aus dem 13. Jh., oft umgebaut. Am Schulgebäude eine Statue des J. A. Komenský (J. Drahoňovský) aus dem Jahre 1915. Komenský-Denkmal von K. Svoboda (1865) am Waldrand »pod Klopoty«. Reste des Versammlungsorakels der Brüdergemeinde (1559). »Na Loukoti«, Grabstein aus der Žerotín-Gruft (1622).

Seit 1622 weilte Jan Amos Komenský in Brandeis bei dem mährischen Staatsmann Karl dem Älteren von Žerotín, seinem Gönner, als er genötigt war, Fulnek zu verlassen. Im Stadtarchiv befindet sich das Original seines Ehevertrages mit seiner zweiten Ehefrau Dorothea Cyrilová vom 3. September 1624.

In der Nähe der Stadt, nahe der Eisenbahnlinie Prag – Böhmisch Trübau in der Umgebung von Klopoty, am Flußlauf der Adler, steht ein zu Ehren Komenskýs im Jahre 1865 errichteter Obelisk. Er erinnert daran, daß hier eines der Hauptwerke Komenskýs, ›Das Labyrinth der Welt und das Paradies des Herzen‹ im Jahre 1622 entstand.

BRNÁ NAD LABEM (Birnai)
Bezirk: Ústí nad Labem (Aussig an der Elbe)

>Beliebtes Ausflugsziel, am rechten Elbeufer gelegen, 5 km von Schreckenstein entfernt. Thermalbad.
>In der Nähe des Ortes Felsenszenerien von alpinem Charakter.

Im Hotel »Srdičko«, früher »Herzig's Gasthof«, hat im Jahre 1897 Karl May seine Erzählung ›Weihnachten‹ beendet. Das Karl-May-Stübchen des Hotels wurde vom Prager Náprstek-Museum für fremdländische Ethnografie mit musealem Interieur aus dem Themenkreis der Helden in Karl Mays Werken ausgestattet. Karl-May-Museen befinden sich in Radebeul bei Dresden, in Bamberg und in Lübeck.

In der Pfingst-Beilage der Prager deutschen Zeitung ›Bohemia‹ vom 15. Mai 1910, Nr. 133, berichtete Egon Erwin Kisch in einem damals aufsehenerregenden Interview, einem Glanzstück journalistischer Technik, über seinen Besuch bei Karl May. Kisch bewahrte bei aller Skepsis Wohlwollen für den selbstbewußten, in seiner bürgerlichen Existenz und Maske problematischen Autor.

»In der Villa ›Shatterhand‹. Ein Interview mit Karl May
Er lebt in Radebeul. Es regnete, als ich hinkam. Aber das Unwetter konnte den entzückenden Eindruck dieser Villenstadt, derer es übrigens in der Umgebung Dresdens etliche gibt, keinen Abbruch tun. Auf den Zweigen, die aus den Gärten auf die Straße überhingen, glitzerten im Sonnenschein die Regentropfen in den Spektralfarben, die sauber geschnitzten Holzgitter, die auf beiden Seiten die Gassenfronten bilden, glänzten vom Regenwasser wie neu poliert und die guten Kieswege waren durchaus nicht kotig.

Drei Aufschriften bezeichnen die Maysche Villa. Auf ihrer Vorderfront, auf der sich hoch hinauf blaue Blütentrauben von Glyzinien ranken, steht der Name der Villa: ›Shatterhand‹. Und auf dem Eingangstor zwei kleine Messingschilder. ›May‹ steht auf dem einem. Das andere besagt, daß Fremden der Besuch nur nach vorhergehender Vereinbarung gestattet wird. [...] Nachdem ich einige Minuten mit Frau May gesprochen, kam Karl May selbst. Ein schöner alter Herr – er zählt nun schon 68 Jahre – mit grauem Haar, das lang über den Hals herunterfällt. Er hat ein wenig Embonpoint angesetzt, seitdem ich ihn in Prag vor zehn Jahren gesprochen, als er wegen seines Prager Prozesses gegen einen tschechischen Verleger hier geweilt hatte. Nichts in seinem Äussern deutet auf seine Heldenfahrten ins romantische Land.«

Dem Besuch von Egon Erwin Kisch in Radebeul war ein Schreiben von Karl May an den Prager Journalisten mit einer Einladung vorangegangen:

»Villa Shatterhand, Radebeul – Dresden den 6.5.1910.
Sehr geehrter Herr Redakteur!
Ich hoffe, bis Montag, den 9. d. M., von meinem Unwohlsein so weit hergestellt zu sein, daß ich Sie empfangen und Ihnen Auskunft geben kann. Ich stehe Ihnen an diesem Tage zur Verfügung. Wenn Sie in Dresden Hauptbahnhof eintreffen, geht auf demselben Geleis stündlich ein Zug nach Radebeul. Ich wohne sechs Minuten vom dortigen Bahnhof entfernt, Villa ›Shatterhand‹, Kirchstraße 5.

In vorzüglicher Hochachtung Ihr Karl May«

Egon Erwin Kisch, *Der rasende Reporter*

BROUMOV (Braunau)
Bezirk: Náchod

Monumentales Benediktinerkloster (Abb. 74), Klostergründung im Jahre 1322, Barockbau aus den Jahren 1728–1738 (K. Ign. Dienzenhofer), ursprünglich gotische Klosterkirche St. Adalbert, in den Jahren 1684–1694 von M. Allio barock umgebaut und reich ausgeschmückt. Mittelalterliche Lateinschule, später bekanntes Stiftsgymnasium, 1711 erbaut, der zweite Stock im Jahre 1869. Vor dem Gymnasium stand bis 1869 eine Loretokapelle. Das Kloster stand in Personalunion mit dem ältesten Männerkloster nach benediktinischer Regel Böhmens in Břevnov (Prag 6), dessen Äbte seit den Hussitenkriegen vorwiegend in Braunau residierten. Die gotische Pfarrkirche St. Peter und Paul aus dem Jahr 1265 wurde später umgebaut. Die aus dem Jahr 1449 stammende, mehrfach umgebaute hölzerne Friedhofskirche ist das älteste sakrale Holzbauwerk auf dem Staatsgebiet. Die St. Wenzelskirche (1729) ist ein Werk von K. Ign. Dienzenhofer. Mehrere beachtenswerte Renaissance-Häuser in der Stadtmitte.

Im Jahre 1618 ließ Abt Wolfgang Selender von Braunau einen von den Protestanten auf seiner Herrschaft begonnenen Kirchenbau an der Stelle der heutigen St. Wenzelskirche gewaltsam einstellen. Der Vorfall wird als eine der Ursachen des Böhmischen Aufstandes und des Ausbruchs des Dreißigjährigen Krieges gedeutet und führte zum Prager Fenstersturz 1618.

Der bedeutendste Abt in der Geschichte des Klosters Braunau war Stephan Rautenstrauch (1768–1786), der von Maria Theresia zwecks Reform des Theologiestudiums an den Wiener Hof berufen wurde. Der letzte deutsche Abt Dr. Dominikus Prokop (* 1890) verließ mit den deutschen Mönchen die Abtei nach 1945 und begründete in Rohr einen neuen Konvent.

Im Festsaal des alten Stiftsgymnasiums (jetzt ein Museum) befindet sich ein Goethe-Porträt (datiert 1865), einbezogen in die dekorative Deckenmalerei eines einheimischen Autors. Der Goethekult des Stiftsgymnasiums erinnert an Goethes Reise zu den Felsenstädten von Adersbach und Weckelsdorf, die er am 30. August 1790 über Braunau erreicht hat.

Ein Goetherelief von Emil Schwantner und ein Fragment der Gedenktafel von Weckelsdorf werden ebenfalls im Museum aufbewahrt.

Zu den Schülern der Lateinschule des Benediktinerklosters Braunau zählten der erste Erzbischof von Prag, Ernst von Pardubitz, und der gelehrte Böhmen-Historiograph Pater Bohuslav Balbín S. J.

Am späteren Stiftsgymnasium studierte der erste Bischof von Königgrätz und spätere Prager Erzbischof Ferdinand Sobek von Bilenberg (1618–1675), im 19. Jahrhundert studierten dort der spätere erste tschechoslowakische Finanzminister Dr. Alois Rašín (1866–1923) und der bedeutendste Vertreter des tschechischen Historienromans, Alois Jirásek (1851–1930).

Am Braunauer Stiftsgymnasium studierte auch der spätere Gymnasialprofessor am Prager deutschen Graben-Gymnasium Josef Seidl (1836–1888), gebürtig aus dem ostböhmischen Landstädtchen Červený Kostelec (Rothkostelez). Seidl ist der Held jener bekannten ›Meyeriade‹. Dieses letzte große Studenten-Ulk-Epos wurde von einem seiner Schüler, dem späteren Prager Philosophieprofessor Oskar Kraus, verfaßt. Das humorvolle Poem hieß ursprünglich ›Seidliade‹. Egon Erwin Kisch hat in seinem Band ›Prager Abenteuer‹ die Schicksale der einstigen Schüler des Jahrganges der ›Meyeriade‹ geschildert.

Der tschechische Schriftsteller Alois Jirásek, der von 1862 bis 1867 in Braunau zuerst ein Jahr die Hauptschule und dann das Untergymnasium besuchte, beschrieb in seinem Memoirenwerk ›Z mých pamětí‹ (1910) die Braunauer Klosterkirche:

»Der Klosterbau wirkte auf mich durch seine Ausdehnung und Mächtigkeit, die Klosterkirche durch ihren Reichtum und ihre Pracht. Ich erschauerte, als ich zum erstenmal in die Klosterkirche trat, zuerst in den mit Malereien geschmückten Vorraum, dann durch das schöne geschmiedete Gitter in die eigentliche Kirche, mit ihren hohen Wölbungen, der reichen Vergoldung, dem herrlichen Stuck, den Freskobildern in reicher Umrahmung, den Malereien auf der Decke, an den Wänden, den Altären links und rechts mit großen, schönen Bildern. Damals konnte ich noch nicht alles unterscheiden und bewerten, ich kannte nicht die Schöpfer dieser Kunstwerke, die mich umgaben, ich wußte nicht, daß ich an Werken von Brokoff vorbeigehe, daß die Gitter der Klosterfenster, die geschmiedeten Balkone, das Geländer im

Garten, das große Kirchengitter und die Gitter in den Toren Meisterwerke ihrer Art sind, daß die Bilder an den Seitenaltären der berühmte Laurenz Reiner gemalt hat. Aber braucht die Blume, um zu gefallen und zu erfreuen, Namen und botanische Bestimmung? Und so wirkte auf mich dieses Kunstwerk. Beim ersten Anblick erfüllte es mit Erstaunen, und dann hörte es nicht auf zu gefallen und den Blick an sich zu ziehen.

Besonderen Eindruck machten auf mich Reiners Bilder auf den Seitenaltären, unter ihnen ganz besonders die böhmischen Patrone, der Tod des Hl. Benedikt und die unvergeßliche ›Flucht aus Ägypten‹. Und nicht nur das Schöne allein war es, das den jungen Sinn fesselte; sicher wirkte auch der Umstand, daß in dieser Kirche so manches an die heimatliche Geschichte gemahnte: vor allem der Freskenzyklus über das Leben des Hl. Adalbert, die böhmischen Patrone, das »tschechische« Bild des Hl. Adalbert (von Lhota) am Hauptaltar und der angebliche Ornat des Hl. Adalbert, den wir nur einmal im Jahr zu sehen bekamen. [...] Auch der Klostergarten war für mich durch seine Ausgedehntheit, seine Terassenanlage, vor allem aber durch die Partien, in denen zu Würfel und Pyramiden zugeschnittene Bäume und Sträucher aus alter Zeit standen, etwas Neues.«

Jiráseks deutsche Lehrjahre (Sonderdruck aus der Zeitschrift *Ostböhmische Heimat*)

Ein Mitschüler Jiráseks war der Journalist und zeitweilige Redakteur der Prager deutschen Tageszeitung ›Bohemia‹ Oskar Teubner (1852–1901), späterer Chefredakteur der offiziellen ›Wiener Zeitung‹ und Schriftsteller. Bleibenden Wert behält seine dreibändige ›Geschichte des Prager Theaters‹. Seine ›Geschichte des Burgtheaters‹ blieb leider nur ein Torso.

Am Braunauer Stiftsgymnasium studierte auch der Sohn des örtlichen Notars Karl Eppinger (1853–1911), Herrenhausmitglied und Führer der einstigen deutschfortschrittlichen Partei in Böhmen.

Hvězda (Stern): Barocke zentrale Kapelle Unserer lieben Frau, der Morgenstern aus den Jahren 1732–1733, ein Werk von K. Ign. Dienzenhofer in berückender Naturszenerie auf einem felsigen Höhenrücken. Gaststätte, als Pilgerheim in den fünfziger Jahren des 19. Jhs. erbaut.
»Alljährlich fahre ich von Hronov auf den Stern. Von dort schaue ich hinunter auf das anmutige, von Bergen umgebene Braunauer Ländchen, auf Braunau mit seinem alten Kloster, auf Großdorf, auf Hauptmannsdorf, auf den einsamen Schlögelteich zwischen den Wäldern am Fuße des Gebirges, mir lieb und erinnerungsreich.«
Alois Jirásek, *Z mých pamětí*
Police nad Metují (Politz an der Mettau): Benediktinerkloster aus der der 1. Hälfte des 13. Jhs. von Kloster Břevnov (Prag 6), bis zu seiner Säkularisierung im Jahr 1785 demselben als Propstei unterstellt. Neubau aus den Jahren 1679–1773 unter Mitarbeit von K. Ign. Dienzenhofer. Klosterkirche Mariä Himmelfahrt, Frühgotik aus der 2. Hälfte des 13. Jhs. mit ursprünglichem Portal und Resten gotischer Wandmalereien aus der Zeit um 1300. Im ehemaligen Klostergebäude befindet sich das Museum, das den Namen des gebürtigen Politzer PhDr. Stanislav Brandejs trägt, Absolvent des Braunauer Stiftsgymnasiums, Germanist und Bohemist, Schüler von Arnošt Kraus an der Prager Tschechischen Karlsuniversität. Er publizierte ethnographische und literarhistorische Arbeiten, besonders über das Auslandstschechentum. Brandejs wandte sich der Diplomatie zu, war tschechoslowakischer Generalkonsul und gründlicher Kenner des tschechischen Volkstums in Wien.
Dobruška: Auf dem Friedhof von Dobruška befindet sich die Gruft der Familie Laichter, Besitzer eines bedeutenden Verlagshauses, erbaut von Jan Kotěra (1920).

BŘEZINA (Brzezina)
Bezirk: Rokycany (Rokitzan)

Gotische Burgruine vom Ende des 14. Jhs. im Schloßpark. Im Geiste des romantisch orientierten Denkmalkultes vom Grafen Kaspar Maria Sternberg nach 1800 restauriert. Wohnschloß nach Angaben seines Bauherrn Graf Kaspar Maria Sternberg in den Jahren 1790–1808 erbaut. Über dem Schloß befindet sich eine frühgeschichtliche Burganlage der Hallstatt-Latène-Epoche aus der Mitte des ersten Jahrtausends vor Christi Geburt, im 9. – 10. Jh. n. Chr. von Slawen benützt. Im Park steht eine mächtige Buche, Goethe zu Ehren »Goethe-Buche« benannt.

Schloß Březina war der Alters- und Musensitz seines Erbauers, des Grafen Kaspar Maria Sternberg (* 6. 1. 1761 Prag † 20. 12. 1838 Schloß Březina), Altersfreund Goethes, Schriftsteller und Präsident des »Vaterländischen Museums«.

Nach dem Eintreffen der Nachricht über den Sieg der Verbündeten bei Leipzig im Oktober 1813 über Napoleon veranstaltete Graf Kaspar Maria Sternberg ein Fest mit Illumination und Feuerwerk und gab einen Ball in der Ruine von Alt-Březina.

Goethe widmete seinem Gesinnungsfreund Sternberg einen Sechszeiler:

DEM GRAFEN STERNBERG (Ins Album)
Wer das seltne Glück erfahren,
Jugendkraft bei reifen Jahren,
Schöner stets wird ihm die Welt,
Schätze der Natur ergründen
Geist mit Element verbünden
Ist's, was ewig jung erhält.

Die säkulare Tat des böhmischen Standesherrn Sternberg für sein Heimatland war die Gründung und großzügige Dotierung des Nationalmuseums in Prag. Der Graf hatte in seiner Funktion als Regensburger Domherr zuerst daran gedacht, seine Sammlungen an der Stätte seiner langjährigen Wirksamkeit auszustellen.

Die zweite Lebenshälfte verbrachte Graf Kaspar Maria Sternberg in Böhmen und nahm an allen wissenschaftlichen Bestrebungen seines Heimatlandes tatkräftigen Anteil. Er schreibt in seinen Memoiren:

»Březina war zu einem ganz artigen Museum erwachsen, es wurde auch von manchen Reisenden besucht: es lag jedoch zu abseits, um an dieser Stelle gemeinnützig zu werden. Diese Betrachtung führte die Idee der Errichtung eines National-Museums in mein Gedächtnis zurück. Meine Bibliothek und Naturaliensammlungen waren hinreichend, um einen Kern zu bilden, um welchen sich, wie bei den Agaten und ägyptischen Kieseln die concentrischen Ringe herumbilden konnten. Der Oberstburggraf bemerkte aber mit Recht, daß nach der außergewöhnlichen Anstrengung des vorigen Jahres man noch ein Jahr mit dieser Idee zurückhalten müsse. Ich ließ indes die Sternberg-Lindackersche durch meinen Sekretär Dr. Zelenka, einen jungen Mineralogen, in neuen Kästen aufstellen.«

Leben des Grafen Kaspar Sternberg von ihm selbst beschrieben.
Nebst einem akademischen Vortrag über der Grafen Kaspar und Franz Sternberg
Leben und Wirken für Wissenschaft und Kunst in Böhmen.
Zur fünfzigjährigen Feier der Gründung des Böhmischen Museums

Am 29. September 1827 schrieb Goethe von Weimar aus an Zelter:

»Hast Du Dich dem Herrn Grafen Sternberg noch nicht vorgestellt, so tue es alsobald, und gedenke meiner zum schönsten; sprich aus, da ich fortfahre zu seyn für die so höchst wohltätige und wirksame Gegenwart, die er uns vor Kurzem genießen ließ. Wenn man bey der Jugend so viel Anmäßlich-Fahriges, bey dem Alter so viel Eigensinnig-Stockendes sich muß gefallen lassen, so ist es erst wahres Leben mit einem Mann, der mit so viel Maaß und Ziel, mit immer gleichen Anteil den edelsten Zwecken entgegengeht.«

Briefwechsel zwischen Goethe und Zelter in den Jahren 1796 bis 1832.
4. Teil (1815–1827)

Die Sorge des Grafen Sternberg galt jedoch nicht nur den Naturwissenschaften und den gelehrten Anstalten der Wissenschaft seines Heimatlandes, sondern auch dessen Bestand:

»[...] erfuhr ich einige Pläne der Finanzstelle, welche unsere alte Verfassung ganz umändern würden. Weit entfernt zu glauben, daß man dem Geist der Zeit gar nicht nachgeben soll, halte ich doch für notwendig, daß man bei einer jeden Umänderung die Geschichte des Landes zu Rathe ziehen und den Charakter des Volkes beachten soll: beide sind aber dem Finanzminister fremd, er ist ganz unbekannt. Ich reiste her sogleich wieder zu mir auf's Land zurück, und diktierte meinem Wirtschaftskonsulenten Pank ein Promemoria über die Verhältnisse unseres Landes, über dasjenige, was unschädlich eingeführt, was vermieden werden sollte, und warnte vor Neuerungen und deren rascher Einführung, wenn sie unpopulär und geschichtswidrig sind. Dieses überschickte ich dem Minister Grafen Kolowrat. Man muß nicht vergessen, daß der österreichische Staat aus Nationen und Königreichen zusammengesetzt ist, die alle ihre eigene Geschichte, ihre eigene Verfassung gehabt haben und zum Teil noch haben; da kann man nicht Alles über einen Kamm scheeren; Geschichte, Zunge und tausendjähriges Herkommen muß berücksichtigt werden, wenn man nicht bei allen Ständen unpopulär werden will. (1837)«

Dr. Franz Palacký, *Leben des Grafen Kaspar Sternberg von ihm selbst beschrieben*

Eckermann zitiert Goethes Bemerkung über den Lebenslauf des Grafen Kaspar Maria Sternberg:

»Ein merkwürdiges Leben, derart, daß es die ›Wanderjahre‹ zieren würde.«

1837, ein Jahr vor seinem Tod, stand Kaspar Maria Sternberg als Präsident dem Kongreß der Naturforscher und Ärzte in Prag vor. Im Anschluß an diese Versammlung bedeutender Gelehrter in Böhmen empfing der Graf einige namhafte Naturforscher auf seinem Landsitz Březina. Der deutsche Montanwissenschaftler Jacob Nöggerath schildert in einem seiner literarischen Briefe dieses böhmische Tuskulum:

»Am 2. Oktober Weiterreise nach dem Gute Brzezina, wo Graf Sternberg wohnt. [...] Wir trafen Graf Sternberg nicht zu Hause; er hatte eben mit andern Wissenschaftsfreunden, die bei ihm zu Besuch waren, eine botanische Exkursion nach einem, eine Stunde entfernten Teiche gemacht. Wir entschlossen uns entgegenzugehen, und nahe jenem Teiche begegnete uns Graf Sternberg in Begleitung des englischen Botanikers Bentham und seiner Gattin, des Prof. Göppert von Breslau und des Custos Corda. Sehr freundlicher Empfang. [...] Nicht weit von dem modernen, nicht sehr großen Schloß des Grafen, befindet sich in einem englischen Park eine turmartige alte Ritterburg. Das Äußere derselben ist Ruine, das Innere hat er aber angenehm zugänglich und wohnlich einrichten lassen. Schöne geräumige Gärten und Gewächshäuser umgeben das gräfliche Schlößchen. Seltene Gewächse, künstlich vorgerichtete, dem natürlichen Standorte der exotischen Pflanzen entsprechende Kulturen, Obstbäume von merkwürdiger Veredelung, kurz, alles erinnert daran, daß man sich bei einem großen Kenner und Freunde der Botanik befindet, welcher seine Wissenschaft ernstlich und mit dem Aufwande eines reichen Mannes nach ihren allseitigen Richtungen verfolgt. Die Wohnung der Gäste des Grafen befindet sich in einem besondern, ganz nahe dem Schloß gelegenen geräumigen Hause, welches mit allen Bequemlichkeiten ausgestattet ist. Auch wir erhielten hier von sehr zuvorkommender Bedienung unser Absteigquartier angewiesen. [...] Bei Gelegenheit, als ich die Bibliothek besuchte, überraschte mich Goethe daselbst, um mir die Schatzkammer zu zeigen, und führte mich dann in sein Haus im Park, welches ihm der Großherzog geschenkt. Es liegt in einer anmuthigen Gegend, ist im Inneren einfach aber bequem eingerichtet und von außen ganz mit Rosa turbinata bepflanzt, welche bis unter das Dach heraufgezogen wird, so daß er eigentlich mitten in einem Rosenbusche wohnt.«

Ausflug nach Böhmen und die Versammlung der deutschen Naturforscher und Ärzte in Prag im Jahr 1837. Aus dem Leben und der Wissenschaft von Dr. Jacob Nöggerath

BŘEZNICE (Brschesnitz)
Bezirk: Příbram (Prschibram)

Schloß, ursprünglich gotische Burganlage mit spätgotischer Befestigung, Umbau im 17. Jh., 1880–1890 restauriert (Abb. 111). Beim ehemaligen Jesuitenkolleg befindet sich nun die Kirche St. Ignatius und Franz Xaverius (1642–1650, Carlo Lurago). Teilweise erhaltenes und restauriertes Ghetto, genannt Lokšany. Im Schloß Museum und Galerie des Gesamtwerkes des akademischen Malers und hervorragenden Ruralisten Ludvík Kuba (1863–1956).

Auf Schloß Březnice wurde im Jahre 1557 in aller Heimlichkeit Erzherzog Ferdinand von Tirol mit Philippine Welser (1527–1580) getraut, und hier gebar die Augsburger Bürgerstochter ihrem Gemahl den Sohn Andreas d'Austria (1558).

In der Kirchengruft der St. Ignatiuskirche hat Přibík Jeníšek von Újezd, der Prokurator im Prozeß mit den aufständischen böhmischen Herren im Jahre 1621, seine letzte Ruhestätte gefunden.

In der Ordensgruft der Kirche St. Ignatius und Franz Xaver ruht Pater Plachý, Prediger der Kirche St. Salvator in Prag, Verwalter einer Druckerei, Bibliothekar sowie Schriftsteller. Er stand an der Spitze der Studentenschaft bei der Verteidigung der Prager Altstadt gegen die Schweden († 1659).

Auf dem Friedhof befindet sich das Grab des Drahtbinders, eine Gestalt, die in die Novelle ›Pohorská vesnice‹ von Božena Němcová eingegangen ist.

Brschesnitz ist der Geburtsort des Verlegers und Herausgebers August Geringer (1842–1930). Er gründete 1875 in Chicago die erste tschechische Tageszeitung in den USA (›Svornost‹). Außerdem verlegte er einen populären Kalender namens ›Amerika‹ und zahlreiche andere Publikationen.

BŘEZNO (Priesen)
Bezirk: Chomutov (Komotau)

Barockkirche St. Peter und Paul nach Plänen von K. Ign. Dienzenhofer (1739–1742), nach dessen Tod von Christoph Kosch beendet.

Auf Schloß Priesen bei Komotau wohnte während der Unruhen in Prag in den Jahren 1618–1621 der dänische Astronom Tycho Brahe (1546–1601).

Vor der Schlacht bei Kulm (Chlumec) am 29. August 1813 befand sich das Hauptquartier der verbündeten österreichischen und russischen Armeen im Pfarrhaus von Priesen. Hier nahmen auch Zar Alexander I. und der österreichische Feldmarschall Fürst Carl Schwarzenberg Wohnung.

BUDYNĚ NAD OHŘÍ (Budin an der Eger)
Bezirk: Litoměřice (Leitmeritz)

Spätgotische befestigte Burg ursprünglich mit vier Flügeln aus dem 15. Jh. anstelle eines königlichen Hofes. Museum.

Budin war die erste Tages-Raststation für den Dichter Johann Gottfried Seume (1763–1810) auf seiner Fußwanderung nach Syrakus. Seine Aufzeichnungen für sein Reisetagebuch ›Spaziergang nach Syrakus im Jahre 1802‹ beginnen im Gasthof »Zur goldenen Rose« (»U zlaté růže«). Der Dichter traf hier mit seinem Begleiter, dem Maler Johann Veit Schnorr von Carolsfeld (1764–1841), Mitte Dezember 1801 ein. Seume befreundete sich im Städtchen mit dem Vorstand der kleinen jüdischen Kultusgemeinde, Lazar Taussig, dessen kleine, aber ausgewählte Privatbibliothek im Seumeschen Tagebuch lobende Erwähnung findet, da weder Lessings ›Nathan‹ noch Kants Schriften darin fehlten.

Aus Budin stammte Rainer Maria Rilkes Großmutter väterlicherseits, Wilhelmine, geborene Reiter (* 1807), die Tochter des dortigen Magistratsrates und Justitiars Alois Reiter und dessen Ehefrau, einer Edlen von Goldberg. Wilhelmine Reiter war mit Johann Baptist Joseph Rilke verehelicht. Sie war jene gefürchtete Schwiegermutter, die Rainers Mutter, Sophie Rilke (Frau Phia) quälte, indem sie in ihrer jungen Ehe die Wäscheschränke auf ihre peinlichste Ordnung hin kontrollierte.

BUKOVÁ HORA (Zinkenstein)
Bezirk: Ústí nad Labem (Aussig an der Elbe)

Höchste Erhebung der sogenannten Vierzehnberge (684 m) mit großer Fernsicht. Auf dem Felsen befindet sich eine Tafel mit der Inschrift:
»Die Magnetnadel weicht um 40 ° ab.«

Joseph II. bestieg am 14. Oktober 1778 anläßlich eines Rittes von Böhmisch Leipa nach Aussig den Zinkenstein.

Alexander von Humboldt war in den dreißiger Jahren des 19. Jahrhunderts mehrere Male mit dem Leitmeritzer Maler Johann Gruß dem Älteren und dem Leitmeritzer Apotheker Laube auf dem Zinkenstein.

Mehrere Inschriften, teils verwittert, erinnern an die Besteigungen Alexander von Humboldts:

»Alexander von Humboldt besuchte den Zinkenstein im Jahre 1837«

»Wenn wir an dem Fusse des Himmels
und über dem Haupte der Erde stehn
dort was erhebt uns die Brust?
Ist es heimliche Sehnsucht
näher den Göttern zu kommen
oder ist es das Glück ferner
den Menschen zu sein?
Die Bahn zu Gott kann die Natur dir zeigen,
doch kannst du bis zu ihm empor nicht steigen,
die Endlichkeit schließt hier das Tor.
Nur durch der Menschheit geistig einberufen,
steigst du empor zu höhern Stufen.
Der Geist schwebt nur durch geistiges empor.«

»Andenken an Alexander von Humboldt 1846«

Hundert Jahre nach Humboldts Besteigung, im Jahre 1937 ließ die »Arbeitsgemeinschaft für Heimatforschung« anläßlich einer Gedenkstunde in Leitmeritz eine weitere Erinnerung an Alexander von Humboldt anbringen:

»Der Uralte von den Bergen, der Vater der modernen Naturwissenschaft, der wie
ein hochragender Gipfel mit schneeigem Haupte über die Wolken ragte, ging am
6. Mai 1859, 90 Jahre alt, unvermählt, zurück in die Ewigkeit und hinterließ
gleich anderen Großen der Menschheit keine Nachkommen. Sein Erbe aber lebt
für Zeit und Ewigkeit in den Kindern seines weltumfassenden Geistes.«

Levin (Lewin): In Lewin steht das Geburtshaus des Industriellen Johann Josef Leitenberger, Besitzer der ersten Baumwollspinnerei in Böhmen und Österreich. Gedenktafel (1926).

BUKOVANY (Bukowan)
Bezirk: Příbram (Prschibram)

Renaissanceschloß mit einem freistehenden Kapellenbau, nach dem Ersten
Weltkrieg zu einem Erholungsheim für Kinder umgebaut.

»In Bukowan ist eine wilde, wunderbare Gegend, das ganze Terrain liegt so hoch, daß zehn Minuten hinter dem Schloß auf einem Berg, Ptetsch genannt, ein Panorama von dreihundert Stunden im Umkreis zu sehen ist, eine Stunde von uns berührt unser Terrain die Moldau mit einem Dorf in tiefem Felsengrund.«
Clemens Brentano, 1810

In den Jahren 1808–1814 besaßen die Geschwister Clemens, Franz und Bettina Brentano Schloß Bukowan. In dieser Zeit weilte Clemens Brentano (* 8. 9. 1778 Ehrenbreitstein † 28. 7. 1842 Aschaffenburg) oft in Prag. Brentano trat mit Josef Georg Meinert und Josef Dobrovský, dem Altersfreund Goethes und Patriarchen der Slawistik, in Verbindung. Er berichtet über diese Bekanntschaften:

»Der edle und geistreiche Meinert ließ mich seiner Kritik, seiner Aufmunterung, wie überhaupt seiner Freundschaft zur Förderung meiner Arbeit auf die wohltätigste Weise genießen; der geniale, gelehrteste Dobrowsky theilte mir alle Hilfsmittel und Notizen, besonders in mythologischer Hinsicht, auf die unermüdeste und gefälligste Weise mit.«

> Clemens Brentano, *Die Entstehung und der Schluß des romantischen Schauspiels »Die Gründung Prags«*

Die böhmischen Eindrücke inspirierten Brentano zu seinem Schauspiel ›Die Gründung Prags‹ (1810), dem folgendes Motto vorangestellt ist:

> *Und wie von wildem Weltsturm weit vertragen*
> *ein fremder Vogel in ein fern Gebiet,*
> *Fand ich....*
> *Am Moldauufer mich und sang dies Lied.*

Am 9. Juli 1810 berichtet Bettina Brentano in einem Brief an Anton Bihler aus Bukowan über ihr Zusammentreffen mit Beethoven in Wien:

»Beethoven habe ich erst in den letzten Tagen meines dortigen Aufenthaltes kennengelernt; beinahe hätte ich ihn gar nicht gesehen, denn niemand wollte mich zu ihm bringen, selbst die sich seine besten Freunde nannten, nicht und zwar aus Furcht vor seiner Melancholie, die ihn so befängt, daß er sich um nichts interessiert und den Freunden eher Grobheiten als Höflichkeiten erzeugt. [...] Seine Person ist klein (so groß sein Geist und Herz ist), braun, voll Blatternarben, was man nennt: garstig, hat aber eine himmlische Stirn, die von der Harmonie so edel gewölbt ist, daß man sie wie ein herrliches Kunstwerk anstaunen möchte, schwarze Haare, sehr lang, die er zurückschlägt, scheint kaum dreißig Jahre alt, er weiß seine Jahre selbst nicht, glaubt aber doch fünfunddreißig.«

> Albert Leitzmann, *Beethovens Persönlichkeit. Urteile der Zeitgenossen*

Am 28. Juli 1810 schrieb Bettina von Brentano nach Arnims, Clemens und Savignys Abreise nach Berlin jenen oft erwähnten Brief an Goethe aus Bukowan über ihren Aufenthalt im Haus des verstorbenen Altertumsfreundes und Sammlers Melchior Birkenstock in Wien.

Rilke hat der zeitweiligen Schloßherrin in seinem Roman ›Die Aufzeichnungen des Malte Laurids Brigge‹ eine einfühlende Hommage gesetzt:

»Denn diese wunderliche Bettina hat mit allen ihren Briefen Raum gegeben, geräumigste Gestalt. Sie hat von Anfang an sich im ganzen so ausgebreitet, als wäre sie nach ihrem Tod. Überall hat sie sich weit ins Sein hineingelegt, zugehörig dazu, und was ihr geschah, das war ewig in der Natur; dort erkannte sie sich und löste sich beinahe schmerzhaft heraus; erriet sich mühsam zurück, wie aus Überlieferung, beschwor sich wie einen Geist.«

BUKOVEC (Buchberg)
Bezirk: Jablonec nad Nisou (Gablonz an der Neisse)

Höchster Basaltgipfel Mitteleuropas (999 m) mit beachtenswerter Flora.

Die Bedeutung des Buchberges war schon früheren Generationen bekannt:

»Für die einstige Berühmtheit der Kleinen Iserwiese als Edelsteinfundort spricht die Tatsache, daß Kaiser Rudolph II. und der Türkenbezwinger Melchior von Redern dort haben nach Edelsteinen suchen lassen. Um das Jahr 1550 hatten sich arme schlesische Bergleute mit Bewilligung der Friedländer Herrschaft auf der Kleinen Iserwiese beim Buchberg niedergelassen, die mehrere Hütten bauten und im Gebiet der Kleinen Iser und des Saphirflössels nach Gold und Edelsteinen schürften.«

>Erhard Krause, *Edelsteine im Isergebirge. Einst Goldbergbau in den Iserbergen* (Volkskalender für Schlesien 1971)

In die Einsamkeit des Isergebirges, in die Nähe des Buchberges, verlegte Gerhart Hauptmann (1862–1946), Nobelpreisträger (1912), die Handlung seines Dramas ›Und Pippa tanzt‹ (1906). Die Familie des Dichters stammt aus Böhmen.

Karel Čapek hat am 19. Oktober 1932 in der Prager tschechischen Tageszeitung ›Lidové Noviny‹ ein literarisches Porträt von Gerhart Hauptmann gezeichnet:

»Ein schöner Goethischer Kopf mit wallender weisser Mähne, einer übergroßen Stirn über naiv dreinblickenden und hellen Augen; der hohe Greis im altmodischen langen Rock – auf den ersten Blick der Altmeister unserer Tage. Er hat an der Stirnseite der Tafel Platz genommen, an der sich gegen sechzig Schriftsteller, Tschechen, Deutsche, Franzosen, Russen, getroffen hatten. Otokar Fischer, Germanist und Dichter, erhebt sich und beginnt zu sprechen. Was er sagt, ist nicht so obligat. Er spricht den großen Schlesier an, dessen Welt der Gnomen und Weber, Glasbläser und Geistersucher auf beiden Seiten des Riesengebirges liegt; er spricht den Dichter an, der durch seinen ›Narr in Christo Quint‹ in die Spuren der böhmischen Brüder tritt; wir sind uns nahe, sagte er, durch das, was uns trennt. Gerhart Hauptmann richtet sich zu voller Größe auf. In der Tasche trägt er eine vorbereitete Niederschrift einer Ansprache, eine Ansprache des Schriftstellers für Schriftsteller, aber er läßt sie ungelesen und spricht an ihrer Stelle nur einige Sätze. Nicht über Literatur, sondern über die Völker, die einander verstehen können und verstehen sollen. Einige Worte vom Friedenswerke, von der Barbarei des modernen Hasses. Es sei zum ersten Male in seinem Leben gewesen (sagten dann seine Freunde), daß Gerhart Hauptmann eine unvorbereitete Rede gehalten habe und dazu eine fast politische. Es ist schön, daß er sie in Prag gehalten hat und in ihr etwas ausgesprochen hat, was Prag, ›die heilige Stadt‹, wie er es einmal genannt hat, seinen aufmerksamen Betrachtern ins Ohr flüstert.«

Max Brod weist Gerhart Hauptmann einen Ehrenplatz in seinem ›Prager Sternenhimmel‹ zu:

»Hauptmann läßt so gern die Beladenen und Erniedrigten träumen, volkstümlich träumen, ohne Tendenz, nur mit den ahnungsvollen Sehnsuchtsfarben, die das einfache Volk seinen Träumen gibt. ›Hannele‹ – das ist des Volkes Traum vom Himmelreich, mit allen volkstümlichen Märchenfiguren von Engeln und dem lieben Herrn Jesus, mit dem gläsernen Sarg, dem Kinderchor.«

>Max Brod, *Prager Sternenhimmel. Musik- und Theatererlebnisse der zwanziger Jahre*

BUŠTĚHRAD (Buschtiehrad)
Bezirk: Kladno

Ursprünglich Dorf Buštěves, erweitert 1209, im Jahre 1497 zum Städtchen erhoben unter dem Namen Buckov. Reste einer mittelalterlichen Burganlage und Tor aus dem 16. Jh. Reste eines Prangers vor dem Rathaus aus dem 18. Jh. Das Barockschloß aus der Zeit um 1700 wurde von 1747–1751 von K. I. Dienzenhofer und A. Luragho umgebaut. Das Schloß fand in mehreren Kriegen als Militärspital Verwendung. In den Jahren 1814–1816 wurde die Kapelle in den Stilformen des Empire hinzugebaut.

Im Jahre 1773 wurde in Vrapice bei Buštěhrad schwarze Kohle entdeckt, zwei Jahre später auch in Buštěhrad. Im Jahre 1831 kam es zum ersten Streik der Bergleute.

Auf Schloß Buštěhrad lebte in den Jahren 1835–1837 der französische Geologe Joachim Barrande (* 11. 8. 1799 Sangus † 5. 10. 1883 Frohsdorf) als Mitglied des Hofes seines hier in Böhmen im Exil lebenden Königs Karl X. von Frankreich (1757–1836).

CHEB (Eger)
Bezirksstadt

Ursprünglich slawische Burgansiedlung im 10. Jh., im 12. Jh. romanische Burganlage. Das Egerland wurde dem böhmischen Staatsverband im Jahre 1322 angegliedert, behielt jedoch eine Sonderstellung, die unter den Habsburgern im 18. Jh. erlosch. Im 13. Jh. entstand die Stadt, die durch eine Fülle von Gotik-, Renaissance- und Barockbürgerhäusern gekennzeichnet ist und heute zur Gruppe der städtischen Denkmalreservationen gehört. Die Erzdekanalkirche St. Nikolaus, ursprünglich romanisch, mit einem Chor aus der Zeit um 1270, wurde in später Gotik im 3. Viertel des 15. Jhs. umgebaut, später baulich verändert, woran auch der in Eger geborene große Architekt des Barock Balthasar Neumann (1687–1753) beteiligt war (Abb. 106). Bei der Kirche befand sich vom 13. Jh. bis in die Hussitenkriege eine Kommende des Deutschen Ritterordens. Die erste Predigt nach evangelischem Bekenntnis fand in Eger am 19. November 1564 statt. Im 13. Jh. wurden weitere Ordensniederlassungen gegründet: Minoriten bei der Kirche Mariä Himmelfahrt, in der vor kurzem Reste romanischer Wandmalereien entdeckt wurden, die Klarissen bei St. Klara – die Klarissenkirche stammt in ihrer derzeitigen Gestalt vermutlich von Chr. Dienzenhofer und entstand in den Jahren 1707–1711, Dienzenhofer war Dominikaner bei St. Wenzel (in derzeitiger Gestalt ein frühbarocker Bau aus den Jahren 1674–1689) – und endlich die Kommende der Kreuzherren mit dem roten Stern bei der St. Bartolomäuskirche (derzeit Sammlungen sakraler Kunst der Egerer Galerie). Baulich interessant ist das »Stöckel« (Špaliček) am Marktplatz, aus einer Gruppe spätmittelalterlicher Häuser entstanden und denkmalpflegerisch in jüngster Zeit gesichert.
1895 widmete Kaiser Franz Joseph I. der Stadt Eger den Gesamtkomplex der Burg mit der Auflage, daß die altertümlichen Bauten immer gut instandgehalten und die Burg niemals zu anderen Zwecken benutzt werden sollte.

Der sogenannte Schwarze Turm und die Pfalz entstanden in der Regierungszeit Friedrichs I. Barbarossa (1152–1190), der Eger und das Egerland durch seine Heirat mit Adelheid von Vohburg im Jahre 1149 erworben hatte. Der Schwarze Turm zog die Aufmerksamkeit Goethes, Platens und F. Schinkels auf sich.

Zu den wertvollsten architektonischen Denkmälern gehört die doppelgeschossige romanische Burgkapelle. »In dieser Kapelle wurde Friedrich der Rotbart getraut«, schrieb der deutsche Dichter August Graf Platen von Hallermünde bei seinem Besuch der Stadt Eger in einer Anmerkung am Rande seines Tagebuches.

Auf dem Egerer Marktplatz fanden im 14. und 15. Jahrhundert feierliche sakrale Spiele statt, die das Fronleichnamsmotiv sowie andere biblische Themen zum Gegenstand hatten. Etwa 200 Mitwirkende aus den Reihen der Bürger- und Lateinschüler nahmen daran teil. Das Textbuch der Egerer Fronleichnamsspiele befindet sich im Besitz des Germanischen Museums in München.

An der dem Marktplatz zugewandten Seite des Eckhauses (Náměstí krále Jiřího z Poděbrad 30), genannt »Zum scharfen Eck« (»Ostrý roh«), befindet sich eine Gedenktafel mit einer steinernen Plastik des böhmischen Wahlkönigs Georg von Poděbrad, die am 20. Dezember 1964 enthüllt wurde. Inschrift (tsch.):

> »In diesem Hause am Scharfen Eck weilte in den Jahren 1459 und 1461 der böhmische König Georg von Poděbrad«

Im Jahre 1459 ließ König Georg die Hochzeit seiner Tochter Zdena mit dem Herzog Albrecht von Meissen in Eger festlich begehen. Auf dem Marktplatz wurde damals ein Turnier veranstaltet.

Der ›Rolandbrunnen‹ mit der Statue (1521) und der Brunnenschale (um 1590) wird als Darstellung des ritterlichen Königs gedeutet und bezeugt die mehrmalige Anwesenheit König Georgs in Eger.

Im Hause Nr. 1/49 am Marktplatz, der jetzt Platz des Königs Georg von Poděbrad heißt, wohnte während seines Aufenthaltes in Eger im Jahre 1619 der »Winterkönig« Friedrich von der Pfalz. Die Bürger der Stadt haben ihm während seines Aufenthalts gehuldigt.

Besondere Erwähnung verdient der Chronist des böhmischen Biedermeier Jan Jeník von Bratřice, genannt Baron Jeník von Bratřic. Er hat noch an den Türkenkriegen teilgenommen. Während seiner Dienstleistung beim 35. Pilsner Regiment war er in Eger in Garnison. Der fleißige Chronist beeindruckte während seiner im Ruhestand in Prag verbrachten Jahre Josef Dobrovský und das Freundespaar František Palacký und Karl Egon Ebert.

Balthasar Neumann, einer der größten Architekten des europäischen Barock, wurde im Jahre 1687 in Eger geboren. Sein Geburtshaus stand an der Stelle des jetzigen Eckhauses an der Stadtmauer (Ulice Bedřicha Smetany 8 – Komenského náměstí). Die Gedenktafel, die früher am Haus angebracht war, wird nun im Museum aufbewahrt. Balthasar Neumann begann als Artillerist in den Türkenkriegen, wurde Obrist und fürstbischöflicher Würzburgischer Baudirektor. Georg Dehio nennt ihn den kongenialen Enkel Michelangelos. Er starb in Würzburg am 18. Juli 1753.

Im Pachelbelschen Haus am Marktplatz (Náměstí krále Jiřího z Poděbrad) wurde der Generalissimus des Dreißigjährigen Krieges, Albrecht von Waldstein, und auf der Egerer Burg seine Getreuen, die Grafen Kinský, Trčka, General Illo und der Rittmeister Neumann, ermordet. Die Gedenktafel am jetzigen Museumsgebäude erinnert an den gewaltsamen Tod des Feldherrn. Inschrift (tsch.):

> »In diesem Hause wurde am 25. Februar 1634 der Generalissimus der kaiserlichen Armeen Albrecht von Waldstein ermordet.«

Das Gemälde von J. Scholz, ›Gastmahl der Generäle Wallensteins‹, das sich in der Kunsthalle in Karlsruhe befindet, hält das Ereignis fest.

Auf der Egerer Burg spielt eine der Hauptszenen in Friedrich Schillers dramatischer Trilogie ›Wallenstein‹:

> »Wallenstein war durch den Knall, den eine losgehende Flinte erregte, aus dem ersten Schlafe aufgepocht worden und ans Fenster gesprungen, um die Wache zu rufen. In diesem Augenblicke hörte er aus den Fenstern des anstoßenden Gebäudes das Heulen und Wehklagen der Gräfinnen Terzky und

Kinsky, die soeben von dem gewaltsamen Tode ihrer Männer benachrichtigt wurden. Ehe er Zeit hatte, über diesen schrecklichen Vorfall nachzudenken, stand Deveroux mit seinem Mordgehilfen im Zimmer. Er war noch in bloßem Hemde, wie er aus dem Bette gesprungen war, zunächst an dem Fenster an einem Tisch gelehnt. »Bist du der Schelm«, schreit Deveroux ihn an, »der des Kaisers Volk zu dem Feinde überführen und Seiner Majestät die Krone vom Haupte herunterreißen will? Jetzt mußt du sterben!« Er hält einige Augenblicke inne, als ob er eine Antwort erwarte; aber Überraschung und Trotz verschließen Wallensteins Mund. Die Arme weit auseinander breitend, empfängt er vorn in der Brust den tödlichen Stoß der Partisane und fällt dahin in seinem Blute ohne einen Laut auszustoßen. [...] Nur Illo hatte Gegenwart des Geistes genug, sich zu verteidigen. Er stellte sich an ein Fenster, von wo er dem Cordon seine Verräterei unter den bittersten Schmähungen vorwarf und ihn aufforderte, sich ehrlich und ritterlich mit ihm zu schlagen. Erst nach der tapfersten Gegenwehr, nachdem er zwei seiner Feinde tot dahingestreckt, sank er, überwältigt von der Zahl und von zehn Stichen durchbohrt, zu Boden.«

    Friedrich Schiller, *Geschichte des Dreißigjährigen Krieges* (*Wallensteins Tod*, 1793)

Während seines einzigen Aufenthaltes in Eger im Jahre 1791, wohnte Friedrich Schiller im Hause Nr. 2/17 am Marktplatz (Náměstí krále Jiřího z Poděbrad). Er widmete sich seinen Studien zum ›Wallenstein‹.

Im Komenský-Park, dem Schulplatz von Eger, befindet sich das Schiller-Denkmal, eine weiße Kalksteinbüste auf einem roten Porphyrsockel mit folgender Inschrift:

»Zur Erinnerung an Schillers Aufenthalt in Eger im Jahre 1791.
Errichtet 1891–1892« (K. Wilfert, fecit sig. 1892)

Nicht weit von der Schiller-Gedenkstätte in Jena steht ein steinerner Tisch, daneben befindet sich eine Gedenktafel mit folgender Inschrift:

»Hier hat Schiller gewohnt«

Goethe erinnert sich in den ›Gesprächen mit Eckermann‹:

»An diesem alten Steintisch haben wir oft gesessen und manches gute
und große Wort mit einander gewechselt.«

Die Wallenstein-Trilogie wurde von J. J. Kolár und B. Kaminský ins Tschechische übersetzt. Bedřich Smetana hat Schillers ›Wallensteins Lager‹ zu einer Symphonie angeregt. Der Komponist äußerte sich dazu in einem Brief aus dem Jahre 1856.

Eine Reihe von Historienmalern haben die Szene von Albrecht Waldsteins Ermordung zu Eger in Bildern festgehalten u. a. Karl von Piloty – ›Seni an der Leiche Wallensteins‹ (1855, Neue Pinakothek, München), C. Nahl – ›Wallenstein und Seni‹ (Museum Stuttgart), E. Ender – ›Wallenstein und Seni‹ (1844, Museum Karlsruhe).

Der junge Rilke widmete Albrecht von Waldstein in seinem Zyklus ›Geschichte des Dreißigjährigen Krieges‹ (II.) folgende Strophen:

WALLENSTEIN IN EGER, 1634
(geschrieben in Mährisch-Weißkirchen, Februar 1891)
Weist mir den Weg, ihr stillen Sterne,
die ihr mich geführt in jeder Schlacht,
da ich eurem Rufe folgen lerne
in des Ringens sorgenvoller Nacht.
Oh! enthüllet mir die dunkle Ferne;
führet mich empor zur höchsten Macht.

Laßt auf's neu mir Siegeskunde schallen,
Friedlands Herzog darf jetzt noch nicht fallen!

Theodor Fontane hat ein Gedicht auf die Burg von Eger, der italienische Dichter Ricardo Selvi eines über den Tod Senis geschrieben.

Zu den herausragendsten Autoren des Wallenstein-Themas gehört der tschechische Schriftsteller Jaroslav Durych:

»Seine Hoheit ritt durch die engen Gäßchen von Eger. Im februarlichen Dämmerlicht des frühen Abends türmten sich dunkle Häusermauern mit vielen Fenstern und steilen Dachgiebeln. Die runden Pflastersteine krachten unter den Pferdehufen und den Schritten von Musketieren. Neugieriges Volk lugte furchtsam aus Fensterspionen auf den Einzug der Soldaten zu solch ungewöhnlicher Zeit. Dann die Häuser des großen düster dreinblickenden Platzes mit dem düsteren Stolz der denkwürdigen Kaiserstadt, als ob sie eine Kaiserkrönung oder ein kaiserliches Begräbnis zu gewärtigen hätten und aus der Mitte des Platzes wuchs eine noch düsterere Häusergruppe empor wie ein felsiges Getürm und verdeckte das Haus in dem Seine Hoheit Unterkunft nehmen sollte. [...] Nach dem Ritt von Pilsen her, bei Nacht und Finsternis, kam ein Kurier mit einem Schreiben an. Er wurde vorgelassen und verlangte sofort zum Herzog von Friedland geführt zu werden. Die Wache suchte nach dem Festungskommandanten und überraschte ihn im Quartier des Obersten Butler. Oberst Butler erschrak. Auch der Obristleutnant fuhr erschrocken auf. Aber der Bote begann zu sprechen und der Obristleutnant atmete auf. Er hüllte sich in den Mantel und eilte mit dem Boten in das herzogliche Quartier.

Der Obristleutnant wartete hinter der Ecke solange, bis der Bote das Haus verlassen hatte. ›Was hat seine Hoheit gesagt?‹ fragte er. Es war finster. Man konnte nicht sehen, wie der Bote mit seinen Achseln zuckte. ›Nichts – Nur dieser Brief fiel seiner Hoheit aus der Hand.‹ [...] Im Zimmer, dessen Fenster zum Hof führte, war es dämmerig. Das Lager unter dem Himmelbett im Winkel hinter der Tür war bereitet, jedoch der Herzog saß beim Fenster, feldmäßig angekleidet, und las. Seine Füße waren in Decken gehüllt, sonst zeugte nichts davon, daß er krank oder müde wäre. [...] ›Wißt Ihr nicht‹, schrie Seine Hoheit ›daß ich seit heute früh und hier an diesem Orte in kaiserlicher Acht befindlich bin und mein Wort von jetzt an nur das Schwert ist? Wem sind die Obristen durch Eid verpflichtet, dem Kaiser oder mir? Wer ist ihr Herr?‹ [...]

Vor dem Hause tat sich der Rittmeister in Szene. Da stand ein Wagen ähnlich einem Henkerskarren. Grelles Licht fiel auf diesen Wagen, als starke Knechte einen schweren Sack darauf legten. Einen Sack aus rotem Teppich. Dann kam Obrist Butler und rief dem Rittmeister Braun zu, er möge die gefangenen Beamteten auf die Hauptwache abführen. Der verängstigte Stallmeister Seiner Hoheit hielt ihm das Pferd. Die Dragoner rührten sich, ohne sich um den Karren zu scheren. Der Oberste Hofmeister stolperte vor dem Roß des Rittmeisters Braun und zwei Soldaten spotteten ihrer. Obrist Butler ritt auch davon. Obristwachmeister Geraldi trieb das Gesinde ins Haus und befahl, das Tor zu schließen. [...] Der Fourier schwenkte die Gerte und der Karren begann schändlich zu ächzen. Vorne leuchteten Fackeln auf, die Lichter setzten sich in Bewegung, wogten und schritten schwankend zum Trott und der Lanne der Pferde, der Feuerschein breitete sich an den grauen totenbleichen Häuserfronten aus. [...] Das war die Vorhut. Und dahinter fuhr ein Karren wie ein Triumphwagen und auf diesem Karren fuhr ein roter Sack dahin. [...] Die Kommandanten lasen den Soldaten das kaiserliche Dekret vor. Dann schwuren alle bei Gott und dem Satan Treue Seiner Römischen Majestät Ferdinand dem Zweiten. So nahm der Faschingssonntag sein Ende.«

Jaroslav Durych, *Bloudění. Větší Valdštejnská trilogie*

Goethes Tagebücher berichten von seinem eingehenden Interesse an den Denkmälern, Anstalten und Menschen in Eger. Der Burg in Eger widmete Goethe seine besondere Aufmerksamkeit:

»Es wäre zu wünschen, daß sie für die Fremden einen Wegweiser drucken ließen, denn Wallenstein spielt in der Geschichte eine wichtige Rolle.«

>Goethe am 30. August 1821 in einem Schreiben an Joseph Sebastian Grüner nach einem Besuch der Egerer Burg

Goethe nahm regen Anteil am kulturellen Leben der Stadt, wie Tagebuchaufzeichnungen belegen:

>»Dienstag, 6. August 1822
>Kapellmeister Tomaschek von Prag. Halb elf zu Gerichtsadvokat Franck, wo Tomaschek von meinen Liedern spielte, sang und glücklich vortrug.«

Goethes vorbildlicher Cicerone J. S. Grüner weiß über diese Begegnung seinerseits zu berichten:

»Compositeur Tomaschek befand sich auf Besuch bei dem Advocaten Frank in Eger. Nach vorgängiger Rücksprache mit mir, beehrte Goethe ihn mit einem Besuche. Tomaschek sang einige Lieder Goethes, die er in Musik gesetzt hatte, namentlich den Erlkönig, die Müllerin, und andere, und begleitete sich dazu auf dem Pianoforte. Goethe empfahl sich unter Beifallsbezeigung.«

Zwei Häuser am Marktplatz sind besonders denkwürdig für die reichen Beziehungen, die Goethe mit Eger verbanden. Die heutige Post von Eger befindet sich an jener Stelle, an der der renommierte Gasthof »Zur Sonne« stand (Náměstí krále Jiřího z Poděbrad 38/ 483). Goethe übernachtete hier oft. Im Jahre 1822 haben sich hier Goethe und Graf Kaspar Maria Sternberg kennengelernt und bei ihrer ersten Begegnung umarmt.

Im Vestibül des heutigen Postamts erinnert eine Gedenktafel mit einem Porträtrelief Goethes an den einst renommierten Einkehrgasthof »Zur goldenen Sonne«. Inschrift: »An dieser Stätte stand vordem ein Gasthof ›Zur goldenen Sonne‹. Hier hielt Goethe bei seinen wiederholten Aufenthalten in dieser Stadt ständig Rast und Einkehr.«

Besondere Beachtung verdient das Haus Nr. 33/478 am Marktplatz. Es gehörte dem einstigen Bürgermeister und Polizeikommissär Joseph Sebastian Grüner, der nun mit seinen Angehörigen auf dem Egerer Friedhof in einer neugefaßten Gruft aus der Zeit um die Jahrhundertwende ruht. Jahrelange Freundschaft verband Goethe mit Grüner, der ihn auf seinen westböhmischen Wanderungen begleitete. Von seinem Haus aus nahm Goethe an den Festen der Stadt teil. Er beschrieb insbesondere das Hauptfest des Egerer Kirchenjahres, das St. Vincenzifest am 26. August 1821. An der Front des Hauses befindet sich eine Gedenktafel mit der Inschrift:

>»In diesem Hause weilte wiederholt Wolfgang von Goethe als Gast des Rates Sebastian Grüner.«

Der deutsche Naturwissenschaftler und Montanist Dr. Jacob Nöggerath berichtet in seinem böhmischen Reisebuch aus dem Jahre 1837 über seine Begegnung mit dem Wirt in der »Sonne« zu Eger:

»Unser Wirth in der Sonne zu Eger wurde ganz außerordentlich freundlich, wie er erfuhr, daß wir Naturforscher wären, welche nach Prag zur Versammlung reisten [mit Dr. Mohr aus Koblenz, Chemiker und Physiker. Anm. d. Verf.] und wies uns die besten Zimmer im Hause an. Er erzählte uns, daß einmal zugleich vier ausgezeichnete Männer unserer Gilde bei ihm logiert hätten, nämlich: Goethe, Berzelius, Graf Sternberg und Pohl. Goethe hätte auch bei ihm in der Gaststube eine Sammlung von Gebirgsarten des Kammerbühl aufstellen lassen, die aber nicht mehr da sey, weil nicht viel darnach gefragt worden wäre.«

Ausflug nach Böhmen und die Versammlung der deutschen Naturforscher und Ärzte in Prag im Jahre 1837. Aus dem Leben und der Wissenschaft von Dr. Jacob Nöggerath

Im einstigen Hausgarten des Bürgers Ignaz Glaser, der heute zum Restaurant »Dukla« gehört, steht ein spätklassizistischer Obelisk mit einem Medaillon und der Inschrift:

»Goethes Ruhe / Gegründet von Ignaz Glaser 1879«

Im September 1755 reiste Johann Joachim Winckelmann (* 1717 Stendal † 1768 Triest), der geniale Begründer der klassischen Archäologie und Präsident der Denkmäler im päpstlichen Rom, von Dresden über Eger nach Italien. Er stieg in Eger im damaligen Jesuitenkolleg ab (Náměstí krále Jiřího z Poděbrad 6/507, früher 505). Im gleichen Gebäude, dem Gabler-Haus, übernachtete Goethe während seines ersten Aufenthaltes in Eger.

Am 7. August 1847 veranstaltete Bedřich Smetana im damaligen Saal »Zur böhmischen Krone«, an dessen Stelle nun ein Neubau (Ulice Bedřicha Smetany 40) steht, sein erstes selbständiges Konzert außerhalb Prags. Wie das erhalten gebliebene Plakat verzeichnet, spielte er Beethoven, Mendelssohn, Chopin, Liszt und sein eigenes Oeuvre ›České melodie‹.

Während ihres Kuraufenthaltes in Franzensbad besuchte die tschechische Schriftstellerin Božena Němcová (1820–1862) Eger. Daraufhin gab sie in der Zeitschrift ›Česká včela‹ (›Böhmische Biene‹) ihre Eindrücke über das in Eger nicht ganz unbeträchtliche tschechische Bevölkerungselement zu dieser Zeit wieder:

»Es war mir lieb zu hören, daß der Herr Professor in der Schule außerordentliche Stunden in tschechischer Grammatik gab. Einige Zeit lang hatte er fünfundachtzig Schüler, derzeit hat er fünfundzwanzig.«

Daraus geht hervor, daß man in den Egerer deutschen Familien damals dem Unterricht im Tschechischen Beachtung schenkte. Sagte doch Joseph Sebastian Grüner von sich, daß er der tschechischen Sprache mächtig sei.

Am 13. September 1849 kam der Maler Carl Spitzweg von Hof um 3 Uhr nachmittags mit dem Eilwagen in Eger an. Er wohnte im Gasthof »Zu den zwei Erzherzogen« am Marktplatz (Náměstí krále Jiřího z Poděbrad 26/86). Spitzweg schreibt darüber in seinem Tagebuch:

»Eger, eine alte Stadt, umgeben von einer Burg. Wallensteins Zimmer in der Altstadt, jetzt Privathaus, in dem ein Juwelier Antiquitäten verkauft.«

Am 20. Juli 1863 besuchte, von Franzensbad kommend, der junge Friedrich Nietzsche Eger. In der Beschreibung seiner böhmischen Reise heißt es:

»Nach Eger, altes berühmtes, grauschwarzes Schloß angesehen, alles katholisch, Heiligenbilder ganz bunt, dann um 8 noch fort durch Waldungen mit einem Bierbrauer und Wirtschaftsbesitzer 3 Stunden noch gegangen, es regnet etwas.«

Eger ist der Geburtsort des deutschliberalen Politikers Ernst Ritter von Plener (* 1841 † 1923 Wien), Sohn des österreichischen Politikers Ignaz Plener, Minister im Kabinett Auersperg. Ernst von Plener war Landtags- und Reichsratsabgeordneter und zeitweise auch Finanzminister. Er war Gegner der nationalen tschechischen Forderungen. Plener schrieb ein beachtetes Buch über Ferdinand Lasalle (Leipzig 1884). Der Name dieses Politikers kennzeichnet den Beginn der Periode, in der Eger zum Schauplatz militanter deutschnationaler Bestrebungen wurde.

In der Nähe von Eger steht das amerikanische Kriegerdenkmal für die während der letzten Kämpfe im April 1945 gefallenen Soldaten und Offiziere der 8. Amerikanischen Armee des General Paton. Das Denkmal präsentiert sich in Gestalt eines schlanken Obelisken. Inschrift (tsch.):

>»Den Offizieren und Soldaten der 1. Infanteriedivision der Vereinigten Staaten
> von Amerika, die hier in dieser Zeit im Kampf um die Freiheit gefallen sind«

Dem Denkmal gegenüber steht ein Obelisk mit Gedenktafel, der an die kartographische Aufnahme der Landschaft im Jahre 1873 erinnert. Inschrift (dt.):

>»Nordöstlichster Endpunkt der von den Offizieren des militärischen
> Geographischen Institutes im Jahre 1873 gemessenen Grundlinien«

>**Nový Dráhov:** Während einer seiner Aufenthalte in Böhmen fand Goethe hier Überreste eines Mastodons, die er durch Vermittlung des Grafen Kaspar Maria Sternberg dem böhmischen Nationalmuseum widmete.

CHLUM NAD OHŘÍ, Chlum sv. Máří (Maria Kulm)
Bezirk: Sokolov, Falknov (Falkenau)

>Ursprünglich ein Spital, dann eine Propstei des Kreuzherrenordens mit dem roten Stern (aus der Zeit um 1400) bei der Wallfahrtskirche Mariä Himmelfahrt, in heutiger Gestalt aus den Jahren 1690–1702 nach Plänen von J. B. Mathey, erbaut von M. A. Canevale. Die Klostergebäude stammen aus dem 1. Viertel des 18. Jhs.

An dem nach Goethe benannten Platz vor der Kirche (Náměstí J. W. Goethe) befindet sich eine Gedenktafel. Inschrift (dt.):

>»Zur Erinnerung an den Aufenthalt des Dichterfürsten, Joh. Wolfg. Goethe
> in den Jahren 1806, 1807, 1808, 1812«

Wiederholt weilte Goethe während seiner Aufenthalte in Böhmen am Wallfahrtsort zu Maria Kulm. Er nahm von den Prager Kreuzherren, den Hütern der Kirche, ebenso Notiz wie von den Altarinschriften in den Kapellen.

Am 2. Mai 1812 hat Goethe laut Bericht seines Begleiters John bei der Wallfahrtskirche gerastet und beim Anblick der Prozessionen von Wallfahrern mit Kreuzen und Fahnen gesagt:

>»Das Christentum ist so tief in der menschlichen Natur und ihrer Bedürftigkeit
> begründet, daß auch in dieser Beziehung mit Recht zu sagen ist:
> Des Herren Wort bleibt ewig.«
> Johannes Urzidil, *Goethe in Böhmen*

Heinrich Cuno (1796–1835), Pächter der Karlsbader Buchhandlung »Zum eisernen Kreuz« und Autor romantischer Themen mit lokalhistorischem Genre, war der Verfasser des zeitgenössischen dramatischen Werkes ›Die Räuber von Maria Kulm‹. Das Opus wurde von J. N. Štěpánek und V. Š. Thám ins Tschechische übersetzt. ›Loupežníci na Chlumu‹ wanderte mehr als ein Jahrhundert mit den Thespiskärrnern durch Böhmens Lande und hörte nicht auf, Tumulte im Zuschauerraum auszulösen.

›Die Räuber von Maria Kulm‹, dieses »Schauspiel aus der vaterländischen Geschichte des 14. Jahrhunderts«, fußt auf einer Sage des Elbogener Kreises. Es berichtet von der beherzten Tat des Burgvogt-Töchterleins Bibiena, die einer gefürchteten Räuberbande das Handwerk legt.

>Kynšperk nad Ohří (Königsberg an der Eger)<: Kirche Mariä Himmelfahrt (1721–1727) von W. Braunbock erbaut, von zwei doppelgeschossigen Türmen flankiert, Hochaltar aus der Werkstatt von G. Eberle (1765), Altarbild von E. J. Kossuth, gotische Marienplastik. Von der Stadtbefestigung ist ein Tor aus dem 18. Jh. erhalten. Jüdischer Friedhof von Anfang des 17. Jhs., erweitert 1814. Im Jahre 1822 wurde die 1689 als Metternichsche Begräbniskirche errrichtete Spitalskirche zu St. Ursula nach einem Brand abgetragen. Im Ortsteil Volkov wurde der Prager Erzbischof Johannes Lohel (Lohelius) geboren, der im Jahre 1618 die evangelische Kirche in Klostergrab (Hrob) auf der Herrschaft des Stiftes Osseg (Osek) niederreißen ließ.

CHLUMEC (Kulm)
Bezirk: Ústí nad Labem (Aussig an der Elbe)

>Přemysliden-Grenzburg bereits im 11. Jh. bekannt. Im Jahre 1126 siegte hier der böhmische Fürst Soběslav über das Aufgebot des Kaisers Lothar. Auf der Anhöhe Horky befindet sich eine barocke St. Georgskapelle mit dreiseitigem Grundriß aus dem Jahre 1691.

Am 29. und 30. August 1813 besiegten die vereinigten österreichischen, russischen und preußischen Armeen das Napoleonische Heer unter dem Oberbefehl des Marschalls Vandamme. Die preußische Armee befehligte General Klemt. Das Schlachtfeld liegt in der Nähe von Kulm. Auf dem Schlachtfeld steht am Abhang des Hügels Horky in der Nähe der St. Georgskapelle das Jubiläumsdenkmal der Schlacht von 1813 nach einem Entwurf von Julius Schneidel mit der Plastik eines Löwen von A. Mayerl. Der preußische Gedenkstein trägt die Aufschrift:

>»Zum Andenken der 50jährigen Feier der Schlacht bei Kulm
am 29. und 30. August 1863«

Der österreichische Gedenkstein wurde im Jahre 1825 für Hieronymus Graf Colloredo-Mannsfeld errichtet. Das russische Denkmal aus dem Jahre 1835 steht bei Přestanov (Pristen); die Schlacht wird in der Literatur auch als solche bei Přestanov bezeichnet.

CHOMUTOV (Komotau)
Bezirksstadt

Komotau war von 1252 bis 1416 im Besitz des Deutschen Ritterordens. Bei der Kommende befand sich die bis heute bestehende erste frühgotische Katharinenkirche Böhmens. Die Kommende wurde in Gotik und in Renaissance umgebaut, dann im Jahre 1607, als die Stadt in den Rang einer königlichen Stadt erhoben wurde, zum Rathaus umgebaut. Gegenwärtig Museum. Die Kirche Mariä Himmelfahrt, spätgotisch aus den Jahren 1516–1542 von Jos. Schremmel, die St. Ignatiuskirche (1688, C. Lurago) beim Jesuiten-Kolleg, begründet vom Hause Lobkowicz im Jahre 1589. Mehrere Spätgotik-, Renaissance- und Barockhäuser. Am östlichen Rand des Stadtgebietes von Komotau liegt der 16 ha große Alaunsee. Sein Wasser enthält mehr als 1 Prozent Alaun und weist eine Tiefe von bis zu drei Metern auf.

Im Jahre 1490 wurde in Komotau der Humanist und Kenner der hebräischen Sprache Mathias Aurogallus (Goldhahn) geboren. Er war Martin Luther bei der Übersetzung der Bibel behilflich.

Sechs Jahre lang (1726–1732) war der junge Christoph Willibald Gluck (1714–1787) Schüler des Komotauer Gymnasiums und Chorknabe in der Jesuitenkirche St. Ignatius. Sein Vater Alexander Gluck war seit 1724 Forstmeister des Fürsten Lobkowicz auf Schloß Eisenberg.

In Komotau wurde am 23. Februar 1756 Franz Josef (Ritter von) Gerstner, der Begründer der Prager Polytechnischen Hochschule, geboren. Er starb 1832 in Mladějov. Seine sterblichen Überreste wurden in seine Geburtsstadt überführt. Der Prager Philosoph Bernard Bolzano hat eine biographische Studie, das ›Leben Fr. J. V. Gerstners‹, verfaßt (Prag 1837). Gerstner stand in Briefwechsel mit Goethe.

Im Jahre 1841 spielte Franz Xaver Wolfgang Mozart (1791 – 1844), jüngerer Sohn W. A. Mozarts und Schüler der Wiener Musikpädagogen Johann Georg Albrechtsberger, Sigismund Neukomm und Andreas Streicher, in der Komotauer St. Ignatiuskirche unter Mitwirkung dortiger Musiker das ›Requiem‹ seines Vaters. Die Orgel der Komotauer St. Ignatiuskirche wurde im Jahre 1948 in die Große Aula des Prager Karolinums übertragen und wird regelmäßig bei Promotionen bespielt. Es wurde damals das Gerücht verbreitet, Wolfgang Amadeus Mozart hätte selbst auf der Komotauer Orgel gespielt.

Der österreichische Schriftsteller Robert Musil (1880–1942) besuchte in Komotau die Volksschule.

Komotau ist der Geburtsort des deutschböhmischen Dichters Robert Lindenbaum (1898–1979). Der Autor von Lyrik, Romanen und Erzählungen und Herausgeber von Sagen und Märchen erhielt den tschechoslowakischen Staatspreis für deutsche Literatur.

Am 3. Juli 1899 wurde in Komotau als Sohn eines k.k. österreichisch-ungarischen Generals der österreichische marxistische Schriftsteller und Politiker Ernst Fischer († 1972) geboren. Der vielseitig interessierte Autor, Dichter und Essayist beschäftigte sich mit Grillparzer, Lenau, Goethe und Petöfi und übersetzte Baudelaire und Verlaine. Nach dem Ende des Zweiten Weltkriegs war er österreichischer Unterrichtsminister und Abgeordneter des Nationalrats.

In Komotau und im nahen Káleh wirkten zu Beginn dieses Jahrhunderts Pioniere des Skisports.

CHOTĚBOŘ (Choteborsch)
Bezirk: Havlíčkův Brod (Deutschbrod)

> Zweischiffige St. Jakobspfarrkirche, ursprünglich romanisch, gotisch umgebaut, bei den Bränden 1692, 1740, 1800 und 1832 stark beschädigt, 1832 regotisiert, teilweise Neubau von F. Schmoranz (1894–1895), Presbyterium aus dem 14. Jh., barocke Schloßkapelle zur Hl. Dreifaltigkeit. Mariensäule (1700). Altes Rathaus (Náměstí 1. Máje 322), einst Urbanisches Haus aus dem 16. Jh., Synagoge aus dem 19. Jh. und jüdischer Friedhof.

Johann Rudolf St. Trčka von Lípa schenkte im Jahre 1633 das Urbanische Haus der Stadt (Gedenktafel, 1936). Eine zweite Gedenktafel berichtet über das Schicksal des letzten Agnaten aus dem Hause Trčka (in Schillers ›Wallenstein‹ »Terzky« genannt). Inschrift (tsch.):

> »Das mächtige böhmische Adelsgeschlecht der Trčka von Lípa besaßen Chotěboř von 1499 bis 1634, als der Letzte von ihnen Adam Erdmann der Sohn von Johann Rudolf, des Wohltäters der Stadt unter der Hand von Mördern gemeinsam mit Waldstein in Eger sein Leben ließ. Wegen Hochverrat wurde ihr Besitz vom Kaiser konfisziert und ihr Andenken in Acht und Bann getan.
> Klub der tschechoslowakischen Touristen, 1936«

Im Haus neben dem Rathaus (Náměstí 1. Máje 325) wurde der schlesische Politiker, tschechische Schriftsteller und Wiedererwecker JUDr. František Sláma († 25. 4. 1917 Brünn) geboren. Eine Gedenktafel mit Bildnisplakette erinnert an den Sohn der Stadt.

In Chotěboř wurde Anna Turečková geboren. Sie war die ledige Mutter der Wiener volkstümlichen »Fiakermilli«, mit bürgerlichem Namen Emilie Pemmer. Erst nach der Heirat bekannte sich der Vater Michael Pemmer zu der Tochter. 1874 heiratete die »Fiakermilli« (1848–1889) den Wiener Fuhrwerker Ludwig Demel. Sie wurde zur lokalen Heldin des Wiener Volksstücks. Richard Strauss hat sie in seiner Oper ›Arabella‹ (1933) verewigt, zu der Hugo von Hofmannsthal das Libretto verfaßt hat.

CHRAST
Bezirk: Chrudim

> Das Schloß war seit der Gründung des Bistums Königgrätz im Jahre 1660 Sommersitz seiner Bischöfe. Im Kern im Renaissance-Stil aus dem 16. Jh., umgebaut im Jahre 1742. 1605 und um 1728 wurde es um weitere Flügel erweitert. Beachtenswerter barocker Wasserturm.

Am 1. Juni 1794 starb in Chrast Johann Leopold Hay, der Toleranzbischof von Königgrätz. An der Außenseite der St. Martinskirche (1712) auf dem Friedhof im Ortsteil Chraštice befindet sich seine Grabstätte, im Kircheninneren das Epitaph. Die Marmorstele des Bischof Hay aus dem Jahre 1794 wurde im Jahre 1925 in den Kirchenraum übertragen. Der gebürtige Fulneker, spätere Propst von Nikolsburg in Mähren, verschwägert mit Joseph von Sonnenfels und Melchior Birkenstock, hat für Joseph II. den Text des Toleranzpatentes entworfen. Am Epitaph befinden sich eine tschechische und eine deutsche Inschrift:

>»Hier erwählte sich seine Ruhestatt Johann Leopold, Bischof von Königgrätz, seinen letzten Willen, von den Menschen nicht getrennt zu sein, unter denen er das Glück seines ruhigen Lebens fand. Ausdrücklich verbot er jedes Denkmal zu errichten, eines in den Herzen derjenigen zu finden, die er glücklich zu machen wünschte. Ach, und er wird, er war so würdig es zu finden. Geboren am 22. April 1735, gestorben am 1. Juni 1794.«

Das Doppelhaus Nr. 14/15 am Marktplatz ist das Geburtshaus des deutsch-böhmisch-österreichischen Dichters jüdischer Herkunft Ludwig August Frankl (* 3. 2. 1810 † 12. 3. 1894 Wien), später nobilitierter Ritter von Hochwart. Er schildert in seinen Memoiren meisterhaft das Leben einer tschechischen Kleinstadt im 19. Jahrhundert, besonders aber das Studentenleben an der berühmten Lehranstalt der Piaristen in Leitomischl. Er gehört zu den »Achtundvierzigern« in Wien. Sein Gedicht ›Die Universität‹ war die erste Publikation, die ohne Zensur erscheinen konnte und in einer Auflage von 600.000 Exemplaren verbreitet wurde. Seit 1841 war Frankl Redakteur des ›Österreichischen Morgenblattes‹, später des Wochenblattes ›Sonntagsblätter‹. Später wurde er Sekretär der Wiener Israelitischen Kultusgemeinde und arbeitete als freier Schriftsteller und Berater des Hofes in Denkmalfragen. Seine Heimatstadt und das bischöfliche Schloß hat Ludwig August Frankl im Eingangskapitel seiner ›Erinnerungen‹ eingehend beschrieben. Zu den für die tolerante Geisteshaltung Frankls und seiner Umgebung in der kleinstädtischen Residenz charakteristischen Kapiteln seiner ›Erinnerungen‹ gehört die Schilderung der Fronleichnamsprozession in Chrast:

>»Die Anwesenheit des Bischofs und seines geistlichen Hofstaates gewährte allen kirchlichen Funktionen eine weihevollere Feierlichkeit. Es war eine helle Pracht, wenn z. B. bei der Fronleichnamsprozession die Zünfte mit ihren weißen, grünen, violetten und roten Fahnen, unter den Klängen einer trefflichen Musikkapelle den Umzug hielten. Ihnen folgte eine Gruppe von Geistlichen, hinter welchen der Bischof, angetan mit der weißen Mitra, in kostbarem Goldgewande, den silbernen Krummstab führend, unter einem Baldachin einherschritt, dessen vier Stangen Kapläne trugen. Zwei Kapläne, vor ihm rückwärtsschreitend, schwenkten aus silbernen Gefäßen dem Bischof Weihrauchwolken entgegen. Die Kirchenglocken läuteten und verstummten nur dann, wenn der Bischof in der Kirche das Hochamt zelebrierte und ein kleines Glöckchen verkündete, daß er der andächtigen, auf die Knie fallenden Menge den lateinischen Segen erteile. Nach solchem großen und frommen Werke zerstreute sich die Menge, die aus allen umliegenden Dörfern herbeigeströmt war, in die Bier- und Brandweinschänken, um aus denselben sehr erheitert und nichts weniger als fromme Lieder singend heimzukehren. Niemals aber kamen, dank der trefflich geleiteten Schule, dem Einflusse des sittigenden geistlichen Hofstaates, rohe Ausschreitungen, Blasphemien, Prügeleien vor. Wilde Verbrechen ereigneten sich niemals. [...] Im Schlosse des Bischofs, so ernst der Herr war, pulsierte ein heiter-schönes Leben. [...] Es fehlte nie an Gästen, die aus nah und fern kamen, das Schloß bevölkerten und das Städtchen durch Auffahrten in schönen Equipagen belebten. [...] Da kamen die fürstlichen Familien der Kinsky, der Auersperg, namentlich jene schöne Gabriele, von der die Sage ging, daß der Zar Alexander während der Kongreßzeit

in Wien ihr leidenschaftlich gehuldigt und das Herz der in übriger Schönheit blühenden jungen Dame gerührt habe; der Graf Belcredi, dessen Sohn viel später als Ministerpräsident Österreich mitregierte, die gräfliche Familie Chamare-Fünfkirchen und zahlreiche andere noch kamen zu Gast ins Schloß.«

Chacholice: In der Nähe des Ortes Chacholice am rechten Ufer des Baches Žejbro ließ Bischof J. L. Hay in einem Dyorit-Findling zur Erinnerung an den Aufenthalt der Fürstin Poniatowska am 27. August 1781 eine empfindsame Inschrift einmeißeln:
»Hier
Diesen unbetretenen Ort
Hat die edle Poniatowska
Am XXVII August MDCCLXXXI
Durch ihre Gegenwart beglückt.
Ruhig war
Der Hayn umher wie ihre Seele
Der Himmel milde wie ihr Herz
Der Tempel der Wohltätigkeit
Von diesem Tage sey
Hier dieser unbetretene Ort
Mir und der Menschheit stets
Ein Heiligthum
J. L. B.«

Podlažice: Vor 1160 ein Benediktinerkloster, verwüstet im Jahre 1421, an seiner Stelle steht nun die barocke St. Margaretenkirche aus den Jahren 1696–1721. Im Kloster entstand in der 1. Hälfte des 13. Jhs. der ›Codex Grandis‹ oder ›Giganteus‹, das »größte Buch der Welt« genannt, das sich seit dem Dreißigjährigen Krieg in Stockholm befindet.
»Als ich im Jahre 1865 Skandinavien bereiste und in Stockholm die königliche Bibliothek besuchte, zeigte man mir in besonderer Gunst den Codex. Nach pietätvoller Besichtigung wurde ich eingeladen auf einem beigebundenen Papierbogen meinen Namen einzuzeichnen. Vor mir waren eingetragen die Österreicher: Doktor Pečírka, der gelehrte Abbé Dobrowsky und der mährische Historiograph Dr. Beda Dudik. Ich fügte meiner Unterschrift, nicht ohne Rührung bei, daß ich ganz nahe der Stätte im fernen Böhmen geboren bin, wo der Codex vor 570 Jahren geschrieben worden ist.«
L. A. Frankl, *Erinnerungen*

Luže: Wallfahrtskirche Maria Hilf am Chlumek aus den Jahren 1690 bis 1696 (Architekten P. Ign. Bayer, Giov. Bat. Alliprandi) mit wertvollem barockem Interieur.

CHRASTAVA (Kratzau)
Bezirk: Liberec (Reichenberg)

Neugotische St. Laurentiuskirche (1866–1868) von Fr. Thiel erbaut anstelle einer ursprünglich gotischen Kirche, Altarbilder von Joseph Führich (›Maria im Grünen‹, entstanden 1867–1868) und von Wilhelm Kandler.

Das einstöckige Fachwerkhaus in den Formen des ländlichen Empires (Nr. 95) ist das Geburtshaus des Repräsentanten der Nazarener-Schule Joseph von Führich (1800–1876), der seine Ausbildung an der Prager Kunstakademie erhielt. Im Familienzimmer im ersten Stock befinden sich Wandmalereien mit Landschaftsszenen, wahrscheinlich Arbeiten seines Vaters, des Malermeisters Wenzel Führich. Das Haus ist in Privatbesitz, es gibt einen Gedenkraum.

In seiner Autobiographie berichtet Josef Führich über sein Geburtshaus:

»Wir lebten, in einem von meinem Vater neuerbauten hölzernen Häuschen, von dem unermüdlichen Fleiß des Vaters und dem Ertrage einiger kleiner Grundstücke.«

Joseph Ritter von Führich, *Lebensskizze*

Auch die familiären Verhältnisse beschreibt Josef Führich:

»Ich bin zu Kratzau, einem kleinen Städtchen an der Grenze der Oberlausitz, Bunzlauer Kreises in Böhmen, am 9. Februar 1800 geboren. Außer meinen lieben Eltern und ihrem einfachen Treiben gehören zu meinen frühesten Erinnerungen meine beiderseitigen Großeltern – schlichte, redliche und fromme Leute. Mein Vater trieb die Kunst, wie sie von ihm unter engen Verhältnissen erworben, und unter ebenso engen Verhältnissen geübt werden konnte.«

Joseph Ritter von Führich, *Lebensskizze*

Außerdem finden sich in den Lebensskizzen Schilderungen der heimatlichen Umgebung:

»Die Gegend meiner Heimat hat nicht die Großartigkeit der Alpenwelt, aber immer noch Reiz genug, um jedem Empfänglichen für schön zu gelten. Lange, mit allerhand Holz, besonders aber mit ernsten duftigen Tannen- und Fichtenwäldern bedeckte Bergzüge, mit weiten offenen Tälern, die oft kleinere von überraschend schöner und romantischer Lage mit Felsen und Wald einschließen; klare Bäche und ein großer, von den Bergen niedergehender Quellen-Reichtum; herrliche Wiesen, lieblich begrünte Hügel, wo Gruppen zäuselnder Birken stehen, eine weite Aussicht von der Höhe, mit einer alten Buche oder zerstürmten Fichte gekrönt, die man weit sieht.«

Joseph Ritter von Führich, *Lebensskizze*

Eine Beschreibung des Geburtshauses von Josef Führich findet sich bei Gaudentius Koch:

»Da bogen wir in die Führichgasse ein und richtig, da stand es, das alte hölzerne Häuschen mit seinen schwarzen Sparren, einstöckig nur, das Erdgeschoß gemauert und der erste Stock ganz aus Holz, fünf Fenster oben und vier unten und in der Mitte die Türe. Und oben über der Türe steht:

›Ihrem Ehrenbürger dem Historienmaler Joseph Ritter v. Führich, widmet diese Gedenktafel an seinem Elternhause die Stadt Kratzau 1879.‹

Wir traten ins Haus, die ältliche Bewohnerin führte uns hinauf zum ersten Stock. Hier öffnete sie uns des alten Führichs Werkstatt. Die Wände sind mit Landschaftsmalerei bedeckt. Eine italienische Gegend breitete sich so wahr und wirklich vor uns hin, daß wir meinten, wir müßten in sie hineinwandern. Auch stehn verschiedene Gerätschaften von damals umher. Wir ließen uns auf Vater Führichs Kanapee nieder und träumten uns ein Jahrhundert zurück.

Hier ist es also gewesen, wo am 9. Februar 1800 der Landmaler Wenzel Führich in sein Tagebuch schrieb: Früh in der ersten Stunde wurde mir ein Sohn Joseph geboren. Und weil es mit seinem Leben gefährlich zu ersticken war, so wurde er um halb zwölf Uhr von Pater Joseph Gose in der Stube getauft.«

Gaudentius Koch, *Böhmische Bilder und anderes*

Gaudentius Koch schildert ebenfalls das von Josef Führich geschaffene Altarbild ›Maria im Grünen‹ in der St. Laurentiuskirche mit sehr treffenden Worten:

»Wir haben in weitem Spitzbogen ein längliches Gemälde vor uns: die Madonna im Grünen. Sie ruht im Buchenwald auf einer Steinbank, den Knaben sitzend auf dem Schoß und reich fällt ihr blaues Kleid über die Stufen herab. Mit ihrer Rechten hält die Madonna die rechte Hand des Kindes empor und der Kleine streckt seine Rechte nunmehr wie segnend aus über die Welt. Sein Ausdruck ist eher Würde und Größe und die ganze Haltung des sitzenden Knaben königlich. Die Jungfrau dagegen ist Liebreiz und Güte und denkt nur an uns. Ein wahres Geheimnis von Technik ist die ausgestreckte Rechte des Knaben.

Man möchte meinen, sie wäre aufwärts gerichtet, und doch ist sie beinahe vollkommen ausgestreckt dem Besucher zu: der Schatten an der unteren Fläche zeigt es uns deutlich. Und dann noch etwas. Durch das Buchenlaub fällt ein grüner Schimmer auf das Kind und vor allem auf das Blaugewand der Mutter, dieses sommergoldige und doch gedämpfte Buchengrün, dieses warme Licht der Bäume liegt unnachahmlich schön über der Frauengestalt und über dem Kind, beruhigt und belebt die Karnation, durchduftet sie ganz und schimmert wie ein wohliges Leuchten, am behaglichsten vom Madonnenkleid.«
Gaudentius Koch, *Böhmische Bilder und anderes*

In Goethes Tagebuch wird Joseph Führich am 2. September 1828 erwähnt:
> »Ein Maler Führich aus Prag, jetzt in Rom, wurde von Herrn Kraukling (Bibl. aus Leipzig) als ein vorzüglicher Künstler gerühmt. Er soll auch schon einiges ins Publikum gesendet haben, wonach sich zu erkundigen.«

Die Fürstin Melanie Metternich vermerkte in ihrem Tagebuch unter dem 24. Juli 1833:
> »Clemens brachte mir Skizzen von einem jungen Maler, der sich jetzt in Prag befindet, von bäuerlicher Abstammung ist und den Clemens [gemeint ist Fürst Metternich. Anm. d. Verf.] ausbilden ließ. Er heißt Führich und bringt reizende Sachen zuwege. Dieser junge Mann hat den Entwurf zu einem großen Gemälde ausgearbeitet, das die Ankunft des Messias und die Gründung der Kirche darstellt [gemeint ist der ›Triumph Christi‹. Anm. d. Verf.].«

Am 28. Februar 1816 wurde in Kratzau der Historienmaler Wilhelm Kandler geboren. Zu seinen bekanntesten Bildern gehören ›Kaiser Maximilian in Albrecht Dürers Atelier‹ sowie ›Die Verurteilung des Templerordens und des Großmeisters Jacob Molory‹, ferner ›Papst Georg IX. besänftigt das empörte Volk in Rom‹ und ›Kaiser Karl IV. entdeckt den Karlsbader Sprudel‹.

Kratzau ist der Geburtsort von Gustáv Kratzmann, von 1848 bis 1858 Kustos der einstigen Prager Ständischen Gemäldegalerie. Er war 1858–1872 Direktor der Fürstlich Esterházyschen Gemäldegalerie in Wien und von 1872–1880 Direktor der Landesgalerien in Budapest.

Mehrere Jugendjahre verlebte der österreichische General, Politiker und Bundespräsident (1951–1957) Dr. h.c. Theodor Körner (Edler von Siegringen, 1873–1957) in Kratzau. Seine Mutter, Karoline geb. Fousek, war die Tochter eines Gastwirtes und Fleischermeisters am Ort.

Anläßlich einer Dienstreise besuchte Franz Kafka im Jahre 1912 Kratzau.

CHRUDIM
Bezirksstadt

Ursprünglich slawische Burgsiedlung, später Přemyslidenburg. Hier starb im Jahre 1055 der böhmische Herzog Břetislav I.
Ehemals königliche Leibgedingstadt und Kreisstadt, gegründet um 1260.
Kirche Mariä Himmelfahrt vom Ende des 14. Jhs., Wallfahrtskirche (Salvator-Bild) und drei weitere gotische Kirchen (St. Katharina, St. Michael, Hl. Kreuz).
Mehrere Renaissancehäuser. Besonders beachtenswert ist das Mydlář-Haus aus den Jahren 1573–1577 mit Türmchen (Sternwarte).
Am Marktplatz vielbeachtete Säule ›Verklärung des Herrn‹.

Das Geburtshaus des Erfinders der Schiffschraube Josef Ressel (1793–1857) steht in Chrudim. Sein Vater, Anton Hermann Ressel, war seit 1791 Mauteinnehmer und Aufseher der Getränkesteuer. Das Ressel-Denkmal vor dem Museum in Chrudim ist eine Arbeit des Bildhauers Ladislav Šaloun, Schüler von Auguste Rodin (1924). Ressel-Denkmäler stehen in Wien vor der Technischen Universität, in Maria Brunn in Niederösterreich, in Laibach (Ljubljana) in Slowenien vor dem Gebäude der Technischen Hochschule sowie in Washington (USA). In Chrudim, Prag, Wien, Koper, Celje, Laibach, Maribor (Marburg), Triest, Innsbruck, Berlin, Bremen, Hamburg und Breslau wurden Straßen und Plätze nach Josef Ressel benannt. Ein Erinnerungssaal befindet sich im Meeresmuseum in Triest.

Im Mydlař-Haus, das im Renaissance-Stil erbaut wurde, befindet sich seit 1972 ein internationales Marionetten-Museum der Weltorganisation UNIMA. Neben tschechischen Marionetten aus der Zeit des Patriarchen der böhmischen Puppenspieler, Matěj Kopecký, sind hier Puppen aus der ganzen Welt zur Schau gestellt. Das Museum besitzt etwa 3.500 ausgewählte Marionetten aus 37 Ländern.

České Lhotice (Böhmisch Lhotitz): Umfangreiches keltisches Oppidum mit mächtigen Wällen aus dem 1. Jh. vor Chr. aus der späten Latène-Zeit, Stradonitzer Kultur, im Bogen des Flusses Chrudimka am rechten Ufer.

CHŘIBSKÁ (Kreibitz)
Bezirk: Nový Bor (Haida)

Pfarrkirche St. Georg, erbaut im Renaissance-Stil 1596, umgebaut 1670, pseudogotische Front, zwei Ambiten an der Südseite (1760–1762), Epitaph. Pseudogotisches Rathaus aus der Mitte des 19. Jhs. Der Überlieferung zufolge befand sich unter der Herrschaft von Peter Berka in Kreibitz die erste Glashütte Böhmens (12. Jh.). Im Jahre 1504 erbaute Friedrich Anton hier eine Glashütte. Der Bahnhof von Kreibitz steht auf der Wasserscheide zwischen der Nordsee und der Ostsee. Denkmal der Gefallenen in den Kriegen von 1849 und 1866.

Neben dem Rathaus (Náměstí 22) steht das Geburtshaus des Naturforschers Thaddäus Peregrinus Xaverius Haenke (1761–1817).

»Das Geburtshaus ist das ansehnliche Gebäude Nr. 22 am Marktplatze zu Kreibitz. [...] Es dürfte seit der Zeit, als es von der Familie Haenke bewohnt wurde, keine wesentlichen Veränderungen erfahren haben. 1805 ließ der deutsch-politische Fortbildungsverein in Kreibitz zu Ehren des großen Heimatsohnes eine Tafel mit dem Bildnis Haenkes aus Stein an seinem Geburtshaus anbringen. [...] Gedenktafel. Inschrift (deutsch):
›Der Naturforscher Thadeus Haenke wurde in diesem Hause im Jahre 1761 geboren.‹

Unter der deutschen Gedenktafel befindet sich eine Metallplatte mit tschechischer Inschrift:
›In diesem Hause wurde im Jahre 1761 der Naturwissenschaftler Thadeus Haenke geboren. Er starb in Südamerika im Jahre 1817.‹

Besonders die Beschäftigung mit dem Glashandel brachte Kreibitzer Bürger in Fühlung mit fernen Ländern, mit Polen, Spanien, dem Orient usw. Heirateten doch Kreibitzer Bürgerstöchter in für damalige Verhältnisse weitentlegene Länder. Haenkes Schwester Marianne war in Cadix und die seines Vaters in Warschau verheiratet. [...] Haenke stand den böhmischen Patrioten nahe, er liebte seine böhmische Heimat und nennt Böhmen sein Vaterland.«

Josef Kühnel, *Thaddäus Haenke*

Schönfeld: Ortsteil von Kreibitz. Die Gegend in der Nähe des Bahnhofes wurde »Klein Semmering« genannt. Im einstigen Dorf Schönfeld wurde im Jahre 1806 zur Zeit der Kontinentalsperre vom Leinwandhändler August Tschinkel die erste Zichorienfabrik im damaligen österreichischen Kaiserstaat erbaut.

CHUDENICE
Bezirk: Klatovy (Klattau)

In den Jahren 1816 bis 1828 weilte auf Schloß Chudenice der Patriarch der Slawistik, Josef Dobrovský, als Gast der befreundeten Familie des Grafen Czernín von Chudenice. Sein Denkmal im Schloßpark stammt von Št. Kořan. Josef Dobrovský nahm von diesem Alterssitz aus einen großen Einfluß auf das geistige Leben der Nation in der Zeit der nationalen Wiedergeburt.

Auf Schloß Chudenitz wurde der tschechische Schriftsteller und Dramaturg Jaroslav Kvapil (1868–1950) geboren.

CHÝNOV
Bezirk: Tábor

Barocke Dreifaltigkeitskirche, erbaut 1670 anstelle einer gotischen Kirche aus der 2. Hälfte des 14. Jhs., Turmanbau im Jahre 1727, Rokoko-Interieur, der Hauptaltar ist das Modell des Altars der Klosterkirche von Goldenkron (Zlatá Koruna) von J. Eberle (1772).

Barocker Schloßbau mit zwei Flügeln anstelle einer früheren Feste.

Kriegerdenkmal von K. Gabriel (1921). Auf dem Friedhof zahlreiche monumentale Grabsteine und zwei Plastiken des gebürtigen Chýnover Bildhauers František Bílek sowie sein eigenes Grabmonument. In der Nähe der Stadt befindet sich die Tropfsteinhöhle.

In Chýnov befindet sich eine Gedenkstätte für den Bildhauer František Bílek (1872–1941). Über einen Besuch im Atelier des Künstlers in dessen südböhmischem Heimatort berichtet der tschechische Komponist und Akademiepräsident Josef Bohuslav Foerster (1859–1951) in seinem Memoirenwerk:

»Während der Ferien kam mir ein Besuch in Chýnov gelegen, ich nahm eine liebe Einladung an. Mein Bruder begrüßte mich am Bahnhof und schon gingen wir an der alten Kirche vorbei ins Tal hinunter, wo das Häuschen von Linden umgeben stand. Wir betraten die Stube. Hier konnte ich die Eltern Bíleks begrüßen. [...] Meister Bílek besaß damals bereits sein einstöckiges Häuschen im väterlichen Garten. Wir durchschritten mit dem Bruder den reichen Obstgarten, und, begleitet von anmutigem Grün, betraten wir die Vorräume. Viktor öffnete die Tür zur rechten Hand und mir bot sich ein unvergeßliches Bild. Im hohen, von Licht erfüllten Atelier stand ein Gerüst. Auf dem Gerüst stand František Bílek im üblichen Gewand der Bildhauer aus roher Leinwand, das seine ganze Gestalt bis zu den Knien bedeckte. Vor dem Meister war ein Kreuz aus zwei unbehauenen Balken aufgerichtet. Bílek, in der einen Hand den Meißel, in der anderen einen Hammer, arbeitete. Späne, weiße Späne, die noch an den Saft des Holzes gemahnten, umstoben ihn in schönen Bahnen. Aber das Gewaltige, unvergeßlich Gewaltige dieses Erlebnisses war, daß man das Haupt, die obere Partie der Brust und ein Stück von der ausgearbeiteten linken Hand sah, aber gerade neben diesem menschlichen Leib noch die rohe Baumrinde. Es war, als wüchse der Heilige Leib direkt aus dem Baumstamm hervor. Bílek arbeitete improvisierend, zumal jeder Hammerhieb nicht nur verantwortungsvoll, aber auch nicht korrigierbar fiel, falls er gezweifelt hätte; und er arbeitete ohne Modell.«

Josef Bohuslav Foerster, *Poutník v cizině. V Chýnově*

Während seines Aufenthaltes im Sommer 1922 im südböhmischen Plan an der Leinsitz beschäftigte sich Franz Kafka mit František Bílek, wie aus einem Brief an Max Brod vom 20. Juli 1922 hervorgeht:

»Ich wüßte etwas, was sich hoch lohnen würde: Für den Bildhauer Bílek
schreiben. Darüber nächstens. Das Hus-Denkmal in Kolín kennst Du doch? Hat es
auf Dich auch einen so ausschließlichen Eindruck gemacht?«

In einem Ende Juli 1922 von Kafka verfaßten Brief an Max Brod heißt es über Bílek:
»Ich denke seit jeher an ihn mit großer Bewunderung.«

CHÝŠE (Chiesch)
Bezirk: Karlovy Vary (Karlsbad)

Im Schloßhof befindet sich eine Büste von Karel Čapek von J. Adamík in
Erinnerung an die Zeit, die der Schriftsteller als Hofmeister in der Familie des
Grafen Vladimír Lažanský hier im Jahre 1917 verbracht hat.

Chiesch wird als Heimat der Familie von Egon Erwin Kisch bezeichnet. Im ›Jüdischen Lexikon‹ wird erläutert, daß die Familie im 17. Jahrhundert aus Chiesch bei Eger nach Prag eingewandert ist. Kisch ist also ein Ortsname. Es ist häufig der Fall, daß sich jüdische Familien nach ihrem Heimatort benennen.

CÍNOVEC (Cinvald, Zinnwald, Vorderzinnwald, Hinterzinnwald)
Bezirk: Teplice (Teplitz)

Grenzort am Kamm des Erzgebirges zwischen Böhmen und Sachsen. Die
historische Landesgrenze, die zugleich Staatsgrenze ist, teilt die typische
Erzgebirgsgemeinde in zwei Orte (Böhmisch Zinnwald und Sächsisch Zinnwald).
Barocke Kirche Mariä Himmelfahrt (1729). Neugotische Kapelle Mariä
Heimsuchung mit dreiteiligem gotischem Flügelaltar mit Marianischen Themen
aus dem 16. Jh. Grenzübergang an der Fernstraße Prag-Dresden.

Mehrere Male während seiner Teplitzer Aufenthalte (1810–1813) weilte Goethe auch in Zinnwald. Er übernachtete im böhmischen Ortsteil. Die Ergebnisse seiner geologischen Studien veröffentlichte er in dem Aufsatz ›Ausflug nach Zinnwald und Altenberg‹.

»Goethe verließ Teplitz am Spätnachmittag des 9. Juli und erreichte via Eichwald um 8 Uhr abends die Höhe von Zinnwald. Die Grenze zwischen Böhmen und Sachsen geht quer durch diesen Ort. Goethe beschreibt anschaulich das fast baumlose Hochplateau mit den verstreuten Gehöften und den Halden, die er in Gesellschaft des Zinnwalder Steinscheiders und Tischlers Joh. Gottlieb Meude noch bei anbrechender Nacht auf Mineralvorkommen untersucht. Am nächsten Morgen wird die Aussicht betrachtet, ein Überblick der sich abstufenden Berge und Hügel zwischen hier und der Elbe. Den Fluß sieht man zwar nicht, aber die Bergreihen drüben bei klarem Wetter ganz deutlich.«

Johannes Urzidil, *Goethe in Böhmen*

Der gebürtige Zinnwalder Lehrer Max Tandler war ein bedeutender Vertreter der Mundartendichtung des deutschen Erzgebirges.

ČASLAV (Tschaslau)
Bezirk: Kutná Hora (Kuttenberg)

Königliche und ehemalige Kreisstadt, gegründet um die Mitte des 13. Jhs., nahe dem Hrádek, einer hochgelegenen Siedlung mit Burgwall, Örtlichkeiten, die seit dem 3. Jahrtausend v. Chr. bis in das 13. Jh. besiedelt waren. Reste der gotischen Stadtbefestigung vom Ende des 13. Jhs. und Beginn des 14. Jhs. sowie frühgotische Bürgerhäuser sind erhalten geblieben.

Ursprünglich romanisches Kirchlein, jetzt Sakristei der gotischen Stadtpfarrkirche St. Peter und Paul (14. Jh.). Das Schiff wurde 1537–1539 neu eingewölbt.

Der Tradition gemäß wurden die sterblichen Überreste von Jan Žižka von Trocnov in die Kirche überführt. Ob die im Jahre 1910 aufgefundenen Gebeine jene des hussitischen Feldhauptmannes sind, ist nicht einwandfrei entschieden.

Derzeit werden die sterblichen Überreste Žižkas im Festsaal des Rathauses aufbewahrt. Žižka-Denkmal am Marktplatz von J. Myslbek und Mir. Tyrš, enthüllt 29. 8. 1880. Festredner war der jungtschechische Abgeordnete Jaromír Čelakovský.

Johann Gottfried Seume hat auf seiner Reise nach Syrakus die Landschaft von Tschaslau durchwandert und den Blick auf die Stadt gelobt.

Ferdinand Opitz (* 1741 † 1812 Tschaslau), Ahnherr einer in Böhmen ansässigen Gelehrtenfamilie, war Aufseher des Bankalen Versorgungsamtes in Tschaslau. Er trat mehrfach als Schriftsteller hervor, unter anderem mit folgenden Werken: ›Beschreibung der Hauptstadt Prag‹ (Prag 1774), ›Etwas für das Fach der deutschen Staatsklugheit‹ (Prag 1775), ›Der Köcher; ein Rezept für mein krankes Vaterland‹ (Prag 1782), ›Die Bücherfreiheit‹ (Brünn 1784).

»Opitz hatte gewisse Beziehungen zu Goethe und stand mit Casanova in einem merkwürdigen Briefwechsel, dessen jäher Abschluß die Charaktere beider Korrespondenten hell beleuchtet.«
Paul Nettl, *Der Prager Kaufrat*

Sein Sohn Philip Maximilian Opitz (* 1787 Tschaslau † 1838 Prag) war einer der Begründer der böhmischen Floristik.

Am damaligen Evangelischen Lehrerseminar unterrichtete in den Jahren 1873–1875 der evangelische Pfarrer Jan Karafiát (1846–1929). Er schrieb hier den größten Teil seines lehrhaften Werkes ›Broučci‹ (›Die Käferchen‹, 1876). Es zählt zu den schönsten Kinderbüchern der Weltliteratur.

> **Žleby (Schleb):** Frühgotische Burg vom Ende des 13. Jhs., in den Jahren 1849–1860 im Auftrag der Familie Auersperg in den Formen romanischer Gotik von Architekt Fr. Schmoranz und B. Škvor umgebaut. Reiche Schloßsammlungen.
>
> **Dobrovice (Dobrowitz):** Johannes (Jan), ein Sohn des Zbraslav, schenkte 1242 dem Deutschen Ritterorden (Kirchenburg und Kommende) diesen Ort. Im Jahre 1270 fand hier ein Ordenskapitel statt und im Jahre 1297 wurde hier der Hochmeister Konrad von Feuchtwangen (1290–1297) bestattet.

ČERVENÉ PEČKY (Rothpetschkau)
Bezirk: Kolín nad Labem (Kolin an der Elbe)

> Gotische Kirche Mariä Geburt aus dem 14. Jh. Barockschloß, ehemals im Besitz von Baron Jaromír Hrubý z Jelení (1866–1943), führend auf dem Gebiet der Astronomie.

Im Jahre 1713 gehörte die Herrschaft Rothpetschkau dem grausamen Sohn des niederländischen Grafen Christoph Rudolf Breda, Herrn auf Lämberg und Gabel in Nordböhmen. Die Bauern sangen in diesem Jahr, da sie sich zu einer Revolte zusammengetan hatten, das traurige Spottlied:

> »Schwere Not, große Not,
> der Breda macht uns zu Bettlern
> und bringt uns ums Brot.
> Breda – Erbarmen ums tägliche Brot.«

Auf dem Friedhofsareal befinden sich die Gruft und die Gräber der Familie Hrubý von Gellenij.

Hier fand auch Jaromír Freiherr von Hrubý-Gellenij (1866–1940), ein Mitbegründer der Tschechischen Astronomischen Gesellschaft, seine letzte Ruhestätte.

ČERVENÝ HRÁDEK (Schloß Rotenhaus)
Bezirk: Chomutov (Komotau)

> Ursprünglich gotische Burg zu Beginn des 14. Jhs., genannt Nový Žeberk oder Borek, in den Jahren 1679–1697 unter der Herrschaft der Hrzan von Harasov erbauter monumentaler frühbarocker Schloßbau mit vier Flügeln (Jean Baptiste Mathey und A. Porta).

Auf Schloß Rotenhaus lebte längere Zeit als ständiger Gast Jordanus Simon (1712–1776) aus Neustadt an der Saale. Als Universitätsprofessor in Erfurt geriet er in Konflikt mit der Gruppe von Professoren, die als Libertinisten bezeichnet wurden und zu denen auch

Christoph Martin Wieland gehörte. Als Gast des Schloßherrn Graf Rottenhahn gelang es dem Augustinermönch und Doktor der Theologie, die Gunst Maria Theresias zu erlangen. Er wurde daraufhin in der böhmischen Augustinerprovinz zu Ehrenämtern berufen, ragte als Kanzelredner bei St. Thomas in Prag heraus, wurde mit der Mission eines Ordensvisitators betraut und starb am 4. August 1776 auf dem Klostergut Stránka bei Mšeno in Böhmen. Er wurde in der Prager Ordensgruft in der St. Thomaskirche auf der Kleinseite bestattet.

Während der Krönung Leopolds II. im Jahre 1791 zum König von Böhmen wünschte Graf Heinrich Rottenhahn den Herrscher mit den Produkten seiner Fabriken in Böhmen bekannt zu machen. Im großen Saal des Prager Klementinums wurden die eingesandten Fabrikate der Rottenhahnschen und anderer Fabriken aus Böhmen ausgestellt. Die am 14. September 1791 im Klementinum beschickte Ausstellung war die erste Gewerbeausstellung in Böhmen.

Im Jahre 1813 lebte Heinrich Friedrich Carl Reichsfreiherr von und zum Stein (1757–1831), der deutsche Staatsmann und die Seele des Widerstandes gegen Napoleon, vorübergehend als Emigrant auf Schloß Rotenhaus in Böhmen. In einem Brief an seine Ehefrau schildert er wenige Tage vor der Völkerschlacht bei Leipzig, am 12. Oktober 1813, mit dem geübten Auge des Liebhabers und Kenners historischer Denkmäler und Landschaften sein zeitweiliges Domizil:

»Hier bin ich, meine liebe Freundin, eine kleine Stunde von Komotau. [...] Da ich in der kleinen Stadt Komotau keine Wohnung finden konnte, so hat man mir hier eine angewiesen; die Lage ist schön, das Schloß liegt auf einer Anhöhe, ein Viereck, dessen eine Seite die Aussicht auf die Ebenen von Saaz und die Berge von Laun; die anderen haben vor sich und sehr in der Nähe das vielfach zerrissene Hochgebirge des Erzgebirges – es ist eine sehr schöne Besitzung, das Innere des Schlosses gut ausgestattet, sehr geräumig, die Umgebung bilden ausgebreitete und hübsche Pflanzungen. – Ich genieße hier eine vollkommene Einsamkeit und Ruhe, die ich bald werde verlassen müssen mit vielem Bedauern und in der Hoffnung, endlich dieses unruhige umherziehende Leben, das ich mein Leben lang geführt habe, endigen zu sehen und die für mein Alter sehr wünschenswerte Ruhe zu genießen.«

Am 18. August 1938 fand durch Vermittlung des damaligen Besitzers Prinz Dr. M. E. Hohenlohe-Langenburg auf Schloß Rotenhaus eine Unterredung zwischen dem britischen diplomatischen Beobachter Lord Walter Runciman (1869–1949) und dem Vorsitzenden der Sudetendeutschen Partei Konrad Henlein (1898–1945) statt, bei der letzterer die bisher geübte Tarnung aufgab und die Zerschlagung der Tschechoslowakei als Ziel seiner politischen Kampagne ausgab.

Am 4. September 1892 schrieb sich Rilke in das Gästebuch der Schloßruine Tollenstein, die sich in der Nähe von Schloß Rotenhaus befindet, mit einem frühen Jugendgedicht ein:

> *Noch spät am Schloßberg saß ich*
> *im letzten Abendstrahl -*
> *und doch zu schaun vergaß ich*
> *das ausgespannte Tal.*
> *Sah nicht die fernen Wälder*
> *im rötlich hellen Glanz,*
> *sah nicht die bunten Felder*

so farbenreicher Kranz.
Und Haine, frisch belaubte,
nicht sah ich Flur und Au ... –
sah nicht ob meinem Haupte
den Himmel – lieblich blau.
Denn aus zwei Augen winkte
ein Himmel mir so süß, –
aus »diesem« Himmel blinkte
das wahre Paradies.

ČERVENÝ KOSTELEC (Rothkosteletz)
Bezirk: Náchod

Pfarrkirche St. Jakobus des Älteren, ursprünglich gotisch aus dem 14. Jh., Umbauten 1744–1754 von K. I. Dienzenhofer. Barockkarner. Empirehäuser. Theater.

Josef Seidl (1836–1888) wurde in Rothkosteletz geboren. Er studierte am Braunauer Stiftsgymnasium der Benediktiner und wurde später Professor am Prager deutschen Grabengymnasium. Einer seiner Schüler, der spätere Prager Philosoph und Professor der Deutschen Universität Oskar Kraus († 1942 Oxford), machte Professor Seidl bald nach seinem Abitur im Jahre 1891 zum komischen Helden seines Schülerepos, das als ›Meyeriade‹ in Reclams Universalbibliothek Aufnahme gefunden hat. Egon Erwin Kisch hat in seinem Band ›Prager Abenteuer‹ die Schicksale dieses Gymnasialjahrganges der ›Meyeriade‹ unterhaltsam behandelt.

ČESKÁ KAMENICE (Böhmisch Kamnitz)
Bezirk: Děčín (Tetschen an der Elbe)

St. Jakobskirche, ursprünglich aus dem 14. Jh., neuerrichtet in spätgotischer Zeit nach der Mitte des 16. Jhs. Wallfahrtskirche Mariä Geburt mit Ambitenhof, erbaut von J. Schwarz (1736–1739). Schloß, Hauptflügel im Stil der Frührenaissance aus der 1. Hälfte des 16. Jhs., Zubauten aus späterer Zeit. Über der Stadt Reste der gotischen Burganlage. In der Nähe der Dechantei steht eine mehrhundertjährige Eibe. Im Ortsteil Neudörfel (Nová Ves) befindet sich der Böhmisch Kamenitzer Waldfriedhof.

Neben der Kanzel der St. Jakobskirche befindet sich eine Halbplastik mit der Darstellung eines Mitgliedes des Geschlechtes Schönfeld. Zur Zeit der Rekatholisierung der Stadt wurde die Statue auf der Grabplatte an den Händen stark beschädigt. Im Volksmund wurde die dargestellte männliche Person irrtümlich »Märten Luther« genannt. Eine lokale Überlieferung berichtet, daß der Devastation erst Einhalt geboten wurde, als sich Sprünge im Kirchenschiff zeigten.

In den Jahren 1722–1724 war Alexander Gluck, der Vater des Komponisten Christoph Willibald Gluck (1714–1787), Forstmeister des Grafen Kinský in Böhmisch Kamnitz. Auf Schloß Böhmisch Kamnitz verbrachte der junge Gluck zwei Jugendjahre.

Der Rosenberg bei Böhmisch Kamnitz wird vom Dichter Karl Theodor Körner gerühmt:

> »Es ist in seiner Form und seinem Kolorit so was Herzliches, Treues, Blühendes, daß ich mich ungern von ihm trennte.«

Der jugendliche Antonín Dvořák verbrachte das Schuljahr 1856–1857 in Böhmisch Kamnitz, um die deutsche Sprache zu erlernen.

Böhmisch Kamnitz ist der Geburtsort des deutschböhmischen regionalen Historikers und Ethnographen Anton Paudler (1844–1905). Nach Abschluß seiner Gymnasialstudien trat er in Prag bei St. Thomas in den Orden der Augustiner-Eremiten ein. Seit 1870 lehrte er am Obergymnasium in Böhmisch Leipa als Mittelschulprofessor. Er begründete den »Nordböhmischen Exkursionsklub«, leitete dessen Organ, das ›Nordböhmische Exkursionsblatt‹, seit dessen Gründung im Jahre 1878 bis zu seinem Tod im Jahr 1905. Er trat als einer der ersten deutschen Regionalhistoriker in Böhmen besonders auf dem Gebiet der Volkskunde hervor.

Benešov nad Ploučnicí (Bensen): Stadt mit zwei Schlössern (Abb. 84). Oberes Schloß spätgotisch, im Renaissance-Stil umgebaut. Unteres Schloß im Renaissance-Stil aus dem 16. Jh., Nebengebäude aus der Renaissance. Kirche Mariä Geburt, spätgotisch (1483–1557). Gesamtanlage aus dem Herrschafts- und Einflußgebiet der sächsischen Familie Salhausen.

ČESKÁ SKALICE (Böhmisch Skalitz)
Bezirk: Náchod

Ursprünglich gotische Kirche Mariä Himmelfahrt, barock 1725. Epitaphe für Gefallene aus dem Kriegsjahr 1866 und mehrere Gräber in der Umgebung. Kriegerfriedhof der Gefallenen des Jahres 1866. In der Dresdner Galerie befindet sich das Historiengemälde von G. E. Seydel ›Trauerbotschaft vom Schlachtfelde in Böhmen‹ (1867). Das Bild erinnert an die Schlachtfelder von Böhmisch Skalitz.

Im Raum von Böhmisch Skalitz fand während der Schlacht von Náchod ein Treffen statt. Ein österreichischer Jägerleutnant hat dabei auf einem Hügel den deutschen Dichter Detlev von Liliencron, der als zweiundzwanzigjähriger Sekondeleutnant beim 37. Regiment auf preußischer Seite an der Schlacht teilgenommen hatte, in den Unterleib geschossen. Detlev von Liliencron erzählte oft seinen Prager Freunden, wie er um ein geringes zu den schwarzgelben Fahnen geschworen hätte, ehe er preußischer Offizier wurde. Diese Ereignisse hat Detlev von Liliencron in seiner Autobiographie ›Leben und Lüge‹ (1908) beschrieben.

Die in Wien geborene tschechische Schriftstellerin Božena Němcová besuchte die »Alte Schule« (»Stará škola«) in Böhmisch Skalitz. Sie ist die Verfasserin der in die

Weltliteratur eingegangenen Dorf- und Schloßgeschichte ›Babička‹ (›Großmütterchen‹). Am Marktplatz steht ihr Denkmal von Mořic Černil (1888). Auf ihrem Schreibtisch im Museum steht eine Goethe-Büste, in Biskuit ausgeführt von der Thunschen Porzellanfabrik, ein Geschenk des Physiologen I. E. Purkyně an die Dichterin.

Das Museum in Böhmisch Skalitz (Empire-Gasthof »U Steidlerů«) besitzt eine komplette Sammlung kriegsgeschichtlicher Exponate aus dem Krieg im Jahre 1866 (Katalog, 1966).

ČESKÁ TŘEBOVÁ (Böhmisch Trübau)
Bezirksstadt

Wichtigster ostböhmischer Eisenbahnknotenpunkt zwischen Böhmen und Mähren. Romanische Katharinen-Kapelle auf einer Anhöhe in der Nähe des Bahnhofs.

Im Leben der großen tschechischen Schriftstellerin Božena Němcová spielt Böhmisch Trübau und die nahe gelegene Sommerfrische Hory Matky Boží (Muttergottesberg) eine wichtige Rolle. Eine Badehalle und ein Gasthaus bildeten das bescheidene Milieu eines Kurortes der damaligen tschechischen Gesellschaft des Biedermeier. Die Schriftstellerin verbrachte hier auf Einladung des Augustinerordenspriesters, Philosophen und Professors in Brünn František Matouš Klácel zu Ende des Sommers 1854 in ländlicher Atmosphäre einen unbekümmerten Aufenthalt. Später verbrachte die tschechische Schriftstellerin Tereza Nováková, die Mutter des tschechischen Germanisten und Universitätsprofessors Arne Novák, hier ihren Sommerurlaub.

Am 20. August 1845 befuhr der erste fahrplanmäßige Zug mit den Lokomotiven »Prag« und »Olmütz« die Eisenbahnstrecke Olmütz-Prag über Böhmisch Trübau. Bereits am 4. August 1845 hatte eine Probefahrt mit der Lokomotive »Čechie« (»Bohemiae«) im Beisein von Ing. Jan Perner und Maschinenführer Kašpar auf dieser Strecke stattgefunden.

Ing. Jan Perner war ein Schüler von Professor Fr. M. Gerstner, Rektor der Prager Polytechnischen Lehranstalt, der späteren Technischen Hochschule. Er hat die Teilstrecke von Böhmisch Trübau nach Prag und bis zur böhmisch-sächsischen Grenze projektiert. Die Strecke von Brünn nach Böhmisch Trübau entlang des Flußlaufs der Zwitta (Svitavka) mit 11 Tunnels projektierte der Venetianer Ing. Hermenegild Francesconi. Mit dem Bau wurde im Jahre 1842 begonnen, und die Strecke konnte seit dem 1. Januar 1849 befahren werden. Damit wurde Böhmisch Trübau zu einem wichtigen Eisenbahnknotenpunkt. Ab dem Jahr 1855 wurde die Bahn von einer französischen Firma betrieben, im Jahr 1908 verstaatlichte man sie.

ČESKÉ BUDĚJOVICE (Böhmisch Budweis)
Bezirks- und Universitätsstadt

Durch Jahrhunderte hindurch Kreishauptstadt, südböhmische Metropole.
Seit 1784 Bischofssitz. Um 1265 gegründet von König Přemysl Ottokar II.
auf regelmäßigem schachtbrettartigem Grundriß mit viereckigem Marktplatz
(Náměstí Jana Žižky; Abb. 58), völlig von Laubengängen eingeschlossen.
Gotik-, Renaissance- und Barockbürgerhäuser.
Beachtliche Reste der Stadtbefestigung mit Ravelin.
Monumentaler Merkurbrunnen am Marktplatz, erbaut 1720 von J. Dietrich
mit Brunnen-Masken in Stein als Wasserspeier.
St. Nikolauskirche, ursprünglich gotisch, umgebaut in den Jahren 1641–1649
von J. Cipriani und. F. Canevale, seit der Errichtung des Bistums im Jahre 1784
bischöfliche Kathedrale. Das Interieur der Kirche wurde im Jahre 1971 in Anlehnung
an die Bedürfnisse der Liturgie radikal umgestaltet. Nördlich von der Kathedrale
steht der »Schwarze Turm« (»Černá věž«) (1549–1577) mit einer Aussichtsterrasse,
außerhalb des Kirchenraumes südlich vom Presbyterium der Kathedrale freistehend
die Kapelle »Todesangst Christi« (1727–1736) anstelle einer älteren St. Jakobskapelle,
Deckenmalerei von Johann Adam Schöpf, 1785 säkularisiert und als Lagerraum
verwendet, 1855 von Bischof Jan Valerian Jirsík erneuert.
Domherrenresidenzen mit bürgerlichen Fassaden in der Nähe der Kathedrale.
Das Rathaus (Náměstí Jana Žižky) wurde im Jahre 1555 niedergerissen,
1727 nach Plänen von A. E. Martinelli in seiner heutigen barocken Gestalt erbaut.
Plastiken von Josef Dietrich, Deckenmalerei im Sitzungssaal von J. Adam Schöpf.
Am linken Tor des Rathauses ist der Wiener Ellenstab aus dem 16. Jh. eingemauert.
Bei dem früheren Dominikanerkloster, später Piaristenkolleg und danach
Redemptoristenkolleg, dessen bauliche Anlage mit dem Kreuzgang aus der Zeit
der Stadtgründung herrührt, befindet sich die gotische Klosterkirche Mariä
Opferung (1265–1300) mit einem neugotischen Hochaltar. Die »Fleischbänke«
(»Masné krámy«) aus der Mitte des 16. Jhs. wurden rekonstruiert und dienen bei
Wahrung ihres architektonischen Charakters einer volkstümlichen Gartenwirtschaft.
Am St. Johannis-Friedhof befindet sich die Friedhofskirche St. Johann d. T.
Sehenswert sind außerdem die Lannasche Schiffswerft, ein Empiregebäude
aus der 1. Hälfte des 19. Jhs. (Vltavské nábřeží 317) sowie das Stations-
gebäude der Kopfstation der Pferdeeisenbahn Budweis – Linz (1830).

Aus Böhmisch Budweis stammte Nikolaus Faulfisch (* 2. Hälfte des 14. Jhs.), ein Freund
des Magister Johannes Hus. Er studierte an der Universität in Oxford und besorgte dort
Abschriften der Traktate des John Wiclif, die er nach Böhmen brachte.
  Am Eckhaus des Marktplatzes (Náměstí Jana Žižky 16) befindet sich eine Gedenktafel des Bürgermeisters Andreas Puklice. Inschrift (tsch.):

> »In diesem Hause lebte der Bürgermeister Andreas Puklice ze Vztul, der von
> seinen Gegnern im Mai 1467 erschlagen wurde.«

Die Bischöfliche Residenz (Biskupská residence, Biskupská 2/405) wurde in den Jahren
1763–1769 für das Piaristenkolleg an der Stelle der Lateinschule erbaut. Nach Errichtung des Bistums wurde das Haus zur Bischöflichen Residenz bestimmt (1705, Gedenktafel).
  Das Theater (Ulice Dr. Stejskala), erbaut im Jahre 1819, umgebaut 1919 und 1955,
gehört zu den ältesten Theatergebäuden Böhmens. Am Theater befindet sich die Büste

des dramatischen Dichters und Schauspielers Josef Kajetán Tyl (1808–1856), Autor der tschechischen Nationalhymne. Die Büste erinnert an seine Übersetzung von Goethes ›Mignon‹.

Im Hotel »Zur Glocke« (»U zvonu«, Náměstí Jana Žižky 27/262) haben Wolfgang Amadeus Mozart und seine Ehefrau Konstanze auf ihrer ersten Reise nach Prag logiert.

Im Jahre 1894 kam der damalige Thronfolger Erzherzog Franz Ferdinand von Österreich-Este im Rang eines Generalmajors als Brigadier zur 38. Infanterie-Brigade nach Böhmisch Budweis.

Nach seinem Abitur besuchte der junge Rainer Maria Rilke während einer journalistischen Erkundungsfahrt durch seine Ahnenheimat Südböhmen auch Böhmisch Budweis und wurde in der »Villa Lamezan« (U zimního stadionu 25) von Graf Lamezan empfangen, der eine beachtliche Privatgalerie besaß.

Der St. Otilien-Friedhof mit der Friedhofskapelle ist der gegenwärtige zentrale Begräbnisort der Stadt. Monumentale Grabsteine, Grüfte und Gräber mehrerer Bischöfe (Th.Dr. Říha, Šimon Barta und Th.Dr. Josef Hlouch (1902–1973)).

ČESKÝ DUB (Böhmisch Aicha)
Bezirk: Liberec (Reichenberg)

> Gründung einer Kommende des Johanniter-Ordens im Jahr 1266 durch Gallus von Lemberk, Großprior von Böhmen, Gemahl der heilig gesprochenen Zdislava. Im Jahre 1420 zu einem Schloß umgebaut, 1425 von den Hussiten zerstört. Stadtgründung im 13. Jh. Reste der Befestigungen sind teilweise erhalten geblieben. Letzte Zerstörung im Jahre 1856. Ursprünglich gotische Pfarrkirche des Hl. Geistes aus dem 14. Jh., teilweise 1421 zerstört, im 16. und 17. Jh. erweitert. Spätgotisches Sakristeiportal. Spitalskapelle des Hl. Johannes d. T. (1552–1579). Das Renaissance-Rathaus aus der Zeit um 1560 wurde zuletzt 1907 erweitert. Mariensäule (1723). Die Stadt liegt auf 15° östlicher Länge. Hier läuft der Meridian der Mitteleuropäischen Zeit durch.

Bedřich Smetana besuchte in den Jahren 1859–1860 seine Mutter Frau Barbora Smetanová, die hier seinem verwitweten Bruder die Wirtschaft führte. Hier traf er auch mit seinem sechsjährigen Töchterchen aus erster Ehe, Sophie, zusammen (Komenského ulice 42).

Im Rathaus veranstaltete Smetana am 29. Juni 1859 unter Mitwirkung des örtlichen Gesangsvereins ein Konzert. Er notierte darüber:

> »Ich spielte Kompositionen von Mendelssohn, Chopin, Schumann, Liszt und eigene. Großer Applaus, ich machte zwei Zugaben. Erlös 32 Gulden. Abends trank man mir unten im Gasthaus zu, was ich erwiderte. Erst um halb eins ging ich zu Bett.«

Smetanas Schwester Franziska (Františka) heiratete in das Haus »Na Skalce« ein.

ČESKÝ KRUMLOV (Böhmisch Krumau)
Bezirksstadt

»Er hatte in späten Jahren noch eine große Freude, als sein Sohn Witiko auf dem Fels der Krummen Au, die nun zu Witikos Stamme gehörte, eine Burg zu bauen begann.«
Adalbert Stifter, *Witiko*

Unter der Burg, die erstmalig 1253 erwähnt wird, entstand die Stadt, 1274 erstmals urkundlich nachgewiesen. Zahlreiche Gotik- und Renaissancebauten zu beiden Seiten der Moldau. Städtische Denkmalreservation. Zwingeranlage (Latran). Neben der Prager Burg ist Schloß Krumau die größte Burganlage Böhmens, die im Rahmen einer großzügigen Bautätigkeit der drei einander ablösenden Adelsgeschlechter Südböhmens (Rosenberg, Eggenberg und Schwarzenberg) entstand. Vom 13.–18. Jh. wurde das Hauptgebäude vom Gotik- zum Renaissance-Stil umgebaut. Europaweit bekanntes Schloßtheater (1765–1766), mit szenischer Ausstattung (Kulissen) und Kostümen, sehr alter Fundus. Maskensaal aus dem Jahre 1748 von J. Lederer. Schloßgalerie. Schloßbibliothek und eines der größten Herrschaftsarchive, jetzt Staatsarchiv. Belaria im Park. Sommertheater. Propsteikirche St. Veit (1409–1439) mit Prälatur und Kaplanhaus. Museum mit Stifter-Erinnerungen. Die Adalbert-Stifter-Gedenkstätte im Geburtshaus des Dichters in Oberplan (Horní Planá) ist eine Expositur des Krumauer Museums. Im Saal des 19. Jhs. befindet sich ein Beleg für den Werther-Kult in Böhmen: eine farbige Wachsplastik eines jungen Mannes in zeitgenössischem Kostüm neben einer Urne, einen Totenschädel betrachtend, vermutlich eine Arbeit des Krumauer Bildhauers und Wachsziehers Jan Pták (um 1835). (Abb. 56)

Im Jahr 1424 (auch 1430 erwähnt) wurde auf Schloß Krumau Perchta oder Berta von Rosenberg, die historische »Weiße Frau«, als Tochter des Herrn Ulrich II. von Rosenberg, Oberster Burggraf im Königreich Böhmen, und dessen Ehefrau Katharina Czenková von Wartenberg auf Veselí geboren. Sie starb gemäß Gräberverzeichnis der Schottenkirche in Wien am Pfingsttag nach Marci 1476 in Wien als Witwe des Herrn Hans von Liechtenstein auf Nikolsburg.

Der letzte Agnat des Hauses Rosenberg, Peter Wok (1539–1611), trat die Herrschaft an Rudolf II. ab. Dessen Sohn Don Julius Caesar d'Austria bewohnte das Schloß von 1605 bis 1608. Krumau verblieb bis 1622 im Besitz der Krone.

Die Krumauer Grenadier-Garde war ein Privileg des regierenden Fürsten Schwarzenberg, dem das Prädikat eines Herzogs von Krumau zustand. Die Habsburgischen Herrscher standen drei Standesherren im österreichischen Teil der Doppelmonarchie das Privileg einer uniformierten Garde zu: dem Fürstbischof von Olmütz (seine Garde trat gelegentlich in seiner Sommerresidenz in Kremsier in Erscheinung), dem Grafen Clam-Gallas (seine Garde war zuletzt nur bei Familienbegängnissen zu sehen) und dem Haus Schwarzenberg auf Schloß Krumau (diese Garde überdauerte auch die Erste Republik und den Zweiten Weltkrieg und wurde erst im Jahre 1948 aufgelöst).

Im Königreich Ungarn stand das gleiche Vorrecht dem Fürsten Esterházy zu.

Krumau ist der Geburtsort des evangelischen Schulrektors und Stadtschreibers Kryštof Kulička (* um 1535). Nach dreijährigem Studium in Wittenberg (1553–1556) wurde er Magister. Er wirkte dann sieben Jahre als Schulrektor und später zehn Jahre als Stadtschreiber seiner Vaterstadt.

Das mysteriöse Ende des unnatürlich veranlagten Fürstensohnes Don Julius Caesar d'Austria und die Szenerien des Maskensaales regten Rilke, der Böhmisch Krumau im Frühjahr 1895 besuchte, zu literarischen Arbeiten an. Die Wandmalereien von Joseph Lederer (sig. 1748) inspirierten ihn zu einer Szene in seiner Novelle ›Die Geschwister‹, der einen der ›Zwei Prager Geschichten‹. Die Szene ›In dem großen Maskensaal des Krumauer Schlosses‹ gehört zu den phantasievollsten Motiven Rilkes.

In der Schloßgalerie befindet sich ein Porträt der Wiener Schauspielerin Sophie Schröder (1781–1868), die als ›Medea‹ in der Uraufführung von Franz Grillparzers Drama ›Das goldene Vlies‹ große Erfolge feierte.

Das Vorwerk »Červený Dvůr« (»Roter Hof«) ist das Urbild von Adalbert Stifters »Braunem Hof« in seiner ›Mappe meines Urgroßvaters‹ geworden. Aber auch die schauerliche Groteske des Prager Dichters Gustav Meyrink ›Der Mann auf der Flasche‹ wurde vom Maskensaal des Krumauer Schlosses beeinflußt:

»Aus den Nischen und Loggien strömen die Masken herbei: Harlekins, »Ladies with the rose«, Menschenfresser, Ibisse und gestiefelte Kater, Piquefünfe, Chinesinnen, Don Quijotes und Wallensteinsche Reiter, Colombinen, Bajadeure und Dominos in allen Farben.«

Gustav Meyrink, *Des deutschen Spießers Wunderhorn*

Auch in die deutsche Literatur ist die altertümlich anmutende Stadt mit dem Schloß hoch über der Moldau eingegangen.

Hans Watzlik stellt seine literarische Vedute ›Florian Regenbogner‹ in die Tradition des Eichendorffschen ›Taugenichts‹:

»Florian Regenbogner wusch sich in einem steinernen Becken. Meergötzen schütteten ihm aus ihren Urnen das Wasser auf. Der Dreizackgewaltige drohte hinüber gegen den Berg Schöninger, dessen waldiger Grat eben sich mit Licht bedeckte. Ehe noch die reichen Zierbeete Farben und Feuer völlig entfalteten, stieg der Regenbogner wieder über die Mauer und trabte an grauen Heiligen vorüber durch kühle, hohe Tore schloß nieder. Im Hofe gähnten schläfrig die altväterischen Kanönlein, plumpe Steinkugeln waren davor gehäuft. Ein eisgrauer Grenadier bewachte all den kriegerischen Kram. Er nahm sein Amt nicht leicht; zumal da er den verdächtigen Gesellen daherschlendern sah, zog er das geschulterte Feuerrohr strenger an sich, schritt verwegener auf und nieder, ließ den Schnauzbart flattern und versah die Schildwacht ohne Tadel. Über ein Stiegengäßlein kam der Regenbogner zur Stadt und Fluß hinab. Er schwang sich auf die Brüstung einer Brücke: in der Tiefe schoß die krumme Moldau frisch dahin. Droben in Fels wurzelte waghalsig das Schloß, die Dohlen umjauchzten den Turm, und der Türmer schmetterte seine helle Stundenweise in die vier Winde.«

Hans Watzlik, *Die Abenteuer des Florian Regenbogner*

Der tschechische Maler, Schriftsteller und Folklorist Ludvík Kuba (1863–1956) hat ein Krumauer Medaillon in sein Memoirenwerk aufgenommen:

»Als ich dorthin zum erstenmal mit einem Malergerät in den Hof, der »Gardeplatz« genannt wird, hineinschlüpfte, schrie ich im Geiste auf: »Bomben und Granaten!« Ich stand nämlich Aug in Aug der unverfälschten Wirklichkeit von gähnenden, altertümlichen Geschützen und einem Häuflein bewaffneter Hüter gegenüber, ebenso altertümlich anmutend, was ihr Alter, ihre Mundur und Ausrüstung betraf. An den Gewehrläufen der Gardisten sträubten sich Bajonette und zu Füßen türmten sich ihnen Pyramiden von Geschützkugeln. Die gewollte Rauheit des Bildes war nur gemildert durch die weichen Umrisse der gewaltigen Bärenfellmützen der Grenadiere und die etwas blauen Hosen, die um die dünnen Beine von Krumauer Schustern und Schneidern schlotterten, die sich ihrem Handwerk ab und zu veruntreuten, um sich Verdienste um die Bewahrung des altertümlichen Charakters der denkwürdigen Stadt zu erwerben. Aber auch nach dem Ersten Weltkrieg hat sich dieses Wachspanoptikum erhalten. Throne wankten,

Reiche verschwanden von der Landkarte, die Welt wurde von Grund auf umgekehrt – nur das stille Krumau blieb fest und friedlich, gleich einem Wunder im Kosmos.«

Ludvík Kuba, *Zašlá paleta, Paměti*

Den Reigen literarischer Tagebuchblätter und Reiseskizzen aus dem Kreise der Bewunderer dieser Stadt soll Karel Čapek beschließen:

»Ich weiß nicht, wieviel mal sich hier die Moldau wendet, bevor man die Stadt durchmessen hat, wobei man sich nach Möglichkeit geradwegs hält, überschreitet man sie etwa fünfmal und jedesmal wundert man sich, daß sie es so eilig hat; wieviel Bewohner Böhmisch Krumau hat, weiß ich auch nicht, aber 24 Wirtshäuser, drei Kirchen, ein Schloß besitzt die Stadt, dafür ein ganz großes, zwei Tore und dazu die schwere Last von Denkmälern. Eigentlich ist die ganze Stadt ein historisches Denkmal und man erinnert sich hier an Siena oder Stirling und andere berühmte Städte. Wohin man sich kehrt, überall malerische und altertümliche Winkel und ruhmvolle Vergangenheit.«

Zu den Bewunderern dieser Stadt gehörte auch der prominente österreichische Maler, Grafiker und Zeichner Egon Schiele (1890–1918). Der Künstler verbrachte längere Zeit in Böhmisch Krumau. Schiele, der von Klimt und der Wiener Sezession stark beeinflußt ist, gehört zu dem Kreis der Expressionisten. In den neunziger Jahren dieses Jahrhunderts wurde im einstigen Bräuhaus eine Gedenkstätte und eine Galerie mit seinen Werken eröffnet.

Die erste farbphotographische Ansichtskarte, die mittels eines neuen Verfahrens von der autochromen Platte übertragen wurde, stellt Schloß Böhmisch Krumau im Jahre 1910 dar. Ihr Autor war der Pionier der tschechischen Farbphotographie, Ing. Dr. Karel Šmirous.

In Böhmisch Krumau wurde am 6. Februar 1990 die tschechische Adalbert-Stifter-Gesellschaft gegründet.

DALOVICE (Dallwitz)
Bezirk: Karlovy Vary (Karlsbad)

Schloß aus dem 19. Jh., unweit davon Reste einer gotischen Feste.

Während eines Genesungsaufenthaltes im Jahre 1813, den der Dichter Karl Theodor Körner (1791–1813) bei seiner mütterlichen Freundin Elisa von der Recke in Karlsbad verbrachte, war er als Gast oft auf Schloß Dallwitz. Im Schloßpark steht die nach ihm benannte Körner-Eiche und nahe davon das Standbild Karl Theodor Körners, ein Metallguß in den Formen der Wiener Sezession von dem akademischen Bildhauer Ludwig Tischler (sig. 1914). Den Abguß stellte die Firma A. Milde u. Co. in Dresden her. Inschrift am Sockel (dt.): »K. Theod. Körner 1813–1913«.

DĚČÍN (Tetschen an der Elbe)
Bezirksstadt

Ursprünglich Přemyslidenburg, erstmals im Jahre 1128 erwähnt, umgebaut im 16. Jh. zu einem Renaissance-Schloß, später frühbarock umgebaut in den Jahren 1670 und 1790 (Abb. 85), spätbarocker Rosengarten mit barocken Skulpturen. Zufahrt zum Schloß, sogenannte »Lange Fahrt« mit Portal aus dem Jahre 1672. In der Stadt zwei Kirchen, barocke Hl. Kreuzkirche (1687–1691) und St. Wenzel und Blasius (1754–1778). Mehrere Häuser mit Renaissance-Portalen.
Auf dem Marktplatz stand eine Loretokapelle, unter Joseph II. abgerissen.
Das Rathaus wurde in den Jahren 1844–1846 nach Plänen von Prof. Bernhard Grueber erbaut. Schloß und Herrschaft waren lange im Besitz des Hauses Thun-Hohenstein. Im Stadtteil Podmokly-Osek pseudogotische Kapelle St. Johann von Nepomuk mit der Gruft der fürstlichen Familie Thun-Hohenstein, erbaut von J. Mocker nach Plänen von J. J. Schmidt (1869–1971).

Karl Theodor Körner reiste zu Schiff elbeaufwärts von Aussig nach Tetschen und vergnügte sich in einem Rundtempel am Elbufer:
»Bald war das Thal weiter, und kleine Dörfer standen an den freundlichen Ufern; bald schloß es sich enger zusammen, und wir schienen von Felsen umringt zu sein. So wechselte es mit ewig neuen Reizen. Wir hielten unseren Mittag auf der Gondel, und das Ungewohnte und so höchst Liebliche einer längeren Wasserfahrt versetzte mich bald in eine frohe Stimmung. Endlich gewahrten wir die Türme des Tetschner Schlosses, wir kamen näher, und es stand in seiner ganzen Pracht vor uns. Auf einem hohen Felsen ragt es über die Stadt empor, die man vorher gar nicht gewahr wird. Es war ein köstlicher Augenblick, als unser Schiff um eine Felsenecke herumbog und nun all die Schönheit so offen vor uns lag. Als wir ausgestiegen waren, gingen wir auf's Schloß hinauf, von wo man eine himmlische Aussicht in's Land hinein hat. Was mich am meisten ergriff, war der Anblick des Rosenberges. Es ist in seiner Form und seinem Colorit so was Herzliches, Treues, Blühendes, daß ich mich ungern von ihm trennte. Der Schloßgarten ist recht zierlich; am meisten aber behagte mir darin der Pavillon, an dem unten die Elbe vorbeirauscht. Es war ein buntes, munteres Treiben und Leben an dem Ufer, mehrere Schiffe lagen vor Anker, und wir alle saßen mit Vergnügen unter dem freundlichen Dache, bis wir endlich an die kühle Abendluft erinnert wurden und zurückzugehen gezwungen waren.«

Im Jahre 1835 war Frédéric François Chopin (1810–1849) Gast auf Schloß Tetschen und widmete seinen Gastgebern, der Familie Thun-Hohenstein, einen Walzer auf einem Albumblatt.

1847 befand sich im Tetschener Schloßgarten eines der größten Kamelienhäuser Böhmens.

Unter der Leitung des Obergärtners Franz Jost gelangte der Tetschener Schloßgarten besonders aufgrund der hier vorhandenen Orchideen zu Berühmtheit. 1852 blühte dort im Glashaus die erste Victoria Regia auf dem Festland.

Franz Graf von Thun, Referent für Kunstangelegenheiten im k.k. Ministerium für Kultur und Unterricht, hat die für die Kunst- und Denkmalpflege wichtige Schrift ›Vorschläge zur Reorganisierung des öffentlichen Bauwesens in Österreich‹ (Prag 1861) veröffentlicht.

In der Nähe des Schlosses befindet sich das Geburtshaus von Miroslav Tyrš (* 17. 9. 1832 † 8. 8. 1884), tschechischer Universitätsprofessor und Begründer des Sokol.

Im jetzigen Stadtteil, der früheren selbständigen Stadtgemeinde Podmokly (Bodenbach), steht der Grenzbahnhof, genannt Ostbahnhof, ein in den Formen der Neurenaissance ausgeführter Bahnhofsbau der Nordwestbahn aus dem Jahre 1851.

In der Nähe des Bahnhofes steht das Hotel, in dem sich am 23. und 24. Januar 1915 Franz Kafka und Felice Bauer nach ihrer Entlobung trafen.

Auf dem Gebiet der Doppelstadt Tetschen-Bodenbach befinden sich drei historische Brücken, die von M. J. Brokoff erbaute Spätrenaissancebrücke mit Plastiken über den Polzen-Fluß, die frühere Schäferbrücke (Ovčí most) aus dem Jahr 1620 und ein Steg als Kettenbrücke beim Schloß aus dem Jahr 1831.

Zu Beginn der fünfziger Jahre des 19. Jahrhunderts wurde im Liebwerd an der Straße nach Bensen (Benešov nad Ploučnicí) auf einem herrschaftlichen Meierhof eine Höhere Landwirtschaftliche Lehranstalt begründet, die den Rang einer Landwirtschaftlichen Hochschule erlangte.

> **Ludvíkovice (Lossdorf):** An der Straßenkreuzung nahe der Straße nach Tetschen (Děčín) steht ein Obelisk mit der Inschrift (dt.):
> »Zur Erinnerung an die Aufhebung der Robot am 7. September 1848 und an den Vorkämpfer für dieselbe, Dr. Hans Kudlich. Errichtet 1892«
>
> **Tolštejn (Tollenstein):** Auf steilem Gipfel gotischer Burgruine vom Anfang des 14. Jhs., neubefestigt um 1500. Ruine seit dem Brande im Jahre 1642. Während seines Sommeraufenthaltes in Schönfeld (Tuchomyšl) in Nordböhmen im Jahre 1892 hat der jugendliche Rainer Maria Rilke eine Ballade vom Tollenstein geschrieben, die mit den Versen beginnt:
> »Es war vor alten Zeiten / ein Herr auf Tollenstein, / dem ein Gemahl zur Seiten stand, / jung und hold und fein...«

DEŠTNÁ (Deschtna)
Bezirk: Jindřichův Hradec (Neuhaus)

> Frühgotische Pfarrkirche St. Otto aus der Mitte des 13. Jhs., Presbyterium nach 1380, gotische Madonna aus dem Kreis der Südböhmischen Madonnen. Quellen-Kapelle St. Johann d. T., seit 1599 Heilbad. Bohuslav Balbín erwähnt Deschtna gleich nach Karlsbad und Teplitz.

Auf dem Vorwerk Neuhof (Nový Dvůr) starb am 24. Dezember 1799 der Begründer der deutschen Komischen Oper Karl Ditters von Dittersdorf (1739–1799). Sein Grab befindet sich unter einem Sandsteinobelisk auf dem Friedhof in Deschtna. Ein Gußeisenkreuz neben der Grabstelle trägt die vom tschechischen Historiker Josef Klik verfaßte Inschrift (tsch.):

> »Hier ruht Karl Ditters von Dittersdorf ein hervorragender deutscher Komponist und Mitbegründer der deutschen Oper.
> Geboren am 2. XI. 1739, gestorben am 24. XII. 1799 in Nový Dvůr, wo er zwei Jahre als Gast von Ignaz Stillfried verlebt hatte.«

Hier und auf Schloß Červená Lhota (Rothlhota) diktierte Ditters von Dittersdorf in seinen letzten Lebenstagen seine Autobiographie. Sie schließt mit dem erschütternden Bericht über die Krankheit und die völlige Mittellosigkeit in seinen letzten Lebensjahren. Ignaz Freiherr von Stillfried auf Rothlhota im Táborer Kreis richtete damals an Ditters die Aufforderung, seine Tage bei ihm zu beschließen. Ditters berichtet davon in seiner Lebensbeschreibung:

«Ganz unvermutet erhielt ich von ihm [gemeint ist Ignaz Freiherr von Stillfried. Anm. d. Verf.] folgendes tröstliche Schreiben:
Ich habe Ihre betrübte Lage erfahren. Auf meiner Herrschaft, die ich mir in Böhmen gekauft habe, habe ich drei Wohnhäuser. Kommen Sie mit Ihrer Familie in meine Arme. Verhungern will ich Sie samt Ihrer Familie nicht lassen, und wir wollen unser Leben beisammen beschließen.«
Karl Ditters von Dittersdorf, *Lebensbeschreibung, seinem Sohne in die Feder diktiert*

Karl Ditters von Dittersdorf ist als Romangestalt in mehrere Werke eingegangen: Fr. Kaminsky, ›Der Bischofs Kapellmeister‹ (1926); Hedwig Teichmann, ›Ein Stern zieht seine Bahn‹ (1937); E. Ott, ›Musik im Schloß‹ (1956).

DOBŘÍŠ (Dobrschisch)
Bezirk: Příbram (Prschibram)

Barockes Schloß (1745–1765, Jules Robert de Cotte und G. Servandoni), Malereien (J. P. Molitor), Plastiken (I. F. Platzer) und barocke Parkanlage (»Böhmisches Versailles«). (Abb. 112)

In den Jahren 1853–1860 wirkte in Dobrschisch Siegfried Kapper (1820–1879) als Arzt. Er erlangte Berühmtheit als Dichter sowie als Vermittler und Übersetzer slawischer Volkspoesie. Kapper ist der Schwager des deutschböhmischen Dichters und »Achtundvierzigers« Moritz Hartmann. Am einstigen Wohnhaus des Dichters (Mírové náměstí 43) befindet sich eine Gedenktafel. Inschrift (tsch.):

»Haus Nr. 43. In diesem Hause wohnte MUDr. Siegfried Kapper, deutschböhmischer Dichter und Schriftsteller, der in den Jahren 1854–9 Stadtarzt in Dobrschisch gewesen. Geboren am 21. 3. 1820 in Prag-Smíchov, starb er am 7. 6. 1879 in Pisa in Italien.«

Wenige Wochen nach seiner Rückkehr von seinem einzigen Aufenthalt in Prag (14. – 24. 6. 1865) erhielt Adalbert Stifter von seinem Jugendfreund, dem böhmischen Aristokraten Joseph Colloredo-Mannsfeld, eine Einladung auf das Schloß Dobříš:

»Die Meinigen habe ich vor 8 Tagen gesund und wohl in Opočno verlassen und hoffe sie in weiteren 8 Tagen wieder ebenso in Dobrschisch zu finden. Von dort ist es nicht weit zu Deinem jetzigen Aufenthalte. Es wäre recht schön, wenn Du uns dort besuchen wolltest. An Waldesluft soll es Dir dort nicht fehlen. Vom 10ten bis Ende September findest Du uns dort.«

Der Besuch Adalbert Stifters auf Schloß Dobříš unterblieb, wie manche von Stifter geplante Reise – wohl vor allem des leidigen Geldes wegen.

Schloß Dobříš war seit Ende des Zweiten Weltkriegs Gästehaus der Tschechoslowakischen Schriftsteller und Begegnungsort für Literaten aus aller Welt.

DOKSANY (Doxan)
Bezirk: Litoměřice (Leitmeritz)

Prämonstratenserinnenkloster, um 1144 vom böhmischen Herzog Wladislav II. (dem späteren König) und seiner Gemahlin Gertrud begründet und dem Prager Kloster Strahov unterstellt. Im Frauenkloster Doxan wurde die jugendliche Prinzessin Agnes, die spätere Äbtissin und Gründerin des Agnesklosters in Prag, die Hl. Agnes von Böhmen, erzogen. 1782 wurde das Kloster säkularisiert. Herrschaft und Gebäude gingen in den Besitz der Familie Lexa von Aerenthal über. Die Klosterkirche Mariä Himmelfahrt ist bis heute ein Titularpriorat mit Propstei von Strahov mit ursprünglich romanischer Krypta, barockisiert in der 1. Hälfte des 18. Jhs., die Klostergebäude im 17. und 18. Jh. barockisiert.

Im Klosterhof steht ein barocker, figural reich gegliederter Brunnen mit Bildnisplastiken des Königs Wladislav von Böhmen und seiner Gemahlin Gertrud, einer Tochter des Babenbergischen Markgrafen Leopold III. von Österreich (um 1075–1136), Stifter von Klosterneuburg und Heiligenkreuz und später heiliggesprochen.

In der Familiengruft ruht der österreichisch-ungarische Außenminister, Baron (später Graf) Alois Lexa von Aerenthal (* 27. 9. 1854 † 17. 2. 1912), führender Diplomat der außenpolitisch bewegten Epoche der Okkupation Bosniens und Herzegowinas.

»Baron Lexa, mit seinem zweiten Namen Aerenthal benannt, entstammt einer böhmischen Adelsfamilie. Er hat in Prag und Bonn studiert und begann seine eigentliche diplomatische Laufbahn als Präsidialchef im Ministerium des Äußeren. 1898 wurde er auf den wichtigsten Botschafterposten, nach Petersburg, gestellt.«
Karl Tschuppik, *Franz Joseph I. Der Untergang eines Reiches*

DOLNÍ DVOŘIŠTĚ (Unterhaid)
Bezirk: Český Krumlov (Böhmisch Krumau)

Spätgotische zweischiffige Pfarrkirche St. Ägidius, 1279 urkundlich erwähnt, beendet vermutlich von 1488–1507, eine der beachtenswertesten spätgotischen Rosenbergischen Hallenkirchen Südböhmens. In der Nähe Reste des Oberbaus der ersten Pferdebahn aus dem Jahre 1830, die von Böhmisch Budweis nach Linz führte.

Im alten Postmeisterhaus am Marktplatz nahe der Kirche wurde am 16. Februar 1879 der deutschböhmische Schriftsteller Hans Watzlik als Sohn des örtlichen Postmeisters geboren. Er besuchte die Prager Lehrerbildungsanstalt, wirkte als Lehrer an mehreren Orten Böhmens, bevor er sich in Neuern (Nýřany) niederließ (1921–1945).

Hans Watzlik ist Träger des tschechoslowakischen Staatspreises für deutsche Literatur (1931). Der Staatspreis wurde ihm für seinen Roman ›Der Pfarrer von Dornloh‹ verliehen. Seit 1945 lebte er bei Regensburg. Watzlik starb am 24. 11. 1948 auf Gut Tremmelshausen bei Regensburg und liegt auf dem oberen katholischen Friedhof in Regensburg begraben. Gedenktafel auf Gut Tremmelshausen.

Schauplatz der Handlung seines Romans ›St. Günther in der Wildnis‹ ist die Waldlandschaft von Regensburg. Watzlik zu Ehren wurde im Jahre 1950 ein Waldstück an der

Grenze zwischen Bayrisch Eisenstein und dem Zwiesler Waldhaus nach ihm benannt. An seinen letzten Wohnsitz erinnert die »Watzlik-Kapelle« (Totenbrett) bei Gut Tremmelshausen. Er war ein namhafter Vertreter des vom nationalen Erlebnis der »Böhmerlandbewegung« beeinflußten deutschböhmischen Heimatromans. Beeindruckt vom Prag-Erlebnis seiner Studienzeit hat Hans Watzlik jedoch nie nationalpolitische Motive in chauvinistischer Tendenz ausgetragen. Frühe Werke: ›O Böhmen‹ (1917), ›Im Ring des Ossers‹ (1913). Später geht Watzlik zu Erzählung und Novelle über. Seine beste Bauernerzählung ist ›Die Roßkirche‹. ›Der Pfarrer von Dornloh‹ wurde gern gelesen und auch ins Tschechische übersetzt.

Sein Großvater mütterlicherseits, Michel Weilguny, war als Postillon jahrelang zwischen Kaplitz und Freistadt in Oberösterreich unterwegs.

DOLNÍ LUKAVICE (Unter Lukawitz)
Bezirk: Plzeň-Jih (Pilsen-Süd)

Barockschloß (1708), vermutlich vom Pilsner Architekten Jakob Auguston erbaut. Illusionistische Wandmalereien in der Schloßkapelle von Julius Lux (1727), Hauptaltar von L. Widmann (um 1725). Schloßpark nach Plänen von J. Ferdinand Schorr in der 1. Hälfte des 18. Jhs. angelegt.

In den Jahren 1758–1760 wirkte Joseph Haydn (1732–1809) als Kammer-Komponist und Hausmusik-Direktor des Grafen Karl Josef Morzin auf Schloß Lukawitz. Er komponierte hier im Jahre 1759 seine erste Symphonie, genannt die Böhmische oder Lukawitzer Symphonie.

»Zweihundert Gulden, freie Wohnung, Verköstigung und Wein – das ist Haydns Jahresgehalt im gräflichen Schloß Lukawec bei Pilsen. [...] Zum Glück erwies sich das gräfliche Haus Morzin als eine ruhige friedliche Stätte. Das Haydn anvertraute Orchester bestand aus fünfzehn Personen. [...] Um diese Zeit schrieb er seine erste, die D-Dur-Sinfonie, deren Partitur erst nach sieben Jahren veröffentlicht wurde.«
Jenö Wigh, *Wenn Haydn ein Tagebuch geführt hätte*

1721 war der Instrumentalkomponist Johann Friedrich Fasch (* 15. 8. 1668 Buttelstedt bei Weimar † 5. 12. 1758 Zerbst) – von Johann Sebastian Bach hochgeschätzt und an verschiedenen Höfen tätig – Kapellmeister des Grafen Morzin auf Schloß Lukawitz. Fasch gilt als Vorläufer von Stamic und der Wiener Klassiker.

Chotěšov (Choteschau): Prämonstratenserinnenkloster, dem Männerkloster Tepl unterstellt, begründet zu Anfang des 13. Jhs. vom Sel. Hroznata und seiner Schwester Vojslava. 1782 säkularisiert, später von Selesianerinnen besiedelt. Ursprünglich gotische Klosterkirche Mariä Geburt, zu Beginn des 18. Jhs. barockisiert. Prälatur Spätrenaissance aus den Jahren 1615–1618, barocker Konvent (1734–1756, Jakob Auguston).

DOMAŽLICE (Taus)
Bezirksstadt

Gegründet nach 1260 von Přemysl Ottokar II. als königliche Stadt an der Zollstraße als Zollstation. Erhalten geblieben sind das Untere Tor aus dem 3. Viertel des 13. Jhs. und die Burg aus der gleichen Zeit (walzenförmiger Turm), im 18. Jh. zu einem barocken Schloß umgebaut, jetzt Museum.
Die Kirche Mariä Geburt zur Zeit der Stadtgründung erbaut, barock umgebaut in den Jahren 1751–1756 von Jan Záhořík. Gotischer Turm auf ringförmigem Grundriß beherrscht das Stadtbild. Städtische Denkmalreservation mit reichem Bestand an Gotik-, Renaissance-, Barock- und Empire-Bürgerhäusern. Mittelpunkt des Chodenlandes, einer ethnographisch reichen Landschaft der »Grenzhüter« Böhmens im Westen.

Balthasar von Domažlice war im Jahre 1348 der erste Lehrer der Medizin an der neugegründeten Prager Universität.

Am Laurenziberg (Vavřineček) finden alljährlich im August aus Anlaß des Kirchweihfestes volkskundlich bedeutende Kundgebungen statt.

Horšovský Týn (Bischofteinitz): In der Nähe eines slawischen Burgwalles (um das 10. Jh.) möglicherweise aus der Dynastie der Slawninkinger, frühgotische Burg der Prager Bischöfe aus den Jahren 1270–1280. In den Jahren 1547–1560 wurde von Johann d. J. von Lobkowicz ein großes Renaissanceschloß (Architekt Augustin Galli) gebaut. Spätgotik-, Renaissance-, und Barockbürgerhäuser und zwei frühgotische Kirchen aus dem 13. Jh. (St. Apolinarius und St. Peter und Paul). Städtische Denkmalreservation. In Bischofteinitz lebte in den Jahren 1547–1571 der slowakische Dichter Jan Silván, der als erster Dichtungen in seiner Muttersprache geschrieben hat. Bischofteinitz ist der Geburtsort des österreichischen Mathematikers und Astronomen Joseph Johann Littrow (1781–1840), 1807 Direktor der Sternwarte in Krakau, 1810 in Kasan, dann in Ofen und 1817 Professor und seit 1819 Direktor in Wien.

Pivoň: Ehemaliges Augustiner-Eremitenkloster (13. Jh.), 1420 gegründet, 1595 und 1733 umgebaut, 1785 säkularisiert. Klosterkirche Mariä Verkündigung, 1686 barockisiert.

Stráž u Domažlic (Hochwartl): Alter Wachort der Choden, Grenzhüter im Westen des Königreichs. Das Dorf ist als Landschaftskulisse in Božena Němcovás Erzählung ›Pohorská vesnice‹ (›Das Dorf im Gebirge‹, 1856) eingegangen.

Chalupy (Friedrichsthal) bei Všeruby (Wscherau): Am 10. Juni 1816 wurde hier der Schriftsteller Joseph Rank (1816–1896) geboren. Rank besuchte das damals deutschsprachige Gymnasium von Klattau. Im Jahre 1848 war er für die Deutschen des Bezirkes Buchofteinitz (Horšovský Týn) Abgeordneter im Frankfurter Parlament der Paulskirche.

DUCHCOV (Dux)
Bezirk: Teplice (Teplitz)

Ursprünglicher Name Hrabišín, als Stadt gegründet 1250. Renaissanceschloß, barock erweitert um 1700. Schloßkirche Mariä Verkündigung erbaut 1700 von M. A. Canevale. Im Schloß Malereien von V. V. Reiner und Plastiken von M. B. Braun. (Abb. 90)

Das Eckhaus auf dem Stadtplatz (Náměstí 1. Máje) in Dux ist das Geburtshaus des tschechischen Komponisten Fr. X. Parč. Gedenktafel. Inschrift (tsch.):

>»In diesem Hause wurde am 30. Januar 1760 František Xaver Parč geboren.
>Er starb am 6. April 1822 in Prag.«

In Dux wurde am 18. 3. 1784 der Tepler Prämonstratenser Stanislaus Joseph Zaupes geboren († 1850). Er war als Chorherr und Studienpräfekt an der Lehranstalt seines Ordens in Pilsen tätig. Zaupes gehörte zu Goethes böhmischem Freundeskreis.

Beethoven hat Dux besucht. Ein Beethoven-Denkmal (1968) erinnert an seinen Aufenthalt im Jahre 1812.

In einer Gasse (Husova 13), die vom Stadtplatz abgeht, befindet sich an einem Bürgerhaus, das von einem Ecce-Homo-Relief geschmückt ist, eine Gedenktafel, die an den Aufenthalt des österreichischen Feldherrn Graf Joseph Radetzky erinnert. Inschrift (dt.):

>»In diesem Hause wohnte im Jahre 1813 der k.k. Generalstabs-Chef und
>Hofkriegsrath Feldmarschall-Leutenant Graf Josef Radetzky, der nachmalige
>berühmte Feldmarschall und glorreiche Heerführer von dem der Dichter singen
>konnte: ›In deinem Lager ist Österreich.‹«

Der »Duxer Viadukt«, Schauplatz eines mit Polizeigewalt am 5. Februar 1931 niedergeschlagenen Streiks, ist in die Geschichte der internationalen Arbeiterbewegung eingegangen. Seit 1962 ist der Viadukt nationales Kulturdenkmal.

Dux ist in die europäische Literatur eingegangen. Drei große Namen der deutschen Literatur, zugleich Nomina illustra der Weltliteratur, sind mit Dux verbunden.

Der erste, Walther von der Vogelweide, ohne Zweifel der größte Lyriker des deutschen Mittelalters, geboren zwischen 1160 und 1170, war 1190 ein Schüler des Minnesängers Reinmar am Wiener Hof der Babenberger. Walther war ein oft gesehener und gefeierter Gast an den deutschen Fürstenhöfen, zeitweilig auch am Kaiserhof. Sein Ruhm erstrahlte auf der thüringischen Wartburg. Sein poetisches Repertoire umfaßt eine Fülle von Poesie, von innigen Liebesliedern im Ton des Volksliedes über höfische Poesie des Minnesanges bis zu politischer und polemischer Lyrik aus der unruhevollen Zeit der Kreuzzüge.

Die einzige verläßliche urkundliche Nachricht – eine Rechnung des Bischofs Wolfger von Passau vom 12. November 1203 über ein Geschenk im Werte von 5 Solidi zum Ankauf eines Pelzes für den Dichter – zeugt von Walthers bürgerlicher Identität. Er starb um 1230, und seine sterblichen Überreste wurden der Überlieferung zufolge im Kreuzgang des Neumünsters zu Würzburg beigesetzt.

Sein Namensprädikat »von der Vogelweide« weist auf eine Herkunft und Örtlichkeit, die im deutschen Sprachraum mehrmals vorkommt. Eine Vogelweide bedeutet in lateinischen Texten des Mittelalters soviel wie »Aviarium« – demnach ein Hof oder ein Anwesen, wo Vogelfang für das edle Waidwerk gepflegt wurde. Die Literaturgeschichte kennt im deutschen Sprachgebiet mindestens vier Höfe ähnlichen Namens. Auch in den böhmischen Ländern kommen vereinzelt aus der Zeit der Kolonisation Ortsbezeichnungen wie Vogelweide, Vogelwiese und Vogelsteig vor – auch in Dux, wo im Jahre 1389 ein sogenannter Vogelweidhof, ein Lehen der Herren von Riesenburg bestand und eine Familie gleichen Namens bis in das 16. Jahrhundert ansässig war. Sogar der Vorname Walther tritt hier auf.

Noch im 15. Jahrhundert behauptet eine bestimmte Meistersingertradition in Böhmen eine böhmische Herkunft Walthers. Unbestritten jedoch war sein Aufenthalt am Prager Hof König Wenzels I., und dies läßt wohl auch den Schluß zu, daß Walther sich nicht ausschließlich in Prag, sondern auch auf einem königlichen Jagdhof, dem späteren Dux, möglicherweise sogar bei Angehörigen seines Geschlechts, aufhielt.

1910 wurde dem Minnesänger von den deutschen Bewohnern von Dux ein Denkmal errichtet, eine Arbeit des Bildhauers Heinrich Scholz.

Unbestritten, wenn auch in Einzelheiten bisher nicht völlig aufgehellt, ist der Aufenthalt von Friedrich Schiller in Dux. Während seines einzigen Aufenthaltes in Böhmen zu Anfang Juli 1791 verweilte Schiller in Karlsbad, wo er nach einer schweren Erkrankung Heilung suchte. Von hier aus besichtigte er während der Vorbereitungen zu seiner dramatischen Wallensteintrilogie die Denkmäler von Eger. In Karlsbad nahm er eine Einladung des Besitzers der Fideikommißherrschaft Dux, des Grafen Josef Karl Emanuel Waldstein, an. Wahrscheinlich begab sich der Dichter im August dieses Jahres nach Dux, wo ihm der Zutritt zur Bibliothek und zum Archiv sowie zu den Sammlungen des Hauses ermöglicht wurde. Obwohl darüber keine Nachricht vorliegt, darf mit größter Wahrscheinlichkeit angenommen werden, daß Schiller im Schloß Logis bezog und daß ihm als Cicerone der ständige Gast des Grafen, Jacob Casanova, zur Verfügung stand.

Der tschechische Historiker Josef Svátek hat die wahrscheinlich zwischen Schiller und Casanova in Dux stattgefundene Begegnung in seinem Werk ›Kulturhistorische Bilder aus Böhmen‹ eingehend behandelt.

Es ist heute bereits so gut wie erwiesen, daß Friedrich Schiller von Dux aus inkognito zur Zeit der Krönungsfeierlichkeiten um den 6. September 1791 einen Ausflug nach Prag unternahm.

Vor der Niederschrift des ›Wallenstein‹ besuchte Schiller mit dem ihm eigenen Hang zur Gründlichkeit aller Wahrscheinlichkeit nach nicht nur Eger, Dux und Prag, sondern auch weitere Örtlichkeiten Waldsteinischer Aufenthalte in Böhmen, wie etwa Gitschin und das Milieu seines Fürsten Piccolomini in Náchod.

Dafür kennen wir weitaus genauere Einzelheiten, wenngleich mitunter mehr zufällig aneinandergereiht, über Goethes Beziehungen zu Dux.

Sicher war Goethe bereits während seines ersten Teplitzer Aufenthaltes die Arbeit des geistreichen Prinzen de Ligne über den hervorragenden Schloßpark von Dux bekannt. Bei seinen Ausflügen nach Turn, Eichwald, Bilin, Graupen, Mariaschein, Aussig, Osseg und Klostergrab, lernte Goethe Dux bald näher kennen. Am 2. September 1812 soll Goethe bei einem Pferderennen, das Fürst Clary bei Dux veranstaltet hatte, eine Wette verloren haben, die er scherzhaft in einem Gedicht feiert. 1813 war Goethe wieder in Dux und versäumte nicht, das Schloß und den Schloßpark zu besichtigen. Als Beobachter minuziöser Einzelheiten erwähnt er seinen Aufenthalt auf Schloß Dux in seiner Schrift ›Aus Teplitz, 1813‹:

»Im Schloß Dux sind die Zimmer, seitdem eine Unzahl dieses Frühjahr aufgelebter und sogleich wieder verdursteter Fliegen weggekehrt werden, reinlich genug; auch die Museen und Sammlungen sehen etwas reinlicher und abgestaubter aus als sonst, weil einer Frau das Amt eines Kastellans und Konservators übertragen wurde. Um ein paar moderne Bronzen habe ich den Besitzer, wie schon vormals, beneidet. Es sind fußhohe, der Antike nachgebildete Zentauren. Die Menschen- und Pferdenatur ist sehr wohl verstanden, die Bewegung heftiger, das Detail ausführlicher, als es ein Alter würde gemacht haben. Der Künstler hat seinen Namen an eine unscheinbare Stelle gesetzt, sich aber den Spaß gemacht, noch an die Hauptseite der Vase wunderliche griechische Namen einzugraben.«

Wenn wir über Goethes persönliche Beziehungen zu Dux sprechen, ist sicher nicht ohne Interesse zu vermerken, daß sein enthusiastischer Bewunderer Pater Josef Stanislaus Zauper (1784–1850), Autor einer unter dem Eindruck Goethescher Poesie entstandenen Poetik (›Grundzüge zu einer deutschen theoretischen und praktischen Poetik aus Goethe Werken‹), Tepler Regularkanoniker, Prämonstratenserpriester, Präfekt und Professor am Gymnasium in Pilsen, ein gebürtiger Duxer war.

Von 1785–1798 war der Schriftsteller Giovanni Jacopo Casanova de Seingalt (* 1725 Venedig † 1798 Dux) Bibliothekar beim Grafen Josef Karl Waldstein-Wartenberg und seinem Erben Franz Adam Waldstein auf Schloß Dux. Hier schrieb er auch seine ›Memoires‹. Im Park befindet sich eine Casanova-Statue vom Ende des 18. Jahrhunderts.

Ein zeitgenössischer Bericht über Casanovas Wirken als Bibliothekar in Dux stammt von Baron Linden, der diese Episode in einem Reisewerk anläßlich seiner Reise von Wien nach Dux beschreibt (›Gesammelte Schriften physisch-technisch-chemischen Inhalts, als eine Fortsetzung der Auszüge aus meinen Tagebüchern von Maximilian Josef Freiherr von Linden, k. k. Administrationsrat der Temeswarer-Banatischen Landesadministration‹).

Der gebürtige Duxer tschechische Germanist Vítězslav Tichý hat in seiner Monographie ›Casanova v Čechách‹ (›Casanova in Böhmen‹) die letzten Lebensjahre des Abenteurers eingehend behandelt. An der St. Barbarakapelle befindet sich über der vermeintlichen Grabstätte Casanovas auf dem alten (aufgelassenen) Friedhof eine in die Außenwand eingelassene Grabplatte mit der Aufschrift:»Jakob Casanova, Venedig 1725 – Dux 1798«.

Stefan Zweig geht in seinem Buch ›Drei Meister‹ (1920) biographisch auf das Casanova-Thema ein. Die deutschböhmischen Dichter Hans Watzlik, Josef Mühlberger und Paul Wiegler haben Casanovas Aufenthalt in Dux poetisch behandelt; Watzlik in der Ballade ›Casanova in Dux‹, Josef Mühlberger in der Erzählung ›Casanovas letztes Abenteuer‹ und Paul Wiegler in seinem Essay-Band ›Figuren‹.

»Dann sitzt er eines Tages in der Postkutsche und erwacht in Dux, dem »böhmischen Chautilly« zwischen dessen Steinen das grüne Gras wächst! [...] Zwei nach dem Schloßpark zu gelegene Stuben sind ihm durch gräfliche Gnade überlassen; drüben die weißgetünchte Bibliothek wird sein Arbeitsraum sein. Ein goldener Adler mit gekrampften Fängen, der sterbend sich hochwirft hängt an der Wölbung, und Weinkraut umrankt die Scheiben. Diese Bücher soll der Chevalier de Seingalt ordnen und beaufsichtigen. – Nach ein paar Stunden sind sie ihm nichts neues mehr. [...] Er trägt einen schmutzigweissen Federhut, einen zerschlissenen Gabarock, die Insignien des goldenen Sporns auf der Brust, eine schwarze Samtweste, Zwickelschuhe und Rohrstab.«

Paul Wiegler, *Figuren*

Háj (Haan): In Haan wurde am 29. 5. 1901 der deutschböhmische Politiker und Schriftsteller PhDr. Emil Franzel (Pseudonym Carl von Boeheim) geboren († 1976). Er war führender Ideologe der Deutschen Sozialdemokratischen Arbeiterpartei in der Tschechoslowakischen Republik und Hauptschriftleiter des zentralen Organs seiner Partei.

Mariánské Radčice (Maria Ratschitz): Wallfahrtskirche der Schmerzenhaften Mutter Gottes aus dem Jahre 1698 mit Ambiten, Dreifaltigkeitsstatue von F. A. Kuen.

Bílina (Bilin): Badeort mit bekannten Mineralquellen. Ursprünglich Burg der Prager Přemysliden in der 2. Hälfte des 10. Jhs., später Burganlage nahe der Stadt, frühbarock umgebaut von der Familie Lobkowicz (1675–1682) von A. Porta. Goethe hat das Biliner Stadttor gezeichnet.

Bořeň (Borschen): 539 m hoher kahler Klingsteinfelsen des Böhmischen Mittelgebirges (»Böhmens Säntis« genannt) mit beachtenswerter Flora, nahe dem Flüßchen Bilina. Goethe hat den Borschen am 24. August 1810 in Gesellschaft seines Sekretärs Riemer und Dr. Stark bestiegen. Goethe berichtet darüber in seinen Tagebüchern:
»Der Biliner Fels besonders ist prächtig anzusehen wegen der ungeheuren, ernsthaften und durch manche malerische Teile interessanten ausgesprochenen Gestalt.«
Auch Kaiser Joseph II. und Alexander von Humboldt haben den Berg bestiegen.

Horní Litvínov (Oberleutensdorf): Pfarrkirche St. Michael nach Plänen von G. B. Mathey (1685–1694) erbaut, renoviert 1763, Hauptaltarbild des Titelheiligen aus dem Umkreis von K. Škréta. Waldsteinsches barockes Schloß mit vier Flügeln und einem Innenhof (1732). Der Obelisk in der Nähe des Schlosses wurde vom Grafen Waldstein zur Erinnerung an die Gründung der ersten Tuchfabrik in Böhmen im Jahre 1715 gesetzt (1815). Inschrift (tsch.):
»Dieser Gedenkstein wurde im Jahre 1815 zur Jahrhundertfeier der Gründung der ersten Tuch-Manufaktur in Leutensdorf errichtet. Erneuert im Jahre 1960 durch das Nationale Unternehmen RICO Betrieb Litvínov – Šumná.«

Geburtsort des Piaristenordenspriester und Numismatikers Pater Adauctus Voigt (1733–1787), der den Ehrentitel eines Verteidigers der tschechischen Sprache verdiente (»defensor linguae bohemicae«).

Im Jahre 1874 wurde in Oberleutensdorf eine Spielzeugfabrik eröffnet. Kinderspielzeug aus Böhmen wurde nach Amerika exportiert.

FRANTIŠKOVY LÁZNĚ (Franzensbad)
Bezirk: Cheb (Eger)

Doch teurer ist mir (bei der Qual der Wahrheit!)
Bohemia, du Mutter süßer Töne,
Dein heilerfüllter Born, Franziskus Bronnen,
Weil dort der Musagel, der ewig schöne,
Der Meister einer Welt voll Kraft und Klarheit,
Mein Helios sich Jugend neu gewinne!
Zacharius Werner, *Über den ›Franzensbrunnen‹*

Als Bad im Jahre 1793 bei den früher bereits bekannten heilkräftigen Egerer Quellen begründet und nach Kaiser Franz I. benannt. Die klassizistischen Bauten und Etablissements geben der Stadt in der westböhmischen Quellenlandschaft ein für das Publikum im 19. Jh. charakteristisches Milieu (Abb. 105). Kreuzherren-Pfarrkirche und russisch-orthodoxe Kirche aus dem 19. Jh.

1798 logierte Johann Gottlieb Fichte, Professor der Philosophie aus Jena im »Sächsischen Hause«.

Johann G. Herder wohnte 1803 bei Dr. Adler im Haus »Zum schwarzen Adler«.

An der Stirnfront des im Empirestil gehaltenen Gästehauses Sevastopol (Národní 4/7) erinnert eine Gedenktafel in Schwarzguß an den Aufenthalt Beethovens. Inschrift (dt.):

> »In diesem Hause wohnte Ludwig van Beethoven im Monate August 1812.«

An die zahlreichen Aufenthalte Goethes und seines Kreises in Franzensbad erinnern Medaillons in den beiden Salons des Gesellschaftshauses (»Traiteurhaus«, auch »Kurhaus« genannt; tsch. »Společenský dům«): »Charlotte von Stein und Sylvie von Tigesar«. Im anschließenden Saal befinden sich zwei Supraporten: »J. W. Goethe und Leberecht Blücher von Wahlstadt«. An der Stirnseite des Saales befindet sich eine Reliquie der Supraporte in Stuck mit der Inschrift (dt.):

> »In diesem Zimmer wohnten Wolfgang von Goethe in den Jahren 1808 und 1811 – Fürst Blücher von Wahlstadt im Jahre 1816.«

Im Vestibül des Hauses zu ebener Erde sind zwei Granittafeln in Stuckrahmen angebracht. Inschrift (dt.):

> »Wolfgang von Goethe wohnte in diesem Hause in den Jahren 1808 und 1812.«

Im Jahre 1906 wurde im Kurpark das Goethe-Denkmal in Formen der Wiener Sezession enthüllt. Die Festrede anläßlich der Enthüllung am 9. September 1906 hielt der Prager Germanist und Professor der damaligen Deutschen Karl-Ferdinands-Universität August Sauer.

Am 13. September 1849 machte der deutsche Maler Carl Spitzweg von Eger kommend einen Ausflug mit dem Eilwagen nach »Franzensbrunn«. Er bewunderte die Gärten, Museen, Lesevereine, Buchhandlungen, Leihbibliotheken, Musikalienhandlungen und Basare, Kranke erregten auf der Promenade seine Aufmerksamkeit. Er legte den Heimweg nach Eger zu Fuß zurück und begegnete Landsleuten, deren Tracht er in seinem Tagebuch beschrieben hat.

Am 20. Juli 1863 besuchte der junge Friedrich Nietzsche Franzensbad. Er schrieb darüber in der Schilderung seiner böhmischen Wanderung:

> »Montag. Um 9 Uhr fort nach Franzensbad, wo ich etwa halb 2 Uhr eintreffe, hoher Luxus, Modejournale von Menschen, dort Konzert gehört.«
>
> Dr. Förster-Nietzsche, *Nietzsches Lebensgeschichte, Bd I*

Der Glyptiker Dominik Biemann (* 1800 Neue Welt bei Harrachsdorf im Riesengebirge † 1857 Eger) ließ sich nach Studien in Prag, wo er zum Graveur ausgebildet wurde, in Franzensbad nieder. In seiner von Fremden und Einheimischen aufgesuchten Werkstätte stellte er auf Wunsch die Porträts der Besucher in Ritztechnik auf Glas her. Hier porträtierte er auch den Grafen Kaspar Maria Sternberg.

> **Skalná (Wildenstein):** Skalná ist der Geburtsort des Dramatikers aus dem »Nürnberger Kreis« Siegmund von Birken (Pseudonym Betulius) (* 5. 5. 1626 † 12. 6. 1681 Nürnberg). Er war Autor beliebter genealogischer Themen, zeitweise Prinzenerzieher. Sein Vater war der Prediger Daniel Betulius in Eger, sein Großvater der Kantor und Dramatiker Bentulius. Siegmund von Birken studierte in Jena und kam im Jahre 1645 nach Nürnberg, wo er als »Floridan« Mitglied des Pegnischen Blumenordens wurde. Er bereiste Holland und England. Zur Feier des Westfälischen Friedens in Nürnberg leitete er die Spiele und wurde dafür von Kaiser Ferdinand III. im Jahre 1655 geadelt. Seine Schauspiele mit mythologisch-genealogischen Themen wurden zu seiner Zeit sehr bewundert.

FRÝDLANT V ČECHÁCH (Friedland in Böhmen)
Bezirk: Liberec (Reichenberg)

Frühgotische Burg aus der 2. Hälfte des 13. Jhs., umgebaut im 16. Jh., 1598 erweitert um ein Renaissanceschloß mit Kapelle, erweitert im Jahre 1869 (Abb. 82). Reiche Sammlungen. Eines der ältesten Schloßmuseen Böhmens. Spätgotische Stadtkirche Kreuzerhöhung aus der Mitte des 16. Jhs. anstelle einer älteren Katharinenkirche, Raedernsches Epitaph von 1610 (Chr. Gerhard Heinrich von Amsterdam) und das Bild ›Verlobung der Katharina‹ von K. Škréta gehören zu den kostbarsten Stücken des Kircheninterieurs.

An der Stelle des einstigen Renaissance-Rathauses wurde in den Jahren 1892–1892 das Rathaus nach Plänen des Wiener Architekten Franz von Neumann in den Stilformen der deutschen Neurenaissance erbaut. Die Plastiken der Außenfronten vom Wiener Bildhauer Friedl. Der zweite Stock dient als Stadtmuseum und beherbergt eine wertvolle Sammlung von Dokumenten und Andenken über die Geschichte der Stadt, den Bauernaufstand 1679–1686 (den der hiesige Schmied Stelzig anführte), aber auch naturwissenschaftliche und geologische Expositionen.

Durch Friedland in Böhmen verläuft der 15. Breitengrad, nach dem sich die Mitteleuropäische Zeit richtet.

In Frýdlant lebte der Meistersinger Christoph Simon (1568–1597).

Bis in das 18. Jahrhundert hinein wurde in Friedland jedes Jahr im November die sogenannte Siegesfeier von Warasdin begangen. Der kaiserliche Feldmarschall Melchior von Redern, Herr auf Friedland, hatte mit seiner geringen Besatzung eine starke türkische Armee in zwölf Ausfällen zum Abzug gezwungen. Er wurde von Kaiser Rudolf II. auf der Prager Burg am 16. Mai 1599 reich belohnt, starb jedoch schon im folgenden Jahr am 20. September in Deutschbrod auf dem Weg von Ungarn nach Böhmen und wurde in der Gruft seines Geschlechts in der Friedländer Kirche bestattet.

Schloß und Herrschaft Friedland war in der Zeit von 1622–1634 im Besitz von Albrecht Wenzel Eusebius von Waldstein (»Wallenstein«). Im Jahre 1624 wurde die Herrschaft Friedland zum erblichen Fürstentum erhoben, 1625 zum Herzogtum. Sein Inhaber wurde daraufhin der »Friedländer« genannt. Das Herzogtum Friedland bestand von 1625 bis 1634. Der Sitz der Verwaltung seines – in der Geschichte Böhmens einzigem – Territorialfürstentums war jedoch Jičín (Gitschin). Nach dem Sturz des Generalissimus und seinem gewaltsamen Tod in Cheb (Eger) kam der Besitz an das Haus Gallas, 1759 an das gräfliche Haus Clam-Gallas.

»Johann Kepler hat sich die Mühe genommen, die Konstellation, unter welcher Wallenstein – 1583, am 14. September, 4 Uhr nachmittags – zur Welt kam, zu berechnen und seine Bemerkungen daran zu knüpfen.«
   Leopold von Ranke, *Geschichte Wallensteins*

»Der Tag, an dem Wallenstein die Herrschaft Friedland zum Pfande erhielt, der 21. Juni 1621, ist durch eine andere Inszenesetzung traurig berühmt. Damals und dort, vor dem Altstädter Rathaus zu Prag, starben von den vierzig Hochverrätern, von den vierzig an jenen 236 Fragepunkten Gescheiterten siebenundzwanzig durch Henkershand.«
   Golo Mann, *Wallenstein*

»Durch ein Strafurteil wegen tätiger Teilnahme am Aufstand der böhmischen Stände hatte Christoph von Redern Friedland und Reichenberg verloren, zwei Herrschaften, welche zu den schönsten und besten des Landes zählten. Mit Ungestüm bewarb sich Albrecht von Waldstein um diesen Besitz und es gelang ihm, alle Mitbewerber aus dem Felde zu schlagen. Um den Kaufpreis von 150.000 Gulden wurde er 1622 Herr auf Friedland und Reichenberg. Die Mährischen Güter stieß er ab und verkaufte sogar Hermanitz an Hannibal von Waldstein. Besonders Friedland hatte es ihm angetan, der stolze, damals durch Katharina von Rederns Erweiterungs- und Umbauten im Renaissancestil in vollem Glanze stehende Herrensitz, ein Juwel in der Fassung einer herrlichen Landschaft. Den Namen Friedland wollte er fortan selbst führen und Friedland sollte das Land heißen, das auf- und auszubauen er im Begriffe war. Der Kaiser erhob ihn zum Pfalz- und Hofgrafen des Reichs, gab ihm das Recht, sich Regierer des Hauses Waldstein und Friedland zu nennen. In dem uralten Waldsteinischen Löwenschilde erhielt er ein besonderes Friedländisches Wappen, einen gekrönten silbernen Adler im roten Felde. In der Folge kaufte und tauschte Albrecht nach wohldurchdachtem Plan eine große Anzahl von Gütern und vereinigte sie zu einem ausgedehnten geschlossenen Gebiet, dem Fürstentum und späteren Herzogtum Friedland. Denn 1623 war Albrecht Reichsfürst und zwei Jahre später Herzog geworden.«

    Josef Bergel, *Wallensteinstätten in Böhmen und Mähren*

Friedrich Schiller weiß von der Herrschaft des »Friedländers« in seinem ›Wallenstein‹ zu berichten:

»Er hat zu Gitschin einen schönen Sitz; auch Reichenberg, Schloß Friedland liegen hier. Bis an den Fuß der Riesenberge hin streckt sich das Jagdgehege seiner Wälder.«

Auch Goethe beschäftigte sich unter dem Eindruck eines zeitgenössischen Denkmalwerkes mit Friedland und Albrecht von Waldstein:

»Als mit bildender Kunst einigermaßen verwandt, bemerke ich hier, daß meine Aufmerksamkeit auf eigenhändige Schriftzüge vorzüglicher Personen dieses Jahr (1820) auch wieder aufgeregt worden, indem eine Beschreibung des Schlosses Friedland mit Faksimilles von Wallenstein und anderen bedeutenden Namen aus dem Dreißigjährigen Kriege herauskam [Franz Némethy, *Das Schloß Friedland in Böhmen und die Monumente in der Friedländer Stadtkirche*. Anm. d. Verf.], die ich an meine Originaldokumente sogleich ergänzend anschloß. Auch erschien zu derselben Zeit ein Porträt des merkwürdigen Mannes in ganzer Figur von der leichtgeübten Hand des Direktor Berler in Prag, wodurch denn die Geister jener Tage zwiefach an und wieder herangebannt würden.«

    Goethe, *Tagebücher*

Auf Schloß Friedland befindet sich das Porträt der Thekla aus Friedrich Schillers ›Wallenstein‹. Ihr Vorbild war Albrecht von Waldsteins einzige Tochter Maria Elisabeth, die mit Rudolf Freiherrn von Kaunitz verehelicht war.

»Die Prinzessin von Friedland, Maria Elisabeth, heiratete im Jahre 1647 einen Grafen Kaunitz; die Ehe entsprach dem Rang der Waldsteins, wie er vor dem Herzog gewesen war, und nach ihm wieder.«

    Golo Mann, *Wallenstein*

In der einstigen Friedlander Straße (Kodešová ulice 252) wurde Josef Krosch (1840–1870), der Gründer des ersten deutschen sozialdemokratischen Vereins in Böhmen, geboren. Als Textilarbeiter arbeitete er in Deutschland, Belgien und Frankreich. 1868 begründete er in Reichenberg einen Unterstützungsverein, der sich 1869 als selbständige sozialistische Fraktion konstituierte.

    Schloß Friedland diente möglicherweise als Kulisse für Franz Kafkas Roman ›Das Schloß‹. Zweifellos stammt die interessanteste Beschreibung des Friedländer Schlosses aus neuerer Zeit von Kafka:

»Das Schloß in Friedland. Die vielen Möglichkeiten es zu sehen: aus der Ebene, von einer Brücke aus, aus dem Parke, zwischen entlaubten Bäumen, aus dem Wald zwischen großen Tannen durch. Das überraschend übereinander gebaute Schloß, das sich, wenn man in den Hof tritt, lange nicht ordnet, da der dunkle Efeu, die grauschwarze Mauer, der weiße Schnee, das schieferartige, Abhänge überziehende Eis die Mannigfaltigkeit vergrößern. Das Schloß ist eben nicht auf einem breiten Gipfel aufgebaut, sondern der ziemlich spitze Gipfel ist umbaut. Ich ging unter fortwährendem Rutschen einen Fahrweg hinauf, während der Kastellan, mit dem ich weiter oben zusammentraf, über zwei Treppen leicht hinwegkam. Überall Efeu. Von einem spitzvorspringenden Plätzchen großer Ausblick. Eine Treppe an der Mauer hört in halber Höhe nutzlos auf. Die Ketten der Zugbrücke hängen vernachlässigt an den Haken herab. [...] Schöner Park. Weil er terrassenförmig am Abhang, aber auch teilweise unten um einen Teich herum mit verschiedenartigen Baumgruppierungen liegt, kann man sich sein Sommeraussehen gar nicht vorstellen. Im eiskalten Teichwasser sitzen zwei Schwäne, einer steckt Hals und Kopf ins Wasser.«

Franz Kafka, *Reisetagebuch* (1911)

Raspenava (Raspenau): Kirche Mariä Himmelfahrt in neubarocken Formen 1906–1907 von J. Sacher erbaut, Deckenmalereien von K. Krallner, am Seitenaltar das Altarbild ›Traum des heiligen Franz‹ von Joseph von Führich (1822). Die Region um Schloß Frýdlant wirkte besonders fruchtbar auf das Schaffen des Autors historischer Prosa Václav Kaplický. 1947 erwarb er in Raspenava bei Frýdlant ein Bauernhaus. Er begnügte sich nicht mit der Ausbesserung des Hauses und der Gartenarbeit, sondern machte sich auch gleich mit der Geschichte der Landschaft bekannt. Das stolze Friedländer Schloß hat seine Wirkung auf ihn nicht verfehlt.

Der Schriftsteller vergrub sich in die Clam-Gallasschen Archive und entdeckte umfangreiches Material über den Bauernaufstand auf der Friedländer Herrschaft im Jahre 1685. Ergebnis dieser Forschung war einer seiner schönsten Romane ›Železná koruna‹ (›Eiserne Krone‹). Er wollte den Bewohnern der Region die ruhmreiche Geschichte des Bauernaufstandes in Erinnerung bringen. Der Held des Aufstandes war Andreas Stelzig aus Řasnice. Er war herrschaftlicher Schmied, also ein freier Mann, der keine Fronarbeit leisten mußte. Trotzdem hat er sich an die Spitze des Aufstandes gestellt. Als der Aufstand zusammenbrach, verteidigte er sich mutig. Er verschaffte sich den Respekt seiner Richter. Stelzig wurde zu 10 Jahren Verbannung nach Györ in Ungarn verurteilt. Bei der drohenden Türkengefahr kehrte er unerlaubt zurück, wurde ertappt und endete am Galgen.

Noch einmal hat der Autor ein ähnliches Thema aufgegriffen. Diesmal galt sein Interesse den Städten Velké Losiny und Šumperk in Nordmähren. Sein bestes Werk, der Roman ›Kladivo na Čarodějnice‹ (›Hexenhammer‹) behandelt die Zeit der Inquisition und der Hexenprozesse am Ende des 17. Jahrhunderts. Ungefähr dreißig Menschen fanden damals den Tod auf dem Scheiterhaufen. Besonders ergreifend ist das Schicksal des Dechanten Lautner aus Šumperk.

»Der historische Roman freut sich bei uns großer Beliebtheit. Kaplický knüpft hier bewußt an sein großes Vorbild Zikmund Winter und besonders Alois Jirásek an.«
Jaroslav Škaloud, *Volkszeitung Prag* 20. 10. 1972

Černousy (Tschernhausen): Ort an der böhmisch-sächsischen Grenze. In Černousy wurde Karl Freiherr Czörnig von Tschernhausen (* 5. 5. 1804 † 5. 10. 1889), der Begründer der österreichischen Statistik, geboren.

Údolí sv. Kryštofa (Christophsgrund): In der Ortschaft Eckersbach bei Christophsgrund wurde im Jahre 1645 der Urgroßvater des Malers Joseph Führich geboren. Dessen Sohn Christoph Führich war Fischer und Musiker. Er übersiedelte nach Kratzau und begründete das dortige Geschlecht, dem Joseph Führich entstammte. Christoph Führich war der Verfasser des Gedenk- oder Erinnerungsbüchleins für die Familie Führich. Der Vater des Malers, Johann Wenzel Führich, war der Sammler jener Begebenheiten, die den Sohn zeitlebens beschäftigen.

FRYMBURK (Friedberg)
Bezirk: Český Krumlov (Böhmisch Krumau)

St. Bartolomäuskirche, in heutiger Gestalt spätgotisch aus der Zeit um 1530. Am angerartigen Platz befindet sich der Pranger von 1651. Seit Beginn der sechziger Jahre wurde der Moldaulauf in einer Meereshöhe von 750 m zum Stausee von Lipno erweitert, der 40 km lang ist und an seiner breitesten Stelle fast 16 km mißt. Sein Umfang entspricht einer Strecke von 150 km.

Das heutige Schulgebäude gegenüber der Kirche erinnert an die Wirksamkeit des Begründers der Friedberger Musiktradition Johann Nepomuk Maxandt († 19. 12. 1838 im Alter von 86 Jahren). Zu seinen Schülern zählten Simon Sechter, Andreas Baumgartner, Dr. med. Anton Mugerauer und Mathias Greipl jun., Leinwandhändler, sowie Stifters Musiklehrer in Kremsmünster, F. T. Wawra.

Am Rande des Städtchens stand das ebenerdige Geburtshaus (Nr. 88) des Kontrapunktisten Simon Sechter (* 11. 10. 1788 † 10. 9. 1867 Wien), Schüler von J. A. Koželuh, Komponist und Lehrer in der Harmonielehre von Anton Bruckner. Seit 1824 war Sechter Hoforganist, seit 1850 Professor am Konservatorium in Wien. Sein Hauptwerk sind die ›Grundsätze musikalischer Komposition‹ (3 Bände, 1853). Auf seinem Ehrengrab am Wiener Zentralfriedhof befindet sich eine Porträtbüste von W. David mit der Inschrift:

> »Mit ihm wurde der größte Contrapunktist unserer Zeit, der letzte Wächter des strengen Satzes zu Grabe getragen.«

Am Marktplatz steht das Geburtshaus (Nr. 8) des österreichischen Wissenschaftlers und Politikers (Freiherr) Andreas von Baumgartner (1793–1865), Professor der Physik an der Universität Olmütz und Begründer der ersten physikalischen Zeitschrift, später Universitätsprofessor in Wien, Herrenhausmitglied, Präsident der kaiserlichen Akademie der Wissenschaften und Minister, Lehrer und Gönner Adalbert Stifters. Seine Persönlichkeit hat das »Risach-Bild« im ›Nachsommer‹ beeinflußt.

Im einstigen Bürger- und Kaufhaus, Nr. 74, das den ganzen Marktplatz beherrscht, wurde am 27. Juli 1808 Fanny Greipl, Adalbert Stifters Jugendliebe geboren. Friedberg ist als »Pirling« in Adalbert Stifters ›Die Mappe meines Urgroßvaters‹ eingegangen. Dreimal hat Stifter die Stadtlandschaft von Friedberg in Ölgemälden festgehalten.

Das Haus Nr. 15 am Marktplatz ist das Geburtshaus des Pädagogen und Schriftstellers Jordan Kajetan Markus (1831–1893), der nach langen Bemühungen den Stifter-Obelisken an der Seewand über dem Plöckenstein-See nach einem Entwurf von Heinrich Ferstel errichten ließ.

Stifter hat eine Idylle auf die Friedberger Landschaft verfasst:

AN DAS FRIEDBERGER TAL

Wo ein Dorf, von aller Welt geschieden,
Einsam sich an seine Berge legt
Und ein Volk in ewig gleichem Frieden
Harmlos seine Zeit zu Grabe trägt:
Sel'ge Insel, o bewahre immer

Deinen Himmel, dem dein Tal genügt,
Dein zufriednes Glück erfahre nimmer,
Was dann jenseits deiner Berge liegt.

Vítkův Hrádek, Vítkův Kámen (Wittigstein, Wittingshausen): Ruine einer 1033 m hoch gelegenen Burg, begründet im 14. Jh. und noch im 17. befestigt, Würfelform, Wohnturm. Wittigstein ist zentrales Thema im Leben und Werk Adalbert Stifters.

Vyšší Brod (Hohenfurt, Altovadum): Zisterzienserkloster, begründet 1259 von Wok von Rosenberg, besiedelt von Wilhering in Oberösterreich. Klosterkirche Mariä Himmelfahrt aus dem 13.–14. Jh. (Abb. 54), aus der gleichen Zeit stammt die Klosteranlage, barockisiert und erweitert. Bibliothek und Galerie. Das »Zawischkreuz«, lange in Hohenfurt aufbewahrt, ist in die Fabel von Adalbert Stifters ›Witiko‹ eingegangen. Der letzte Agnat des Hauses Rosenberg, Herr Peter Wok († 1611), ist an unbekannter Stelle im Kapitelsaal des Klosters bestattet worden. Eine Beschreibung von Vyšší Brod findet sich in ›Der Hochwald‹ von Stifter:

»Ein grauer viereckiger Turm steht auf grünem Weidengrunde, von schweigendem zerfallenen Außenwerke umgeben, tausend Gräser und schöne Waldblumen und weiße Steine im Hofraume liegend und von außen umringt mit vielen Platten, Knollen, Bläcken und andern wunderlichen Granitformen, die ausgesät auf dem Rasen herumliegen, keine Stube, kein Gemach ist mehr in wohnbarem Zustande, nur seine Mauern, jedes Mörtels entkleidet, stehen zu dem reinen Himmel empor und tragen hoch oben manche einsame Tür oder einen unzugänglichen Söller nebst einer Fensterreiche, die jetzt in keinem Abendrot mehr glänzen, sondern eine Wildnis schöner Waldkräuter in ihren Simsen tragen. Keine Waffen hängen an den Mauerbogen als die hundert goldenen Pfeile der schiefeinfallenden Sonnenstrahlen, keine Juwelen glänzen aus der Schmucknische als die schwarzen befreundeten Äuglein eines brütenden Rotkehlchens, kein Tragbalken führt vom Mauerrande sein Dach empor als manch ein Fichtenbäumchen, das hoch am Saume in Dunkelblau sein grünes Leben zu beginnen sucht: Keller, Gänge, Stuben, alles Berge von Schutt, gesucht und geliebt von mancher dunkeläugiger Blume.«
Adalbert Stifter, *Der Hochwald*

Sv. Tomáš (St. Thomas): Ruine der Fronleichnamskirche aus der 1. Hälfte des 14. Jhs. Die Zerstörung der Burg St. Thomas durch die Schweden ist das Thema von Adalbert Stifters Erzählung ›Der Hochwald‹. Die Gründung der Burg durch Witiko ist der Höhepunkt in Adalbert Stifters historischem Roman ›Witiko‹.

Čertova stěna (Teufelswand): 10 ha großes Naturschutzgebiet, 4 km westlich von Hohenfurt in der Nähe der Zufahrtstraße zur Talsperre Lipno. Eine Felsformation von Granitblöcken mit Rändern von Doppelglimmer. Seit dem Jahre 1956 ist die Landschaft der Teufelswand Naturschutzgebiet. Eine Legende berichtet, daß der Teufel bemüht war, den Bau des Klosters Hohenburg durch Peter Wok von Rosenberg durch den Bau einer Talsperre zu verhindern und das klösterliche Areal unter Wasser zu setzen versuchte. Dann soll jedoch die Steinwand in das Tal gestürzt sein. Bedřich Smetana hat das Thema in sein symphonisches Gedicht ›Mein Vaterland‹ und in seine Oper ›Die Teufelswand‹ aufgenommen, zu der die tschechische Schriftstellerin Eliška Krásnohorská das Libretto verfaßte.

GOLČŮV JENÍKOV (Goltsch Jenikau)
Bezirk: Havlíčkův Brod (früher Deutsch Brod)

Städtchen, gegründet vor 1417. Loretokapelle (1650). Franziskuskirche im Empirestil (1827–1829). Barockes Dechanteigebäude (vor 1657). Das Schloß, vordem eine Feste, wurde 1650 umgebaut (Altes Schloß, 18. Jh. – Neues Schloß, 1774–1775). Barockes Rathaus (1777). Alte Post am Platze. Zwei Brunnen am Marktplatz. Mehrere Plastiken, Marienstatue (18. Jh.). Es existieren noch Reste des Ghettos aus dem 14. Jh. Auch der jüdische Friedhof stammt vermutlich aus dieser Zeit.

An die Reise Mozarts im Jahre 1789 in Begleitung des Fürsten Karl Lichnowsky von Wien über Znaim, Mährisch Budwitz, Iglau und Prag nach Berlin knüpft sich eine lokale Überlieferung aus Goltsch Jenikau. Während man vor der »Alten Post« auf den Pferdewechsel wartete, habe sich Mozart in die nahe Kirche begeben und dem Orgelspiel des Pfarrers und dem Gesang eines alten tschechischen Chorals mit Interesse zugehört. Da die Reise im April erfolgte, könnte es sich um den St. Adalbertschoral gehandelt haben: Das Fest des Hl. Adalbert wird am 23. April begangen. Die Kirche könnte die Loretokapelle gewesen sein.

In Goltsch Jenikau läßt Egon Erwin Kisch in seiner dem Milieu der böhmisch-mährischen Landjuden entnommenen Novelle ›Des Parchkopfs Zähmung‹ (1934) die eigenartige und unfreiwillige Bettelreise des Börsenrates Samek und des Gemeindeschnorrers* Mendele Mändl aus Groß Meseritsch in Mähren ein versöhnliches Ende finden.

Aus Goltsch Jenikau stammt der Schriftsteller und Germanist Oskar Kosta (*1888; = Peter Pont), der eine wichtige Arbeit über Kafka in tschechischer Sprache geschrieben hat (1958) sowie die grundlegende Studie ›Goethe und Bohuslav Lobkowitz von Hassenstein‹ (Weimar 1960). Sein literarisches Oeuvre umfaßt Romane, Dramen und Novellen sowie Lyrik. Kosta hat bedeutende tschechische Prosawerke von V. Vančura und Karel Čapek übersetzt.

In Goltsch Jenikau wurde die in Amerika lebende deutsche Prager Dichterin Grete Thieberger-Urzidil, die Gattin des Prager deutschen Schriftstellers Johannes Urzidil, geboren. Ihr Bruder Friedrich Thieberger war der Hebräischlehrer von Franz Kafka.

---

* Almosenempfänger bzw. Pensionär der Kultusgemeinde, lebt in ehrenvoller, unverschuldeter Armut.

HÁJEK (Waldel)
Bezirk: Kladno

Franziskanerkloster begründet im Jahre 1673 (Carlo Lurago). Die erste Loretokapelle Böhmens (1623–1625) wurde hier 1620 von Florian Dětřich Žďárský von Žďár erbaut, nach dem Vorbild von Loreto in Italien und der ersten mährischen Loretokapelle in Nikolsburg (Mikulov), 1630 erweitert. Zum Loretokloster in Hájek führen zwanzig Wegkapellen vom Kloster Strahov in Prag (1720–1726).

Im Zimmer des Provinzials des Klosters schrieb 1830 der vaterländische Dichter Karl Egon Ebert (1801–1882) als Gast des Konvents die idyllische Erzählung in fünf Gesängen ›Das Kloster‹. Eberts Erzählung ist ein typisches Werk der Poesie des böhmischen Biedermeier in deutscher Sprache.

HASIŠTEJN (Hassenstein)
Bezirk: Chomutov (Komotau)

Burgruine aus der 1. Hälfte des 14. Jhs., später erweitert.

Auf Burg Hassenstein lebte von 1498–1510 Bohuslav Lobkowicz von Hassenstein (1460–1512). Der böhmische Edelmann und Bildungsdeutscher war einer der bedeutendsten Humanisten seiner Zeit. Er studierte in Bologna und kehrte nach Reisen im Abend- und Morgenland mit einem doppelten juristischen Doktorgrad in seine Heimat zurück. Er war Geheimschreiber des Königs Wladislaw II. von Böhmen.

Von Hassenstein verfaßte die berühmt gewordene Ode auf die heißen Quellen von Karlsbad. Er besaß eine große Bibliothek und eine Sammlung von astronomischen Geräten. Aus seiner Bibliothek haben Luther und Melanchthon Bücher entliehen. Seine Werke wurden 1510 von Thomas Mitis herausgegeben.

Eine Gedenktafel an der Ruine erinnert an den Aufenthalt Goethes auf der Burg Hassenstein:

»J. W. Goethe hat im Jahre 1810 an einem romantischen Picknick im verfallenen Burggemäuer von Hassenstein teilgenommen, das Graf Firmian zu seinen Ehren hier veranstaltet hatte.«

Klášterec nad Ohří (Klösterle): In vorhussitischer Zeit eine Propstei des Benediktiner-Klosters zu Postelberg. Aus dieser Zeit leitet sich der Name ab. Im Renaissanceschloß aus dem Jahr 1590, erweitert 1666, befindet sich das Porzellanmuseum. 1794 wurde hier die zweite Porzellanfabrik Böhmens, dem Hause Thun gehörig, erbaut. Die Friedhofskirche Mariä Heimsuchung (1743–1760, J. Ch. Kosch) besitzt wertvolles barockes Interieur.

H

HAVLÍČKŮV BROD (Deutschbrod)
Bezirksstadt

Ursprünglich Bergstadt im 13. Jh. (Silberbergwerke), besiedelt von deutschen Bergleuten mit einer Kommende des Deutschen Ritterordens, die bis in die Hussitenkriege bestand. Bedeutende Reste der Stadtbefestigung sind erhalten geblieben. Dekanalkirche Mariä Himmelfahrt, gotisch, 1633–1637 umgebaut, die Kuppel aus dem Jahre 1707. Augustinerkirche, der Hl. Familie geweiht, aus den Jahren 1679–1733, mit einer Kapelle des Hl. Grabes von A. Spannbruckner. Beim Kloster befand sich ein bedeutendes Gymnasium, das nach der Auflösung desselben im Jahre 1807 die Prämonstratenser von Želiv (Selau) betreut haben. Zu den bedeutendsten Schülern des alten Augustinergymnasiums zählt Josef Dobrovský. Auf dem Friedhof befindet sich eine dem Hl. Gral geweihte Kapelle.

In Deutschbrod wurde der Gegner des Magister Johannes Hus am Konzil in Konstanz, Michael de Causis, geboren.

Im Haus Nr.14/160 am Marktplatz (Náměstí čs. armády) wurde der Komponist Jan Václav Stamic (1717–1757) erzogen. Er starb nach einer glänzenden Laufbahn in Mannheim.

Am Marktplatz befindet sich das Familienhaus von Karel Havlíček Borovský (* 1821 Borová † 1856 Prag), Begründer der tschechischen Journalistik und Vertreter des radikalen Nationalismus im 19. Jahrhundert (Abb. 66, 67). Er stand im Mittelpunkt eines politischen Prozesses und wurde im Jahre 1851 zu Zwangsaufenthalt in Brixen verurteilt.

Pohled, Frauntál (Frauenthal, Vallis Mariae): Zisterzienserinnenkloster, begründet um 1265, 1782 säkularisiert. Klosterkirche Mariä Himmelfahrt vom Ende des 13. Jhs., umgebaut in der 2. Hälfte des 14. Jhs., Konventsbau im Renaissance-Stil, später barock umgebaut. Barocke Propstei (Pfarrhaus).

Polná (Polna): Stadtgründung im Jahre 1242. Teilweise erhaltene Befestigung. Frühgotische Burg aus der Mitte des 13. Jhs., spätgotisch umgebaut um 1500, im 16. Jh. im Renaissance-Stil umgebaut. Museum. Mehrere Spätgotik- und Renaissancehäuser sind erhalten geblieben. Großes jüdisches Ghetto, 1668 als eigener städtebaulicher Organismus mit zwei Toren begründet. Vier Kirchen. Die Kirche Mariä Himmelfahrt (1699–1707, vermutlich Domenico Martinelli) gehört zu der Gruppe der monumentalen Sakralbauten des Palladianismus. Zu Ende des 19. Jhs. wurde die europäische Öffentlichkeit durch den angeblichen Ritualmord der Anežka Hrůzová (1899) aufgeschreckt. Der Reisende Leopold Hilsner wurde fälschlich des Ritualmordes an dem fünfzehnjährigen Mädchen bezichtigt. T. G. Masaryk trat mutig gegen die ungerechtfertigte Anklage (Hilsner-Prozeß) mit seiner Schrift über ›Die Notwendigkeit den Prozeß von Polna zu revidieren‹ auf. Seine Stellungnahme hat sich als richtig erwiesen. Zu Beginn der sechziger Jahre hat der Bruder des Opfers vor seinem Tode die Täterschaft eingestanden.

HEJNICE (Haindorf)
Bezirk: Liberec (Reichenberg)

Wallfahrtskirche Mariä Heimsuchung beim Franziskanerkloster, ursprünglich gotische Kirche aus dem 14. Jh., barockisiert und umgebaut 1722–1725 (Th. Haffenecker), Deckenmalerei von O. Groll (1907). In der Kapelle Maria Hilf steht ein mittelalterlicher Flügelalter der Kölner Schule (15. Jh.), der Überlieferung zufolge der Feldaltar Albrechts von Waldstein. Im Ambitengang wurde eine Reliefplastik für Graf Franz Clam-Gallas angebracht. Franziskusbrunnen vor der Kirche von Rudolf Prokop (1937). Unter dem Kirchenschiff befindet sich die Gruft, in der der kommandierende General des 1. Armeekorps und General der Kavallerie Eduard Graf Clam-Gallas im Krieg von 1866 nach seinem Tod 1891 bestattet wurde.

Auf dem alten Friedhof von Haindorf wurde der Prager klassische Archäologe Wilhelm Klein (1850–1924) bestattet. Er arbeitete maßgeblich an der Freilegung von Pompeji mit.

Der aus Kratzau stammende österreichische Maler und führende Vertreter der Nazarener-Schule Josef Führich (1800–1876) hat die Landschaft des Isergebirges in der Nähe von Haindorf in mehreren Bildern festgehalten. Besonders bemerkenswert sind die Bilder ›Mariens Gang über das Gebirge‹ (Wien, Nationalgalerie im Belvedere; Abb. 81) und der ›Traum des Hl. Franz‹ (Pfarrkirche in Raspenau, 1822). Eine Kopie des letztgenannten Bildes befindet sich über einem der Seitenaltäre der Haindorfer Wallfahrtskirche.

1834 besuchte Josef Führich mit seiner Ehefrau und seinem Vater seinen Heimatort Kratzau und bei dieser Gelegenheit auch Haindorf.

»Außer den kirchlichen Festen des Jahres, die mich seit frühester Jugend, noch ehe ich etwas Wesentliches von ihrer Bedeutung verstand, immer mit einer eigenen Begeisterung erfüllten, waren meine größten Feste: ein Gang über Land mit meinem Vater nach diesem oder jenem Ort hin. Der gewöhnlichste und mir liebste Ausflug dieser Art war der nach Reichenberg, später auch nach Friedland und dem nicht weit davon gelegenen Wallfahrtsort Heyndorf. [...] An diese Gänge knüpfen sich mir teure Erinnerungen.«

Josef von Führich, *Lebens-Erinnerungen*

Die malerische Szenerie der Stolpich-Schlucht auf dem Weg von Haindorf nach Reichenberg inspirierte Carl Maria von Weber zu mehreren Szenen seiner Oper ›Der Freischütz‹.

HEŘMANICE (Herschmanitz, Hermanitz)
Bezirk: Náchod

Barocke Kirche Maria Magdalena (1720) anstelle einer gotischen Kirche.

»Das Dorf Hermanitz liegt im Osten des schönen Landes Böhmen, an der Elbe oder Labe, dort wo sie nach Süden fließt. Die Gegend, mit Wiesen, bewegtem Wasser und buchenwaldumzogener Höhenkette, ist lieblich noch heute obgleich nicht ganz so, wie vor Zeiten, als um das Castell nur wenige Wirtschaftsgebäude und Wohnungen für die Leibeigenen standen. Das Castell ist längst verschwunden; ein Bauernhof deckt seinen Grund. Von 1548 bis 1623 gehörte es samt fünf Nachbardörfern den Herren von Waldstein.«

Golo Mann, *Wallenstein*

Auf der nicht erhalten gebliebenen Feste wurde am 14. September 1583 Albrecht Wenzel Eusebius Waldstein (Wallenstein), der spätere Generalissimus der kaiserlichen Heere im Dreißigjährigen Krieg, geboren. An der Außenmauer der Kirche befindet sich eine Gedenktafel mit folgender Inschrift (dt.):

>»Dem Andenken des großen Feldherrn und Staatsmannes Albrecht Wenzel Eusebius von Waldstein, genannt Wallenstein, Herzog von Mecklenburg, Friedland, Sagan und Groß Hogau, kaiserlicher Generalissimus,
>geboren im Schloß Hermanitz am 24. September 1583, ermordet in Eger am 25. Februar 1634. Der deutsche pädagogische Verein
>des Königinhoferbezirks am 2. Februar 1884.«

In der Pfarrkirche befindet sich der Grabstein der Eltern Albrecht von Waldsteins:
»Die Bilder sind in weißen Marmor gehauen, etwas weniger als lebensgroß: ein Ritter und seine Frau. Der Ritter, barhäuptig, mit Schnurr- und Knebelbart, hält in der Rechten ein Schwert, das er, wie wir wissen im Leben nie brauchte; die Spitze des Schwertes ruht auf einem Wappen, das vier Löwen zeigt. Um das Relief zieht sich eine Inschrift in tschechischer Sprache. Sie lautet: ›Im Jahre des Herrn 1595, am Freitag, dem Tage des Heiligen Matthäus, starb der wohlgeborene Herr, Herr Wilim der Ältere von Valdštejn auf Hermanitz, und hier ruht sein Körper bis zur fröhlichen Auferstehung.‹ Auf der anderen Seite die Frau, mit Haube und großer Halskrause, wirkt ein wenig bucklig. Sie trägt ein Gebetbuch in ihren Händen. Wessen das Wappen zu ihren Füßen war, lehrt die Inschrift: ›Im Jahre des Herrn 1593, dem Tage der Heiligen Mariä Magdalena, starb die wohlgeborene Frau, Frau Markyta von Smiřice, Gattin des wohlgeborenen Herrn, Herrn Wilim des Älteren von Valdštejn und auf Hermanitz, und hier ruht ihr Körper bis zur fröhlichen Auferstehung.‹

Die Grabdenkmäler ließ der einzige Sohn, Albrecht Wenzel Eusebius, seinen Eltern errichten, als er neunzehnjährig von einer Reise zurückkam.«

Golo Mann, *Wallenstein*

Jaroměř: Ursprünglich přemyslidische Burganlage aus dem 11. Jh., Dekanalkirche St. Niklaus aus dem 15. Jh., Grabstein des ermordeten Litauerfürsten Dimiter Sauguszko († 1554). Mariensäule (1723–1727) von M. B. Braun, Gregor Thény und der Bildhauerfamilie Pacák. Auf dem Friedhof monumentale figurale Grabplastik des A. Miselius (weinende Mutter) aus der Werkstätte des M. B. Braun (nach 1721).

Josefov (Josefstadt): Spätbarocke Festung (1780–1787), nach Kaiser Josef benannt. Erbaut nach dem Fortifikationssystem Mezier-Cormontaigne von L. Querlonde du Hamel und Lauer. Beachtliche Konfiguration der Fortifikationsarchitektur und der klassizistischen Gebäude mit der Garnisonskirche Christi Himmelfahrt im Empire-Stil (1805–1810). An den Aufenthalt der tschechischen Schriftstellerin Božena Němcová (1820–1862) in den Jahren 1838–1839 erinnert eine Gedenktafel am Neubau anstelle ihres damaligen Wohnhauses (Tržní ulice).

»Ein natürliches Gefälle bildet die ganze Landschaft bei Josefstadt und Königgrätz, den militärischen und theresianischen Städten; die dortigen Gutshäuser haben noch bis heute oft zweifache Innenmauern, um im Kriegsfall als geheime Speicher zu dienen. Selten hat eine Gegend bei uns so viele Kriegserinnerungen wie diese friedliche Landschaft.«

Karel Čapek, *Die Gegend Jiráseks*

HEŘMANŮV MĚSTEC (Herschmann-Miestez)
Bezirk: Chrudim

Barockschloß (1784), Umbau im 19. und 20. Jh., jetzt Altersheim der Sozialfürsorge.
Pfarrkirche St. Bartholomäus, umgestaltet in den Jahren 1756 – 1762 von M. Jedlička.

Auf Schloß Heřmanův Městec starb am 4. August 1679 der Reitergeneral der Türkenkriege Johann Graf Sporck (* 1601 Westerloh im Lande Delbrück im Paderbornischen Westfalen). Er hat in der Schlacht am Weißen Berg auf Seiten der Kaiserlichen gefochten und in zahllosen Schlachten während der Türkenkriege gesiegt. Vom Kaiser erhielt der Abkömmling westfälischer Freibauern das Baronat und den Grafenstand sowie ausgedehnte Latifundien in Ostböhmen.

Graf Johann Sporck wurde ursprünglich in Lysá nad Labem beigesetzt und später auf Veranlassung seines Sohnes Franz Anton in der Gruft des Familienpantheons unter der Dreifaltigkeitskirche in Kukus bestattet.

Das schönste literarische Medaillon widmete Rainer Maria Rilke dem »Türken-Sporck« in seiner Reiterlegende ›Die Weise von Liebe und Tod des Cornets Christoph Rilke‹:

»Endlich vor Sporck. Neben seinem Schimmel ragt der Graf.
Sein langes Haar hat den Glanz des Eisens.«

Und die Stelle über Sporck schließt mit den Worten:

»Da sagt Sporck, der große General: ›Cornet‹. Und das ist viel«.

HLUBOKÁ NAD VLTAVOU (Frauenberg)
Bezirk: České Budějovice (Böhmisch Budweis)

Anstelle einer frühgotischen königlichen Burg aus der 2. Hälfte des 13. Jhs. wurde zu Ende des 16. Jhs. ein Renaissanceschloß erbaut (Baltazar Mario da Vomio), umgebaut in den Jahren 1721–1728 in Barock (I. Bayer und A. E. Martinelli). Der heutige Bau in romantischer Gotik wurde zur Zeit des Besitzes des Hauses Schwarzenberg in den Jahren 1841–1871 von F. Beer und F. D. Deworetzky ausgeführt (Abb. 60). Die Reithalle wurde in den Jahren 1954–1956 für die Zwecke der Südböhmischen Aleš-Galerie ausgebaut, bedeutende regionale Galerie mit reichen Exponaten aus der südböhmischen Gotik.
In der Nähe befindet sich das Jagdschloß Ohrada aus den Jahren 1708–1718 (P. Ign. Bayer mit Jagdtrophäen und naturwissenschaftlichen Sammlungen Forst- und Fischereimuseum). Neugotische Stadtkirche.

Die Prunkräume des Schlosses sowie seine Kunstsammlung und die kunstgewerbliche Ausstattung wurden in Anlehnung an das zeitgenössische Werk Adalbert Stifters ›Nachsommer‹ ausgestattet. In der Galerie des Schlosses befinden sich Porträts mehrerer Generationen des Hauses Schwarzenberg. In den Schloßsammlungen fanden zwei Exponate aus dem Mobiliar Adalbert Stifters Aufstellung, die von seiner Witwe aus dem Nachlaß an das Haus Schwarzenberg verkauft wurden. Es sind der durch den Roman ›Nachsommer‹ berühmt gewordene Delphinenschrank und der Spätrenaissance-Kleiderschrank.

H

HORNÍ PLANÁ (Oberplan)
Bezirk: Český Krumlov (Böhmisch Krumau)

»In der Mitte des Thales ist der Marktflecken Oberplan, der seine Wiesen und Felder um sich hat, in nicht großer Ferne auf die Wasser der Moldau sieht, und in größerer mehrere herumgestreute Dörfer hat. Das Thal ist selber wieder nicht eben, sondern hat größere und kleinere Erhöhungen. Die bedeutendste ist der Kreuzberg, der sich gleich hinter Oberplan erhebt, von dem Walde, mit dem er einstens bedeckt war entblößt ist, und seinen Namen von dem blutrothen Kreuze hat, das auf seinem Gipfel steht. Von ihm aus übersieht man das ganze Tal. Wenn man neben dem roten Kreuz steht, so hat man unter sich die grauen Dächer von Oberplan, dann dessen Felder und Wiesen, dann die glänzende Schlange der Moldau und die obbesagten Dörfer.«

Adalbert Stifter, *Hochwald*

St. Magdalenenkirche, frühgotische Rosenbergische Halle aus der 2. Hälfte des 13. Jhs., spätere Zubauten. Großräumiger Marktplatz des einstigen gerodeten Städtchens auf Goldenkroner Klosterbesitz. Das im Kern intakte Renaissancerathaus wurde später in Empireformen umgebaut.

Reste eines Prangers am einstigen Sparkassengebäude.

In Oberplan steht das Geburtshaus Adalbert Stifters (1805–1868) (Palackého 21; Abb. 53). Seit 1960 befindet sich im Geburtshaus auf Veranlassung der Staatlichen Denkmalpflege die Adalbert-Stifter-Gedenkstätte, die vom Museum in Böhmisch Krumau verwaltet wird. Die Gedenkräume im Stifterhaus wurden nach einem Entwurf von Hugo Rokyta unter Verwendung von Originalmobiliar aus dem Besitz von Stifters Familienangehörigen sowie aus dem Besitz des Museums in Böhmisch Krumau (früher »Böhmerwaldmuseum« in Oberplan) von Jan Huleš ausgestattet. An der Vorderfront des Geburtshauses befindet sich die älteste Gedenktafel Adalbert Stifters, ausgeführt in weißem Salzburger Marmor auf Veranlassung seiner Freunde im Sterbejahr 1868, mit der Inschrift »Stifters Geburtshaus«.

Eine tschechische Gedenktafel aus grauem Granit vom 23. Oktober 1960 trägt die Inschrift (tsch.):

»In diesem Hause wurde am 23. Oktober 1805 Adalbert Stifter geboren. Er war ein treuer Sohn des Böhmerwaldes, dessen Schönheit und Vergangenheit er in seinen Werken besungen hat. 1960.«

Außerhalb des Ortes in Richtung Hodějov steht neben einem Bildstock die »Stifter-Fichte« (»Stifterův smrk«).

An der Kirchenfront der Pfarrkirche St. Margareten befindet sich ein Epitaph aus dem Jahre 1859, das Adalbert Stifter selbst aus Linz hierher gebracht hat. Es bezeichnet das Grab der Mutter Adalbert Stifters. Inschrift:

»Hier ruht die Frau Magdalena geb. Friepes verehelichte Stifter, wiederverehelichte Mayr, geb. am 26. Juni 1784, gest. am 27. Februar 1858. Sie erntet was sie ausgesäet. Der besten Mutter der liebenden Kinder Adalbert, Anna Maria, Mates, Johann Martin Jakob.«

Rechter Hand vom Kircheneingang befindet sich das Grab von Josef Jenne, dem Lehrer Adalbert Stifters. Es besitzt eine einfache Grabtafel mit der Inschrift:

»Zur frommen Erinnerung an den hochverehrten Herrn Musterlehrer Josef Jenne gestorben im 76. Lebensjahre am 14. April 1847, dessen Gattin Apollonia gestorben im 80. Lebensjahr am 18. Juli 1848 und dessen Tochter Maria Josefa Habert gestorben im 47. Lebensjahr am 27. Juni 1842. Ruhet in Frieden.«

Auf dem Kapellenberg, auch Gutwasserberg genannt (Dobrá Voda), steht das Denkmal Adalbert Stifters von Karl Wilfert (1906) in den Formen der Sezession aus Schwarzguß, gegossen in der K. Bendelmayerschen Offizine in Prag-Holešovice. Die Enthüllung des Denkmals fand am 26. August 1906 statt. Die Festrede hielt der Prager deutsche Germanist Professor August Sauer am 26. 8. 1906. Am Sockel des Denkmals befindet sich eine Metallplatte mit folgender Inschrift:

>»Da ruhen breite Waldesrücken und steigen lieblich, schwarzblau dämmernd
> ab gegen den Silberblick der Moldau.
> Es wohnt unsäglich viel Liebes und Wehmütiges in diesem Anblick. –
> Hochwald, Adalbert Stifter«

Über dem Stifterdenkmal steht die Gutwasserkapelle der Schmerzhaften Muttergottes, ein spätbarocker Kapellenbau aus den Jahren 1777–1779 anstelle einer älteren Kapelle. Am Hochaltar steht die Pieta aus der Zeit um 1600. Adalbert Stifter hat die Gutwasserkapelle in seinem zeichnerischen Oeuvre und in einer Schilderung im ›Beschriebenen Tännling‹ festgehalten.

Auf dem Ortsfriedhof unter dem Kapellenberg befindet sich das Grab des deutschböhmischen Ethnographen Univ. Prof. Dr. Gustav Jungbauer (1886–1942).

Jezerní stěna (Seewand über dem Plöckensteinsee): Stifter-Obelisk errichtet im Jahre 1876 nach Plänen von Heinrich von Ferstel von dem Freundeskreis des Dichters unter Führung des gebürtigen Friedberger Schriftstellers und Pädagogen Jordan Kajetan Markus (1831–1893).

Schwarzenberský kanál (Schwarzenbergkanal): 52 km lang, erbaut von Josef Rosenauer 1787–1812. Er verbindet die Moldau mit dem Stromsystem der Donau.

»Die kühne Idee, die Moldau mit der Donau durch einen Canal zu verbinden, stammt schon aus einer Zeit, wo es noch nicht so viele Heizmittel gab, wie jetzt, und wo dem Weitersehenden die ungeheure Bedeutung des Böhmerwaldes als Holzproduzenten aufgehen mußte. Diese sieben Meilen lange künstliche Wasserstraße für die Holzschwemme ist aber um so merkwürdiger, als sie zum ersten Tunnelbau führte, den Böhmen besaß, viele Jahrzehnte vor den kleinen Tunnelbauten der das Land nun durchziehenden Schienenwege errichtet. Der durch den Fels getriebene Tunnel ist acht Schuh breit und acht Schuh hoch, ihn durchführt eine mächtige Wasserwiese. Ein Forstingenieur namens Rosenauer hat diesen Bau bewerkstelligt und damit im Jahre 1789 begonnen. Bereits als Jägerbursche hatte er den kühnen Plan erfaßt und später dem Fürsten Schwarzenberg vorgelegt, welcher die Mittel zur Ausführung bewilligte. Wien wird schon jahrelang mit dem Scheitholze des Böhmerwaldes beschickt. Auf dem Schwarzenbergschen Canale allein werden jährlich einige 20.000 Klaftern verflößt. Welche Ausbeute aber manche Besitzungen ihren Eigentümern gewähren zeigt, daß bloß die jetzige Herrschaft Krumau jährlich gegen 75.000 Klaftern Holz in den Handel liefert.«

Ein Rest deutschen Urwaldes, Die Gartenlaube Nr. 23/1864

In der Region um den Schwarzenbergkanal hatte die Holzproduktion Hochkonjunktur. Adalbert Stifter berichtet darüber:

»Holzschlag im Böhmerwald
Wenn man, von weitem kommend, die Partien der böhmischen Waldungen überschaut, so ziehen sich die langen rötlichen Streifen der Holzschläge durch ihr bläuliches

Gedämmer, aber wenn man in dieselben eingedrungen ist und einen solchen Streifen betritt, so sieht man die Wirkungen der menschlichen Werkzeuge. Auf der ganzen Strecke hin liegen unzählige Tannenstämme wie verwirrte Halme gemähten Getreides; ihre schönen, ewig grünen Äste sind verdorrt und haben das brennende, rote Ansehen eines Fuchsfelles gewonnen, daher sie in der Forstsprache auch Füchse heißen; hier und da zwischen ihnen lodert ein Feuer, in dem man diese Füchse verbrennt, welche mancherlei Arbeiter von ihren Schäften schlagen und auf Plätze zusammentragen. An anderen Stellen kreischt die Säge, die langsam hin und her geht, um die Stämme zu trennen, oder es klingt die Axt und der Schlägel, welche auf die Keile fallen, um die zahllosen herumliegenden Blöcke zu spalten. An anderen Orten wird das Wirrsal der Scheiter in Stöße geschichtet, und wieder an anderen stehen sie schon in langen Reihen und Ordnungen dahin, daß sie von ferne aussehen wie Bänke von rötlich und weiß blinkenden Felsen, der die Waldhöhen hinansteigt. Mitten in diesen Aufräumungen ruht die Hütte der Holzhauer, das ist ein auf der Erde aufliegendes Dach, aus Stämmen gefügt und mit Reisig und Rasen gepolstert; es steigt gegen vorne auf und ist offen, daß man unter seinen Latten das Heulager der Holzknechte und die wenigen Kleidungsstücke sehen kann, die sie hierher gelegt haben, weil sie nur die Nacht in dieser Herberge zubringen und am Tage unter dem freien Himmel des Waldes beschäftigt sind. Vor der Hütte brennt das Feuer, an dem das Mittagsmahl bereitet wird, und ist mit solcher Sorglosigkeit gemacht, daß um die kochenden Töpfe gleich ganze Stämme herumliegen, die da verkohlen. Diese Stämme sind es, die den schönen blauen Rauch erzeugen, den man so gerne an heitern Tagen hier und da aus dem weithin liegenden Dunkel der Wälder aufsteigen sieht.«

HORNÍ POLICE (Ober-Politz)
Bezirk: Česká Lípa (Böhmisch Leipa)

Barocke Wallfahrtskirche mit Ambiten und einem Pfarrhaus von den Leitmeritzer Baumeistern Giulio und Ottavio Broggio (Vater und Sohn) erbaut. Beendet im Jahre 1723. Das Schloß aus der ersten Hälfte des 18. Jahrhunderts wurde vermutlich von Ottavio Broggio erbaut.

Von 1779–1803 wirkte am Wallfahrtsort Ober-Politz als infulierter Erzdechant Wenzel Hocke (* 8. 1. 1732 Neustadtl † 1. 3. 1808 Ober-Politz), ein Mitschüler des Volksschulreformators und Bischofs von Leitmeritz Ferdinand Kindermann Ritter von Schulstein während ihrer gemeinsamen Schulzeit im schlesischen Sagan. Der volkstümliche und begabte Erzdechant von viel Mutterwitz wurde im Jahre 1797 Bezirksvikar und Bezirksschulaufseher für das Leipaer Vikariat. Wegen seiner derben und humorvollen Art wurde er von der Volksüberlieferung zu einem nordböhmischen Till Eulenspiegel im Gewande eines Klerikers gemacht, doch entsprechen die im 19. Jahrhundert vom altkatholischen Pfarrer Nittel verfaßten ›Geschichten vom Hockewanzel‹ (Warnsdorf) nicht ganz der historischen Wirklichkeit. Beim Pfarrhaus befinden sich ein Denkmal und eine Gedenktafel.

Česká Lípa, früher **Lipá** oder **Lipé (Böhmisch Leipa)**: Bezirksstadt im Nordböhmischen Kreis. Die einstige Stammburg der Herren von Lipé besteht nicht mehr. Zwei gotische Kirchen und ein Augustinerkloster mit einer Loretokapelle. Klostergründung durch Albrecht von Waldstein (1627). Die Allerheiligenkirche der Augustiner-

Eremiten (seit 1934 päpstliche Basilika) und die Loretokapelle wurden im Jahre 1698 erbaut. Am Stadtrand befindet sich das Berka-Schloß in Renaissancearchitektur und beachtenswerte Renaissanceportale an mehreren Bürgerhäusern.

HORNÍ SLAVKOV (Schlaggenwald)
Bezirk: Sokolov, Falknov (Falkenau)

Stadt in der Nähe von Zinn- und Silbergruben, gegründet von Slavek von Ryzmburk im 13. Jh. Aus der Blütezeit der Stadt stammen mehrere Gotik- und Renaissancehäuser. St. Georgskirche, in gegenwärtiger Gestalt aus den Jahren 1516–1517.

»Ein Hort der Kunstmusik wurde die Lateinschule zu Schlaggenwald, wo David Köler seine berühmten Psalmen schrieb und die bedeutendsten deutschen und niederländischen Tonwerke der Zeit kultiviert wurden.«
Richard Batka, *Geschichte der böhmischen Musik*

Schlaggenwald ist der Geburtsort des Magister Zacharias Theobald (* 13. 7. 1584 † 22. 1. 1627 Nürnberg). Der Sohn eines protestantischen Predigers besuchte die Lateinschule seines Heimatortes, studierte in Wittenberg Philosophie, Theologie, Naturwissenschaften und Geschichte. Als Hofmeister in adeligen Familien (1605–1607) sammelte er, besonders in Domažlice (Taus), Material für sein Hauptwerk ›Der Hussitenkrieg‹ (1. Auflage 1609). Es behandelt den Zeitraum von 1401 bis 1436 und enthält eine Beschreibung der Ruine Přimda (Pfraumberg). In den Jahren 1607–1612 war er Konrektor in seiner Vaterstadt. Nach erfolgter Ordination in Wittenberg war er von 1612–1613 als Prediger bei Baron Sodok Adam von Schirmdinger in Kuttenplan (Chodová Planá), dann in gleicher Funktion bei Freiherr Josef Laminger von Albenreuth in Heiligenkreuz (Sv. Kříž) tätig. Bei Ausbruch des Dreißigjährigen Krieges diente er kurze Zeit als Feldprediger des Grafen Mansfeld in Pilsen, floh dann nach der Schlacht am Weißen Berg und erhielt im Jahre 1622 eine Pfarrstelle bei Nürnberg. Von den Nürnbergern wurde er für eine mathematische Professur in Altdorf vorgeschlagen, starb jedoch im Jahre 1627 in Nürnberg.

Goethe kannte und nutzte den Theobaldschen ›Hussitenkrieg‹ als Informationsquelle. Oft besuchte Goethe Schlaggenwald, da er in dieser Region seine geologischen Studien betrieb.

Am 21. Juli 1811 hatte er Anlaß zu Klagen im Gasthof »Zum roten Ochsen«.

Bečov nad Teplou (Petschau): Malerisch gelegenes Städtchen mit Burg, gegründet in der Mitte des 14. Jhs., erweitert im 1. Viertel des 16. Jhs., nach 1750 durch Schloßbau erweitert. Auf dem Schloß befindet sich das Reliquiar des Hl. Maurus aus der 2. Hälfte des 13. Jhs., ein herausragendes sakrales mittelalterliches Monument aus frühchristlicher Zeit.

Am 3. Juli 1854 schrieb Friedrich Hebbel in Marienbad in sein Tagebuch: »Hier sitz, ich in einem böhmischen Bade. [...] Die erste Nachricht, die ich einzutragen habe, ist die, daß wir heute ganz nah daran waren, das Leben zu verlieren. In Petschau waren wir kaum eingestiegen, als unmittelbar vor dem Posthause selbst der Postillon uns auf der Straße umwarf. Hätte nicht der Sohn des Postmeisters den Wagen dadurch aufzuhalten gesucht, daß er sich mit seinem ganzen Leibe entgegenstemmte, so konnten wir dem Schicksal kaum entgehen, auf dem harten, spitzigen Pflaster zerschmettert zu werden. Jetzt kamen wir mit einigen Kontusionen davon, während dieser arme Mann, der den Fall des Wagens nur zu mäßigen, nicht aber zu verhindern vermochte, tödlich verletzt wurde. Ursache des Unglücks waren ein paar junge, der Zucht noch nicht gewohnte Pferde und der steile, abschüssige Weg.

Friedrich Hebbel, *Tagebücher in Auswahl*

HOŘICE NA ŠUMAVĚ (Höritz)
Bezirk: Český Krumlov (Böhmisch Krumau)

St. Katharinenkirche, ursprünglich frühgotisch, erbaut im 13. Jh., zu Ende des 15. und Beginn des 16. Jhs. zu einer der bedeutendsten Kirchen Südböhmens umgebaut. Das Doppelschiff mit Zellengewölbe aus dem 1. Viertel des 16. Jhs., Brände in den Jahren 1791 und 1834. Turmaufbau in den Jahren 1900–1901. Sanktuarium aus dem Jahre 1487. Am straßenförmigen, ansteigenden Marktplatz steht ein gotischer Pranger mit Getreidemalter.

In Höritz wurden bereits im 13. Jahrhundert Passionsspiele aufgeführt. Sie entstanden unter dem Einfluß der Gutsherrschaft des Zisterzienserklosters von Hohenfurt und gelangten im 14. Jahrhundert zu großer Berühmtheit – »Mysterium Horicense« (Bohemia) wurden sie damals jenseits der Landesgrenzen genannt. Im Dreißigjährigen Krieg sanken sie zu Bauernspielen herab. Erneuert wurden die Höritzer Passionsspiele im Jahre 1816. Den Text des fünfaktigen Trauerspiels vom Leiden und Sterben des Herrn Jesus Christus mit einem Vorspiel über den Sündenfall im Paradies verfaßte der gebürtige Höritzer Weber Paul Gröllhesl. Weit über die Grenzen Böhmens bekannt wurden die Höritzer Passionsspiele dann durch die Regie des Budweiser Theaterdirektors Ludwig Deutsch. Der Propst Karl Landsteiner verfaßte einen neuen Spieltext, und der Budweiser Domkapellmeister Jaroslav Jungmann schrieb die Musik dazu.

Am 7. Oktober 1892 wurde auf dem Höritzer Berg in 777 m Seehöhe der Grundstein zu einem Freilichttheater für 2.000 Zuschauer gelegt. Gleichzeitig wurde der Ort Höritz elektrifiziert. 1893 wurde der Theaterbau beendet und bereits am 25. Juni dieses Jahres fand die Aufführung des Passionsspiels statt. Die Spieler waren Bauern und Handwerker aus Höritz, 60 Rollen waren besetzt und 20 Sänger bildeten den Chor. Es wurde dann in den Jahren 1894, 1896, 1898 und 1903 vor Zuschauerschaft aus ganz Europa gespielt.

Höritz war auf dem Weg, ein Gegenstück zu Oberammergau zu werden. In der Folgezeit wurde in Höritz jedes vierte Jahr am Pfingstfest gespielt. Im Jahre 1938 erließen die Nationalsozialisten ein Spielverbot. Versuche nach dem Zweiten Weltkrieg, die Spiele wiederaufzunehmen, hatten keinen dauerhaften Erfolg.

Im Jahre 1896 filmten der amerikanische Kameramann Hurt von der Edison-Gesellschaft und sein französischer Kollege Russel von der Gesellschaft Lumière das Höritzer Passionsspiel. Der Film von 250 m Länge und einer bis dahin nicht erreichten Spieldauer von einer Viertelstunde war sozusagen das erste Filmdrama mit ernstem Inhalt. Der Betriebskonzern in Amerika zahlte für den Film 10.000 Dollar.

HOŘICE V PODKRKONOŠÍ (Horschitz, Horsitz)
Bezirk: Jičín (Gitschin)

Kirche Mariä Geburt (1741–1748) von K. Ign. Dienzenhofer. Friedhofskirche St. Gotthard (1783). Pseudoromanisches Friedhofsportal, gekrönt von einem Friedensengel (M. Černil u. A. Kocián). Schloß aus dem 14. Jh. Synagoge (1728), im 19. Jh. umgebaut; jetzt Versammlungsraum der Tschechischen Hussitischen Kirche. In neuerer Zeit wurde die Stadt durch ihre Fachschule für Bildhauerei bekannt. Zahlreiche Plastiken (L. Šaloun, ›Rübezahl‹) im Stadtbild erinnern an die Bildhauertradition von Hořice.

In Horschitz wurde am 26. Oktober 1777 František Smetana, der Vater des Komponisten Bedřich Smetana, geboren.

Nach der Schlacht von Königgrätz hat Otto von Bismarck einen Teil der Nacht am Marktplatz von Hořice schlafend zugebracht.

Der gebürtige Horschitzer Simon Hirsch (1805–1890), Absolvent des Wiener Josephinums, wurde am 1. Mai 1844 zum ersten österreichischen Militärarzt jüdischen Glaubens bestellt. Er hat im Jahre 1853 den Feldmarschall Joseph Radetzky mit Erfolg bei dessen Choleraerkrankung behandelt.

Horschitz ist der Geburtsort des betont nationalen deutschböhmischen Dichters und Schriftstellers Fritz Mauthner (* 22. 11. 1849 † 29. 6. 1923), Autor mehrerer sprachphilosophischer Werke. Sein seinerzeit meistbeachtetes Werk ist ›Der Atheismus und seine Geschichte im Abendland‹ (1920). Mauthners Geburtsort ist auch der Schauplatz seines Romans ›Der letzte Deutsche von Blatna‹ (1886), der die literarische Produktion scharf polemischer Pamphlete auf dem Gebiet der Nationalitätenpolitik einleitete. In einem weiteren Roman, ›Die böhmische Handschrift‹ (1897), nimmt Mauthner zur »Handschriften-Frage« polemisch Stellung. Nach einer Periode geradezu unerträglicher Vergröberungen des Nationalitätenproblems in seinem Heimatland Böhmen wird Fritz Mauthner später sichtlich maßvoller. Eine Stadt und ihre Landschaft nahe der einstigen Sprachgrenze wurden zum Denkmal einer ganzen Epoche mit ihren politischen Versäumnissen und Irrtümern.

»Geboren bin ich zu Horsitz, einem kleinen Landstädtchen zwischen Königgrätz und Trautenau, nicht gar weit von der Sprachgrenze; mein Geburtsort gehört zum tschechischen Gebiete, doch war es in meiner Kindheit noch ganz selbstverständlich, da die Honoratioren des Städtchens entweder Deutsche waren oder doch mit einigem Stolze etwas deutsch redeten. Zu den deutschen Honoratioren gehörten (damals noch selbstverständlich) die jüdischen Besitzer der kleinen mechanischen Webereien. So ein Fabriksbesitzer war auch mein Vater. [...] Das Städtchen liegt genau so da wie andere Landstädte Böhmens. Ein sehr großer, viereckiger Marktplatz, »Ring« genannt, ist mehr die Stadt selbst als bloß der Mittelpunkt. [...] Auf dem weiten Platze verloren sich eine Mariensäule und ein Röhrbrunnen. Die untere Hälfte des Rings war von Bogengängen umgeben, den sogenannten »Lauben«, in denen es bei den Wochenmärkten und besonders bei den Jahrmärkten geschäftig genug zuging. Den Häusern der oberen Hälfte, die offenbar neueren Ursprungs waren, fehlten die Lauben. Das Haus meines Vaters, das er in meinem zweiten Lebensjahr erbaut hatte, stand da auf der oberen Hälfte des Rings und dünkte uns Kindern überaus vornehm, weil rechts und links vom Toreingang je ein Pilaster stand mit steinernen Eulen. [...] Von den Dachfenstern des Elternhauses war die Schneekoppe zu sehen; ich war elf Jahre alt, als ich sie zum ersten Male erstieg.«

Fritz Mauthner, *Erinnerungen. Erste Prager Jugendjahre*

»An der Kirche und dem Rathause vorbei eilten die Kinder die untere Gasse hinab, die zwischen kleinen einstöckigen, aber saubern Häuschen in leiser Krümmung zur Bjelounka führte. Beide Knaben kannten die historische Bedeutung des Flusses für die Geographie dieses Landesteils. Die Bjelounka bildete von alter Zeit her die scharfe Grenze zwischen der tschechischen und der deutschen Bevölkerung zwischen der slawischen Niederung und dem Berglande. Das Dreieck, welches sie mit der Elbe und damit der Grenze formt, war so vollkommen deutsch, daß der Fährmann nicht wußte, wie Wasser auf slawisch hieß. Und sogar Bier vermochte er auf dem anderen Ufer nur auf deutsch zu verlangen.

Im Norden setzte sich das deutsche Gebiet bis an die Landesgrenze weiter fort, im Süden aber war das Mauthäuschen von Blatna das letzte Stück deutschen Bodens, und schon der Heilige Nepomuk auf der Brücke hätte tschechisch gesprochen, wenn Schweigen nicht seines Amtes gewesen wäre. [...] Die Dienstleute und viele Fabrikarbeiter waren wohl Tschechen und gaben sich vergebliche Mühe, ein anhörbares Deutsch zu reden; aber das schien sich zu Hause von selbst zu verstehen, daß nur die niederen Arbeiten von Slawen verrichtet würden, die Leitung jedoch immer in deutschen Händen lag.«

> Fritz Mauthner, *Der letzte Deutsche von Blatna*

Das Grabmonument von Fritz Mauthner in Meersburg am Bodensee trägt die Inschrift:

> »Vom Menschsein erlöst«.

Auf dem Horschitzer Friedhof befindet sich das Grab der Eltern des Dichters Fritz Mauthner mit einem Doppelepitaph. Inschrift (dt.):

> »Hier ruhet Isak Jonas Mautner Ehrenbürger der Stadt Hořic gestorben als Greis von 105 Jahren am 13. Februar 1875.« – »Hier ruhet Dorothea Mautner gebor. Fischer gest. 14. April 1838 im 62. Lebenjahre.«

Eine Besonderheit auf dem Horschitzer Friedhof stellt der Leichenstein eines Napoleonischen Soldaten mit militärischen Emblemen dar. Inschrift (dt):

> »Andenken vom Jahre 1813 – 14. Hier ruhet Weiland Kaisers Napoleons sein Sergeant D. Bernard Goldenstein vom 1. étranger Regimente, fünften Bataillons der Voltigeur-Companie gebürtig aus Zamosc in Westgalizien geboren 1770 gestorben den 21. Juny 1854.«

Beachtenswert für die sprachlichen und Nationalitätenverhältnisse unter den Juden aus Hořice und Umgebung ist der Grabstein des Arztes Vít Levit (1877) mit der ersten tschechischen Inschrift auf diesem Friedhof.

HOŘOVICE (Horschowitz)
Bezirk: Benešov (Beneschau)

Malerisch gelegene Kleinstadt, terrassenförmig angelegt. Barockschloß, früher Besitz des Fürsten von Hanau, zu Anfang des 18. Jhs. erbaut, 1737 erweitert. Schloßsammlungen und regionales Museum. Das Interieur von Schloß Horschowitz wurde nach Plänen von Josef Mánes gestaltet. Der Festsaal des Schlosses dient nun als Josef-Slavík-Gedenkraum für musikalische Darbietungen. Kopien des Zyklus von Josef Mánes ›Auf einem Herrensitz‹. Schloßpark nach Entwürfen von J. F. Schorr. Im Park Plastiken mythologischer Szenen aus dem Kreis von M. B. Braun (1740). Im Musiksalon befinden sich Bilder von Klusáček mit Darstellungen von Szenen aus Richard Wagners ›Parsifal‹. Pfarrkirche St. Ägidius (1583) in Gotik- und Renaissance-Stil. Neben der Pfarrkirche freistehende klassizistische Kapelle aus dem 19. Jh., ursprünglich des Grafen Wrbna, später des Fürsten von Hanau. Neben der am Stadtplatz freistehenden Dreifaltigkeit-Franziskanerkirche (1674) steht eine einfache, ebenfalls barocke freistehende Loretokapelle (1674). In der Parkanlage des Palacký-Platzes steht die Büste von Josef Slavík von A. Lhoták. Barocke St. Nikolauskirche vom Anfang des 18. Jhs., barocker Karner. Barocker Schloßbau aus der 1. Hälfte des 18. Jhs. zu einem Brauhaus umgebaut.

In Horschowitz beschloß der Weltreisende und Chronist Beneš von Hořovice sein Leben. Er hat die ›Deutsche Chronik, vom Beginn der Welt bis 1415‹ des Jakob Twinger von Königshofen (1346–1420), eines Straßburger Kanonikers, ins Tschechische übersetzt.

Horschowitz ist der Geburtsort des Geigenvirtuosen Josef Slavík. Am Geburtshaus des Virtuosen (Nr. 8) befindet sich eine weitere Gedenktafel. Inschrift (tsch.):

»Geburtshaus des berühmten Violinisten Josef Slavík (* 26. 3. 1806 in Horschowitz † 30. 5. 1833 in Budapest)«

Seine Jugendjahre verbrachte der Geigenvirtuose Josef Slavík bis zum Jahre 1817 in Hořovice. In Wien nannte man ihn den »zweiten Lipinski« oder auch den »zweiten Paganini«. Letzterer bewunderte Slavíks Meisterschaft. Als Burgtheatermitglied lebte Slavík in Wien, konzertierte häufig in Teplitz, Karlsbad und in seiner Heimatstadt Hořovice. Er starb im Alter von 27 Jahren in Pest, wo ihn am 1. Juni 1833 sein Landsmann Jan Kollár zu Grabe geleitete. Die sterblichen Überreste von Josef Slavík wurden nach Prag überführt und am Wischehrader Nationalfriedhof in einem Ehrengrab beigesetzt.

Hořovice ist der Geburtsort des Lutherischen Theologen und Historikers S. Martinus von Dražov (* 1593 † 1636 Pirna in Sachsen) sowie des tschechischen Danteforschers und Schriftstellers K. Vratný (* 1867 † 1937 Prag).

Hradec Králové (Königgrätz)
Bezirksstadt

Ursprünglich slawischer Burgwall. Die Stadtgründung einer der ältesten Städte Böhmens erfolgte in den zwanziger Jahren des 13. Jhs., königliche Leibgedingstadt, oft Sitz böhmischer Königinnen-Witwen. Hl. Geistkirche, Ziegelgotik aus dem 14. Jh., seit der Gründung des Bistums 1660 bischöfliche Kathedralkirche. Zeitweise war hier Jan Žižka von Trocnov bestattet.
Unweit davon der Weiße Turm (1574–1589). Jesuitenkolleg und Kirche Mariä Himmelfahrt (1654–1666 Carlo Lurago). Von der großzügigen Barockfestung (erbaut 1766–1789) sind nur geringe Reste erhalten. Häuser mit Gotik- und Renaissancekernen. Kreismuseum mit kriegsgeschichtlichen Sammlungen (1866). Städtische Denkmalreservation. (Abb. 70)

Der bedeutendste Bischof von Königgrätz im 18. Jahrhundert war Johann Leopold Hay (* 1735 Fulnek † 1794), ein Schwager von Joseph von Sonnenfels. Bischof Hay ist als »Toleranzbischof« und Autor des josephinischen Toleranzpatentes in die Geschichte eingegangen. Er wird auch der »österreichische Fénelon« genannt. Hay war der Protektor des Patriarchen der Slawistik Josef Dobrovský, dem er am 17. Dezember 1786 in der Hauskapelle seiner Residenz am Marktplatz in Königgrätz die Priesterweihe erteilte.

In der Nähe der bischöflichen Kathedrale steht das Geburtshaus des österreichischen Arztes und Wiener Universitätsprofessors tschechischer Abstammung Karl Freiherr von Rokitanský (* 19. 2. 1804 † 23. 7. 1878 Wien), Mitglied des Herrenhauses und 1869 Präsident der Österreichischen Akademie der Wissenschaften, Begründer der wissenschaftlichen pathologischen Anatomie, hochverdient um die Einführung des Mikroskops in der pathologischen Forschung. Gedenktafel und Reliefbüste am Geburtshaus (Kanovnická ulice).

Chlum: Hier fand die (hinsichtlich der zum Einsatz gekommenen Truppen) größte Schlacht des 19. Jhs. statt, die in der Geschichte Schlacht von Königgrätz heißt. Sie entschied im Jahre 1866 den Krieg zwischen Österreich und Preußen. Gedenkstein auf dem Schlachtfeld (Abb. 71). In Chlum befinden sich das Mausoleum, ein Museum, ein Aussichtsturm sowie ein weit über die Landschaft verstreuter Gräberbezirk. In der Nähe des Schlachtfeldes befinden sich Reste der Verteidigungswälle aus den Kriegen Friedrichs II. gegen Maria Theresia. Die Schlacht von Königgrätz und Chlum wird auch nach dem nahegelegenen Dorf Sadová benannt.

Hrádek: Schloß erbaut in romantischer Gotik für die Familie Harrach in den Jahren 1839–1854 nach Plänen des englischen Architekten Lamb. Bedeutende Sammlungen.

Smiřice (Smirschitz): Schloßkapelle zur Verklärung des Herrn auf dem Berg Tabor aus den Jahren 1696–1699, ein hervorragendes Werk, vermutlich von G. B. Santini, mit Deckenmalereien von J. Steinfels und Bildern von Peter Brandl.

Chlumec nad Cidlinou (Chlumetz): Barockschloß aus den Jahren 1721–1723 für die gräfliche Familie Kinský nach Plänen von G. B. Santini von Fr. M. Kaňka (Karlskrone). Das Schloß und die Stadt waren Schauplatz von Bauernaufständen um 1775. Rebellendenkmal in der Vorstadt. Redensart: »Sie haben so viel ausgerichtet wie die Bauern von Chlumec.« Geburtsort des bedeutenden Historikers Jaroslav Goll (1846–1929) und des Dramatikers und Schriftstellers V. K. Klicpera (1792–1859).

HROB (Klostergrab)
Bezirk: Teplice (Teplitz)

Der Prager Erzbischof Johann Lobelius ließ als Inhaber der Klosterherrschaft von Ossegg im Jahre 1617 die hier erbaute evangelische Kirche niederreißen. Die Devastation dieser Kirche sowie jener von Braunau führte zu Unruhen und wurde von den protestantischen Ständen Böhmens zum Anlaß des Prager Fenstersturzes von 1618 auf der Prager Burg genommen. Beide Ereignisse werden als unmittelbare Ursachen für den Ausbruch des Dreißigjährigen Krieges bezeichnet. Die erhaltenen Reste der einstigen protestantischen Kirche von Klostergrab wurden in neuerer Zeit pietätvoll gefaßt.

Goethe hat Klostergrab im Jahre 1813 zweimal besucht. Dazu schrieb er:
»Klostergrab liegt in einem sehr anmutigen Bergtale; unterhalb die schönsten Wiesen, oberhalb zum Fruchtbau so leichter Boden, als man im Gebirg nicht erwarten sollte.«

HRUBÝ ROHOZEC (Groß Rohosetz)
Bezirk: Semily (Semil)

Ursprünglich gotische Burg, um 1300. Bis 1516 als spätgotisches Schloß umgebaut. In der 2. Hälfte des 16. Jhs. weiterer Umbau und Erweiterung in den Formen der Renaissance (Abb. 76). Schloßsammlungen.

Schloß Groß Rohosetz ist der Schauplatz der Novelle ›Teufelsspuk‹ von Rainer Maria Rilke und liefert auch einige literarische Interieurs zu seinem Roman ›Die Aufzeichnungen des Malte Laurids Brigge‹.

Dolánky u Turnova: Erbgericht der Familie Dlask (Dlaskův statek). Charakteristische, in letzter Zeit restaurierte volkstümliche Architektur der Landschaft um Turnau.

Vranov: Auf den Ruinen einer gotischen Burg hoch über dem Flußlauf der Iser bei Malá Skála (Kleinskal) ließ im Jahre 1802 der damalige Besitzer der Herrschaft Nixdorf (Mikulášovice), der Fabrikant Franz Zacharias (Edler von) Römisch, ein Felsen-Pantheon errichten. Im »Pantheon« fanden die Standbilder Josephs II., des Fürsten Carl Schwarzenberg, des kroatischen Banus Nikolaus Zring, jene von Shakespeare, Rüdiger von Starhemberg und die des Jaroslav von Sternberg neben König Georg von Poděbrad und Karl IV. Aufstellung. Mehrere Statuen von F. Petrick. Das Felsen-Pantheon ist eines der ersten innerhalb der Periode des böhmischen romantischen Historismus. In der Befreiungskapelle (1813–1815) stehen die Büsten der Monarchen der Heiligen Allianz – Franz I., Alexander I. und Friedrich Wilhelm III.

HUDLICE (Hudlitz)
Bezirk: Beroun (Beraun)

In Hudlice steht das Geburtshaus des tschechischen Philologen und Literaturhistorikers Josef Jungmann (* 6. 7. 1773 † 14. 11. 1847 Prag). Das Haus (Nr. 43; Abb. 99), ein Holzbau auf dem Dorfplatz in der Nähe der Kirche, wurde als Gedenkstätte eingerichtet. Im Vorgarten steht ein in der Hütte von Nový Jáchymov (1873) in den Formen der romantischen Neugotik ausgeführtes gußeisernes Denkmal mit der Büste von Josef Jungmann (B. Koch, 1873).

Josef Jungmann ist einer der bedeutendsten Vertreter innerhalb der Gruppe der nationalen Wiedererwecker, ein Zeitgenosse der Gebrüder Grimm und Begründer der modernen tschechischen Schriftsprache sowie Herausgeber eines nach dreißigjährigen Vorarbeiten erschienenen wissenschaftlich-methodisch abgefaßten deutsch-tschechischen Wörterbuches (1835–1839). Josef Jungmann war Rektor der Prager Universität (1840) und Mitglied der Österreichischen Akademie der Wissenschaften.

Sein Bruder, der Arzt Dr. Antonín Jungmann, war der Autor des ersten tschechischen Lehrbuches für Geburtshelferinnen.

HUMPOLEC (Humpoletz)
Bezirk: Havlíčkův Brod (Deutschbrod)

Erstmalig als Markt erwähnt im Jahre 1233, seit 1213 Kommende des Deutschen Ritterordens, im Jahre 1233 den Selauer Prämonstratensern überlassen. Gotische Dekanalkirche St. Nikolaus am »Oberen Platz« (Horní náměstí), erbaut im 13. Jh. auf kreuzförmigem Grundriß, von G. Santini umgebaut und im 19. Jh. regotisiert. Dekanalgebäude im Empire-Stil (Horní náměstí 272). Rathaus (Horní náměstí 298–300) als Sezession-Bau mit gegliederter Fassade und figuralem Dekor erbaut von Architekt F. Kavalír (1912–1914) für die damalige Bezirksbehörde. Dr. Aleš Hrdlička-Museum (Horní náměstí 273). Gedenkstätte des Dr. Aleš Hrdlička (* 29. 3. 1869 † 5. 9. 1943 Washington). Im Vestibül befindet sich seine Büste von Milan Knobloch. Ethnographische Sammlungen und Geschichte der Textilindustrie. Als regionales Zentrum der Textilindustrie in Südostböhmen wird die Stadt auch »Böhmisches Manchester« genannt.

Während der Hussitenkriege stand Humpolec zur Partei des Kelches. Der Führer der Prager radikalen Fraktion, der Priester Johannes von Selau (* 1. Hälfte des 14. Jhs.), wird auch Johannes von Humpolec genannt. Er war Stadtschreiber von Iglau, Kleriker und Notar sowie Bergschreiber zu Kuttenberg, Sekretär und Registrator Karls IV. Johannes von Humpolec übertrug das lateinische Bergrecht ins Deutsche. Es wird nach dem ihm von Karl IV. im Jahre 1360 für seine Verdienste verliehenen Burggrafenamt Gelnhausen auch »Codex Gelnhausen« genannt.

Im Jahre 1849 gab der Lehrer Jan J. Sluníčko die erste tschechische Kinderzeitschrift ›Včelka‹ (›Bienchen‹) heraus. Er lehrte an der damaligen Evangelischen Schule in Humpolec. Gedenktafel am Gebäude der ehemaligen Evangelischen Schule (Husova 144). Inschrift (tsch.):

>»Hier an der Evangelischen Schule wirkte Jan. J. Sluníčko, nationaler Lehrer 1847–1888.«

Sein Grab befindet sich auf dem Friedhof von Humpolec. Gedenkstätte im Gebietsmuseum in Iglau (Muzeum Vysočiny, Jihlava).

In Humpolec wurde der tschechische Arzt und Anthropologe MUDr. Aleš Hrdlička als Sohn eines Textilarbeiters im Haus »Na Americe« (Školní ulice) am 29. März 1869 geboren. Weder sein Geburtshaus noch das Haus, in dem er seine Jugend verbrachte, sind erhalten geblieben. Der Anthropologe von Weltruf starb am 5. September 1943 in Washington. Seine Heimatgemeinde hat nach ihm ein Museum und ein Gymnasium benannt. Auf dem Areal des »Unteren Platzes« (Dolní náměstí), der vom Architekten Gočár gestaltet wurde, steht inmitten einer Grünanlage ein Obelisk mit der Büste von Hrdlička (Autoren: Milan Knobloch [Büste] und J. Blaha [Obelisk]). Inschrift (tsch. und engl.):

>»Dr. Aleš Hrdlička Anthropologe von Weltruf – Die ganze Menschheit rührt von einem Ursprung her – All Mankind is of one origin A 1869 1943 H«

Im Jahre 1969 fand aus Anlaß des 100. Geburtstages von Aleš Hrdlička unter dem Ehrenschutz der UNESCO in Humpolec ein internationaler Anthropologenkongreß statt.

Im Jahre 1873 wurde in Humpolec der erste Arbeiterbildungs- und Unterstützungsverein auf der »böhmischen Seite« des Böhmisch-Mährischen Höhenzuges gegründet. Eine Gedenktafel befindet sich am Eckhaus Horní náměstí und Hradská ulice. Inschrift (tsch.):

»Hier im Gasthof »Folkman« wurde der erste Arbeiterverein im südöstlichen Böhmen Školka (»Kleine Schule«) gegründet. 1873, 1973"

Am Wohnhaus der Humpolecer Familie Fučík (Dvorská ulice 423) erinnert eine Gedenktafel an den tschechischen revolutionären Literaten, Journalisten und Widerstandskämpfer Julius Fučík (1903–1943), der im Zuchthaus Plötzensee bei Berlin hingerichtet wurde. Seine Kassiber aus dem Gefängnis wurden nach Ende des Zweiten Weltkriegs unter dem Titel ›Reportage unter dem Strang geschrieben‹ veröffentlicht.

Aus Humpolec stammt der österreichische Schriftsteller Felix Grafe (1888–1942), der als Teilnehmer an der Wiener Widerstandsbewegung während des Zweiten Weltkriegs hingerichtet wurde.

Nová Buková: Am Gebäude der Bahnstation im Bereich der Böhmisch-Mährischen Höhe zeigt eine Orientierungstafel an, daß sich hier die Wasserscheide von Elbe und Donau befindet.

JABLONEC NAD NISOU (Gablonz an der Neisse)
Bezirksstadt

Neuzeitlicher Ziegelbau der Herz-Jesu-Stadtpfarrkirche aus der Zeit nach dem Ersten Weltkrieg (Rudé náměstí) in konstruktivistischen Formen (Architekt Joseph Zasche, 1930).
Alte Pfarrkirche St. Anna, ursprünglich im Renaissance-Stil, 1683 barock umgebaut, der Turm erst 1706. Altes und Neues Rathaus, Rüdiger-Statue.
Weltbekannte Industriestadt mit sprunghafter urbanistischer Entwicklung im 19. und 20. Jh., Metropole der Glas- und Bijouteriemanufakturen.
Seit 1808 Stadt- und Industriezentrum (Schmuck, Glasperlen und Imitationen). Glas- und Bijouterie-Museum. Symbol der Stadt ist die allegorische Statue ›Industrie‹, eine in den Formen des Spätklassizismus gehaltene Frauengestalt aus Sandstein. Gestiftet vom Großkaufmann Heinrich Fischer, errichtet vom Bildhauer Leopold Zimmer (Schönlinde) im Jahre 1870 (Máchova ulice vor dem Haus 4/877).

Am 18. August 1906 – zu »Kaisers Geburtstag« – wurde der Grundstein zum Gablonzer Stadttheater gelegt. Der Theaterbau im Sezessionstil wurde vom örtlichen Baumeister Herbig am 2. September 1907 schlüsselfertig der Stadtverwaltung übergeben, und am 21. September 1907 wurde das Haus mit der ›Fledermaus‹ von Johann Strauß eröffnet. Zu den bedeutendsten Bühnenkünstlern des Gablonzer Theaters gehörte Leo Slezák (1873–1946). Im gleichen Jahr wurde der Stadt das Wappen mit dem symbolischen Apfelbaum verliehen.

Desná: Ein Gedenkstein erinnert an die Katastrophe beim Dammbruch im Jahre 1916.
Držkov: Ein Granitkreuz mit Marmortafel erinnert an die Opfer des Swarauer Streiks am 31. August 1870.

Rychnov nad Nisou (Reichenau bei Gablonz): Auf dem Fabriksgelände in der Nähe des Bahnhofes befindet sich eines der ersten Konzentrationslager aus der Zeit des Zweiten Weltkriegs.

Josefův Důl (Josefstal): Schlößchen aus der Mitte des 19. Jhs. mit Plastiken von T. Seidan (1861). Pseudogotische Kirche zur Verklärung des Herrn auf dem Berg Tabor. Geburtsort des deutschböhmischen Dichters Gustav Leutelt (* 21. 9. 1860 † 17. 2. 1947 Seefelden bei Gotha). Die Mutter des Dichters war eine Urenkelin des Wunderdoktors Johann Joseph Anton Eleazar Kittel, dessen Ahnen, angesehene Glasherren, nach 1500 in das Isergebirge gekommen waren. Gustav Leutelt war Autor von ›Schilderungen aus dem Isergebirge‹ (1899), ›Die Königshäuser‹ (1906), ›Das zweite Gesicht‹ (1911), ›Hüttenheimat‹ (1919), ›Der Glaswald‹ (1925), ›Buch vom Walde‹ (1928), ›Der Brechschmied‹ (1934). Der Dichter schreibt über sich selbst:

»Ich bin im Schulhause des Isergebirgsdorfes Josefstal als der Sohn des Oberlehrers Johann Michael Leutelt und seiner Frau Marie am 21. September 1860 geboren worden. Auch meine Mutter war eine Lehrerstochter und durch sie stamme ich von jenem Johann Eleazar Kittel ab, der als kunsterfahrener Arzt um die Mitte des 18. Jahrhunderts in Schumburg bei Gablonz lebte und von dem Sagen berichten, daß er seine geheimnisvolle starke Macht zum Besten seiner Mitmenschen verwendete. Meine Jugendzeit war von Waldesrauschen eingesponnen. Die Grafen Defours sperrten ihre Waldungen nicht ab, und so konnte ich die ausgedehnten Forste weglos nach allen Richtungen durchstreifen. Damals schon stiegen mir Ahnungen empor von jenem seelischen Hauch in der gesamten Natur, den man Stimmung nennt. Als ich später das Charaktergebende in der Natur zu künstlerisch abgerundeten Schilderungen zu formen hatte, zehrte ich von jener Schweifzeit im heimatlichen Walde. Während der Zeit meines Berufsstudiums in Leitmeritz hat mein genialer Freund und Lerngenosse Julius Friedler aus Warnsdorf einen großen Einfluß auf meine Entwicklung ausgeübt. Im Heimatdorf hierauf die erste Anstellung findend, wurde ich später auch der Nachfolger meines Vaters. Zahlreiche Reisen gaben mir dann Gelegenheit, Heimat und Freunde zu vergleichen; immer aber kehrte ich gern in meine Waldberge zurück.«

Robert Herzog, *Gustav Leutelt, der Dichter des Waldes*

Gustav Leutelt gehört zu den bedeutendsten deutschen Schriftstellern der Neuzeit in Böhmen.

Velké Hamry-Svárov: Der Gedenkstein für die sechs Opfer des Streiks der Fabrikarbeiter wurde 1870 von dem akademischen Bildhauer Vladimír Kýn und seiner Ehefrau geschaffen. Ein steinernes Kreuz in Držkov erinnert ebenfalls an die Opfer dieses Streiks.

JABLONNÉ V PODJEŠTĚDÍ, früher Německé Jablonné (Deutsch Gabel)

Bezirk: Česká Lípa (Böhmisch Leipa)

Dominikanerkloster, gegründet um 1250 von Gallus von Lemberk, Johannitergroßprior von Böhmen, Gemahl der heiligen Zdislava, bei der St. Laurentiuskirche. Heutiger Bau aus den Jahren 1699–1729 nach Plänen des österreichischen Architekten Johann Lukas Hildebrandt in Anlehnung an die Formen der Wiener St. Peterskirche am Graben.

Salvator-Statue am Marktplatz. In der Krypta Grab der seligen Zdislava.

Am Stadtrande steht die »Alte Post« (Stará pošta, ulice 9. května Nr. 335), ein spätbarockes einstöckiges Posthaus aus der zweiten Hälfte des 18. Jahrhunderts. In einer flachen Ädikula steht eine Dreifaltigkeitsstatue. In diesem Hause nächtigte Napoleon am 19. August 1813 auf seiner Flucht aus Rußland.

JÁCHYMOV (Joachimstal, Sankt Joachimstal)
Bezirk: Karlovy Vary (Karlsbad)

Silbervorkommen veranlaßten im Jahre 1516 Stephan Schlick, eine Stadt zu gründen, die nach dem Patron St. Joachim benannt wurde.
Im Jahre 1519 begann man hier, silberne Münzen zu prägen, die man Joachimstaler, auch Thaler, später sogar Dollar nannte.
Aus der Blütezeit der Stadt stammen der Münzhof (1534–1536), die St. Joachimskirche (1534–1540) (Architekten Hanns Kopp, Wolf Müller).
Eine Reihe von Spätgotik- und Renaissancehäusern sowie Portale sind erhalten geblieben.

Eine Gedenktafel am Stadthaus hält ein Volkslied fest:
> »Es freit ein wilder Wassermann
> In der Burg wohl über dem See,
> Des Königs Tochter muß er han,
> Die schöne, junge Lilofee.«

Eine Gedenktafel in der Kirche der Evangelischen Brüderkirche von Joachimstal, die am 3. Oktober 1965 vom Superintendenten G. Küttler aus Rochlitz in Sachsen enthüllt wurde, erinnert an das dreißig Jahre währende Wirken des lutherischen Pfarrers, Bergpredigers und Rektors der Lateinschule Johannes Mathesius (* 24. 8. 1504 Rochlitz † 7. 10. 1565 Joachimstal), Freund und Schüler von Martin Luther. Im Jahre 1542 hat ihn Doktor Martin Luther hier besucht. Magister Johannes Mathesius war auch Mitbegründer der Stadtbibliothek (1540). Johannes Mathesius war der Erfinder einer hydraulischen Maschine:

»Mein Verkehr mit Joachimsthal führte mich auch zu der Entdeckung, daß der Ehrgeiz gewisser industrieller Emporien, epochemachende Erfindungen zuerst in Anwendung gebracht zu haben, in Joachimsthal dadurch Befriedigung finden konnte, daß ein Joachimsthaler Bergwerkschronist, namens Mathesius, in der »Bergpostilla« oder sogenannten Sarepta, die im Jahre 1562 in Nürnberg erschien, von einem praktisch verwendeten Mechanismus, der der Dampfmaschine ähnlich gewesen sein kann, sichere Nachricht gab. Die Beschreibung der Maschine weist jedenfalls mehr auf eine Dampfmaschine hin, als die seinerzeitige Schilderung ›der wunderbarsten hydraulischen Maschine von dem ehrenwerten Sommerset, Marquis of Worcester (1663).‹

   Wilhelm Exner, *Erlebnisse*

Im Jahre 1521 wurde Johann Krügniger in Joachimstal geboren. Er entwarf die erste Wirtschaftskarte von Böhmen.

In den Jahren 1527–1530 war der Naturforscher, Begründer der Mineralogie und Hüttenkunde, Georginus Agricola (* 24. 3. 1494 † 21. 11. 1555 Kamenz) in Joachimstal als Stadtarzt tätig. Später war er Bürgermeister von Chemnitz.

Im Jahre 1550 entdeckte der Berghauptmann von Joachimstal Bohuslav Felix Lobkowicz von Hassenstein hier Steinkohle.

Auch Nicolaus Hermann Kantor, ein bedeutender Liederdichter des 16. Jahrhunderts, wirkte bis zu seinem Tode († 3. 5. 1561) in Joachimstal.

Der weltweit bekannte Kurort trägt das Stigma der Unterdrückung aus der Zeit des sowjetischen Regimes (1948–1989): Im Bereich des Uranbergwerkes befand sich eines der berüchtigsten Konzentrationslager.

JENIŠOVICE
Bezirk: Turnov (Turnau)

Barocke Georgskirche (1728–1744), Altarbild des Hl. Georg von J. Hellich, übermalt von P. Bušek (1912). Barockes Pfarrhaus vom Anfang des 18. Jhs.

Auf dem Friedhof befindet sich das Grab des Universitätsprofessors Dr. Josef Pekař (1870–1937). Er gilt als einer der bedeutendsten tschechischen Historiker des 20. Jahrhunderts. Seine Hauptwerke zur böhmischen Geschichte sind auch in deutscher Sprache erschienen. Karel Čapek hat sein literarisches Porträt gezeichnet:

»Groß, stark, ein wenig bäuerlich von Antlitz; er erinnerte eher an adelige Freisassen denn an einen Menschen, der sein Leben lang über Bücher und Papiere gebeugt gewesen. [...] Ganz daheim, so wie ein König und Herr seiner Welt, war er nur im Freundeskreis, im Kaffeehaus über Stößen von Zeitungen und in seinem heimatlichen Turnauer Kreis; aber die Sicherheit eines großen Grandseigneurs besaß er damals, als er als Historiker und geschichtsbildender Denker im Streit mit historischen Fakten und Ideen stand. Erinnern Sie sich doch, mit welch großer, ritterlicher, nobler Geste er dem achtzigjährigen Masaryk seine verehrungsvolle Reverenz sozusagen auf des Schwertes Spitze seiner Polemik dargebracht hat, des Schwertes, das er so oft Masaryks Geschichtsphilosophie wegen mit ihm gekreuzt hatte. Er war ein ganzer Mann, bei dem Herz und Gestalt vollendet und mit großem Guß in Vollendung zu ein und derselben Gestalt geworden sind; wenn wir das Wort, das umging, ernst nehmen wollen, dann war er ein aristokratischer Mensch. Seinen großen Geist zu würdigen steht den Historikern zu; aber seiner Seelengröße gedenken in Verehrung all die, denen die Ehre zuteil geworden, ihn kennenzulernen.«

Karel Čapek, *Syn svého národa. Lidové noviny* 24. 1. 1937

JEZEŘÍ (Eisenberg)
Bezirk: Most (Brüx)

Ursprünglich gotische Burg, dann Renaissanceschloß, barock umgebaut zu Ende des 17. und im 18. Jh.

Um Schloß Eisenberg ranken sich Gerüchte im Zusammenhang mit dem sogenannten »Sächsischen Prinzenraub«. Ritter Kunz von Kaufungen entführte in der Nacht vom 7. auf den 8. Juli 1455 die Prinzen Ernst und Albert von Sachsen aus dem Schloß zu Altenburg, wurde jedoch auf dem Weg nach Böhmen in der Nähe der sächsischen Stadt Grünhain bei Fürstenbrunn gefangengenommen und am 14. Juli zu Freiberg in Sachsen enthauptet.

Eisenberg bei Komotau ist der Geburtsort des Bildhauers Ferdinand Dietz (Tietz), Meister der Gartenskulptur des Rokoko (* 1708 † 1777 Memmelsdorf bei Bamberg).

Seit 1724 war Alexander Gluck als Forstmeister auf dem Schloß des Fürsten Lobkowicz tätig. Sein Sohn Christoph Willibald Gluck (1714–1787) verlebte einige Jugendjahre auf Schloß Eisenberg.

Der aus Mähren gebürtige Schriftsteller und ehemalige Konventuale des Kreuzherrenordens mit dem roten Stern Karl Postl (Charles Sealsfield) (* 1793 Popice † 1864 Solothurn) beschreibt Schloß Eisenberg in seinem kritischen Reisewerk ›Österreich wie es ist oder Skizzen von Fürstenhöfen des Kontinents‹:

»Unser erster Ausflug galt Eisenberg, einer Besitzung des Fürsten Lobkowitz. Das Schloß liegt eine Meile weit von Teplitz. Beim Herannahen unseres Wagens blieb ein Rudel von Damhirschen ein Weilchen stehen und verschwand im Dickicht. Stolz ragt das Schloß, ein rechteckiger, dreistöckiger Bau mit kuppelgekröntem Eckpavillon aus einer Waldlichtung empor. Zwei von ionischen Säulen getragene Balkone zieren seine Vorderseite und eine doppelte Freitreppe führt in die prachtvoll eingerichteten Räume des ersten Stockwerkes, die ausschließlich der fürstlichen Familie dienen. Der zweite Stock ist Fremden vorbehalten, die hier, selbst in Abwesenheit des Schloßherrn, mit größter Gastfreundschaft aufgenommen werden. Man lud uns ein, den Tag im Schloß zu verbringen und an der in einer Woche beginnnenden Damhirschjagd teilzunehmen. [...]

Der Rundblick von dem Schloß ist prachtvoll. Im Westen erschaut man die Sudeten, das Reich Rübezahls, gegen Norden das Erzgebirge und im Süden öffnet sich dem Blick das schöne Böhmerland, bedeckt mit Ruinen, Schlössern, Städten und Dörfern. Der Fürst bewohnt den Ort nur während der Jagdzeit, einen oder zwei Monate lang. Zu dem Besitz gehören 100.000 Morgen, Waldungen. Hiervon ist ein Teil als Tiergarten eingefriedet, wo 250 Damhirsche und Rehe sowie 50 Wildschweine gehegt werden. Alle drei Jahre wird hier unter Mitwirkung des Adels der Umgebung gejagt. In England würde ein derartiger Besitz einen jährlichen Aufwand von 2.000 Pfund Sterling erfordern; hier kommt er bedeutend billiger zu stehen. Das Wild wird mit der Gerste gefüttert, welche die zwölf Pachthöfe der Herrschaft zu liefern haben, die 25.000 Morgen Ackerland, Wiesen, Obst- und Hopfengärten umfassen. Die Pachthöfe sind von 60 Dörfern umlagert, die ebenfalls zu der Herrschaft gehören. Ihre Bauern müssen die Felder bestellen, die Straßen instandhalten oder neue anlegen und bei den Jagden Treiberdienste leisten. Die Verwaltung liegt in den Händen eines Amtmannes oder eines Forstmeisters, die der Regierung verantwortlich sind. Die Zinsen dieses großen Besitzes fließen aus dem Ertrage der Felder, der Eisenhütten, der Forste der Zehnte und Giebigkeiten der Bauern, welche diese beim Verkaufe ihrer Besitzungen an den Grundherrn zu entrichten haben. Der Jahresertrag dieser Herrschaft beträgt 5.000 Pfund Sterling. Fügt man noch das Einkommen von fünf oder sechs weiteren Gütern des Herzogtums Raudnitz hinzu, so ergibt dies eine Rente von 25.000 bis 30.000 Pfund Sterling, eine Summe, welche es dem Fürsten sehr leicht macht, in Österreich im größten Stile Haus zu führen.«

Am 14. Dezember 1920 kam es in Eisenberg zu einer blutigen Konfrontation zwischen der Gendarmerie und Teilen der Arbeiterschaft. Acht Tote und an die hundert Verletzte waren zu verzeichnen.

JIČÍN (Gitschin)
Bezirksstadt

Die einstige Kreisstadt wurde im Jahre 1302 gegründet. Reste der gotischen Stadtbefestigung und eine Reihe von Renaissance- und Barockhäusern sind erhalten geblieben. Städtische Denkmalreservation. Albrecht von Waldstein ließ 1624–1633 das Schloß am Marktplatz erbauen (Architekten Andrea Spezza, Nic. Sebregondi, Giov. Pieroni; Abb. 78). Außerdem gründete er die zentrale barocke St. Jakobskirche (1624, projektiert von Giov. Pieroni), in der sich wirkungsvolle illusionistische Kuppelmalerei befindet. Am Hochaltar befindet sich das Altarbild von Ignaz Raab mit der Darstellung der Schlacht von Claiea (844), in der Ramiro von Leon die Sarazenen besiegte. An die militärische Tradition der Stadt erinnert im Presbyterium die Gedenktafel der gefallenen und verstorbenen Offiziere, Unteroffiziere und Soldaten des k. k. 74. Infanterieregiments aus dem Jahre 1866 (tsch. und dt. Inschrift). Auf der Evangelienseite befindet sich die Gedenktafel der Regimenter bei der Okkupation Bosniens und Herzegowinas (tschechische u. deutsche Inschriften).

Albrecht von Waldstein ließ eine vierreihige Lindenallee anlegen, die nach Valdice (Walditz) führt und bis heute vorhanden ist. Bohuslav Balbín liefert uns folgende Beschreibung:

»Zwei Gärten Albrecht Waldsteins, in Prag und Gitschin, sollen, wie ich aus Beschreibungen hörte, alle übrigen in Böhmen übertroffen haben. In Gitschin stehen noch die Linden, die in dreifacher breiter Allee zum Park des Fürsten führen, ein prächtiger Anblick, den man in ganz Böhmen, ja vielleicht auch in den benachbarten Ländern nicht wiederfindet. Überdies umsäumen 700 Linden, zu Quin geordnet, in vier Reihen drei Straßen, [...] und halten die Sonne ab. Diese Bäume, alle ganz gleichen Alters, mit gleichen Kronen, über blühendem Rasen, stellen wahrlich jenen Weg der Lust Hesiods dar, den Herkules am Scheidewege in höchster Weisheit, obgleich noch ein Jüngling, gemieden hat.«

    Bohuslaus Balbín S.J., *Miscellaneorum historicum Bohemiae decadis I,*
    lib. I, qui historiam naturalem Bohemiae complectitus

Unter Albrecht von Waldstein nahm die Stadt großen Aufschwung. Er entfaltete in der Hauptstadt seines Friedländischen Herzogtums beachtliche Bautätigkeit. Mittelpunkt seiner baulichen Ambitionen war das Schloß:

»Sich selbst baut der Herzog in Jitschin als Krone des Ganzen nach Plänen Andrea Spezzas und Nicolo Sebregondis ein großes prachtvolles Residenzschloß, macht es bewohnbar unter Aufwand riesiger Kosten und füllt es mit Kunstschätzen aller Art. Dazu baut er ein Ballhaus, eine offene und eine gedeckte Reitbahn, legt einen weiten Park mit Loggia und Grotten an und verbindet ihn mit der Stadt durch eine vierreihige Lindenallee.«

    Josef Bergel, *Wallensteinstätten in Böhmen und Mähren*

Von Waldstein hegte die Absicht, in Gitschin eine Universität zu begründen und errichtete hier im Jahre 1624 die erste Offiziersschule mit ständigem Standort.

Der Prager Hofjude Jakob Schmiles Basseur von Treuenburg, der böhmische »Jud Süß«, fand bei Albrecht von Waldstein auf Schloß Gitschin ein Refugium.

Bohuslav Balbín beschrieb in seiner ›Historia Collegii Jičineusis‹ das Schicksal des Gitschiner Gymnasiums bis 1636. Er selbst war sowohl Schüler als auch Lehrer an dieser Anstalt. Das Gymnasium wurde mittels Gründungsurkunde vom 16. Oktober 1624 von Albrecht von Waldstein begründet. Im Jahre 1626 gab es dort fünf Klassen mit insgesamt fast 300 Studenten. Zu den bedeutendsten Schülern gehörten, außer Bohuslav Balbín, der Komponist J. Benda (1739–1742), in neuerer Zeit der Schriftsteller Antal Stašek und der Politiker František Ladislav Rieger. MUDr. B. Eiselt war der erste an der Anstalt als Lehrer tätige Mediziner.

In der Hus-Straße (Husova třída) steht das im Jahre 1872 errichtete erste figurale Hus-Denkmal. Sein Autor war der Bildhauer A. Sucharda aus Stará Paka. Inschrift (tsch.):

»Dem dankbaren Gedenken des Magister Johannes Hus –
die Bürgerschaft von Jičín 1872«

In dem im ursprünglichen Zustand erhaltenen Konferenzsaal des Schlosses (Museum, Valdštejnské náměstí) fand am 15. Juni 1813 vor der Schlacht bei Leipzig (16.–18. 10. 1813) eine politische und militärische Beratung der Monarchen Österreichs, Preußens und Rußlands statt. Kaiser Franz I. wohnte vom 3. Juni bis 6. Juli 1813 in diesem Teil des Schlosses.

Karl Theodor Körner schrieb am 18. Juli 1813 in Gitschin einen Brief an seine Wiener Gönnerin Henriette von Pereira, in dem er bei Waldsteinischen Reminiszenzen über die Vergänglichkeit aller historischen Größe meditiert.

Der Bildungsgeschichte Böhmens gehören die Namen zweier Übersetzer von Werken der Weltliteratur ins Tschechische an. Beide sind gebürtige Gitschiner: Josef Holman (1802–1850) hat Ossian und Jan Vlček (1805–1879) Homer übersetzt.

Im Eckhaus Nr. 43 (ulice Fortna, Marktplatz) wurde am 28. April 1874 der österreichische Schriftsteller und Gesellschaftskritiker Karl Kraus († 12. 6. 1936 Wien; Grab: Zentralfriedhof, Gruppe 5 A), der Herausgeber der Zeitschrift ›Die Fackel‹ und Autor des Buchdramas ›Die letzten Tage der Menschheit‹, geboren.

Zum 60. Geburtstag von Karl Kraus schrieb Karel Čapek eine unübertroffene Laudatio auf den »größten Lehrmeister des Lesens«:

»Er lehrte uns lesen, er ist der größte Lehrmeister des Lesens, den es jemals gegeben hat. Er lehrte uns bedrucktes Papier entziffern, als wären es Inschriften in einer unbekannten Sprache; er lehrte uns Sinn und Unsinn gedruckter Worte, ihre Widersprüche, ihre erschreckende Automatik richtig einzuschätzen. Wer durch die Schule der roten Hefte hindurchgegangen ist, der hat sozusagen einen Moralphilologie-Kurs absolviert: er wurde dazu befähigt, auch die nicht in den Gedanken, sondern in den Worten enthaltenen Lüge wahrzunehmen; die Korruption des Geistes zu erkennen, die sich der Korrumpierung der Sprache durch die Phrase verrät; die Revolution der Worte zu begreifen, die sich zum Beherrscher des Menschen aufgeworfen haben, seine Instinkte wie Grundsätze erscheinen lassen und an Stelle des Denkens ein mechanisches Hantieren mit Sprachwerkzeugen ermöglichen. Karl Kraus hat es auch versucht, die Menschheit von der letzten und schlimmsten, weil anonymen, Gewaltherrschaft zu befreien: von der Herrschaft der Phrase im öffentlichen Leben. Aber dazu reicht ein einzelnes Menschenleben nicht aus, selbst nicht das eines Karl Kraus.«

Nachwort von Karel Čapek zu Karl Kraus, *Anderthalb Wahrheiten. Aphorismen*
(übers. v. Kurt Krolop)

Karl Kraus, »Fackel – Kraus« genannt und unbestritten neben Heine einer der größten deutschen Satiriker (er ließ dabei kein gutes Haar an Heine), hat beim Anblick eines Porträts, das Oskar Kokoschka im Jahre 1909 von ihm gemalt hat, den Ausspruch getan:

»Kokoschka hat ein Porträt von mir gemacht. Schon möglich, daß mich die nicht erkennen werden, die mich kennen. Aber sicher werden mich die erkennen, die mich nicht kennen.«

Valdice (Walditz): Albrecht von Waldstein gründete hier 1627 ein Kartäuserkloster (Kartouzy) mit einer Kirche Mariä Himmelfahrt (jetzt St. Josephskirche), Projekt von Andrea Spezza, erbaut von Nic. Sebregondi und Giov. Pieroni. Im Kloster wurde Albrecht von Waldstein bestattet. Nach der Aufhebung der Kartause 1785 wurde sein Grab in die St. Annenkapelle im Schloßpark von Münchengrätz (Mnichovo Hradiště) überführt, wo auch seine erste Gemahlin Lucretia von Landek ruht. In den Jahren 1855–1857 wurde die Kartause in eine Strafanstalt umgewandelt. Während der Okkupation diente die Kartause als Gefängnis für politische Häftlinge aus dem Kreis des nationalen Widerstands. Im nahen Libosad ließ Waldstein eine Loggia mit anliegenden Baulichkeiten ausführen (1632, Nic. Sebregondi).

Veliš: Loreto errichtet auf einem Basalthügel unweit von Veliš im Jahre 1694 nach Plänen von J. B. Mathey, wie aus einer zeitgenössischen Inschrift hervorgeht. Auf Burg Veliš (Ruine) wurde jahrhundertelang der Text der Basler Kompaktaten aufbewahrt. Am Hang des Hügels Konecchlum steht eine Kapelle und ein Gedenkstein für Vilém von Konecchlum. Konecchlum gehörte zu den im Jahre 1621 am Altstädter Platz in Prag hingerichteten böhmischen Herren. In dem kleinen Dorf Podhradí, zwischen zwei Basalthügeln unter der Ruine Veliš gelegen, steht das Geburtshaus des Schriftstellers historischer Romane František Křelina (1903–1976).

Češov: ein slawischer Burgwall des Stammes der Ostcharvaten mit einem Umfang von 34 ha aus dem 9. Jh., gilt als einer der größten Wälle des Landes.

Pecka: Gotische Burg aus dem Anfang des 14. Jhs., im Renaissance-Stil umgebaut im 16. Jh., zu Beginn des 17. Jhs. abermals umgebaut von Christoph Harant von Polžice und Bezdružice, dem weitgereisten Schriftsteller und Komponisten, der nach der Schlacht am Weißen Berg im Jahre 1621 auf dem Altstädter Platz in Prag hingerichtet wurde. Im Städtchen unter der Burg befindet sich eine spätbarocke St. Bartolomäuskirche (1748–1758) mit Fresken von V. P. Kramolín.

JIMRAMOV
Bezirk: Žďár nad Sázavou (Saar)

Der Jesuit Karel Slavíček aus Jimramov war um das Jahr 1720 Hofmusikus am kaiserlichen Hof in Peking.

In Jimramov wurde am 4. Januar 1846 der tschechische Schriftsteller Jan Karafiát als Abkömmling einer alteingesessenen Familie evangelischen Glaubens geboren. Er war Autor eines der liebenswürdigsten Werke der erzieherisch betonten tschechischen Kinderliteratur, des in vielen Auflagen und Übersetzungen vorliegenden Buches ›Broučci‹ (›Käferchen‹), das er im Jahre 1876 in seiner Geburtsstadt beendete. Gedenktafel am Geburtshaus (Jimramov, Nr. 10).

Nachdem Karafiát einige Jahre seiner Schulzeit in Leitomischl verbracht hat, begab er sich im Jahre 1862 an das Christliche Gymnasium in Gütersloh in Westfalen, das er mit vorzüglichem Erfolg verließ, um in den Jahren 1866/1867 an der Berliner Universität Theologie zu studieren. Er setzte 1867/1868 seine Studien in Bonn fort und verbrachte das letzte Semester im Winter 1868–1869 in Wien. Ungeachtet seiner reichen seelsorgerischen und theologischen Publizistik nimmt Jan Karafiát eine Sonderstellung innerhalb der tschechischen Evangelizität als Sprecher des reformierten Christentums ein. Längere Auslandsaufenthalte in Köln, als Erzieher in Schottland und wiederum in Berlin wechselten mit seinen heimatlichen Seelsorgstationen in Raudnitz, Tschaslau in Hrubá Lhota und schließlich in den Königlichen Weinbergen in Prag. Während seiner seelsorgerischen Tätigkeit in den Königlichen Weinbergen im Jahre 1895 bereitete Jan Karafiát die älteste Tochter und den ältesten Sohn des damaligen Universitätsprofessors Tomaš G. Masaryk auf ihre Konfirmation vor, die in Gegenwart der Eltern am 12. Juni 1896 stattfand.

Jan Karafiát starb am 29. Januar 1928 in Prag. Sein Grab befindet sich am Weinberger Friedhof (Praha 3 Vinohrady).

In Jimramov steht das Geburtshaus der Brüder Alois Mrštík (* 1861 † 1925 Brünn) und Vilém Mrštík (* 1863 † 1912 Diváky bei Hustopeče, Südmähren). Sie sind Vetreter des Ruralismus innerhalb der neuen tschechischen Literatur. Gedenktafel am Geburtshaus der Brüder Mrštík (Jimramov, náměstí Nr. 156; von J. Pelikán).

JINDŘICHŮV HRADEC (Neuhaus, Nova domus)

Heinrich, ein Sohn des Vítek von Prčice, gründete zu Beginn des 13. Jhs. die Burg, die samt der Stadt seinen Namen bekam. Sein Geschlecht, die Herren von Neuhaus (»z Hradce«), regierten hier bis zu ihrem Aussterben im Jahre 1604.
Die romanische Burg wurde von einem frühgotischen Bau abgelöst (1260–1270), später noch erweitert, besonders in der Renaissance in der zweiten Hälfte des 16. Jhs. von italienischen Meistern (Abb. 57).
Eine Reihe von Häusern aus Gotik, Renaissance und Barock und Reste der frühgotischen und spätgotischen Befestigung befinden sich innerhalb der Stadt. Städtische Denkmalreservation. Propsteikirche Mariä Himmelfahrt aus der zweiten Hälfte des 14. Jahrhunderts mit späteren Veränderungen.
St. Johanneskirche, ursprünglich Pfarrkirche aus dem dritten Viertel des 13. Jhs., beendet nach der Mitte des 14. Jahrhunderts als Klosterkirche der Minoriten.
Weitere Kirchen: St. Katharina (1479–1491) beim Franziskanerkloster und die Friedhofskirche St. Wenzel (ursprünglich gotisch).
Dreifaltigkeitskirche (1590–1594).

Auf Schloß Neuhaus wird die Sage von der Weißen Frau aus allen aus Rosenbergischem Stamm abgeleiteten Schloßüberlieferungen mit der geschichtlichen Persönlichkeit der Frau Berta von Rosenberg, Ehefrau und Witwe des Hans von Liechtenstein (* 1420/30 † 1476), in Verbindung gebracht. Sie soll hier vor ihrem Tode als »vetus educatrix« die Kinder Meinharts von Neuhaus erzogen haben. Damals hätte sie die weiße Witwentracht angelegt und sei allmählich in dieser Gestalt in das Bewußtsein der volkstümlichen Überlieferung eingegangen.

Auf Schloß Neuhaus erinnert eine Gedenktafel an der Schloßkapelle zum Hl. Geist an die Trauung des Banus Nikolaus Zriny, historischer Held in ›Zriny‹, dem Trauerspiel von Theodor Körner, mit der schönen Eva von Rosenberg. Die tschechische Inschrift lautet:

»Im Jahre des Herrn 1564 am 10. September feierte in diesem Gotteshause Graf Nikolaus Zriny seine Hochzeit mit Eva von Rosenberg, der Tochter des Herrn Jošt von Rosenberg und der Anna von Roggendorf.«

Třeboň (Wittingau): Der deutsche Ortsname der Stadt erinnert an das Geschlecht der Wittigonen (seit der Mitte d. 13. Jhs.), aus dem auch die Rosenbergs hervorgegangen waren, die Herren von Třeboň von 1366 bis zu ihrem Aussterben im Jahre 1611. Die Stadt ist von Befestigungsmauern gänzlich eingeschlossen, besitzt drei Tore und eine Reihe Häuser aus Gotik und Renaissance. Städtische Denkmalreservation. Anstelle der gotischen Burg entstand ein Renaissanceschloß mit einer Flucht weiterer Gebäude (Abb. 59). Mehrere Interieurs sind der Öffentlichkeit zugänglich. Im Schloß befindet sich ein Staatsarchiv. Propsteikirche St. Ägidius (1367–1380) bei der einstigen Augustiner-Chorherrenkanonie gehört zu den wertvollsten gotischen Bauwerken auf dem Staatsgebiete. Am Rande der Stadt befindet sich die Schwarzenbergische Familiengruft (1874–1877), erbaut von J. Sedláček nach Plänen von J. Schmidt und Deworetzky in Gestalt einer zentralen pseudogotischen Kapelle mit einem Turm. Die »Alte Post« ist in Eduard Mörikes Novelle ›Mozart auf der Reise nach Prag‹ eingegangen. In der Umgebung der Stadt befinden sich Teiche und die sie verbindenden Abzuggräben, welche die Flüsse Lužnice und Nežárka verbinden. Sie stellen eine technische Glanzleistung dar und wurden im 16. Jh. von dem berühmten Fischteicharchitekten Stephan Netolický († um 1538) und Jakob Krčín von Jelčany († 1604) angelegt. Ihr neuzeitlicher Nachfolger, besonders auf dem Gebiete der Fischzucht, war Josef Šusta (1835–1914), dessen Sohn Josef Šusta (1874–1945), ein gebürtiger Wittingauer, einer der größten tschechischen Historiker der Neuzeit war.

Chlum u Třeboně (Chlumetz): Wallfahrtskirche Mariä Himmelfahrt auf zentralem Grundriß aus dem Jahre 1745, verlängert und erweitert im Jahre 1805, im Volksmund Klein-Mariazell genannt. Vor dem Ersten Weltkrieg befand sich das Schloß im Besitz des Thronfolgers Erzherzog Franz Ferdinand d'Este (1914).

KAČINA (Katschina)
Bezirk: Kutná Hora (Kuttenberg)

Böhmens schönstes Empireschloß, erbaut im Auftrag des Grafen Rudolf Chotek, Präsident der königlichen Böhmischen Gesellschaft der Wissenschaften, in den Jahren 1802–1822 nach Plänen des Dresdner Architekten Chr. Fr. Schuricht (Abb. 64).

Im Schloßpark wird ein Rudel von weißen Hirschen betreut.

Der zur Zeit der Fliederblüte zahlreich besuchte Schloßpark wurde vom österreichischen Botaniker und Gartenarchitekten Josef Franz Freiherr von Jacquin (1766–1839) angelegt. Er war ein Sohn des Schöpfers des Schloßparks von Schönbrunn, Michael Josef Freiherr von Jacquin. Unter der Kuppel der Schloßbibliothek befindet sich die aus Blei hergestellte Büste von Josef Franz Freiherr von Jacquin.

Záboří nad Labem: Romanische Kirche St. Prokop aus der Mitte des 12. Jhs. mit reich geschmücktem Portal

KADAŇ (Kaaden)
Bezirk: Chomutov (Komotau)

Stadt an der Eger am Fuße des Erzgebirges, gegründet im Jahre 1183.
Von Přemysl Ottokar II. im Jahre 1277 zur königlichen Stadt erhoben.
Reste der spätgotischen Stadtbefestigung mit Barbakan.
Marktplatz (Náměstí míru) mit gotischen und barocken Bürgerhäusern.
Wassergäßchen vom Stadtplatz zum Flußlauf der Eger.
Die ursprünglich gotische Dekanalkirche zur Kreuzerhöhung wurde 1654–1684
und später noch einmal 1746–1755 von J. Ch. Kosch barockisiert.
Sie steht samt dem Pfarrhaus auf den Grundmauern einer Kommende mit Spital
des Johanniterordens aus dem Jahre 1183. Die Johanniter besaßen die Pfarre bis 1542.
Barocke Kloster- und Spitalskirche zur Hl. Familie (1753–1755) mit barockem
Interieur beim ehemaligen Elisabethinerinnenspital und Kloster (erbaut 1748),
begründet von Karoline Juliane Gräfin Schönkirch am rechten Ufer der Eger
(jetzt Altersheim für Ordensfrauen). Schloß. Im Jahre 1750 wurde das Schloß
zu einer Kaserne umgebaut. Außerhalb der Stadt in Richtung Klösterle (Klášterec
nad Ohří), an der alten Straße nach Karlsbad, steht das Franziskanerkloster
mit gotischer Kirche »Zu den vierzehn Nothelfern«.
Geweiht im Jahre 1480, 1450 erstmalige Erwähnung der Nothelferkirche.
Im Jahre 1473 vom Franziskanerorden als Wallfahrtskirche besiedelt.
Erbbegräbnis (Tumba) der Familie Lobkowicz mit Epitaph von Ulrich Creutz aus dem
Jahre 1516. Gemäß Überlieferung wurde hier der Humanist Bohuslav von Lobkowiz
auf Hassenstein (Hasištejn) (* 1460 od. 1461 † 1510) bestattet.
Klosterbau aus den Jahren 1483–1506, baulich im 16., 17. und 18. Jh. oft verändert,
lange Zeit hindurch Provinznoviziat der böhmischen Franziskanerprovinz,
jetzt Staatliches Archiv.

Die ältere Geschichtsforschung will aufgrund der Namensähnlichkeit die Canburg (Kadanburg), die im Jahre 805 vergeblich von Karl dem Großen belagert wurde, in Kaaden lokalisieren.

Nach einer Überlieferung hat im Jahr 1451 der Franziskaner Missionär Johann Capistran, der von Eger nach Brüx unterwegs war und im Jahre 1452 einen Filianzbrief an die Kaadener gerichtet hat, im Bereich des späteren Klosterhofes einen Ziehbrunnen geweiht.

Im Bürgerhaus (Ulice J. Švermy Nr. 18/954), das an das Heiligentor angrenzt, fand im Jahre 1534 der Friedensschluß zwischen Ferdinand I. und dem sächsischen Kurfürsten Johann Friedrich statt.

Kaaden war der Geburtsort von Johannes Sandel, der im Jahre 1601 die ›Böhmische Chronik‹ des Hájek von Libotschan in Komotau ins Deutsche übersetzt hat. Sandel emigrierte im Jahre 1621 aus Böhmen.

Im Jahre 1742 fand in der Nähe des Klosters ein Gefecht zwischen den kaiserlichen und den französischen Truppen statt.

Henri Benjamin Baron de Constant de Rebecque, französischer Schriftsteller Schweizer Herkunft (* 1767 Lausanne † 1830 Paris) erwähnt Kaaden in seinem Roman ›Adolphe‹. Der Roman wurde im Jahre 1807 binnen zwei Wochen niedergeschrieben, aber erst 1816 und 1824 in England veröffentlicht.

Im Roman halten sich die beiden Liebenden Adolphe und Elenore ein Jahr lang in Kaaden auf.

>>Wir ließen uns in Kaaden, einer kleinen Stadt in Böhmen nieder.<<
(übers. v. O. Hauser)

Es gibt keine Anhaltspunkte dafür, ob Constant die Stadt besucht hat oder ob er sie durch Vermittlung Goethes, mit dem er während seines Aufenthaltes in Weimar von 1804 bis 1814 in Verbindung stand, kennengelernt hat. Constant veröffentlichte 1809 eine dramatische Umdichtung von Schillers Wallensteintrilogie unter dem Titel ›Wallenstein‹. (›Wallenstein. Tragédie en 5 actes‹, Paris 1809).

Das Stadttor von Kaaden, das auch Heiligentor genannt wird, erregte Goethes Aufmerksamkeit. Vom Teplitzer Kurarzt Dr. Ambrosi erhielt Goethe »bewunderungswürdige Erzeugnisse eines derartigen Erdbrandes bei Kaaden, stänglichen Toneisenstein«.

Der Wiener Kardinalerzbischof Dr. Theodor Innitzer besuchte in den Jahren 1875–1898 das Gymnasium in Kaaden und schloß hier seine Gymnasialstudien am 21. Juli 1898 mit der Reifeprüfung ab. Er war während seiner Studien Hofmeister der Söhne des Politikers Schreiter Ritter von Schwarzenfeld.

KALIŠTĚ (Kalischt, im Mittelalter Schönfeld genannt)
Bezirk: Pelhřimov (Pilgram)

Spätbarocke Kirche St. Johannes d. T. (1812).

Die volkstümliche tschechische Redensart »vypálit někomu rybník« (»jemandem den Teich ausbrennen«) dürfte, wie die Chronik von Kalischt berichtet, ihren Ursprung beim nahen Teich Bor genommen haben. In seiner Umgebung gab es reiche Torflager, welche seinen Wasserspiegel rötlich färbten. Als eines der Torflager sich entzündete, verdunstete aufgrund der großen Hitze das Wasser im Teich Bor.

In Kalištĕ steht das Geburtshaus (Nr. 9) von Gustav Mahler (1860–1911), österreichischer Komponist und Dirigent und bis 1902 Direktor der Wiener Hofoper. Die Gedenktafel mit dem Relief Gustav Mahlers am Geburtshaus stammt von Milan Knobloch und wurde aus Anlaß der Jahrhundertfeier im Jahre 1960 enthüllt. Inschrift (tsch.):

>>Hier wurde am 7. Juli 1860 Gustav Mahler, Komponist und Dirigent, geboren.<<

»Gustav Mahler wurde in einem kleinen Dorf an der böhmisch-mährischen Grenze 1860 als Sohn eines jener bescheidenen Gemischtwarenhändler, wie man sie als jüdische Typen in den böhmischen Dörfern so gut kennt, geboren. Die tschechische Landschaft seiner Kindheit blieb in seiner treuen Seele lebendig und verschmolz deutlich mit seiner zweiten Heimat, dem Wiener Wald.«

Oskar Baum, *Gustav Mahler* (aus: *Jüdischer Almanach 5697*)

Der Opernsänger Leo Slezak (1873–1946) erinnert sich an die Zusammenarbeit mit Mahler:

»Gustav Mahler. Wie danke ich meinem Schicksal, daß es mir vergönnt war, sieben volle Jahre hindurch, in der Sturm- und Drangperiode meines künstlerischen Schaffens, unter der Leitung dieses Mannes arbeiten zu dürfen. Freilich, als Direktor war er unbequem, mehr als das, oft sogar unerträglich; aber wenn er im Probesaal oder auf der Bühne mit uns arbeitete, zerstob jeglicher Groll in alle Winde; alle kleinlichen Plackereien des Alltags waren im Nu vergessen, und man war stolz darauf, mit diesem Genie durch dick und dünn gehen zu dürfen.

Er selbst verzehrte sich in heiligstem Arbeitsfeuer, verlangte aber dasselbe auch von uns.«

Leo Slezak, *Meine sämtlichen Werke*

KAMENICE NAD LIPOU (Kamenitz an der Linde)
Bezirk: Pelhřimov (Pilgram)

Renaissanceschloß, ursprünglich gotische Burg. Im Schloßpark steht eine 700-jährige bizarre Linde, der Überlieferung gemäß beim Bau der Burg im Jahre 1284 gepflanzt. 1824 wurde der Hauptturm des Schlosses vom Blitz getroffen. Seit 1541 heißt die Stadt Kamenitz an der Linde. Gotische Pfarrkirche Allerheiligen. Geburtsort des Priester-Dichters Fr. Jaroslav Vacek-Kamenický (1806–1869) und des Komponisten Vítězslav Novák (1870–1949). Museum.

Schloß Kamenitz an der Linde gehörte in den Jahren 1806 bis 1811 den väterlichen Ahnen Rilkes. Es ist die imaginäre Schloßlandschaft seines Jugendwerkes, der Reiterlegende ›Die Weise von Liebe und Tod des Cornet Christoph Rilke‹ (1899). In seinem Gedicht ›Ist ein Schloß‹ spricht der Dichter von der Linde mit den Zweigen, die betenden Händen gleichen, wie jene im Schloßpark zu Kamnitz an der Linde: *Wipfel wachsen wie flehende Hände höher davor.*

In einem frühen Gedicht heißt es:

> *Und eine Linde ist mein Lieblingsbaum;*
> *und alle Sommer, welche in ihr schweigen,*
> *rühren sich wieder in den tausend Zweigen*
> *und wachsen wieder zwischen Tag und Traum.*

Rilke hat den einstigen Familiensitz vermutlich während seiner südböhmischen Reise kennengelernt. ›Die Weise von Liebe und Tod des Cornet Christoph Rilke‹ schrieb Rilke im Jahre 1899 in Berlin-Schmargendorf, Hundekehlstraße 11, in der heute nicht mehr bestehenden Villa »Waldfrieden«.

Pelhřimov (Pilgram): Von den Prager Bischöfen in der 2. Hälfte des 13. Jhs. begründet, mehrere Renaissance- und Barockhäuser, teilweise erhaltene Befestigungen und zwei spätgotische Tore. St. Bartolomäuskirche, gotisch aus dem 14. Jh., Kirche St. Veit im Bereich der früheren Ortschaft um die Mitte des 13. Jhs. erbaut. Ein mehrbändiges Geschichtswerk des gebürtigen Pilgramer Historikers Josef Dobiáš (1888–1972) gehört zu den besten Arbeiten dieser Disziplin.

Štítné: Auf der einstigen, längst verschwundenen Feste lebte der hervorragende Prosaist der tschechischen Sprache, der Landedelmann Tomáš Štítný ze Štítného (um 1331 bis 1401), einer der Vorläufer von Johannes Hus und der böhmischen Reformation. An der mutmaßlichen Stelle steht ein Gedenkstein.

KAPLICE (Kaplitz)
Bezirk: Český Krumlov (Böhmisch Krumau)

Kirche St. Peter und Paul aus dem 13. Jh., heutiger Zustand aus der späten Gotik vom Anfang des 16. Jhs. In unmittelbarer Nähe die St. Florianskirche (»Böhmische Kirche«) aus der Zeit um 1500.

1771–1775 wirkte Ferdinand Kindermann (1740–1801) als Dekan und Begründer der »hohen Schule« in Kaplitz. Die »hohe Schule«, auch »Musterschule« genannt, war eine

Ausbildungsstätte für Lehrer. Kaplitz wetteiferte als Keimzelle der Schulreform mit dem schlesischen Sagan, wo J. I. von Felbiger mit ebenfalls großem Erfolg tätig war. 1774 wurde Ferdinand Kindermann mit der Schuloberaufsicht in Böhmen beauftragt.

»›Da ich die Reihe der Pflichten überdachte, die mir oblägen, so fiel mir unter den Grundlinien, die ich zu dem Plane meiner Seelsorge zog, jene von der Erziehung der Jugend und von der Verbesserung der Schulen vorzüglich in die Augen.‹
Ferdinand Kindermann beim Antritt seiner Pfarre im Jahre 1771 in Kaplitz«

> Josef Alexander Freiherr von Helfert, *Die Gründung der österreichischen Volksschule*

In den Jahren 1852–1854 war der dem deutschen Zweig einer doppelsprachigen Literatenfamilie entstammende Karl Viktor Hausgirg (* 1823 Pilsen) Bezirkskommissär in Kaplitz. Der Neffe Karl Egon Eberts und Rudolf Glasers war Mitarbeiter bei der Zeitschrift ›Ost und West‹ und beim Klarschen Taschenbuch ›Libussa‹. Hausgirg hat oft um Adalbert Stifters Gunst geworben. Am 26. Juni 1853 richtete er aus Kaplitz an Stifter einen Brief mit Hinweisen auf den Stifterkult in Böhmen und das Interesse der Öffentlichkeit an Stifters Geburtshaus in Oberplan.

Benešov nad Černou, früher **Německý Benešov (Deutsch Beneschau):** Pfarrkirche St. Jakob aus der Zeit um 1630. Renaissance-Rathaus aus dem Jahre 1594. Bierbrauhaus, erbaut 1570. Geburtsort des deutschböhmischen Dichters Josef Gangl (* 25. 8. 1868 † 6. 9. 1916 Wien). Er schrieb Romane und Novellen, Bekanntheit erlangte er mit seinem Werk ›Gedichte aus dem Böhmerwald‹ (1895) und der Erzählung ›Der letzte Bauer‹ (1908).

Velešín: Zwei gemauerte Viadukte der einstigen Pferdeeisenbahn stehen bei der Bahnstation an der Stadtstraße nach Böhmisch Budweis, die von Böhmisch Budweis nach Linz führte (1827). Nationales Kulturdenkmal. Im Ortsteil Holkov bei der Station der einstigen Pferdeeisenbahn befindet sich ein ehemaliges Einkehrgasthaus in modifizierten ländlichen Empireformen.

KARLOVY VARY (Karlsbad)
Bezirksstadt

Weltbekannter Kurort bei den heißen Quellen, der Tradition zufolge von Karl IV., dem größten Herrscher der Böhmischen Länder, entdeckt. Bereits im 15. Jh. bekanntes Bad. Maria-Magdalenenkirche (Abb. 102), barocker Zentralbau von K. Ign. Dienzenhofer (1731–1739) mit wertvollem Interieur. Die Mehrzahl der Kurhäuser sowie Bürgerhäuser stammt aus der 2. Hälfte d. 19. Jhs. Die Mühlbrunnkolonnade ist ein Werk von Josef Zítek (1871–1881), dem Architekten des Prager Nationaltheaters.

KARLSBAD

Was ich dort gelebt, genossen
Was mir all dorther entsprossen
Welche Freude, welche Kenntnis
Mög' es jeden so erfreuen
Die Erfahrenen, die Meinen!
Johann Wolfgang von Goethe

Die Verse stehen am Sockel des Goethedenkmals von A. Dondorf, das seit 1952 auf der Promenade nahe dem Hotel »Pupp« steht (Abb. 101).

Auf der Kolonnade ist das berühmte lateinische Epigramm des Humanisten Bohuslav Lobkowicz von Hassenstein (1462-1510) zum Ruhme von Karlsbad eingemeißelt. – Johann Wolfgang Goethe weilte zwölfmal in Karlsbad zur Kur und kam ein dreizehntes Mal von Marienbad hierher zu Besuch. Als er 1785 zum ersten Mal nach Karlsbad gekommen war, wohnte er auf der Alten Wiese im Hause »Weißer Hase«. Im Jahre 1786 wohnte er im Hause »Mozart« auf der Alten Wiese (Stará louka 18/371). Eine Tafel erinnert an seinen Aufenthalt: »Hier wohnte Goethe 1786«. Auch Herder, Frau von Stein und der junge Herzog Carl August von Weimar waren 1785 hier. Goethe äußerte sich damals:

>»Es war, als ob der Thüringische Musenhof plötzlich nach Böhmen versetzt worden.«

Von Karlsbad trat Goethe am 3. September 1786 seine Reise nach Italien an. Im Sommer 1791 weilte Friedrich Schiller zur Kur in Karlsbad.

Das Karlsbader Stadttheater wurde in den Jahren 1884–1886 von den Architekten F. Fellner und H. Helmer erbaut (Gedenktafel). Das alte Theatergebäude wurde am 22. Juli 1788 mit Wolfgang Amadeus Mozarts Oper ›Die Hochzeit des Figaro‹ eröffnet.

Im August 1791 besuchte ein Mitglied des literarisch engagierten Geschlechts von Kleist Karlsbad; Franz Alexander von Kleist (1769–1797), preußischer Offizier, Jurist und Legationsrat, an Wielands Schriften geschult, schrieb in seinem poetischen Reisebuch ›Fantasien auf einer Reise nach Prag von Dresden und Leipzig in der Richterschen Buchhandlung 1792‹:

» [...] den 21ten August. Gleich der erste Anblick vom Carlsbad war für mich romantisch; ich sah mich in einer finstern Nacht, zwischen Felsen, an denen Häuser hingen, oder vielmehr Irrlichter zu wandeln schienen, so täuschte das schimmernde Licht durch die Fenster; vor mir kreuzende Blitze, die nur die Gegend zu erhellen schienen, um einen Irrtum zu heben und einen andern zu wecken. Hoch über der Stadt mir zu Linken glänzten drey Kreuze aus einer erleuchteten Capelle.«

Während seines Aufenthaltes im Jahre 1811 hat der Dichter der Freiheitskriege Karl Theodor Körner (1791–1813) in den ›Erinnerungen an Karlsbad‹ eine poetische Topographie der Kurstadt verfaßt. Er schilderte mit Vorliebe die »Örtlichkeiten«, welche von den »Kurländischen Damen«, seiner Gönnerin und Patin Herzogin von Sagan, deren Tochter und seiner mütterlichen Freundin, der Schriftstellerin Elisa von der Recke, aufgesucht wurden und stimmte ein poetisches Lob auf das Tepl-Flußtal und die nahe Burg Elbogen an.

Im August des Jahres 1829 wohnte Adam Mickiewicz (1798–1855) während seines ersten Aufenthaltes in Karlsbad im Haus »Zum Pfeil« (»U šípu«) auf der »Neuen Wiese« (Marienbader Straße, Zimmer Nr. 4). Vor seiner Abreise verabschiedeten sich seine polnischen Freunde von ihm im »Posthof«.

Im Jahre 1870 wurde dem polnischen Dichter auf Veranlassung des polnischen Patrioten Alexander Graf Przezdziecki am Haus eine Gedenktafel gesetzt.

Am Ausgang des Kurparks steht das Denkmal des Dichters »Excellentissimus poeta Poloniae« (1798–1855), das im Jahre 1897 von polnischen Kurgästen errichtet wurde.

Im Juni des Jahres 1834 besuchte Carl Gustav Carus (1789–1869), vielseitig engagierter Arzt, Professor in Dresden, Philosoph, Maler und Kunstschriftsteller, der mit Goethe in freundschaftlichem Verkehr stand, zum ersten Mal Karlsbad. Er berichtete über seinen Aufenthalt in seinen ›Lebenserinnerungen und Denkwürdigkeiten‹:

»Am andern Tage im nebeligen Morgen über den Kamm des Erzgebirges, am Fichtelberg vorüber und durch das arme graue Joachimsthal nach dem lustigen Karlsbad, wo die verschiedensten Physiognomien der Menschen wie des Baustils sich begegnen! Wir speisten an reich besetzter Wirthstafel im »Paradiese« und wirklich war die mannigfaltigste, wenn auch nicht immer ganz paradiesische Gemeinde da zusammengekommen! Dann ein Gang zum Sprudel, diesem wunderbaren Phänomen, an welchem man nun schon so lange herumerklärt, fast wie an einem Genie!«

August Graf Platen von Hallermünde berichtet in seinem Tagebuch über seine Reise von Karlsbad nach Prag:

»Wir fuhren in zwei Chaisen nach Karlsbad ab. In der meinigen saß eine Chirurgenfrau aus Karlsbad, ein Kaufmann aus Augsburg und ein junger, beinahe stummer Mensch. Dessen Bruder jedoch, der im anderen Wagen saß, den ich aber des Abends und Morgens sprach, war ein gebildeter junger Mann, und gab sich viel Mühe mit uns in Hinsicht der böhmischen Aussprache, besonders des z, das er mir so lange vorsagte, bis ich es traf, ließ mich auch lesen in meiner Grammatik.«

Im Jahre 1841 ließ sich in Karlsbad der Porträtmaler Georg Kordik (* 1818 Wetzelsberg, Niederbayern) nieder. Er absolvierte die Kunstakademie in München. Nach Kunst- und Kavaliersreisen nach Schweden, Rußland und Italien begann er in Karlsbad bedeutende Besucher der Kurstadt zu porträtieren: König Otto von Griechenland, Nikolaj Tolstoj und seine Kinder, den Bruder von Lev Nikolaj Tolstoj, den Komponisten Michail Glinka, den Bildhauer Josef Max, den Prager Maler August Piepenhagen, Franz Liszt, Emanuel Geibel, Karl Piloty, den Historiker Konstantin Hoefler und den Slawisten Václav Hanka, den Komponisten Franz Laub, Berthold Auerbach und den Architekten Bernhard Grueber, den Dramatiker Kotzebue und 1866, während seines letzten Aufenthalts in Karlsbad, Adalbert Stifter. Georg Kordik starb am 2. März 1866 in Karlsbad. Sein Grabmal stammt von seinem Freund Thomas Seidan.

Am 15. September 1849 um 11 Uhr traf – laut Tagebuch – der deutsche Maler Carl Spitzweg, von Eger über Elbogen kommend, in Karlsbad ein, wo er in der Gaststätte »Zum Hirschsprung« abstieg. Mittags war er dann im Café »Elephant« auf der »Alten Wiese«, wo er auch am anderen Morgen den Kaffee trank.

Im Jahre 1865 war Adalbert Stifter mit seiner Ehefrau Amalie zur Kur in Karlsbad. Den »Nachsommer-Menschen«, mit Adalbert Stifter an der Spitze, verdankt das späte 19. Jahrhundert den liebevoll gehegten Kult illustrer Namen und die auch in Karlsbad einsetzende kulturgeschichtlich motivierte Geographie der Dichtergedenktafeln und Gedenkstätten. Von diesem Kult zeugt ein Brief Adalbert Stifters vom 21. und 22. Mai 1865 an Freiherr Adolf von Kriegs-Au:

»Ich gehe hier gerne den geweihten, goldenen Spuren eines der größten Menschen nach, die je gelebt haben, eines Menschen, der dieser Stadt eine besondere Theilnahme geschenkt hat, so weit ich nähmlich die Spuren noch zu entdecken vermag; denn die Menschen haben hier gar nichts gethan, sie kennbar zu machen und sie zu erhalten – den Spuren Göthes. Ich habe die Geistes- und Herzensgaben abgerechnet, eine ungemeine Ähnlichkeit in meinem sonstigen Wesen mit Göthe, das ich mich zu diesem Menschen, wie mit Zauber hingezogen fühle, und der Gedanke, in diesem Zimmer hat er gewohnt und auf diesem Wege ist er gegangen, an jener Stelle hat er gegessen, erfüllt mich mit Ehrfurcht und mit einer Art

Wehmuth; denn das alles ist jetzt vorüber, nur die Werke dieses Mannes stehen noch wie ein Berg da, und der Berg wird immer größer. Morgen werde ich ein lebendiges Denkmal Göthes besuchen, den 92jährigen Archivrath Kästner, den Sohn von Göthes Lotte (Wetzlar). Er besitzt viele Handschriften Göthes, nähmlich Briefe an seine Eltern, Albert und Lotte Kästner etc. Vielleicht hat er etwas hier. Ich habe noch ein Papier gesehen, auf dem Göthes Hand geruht hat und auf das er Buchstaben geschrieben hat. Man findet um Karlsbad viele ›Ruhe‹ und ›Sitz‹ und ›Promenade‹ von Prinzen und Machthabern und dergleichen. Nun, in so fern diese Leute weit mehr Mittel zum Guten haben und sie gebrauchen, ist alles in Ordnung, aber das man hier auch die feiert, die bloß einen Rang haben oder ein gut Stück Geld hier lassen, und daß man die Denkmale an Göthes, Schillers, Beethovens Aufenthalt in Karlsbad vergeblich sucht, und erforschen will (selber haben sich solche Leute keines gesetzt) ist nicht in der Ordnung. Wann wird denn einmal die Menschheit sich in ihrer Größe und in ihren Fehlern zu erkennen anfangen.«

Eine Gedenktafel am Haus Nr. 4 am Schloßberg (Zámecký vrch) erinnert an die Anwesenheit des ungarischen Dichters János Arany (1817–1882) in den Jahren 1869, 1870, 1871, 1872, 1873, 1874, 1875 und 1876.

Zu den meistbeachteten Kurgästen von Karlsbad gehörte Karl Marx. Laut Karlsbader Kurliste Nr. 238 (Sonntag den 22. August 1874) wohnte Karl Marx mit seiner Tochter Eleanor im Hause »Germania« am Schloßberg (jetzt Olympia-Palace-Hotel, Zámecký vrch 11). Die Eintragung lautet:

»Herr Charles Marx, Privatier, mit Tochter Eleanor aus London –
Wohnung: Germania, Schloßberg. Ankunft 19. August.«

Das Karl-Marx-Denkmal von K. Kuneš (1957) erinnert an seine Aufenthalte in Karlsbad in den Jahren 1874, 1875 und 1876. Die Aufenthalte von Karl Marx in Karlsbad hat Egon Erwin Kisch in seiner literarischen Reportage ›Karl Marx in Karlsbad‹ dargestellt.

Die Erinnerungen an Karl Marx und seinen Aufenthalt in Karlsbad sind im »Karl-Marx-Museum« (ulice Karla Marxe 3/21) in einer übersichtlichen und chronologischen Darstellung festgehalten.

In Karlsbad wurde der deutschböhmische Mundartendichter Josef Hofmann geboren (* 19. 3. 1858 † 21. 6. 1943). Er hat zwei bedeutende ethnographische Bücher verfaßt, ›Ländliche Bauweise des 18. und 19. Jahrhunderts Westböhmens‹ (1930) und ›Deutsche Volkstrachten und Volksbräuche in West- und Südböhmen‹ (1932).

Der Dichter Erwin Quido Kolbenheyr entstammt mütterlicherseits einer Karlsbader Familie. Er hat einige Jugendjahre in Karlsbad und Eger verbracht.

Am Hotelgebäude »Central« erinnert eine Gedenktafel mit einer Bildnisplakette an den Aufenthalt des russischen Schriftstellers Alexej Tolstoj in Karlsbad. Inschrift (tsch.):

»Hier lebte und gebrauchte im Jahre 1930 die Kur
der sowjetische Schriftsteller Alexej Tolstoj«.

In der Zeit vom 6. – 31. August 1819 tagte in Karlsbad eine von Metternich einberufene Ministerkonferenz. Anlaß dieser Konferenz war die Ermordung des Dichters August von Kotzebue am 23. März 1819 in Mannheim durch den extremistischen Burschenschaftler Karl Ludwig Sand, einem Teilnehmer am Wartburgfest im Jahre 1817. Die auf der Konferenz festgelegten, als »Karlsbader Beschlüsse« bekanntgewordenen Maßnahmen wurden am 20. September 1819 vom Bundestag bestätigt. Sie enthielten eine Exekutivordnung für die Bundesbeschlüsse, legten die Überwachung der Universitäten und die Zensur für Zeitschriften und Bücher unter zwanzig Bogen fest. Außerdem wurde die Einsetzung einer Zentraluntersuchungskommission gegen demagogische Umtriebe beschlossen, eine vom Deutschen Bund in Mainz errichtete Behörde (1819–1829), die nach dem »Hambacher Fest« (1832) ihre Tätigkeit von 1833–1842 in Frankfurt fortsetzte und im Jahre 1848 aufgelöst wurde.

›Brunnenkur und Topfenstrudel‹ nennt Paul Morgan jene Kapitel aus der Bädergeschichte der westböhmischen Kurorte zur Zeit, als Böhmen noch zu Österreich gehörte und die Kurgäste in »diesen himmlischen Kurstädten« Vorschriften strenger Diät mit Orgien von Gourmanderie in Einklang zu bringen verstanden.

»Die Marien-, Karls- und Franzensbader Gaststätten haben für jeden etwas Weihevolles, Andachtheischendes. Der Duft ihrer Braten, der Hauch ihrer Gemüse und das Aroma ihrer Mehlspeisen lassen die Schwärmerei von Arabiens Wohlgerüchen unbegreiflich erscheinen. Liebevoll betreut dich der Kellner, seine Augen leuchten, wenn er dir von der Knusprigkeit des ›Tafelspitz‹ erzählt und von der Würze der Schnittlauchsauce. Seine Stimme bekommt einen sinnlichen Klang, wenn er dir zuflüstert, daß heute »Topfenstrudl« zu haben wäre, und legt dir gar Marillenknödl ans Herz – da fühlst du das Bestreben eines wahrhaft guten Menschen, seinen Bruder glücklich zu machen.«

Paul Morgan, *Stiefkind der Grazien*

Eine steinerne Pyramide und die Strassenbezeichnung »Findlater Weg« erinnern an einen Freund des Bades, den schottischen Lord Findlater. Er ließ um die Jahrhundertwende einen im Empirestil gehaltenen Gartentempel errichten.

Das Schiller-Denkmal, ein steinernes Relief, eingeschlossen in eine Pergola in den Stilformen der Sezession von F. Ohmann wurde im Jahre 1929 im Kurpark aufgestellt.

Hroznětín: In Hroznětín befindet sich einer der ältesten jüdischen Friedhöfe (15. Jh) in Böhmen. Außerdem gibt es dort auch einen Friedhof aus dem 16. Jh. mit bemerkenswerten Grabdenkmälern. Die meisten allerdings wurden während der Okkupation im Zweiten Weltkrieg zerstört.

KARLŠTEJN (Karlstein)
Bezirk: Beroun (Beraun)

Gegründet von Karl IV. im Jahre 1348, geweiht von seinem Kanzler und ersten Prager Erzbischof Ernst von Pardubitz, beendet im Jahre 1357, geschmückt mit erstrangigen Kunstwerken der Gotik (Malerei und Skulpturen), bestimmt zur Aufnahme der böhmischen St. Wenzelskrone und der Krone des Hl. Römischen Reiches und der Königkleinodien. Gemäß dem Wunsch seines Stifters sollte in den drei Kapellen Hl. Kreuz, St. Marien und St. Katharina der Gedanke des Gral-Motivs mit der Symbolik und den Attributen aus dem jüngeren Titurel verwirklicht werden. Auch die Krönungsornate und das Archiv hatten hier ihren Aufbewahrungsort. Ein Stammbaum sakraler und profaner Geistesgeschichte ist der Zyklus des Meisters Theodorich. In den Jahren 1887–1899 wurde die Burg Karlstein nach Plänen von F. Schmidt von Josef Mocker regotisiert. Das in seiner Art einzigartige Bauwerk wurde im Jahre 1962 zum nationalen Kulturdenkmal erklärt (Abb. 98). Im Ortsteil Budňany, dem Suburbium der Burg Karlstein, steht die von Karl IV. erbaute St. Palmatiuskirche, die Pfarrkirche des Ortes. Der Weihetitel rührt von Reliquien aus Trier her.

Wiederentdeckt wurde der Karlstein für die europäische Geistesgeschichte von den Vertretern der böhmischen nationalen Wiedergeburt und den Romantikern. Friedrich Schlegel (1772–1829) schreibt in der Zeitschrift ›Deutsches Museum‹ (1812):

> »Möchten doch Böhmens Kunstfreunde und Patrioten sich vereinigen und den Karlstein, der es gewiß verdient mit seinen Schätzen zum Gegenstand eines künstlerischen Nationalwerkes machen.«

Am 27. Juni 1812 besuchte der deutsche Kunsthistoriker Sulpiz Boiserée (1783–1854) den Karlstein. Er schreibt in seiner Autobiographie über diesen Besuch:

»In diesem alten, im ganzen noch erhaltenen Schloß, wenn man die Kreuzkirche besucht in dem großen Thurm, wo ehemals die prächtigen Reichs-Insignien verwahrt wurden, glaubt man sich in eine Zauberwelt versetzt und allen bunten goldenen Wahn der Kinderjahre um sich herum verwirklicht. Vier Spielleute kamen und bliesen in der Vorhalle eine lustige Musik zum Essen.«

Einer Eintragung im Gästebuch der Burg Karlstein ist zu entnehmen, daß der Dichter Karl Theodor Körner am 20. September 1811 auf Karlstein war.

Karlstein fand Eingang in die historisch orientierte Literatur der Jahrhundertwende, so zum Beispiel in Paul Wieglers Werk ›Das Haus an der Moldau‹:

»Die Königsburg Karls des Vierten überragte mit ihrem restaurierten Bergfried die Täler. Weiß schimmerte ihr Gestein durch die blaue, durchstrahlte Luft. [...] Jetzt waren sie oben auf dem Felsen, hundert Schritte vor der Burg. Nur Hühner störten die Stille des Wirtsgartens, Hühner wie im Dorf, die unter den Tischen Nahrung zusammenpickten. Aber eine Zahl von Besuchern stand am Ende des verschanzten Hohlwegs, am zweiten Burgtor. Eine ländliche Frau mit rotbraunem Gesicht machte im Vorhof den Kastellansdienst. Dann zeigte sie den von einem schweren Balkendach geschützten Brunnen, dessen Schacht bis in die Tiefe des Karlsteins führte, die Behausungen der Lehensmannen, den Pallas mit der Niklaskapelle, die Marienkirche. An den Mauern drin hingen die zerblätterten, bald sechs Jahrhunderte alten Fresken: die Apokalypse, der Kaiser, schwarz und schlau wie ein persischer Basileus, in kostbarem Mantel, ehelich zu seiner Gattin hin die Hände spreizend, der Kaiser mit einem Ring, der Kaiser mit seinem Bruder, der Kaiser, Reliquien niederlegend. Ein enger Korridor, ein gotisches Portal, die kleine Katharinenkapelle, worin er betete. [...] Tagfahrt um Tagfahrt, hinaus ins Römische Reich. Kaum acht Personen konnten mit Schandera und Erik in diese steinerne Kammer. Ein Loch war in der Mauer zum Durchschub von Speise. Alles bis zum Gewölbe war ausgeschmückt mit Gredgips und Karneol, Achat, Amethyst, Onyx, Chrysolith, Topas und Jaspis. Über der Tür wiederum der Kaiser, schwarz, stumpfnasig, breitbackig, Fältchen um die verschmitzten Augen, mit seiner dritten Gemahlin ein Kreuz von Juwelen haltend; und nochmals, als Maria und Josef verehrende Stifter, auf dem Nischenbild des Altars, vor den sein roher, hölzerner Schemel gerückt war.

Benommen von der Dämmerung nach der Lichtglut, von der Sprache des Toten nach dem lebendigen Sommerhauch folgten Schandera und Erik hinüber in den Bergfried, in den dritten Stock, zur Kapelle des heiligen Kreuzes. Dort mußte die Pracht der Juwelen noch verschwenderischer gewesen sein; aber nun fehlten sie, oder sie waren nachgeahmt. Glassterne nur leuchteten am Deckenfirmament, das Juwelenmosaik der Fenster, die kristallenen Laternen waren zertrümmert. Von dem oberen Teil der Wand schauten mehr als hundert Ölbilder, auf Lindenholz oder goldenen Kreidegrund gemalt, die himmlischen Chöre der Heiligen, die Väter und Doktoren der Kirche, die Päpste, Bischöfe und Äbte, die frommen Fürsten und Ritter, die gebenedeiten Frauen und Jungfrauen. Nur am Gemäuer der Treppe, fast schon verschwunden, in bleichen, vom Mörtel fallenden Farben Köpfe, Bärte, Schuhe, Aureolen, der heilige Wenzel, der Hostien bäckt, die Reste der slavischen Legende.«

    Paul Wiegler, *Das Haus an der Moldau*

KLADNO
Bezirksstadt

Pfarrkirche St. Florian erbaut 1750 von K. Ign. Dienzenhofer; zu dieser Zeit gehörte die Stadt dem Kloster Břevnov. Im gleichen Jahr wurde das ältere Schloß umgebaut (Museum). Mariensäule nach Plänen von K. Ign. Dienzenhofer (1941, Bildhauerarbeiten von Karl Josef Hiernle). Das Stadttheater zählt zu den ersten Häusern in der Provinz.

Karl Egon Fürst von Fürstenberg, der die Grundherrschaft von Kladno besaß, wurde eine ganz besondere Ehre zuteil:

»Dieser Tage werden die Dampflokomotiven für die Eisenbahn von Kladno nach Kralup geprüft werden. Die Lokomotiven dieser Bahnlinie werden, wie es bei unseren Bahnen üblich ist, nach den allerwichtigsten und denkwürdigsten Orten, die an dieser Bahn gelegen, benannt werden; nur eine Lokomotive wird nach dem verewigten Fürsten Fürstenberg, der große Verdienste um Kladno besaß, ›Karl Egon‹ benannt werden.«

Z Prahy a z venkova, Lumír (5. Jg. Nr. 29, 16. 8. 1855)

Die Berg- und Hüttenstadt hatte seit der 2. Hälfte des 19. Jahrhunderts einen raschen Aufstieg genommen. Sie ist ein bedeutender Schauplatz in der Geschichte der böhmischen Arbeiterbewegung.

Kladno ist der Geburtsort des akademischen Malers und Professors Cyril Bouda (1901–1984). Sein Taufpate in der Pfarrkirche von Kladno war der tschechische volkstümliche Maler Mikoláš Aleš.

Zákolany u Kladna: Mittelböhmischer Ort zwischen den Industriezentren Kladno und Kralupy (Kralup). Hier lebte in den Jahren 1884–1900 einer der ersten tschechischen Vorkämpfer des Sozialismus, Ladislav Zápotocký-Budečeský, der Vater von Antonín Zápotocký, des späteren Präsidenten der Tschechoslowakischen Republik, der am 19. Dezember 1884 im »Schubertschen Haus«, Nr. 19 geboren wurde. Antonín Zápotocký war in der Zeit vor dem Zweiten Weltkrieg Mitglied des Parlaments, nach seiner Rückkehr aus dem Konzentrationslager Sachsenhausen nach dem Zweiten Weltkrieg Gewerkschaftsführer, von 1948–1953 Vorsitzender der Regierung, von 1953 bis zu seinem Tode am 13. November 1957 Staatsoberhaupt. Er war Autor von drei Romanen aus der Geschichte der tschechischen Arbeiterbewegung. Schauplatz der Romane ist Kladno. Am Geburtshaus (Nr. 19) befinden sich zwei Gedenktafeln. Inschriften (tsch.):
»Hier lebte in den Jahren 1884–1900 einer der ersten Vorkämpfer der Sozialismus Ladislav Zápotocký-Budečeský«
»In diesem Hause wurde am 19. Dezember 1884 Antonín Zápotocký geboren«

Budeč (Budetsch): Denkwürdiger Ort aus den Anfängen der Geschichte des tschechischen Volkes. Slawischer Burgwall aus dem 9. Jh. Fürstenburg dieses Stammes der Tschechen, bei der sich gemäß Überlieferung von alters her eine Schule befunden hat, an welcher auch der junge Fürstensohn, der spätere Hl. Wenzel, unterrichtet wurde. Das umfangreiche Wallsystem, die Rotunde des Hl. Petrus und des Hl. Paulus aus dem 10. Jh. und der Turm vom Ende des 12. Jhs. sind erhalten geblieben. Nationales Kulturdenkmal. Auf dem Bergfriedhof befindet sich das Grab des tschechischen Arztes, Pädagogen und Philantropen Dr. med. Karel Amerling (* 18. 9. 1807 Klattau † 2. 11. 1884). Der gebürtige Klattauer Karel Slavomír Amerling war zwei Jahre lang Sekretär und Verwalter der Sammlungen des Grafen Kaspar Maria Sternberg. Amerling war der erste Direktor der Lehrerbildungsanstalt in Prag.

KLÁŠTER HRADIŠTĚ NAD JIZEROU (Kloster an der Iser)
Bezirk: Mladá Boleslav (Jungbunzlau)

Auf einem Burgwall ein vor dem Jahre 1184 errichtetes Zisterzienserkloster, von Hussiten 1420 verwüstet. Reste von romanischen Gebäuden und ein frühgotisches Kirchenportal aus der Zeit um 1270. Nach 1556 wurde an der Stelle des Klosters ein Renaissanceschloß erbaut, das man später zu einer Bierbrauerei umwandelte.

An der Stelle, wo am 28. Juni 1866 das erste Treffen zwischen österreichischen und preußischen Verbänden stattfand, steht ein Gedenkstein für die Gefallenen dieser Schlacht.

KLATOVY (Klattau)
Bezirksstadt

Ehemalige königliche Stadt und Kreisstadt, begründet im 3. Viertel des 13. Jhs. Gotische Stadtbefestigung aus dem 14.–15. Jh., teilweise erhalten geblieben. Kirche Mariä Geburt, erbaut nach 1260, später teilweise umgebaut. Renaissance-Rathaus aus der Mitte des 16. Jhs. mit »schwarzem Turm«. Barocke Jesuitenkirche Mariä Empfängnis und St. Ignatius, 1655 erbaut und geweiht, mit vielbesuchten Katakomben und mumifizierten Leichnamen. Die Loretokapelle in Klattau gehört zu den fünfzig böhmischen Wallfahrtskirchen dieses Namens. Mehrere Häuser der Innenstadt sind im Kern gotisch. Bedeutendes Böhmerwald-Provinzmuseum und Zweigstelle des Staatsarchivs.

Klattau ist der Geburtsort des tschechischen Pädagogen und Arztes Karel Slavomír Amerling (1807–1884). Er war zwei Jahre lang Sekretär und Verwalter der Sammlungen des Grafen Kaspar Maria Sternberg.

Der Böhmerwalddichter Josef Rank (1816–1896) beschreibt in seinen ›Erinnerungen aus meinem Leben‹ den Antritt seiner Studienzeit und die Reise von seinem Elternhaus nach Klattau:

»Vom Nebel umfangen, stille nebeneinander sitzend, fuhren wir lange dahin, Hügel auf und ab und endlich eine ebene Halbstraße dahin, bis es mählich wieder aufwärts ging und die breite schöne Landstraße erreicht wurde, über die der sich lichtende Nebel hin und her wogte und bald aufwallend, bald wieder den Brodem der Erde suchend, in weißgraue Schleier zerriß und der aufgehenden Sonne Raum schaffte, die aus Morgenroth und vergoldeten Wolken vordringend den Tag ankündigte und ihm siegreich Bahn brach. Wir hatten jetzt, im Licht des schönsten Herbstmorgens, das weite Angelthal vor uns mit Dörfern, Kirchen, Schlössern und rechts am südwestlichen Horizont den Böhmerwald mit seinen kräftig aus den Thälern aufsteigenden dunkelwaldigen Hügeln, Höhen, Bergen, deren höchste Spitzen der Osser und Arber bilden. [...] Gerade vor uns, rechts neben einem waldigen Hügel tauchten bald auch die fernen Thürme der Kreis- und Gymnasialstadt Klattau auf mit ihren im Glanz der Morgensonne schimmernden Kuppeln und Kreuzen. Ihr Anblick wirkte märchenhaft auf mein Gemüth, dem Vater aber löste der Anblick die Zunge, die bisher von Nachdenken und stiller Wehmuth gebunden war. [...] Der Vater hatte, das Wägelchen wieder abwärts lenkend, gerade noch so viel Zeit, um auf die verschiedenen Thürme der Stadt, voran den bedeutsamen ›schwarzen‹ Thurm, aufmerksam zu machen und die Kirchen zu nennen, zu denen die Thürme gehören, als wir die Reichsstraße der Stadt erreichten, bis zum

Hauptplatz, dem ›Ring‹, vorfuhren, dann links und bald wieder rechts einbiegend an das damals noch vorhandene Prager Thor gelangten, neben welchem ich, im Hause eines Kaufmanns Eger, bei einer Witwe Rubasch, die noch drei Studenten beherbergte, Wohnung erhalten sollte.«

Josef Rank, *Erinnerungen aus meinem Leben*

Sein sechsjähriges Studium am Gymnasium in Klattau, das von geistlichen Professoren des Benediktinerklosters Emaus in Prag geleitet wurde, beschloß Josef Rank im Juli des Jahres 1836 als »erster Accedens«. Bei den Feierlichkeiten im Rathaus präsentierte er sich als Deklamator eines von ihm selbst verfaßten Gedichts, das sich ›Abschied von Klattau‹ nennt.

Die Apotheke »Zum Weißen Einhorn« wurde in das Denkmal-Verzeichnis der UNESCO aufgenommen. Mittelpunkt der barocken Apothekenausstattung ist das Apothekerzeichen in Gestalt eines zwei Meter langen Zahnes eines Narval.

Plánice: Barocke St. Blasiuskirche, erbaut 1755, vermutlich nach Plänen von K. I. Dienzenhofer, frühbarocker Hochaltar mit Altarbild des Hl. Blasius von V. Ouředník. Schloß aus der Mitte des 17. Jhs. In Plánice befindet sich das Geburtshaus des bedeutenden tschechischen Technikers und Erfinders Ing. Dr. František Křižík (1847–1941). Vor dem Geburtshaus steht seine Büste (1957).

Stodůlky (Stadln im Böhmerwald): St. Sebastianskapelle vom Ende des 17. Jhs. Stodůlky ist der Geburtsort des böhmerwäldischen volkstümlichen Mundartdichters Zephyrin Zettl (* 14. 7. 1876 † 4. 7. 1935 Wien).

Kašperské Hory (Bergreichenstein): Zeitgenössischen Quellen zufolge stammt das Gold der St. Wenzelskrone zum größten Teil aus den einstigen ergiebigen Stollen von Bergreichenstein.

Sklenářžova Lhota: Bei Sklenářžova Lhota befindet sich gemäß Überlieferung die älteste Glashütte der Region aus dem Jahre 1359.

Anín: In der 2. Hälfte des 19. Jhs. wurde in Anín der erste Glasofen mit Gasbeheizung in Betrieb gesetzt.

KLENOVÁ (Klenau)
Bezirk: Klatovy (Klattau)

Frühgotische Burg entstanden etwa in der Mitte des 13. Jhs., umgebaut und befestigt um 1420. Ruine. Erweitert um einen Wohnbau im 17. Jh., regotisiert 1832 bis 1838, Wandmalereien im Salon von Josef Navrátil (um 1840) sind nicht erhalten.

Josef Wenzig hat 1860 eine Schilderung der Klenauer Burg unternommen:

»In dem dritten etwas höheren Haupttheile breitet sich rechts beim Eintritte in die Vorhalle der durch vier große Fenster erleuchtete Speisesaal aus, dessen Wände auf eine so täuschende Weise mit Oelfarbe bemalt sind, daß man sich in einem mit poliertem Holzgetäfel ausgelegten Rittersaale zu befinden glaubt, welcher Wahn durch die an die Wand befestigten Wappenschilder der ehemaligen Besitzer Klenaus, dann durch die von Max verfertigten 12 Gypsfiguren böhmischer Regenten noch vermehrt wird. Der benachbarte Gesellschaftssaal erhält seine Beleuchtung durch drei hohe Spitzbogenfenster und hat eine von Navrátil kunstvoll gemalte Holzverkleidung, die mit 16 in Goldgrund auf Blech von Hoffmann trefflich gemalten Portraits geziert ist, welche Přemysl, Wojen, Neklan, Svatopluk, Wenzel den Heiligen, Boleslav II., Jaromír, Břetislav I., Ottokar II., Karl IV., Hus, Žižka von Trocnov, Georg von Poděbrad, Wladislaw II., Rudolph II. und Albrecht von Waldstein darstellen. Dieser Theil des Schlosses bildete ehemals die Vorburg von Klenau.«

>Josef Wenzig und Johann Krejčí, *Der Böhmerwald. Natur und Mensch*

Im 19. Jahrhundert gehörte Klenau den Reichsgrafen Stadion. In ihren Residenzen verkehrten Savigny, Jacobi, Tieck und Sulpiz Boisserée. Im Jahre 1809 begegnete Johann Philipp Stadion in Prag dem Freiherrn vom Stein. Den Sommer verbrachten die Stadions auf Chodenschloß und Klenau. Beide Schlösser wurden in den Formen der Neugotik umgebaut.

Klenová war die Wirkungsstätte des akademischen Malers und Restaurators František Kotrba. Unter seiner Leitung wurde nach dem Zweiten Weltkrieg der gotische Flügelaltar (»Leutschaer Altar«) in Levoča (Slowakei) restauriert.

KOLÍN NAD LABEM (Colonia circa Albiam, Kolin an der Elbe)
Bezirksstadt

> Als königliche Stadt 1260 begründet. Das Stadtbild wird beherrscht von der gotischen St. Bartholomäuskirche aus der 2. Hälfte des 13. Jhs., mit Presbyterium von Peter Parler (1360–1378). Am Stadtplatz barocke Bürgerhäuser und Rathaus (Neurenaissance 1887) auf der Substruktion eines vorangegangenen Baues aus dem 15. Jh. Hier befindet sich einer der ältesten jüdischen Friedhöfe in Böhmen. Kolín besaß neben der Prager Josefstadt die größte jüdische Gemeinde Böhmens. Museum, besonders reich an Militaria.

Westlich von Kolín wurde am 18. 6. 1757 während des Siebenjährigen Krieges zwischen Österreich und Preußen die Schlacht von Kolín geschlagen (auch Schlacht von Chocenice und Krečhoř genannt), in der der österreichische Feldmarschall Leopold Josef Maria Daun den preußischen König Friedrich II. besiegte. Schlachtdenkmäler befinden sich auf dem Berge Vysoká, bei Krečhoř und Vítězov.

Im Einkehrgasthof »Zur goldenen Sonne« (»U zlatého slunce«), einem vor Kolín auf einer Anhöhe gelegenen Gehöft bezog am 18. 6. 1757, während die Schlacht im Gange war, Friedrich II. sein Hauptquartier.

>»Am 18. Juni, fünf Uhr morgens versammelte Friedrich seine Generäle um sich. Das kleine böhmische Dorfwirtshaus, auf dessen Tisch der König seine Karte ausbreitet, trägt den Namen ›U zlatého slunce‹ (Zur goldenen Sonne).«
>
>Karl Tschuppik, *Maria Theresia*

Zur Erinnerung an den Sieg von Kolín erbaute Ferdinand von Hohenberg im Jahre 1775 auf einer Anhöhe des Schloßparks von Schönbrunn die Gloriette, einen auf schlanken Säulen ruhenden, steinernen, von einem Adler gekrönten Baldachin.

Eine Darstellung der Schlacht von Kolín befindet sich als Relief-Plastik am Grabmal von Fürst Leopold Josef Maria Reichsgraf von Daun (1705–1766), Autor B. F. Moll.

Daun ist Begründer der Militärakademie in Wiener Neustadt, außerdem schuf er das »Daunsche Reglement«. Seit 1762 fungierte Daun als Präsident des Hofkriegsrates.

Der Sieg in der Schlacht von Kolín wird von der Kaiserin Maria Theresia in einem Handschreiben an Daun als der »Geburtstag der Monarchie« bezeichnet. Die Kaiserin stiftete zum Andenken an den Sieg ihrer Waffen den Maria-Theresia-Orden. Feldmarschall Graf Daun erhielt das erste Großkreuz.

Auf den Grabstein des an unbekanntem Ort ruhenden preußischen Junkers vor Kolín schrieb der norddeutsche Dichter Detlev von Liliencron (1844–1909) folgendes vielzitiertes Gedicht:

> *Wer weiß wo*
> *Auf Blut und Leben, Schutt und Qualm*
> *Auf roh zerstampften Sommerhalm*
> *Die Sonne schien.*
> *Es sank die Nacht. Die Schlacht ist aus,*
> *Und mancher kehrte nicht nach Haus*
> *Einst von Kolin.*
> *Ein Junker auch, ein Knabe noch,*
> *Der heut das erste Pulver roch,*
> *Er mußte dahin.*
> *Wie hoch er auch die Fahne schwang,*
> *Der Tod in seinen Arm ihn zwang,*
> *Er mußte dahin.*
> *Ihm nahe lag ein frommes Buch,*
> *Das stets der Junker bei sich trug*
> *Am Degenknauf.*
> *Ein Grenadier von Bevern fand*
> *Den kleinen erdbeschmutzten Band*
> *Und hob ihn auf.*
> *Und brachte heim mit schnellem Fuß*
> *Dem Vater diesen letzten Gruß,*
> *Der klang nicht froh.*
> *Dann schrieb hinein die Zitterhand:*
> *Kolin. Mein Sohn verscharrt im Sand.*
> *Wer weiß wo.*
> *Und der gesungen dieses Lied,*
> *Und der es liest, im Leben zieht*
> *Noch frisch und froh.*
> *Doch einst bin ich, und bist auch Du,*
> *Verscharrt im Sand, zur ewigen Ruh*
> *Wer weiß wo.*

Auch in die tschechische Literatur hat die Schlacht bei Kolín Aufnahme gefunden. Karel Leger (1859–1934) benannte seine Ballade von der Schlacht ›U zlatého slunce‹.

Der deutsche Dichter Johann Gottfried Seume (1763–1810) nahm auf seiner Reise von Grimma in Sachsen über Prag und Wien nach Syrakus den Weg über das Schlachtfeld von Kolín.

«Die Gegend von Kolin bis Czaslau kam mir sehr angenehm vor; vorzüglich gaben die Dörfer rechts im Thale einen schönen Ausblick. Die vorletzte Anhöhe vor Czaslau gewährte eine herrliche Aussicht rechts und links, vorwärts und rückwärts über eine fruchtbare, mit Dörfern und Städten besäte Fläche.«

Johann Gottfried Seume, *Spaziergang nach Syrakus*

Im Jahre 1834 besuchte Hans Christian Andersen (1805–1875) Kolín. In einem Schreiben vom 10. Juli 1834 beschreibt er den schönen Marktplatz mit der Madonna aus grauem Stein und berichtet, daß die Häuser Lauben besitzen. Er hat den Marktplatz mit der Mariensäule auf einer kleinen Zeichnung festgehalten (›Collin in Böhmen‹).

Kolín ist der Geburtsort des berühmten Pierrots Jan Kašpar Dvořák, genannt Debureau (1796–1846 Paris). Er trat am Théâtre de Funambulles auf, vom Pariser Publikum hochgeschätzt. Egon Erwin Kisch schrieb eine Novelle mit biographischen Zügen unter dem Titel ›Pierrot, der Totschläger‹ (1931). Im Nebentrakt des Rathauses (Kolín I, Náměstí Obránců míru 77) befindet sich auf dem Areal des einstigen Geburtshauses von Jan Kašpar Dvořák die Büste des Jean Gaspard Debureau vom akademischen Bildhauer Jan Pichl (1969). Eine Gedenkstätte (Kolín, Museum, Kolín I, Náměstí obránců míru 8) wurde eingerichtet.

In Kolín wurde auch der Wiener Techniker Josef Popper-Lynkeus (* 21. 2. 1839 † 21. 12. 1921 Wien) geboren. Er ist vor allem durch sein sozialpolitisches Postulat der allgemeinen staatlichen Nährpflicht bekannt geworden (›Die allgemeine Nährpflicht als Lösung der sozialen Frage 1912‹).

An seinem Geburtshaus (Kolin I, Na hradbách 3/30) wurde am 10. Jahrestag seines Todestages eine Gedenktafel mit einer Porträtplakette enthüllt. Inschrift (tsch.):

»Hier wurde Josef Popper-Lynkeus, Schriftsteller, Techniker und Sozialphilosoph, im Jahre 1838 geboren, er starb im Jahre 1921.«

In seiner Autobiographie berichtet Josef Popper-Lynkeus über seine Lehrjahre:

»Die Oberrealschulen waren damals in Österreich eine relativ neue Institution, meine Lehrer fast durchaus, sowohl in ihren Fächern als auch in pädagogischer Beziehung äußerst untüchtig, und für Lehrmittel war in keiner Weise vorgesorgt. Zoologie, Mineralogie und Botanik mußten aus Schulbüchern auswendig gelernt werden, ohne daß man irgendwelche Objekte zu sehen bekam. Unter den Lehrern waren nur zwei tüchtige Kräfte, nämlich für Mathematik und Physik ein Herr Weyr, der Vater der beiden ausgezeichneten Mathematiker Emil und Ernst Weyr, die an den Universitäten Wien und Prag dozierten, und sodann der Lehrer für deutsche Sprache und Statistik, der nachmalige Realschuldirektor Kögler. [...] Die letzte Ausbildung meiner Denk- und Empfindungsweise geschah endlich durch einen Dichter und Schriftsteller, den ich für eine einzigartige Erscheinung in der ganzen Weltliteratur halte, nämlich durch Friedrich Schiller.«

Selbstbiographie von Josef Popper-Lynkeus

Besonders bemerkenswert ist die geistige Position des Utopisten Josef Popper-Lynkeus: Er vertritt den Standpunkt eines engagierten Gegners des omnipotenten Staates. Popper-

Lynkeus teilt die von Hegel aufgestellte klassische Staatsrechtstheorie ohne Rücksicht auf ihre weltanschaulichen Amplituden. Mit seiner Forderung nach der Freiwilligkeit des Kriegsdienstes, das Popper-Lynkeus in seinem Werk ›Das Recht zu leben und die Pflicht zu sterben‹ vertritt, hat er eine Reihe von Postulaten der neuesten Zeit zur Ächtung des Krieges vorweggenommen.

Richard von Coudenhove-Kalergi sieht in Josef Popper-Lynkeus einen Vorkämpfer der modernen Flugtechnik und in dessen philosophischen Maximen eine Synthese von Liberalismus und Sozialismus. Er bezeichnet Popper-Lynkeus als einen Erben der Aufklärung.

In Wien wurde zu Ehren Josef Popper-Lynkeus eine Gedenktafel enthüllt sowie eine Büste vor dem Wiener Rathaus aufgestellt. Sowohl die Gedenktafel in Wien als auch jene von Kolín wurde während des Zweiten Weltkriegs von den Okkupanten beschädigt.

Im Pflaster des Marktplatzes in der Nähe des Rathauses (Náměstí obránců míru) befindet sich in Metallziffern die Jahreszahl 1813 zur Erinnerung an den Gottesdienst für die russisch-orthodoxen Soldaten nach der Schlacht bei Leipzig.

Kolín ist der Geburtsort des böhmischen Musikers František Kmoch (1848–1912), Kapellmeister und Pionier der Blasmusik in vielen europäischen Ländern und in Amerika. Seit 1871 spielte auf den beliebten Gartenkonzerten die bekannte Kapelle der tschechischen Turner »Sokol« seine Musikstücke, populäre Märsche und Tänze. František Kmoch war Gründer und Dirigent dieser Kapelle. Seine beliebten Kompositionen, über 500 an der Zahl, hatten wesentlichen Einfluß auf das tschechische Nationalbewußtsein in der Monarchie und auf das tschechische gesellschaftliche Leben während des Zweiten Weltkriegs.

JUDr. Ludvík Singer wurde in Kolín geboren (* 13. 2. 1876 † 1931). Er war Führer der tschechischen Zionisten, Rechtsanwalt in Kolín und Prag, im Jahre 1918 Vorsitzender des Jüdischen Nationalrates. Singer bemühte sich auf der Friedenskonferenz in Paris um die Anerkennung der jüdischen Nationalität auf dem Staatsgebiet der Tschechoslowakischen Republik. Im Jahre 1919 war er in Prag Abgeordneter der Nationalversammlung, im Jahre 1930 Vorsitzender der Jüdischen Kultusgemeinde in Prag.

Kolín ist der Geburtsort des Bildhauers und Grafikers Rudolf Saudek (* 21. 10. 1880 † 19. 7. 1965 Prag). In der Deutschen Bücherei in Leipzig stehen seine Schopenhauer-Büste und die Büste des Dante-Übersetzers Philaletes (König Johann von Sachsen).

Auf dem Marktplatz von Kolín (Náměstí obránců míru) befindet sich ein Denkmal des Magister Johannes Hus von František Bílek. Das in empathischen Gesten gehaltene Monument des Reformators von der Hand des dem Spiritualismus zuneigenden Künstlers war zeitweise sehr umstritten. Zu den erklärten Bewunderern dieses Denkmals und seines Autors gehörte Franz Kafka. In einer Nachschrift zu einem Brief vom 20. 7. 1922 aus Planá an Max Brod heißt es:

»Du sagtest, Du wärest in Not wegen des Materials für das Abendblatt. Ich wüßte etwas, was sich hoch lohnen würde: Für den Bildhauer Bílek schreiben. Darüber nächstens. Das Husdenkmal in Kolin kennst Du doch? Hat es auf Dich auch einen so ausschließlichen großen Eindruck gemacht?«

In einem weiteren Brief an Max Brod aus Planá kommt Franz Kafka wiederum auf Bílek zurück. Er ist erfreut, daß Brod den Versuch unternehmen will, für Bílek einzutreten:

»Es wäre meiner Meinung nach ein Kampf von dem Rang des Kampfes für Janáček [Leoš Janáček. Anm. d. Verf.], soweit ich das verstehe (fast hätte ich geschrieben: des Kampfes für Dreyfus).«

Im weiteren verrät Franz Kafka eingehende Kenntnis der Arbeiten Bíleks und kehrt noch einmal zum Hus-Denkmal in Kolín zurück, dem er seine Bewunderung in höchsten Metaphern ausspricht:

»Wie man aus der Seitengasse hervorkommt und den großen Platz mit den kleinen Randhäuschen vor sich liegen sieht und in der Mitte den Hus, alles, immer, im Schnee und im Sommer, von einer atemraubenden, unbegreiflichen, daher willkürlich scheinenden und in jedem Augenblick wieder von dieser mächtigen Hand neu erzwungenen, den Beschauer selbst einschließenden Einheit. [...] Sehr interessant müßte aber sein zu erfahren, wie es zu der Aufstellung des Husdenkmals kam; soweit ich mich aus der Erzählung meines verstorbenen Cousins erinnere, war die ganze Stadtvertretung schon vor der Aufstellung dagegen und nachher noch viel mehr und wohl bis heute.«

Kolín ist der Geburtsort des deutschen Schriftstellers Camil Hoffmann (1878–1944). Max Brod schreibt über seinen Freund Hoffmann:

»Er [...] stammte aus einer tschechischen Kleinstadt (Kolín) und hatte in jungen Jahren mit Stefan Zweig Freundschaft geschlossen. Mit ihm gemeinsam hatte er einen Band von guten Übersetzungen Baudelairescher Gedichte herausgegeben.«

Max Brod, *Streitbares Leben. Autobiographie*

Ouvaly (Ouwal): In der Nähe des Bahnhofsgebäudes steht das Denkmal des ersten Prager Erzbischofs Ernst von Pardubitz (1297–1364) von J. Čapek (1867). Der Überlieferung zufolge wurde der Erzbischof und Kanzler Karls IV. auf der nahen väterlichen Feste Hostín geboren. Das Denkmal wurde anläßlich des 500. Todestages aus Spenden der tschechischen und deutschen Bevölkerung Böhmens errichtet und im Jahre 1869 enthüllt. Die Festrede bei der Enthüllung hielt F. L. Rieger. Das Grab des ersten Prager Erzbischofs befindet sich in Glatz (Klodsko, Kladsko), der Stätte seiner Erziehung. Die Tumba aus der Prager Parlerischen Werkstätte steht im nördlichen Seitenschiff der Kirche. Sein Denkmal in der Pose eines knienden Oranten fand am ersten Pfeiler des nördlichen Seitenschiffes Aufstellung (Grauer Sandstein, von Joh. Landa; sig. Berlin 1870). Inschrift (lat.):

»Arnestus de Pardubicz nat. MCCLXXXXVII. D. XXV. Martii obiit H. D. M. CCCLXIIII D. XXX. M. Junii Primus Archiepiscopus Pragensis«.

Chotouň: Geburtsort des Begründers und ersten Abtes des Klosters Sázava, des Fürstensohnes St. Prokop. Er machte sich verdient als Bewahrer der slawischen Liturgie nach dem Niedergang des Großmährischen Reiches im 10. Jh. Anstelle der gotischen St. Peter und Paulskirche, erweitert im Jahre 1352, die im Jahre 1816 mit Ausnahme des im 18. Jh. renovierten Turmes niedergerissen wurde, steht ein Gedenkstein (Obelisk aus dem Jahre 1902). Barocke Pfarrkirche St. Prokop vom Anfang des 18. Jhs., mit Presbyterium von G. Santini (1705), Hochaltarbild v. J. Hellich, Seitenaltarblätter v. W. Kandler (19. Jh.).

Ratiboř, Ratboř, Radboř (Radbor): Ursprünglich gotische St. Wenzelskirche, 1770 barockisiert. Schloß und Feste, erbaut für den Grafen Johann Joachim von Breda, in den Jahren 1911–1914 von J. Kotěra umgebaut. Geburtsort des österreichischen Schriftstellers Alfons Freiherr von Czibulka (* 28. 6. 1888 † 22. 10. 1969). Der altösterreichische Offizierssohn behandelte in seinem Roman ›Der Kerzelmacher von St. Stephan‹ Themen der alten Donaumonarchie.

KOLODĚJE (Koloděj)
Bezirk: Hradec Králové (Königgrätz)

Im Haus Nr. 73 starb am 3. Juli 1847 Matěj Kopecký (* 24. 2. 1775 Libčany), der Patriarch des böhmischen Puppenspiels. Das Sterbebuch in Koloděje nad Lužnicí weist folgende Nachricht über seinen Tod auf:

>»Am 3. Juli 1847 starb in Koloděje Nr. 73 Matěj Kopecký, Komödiant aus Mirotice, Witwer und Bettler bestattet am Friedhof in Týn«.

Das volkstümliche Puppenspiel auf dem Lande ist seither ein wichtiger Zweig der nationalen Tradition. Es hat Brücken zu benachbarten Themen der Weltliteratur geschlagen.

KOMÁROV (Comoravium, Komorau)
Bezirk: Benešov (Beneschau)

>1263 erstmals urkundlich erwähnt, erweitert in der Stiftungsurkunde des Klosters St. Benigna (Sv. Dobrotivá) als Eisenhütte. Das Bergmannskirchlein wurde 1344 erweitert. Reste eines zweiflügeligen Schlosses mit spätgotischen Fragmenten. Eisenerzförderung. Im Jahre 1345 stellte die Hütte alle Eisenbestandteile für den Bau der Prager Karlsbrücke bereit. Im Jahre 1541 erwähnt das Lexikon ›Münstersche Cosmographey‹ die hiesige Eisenhütte.

Nach einer Pestepidemie wurden von Graf Rudolf Wrbna 1685 Bergleute aus Preußen ausgesiedelt. Sie gründeten die Siedlung Kocanda. Graf Wrbna (1761–1823), selbst Montanist, führte die Eisenhütte zu kontinentaler Bedeutung. Er wurde zum Ehrenpräsidenten der Königlichen Böhmischen Gesellschaft der Wissenschaftler gewählt. Wrbna führte neue Methoden ein und ließ modischen Schmuck in Grauguß sowie Plastiken abgießen.

In Komárov wirkte Dominik Zafouk (1797–1878) als Maler und Bildhauer.

Im Jahre 1852 erwarb Kurfürst Friedrich Wilhelm I. von Hessen die Herrschaft und die Hütten.

1891 wurde hier der »Hanauer Pavillon« für die Ausstellung in Prag abgegossen.

Am 16. 9. 1967 wurde auf dem Fabriksgelände des Werks BUZULUK ein Denkmal zur Erinnerung an die 500 Jahre währende Tradition der Eisenindustrie enthüllt. Am Sockel des Monuments befinden sich Reliefs mit Symbolen der Hüttenindustrie, der Gießerei, des Bergbaus und des Maschinenbaus, die im Jahre 1891 für den Hanauer Pavillon in Prag abgegossen wurden. Die Gedenkplatten von Pickhart stammen aus dem Jahre 1890, Autor des Denkmals J. Pazverat. Inschrift (tsch.):

>»Zur Erinnerung an die 500 Jahre währende Eisenindustrie im Gebiet von Komárov 1460–1960.«

Valdek (Waldek): Ruine mit Turm und Tor. Als Burg begründet von Oldřich Zajíc von Hasenburk, der sich zuerst von Waldek schrieb († 1357).

Svatá Dobrotivá (St. Benigna): Ortsteil der Gemeinde Zaječov. Zweiflügeliger Klosterbau mit Kirche und drei Kapellen (St. Nikolaus, St. Augustinus und St. Benigna). Kirche und Kloster im Kern gotisch aus dem 14. Jh., erneuert im 15. Jh. Im Jahre 1676 von G. D. Canevale zu einer dreischiffigen Basilika umgebaut, Altarbild St. Benigna von J. P. Molitor (1745), Holzstatue der Hl. Benigna aus dem 3. Viertel des 15. Jhs., im Klostergarten Reste der Grundmauern einer Allerheiligen-Kirche.

KONOPIŠTĚ (Konopischt)
Bezirk: Beroun (Beraun)

Gotische Burg erbaut zu Anfang des 14. Jhs. in der Art eines französischen Kastells. Zu Anfang des 16. Jhs. umgebaut in den Formen der Spätgotik, zu Anfang des 17. Jhs. wurde ein Renaissanceflügel hinzugebaut.
Vor dem Schloß befindet sich ein freistehendes Tor (1725, Fr. M. Kaňka) mit Plastiken von M. B. Braun. In den Jahren 1889–1894 wurde die Burg im Auftrag ihres Besitzers Erzherzog Franz Ferdinand von Österreich-Este restauriert. Reiche Schloßsammlungen.

»Auf bewaldeter Anhöhe steht das große burgartige Schloß, umgeben von einem breiten Graben mit Zugbrücke, und ringsum erstreckt sich in unübersehbarer Weite der märchenhafte Park, den der Erzherzog auf dem elenden Lehmboden angelegt hat. Keine Seele ahnt, was ihn, den mehr als Sparsamen, dazu bewegen konnte, gerade auf diesem kargen Strich Landes mit enormen Kosten und unter jahrzehntelangen Mühen ein Stück Paradies zu schaffen. Hierher hatte er sich kurz nach seiner Verheiratung mit Sophie Chotek zurückgezogen, hier wollte er die endlosen Demütigungen vergessen, denen die unebenbürtige Frau am Hofe und beim hohen Adel ausgesetzt war, und hier ist er heimisch geworden. Franz Ferdinand, der nach dem letzten Herzog von Modena das Prädikat Österreich-Este trug und im Volk allgemein nur Este genannt wurde, ist, ähnlich wie Wilhelm II., viel unterwegs. Doch er liebt die Ruhe des Familienlebens, und nirgends, nicht in dem unvergleichlichen Barockwunder des Wiener Belvedere, nicht in dem reizenden Blühnbach im Salzburgischen und auf keinem anderen seiner Güter fühlt er sich so daheim wie in Konopischt. Hier hat er alles, was er liebt, beisammen: die Frau und die drei Kinder; neben der laufenden Regierungsarbeit, so weit er an ihr teilhaben darf, die Arbeit für das große, immer wachsende Gut; und eine Jagd, die ihresgleichen nicht hat.«

Bruno Adler, *Der Schuß in den Weltfrieden*

Vom 12. bis 14. Juni 1914 weilte der deutsche Kaiser Wilhelm II. als Gast bei Erzherzog und Thronfolger Franz Ferdinand auf Schloß Konopischt (Abb. 62). Es war das letzte Monarchentreffen vor Ausbruch des Ersten Weltkriegs.

Bruno Brehm hat in seinem Roman ›Apis und Este‹ die Rosengärten im Schloßpark von Konopischt in einer Landschaftsstudie geschildert.

Ludwig Winders Buch ›Der Thronfolger‹ (›Následník trůnu‹, 1938) weist als Schauplatz ebenfalls Konopischt auf.

Egon Erwin Kisch hat in der im reportagehaften Stil verfaßten Erzählung ›Die Wasserkatastrophe von Konopischt‹ eine Episode aus der Geschichte von Konopischt festgehalten.

In Konopischt wurde der tschechische Architekt Karel Pražák (1803–1869) geboren. Er war der Projektant der großen Kolonnaden in Karlsbad und Franzensbad.

KONSTANTINOVY LÁZNĚ (Konstantinsbad)
Bezirk: Tachov (Tachau)

Im Ort Nová Ves (Neudorf) wurde im Jahre 1809 ein Bad gegründet und nach dem Besitzer, dem Fürsten Konstantin Löwenstein-Wertheim, benannt.
Zunächst wurde eine Holzhütte als Unterkunft für die Kranken gebaut und drei Jahre später das »Alte Bad«, ein Steinbau, errichtet. Über dem Ort liegt die Gemarkung »Hradištský vrch«, eine archäologische Fundstätte aus der Hallstattzeit (1. Hälfte d. 1. Jahrtausends v. Chr.). Nach der Anhöhe bekam eine andere Ortschaft am Abhang die Bezeichnung »Okrouhlé Hradiště« (»Scheiben-Radisch«). Lange hieß das Bad Nová Ves. Erst im Jahre 1934 wurde eine selbständige Ortsgemeinde mit der amtlichen Bezeichnung Konstantinsbad errichtet.

Im kleinsten unter den westböhmischen Bädern, das besonders um die Jahrhundertwende von Offizieren und ihren Familien aufgesucht wurde, verbrachte der junge Rilke im Jahre 1879 mit seinen Eltern und Verwandten einige Sommerwochen.

»Nichts kann uns besser jenen halbaristokratischen, etwas allzu gewollten Stil sommerlichen Badelebens charakterisieren, als die Kurliste Nr. III aus dem Jahre 1879 von Konstantinsbad, einem von Offiziersdamen gerne besuchten westböhmischen Miniaturbad. Wir finden hier unter dem 9. Juli (Nr. 102) Frau Malvine Rilke von Rüliken, geborene Baronin Schlosser, Advocatensgattin mit Fräulein Töchtern Paula und Irene und den Herren Söhnen Max und Egon, nebst Gouvernante Fräulein Selinger und Bedienung aus Prag. Man wohnte im Kurhaus, insgesamt 7 Personen. Und unter Nr. 106 der am 14. Juli 1879 ausgegebenen Kurliste befindet sich Herr Josef Rilke, Eisenbahnbeamter, mit Frau Gemahlin und Sohn René, aus Prag. Natürlich ebenfalls im Kurhaus. Zwei weitere Kurgäste derselben Liste sind für die gesellschaftlichen Extreme von Wunschträumen des Hauses Rilke in dieser Zeit aufschlußreich und vielsagend. Unter dem 13. Juli wird Fürst Carl Schwarzenberg, k. k. Major und Schloßbesitzer, geführt und am 20. Juli Herr Adolf (recte Adalbert) Hellich, Historienmaler aus Prag. Man war somit mit einem Mitglied des mächtigen böhmischen Adelsgeschlechtes im kleinsten Miniaturbad Böhmens gesehen und auf der gleichen Kurliste erwähnt worden. Und die dem Knaben René nicht mehr fremde Welt der vaterländischen Ruhmeshalle hatte einen ihrer besten Vertreter in der Person des tschechischen Historienmalers Josef Vojtěch Hellich (1807–1880) entsandt.«

Hugo Rokyta, *Das Schloß im »Cornet« von Rainer Maria Rilke*

Kopidlno
Bezirk: Jičín (Gitschin)

Renaissanceschloß, frühbarock umgebaut im Jahre 1674. Der Gartenflügel 1875 im Stil der Neurenaissance umgebaut. St. Jakobskirche in heutiger Gestalt barocker Zentralbau aus dem Jahre 1704, vermutlich nach Plänen von Giov. Santini.

In der Nähe der Zuckerfabrik in Kopidlno bezeichnet ein Gedenkstein die Stelle, wo Tomáš Svoboda, ein heimlicher Bekenner der Böhmischen Brüdergemeinde, in gegenreformatorischer Zeit hingerichtet wurde. Er hatte Lästerungen über den Hl. Johannes von Nepomuk ausgesprochen. Svoboda diente als Vorbild für den Protagonisten in Alois Jiráseks Roman ›Temno‹.

In der Gruft des tschechischen Adelsgeschlechtes Schlick ruht Elise Schlick (Šlik) († 1855 Prag), welche als Komponistin, Sängerin, Kunstmäzenin und Autorin von Poesien in deutscher Sprache hervorgetreten ist. Sie war in den ersten Jahrzehnten des 19. Jahrhunderts die erklärte Primadonna des Haustheaters im Prager Clam-Gallas-Palais. Charles Postl-Sealsfield erwähnt ihre ruhmvolle schauspielerische Leistung als Königin Elisabeth in Friedrich Schillers ›Maria Stuart‹. Ihr Nachruf findet sich in der Beilage der Zeitschrift Lumír vom 15. 12. 1855.

Auf Schloß Kopidlno wirkte 1893 im Kreise der Familie des Grafen Schlick der damals neunzehnjährige Max Dvořák (1874–1921), der spätere Wiener Kunsthistoriker tschechischer Herkunft und Professor für Kunstgeschichte an der Wiener Universität, zeitweiliger Generalkonservator der Zentralkommission für Denkmalpflege und als Bibliothekar und Archivar der bedeutendste Vertreter der Wiener kunstwissenschaftlichen Schule.

> **Libáň:** eine gotische Hl. Geistkirche (14. Jh.), umgebaut im 18. Jh., barocke Fresken von J. Hager, datiert 1757. Ursprünglich gotische Burg, 1573 zum Schloß umgebaut. Rathaus aus dem Jahre 1800. Husdenkmal (L. Šaloun, 1925). Denkmal von Karel Havlíček-Borovský.
>
> **Staré Hrady:** Ursprünglich gotische Burg, von der die Burgkirche St. Johann d. T. aus der 2. Hälfte des 14. Jhs. erhalten geblieben ist, 1573 zum Renaissanceschloß umgebaut, 1700 klassizistisch erweitert. Hölzerner Glockenturm. Auf dem Schloß des Grafen Schlick verbrachte der damals jugendliche Kunsthistoriker Max Dvořák (1874–1921) im August 1893 während seines Ferienaufenthaltes im Kopidlno einige Ferientage.

Kostelec nad Labem (Elbekosteletz)
Bezirk: Mělnik (Melnik)

St. Veitskirche, gotisch mit Presbyterium aus dem Jahre 1492, dreischiffiger Zubau vom Anfang des 16. Jhs., baulich adaptiert im Jahre 1566.
Friedhofskirche St. Martin gotisch, barockisiert, erneuert 1894. Barockes Rathaus, erbaut nach 1727. Hus-Denkmal (1911).
Elektrizitäts- und Stauwerk erbaut von J. Zázvorka (1930).

Elbekosteletz ist der Geburtsort der gefeierten Opernsängerin Therese Stolz (Tereza Štolcová) (1834–1902 Mailand). Sie entstammt einer böhmischen Musikerfamilie. Ihr Bruder Antonín Stolz war Oboist und Militärkapellmeister, Bruder Franz war Hornist und Bruder Václav Oboist und Theaterdirektor in Triest. Letzterer machte Therese mit Verdi bekannt. Therese Stolz trat als Jeanne d'Arc, Elisabeth, Amélie und Leonora in den großen Rollen der Verdi-Opern auf. Sie war die erste Aida auf dem Kontinent und die Interpretin der Sopran-Partie von Verdis großem Requiem. Verdi selbst entwarf für Therese die Kleinodien in der Rolle der Aida. Die Kleinodien gingen in den Besitz der tschechischen Opernsängerin Míla Kočová über. Therese Stolz war mit Luigi Ricci verehelicht. Sie gebar ihm einen Sohn, der den Namen seines Vaters erbte. Eine Tochter, Sängerin von Beruf, starb im Alter von 21 Jahren und wurde am Olschaner Friedhof in Prag bestattet. Zwei Schwestern von Therese waren Opernsängerinnen. Therese nahm die italienische Nationalität an und lebte abwechselnd in Mailand und am See Varese.

KOSTELEC NAD ORLICÍ (Adlerkosteletz, Kosteletz an der Adler)

Bezirk: Rychnov nad Kněžnou (Reichenau an der Knjeschna)

Im Jahre 1704 wurde in Adlerkosteletz František Ignác Tůma als Sohn des Organisten Václav Hynek Tůma geboren. Er war in Prag Schüler des Minoritenpaters und Komponisten Matthias Černohorský. Später wurde er in Wien Schüler des Hofkomponisten Fux. Nach dessen Tode wurde Tůma Kammerkomponist der Kaiserin Elisabeth. Mozart schenkte ihm Beachtung. Er starb als Pensionär im Jahre 1774 im Kloster der Barmherzigen Brüder in Wien.

Tůma komponierte geistliche Musik. Er beherrschte den Kontrapunkt. Sein ›Stabat Mater‹ wird noch heute aufgeführt. Es kursiert das Urteil, daß Tůma und seine Zeitgenossen noch vor Haydn und Mozart die moderne Instrumentalmusik geschaffen haben.

Am Geburtshaus des Wiener Veterinärs von Weltruf Ignaz Josef Pešina (1766–1808), einem klassizistischen Merkantilhof, befindet sich eine Metallplakette mit Porträt und Gedenktafel. Inschrift (tsch.):

»Weltweit bekannt als Name auf dem Felde der Veterinärwissenschaft
Prof. Dr. med. Ignáz Josef Pešina
1. 4. 1766 – Kosteletz an d. Adler – 24. 2. 1808 Wien.«

Adlerkosteletz ist auch der Geburtsort des Statistikers und Geographen Josef Erben (* 29. 4. 1830), seit 1870 Direktor des statistischen Büros der Stadt Prag. Hauptwerke: ›Geographie und Statistik von Kärnten und Krain‹ (1865), ›Rußland‹ (1868).

KOZÍ HRÁDEK (Ziegenburg)
Bezirk: Tábor

Reste einer gotischen Burg, erstmals erwähnt im Jahre 1377, denkwürdig durch den Aufenthalt des Magister Johannes Hus in den Jahren 1412–1414. Nationales Kulturdenkmal.

Ziegenburg war die letzte Wirkungsstätte von Johannes Hus in der Heimat:

»Er predigte im Freien, auf Wiesen, am Waldrand, in Dörfern, auch auf den Burgen des Adels, der zu seinen entschlossensten Anhängern gehören wird, als der Kampf um sein Leben beginnt. Die Predigt im Freien wird dann zum Kennzeichen für die Revolution. Das Unerhörte solchen Treibens, der Widerspruch gegen jeden Brauch und jede erlaubte Handlung, läßt sich leicht verkennen. Der Gebannte war in der Tat ein Aufrührer und Rebell, wie man ihn seit langem nicht gesehen. Sein Ungehorsam wurde nicht bestraft. Er fand weiten, nunmehr über ganze große Teile des Landes sich ausgehenden Anhang, Zuspruch, Gefolgschaft.«

Richard Friedenthal, *Ketzer und Rebell.*
Jan Hus und das Jahrhundert der Revolutionskriege

KRÁLÍKY (Grulich)
Bezirk: Ústí nad Orlicí (Wildenschwert)

Ostböhmische, nahe der historischen mährischen Grenze gelegene Stadt mit bedeutender Wallfahrtskirche (Muttergottesberg). Stadtpfarrkirche St. Michael, erbaut um 1600. Der Muttergottesberg (Hora Matky Boží) erhielt als Wallfahrtsort eine besondere Bedeutung, weil er an der Grenze von drei Ländern der einstigen Monarchie lag und in der Frömmigkeitsgeschichte dieser Länder sehr wichtig war. Die Wallfahrtskirche, ein dreischiffiger Bau mit zwei Türmen, stammt aus den Jahren 1696–1706.

Králíky ist der Geburtsort des deutschen Historikers und Universitätsprofessors Josef Leonhard Knoll (1775–1841), Herderianer und Vertreter eines deutschen romantischen Frühnationalismus. Er war von 1810–1833 in Olmütz Universitätsprofessor für Literatur und Ästhetik. Knoll war der Lehrer von Michael Franz von Canaval, Johannes Schön und Thomas Brey.

Spielglitzer Schneeberg (Králický Sněžík) (1424 m): Die tschechische Namensform nimmt Bezug auf seine Nähe zur Stadt Grulich (Králíky). Auf seinem Gipfel befindet sich ein Grenzstein der Länder der St. Wenzelskrone, des Königreichs Böhmen, der Markgrafschaft Mähren und der Grafschaft Glatz. Grenzberg zwischen Böhmen und Polen. Fernsicht nach Süden bis Olmütz, nach Westen bis Königgrätz und an Sommertagen bis zum Riesengebirge, nach Norden bis in das Glatzerland. 70 m unterhalb des Gipfels entspringt die March (Morava).

KRALOVICE (Kralowitz)
Bezirk: Plzeň-Sever (Pilsen-Nord)

Gotische Kirche St. Peter und Paul, im Renaissance-Stil umgebaut in den Jahren 1575–1581, vermutlich von einem italienischen Architekten, mit der Begräbniskapelle von Gryspek von Gryspach. Elf Mitglieder dieses Geschlechts, die auf Kačerov residierten, wurden hier bestattet.
Sehenswert ist die am Hochaltar angebrachte Holzplastik Mariä Verkündigung vom Anfang des 16. Jhs. vom sogenannten Teinitzer Meister.
Gemaltes Epitaph des Florian Gryspek von Gryspach aus dem Jahre 1593 von Hans Bulle aus Regensburg.

Marie Fiala, geborene Wewerka, die Ehefrau des Magazineurs und einstigen Torhüters bei der k. k. Finanzlandesprokuratur, stellte das Vorbild für die Tochter aus dem reichen Zuckerbäckerhaus in Kralowitz in Franz Werfels Novelle ›Der Tod des Kleinbürgers‹. Auch der Versicherungsagent, Herr Schlesinger, Sohn des Alleininhabers der Firma Markus Schlesinger am Ringplatz, ist dem Milieu dieser typischen böhmischen Provinzstadt entnommen.

Kožlany: Ursprünglich gotische Pfarrkirche St. Laurentius, später barockisiert. Wandmalereien im Presbyterium und am Triumphbogen aus der Zeit um 1400. In Kožlany befindet sich das Geburtshaus des zweiten Präsidenten der Tschechoslowakischen Republik (1935–1938), Dr. Edvard Beneš (* 25. 5. 1884 † 3. 9. 1948 Sezimovo Ústí bei Tábor), Oberhaupt der Tschechoslowakischen Exilregierung, von 1945–1948 wiederum Präsident der Republik bis zu seiner neuerlichen Abdankung (1948). Edvard Beneš hat während seiner Berliner Studienzeit dem Sonnenschein-Kreis angehört. Beneš hat außerdem einige Semester an der Prager deutschen Universität studiert. Am Geburtshaus ist eine Gedenktafel mit Porträtplakette angebracht. Inschrift (tsch.):
»Hier wurde der Mitbegründer unserer Republik, ihr erster Außenminister und ihr zweiter Präsident Dr. Edvard Beneš geboren, und hier verbrachte er seine Jugend.«
Mariánská Týnice (Mara Teinitz): 1682–1785 Propstei des Zisterzienserklosters Plass bei der Kirche Mariä Verkündigung, erbaut 1720–1751 nach Plänen von Giov. Santini. Propsteigebäude erbaut 1764. Museum.
Hubenov: Barocker Meierhof des Klosters Plass aus den Jahren 1730–1734, vermutlich nach einem älteren Entwurf von Giov. Santini in der Art eines Landschlößchens erbaut.
Potvorov (Potworow): Spätromanische St. Nikolauskirche aus der Zeit um 1240 mit Wandmalereien aus dem 13. und 15. Jh.

KRÁLOVSTVÍ (Königswalde)
Bezirk: Děčín (Tetschen an der Elbe)

Empire-Kirche St. Laurentius aus der Zeit um 1800.

Im Ort steht das Geburtshaus des Pädagogen und Reformators des Schulwesens in Böhmen und Österreich Ferdinand Kindermann, Ritter von Schulstein (1744–1801), Pfarrers und Dechanten in Kaplice (Kaplitz), wo er die Musterschule auf dem Buquoyschen Herrschaftsterritorium begründete und leitete; später war er Kapiteldechant zu Allerheiligen ob der Prager Burg, Propst des königlichen Kollegiatskapitels am Vyšehrad und

Bischof von Leitmeritz. Ferdinand Kindermann setzte das Werk Felbigers fort und hat die Lehrerbildung in Mitteleuropa entscheidend gefördert.

>**Rumburk (Rumburg)**: Stadt aus dem 13. Jh. im Besitze mehrerer Adelsgeschlechter, zuletzt der Lichtenberg (13.–16. Jh.), St. Bartholomäuskirche (1515). Beim Kapuzinerkloster (1667) eine große Loretokapelle (1704–1709) nach Plänen von Joh. Lukas Hildebrandt und mit Plastiken von Fr. Binnert. Denkmal des Rumburger Aufstandes in der dortigen Garnison im Jahre 1918.

KRASÍKOV, Švamberk (Schwanberg)
Bezirk: Tachov (Tachau)

>Geringe Reste der Burg Schwanberg aus dem Ende des 13. Jhs., erweitert und wieder befestigt 1528–1532, nach dem Brand im Jahre 1644 verwüstet, 1650 wieder aufgebaut mit der Burgkapelle der Hl. Maria Magdalena (ursprünglich gotisch).

Im Jahre 1647 bezog hier der schwedische General des Dreißigjährigen Krieges Gustav Graf Wrangel (1613–1676) Stellung.

KRASLICE (Graslitz)
Bezirk: Sokolov, Falknov (Falkenau)

>Pseudoromanische Fronleichnamskirche (1893–1896) anstelle einer Kirche aus dem Jahre 1618. Wandmalereien mit christlichen Themen von S. Rudl vom Ende des 19. Jhs. Friedhofskapelle zur Kreuzerhöhung.

Im Jahre 1824 wurde in Graslitz der Ahnherr des Handelshauses Julius Meinl geboren († 24. 12. 1914 Wien).

Graslitz ist der Geburtsort des deutschböhmischen Dichters und Schriftstellers Ernst Leibl (* 17. 6. 1895).

Am 10. 12. 1909 wurde in Graslitz der deutschböhmische Lyriker und Romancier Franz Höller geboren. Sein vor dem Zweiten Weltkrieg entstandenes Werk gibt einen Einblick in die aufgepeitschten nationalen Leidenschaften eines Teils der deutschen Studenten in Prag kurz vor dem Jahre 1938.

KRÁSNÁ LÍPA (Schönlinde, Pulcra Tilia)
Bezirk: Děčín (Tetschen an der Elbe)

>Um 1142 zum Vikariat Bautzen gehörig, 1361 im Besitz des Vaněk von Wartenberg, im Jahre 1384 dem Dekanat Zittau und dem Erzbistum Prag zugeteilt. Im Rahmen der Přemyslidischen Kolonisation von Deutschen besiedelt. Zu Ende des 15. Jhs. im Besitz des Geschlechts Schleinitz. Im Jahre 1551 war die

Stadt evangelisch, seit 1651 ist die Kirche katholisch.
Barocke Pfarrkirche St. Maria Magdalena (1754), Hochaltarbild des Hl. Joseph von J. Tkadlík (1813) und Madonna von Joseph von Führich (1861).
Reste der volkstümlichen Holzarchitektur mit Lauben am Marktplatz.
Mehrere Faktoreihäuser mit Biedermeierfassaden und -portalen prägen das Stadtbild.
Pseudogotische altkatholische Kirche, erbaut 1901 und geweiht vom damaligen altkatholischen Bischof in Warnsdorf Miloš Čech, einem Bruder des Dichters Svatopluk Čech.
Alter Friedhof bei der Pfarrkirche, zahlreiche Grabsteine (Empire und Louis XVI.), Eisengußstatuen. Grabstätten der Ahnen des Handelshauses Hille (Elias Hille). Neuer Friedhof mit mehreren spätklassizistischen Grüften aus dem Kreise der Fabrikantenfamilien Hille und Carl Römisch sowie die monumentale Dittrichsche Gruft in Gestalt einer Kapelle, die an die Kirche am Steinhof in Wien erinnert. Ehrenmal von acht Kriegsgefangenen verbündeter Armeen aus den Jahren 1943–1945.

Der Aufstieg der nordböhmischen Kleinstadt zu einem bedeutenden Industrieort ist an die Errichtung der Textilindustrie geknüpft. Die erste maschinell betriebene Manufaktur wurde im Jahre 1732 mit Maschinen, die aus England eingeführt wurden, betrieben. Die Arbeiter wurden von den englischen Ingenieuren Barnes und Corlson angelernt. Im Jahre 1792 wurde eine große Spinnerei eröffnet.

Die prosperierende Entwicklung der Stadt ist mit dem einstigen Stammhaus der in Zyrardow (Polen) ansässig gewesenen Firma »Hille und Dittrich« (»Aktien-Gesellschaft der Zyrardower Manufakturen von Hille und Dittrich«) lange verbunden geblieben.

Der gebürtige Leipziger Karl Dittrich († 11. 1. 1886) begründete mit Karl Hille aus Schönbüchel († 25. 3. 1873) am 1. Januar 1849 die Firma Hille und Dittrich. Dittrich erwarb in Zyrardow, das im damaligen Russisch-Polen lag, eine Leinengarnspinnerei von Philippe de Girarde, dem Erfinder der mechanischen Methode der Flachsspinnerei. In Zyrardow (Wojwodschaft Lodz) arbeiteten zeitweise bis zu 7.000 Arbeiter in der Hille und Dittrichschen Fabrik, die eine der größten Fabriken des damaligen Russischen Reiches war. In den achtziger Jahren berief der Firmenchef eine Reihe von Fachleuten aus den Manufakturen und Faktoreien Nordmährens nach Zyrardow.

An die Zeit der industriellen Entfaltung der Stadt Schönlinde erinnern mehrere Fabrikantenvillen, von denen die in den Jahren 1883–1886 erbaute Villa Hille mit einem englischen Park jetzt als Altersheim Verwendung findet (Zámeček). Das Krankenhaus der Stadt geht auf eine Stiftung von Karl Dittrich zurück.

In Schönlinde wurde der Münchner Maler August Frind (1852–1924) geboren. Seine Bilder stellen Szenen und Episoden aus dem Lebensweg des Begründers der Firma Hille und Dittrich dar.

In Schönlinde lebte zu Ende des vorigen Jahrhunderts der Komponist August Stradal (1860–1930), ein Schüler von Franz Liszt.

Šluknov (Schluckenau): Seit 1870 Stadt. In Schluckenau wurde 1875 die erste Spinnerei-Fachschule Böhmens und der Österreichisch-Ungarischen Monarchie eröffnet. Ernst von Schleinitz, seit 1514 Dompropst in Meissen, später Administrator des verwaisten Prager Erzbistums, dessen Domkapitulare in Zittau residierten, legte im Jahre 1542 seine Würden nieder und lebte bis zu seinem Tode am 6. Februar 1548 bei seinem Bruder

Georg von Schleinitz in Rumburg. Er wurde in der Pfarrkirche von Schluckenau beigesetzt. Schluckenau ist der Geburtsort des deutschböhmischen Komponisten Franz Bendel (* 23. 3. 1833 † 3. 7. 1874 Berlin), Schüler von Proksch und Liszt, Lehrer an der Akademie der Tonkunst in Berlin und Autor von beliebten Liedern.

KRÁSNÝ DVŮR (Schöndorf, Schönhof)
Bezirk: Louny (Laun)

Renaissanceschloß aus der Zeit um 1570, von Czernin von Chudenice 1720–1724 umgebaut zu einem Barocksitz (Fr. M. Kaňka). Beim Schloß befindet sich seit 1788 einer der ersten englischen Parks in Böhmen.

Im einstigen Czerninschen Schloß und dem vor 1788 vom Gartenarchitekten Födisch angelegten englischen Park von fast 100 Hektar Ausmaß, einem der schönsten in Europa, waren Goethe am 5. August 1810 und Karl Theodor Körner am 16. Juli 1813 zu Gast.

Im Schloßpark befinden sich Beispiele herausragender Gartenarchitektur (ein klassizistischer Tempel des Pan, ein chinesischer Pavillon, ein Rundtempel, ein neugotischer Aussichtsturm (Abb. 100), ein Pavillon im Stil Louis XVI., eine holländische Landgut-Hegerei). Zur Erinnerung an die Schlacht bei Leipzig wurden am Ende einer Allee ein Obelisk und ein oktogonaler neugotischer Ehrentempel aufgestellt. In der Ehrenhalle befindet sich ein Denkmal des Siegers von Leipzig, Feldmarschall Carl Fürst zu Schwarzenberg, von Emanuel Max. Inschrift am Sockel:

> »Dem Feldmarschall Carl Fürsten von Schwarzenberg, dem tapferen weisen und glücklichen Führer der verbündeten Heere – 1794 Callau – 1812 Podubnie Wolkowsky – 1813 Kulm Leipzig Hochheim – 1814 Brienne – Bar sur Aube – Arcis – La fere Chauenoire-Paris«

Am Eingang zum Park befindet sich eine Ehrentafel mit folgender Inschrift:

> »Zur Erinnerung an die nachstehenden denkwürdigen Besuche dieses Parkes gewidmet. Jaromir Graf Czernin von Chudenic 1906«.

Namentlich werden auf der Tafel vier Kaiser aus dem Hause Habsburg, Kaiserinnen, Königinnen und europäische Fürsten, außerdem Goethe, Körner, der Prinz de Ligne, Erzherzog Johann und Fürst Carl Schwarzenberg erwähnt.

Alexander von Humboldt bezeichnete den Schloßpark als einen der schönsten Europas. Im Goethejahr 1969 wurde der oktogonale Gartentempel als Goethe-Gedenkstätte restauriert. Am 30. 9. desselben Jahres wurde in Gegenwart von Vertretern der Goethe-Gedenkstätten und Museen von Frankfurt am Main und Weimar sowie des Bürgermeisters der Faust-Stadt Stauffen bei Freiburg im Breisgau ein Abguß der Goethe-Büste von Dannecker enthüllt. Die Gedenkrede hielt Hugo Rokyta.

Schönhof ist der Geburtsort des Arbeiterdichters Wenzel Holek (* 20. 1. 1864 † 24. 1. 1935 Berlin). Der Sohn einer deutsch-tschechischen Wanderarbeiterfamilie kam als Sozialdemokrat nach Aussig. Später ging er nach Dresden (1904) und wandte sich dem Kreis bürgerlich-christlich-sozialer Reformer zu. Er wirkte dann in Berlin als Jugenderzieher. Sein Wahlspruch lautete: »Christlich denken und sozial handeln«. Sein autobiographisches Werk ›Lebensgang eines deutsch-tschechischen Handarbeiters‹ wurde 1909 in Jena von Paul Göhre herausgegeben.

Vroutek (Rudig): Romanische St. Jakobskirche mit Tribüne aus der Zeit um 1240 mit Resten von Wandmalereien.

Petrohrad, früher Petršpurk (Petersburg): Renaissanceschloß aus der 2. Hälfte des 16. Jhs., um 1700 unter Czernin von Chudenice wesentlich nach Plänen von Giov. Bat. Alliprandi erweitert. Im Schloß befinden sich eine umfangreiche Bibliothek, Kupferstichsammlungen, Münzsammlungen und Sammlungen archäologischer Denkmäler. Großer Schloßpark aus der Mitte des 19. Jhs. Johann Emanuel Veith (1781–1876), der Wiener Prediger der Romantik war im Jahre 1852 vierzehn Tage bei der Familie Czernin in Petersburg zu Besuch. Er schreibt von dort:

»Hier ist es sehr schön, niedriges Vorgebirge, massenhafte Granitblöcke, ein großer und prächtiger Park, viel Wald, vornehme, aber freundliche Gesellschaft, und täglich mindestens 6 Stunden Muße zur Arbeit; auch kann ich abends allein oder in Gesellschaft herumlaufen. Nach Belieben.«

Johann Heinrich Loewe, *Johann Emanuel Veith*

KRÁSNÝ LES – NAKLÉŘOV (Schönwald-Nollendorf)
Bezirk: Ústí nad Labem (Aussig an der Elbe)

Anstelle einer älteren Kirche (1790–1795) steht die spätbarocke Kirche Mariä Himmelfahrt. Barockes Pfarrhaus (1716, P. Wersa), einfaches Landschlößchen und barockes Hospital.

In der Nähe der Kirche steht ein Gedenkstein für die Gefallenen der Schlacht von 1813. Er wurde anläßlich der Jahrhundertfeier 1913 errichtet.

KRATOCHVÍLE (Kurzweil)
Bezirk: Prachatice (Prachatitz)

Renaissanceschloß des Herrn Wilhelm von Rosenberg (1583–1589), Baltasar Mario da Vomio, Stuck von Antonio Melan, Malerei von Georg Widman mit großer Pracht ausgestattet, umgeben von einem Renaissancepark, Kapelle.

Schloß Kratochvíle spielt eine wichtige Rolle in der mythologischen Sage von der »Weißen Frau«: Katharina von Braunschweig, Gemahlin des Herrn Wilhelm von Rosenberg (1535–1592), ist das Bindeglied zu ähnlichen Schloß- und Geschlechtersagen Nordeuropas und zur Haustradition der Hohenzollern.

Der böhmische Chronist Balbín berichtet über die Herrschaft Kratochvíle:

»Wilhelm von Rosenberg, genannt der Prächtige (1535–1592), der mächtigste der böhmischen Adeligen, der ›kleine König von Böhmen‹, wie ihn die römischen Päpste nannten, errichtete am Ende des vorigen Jahrhunderts auf seinem Besitz in Netolitz ein Schloß und nannte es Kratochvil (Kurzweil). Es war von vierseitiger Form, mit hervorragender Kunstgärtnerei und einem zierlichen Fischbehälter geschmückt; er wollte auch einen Park hinzufügen, der, wie er sich in kühnem Wunsche rühmte, selbst den Kaiser Rudolfs übertreffen werde; doch machte der Tod den Plan zunichte.«

Bohuslav Balbín S. J., *Miscellaneorum historicum Bohemiae decadis I, lib I qui historiam naturalem Bohemiae complectitur*

KOSMONOSY (Kosmonos, Cosmanos)
Bezirk: Mladá Boleslav (Jungbunzlau)

Barocke Kreuzauffindungskirche beim ehemaligen Piaristenkolleg, erbaut nach Plänen von Fr. Caratti 1673 unter Einbeziehung des Presbyteriums aus dem Jahre 1345. Die Seitenkapellen und Oratorien stammen vermutlich von G. B. Alliprandi, von dem auch ein Entwurf für das Interieur der Kirche aus dem Jahre 1699 stammt. Grabstein aus dem zweiten Viertel des 18. Jhs. Ehemaliges Piaristenkolleg mit einer Lateinschule, errichtet im Jahre 1688 von Herman Graf Czernín von Chudenice. Erbaut in den Jahren 1688–1692 nach Plänen von G. B. Maderna von F. Ceresola. Die Loretokapelle wurde nach 1700 von G. B. Alliprandi mit Ambiten und der St. Martinsfriedhofskapelle (1700) erbaut. Der freistehende Glockenturm wurde nach Plänen von Fr. Caratti (1673) errichtet. Die Reliefs an der Loretokapelle stammen aus der Zeit nach 1710. Unter der Regierung von Joseph II. verließen die Piaristen Kosmonos und ließen sich in Jungbunzlau (Mladá Boleslav) nieder, wo sie ein sehr bekanntes Gymnasium gründeten.

Das Gebäude des ehemaligen Piaristenkollegs wurde in der Folge zu einer psychiatrischen Klinik und zu einem Heim für geistig Behinderte umgebaut. Das ehemalige Renaissanceschloß, umgebaut 1697–1709, wurde in das Areal der Klinik einbezogen. Im Ort befinden sich Villen, erbaut von den Architekten F. Barták und J. Kroha. Auf dem Friedhof steht ein Grabmonument in Gestalt eines trauernden Engels von J. Max.

Besitzer des Schlosses und der Herrschaft Kosmonos während des Dreißigjährigen Krieges war bis 1628 der Reitergeneral Gottfried Heinrich Graf von Pappenheim, der in der Schlacht bei Lützen tödlich verwundet wurde und in der Prämonstratenserabtei Strahov in Prag seine letzte Ruhestätte gefunden hat. Er ist in Friedrich Schillers ›Wallenstein‹ zum Sprichwort geworden:

»Ich kenne meine Pappenheimer.«

Das Schicksal Pappenheims behandelt der Franzose A. Achard in seinem Roman ›Envers et contre tour‹.

Am einstigen Piaristengymnasium in Kosmonos studierte von 1746–1749 der spätere Begründer der tschechischen Orientalistik, der Paulaner Ordenspriester Pater Wenzel Fortunat Durych (1738–1802). Auch Franz Xaver Brixi (1732–1771), der böhmische Komponist des Barock, war ein Schüler des Gymnasiums in Kosmonos. Brixi war von 1759 bis zu seinem Tod Domkapellmeister des St. Veitsdoms in Prag.

Kosmonos ist der Geburtsort des tschechischen Landschaftsmalers Alois Babák (1824–1870). Als Motive seiner Bilder wählte er die Alpen, den Böhmerwald und das Böhmische Mittelgebirge.

Die ursprünglich in Kosmonos im Jahre 1763 begründete, von Friedrich Freiherr von Leitenberger errichtete Josefsthaler k. k. Kattundruckerei war der bedeutendste Standort der österreichischen Baumwolldruckerei. Deshalb wurde diese Niederlassung auch »Klein-Manchester« genannt.

In den Jahren 1902–1914 war der spätere österreichische Politiker und Bundeskanzler der Republik Österreich Ernst Streer Ritter vom Streeruwitz (1874–1952) Direktor der Leitenbergerschen Fabrik und des landwirtschaftlichen Besitzes der späteren Cosmonos-Aktiengesellschaft.

In seinen Lebenserinnerungen schildert Ernst Streeruwitz die heimatliche Landschaft:

»Mein Heim stand am Waldrand hoch über der Straße, die von Josefsthal nach Jungbunzlau führt. Das Heim [Nr. 31] war nicht einmal fünf Minuten Weges von der Fabrik entfernt, aber von herrlichen Bäumen auf allen Seiten so dicht umsäumt, daß außer der Fabriksirene kaum ein Geräusch von den Werkstätten zu uns drang.[...] Fünfzig Meter von unserem Haus entfernt floß die Iser zwischen baum- und buschbesetzten Ufern rasch und still dahin, ein schönes, aber tückisches Wasser, das von den Abhängen des böhmisch-schlesischen Grenzgebirges bei Reichenberg herunterkommt. [...] Hier oben aber ist er eingeengt von Uferwänden, vom Fels einmal nach der einen, einmal nach der anderen Seite gedrängt und, sich durchs Tal windend mit engen Stellen und teichartigen Verbreitungen, ein Fluß mit häufigen und gefährlichen Hochwassern, zugleich auch berüchtigt dadurch, daß jahraus, jahrein im engen Raum der Gemeinde immer wieder Menschen in ihm ertrunken sind.

Ernst Streeruwitz, *Wie es war. Erinnerungen und Erlebnisse eines alten Oesterreichers*

Bakov: Eisenbahnknotenpunkt auf der Strecke Prag – Turnov (Turnau) – Liberec (Reichenberg) und Prag – Česká Lípa (Böhmisch Leipa). Kirche St. Bartholomäus, ursprünglich spätgotisch, nach 1654 umgebaut. Auf dem Bahnhof von Bakov war der Vater des Dichters Rilke, Joseph Rilke, vor seiner Verheiratung mit Sophie Entz Stationsvorstand.

Josefův Důl (Josefsthal): »Der Ort Josefstahl liegt mitten zwischen Jungbunzlau im Süden und dem Ort Bakov in Norden, wo die alte von Prag kommende böhmische Nordbahn sich westlich gegen Böhmisch Leipa und Tetschen und nördlich abzweigend gegen Reichenberg wendet. Das Land ist reich an Wäldern, aber auch an merkwürdigen pittoresken Felsgebieten mit alten Burgen darauf. Rings um die Reichsstadt, die nicht weit von Josefsthal entfernt ist, – es ist das Schloß, nach dessen Namen der Sohn Napoleons seinen Titel bekommen hat –, erstrecken sich große, von den Grafen Waldstein wohlgehegte Forste mit bedeutenden Teichen. Unwahrscheinlich einsam hebt sich aus den flachen Hochlanden die Burg Bösig. Zehn Kilometer östlich davon liegt die Stadt, in der Graf Albrecht von Wallenstein begraben worden ist, nachdem man ihn, der in Eger ermordet worden war, in meiner Vaterstadt Mies enterdigt und dorthin überführt hat.«

Ernst Streeruwitz, *Wie es war. Erinnerungen und Erlebnisse eines alten Oesterreichers*

KRUPKA (Graupen)
Bezirk: Teplice (Teplitz)

Bergstadt (Zinn, Kupfer) unter dem Kamm des Erzgebirges gelegen.
Spätgotische Pfarrkirche Mariä Himmelfahrt (1479–1488) mit »Hl. Stiege«.
Burgruine (14. Jh.), genannt Rosenburg. Friedhofskirche St. Anna (16. Jh.).

Ein Goethe-Denkmal, bestehend aus einem flachen Obelisken mit Inschrift, befindet sich in unmittelbarer Nähe der Ruine am Rosenhügel (Růžový vrch). Das Denkmal erinnert an Goethes Aufenthalt in Graupen in den Jahren 1810 und 1813. Inschrift (dt.):

> »Joh. Wolfg. Goethe weilte in Stadt und Burg Graupen am 17. August 1810,
> dann am 29. April und 14. Mai 1813. Errichtet 1926 vom Museumsverein
> Graupen. Sig. Hinkelmann, Teplitz«

Auf der Rückseite befindet sich eine Tafel mit tschechischer Aufschrift:

> »Graupen behält immer etwas Erfreuliches durch seine Lage. Die Zinngraupen,
> von denen das Örtchen seinen Namen hat, sind die schönsten der Welt.
> Goethe 30. 3. 1813«

Die Landschaft von Teplitz, die sich dem Beschauer von den Anhöhen bei Graupen darbietet, war die Lieblingslandschaft einer Zeitgenossin Goethes, der Schriftstellerin Elisa von der Recke, und ihrer Halbschwester, der Herzogin Dorothea von Kurland. Elisa von der Recke hat ihren Zeitgenossen die Kenntnis vieler denkwürdiger Stätten, Landschaften und Naturschönheiten – auch solcher in Böhmen – auf ihren Reisen erschlossen. In ihrem Tagebuch aus den Jahren 1789 und 1790 findet sich die Schilderung der ›Fahrt nach dem Geyersberge‹:

> »Man schreitet weiter fort, und nun öffnet sich ein weites reizendes Thal; hier hat des Himmels reicher Segen die schönste Fülle der Fruchtbarkeit ausgegossen. Das von mahlerischen Bergformen umkränzte Töplitzer Tahl scheint ein großer Fruchtgarten zu seyn; man erblickt in dieser herrlich angebauten Ebene kleine Städte, Klöster.«

Vor der Pfarrkirche steht die Büste des Augenarztes und Philanthropen Ferdinand Arlt. Inschrift (dt.):

> »Prof. Dr. F. Arlt, Augenarzt, Ehrenbürger der Bergstadt Graupen (1812–1887)«

Der zu seiner Zeit vielgerühmte Augenarzt war in Prag und später in Wien Universitätsprofessor. Sein Wahlspruch, den er nach seiner Nobilitierung (Ritter von Arlt) seinem Wappen (Werkzeug des Chirurgen: Auge, Buch und Schlägel mit Hammer) hinzufügte, lautete: »Erst Menschenliebe – dann Wissen«.

Auf dem Friedhof bei der Bergmannskirche St. Anna befindet sich das Grab des Malers Benedikt Kern (1704–1777), Bruder von Anton Kern.

In der Kirche befindet sich aus der Zeit des reformierten Glaubens ein Wandgemälde Martin Luthers in der Art der Renaissanceporträts in sächsischen Kirchen. Es ist das einzige erhaltene Lutherbild in einem Kultraum in Böhmen, der seit der Gegenreformation dem katholischen Gottesdienst dient.

An der Straße nach Teplitz steht die Kirchenruine St. Prokop (14.–17. Jh.). Die Kirche war im 19. Jahrhundert ein markanter Ort der Landschaftsvedute von Teplitz und Graupen. Sie war das Vorbild für Ludwig Richters (1803–1884) ›Kirchlein in Böhmen‹. Ein Stich aus dem 19. Jahrhundert, genannt ›Prokopikirche bei Graupen‹, befindet sich in der Galerie Kroll in Hamburg.

Gegenüber der St. Prokopikirche steht das Mahnmal für die Opfer des Hungermarsches aus dem Jahre 1945, ein Birkenkreuz mit einer Dornenkrone. Inschrift (tsch.):

> »Den dreihundertelf Opfern des Hungermarsches 1945«

KRUŠOVICE
Bezirk: Rakovník (Rakonitz)

Das Bräuhaus in Krušovice ist eines der ältesten in Böhmen. Erste Nachrichten von seinem Bestehen stammen aus dem Jahre 1581. Im Jahre 1583 erwarb Kaiser Rudolf II. das Bräuhaus und vereinigte es mit der Herrschaft Křivoklát (Pürglitz). Das einst im Besitz des Herrschers befindliche Bräuhaus nimmt mit seinem Bier einen Ehrenrang in Böhmen ein.

KŘINEC, früher **Kuncberk (Kunstberk)**
Bezirk: Nymburk (Nimburg)

Frühbarockes Schloß (1649) in der Nähe des Städtchens Chotice (Chotuc). Reste eines tiefen Wallgrabens der früheren Burganlage sowie eines barocken Schlößchens, das 1891 niedergelegt wurde. Frühbarocke Pfarrkirche St. Ägidius, erbaut 1749 für den Grafen Paul Morzin, seit 1690 im Familienbesitz. In der Nähe des Ortes befindet sich ein jüdischer Friedhof.

Die Herrschaft gehörte seit 1623 Albrecht von Waldstein. 1797 erwarb es Baron Jakob von Wimmer, seit 1808 war es im Besitz des Frankfurter Bankiers Moritz Ritter von Bethmann, Erbe des Bankhauses.

Auf dem alten Friedhof nahe der barocken Dreifaltigkeitskapelle (1697) befindet sich die Begräbnisstätte der Apotheker von Křinec. An der Seite seines Ziehvaters Alexander Otto, des einstigen Besitzers der Apotheke »Zum goldenen Adler«, ruht sein Nachfolger Magister Pharmaciae Antonius Stifter Pharmacola Křinecensis (* 13. 1. 1855 † 15. 7. 1910). Anton Stifter war ein unehelicher Sohn einer nahen Verwandten Adalbert Stifters. Apotheker Anton Stifter hat an seiner Wirkungsstätte eine segensreiche Tätigkeit entfaltet. Neben seinem Beruf war er volksbildnerisch tätig. Von 1880–1901 führte er die von ihm angelegte Chronik. Er betrieb Archäologie, Folkloristik, Botanik und Musik, begründete eine öffentliche Bibliothek und war auch ein routinierter Amateurphotograph. Seine gelungenen Aufnahmen publizierte er im Sammelband ›Poděbradsko‹ und in der Zeitschrift ›Věda a práce‹ sowie im tschechischen Organ für Volkskunde ›Český lid‹.

Nahe am Schloßpark steht ein villenartiges Gebäude namens »Villa Stifter«, das er erbauen ließ. Seine Frau Marie (* 1855) starb im Jahre 1936.

Dimokur: Kirche Mariä Verkündigung (1723, Turm aus dem Jahr 1760) mit zentralem quadratischem Grundriß. Barockes Schloß, erbaut nach 1660, Schloßkapelle der Schmerzhaften Mutter Gottes, Altarbild von B. Wachsmann. Geburtsort des österreichischen Diplomaten und Herrenhausmitgliedes sowie Außenministers Ottokar Graf Czernin von und zu Chudenitz (1872–1932), von 1920–1923 Mitglied des österreichischen Nationalrates. In seinem Werk ›Miscellaneorum historicum Bohemiae decadis I, lib I qui historiam naturalem Bohemiae complectitur‹ rühmt der Historiker Bohuslaus Balbín S. J. den Schloßgarten von Dimokur.

KŘIVOKLÁT (Pürglitz, Bürglitz)
Bezirk: Rakovník (Rakonitz)

Burg, inmitten tiefer Wälder gelegen, die den Landesfürsten gehörten, vermutlich bereits im 11. Jh. erbaut, in der 2. Hälfte des 13. Jhs. frühgotisch umgebaut, Ende des 14. Jhs. erweitert. Von den achtziger Jahren des 15. Jhs. bis zu den zwanziger Jahren des 16. Jhs. in den Formen der Wladislawschen Gotik umgebaut. Zeitweise nur »Hrádek« oder »Pürglitz« genannt, jahrhundertelang als Jagdschloß der böhmischen Könige, aber auch als Staatsgefängnis genutzt.

Seit 1685 war die Burg nicht mehr in königlichem Besitz, seit 1733 gehörte sie dem Haus Fürstenberg als Mittelpunkt seines Herrschaftsdominiums. Schloßmuseum.

Karl IV. hat drei Jahre seiner Kindheit auf Pürglitz verbracht. Später hat er seiner ersten Gemahlin Blanca von Valois diese Burg in den Wäldern gastlich ausgestattet. Sie gebar ihm im Jahre 1335 eine Tochter Margarete. Man berichtet, daß er aus Freude über dieses Ereignis der Wöchnerin Nachtigallen aus der Umgebung in den Burggraben habe bringen lassen. Wenzel IV. wurde hier erzogen.

In den Jahren 1548–1564 waren der Bischof der Böhmischen Brüder Jan Augusta und sein Gefährte Jakub Bílek hier auf Pürglitz als Gefangene in Gewahrsam.

Erzherzog Ferdinand von Tirol übergab die Burg an Ladislav von Sternberg unter der Bedingung, daß sie der ihm heimlich angetrauten Philippine Welser (1527–1580) als Zuflucht dienen werde. Sie hielt sich hier drei Jahre lang auf und gebar ihrem Gemahl drei Kinder – Karl Markgraf von Burgau (1560–1618) und die Zwillinge Filip und Marie (* 7. 8. 1562), welche bald verstarben und in der Schloßkapelle unter einer Grabplatte bestattet wurden. Alle Kinder aus dieser Ehe, auch der erstgeborene Sohn Andreas (1558–1660), später Kardinal und Fürstbischof von Trient und Konstanz, wurden als Fremdlinge bezeichnet. Die geheimgehaltene Ehe von Ferdinand und der Tochter des Augsburger Kaufherrn Franz Welser währte von 1557–1576, bis diese von Papst Gregor XIII. anerkannt wurde. Philippine starb 1580 auf Schloß Ambras in Tirol.

Unter Rudolf II. war auch der Astronom Eduard Kelley im Burggefängnis gefangengehalten worden.

Möglicher Schauplatz der Ballade ›Der Handschuh‹ von Schiller ist ein Weg von der Burg in Richtung Stradonice. Für die Ballade ›Der Gang nach dem Eisenhammer‹ diente ebenfalls Schloß Pürglitz als Szenerie. Franz Ignaz von Holbein (1779–1855) hat den Stoff der Schillerschen Ballade ›Der Gang nach dem Eisenhammer‹ zu einem Ritterspiel verwendet (1806), das in Prag auf der tschechischen Bühne unter dem Titel ›Frydolin aneb: Cesta do Železných huti. Rytjřská činohra u pěti jednánjch, zčesstěna dle Frantisska z Holbeinu‹ gespielt wurde.

Auch die Maler und Dichter der Romantik entdeckten Schloß Pürglitz als Sujet für ihre Werke.

Der tschechische Byronist K. H. Mácha (1810–1836) und der deutschböhmische Landespatriot Karl Egon Ebert (1801–1882) schrieben über Burg Pürglitz in ihren Werken und verewigten sie so in der Poesie ihrer Zeit.

Ebert war Fürstenbergischer Archivar, später als Nachfolger seines Vaters Resident für das böhmische Dominium der Fürstenbergs. In dieser Eigenschaft trug er wesentlich zu der Erhaltung des Zustandes der Burg bei. Auf Pürglitz sagte er dem jugendlichen tschechischen Maler Josef Mánes (1820–1871) dessen künstlerische Laufbahn auf den Kopf zu. Ebert, Autor des vaterländischen Epos ›Wlasta‹, das Goethes Beachtung fand, behandelte in seiner Lyrik auch die nationalpolitischen Probleme seiner Generation, besonders des Jahres 1848. Sein Gedicht ›Der gemischte Wald. Zum Nationalstreit‹ findet seine Metaphern in den Pürglitzer Wäldern.

Auf dem Waldfriedhof von Pürglitz befindet sich das Grab des tschechischen Priesters Pater Roman Václav Voříšek (1821–1893), Übersetzer von Adalbert Stifters ›Hochwald‹. Die tschechische Übersetzung erschien unter dem Titel ›Vysoký les‹ in der belletristischen Zeitschrift ›Lumír‹ im Jahre 1862.

Auf einem der Burg gegenüberliegenden Hügel steht unter einem neugotischen Sandsteinbaldachin die Büste des Fürsten Karl Egon von Fürstenberg. Inschrift (lat. und tsch.):

> »Princeps Serenissimus Carolus Egon de Fürstenberg quam eruditione per civitatem, humanitate domi porique praeclarus natus 28. octob. 1796 obiit 22. oct. 1854
> Errichtet von der Beamten- und Dienerschaft der böhmischen Sitze der Fürsten von Fürstenberg 1860
> Quod ut venerationis ita amoris monumentum, qui Bohemicis ejus possesionibus curandis praeerant, administri et officiales veluti patri posuerunt 1860"

Rakovník (Rakonitz): Einst königliche Stadt und Kreisstadt, jetzt Bezirkssitz mit spätgotischer Stadtbefestigung und zwei Toren. Gotische St. Nikolauskirche aus dem 3. Viertel des 14. Jhs., wurde zu Beginn des 16. Jhs. umgebaut. Barockes Rathaus (1734–1738). Rakovník ist der Geburtsort des Komponisten Václav (Wenzel) Theodor Bradký (* 17. 1. 1833 † 9. 8. 1881 Rakovník). Bradký war Musiklehrer und Hofkomponist in Berlin, Autor von Opern und Liedern in tschechischer und deutscher Sprache (›Der Rattenfänger von Hameln‹). Seine Oper ›Die Hexe vom Rhein‹ wurde unter dem Titel ›Jarmila‹ in tschechischer Übersetzung aufgeführt. In Rakovník wurde der tschechische Architekt, Heraldiker und Denkmalpfleger Břetislav Štorm (1916–1974) geboren.

Krakovec: Ruine einer mächtigen gotischen Burg vom Ende des 14. Jhs., später nach der Bedachung Červený Zámek (Roth-Schloß) genannt. Seit dem Brand im Jahre 1783 Ruine. Am 11. Oktober 1414 begab sich von hier nach mehrmonatigem Aufenthalt bei Herrn Jindřich Lefl von Lažany Magister Johannes Hus zum Konzil nach Konstanz.

> »Krakovec war ein monumentaler Bau mit großer Empfangshalle, eigner Kapelle, Dienerschaft. Boten gingen hin und her, große Herren kamen zu Verhandlungen mit dem Gebannten. Er korrespondierte mit seinen Freunden, er schrieb an Sigmund selbst. Hus war zu einer wichtigen Persönlichkeit geworden, die man respektierte und mit der man seine Pläne hatte. [...] Er predigte in der Umgebung unter freiem Himmel, und es sollen von weither große Scharen gekommen sein, ihn zu hören. Noch größeres Gehör zu finden, seine Sache vor dem Konzil, der Weltöffentlichkeit zu vertreten, war ein Hauptgrund für ihn, die gefährlichen Anträge anzunehmen. Auch er erhoffte sich wie so viele, wie fast alle, Ungemessenes von dieser Zusammenkunft, die als das immer wieder erwartete, immer wieder verlangte große Reformkonzil angekündigt wurde.«
>
> Richard Friedenthal, *Ketzer und Rebell.*
> *Jan Hus und das Jahrhundert der Revolutionskriege*

Nový Jáchymov (Neu Joachimsthal): Wiege der böhmischen Eisenindustrie. Hochöfen im Jahre 1817. Waldfriedhof mit Gußeisenkreuzen. Begräbnisstätte des in Fürsten-

bergischen Diensten stehenden Merkantilisten Franz Nittinger in Form einer abgestumpften Pyramide aus Granit. Inschrift (dt.):
»Hier ruht Franz Nittinger,
fürstl. Fürstenberg. Hofrath
geboren den 9. Juni 1768
gestorben den 17. Jänner 1859
und seine Gattin Franziska
geboren den 10. October 1774
gestorben den 18. Februar 1851.«

Vor dem Monument befindet sich eine Gedenktafel aus Granit. Inschrift (tsch.):
»Der Gründer von Neu Joachimsthal 1811–1822, dieses Friedhofes 1830 Fr. Nittinger, Fürstenbergischer bevollmächtigter Inspektor, Mitglied des Böhmischen Museums, gab den Anstoß zur Errichtung des hiesigen damals höchsten Hochofens im Reiche und der Kunstgießerei, der ersten in Böhmen, sowie der damals in der Monarchie ohne Konkurrenz dastehenden schwerindustriellen Gießerei.«
Unter den gußeisernen Kreuzen und Gruftplatten verdient die Grabstelle des fürstlichen Fürstenbergischen Bergrates Antonín Mayer (1792–1873) besondere Aufmerksamkeit. Die Grabstelle besteht aus einem neugotischen baldachinartigen Monument über einem gußeisernen Obelisken, der von einem Kreuz bekrönt wird.

Nové Strašecí (Neu Straschnitz): Der Ort wurde im Jahre 1340 zum Städtchen, 1503 zur Stadt erhoben. Gotische Kirche Mariä Geburt. Der jüdische Friedhof stammt aus dem Jahre 1650. Geburtshaus von Ludwig Kochmann (1845–1919), erster tschechischer Übersetzer des kommunistischen Manifests, führendes Mitglied der Tschechischen Sozialdemokratischen Partei. Kochmann emigrierte nach Amerika.

KUKS (Kukus)
Bezirk: Trutnov (Trautenau)

Die Tugend kam und sah die schöne Gegend an,
Hier wo der Elben-Strom das Kuckus-Ufer netzet,
Und wo, was Kunst und Witz und Leid erdenken kann,
An Schlössern, Fluth und Stein so Aug als Ohr ergötzet.
Sie nahm den süßen Schall des scharffen Jagd-Horns ein,
Sie sah Dianen selbst in unserer Gräfin schertzen.
Ja, was noch mehr, sie sah, in unseren Grafen Hertzen
Die Wahrheit und das Recht zwo holde Schwestern seyn.
Ach! sprach sie: ist der Welt die guldne Zeit entflogen?
O nein! Sie hat sich nur ins Kuckus-Bad gezogen.
Johann Christian Günther

Graf Franz Anton Sporck (1662–1738), ein bedeutender und keineswegs typischer Vertreter der Aristokratie zwischen Barock und Aufklärung in Böhmen, gründete im Jahre 1694 das »Kukusbad« in Erinnerung an die Tradition der Goldschürfer in dieser Landschaft. Die Heilquelle wurde »Goldene Ader« benannt. Das Schloß wurde 1695–1724 erbaut und 1901 niedergerissen. Das Hospital (Abb. 75) und die Dreifaltigkeitskirche sind von G. B. Alliprandi (1707–1717) erbaut worden.

Berühmter Zyklus biblisch-allegorischer barocker Statuen von M. B. Braun und seinem Kreis. Vom gleichen Autor stammt die in Stein gehauene Szenenfolge »Bethlehem« in der Nähe von Kukus (1731–1732). Die wichtigsten, jetzt bereits sehr beschädigten Szenen sind: ein Relief Christi Geburt und die Ankunft der drei Könige, die Vision des Hl. Hubertus, die Statue des Einsiedlers, Christus und die Samariterin am Jakobsbrunnen, Maria Magdalena, Johannes der Täufer und Sarina.

Die Plastik des Sarina hat den tschechischen Romantiker und Herausgeber von Volksliedern Karel Jaromír Erben zu dem Gedicht ›Záhořovo lože‹ angeregt.

Die Statuen und Steinplastiken waren polychromiert, in ihrer Nähe befanden sich Wasserkünste und Einsiedeleien.

Zu den bedeutendsten Gästen des ländlichen Eskorials am Flußlauf der Elbe und des Kukusbades zählten Johann Sebastian Bach und Johann Christian Günther (1695–1723), einer der bedeutendsten Meister der deutschen Lyrik vor Goethe.

In seiner Residenz und im »Haus der Philosophen« versammelte Sporck Männer der Wissenschaft, Kunst und Literatur aus seinem Freundeskreis. Er brachte das Waldhorn nach Böhmen, stiftete den St. Hubertusorden, der dann mehreren Persönlichkeiten verliehen wurde.

Mehrere Generationen der Kupferstecherfamilien Balzer und Rentz arbeiteten für den Schloßherrn, der sich in der Welt von Galerien, Bibliotheken und Druckereien heimisch fühlte und eigensinnige Prozesse führte. Seine Beziehungen zu den böhmischen Exilanten und ihrem Zentrum in Halle brachten ihn bei Hof in Ungnade.

In der Gruft des Hospitals ließ der Graf die sterblichen Überreste seines Vaters, des legendären Reitergenerals der Türkenkriege, Johann Graf Sporck (* 1601 Westerloh im Lande Delbrück, Westfalen † 6. 8. 1679 Heřmanův Městec), beisetzen. Die vom Reitergeneral selbstverfaßte Grabinschrift lautet:

»Was ich gewesen bin, dem gab der Tod ein Ende,
Bitt Leser, daß es Gott zur Seligkeit wende.«

Der junge Rilke verewigte den Sieger der Schlacht von St. Gotthard und Mogersdorf in seiner ›Weise von Liebe und Tod des Cornets Christoph Rilke‹.

Der Bruder Domitian Nowak aus dem Kloster-Hospital der Barmherzigen Brüder zu Kukus bot in einem Brief vom 9. Januar 1823 Goethe eine Medaille des Franciscus Gonzaga an und erbat Münzdubletten für die Sammlung von Kukus. Goethe ersuchte am 29. Januar des Jahres um Zusendung derselben und empfahl zudem dem Bruder Domitian, sich für die geologische Beschaffenheit der Landschaft von Kukus zu interessieren und Verbindung zum Böhmischen Museum in Prag aufzunehmen.

Dvůr Králové nad Labem (Königinhof an der Elbe): Königliche Leibgedingstadt (1307), zuvor fürstlicher Hof (Curia) »Chvojen«, bereits 1139 erwähnt. Der nahe Wald »Königreich« war königliches Jagdrevier. Kirche St. Johannes d. T., ursprünglich romanisch aus dem 2. Viertel des 13. Jhs., um 1400 dreischiffige gotische Kirche. Reste der Stadtbefestigung vom Anfang des 14. Jhs. und Renaissance-Rathaus (1572, O. Avostalis). In einem Gelaß der Kirche fand im Jahre 1817 Václav Hanka eine Handschrift. Über die Echtheit dieser ›Königinhofer Handschrift‹ entfachte sich Ende des 19. Jhs. eine wissenschaftliche Diskussion.

Hostinné (Arnau): Stadt, ursprünglich fürstliche Burg »Hostin Hradec«, auf der im Jahre 1140 der böhmische Herzog Soběslav I. gestorben ist. Dreifaltigkeitskirche, ursprünglich aus dem 13. Jh., jetziger Zustand aus dem 16. Jh., Renaissance-Rathaus mit zwei steinernen Riesen.

Choustníkovo Hradiště (Kukus Gradlitz): Schauplatz des Romans ›Das Schloß in Böhmen‹ von Anastasius Grün ist die Burg Hradiště bei Kukus.

»Das Jägerlied: Auf, auf zum fröhlichen Jagen, auf in die grüne Heid! Es fängt schon an zu tagen, es ist die schönste Zeit« wurde Franz Anton Sporck von seinem Hauspoeten B. Hancke (1724) gewidmet und vom Haushofmeister Tobias Seemann für ihn vertont.

KUNŠTÁT (Kronstadt, jetzt Ortsteil von Orlické Záhoří)
Bezirk: Rychnov nad Kněžnou (Reichenau an der Knjeschna)

Grenzstädtchen im Tal der Wilden Adler (Divoká Orlice). Durch ein Flüßchen von der jetzt polnischen Gemeinde Langendorf getrennt.

Kaiser Joseph II. bereiste die Gegend entlang der böhmischen Grenze im sogenannten »Kartoffelkrieg« und nächtigte hier am 3. September 1779. Am darauffolgenden Tage fuhr er an einem Feld vorbei, auf dem ein Bauer mähte. Der Kaiser ließ anhalten, nahm ihm die Sense ab und mähte etwas Hafer. Seither wurde das Feld »Zum kaiserlichen Schnitter« genannt. Daran erinnert ein Denkmal aus dem Jahre 1875.

KUTNÁ HORA (Kuttenberg)
Bezirksstadt

Königliche Burg, genannt Wälscher Hof (Vlašský dvůr), und Münzstadt, nach Freilegung der Silbergruben in der Umgebung prosperierte die Herrschaft.
Erste Nachricht aus dem Jahre 1289, geschürft wurde jedoch bereits früher.
In Malín bei Kuttenberg befand sich bereits am Ende des 10. Jhs. eine Münzstätte des Fürstenhauses der Slawnikinger.
Nach Prag war Kuttenberg im Mittelalter die vornehmste Stadt im Königreich, Quelle des Reichtums der letzten Přemysliden und der Herrscher aus dem Hause Luxemburg. Seit 1300 wurden in Kuttenberg Groschen geprägt.
Im Jahre 1471 wurde in Kuttenberg König Wladislaw II. Jagelo zum böhmischen König gewählt. Wertvolle Denkmäler der Gotik und des Barock. Städtische Denkmalreservation. Von der UNO in den Rang einer Europa-Stadt erhoben.
Kirche St. Barbara (Abb. 63), Bergmannskirche mit reicher Innenausstattung vom Ende des 14. Jhs. bis 1547 (Mitarbeit von Mat. Rejsek und Benedict Rieth),
St. Jakobskirche (1340–1420). Gotischer Brunnen (1493–1495). Spätgotische Stadtburg »Hrádek« (1485–1504). Im Wälscher-Hof befindet sich ein Museum, unweit davon liegt der Münzhof. Mariensäule (1713–1715). Monumentales Jesuitenkollegiengebäude (1626–1667, Orsi), Kirche St. Johannes von Nepomuk (1734–1750, Fr. M. Kaňka), Ursulinenkloster (1735–1743, K. Ign. Dienzenhofer).
In der gotischen Marienkirche auf der Erzhalde (P. Marie na náměti) befindet sich das Grab des großen Malers Peter Brandl. In der Nähe von Kuttenberg befindet sich das Grabungsfeld von Bylany, einer vorgeschichtlichen Siedlung erster Landbebauer der jüngeren Steinzeit, der Kultur der Voluten-Keramik aus dem 4. und 3. Jahrtausend v. Chr. Bedeutende Funde von Bauten.

Am 18. Januar 1409 erließ Wenzel IV. in dieser Stadt das »Kuttenberger Dekret«, in dem er der böhmischen Universitätsnation den Vorrang vor den auswärtigen Nationen einräumte, was die Abwanderung vieler Universitätslehrer und Studenten nach Leipzig zur Folge hatte. Der König erließ das Dekret auf Verlangen des Rektors der Prager Universität Magister Johannes Hus, das sich übrigens an ähnliche Gepflogenheiten in Paris und der Lombardei hielt, wo man der heimischen Nation drei Stimmen und den auswärtigen Nationen eine gemeinsame Stimme zuerkannte. Dabei muß berücksichtigt werden, daß die Universitätsnationen nicht nationale Körperschaften waren, sondern landsmannschaftliche Gliederungen.

Der Überlieferung zufolge wurde Johannes de Montibus Cutnis im Jahre 1445 in Prag zum Bakkalaureus graduiert.

Von Alchimisten und Buchdruckern wurde in früherer Zeit hartnäckig die Legende verbreitet, daß Faust und Gutenberg aus Kuttenberg stammen. Als im Jahre 1740 in Prag das dreihundertjährige Gutenberg-Jubiläum gefeiert wurde, behauptete der Festprediger Pater Pretlych, daß der Erfinder der Buchdruckerkunst als Kuttenberger Stadtkind geboren worden sei. Der Jesuiten-Historiker Jan Kořínek will wissen, daß um 1419 auch ein Johannes Faust aufgrund seines katholischen Glaubens von Kuttenberg mit deutschen Bergleuten nach Straßburg abgewandert sei.

Am 1. 7. 1506 starb in Kuttenberg Mathias (Matěj) Rejsek, Bakkalaureus an der Prager Schule an der Theynkirche, Steinmetz und einer der bedeutendsten Bildhauer und Architekten der Spätgotik in Böhmen (* um 1445 in Proßnitz in Mähren).

Am 25. 12. 1555 wurde in Kuttenberg Mikuláš Dačický von Heslova, satirischer Dichter der tschechischen Renaissance, als Sohn einer Patrizierfamilie geboren. Er starb in seinem Heimatsort am 25. 9. 1626.

In Kuttenberg steht das Geburtshaus des tschechischen dramatischen Schriftstellers Josef Kajetán Tyl (1808–1856), dessen Dramen auch ins Deutsche übertragen wurden. Er ist der Autor der tschechischen Nationalhymne ›Kde domov můj‹ (›Wo mein Heimatland ist‹).

Am 23. 8. 1802 wurde in Kuttenberg der Archäologe, Kunsthistoriker und Schriftsteller Jan Erazim Vocel geboren. Er gehörte zu den im Jahre 1853 von Kaiser Franz Joseph I. ernannten ersten Konservatoren für Denkmalpflege in Böhmen († 16. 9. 1871 Prag).

Die erste tschechische Buchausgabe von Daniel Defoes ›Robinson Crusoe‹ von der Hand eines unbekannten Übersetzers erschien im Jahre 1797 beim Verleger F. V. Korec in Kuttenberg.

Über dem Portal der spätgotischen Stadtburg Hrádek befindet sich die Gedenktafel des tschechischen und österreichischen Pädagogen Gustav Adolf Lindner (1828–1887), erster Inhaber der Lehrkanzel für Pädagogik an der Tschechischen Karlsuniversität in Prag. Porträtplakette und Inschrift (tsch.):

»Dem Andenken des berühmten Pädagogen PhDr. G. A. Lindner
Direktor der k. k. Lehrerbildungsanstalt 1872–1882«

Sedlec (Sedletz): Stadtteil von Kuttenberg. In den Jahren 1142–1143 wurde hier ein Zisterzienserkloster gegründet. (Säkularisiert 1783). Seit 1812 Tabakfabrik. Klosterkirche Mariä Himmelfahrt, die größte Ordenskirche Böhmens, derzeit in Gestalt von 1300–1320, 1699–1707 in barocke Gotik von P. Ign. Bayer und Giov. Santini umgestaltet. Friedhofskirche Allerheiligen aus der Zeit um 1400, im Jahre 1661 zu einem Karner auf dem »Jerusalemer Friedhof« umgebaut. Am Friedhof St. Johann von Nepomuk-Statue von M. V. Jäckel (1705–1713).

Jakub, Sv. Jakub (St. Jakob): Romanische St. Jakobskirche aus dem Jahre 1165 mit den frühesten romanischen Bildnisplastiken Böhmens (St. Adalbert), älteste Gedenkplastik Böhmens.

Bečváry: Barockes Schlößchen aus dem 18. Jh., ein Geschenk Maria Theresias an den General Gideon Ernst Laudon. Im Festsaal Wandmalereien von Jos. Hager und Jos. Redelmayer (1774).

Rovné: Romanische St. Jakobskirche aus der Zeit um 1200 unter lombardischem Einfluß, romanische Plastiken aus der Zeit der Gründung und nach 1240 (romanische Tierplastik).

Uhlířské Janovice (Kohl-Janowitz): Pfarrkirche St. Aloisius (1795). Friedhofskirche St. Ägidius, ursprünglich romanisch aus der 2. Hälfte des 13. Jhs., Presbyterium aus dem 14. Jh., 1904 restauriert. Christologischer Zyklus aus der 2. Hälfte des 14. Jhs. Kohl-Janowitz ist der Geburtsort des Genremalers Friedrich Friedländer (1825–1901), eines der bedeutendsten Schüler von Waldmüller. Nobilitiert im Jahre 1889 mit dem Prädikat Ritter von Mahlheim. Seine bedeutendsten Bilder sind ›Tassos Tod‹ und die Altwiener Volkszenen.

Chotusice (Chotusitz): Barockisierte, ursprünglich gotische St. Wenzelskirche. Am 17. Mai 1742 besiegte auf dem Schlachtfeld von Chotusitz König Friedrich II. Karl von Lothringen. Aus Chotusice stammt der Jesuitenmissionär Vojtěch Bukovský, der zu Beginn des 18. Jahrhunderts in Kolumbien wirkte.

KVILDA (Außergefild)
Bezirk: Prachatice (Prachatitz)

Bereits im Jahre 1345 erwähnte Raststation am »Goldenen Steig«. Amtliche Ortsbezeichnung seit 1854. Neugotische St. Stephanskirche (1892–1894), Kapelle St. Johannes von Nepomuk (1709), umgebaut 1860. Jagdschlößchen »Wilhelmswald«, Holzbau aus der 2. Hälfte des 19. Jhs.

Aus dem Böhmerwalddorf Außergefild kamen im 19. Jahrhundert die einfachen auf Glas gemalten Heiligenbilder, die in den Herrgottswinkeln der ländlichen Bevölkerung ihren Ehrenplatz besaßen. Der aus Prachatitz gebürtige Schriftsteller Josef Meßner (1822–1862), Schilderer der bäuerlichen Behausungen und der Handwerksburschen, weiß darüber einiges zu berichten:

»Die ›Bildelmaler‹ im Außergefild.

›Außer den Gefilden‹, in denen man das Jahr in Frühling, Sommer, Herbst und Winter einzutheilen ein Recht hat, in einer Gegend, wo es drei Monate kalt und neun Monate Winter ist, auf einer freien Hochebene des Böhmerwaldes an dem Seebache, und um ein hölzernes Kirchlein herum, liegt das Dorf Außergefild, der Ort, in dem diese Bilder erzeugt werden, die die Betecken fast sämtlicher Bauernstuben in den armen Gebirgsgegenden unseres weiteren Vaterlandes schmücken, von Böhmen herab bis an das Küstenland, das die blaue Woge des Meeres bespült. Wer hat sie nicht schon gesehen und schaudernd angestaunt, diese fabelhaften »Bildeln« auf Glastafeln gemalt und in schwarz gefirnißte Rahmen

gefaßt? Wer hat sie nicht gesehen und jemals vergessen, diese sonderbaren »Heiligen« mit blauen Haaren und grünen Stiefeln, diese Bischöfe mit silbernen Bärten, diese Könige mit goldenen Hosen? Diese armen Seelen hinter den armdicken Gittern des Fegefeuers, dicke kremserweiße Zähren weinend, und Hände mit sechs Fingern ringend? Die St. Antonii, fabelhaften Fischern predigend, diese St. Leonhardi, zwischen rätselhaften Thieren wandelnd, diese St. Martini, auf unmöglichen Schimmeln reitend?«
    Josef Meßner, *Handwerksburschen. Bilder aus dem Volksleben*

KYNŽVART (Königswart)
Bezirk: Cheb (Eger)

Schloß in den Jahren 1833–1839 für den Kanzler Clemens Wenzel Lothar Fürst Metternich nach Plänen von Pietro Nobile im Empirestil erbaut (Abb. 107). Erhaltenes Schloßinterieur, Sammlungen und zwei Bibliotheken, Park mit Gartenarchitektur.

Schloß Königswart bei Marienbad verfügt über eines der ältesten Schloßmuseen in Böhmen. Sein erster Kustos war der zu Goethes Umgang gehörige ehemalige Scharfrichter von Eger, Karl Huss (1761–1838). Die Katalogisierung und die Aufstellung der reichen Sammlungen und Bibliotheken nahm der Erzieher der Metternichschen Kinder, der Benediktinerpater Prof. Paul Rath (1807–1887) vor. Er war ein Freund und Studienkollege Adalbert Stifters. Stifter weilte im Juni 1865 auf Schloß Königswart zu Besuch. Die Szenerie des Schloßparks und einige markante Lokalitäten des Schlosses mit seinen Salons und Sammlungen weißer Marmorplastiken sind in Adalbert Stifters Erziehungsroman ›Nachsommer‹ eingegangen.

Auch Goethe, Kaspar Maria Sternberg, Beethoven und Josef Führich weilten auf Schloß Königswart.

Der Großhändler und Millionär Joel Baruch aus Königswart war ein Urahne von Hugo von Hofmannsthal.

Am 22. Juli 1854 besuchte Friedrich Hebbel in Gesellschaft seiner Frau und Herrn Uechtritz Schloß Königswart. Er schreibt unter diesem Datum in sein Tagebuch:

»Um zehn Uhr fuhren wir mit Uechtritz zusammen nach Königswart, einer Besitzung des Fürsten Metternich.[...] Angekommen, bestellten wir zuerst unser Essen und besahen dann das Museum, um es hinter uns zu bringen; es enthält manches Interessante, ist aber offenbar mehr durch den Zufall zusammengebracht, als mit Sinn und Absicht angelegt. Eine neugriechische Staatsschrift, von Lord Byron im Namen der Regierung unterzeichnet und in italienischer und hellenischer Sprache auf zweigeteiltem Blatt ausgeführt, erregte einen wunderlichen Eindruck; eine Haarlocke der Jungfrau von Orleans gehört wohl zu den zweifelhaften Besitztümern, da der verliebte Dunois leider nur in Schillers Tragödie existiert und der Scharfrichter von Rouen sich schwerlich eine abgeschnitten hat, um sie auf Kinder und Kindeskinder zu vererben; sehr echt dagegen sind die spanischen Stiefel, nebst den Daumschrauben und den übrigen Folterwerkzeugen, die im Waffensaal eisern und zum Teil blutbespritzt von der Wand herunter dräuen. Andenken an die Paulskirche in Frankfurt am Main, bestehend aus zerschnittenen Stükken Holz von den Pulten, an welchen Ravenau, Trütschler, Blum usw. im Parlamente saßen, überraschen doch einigermaßen. Höchst merkwürdig war mir aber ein Stück Bernstein, das einem Insekt, allem Anscheine nach einer Heuschrecke zum durchsichtigen Grabe diente, denn dies Naturspiel kam mir noch niemals vor; auch ein Ameisennest erregte Verwunderung und Erstaunen in einem ausgezeichneten Exemplar. [...] Mittlerweile waren wir schon gesucht worden und erfuhren zu unserer Freude, daß der Fürst uns sich vorstellen lassen wolle. Wir trafen ihn, nebst seiner jüngsten Tochter, der Gräfin Zichy, und meiner Frau im Garten, wo er auf einer Bank saß; er kam uns entgegen, wie wir uns näherten, und lud uns, nachdem meine Frau unsere Namen genannt, zum Sitzen ein. Von mittlerer Größe, hält er sich noch immer vornehm-aufrecht und hat sich für seine fünfundachtzig Jahre so gut konserviert, daß er gewiß die Neunzig erreichen, wo nicht überschreiten wird. [...] Die Unterhaltung nahm er, wie alle Halbtauben, allein auf sich; er erzählte uns die Geschichte seines Parks. Vor dreißig Jahren sei das Schloß fast eine Ruine in einer Wüstenei gewesen; er habe die Fensterläden nicht öffnen können, weil die Baumäste es verhindert hätten, und statt auf grünen Wiesen spazierenzugehen, habe er in Sümpfen zu waten gehabt. Jetzt sei alles umgestaltet und das sogar ohne alle Kosten, denn das zu Anfang Hineingesteckte sei längst verdoppelt und verdreifacht wieder herangebracht worden; und das fügte er hinzu – bloß dadurch, daß ich den rechten Mann fand und ihm Zeit ließ. Mit großer Behaglichkeit ging er dann ins einzelne ein, lobte seinen alten Gärtner als einen Menschen, der keine Prätension habe, als die der Pflichterfüllung.«

Friedrich Hebbel, *Tagebücher in Auswahl*

Žandov (Sandau): Dorf bei Königswart. Hier wurden die »Sandauer Dosen« des Biedermeier hergestellt. Goethe holte sich bei einem Dosenmacher Aufschluß über die Herstellung und den Absatz der aus Wurzelholz verfertigten Sandauer Schnupftabaksdosen.

KYŠPERK (Geiersberg), jetzt Letohrad
Bezirk: Usti nad Orlicí (Wildenschwert)

Schloß, älterer Flügel aus den Jahren 1680–1685 anstelle einer Feste,
Westflügel aus den Jahren 1778–1779. Zubauten, Stuckdekor von Maderna.
St. Wenzelskirche, ursprünglich Schloßkapelle (1680).
Geburtshaus des Dichters Petr Jilemnický.

Auf dem Friedhof befindet sich das Grab des hier verstorbenen gelehrten Kaufmanns und Chronisten František Vladislav Hek († 4. 9. 1847) aus Dobruška. Er war das Vorbild zu der populären Romangestalt des F. L. Věk im gleichnamigen Roman des tschechischen Schriftstellers Alois Jirásek.

LANDŠTEJN (Landstein)
Bezirk: Jindřichův Hradec (Neuhaus)

Ruine einer mächtigen Burg mit romanischem Kern. Anfang des 13. Jhs. im
Nordturm erhaltene romanische Kapelle mit Resten von Malereien.
Ein Zweig der Wittigonen, der Landstein im 13. Jh. besaß, nannte sich »von Landstein«.
In der Gotik erweitert, besonders um 1500 und stark befestigt.
Nach 1771 nur noch Ruine.

In der Umgebung der Ruine Landstein nimmt die lokale Forschung den Schauplatz des Schillerschen Dramas ›Die Räuber‹ an. Schiller war jedoch nie auf Landstein. Grundlage seines Werkes bilden französische literarische Quellen.

Das Drama ›Die Räuber‹ wurde von J. J. Kolár ins Tschechische übersetzt. In der Nähe der Ruine Landstein steht eine in zahlreichen Überlieferungen erwähnte Kapelle, genannt »Zum Hl. Berg«.

»Diese Kapelle spielt eine große Rolle in einem Drama von Friedrich Schiller. Schiller verlegte die Handlung seiner ›Räuber‹ in das böhmische Grenzland. Zahlreiche Romantiker bemühten sich, ein Schloß in Böhmen zu finden, das den Helden des Dramas, den Brüdern Moor, gehören könnte. Schließlich nahmen sie Landstein als Schauplatz der Tragödie an. Sie verwiesen auf die Kapelle und die Landschaft im Walde der Gemeinde Vlaskovec bei Stalkov. Danach war bei der Grabeskapelle unweit vom Schloß der alte Moor von seinem Sohn gefangen gehalten worden. [...] Besonders nach dem Dreißigjährigen Krieg waren die Wälder Schauplatz von durchziehenden entlassenen Soldaten. Im 19. Jh. hielt sich hier der legendäre Räuberhauptmann Grasel mit seinem Gefolge auf. Eine Höhle ist nach Grasel benannt.«

Václav Reiser, *Hrad Landštejn*

Klášter (Kloster): Die Ortschaft wurde 1501 beim Paulanerkloster von Konrad Krajíř z Krajků gegründet. Aufständische verwüsteten am 22. Juli 1534 das Kloster (fratres minimi), am Tage vor ihrem Exodus in die Fremde, töteten die Mönche und flohen nach Mähren. Im 17. Jh. wurde die Dreifaltigkeitskirche als Pfarrkirche erneuert.

LANŠKROUN (Landskron)
Bezirk: Ústí nad Orlicí (Wildenschwert)

Stadt mit gotischer Wenzelskirche bei der einstigen Lateranensischen Kanonie der Augustiner Chorherren, gegründet 1371, erloschen 1421, zum Renaissanceschloß umgebaut. Renaissancerathaus (1581–1582), mehrere Renaissance- und Barockbürgerhäuser und Bauten in Holzarchitektur.

Vermutlich aus Landskron stammt der Propst des Augustinerchorherrenstiftes zu St. Dorothea in Wien Stephan von Landskron. Sein Geburtsjahr ist nicht bekannt. Er hat mystische Traktate und das Erbauungsbuch ›Himmelstraß‹ (1484) verfaßt.

Um 1534 starb in Landskron Michael Weisse, der Autor des ›Brüdergesangsbuches‹. Weisse besuchte mehrere Male Martin Luther in Wittenberg, der dem Weisseschen Liederbuch Anregungen für sein eigenes entnahm. Sein Porträt befindet sich im Rathaus. An seinem Geburtshaus befindet sich eine Gedenktafel.

In Landskron steht das Geburtshaus des kaiserlichen Medikus Johannes Marcus Marci von Kronland (1599–1667), Rektor der Prager Karlsuniversität, Mathematiker, Arzt und Philosoph. Im Jahre 1970 wurde dem großen Naturwissenschaftler zu Ehren der Mondkrater *Marci* benannt.

Am 15. 10. 1864 wurde in Landskron der spätere Wiener Kardinal und Erzbischof Gustav Piffl geboren. Er war Chorherr, Professor der Moraltheologie und Propst des Lateranischen Chorherrenstiftes Klosterneuburg, seit 1914 Kardinal († 21. 4. 1932). Ein Gedächtnisaltar im St. Stephansdom in Wien erinnert an Piffl.

LÁNY (Lana)
Bezirk: Rakovník (Rakonitz)

Ursprünglich gotische Feste, später Renaissance-Jagdschloß Rudolfs d. II. aus der Zeit um 1590. In der zweiten Hälfte des 17. Jhs. barockisiert. Nach 1920 zum Sitz des Präsidenten der Republik von Josip Plečnik umgebaut. Schloßkirche dem Namen Jesu geweiht (1747–1752) von F. I. Prée. In den Jahren 1828–1830 wurde eine Pferdebahn von Prag in die Wälder bei Lana angelegt. Im Jahre 1833 wurde eine Erweiterung derselben nach Pilsen projektiert, jedoch nicht verwirklicht. Die Projekte erstellte der französische Naturwissenschaftler Joachim Barrande (1799–1883), der bei dieser Arbeit zu seinem berühmt gewordenen Spezialgebiet, der wissenschaftlichen Bearbeitung des böhmischen Silur, geführt wurde.

Am 14. September 1937 starb auf Schloß Lana der erste Präsident der Tschechoslowakischen Republik, Thomas Garrigue Masaryk (1850–1937). Im März 1948 wurde sein Sohn Jan Masaryk, der Außenminister der Tschechoslowakischen Exilregierung während des Zweiten Weltkrieges und aller Regierungen von 1945 bis 1948, an seiner Seite bestattet.

Auf Schloß Lana wurde das erste Nachkriegsabkommen zwischen der Tschechoslowakei und der Bundesrepublik Österreich, genannt »Lanaer Protokolle«, unterzeichnet.

Mšecké Žehrovice (Kornhaus-Žehrowitz): In der Nähe des Ortes vorgeschichtlicher Burgwall, vermutlich keltisches Kultzentrum aus der Latène-Kultur. Hier wurde ein keltisches Kunstwerk von einzigartiger Bedeutung für Mitteleuropa, das Haupt eines Kriegers aus der Zeit um 100 v. Chr., aufgefunden. Die Grabungen in der Umgebung ergaben die Zugehörigkeit zu den Eisen- und Tonmanufakturbereichen.

Ročov (Rotschov): Kloster des Augustiner-Eremiten mit MariäHimmelfahrtskirche; 1373 gestiftet von Adalbert von Kolowrat, einem Günstling Karls IV. Plastiken St. Barbara und Katharina aus dieser Zeit. Derzeitiger Bau aus der Mitte des 18. Jhs. (K. I. Dienzenhofer, Anselmo Lurago).

LÁZNĚ LIBVERDA (Bad Liebwerda)
Bezirk: Liberec (Reichenberg)

Bereits im 16. Jh. als Bad bekannt. Der schlesische Arzt Kaspar Schwenkfeld rühmt die Quelle im Jahre 1600 in seinem Werk ›Stirpium et fossilium Silesiae Catalogus‹. Blütezeit im 18. und zu Anfang des 19. Jhs. Aus dieser Zeit stammt die klassizistische Bäderarchitektur.

Am 8. Juli 1814 trat der Prager Kapellmeister am Ständetheater Carl Maria von Weber den ihm zustehenden Urlaub an. Er verbrachte ihn in dem durch seine Stahl- und Sauerbrunnen bekannten Bad Liebwerda.

Carl Maria von Weber betrieb in Liebwerda im Sommer 1814 Studien zum ›Freischütz‹ und vertonte zehn Lieder zu Karl Theodor Körners ›Leyer und Schwert‹, die Arie ›Durch die Wälder, durch die Auen‹ fügte er dem ›Freischütz‹ hinzu. Auch die Oper ›Euryanthe‹ soll Weber hier zum Teil komponiert haben. Die Felsszenerie der ›Kleinen

Stopich-Schlucht‹ in der Nähe von Haindorf ist die Landschaft der Wolfsschlucht in der Oper ›Freischütz‹. Weber wohnte 1814 im Gasthaus »Zum Helm«.

Im Logierhaus »Zur Traube« wohnte im Jahre 1804 der Dichter Johann Gottfried Seume.

Joseph von Führich besuchte Liebwerda. Zwei seiner Bilder zeigen charakteristische Merkmale der Landschaft in Liebwerda: ›Mariens Gang über das Gebirge‹ (Österreichische Nationalgalerie im Wiener Belvedere) und die ›Vision des Hl. Franz von Assisi‹ (1822, Original in der Pfarrkirche in Raspenava-Raspenau, eine Kopie aus dem Jahre 1937 über einem Seitenaltar der Wallfahrtskirche in Haindorf).

Josef Jungmann, einer der bedeutendsten Gelehrten der tschechischen Wiedergeburt im 19. Jahrhundert, der Verfasser des großen tschechisch-deutschen Wörterbuches, weilte zur Kur in Liebwerda. Eine Gedenktafel erinnert an seinen Aufenthalt.

Božena Němcová, geborene Barbara Panklová (* 1820 Wien † 1862 Prag), bedeutendste Schriftstellerin der tschechischen Literatur, Verfasserin einer der schönsten Dorfgeschichte der Weltliteratur – ›Babička‹ (›Großmütterchen‹), mehrmals ins Deutsche und in alle anderen Kultursprachen übersetzt – verbrachte mehrere Wochen in Liebwerda zur Kur (Gedenktafel).

LEMBERK (Lämberg)
Bezirk: Česká Lípa (Böhmisch Leipa)

Ursprünglich Löwenberg, frühgotische Burg, erbaut um 1240 von Gallus von Lämberg, Sohn des Marquart und Gemahl der Sel. Zdislava von Křižanov (gest. 1252), Großprior der Johanniter im Großpriorat Böhmen. In der Renaissance und im Frühbarock umgebaut (zweite Hälfte 17. Jh.). »Fabelsaal« mit Themen aus den Äsopischen Fabeln auf einer Holzdecke. Frühbarockes Stukko.
Schloßkapelle zum Hl. Geist. Museum der Wohnkultur.
Mittelalterliche »Schwarze Küche«. Zdislava-Kapelle und Zdislava-Brunnen.

Der Kulthügel Krutina, auf dem das Schloß steht, war in frühchristlicher Zeit gemäß Überlieferung der Sitz der Schwester des Hl. Wenzel, Přibyslava, wo auch ihr Grab sein soll. Die Hl. Zdislava war die erste namentlich bekannte Terziarin des Predigerordens des Hl. Dominikus in Böhmen. Ihre karitative Tätigkeit bewegt sich in den Formen der Hospitalität, die ihr Gemahl Gallus als Großprior der böhmischen Johanniter repräsentiert. Spätere Legenden um ihre Gestalt ähneln der St. Elisabeth-Legende. Nach dem Dreißigjährigen Krieg kam Lämberg in den Besitz des niederländischen Geschlechtes der Breda, unter deren Herrschaft es zu Bauernaufständen kam. In den Kriegen von 1757 und 1813 diente das Schloß als Lazarett. Vor und nach dem Ersten Weltkrieg weilte der Begründer des ›Quickborn‹ und Repräsentant der katholischen Volksbildung Deutschlands, Prof. Dr. Clemens Neumann (1872–1928), der Herausgeber des Liederbuches ›Der Spielmann‹, regelmäßig auf Lämberg.

LENORA (Eleonorenheim)
Bezirk: Prachatice (Prachatitz)

Im Jahre 1832 wurde hier eine Glashütte gegründet, gemäß Überlieferung älteste Glashütte im Böhmerwald. Die neue Ansiedlung wurde zu Ehren der Fürstin Eleonore Schwarzenberg (1812–1873), geb. Liechtenstein, Gemahlin des Oberhauptes der Krumauer Primogenitur des Hauses, Fürst Johannes Adolf II., benannt. Sie veranlaßte den Umbau von Schloß Frauenberg in den Stilformen der romantischen Gotik. Im Schloß befindet sich eine Ausstellung mit Sammlungen von historischem und zeitgenössischem Glas. Gedeckter Holzsteg auf 3 Pfeilern zum Holzflößen (19. Jh.). Seit der Nachkriegszeit ist Eleonorenheim Begegnungsort für Holzschnitzer und Bildhauer aus zahlreichen Regionen.

Im Hammerwerk zu Eleonorenheim wurde am 1. Oktober 1852 der österreichische Schriftsteller und Kulturphilosoph Dr. Richard Kralik von Mayerswald geboren, Gründer und Mittelpunkt des literarischen Vereins »Gralbund« († 4. 2. 1934 Wien).

Josef Messner (1822–1862), in Prachatitz geborener Schriftsteller und Schilderer der Landschaft des Böhmerwaldes und seiner eigentümlichen, heute längst ausgestorbenen Handwerke und Berufszweige, widmet die Schrift ›Die Glasmacher‹ der Entstehung der Glasmachersiedlung Eleonorenheim:

»Doch wie erstaunt der Wanderer, wenn er sich rechts und links angestarrt von hundertjährigen Moorfilzen, auf denen dickbemooste, ungeheure Urwaldtrümmer, dem Alter erlegen, verwesen, plötzlich inmitten eines ausgerodeten, trockengelegten, weiten Waldschlages sieht, aus dessen Tiefe ihm eine Unzahl hölzerner Hütten und großartiger Steingebäude entgegenblinken, und er an der Stelle der erwarteten achtunggebietenden Zeugen wilder Urnatur die Wegzeiger des fortschreitenden Gewerbefleisses, qualmender Dampfschornsteine, vor sich aufragen sieht. [...] Ja, wer vor etlichen zwanzig Jahren dieses Weges zog, den überraschte da nichts, als grundlose Moorlacken und scheußliche Knüppelwege, die man auf einfache Weise so herstellte, da man, wo Wind und Wetter einen oder mehrere Baumstämme quer über den Steig geworfen, dazu auch noch einen oder mehrere legte, um bequemer darüber wegzukommen. Da hörte man auf einmal, daß der Glasmeister von Winterberg die Absicht habe, den Urwald unterhalb Wolfsgrub, dort wo der Kappelbach in die Moldau fließt, abzutreiben. Sie schüttelten ungläubig die Köpfe, die Leute dort herum und lachten nur dazu, als die Schläge der Äxte und das Knirschen der Sägen an ihre Ohren schlugen und als die leuchtenden Feuersäulen der brennenden Baumtitanen des Waldes es weithin verkündeten, da in dem Moldauthale, wo bislang Fuchs und Geier ungestört gehaust, der Mensch sein mühselig Tagwerk beginnen wolle.

Sie lachten, aber der alte Glasmeister scherte sich wenig darum, und im Jahre 1836 war das Moor ein weiter, schöner lichter Fleck Menschenheimat, und an die zwanzig zierliche Holzhütten standen um ein großes, weitschichtiges Gebäude, das auf seiner Stirne den Namen trug: Leonorenheim.«

Josef Meßner, *Ausgewählte Werke*

Volary (Wallern): Im Städtchen sind Reste von volkstümlicher Holzarchitektur erhalten geblieben. Ihre Bauweise läßt auf alpine Herkunft schließen. Die Ortschaft liegt am einst so vielgenannten »Goldenen Steig«, auch Passau-Prachatitzer Steig.

Vimperk (Winterberg): Über der Stadt liegt die aus frühgotischer Zeit stammende Burg (1251), im Renaissance-Stil 1550–1560, und nochmals 1622–1624 erweitert, in den Jahren 1728–1734 barockisiert. Die Fortifikation der Burg schließt sich an die Stadtbefestigung an. Mehrere spätgotische Häuser und gotische Kirche Mariä Heimsuchung. In Winterberg wurde vor 1484 die zweitälteste Druckerei Böhmens gegründet. Bekannt ist die Tradition der Winterberger Kalender, Devotionsdrucke und Korandrucke.

LIBĚCHOV (Liboch an der Elbe)
Bezirk: Mělník (Melnik)

Ursprünglich ein Renaissanceschloß, in der 1. Hälfte des 18. Jhs. erweitert zum Schloßpark hin um einen barocken Trakt (vermutlich von F. M. Kaňka).

In der 1. Hälfte des 19. Jahrhunderts war Liboch unter seinem Besitzer Baron Anton Veith der Sitz eines patriotischen Kreises von Wissenschaftlern und Künstlern, die unter dem Einfluß Josef Dobrovskýs standen. Ihr erklärter Präses war der Philosoph Bernard Bolzano. Karl Egon Ebert gehörte dem Kreise an. Sein vaterländisches Epos ›Wlasta‹ (1829) wurde vom Maler Josef Navrátil in einer Szenenfolge in Wandmalereien für das Schloß geschaffen. Es ist als Denkmal ein künstlerischer Mittelpunkt des böhmischen Landespatriotismus dieses Kreises geworden. Weitere Wandmalereien werden dem Maler Quido Mánes zugeschrieben. Unweit von Liboch hat Baron Veith vom Bildhauer Levý in der Felsenszenerie ein vaterländisches Pantheon erstehen lassen. Ein Teil der Statuen sind als Torsi erhalten.

Im August des Jahres 1902 verbrachte Franz Kafka einige Zeit in Liboch und wohnte beim »Windischbauern«. Aus dieser Zeit stammt eine herbstliche Landschaftsschilderung, eingestreut in einen Brief an seinen Freund Oskar Pollak:

»Es ist eine wunderliche Zeit, die ich hier verbringe. [...] Oder wo ich durch die Felder gehe, die jetzt ganz braun und wehmütig dastehen mit den verlassenen Pflügen und die doch ganz silbrig aufleuchten, wenn dann trotz allem die späte Sonne kommt und meinen langen Schatten (ja meinen langen Schatten, vielleicht komme ich noch durch ihn ins Himmelreich) auf die Furchen wirft. Hast Du schon gemerkt, wie Spätsommerschatten auf durchwühlter dunkler Erde tanzen, wie körperhaft sie tanzen. Hast Du schon gemerkt, wie sich die Erde entgegenhebt? Hast Du schon gemerkt, wie schwere fette Ackererde unter den allzu feinen Fingern zerbröckelt, wie feierlich sie zerbröckelt.«

Mělník (Melnik): Ursprünglich slawischer Burgsitz des Stammes der Pschowanen. Der Ort hieß bis zum 10. Jh. Pšov (Pschow). Aus diesem Stamm ging die Tochter des letzten Fürsten Slavibor, die Hl. Ludmila († 921), die Gemahlin des ersten historisch bekannten Fürsten des Landes, Bořivoj I. († um 891), hervor. Später königliche Leibgedingstadt der böhmischen Königin, als Stadt 1274 gegründet. Reste der Stadtbefestigung sind erhalten. Die ursprünglich gotische Burg wurde in den Jahren 1553–1554 um einen Renaissanceflügel mit Arkaden erweitert. Propsteikirche St. Peter und Paul, ursprünglich romanisch, mit einer Krypta und beachtenswertem anthropologisch durchforschtem Karner, umgebaut in den achtziger Jahren des 15. Jhs. Aus dieser Zeit stammt der weit sichtbare Turm. Weinbaulandschaft mit berühmter Weinlese zum St. Wenzelsfest (28. September). Schloßmuseum. Kapelle, laut einer Überlieferung Geburtszimmer der Hl. Ludmila. Von der Schloßrestauration Blick auf den Zusammenfluß der Elbe und der Moldau (Abb. 97) und Fernblick auf den St. Georgsberg (Říp). In Mělník starb am 4. 8. 1941 der Begründer der tschechischen anthropologischen Schule, Univ. Prof. MUDr. u. RNDr. Jindřich Matiega (* 31. 3. 1862 Benešov).

Hořín (Horschin): Ursprünglich Jagdschloß der Czernín von Chudenic (Giov. Bat. Alliprandi), Neubau in den Jahren 1713–1720 von F. M. Kaňka, erweitert in den vierziger Jahren des 18. Jhs. für die Familie Lobkowicz (Anselmo Lurago). Die sogenannten steinernen Zimmer beherbergen die besten Rokoko-Interieurs des Landes.

Liblice (Liblitz): Barockschloß (1699, Giov. Bat. Alliprandi), derzeit Konferenzort der Akademie der Wissenschaften.

Kokořín (Kokorschin): Gotische Burg aus der 1. Hälfte des 14. Jhs., seit dem 17. Jh. Ruine. Goethe interessierte sich für die Berglersche Zeichnung der Ruine. Er verglich das Massiv mit einem Schiff. In den Jahren 1911–1918 von Architekt Eduard Sochor für den Industriellen Špaček von Starburg restauriert. Karel Hynek Mácha (1810–1836) wählte die Burgruine Kokorschin als Sujet seiner romantischen Dichtung.

Houska: Frühgotische Burg aus den Jahren 1280–1290 (eventuell derselbe Architekt wie Bösig (Bezděz)), um 1590 als Renaissanceschloß umgebaut, gotische Malereien in der Kapelle.

Hradsko: Ursprünglich slawische Stammburg des Stammes Pschow (Pšov) im 8.- 9. Jh., eventuell identisch mit der Canburg (in der Nähe des uralten Dorfes Kanina), von der eine Nachricht aus dem Jahre 805 vorliegt, als diese vom Heer Karls des Großen belagert und vermutlich von seinem Sohn Karl im Kampf gegen die Tschechen eingenommen wurde. Auf dem Grabungsfeld steht die St. Georgskirche, ursprünglich gotisch (vermutlich älter), in ihrer jetzigen Gestalt seit dem Umbau aus dem Jahre 1874.

Želízy (Schelesen): Im Jahre 1919 verbrachte Franz Kafka mit seinem Freund Max Brod einige Sommerwochen in der Pension Stüdl in Schelesen bei Liboch. Dort lernte Franz Kafka im Jahre 1919 seine zweite Verlobte Julie Wohryzek kennen, und hier schrieb er den ›Brief an den Vater‹. Über die Bedeutung der kleinen anspruchslosen Sommerfrische in landschaftlich anmutiger Gegend im gesellschaftlichen Leben der Prager Deutschen vor dem Ersten Weltkrieg berichtet Max Brod:

»Die Prager Deutschen pflegten den Ort Schelesen zu bevorzugen, weil er von Prag aus die nächste deutsche Ortschaft war. Die Lieblichkeit der Felsen und Wälder, die das Dorf umgaben, zeigte sich völlig unangefochten davon, daß schon der benachbarte Marktflekken nur eine knappe deutsche Majorität hatte, die bei der nächsten Wahl leicht verlorengehen konnte – und in der Folge auch tatsächlich bald verloren ging. Denn bei den Tschechen war die natürliche Vermehrung stärker, sie bekamen auch mehr Zuzug aus dem Zentrum des Landes.«

Max Brod, *Die Rosenkoralle. Ein Prager Roman*

Řepín: Kirche Maria Viktoria, ursprünglich 14. Jh., umgebaut in den Jahren 1846–1850, Taufbecken aus dem Ende des 16. Jhs. Řepín ist der Geburtsort des Kapellmeisters und Organisten an der Prager Theynkirche Josef Ferdinand Segert (* 21. 3. 1716 † 22. 4. 1782 Prag).

LIBEREC (Reichenberg)

Bezirksstadt

Nordböhmische Industriestadt, gegründet 1300. Seit mehr als 100 Jahren bedeutender Sitz der Textilindustrie Nordböhmens. Im 19. und 20. Jh. zur Industriemetropole angewachsen. Mehrere historische Bauten sind erhalten geblieben: Renaissanceschloß und Salvator-Kapelle (1604–1606), gotische Erzdekanalkirche St. Anton der Einsiedler, regotisiert im 19. Jh., ehemalige Friedhofskreuzkirche (J. J. Kunz, 1733–1756) und einige Häuser in Holzarchitektur aus der Mitte des 17. Jhs. Pseudogotisches Rathaus (1888–1892) vom Wiener Architekten Fr. Neumann erbaut in Nachahmung des Wiener Neuen Rathauses (Abb. 83). Das Theatergebäude (jetzt F. X. Šalda-Theater) wurde in den Jahren 1881–1883 für das Stadttheater von den Wiener Theaterarchitekten Fellner und Helmer erbaut und mit Friedrich Schillers ›Wilhelm Tell‹ und dem Vorspiel von Rossinis

gleichnamiger Oper eröffnet. Kreismuseum (früher Nordböhmisches Museum) mit vielbeachteter Glassammlung. Galerie in der Villa Liebig.
Erster Krematoriumsbau in Böhmen und auf dem einstigen Gebiet der Österreichisch-Ungarischen Monarchie (1918). Im Jahre 1919 wurde in Reichenberg der erste Zoologische Garten auf Staatsgebiet eröffnet.

Im Schloßpark zu Reichenberg zog am 15. September 1779 Joseph II. mit einem Gartenpflug eine Furche. Die Symbolik der Handlung – ein Herrscher am Pflug stehend – soll indogermanischen Ursprungs sein.

In der Hirtengasse (Pastýřská) an der damals noch ländlichen Peripherie der Stadt wurde am 4. August 1794 der Komponist und Musikpädagoge Josef Proksch geboren. Er begründete den »Reichenberger Männergesangsverein« und einen »Musikalischen Verein«. Im Jahre 1830 siedelte er nach Prag über. Er war der Lehrer von Bedřich Smetana und ein Freund von Josef Führich. Josef Proksch, der in Prag eine bekannte Musikschule besaß, starb dort am 20. Dezember 1864. Sein Grab befindet sich auf dem Olschaner Friedhof in Prag.

Johann Georg Berger (* 1739 Ladendorf in Österreich † 1810 Prag) begründete in den Jahren 1796–1800 die erste Tuchfabrik in Reichenberg. Sein Grab befindet sich auf dem Althabendorfer Friedhof (Liberec–Stráž nad Nisou). Seine »k. k. privilegierte Feintuchmanufactur« war die dritte in Böhmen. Vorangegangen waren solche Unternehmen in Oberleutensdorf (Horní Litvínov) und Manětín.

1826 wurde der Grundstein zu der Reichenberger Fabrik von Johann Liebig gelegt.

Im Jahre 1836 gründete der Prager Erzbischof Wenzel Chlumczanský Ritter von Přestavek eine Realschule in Reichenberg. Im Jahre 1852 wurde hier eine Textilfachschule eröffnet.

1857 wurde die ›Reichenberger Zeitung‹ gegründet. Bis zum Ende des Zweiten Weltkriegs war diese Zeitung das größte deutsche Provinzblatt Böhmens. Sie war zur Zeit der Österreichisch-Ungarischen Monarchie und in den ersten Jahren der Tschechoslowakischen Republik als parteipolitisch nicht gebundenes Blatt des Verlages Heinrich T. Stiepel durch ihre deutsch-nationalliberale Orientierung und ihre Kontakte zur Wirtschaft bekannt.

Im Haus Ulice Boženy Němcové 5/152 II. wurde am 29. 6. 1846 der deutsche Arbeiterdichter Josef Schiller, genannt Schiller-Seff, geboren. Als Kind armer Reichenberger Weberleute trat er bald an führende Stelle der sozialistischen Arbeiterbewegung in Böhmen. Als populärer Schriftsteller und Lyriker sowie als Journalist und Herausgeber der sozialistischen Betriebszeitschrift ›Die Brennessel‹ erregte er Aufsehen. Schiller war einer der Delegierten zum ersten Gesamtösterreichischen Kongreß der Sozialdemokratischen Partei in Neudörfel am 5. April 1874. Er war zeitweise Bergarbeiter und Arbeiter im Zeughaus in Dresden. Seit 1877 zeichnete Schiller als Herausgeber des zentralen Organs der SPÖ, der ›Sozialpolitischen Rundschau‹, verantwortlich. Außerdem war er auch Redakteur des ›Arbeiterfreundes‹ und seit 1890 Mitherausgeber des ›Freigeist‹. Nach einem Konflikt mit der Parteileitung zu Beginn der neunziger Jahre wanderte Schiller, verbittert über seine Freunde, nach Amerika aus und starb am 16. August 1897 in der deutschen Niederlassung Germania in Pennsylvania (USA). Oft verurteilt, verbrachte Schiller insgesamt drei Jahre seines Lebens im Gefängnis. Schiller schrieb Gedichte

(›Sklavenlos‹, ›Des Webers Klagelied‹, ›Der Weichensteller‹, ›Der Konfessionslose‹ u. a.), eine im Reportagestil verfaßte Autobiographie und Erzählungen (›Bilder aus der Gefangenschaft‹, ›Maschinen-Rösi‹, ›Ein verlorenes Leben‹ u.a.). Sein erstes Gedichtbändchen ›Gedichte von Josef Schiller‹ erschien im Jahre 1880 bei dem Prager jungtschechischen Verleger Josef Vilímek in Druck.

Aus Reichenberg stammt Wilhelm Appelt, Autor von empfindungsreichen volkstümlichen Romanen und Erzählungen (* 21. 5. 1841 † 10. 11. 1904 Reichenberg). Er schrieb ›Das Grab an der Kirchhofsmauer‹ (1890) und ›Die Harfenspielerin‹ (1909).

Gebürtige Reichenberger waren der Komponist Kamillo Horn (* 29. 12. 1860 † 1941), Professor der Akademie für Musik in Wien, und Harald Kreutzberg, bedeutender Vertreter des Ausdruckstanzes (*1902 † 1968 Vechingen, Schweiz).

Im Haus Ulice Boženy Němcové 7 wohnte in den Jahren 1869–1870 der Pionier der deutschen sozialistischen Arbeiterbewegung und Gründer des ersten deutschen sozialdemokratischen Vereins in Böhmen Josef Krosch (1840–1870). Er arbeitete als Textilarbeiter in Deutschland, Belgien und Frankreich und machte sich mit der europäischen sozialistischen Bewegung zur Zeit des Wirkens von Ferdinand Lasalle vertraut. Im Jahre 1868 begründete Krosch in Reichenberg innerhalb der dortigen gewerblichen Unterstützungsvereine eine oppositionelle sozialistische Fraktion, die sich im Jahre 1869 selbständig machte und ihr Verbot überdauerte. Ihr Gründer Josef Krosch starb in der Neustädter Strafanstalt in Prag und wurde am Olschaner Friedhof bestattet. Sein Begräbnis war die erste Massendemonstration der sozialistischen Arbeiterbewegung in Prag.

Eine Gedenktafel am Haus Ulice Boženy Němcové 7, das an der Stelle eines Hauses (Nr. 33) steht, das nach der darin befindlichen Gastwirtschaft »Zum Feldschlößchen« »U polního zámečku« benannt war, berichtet, daß hier im Jahre 1869 der erste sozialdemokratische Arbeiterverein in Böhmen gegründet wurde.

Am 18. August 1878 fand hier der geheime Kongreß der Gesamtösterreichischen Sozialdemokratie statt. Das Gasthaus wurde später umbenannt und hieß »Zur Lotterie« (»U loterie«). Hier wurde zur Jahrhundertfeier der Gründung der Ersten Internationale eine Gedenktafel enthüllt. Inschrift (tsch.):

»Proletarier aller Länder vereinigt Euch.«

In der Kratzauer Gasse (Chrastavská ulice 2) befand sich die erste Redaktion der Reichenberger sozialdemokratischen Zeitung ›Arbeiterfreund‹.

In der »Friedländer Vorstadt« (Frýdlantská 89 354 I) steht das Geburtshaus des bedeutendsten tschechischen Literaturwissenschaftlers und Kunstkritikers der Neuzeit, F. X. Šalda (1867–1937). Gedenktafel Inschrift (tsch.):

>»Richten heißt nicht übel nachreden noch bereden, sondern ist eine ritterliche Übung im Kampf um die Zukunft. – Hier wurde am 22. XII. 1867 F. X. Šalda, Dichter und Literaturkritiker, geboren.«

Auch im Bereich des kirchlichen Lebens spielte Reichenberg in der zweiten Hälfte des 19. Jahrhunderts einen wichtige Rolle. Am 6. Juli 1879 wurde die Dekanalkirche zu St. Antonius dem Einsiedler zur Erzdekanalkirche erhoben und dem Erzdechanten die Inful zuerkannt. Die deutsche evangelische Kirche, das Ursulinen-Kloster und das Kapuzinerhospiz bei der in den Formen der Sezession gehaltenen Jubiläumskirche, einer Stiftung des Hauses Liebig, nahmen einen besonderen Platz im kirchlichen Leben der Stadt ein. Der Tempel der Israelitischen Kultusgemeinde in neobyzantinischen Stilformen wurde während der deutschen Okkupation dem Erdboden gleichgemacht.

Im Januar und Februar 1911 hat Franz Kafka anläßlich einer Dienstreise vorübergehend in Reichenberg im damaligen Hotel »Zur Eiche« in der Wienerstraße (jetzt Liberec IV, Moskevská 27/14) gewohnt. Kafka hat während seines Aufenthaltes dreimal das damalige Stadttheater besucht und dabei die Aufführung von Grillparzers ›Des Meeres und der Liebe Wellen‹ sowie ›Miss Dudelsack‹ gesehen.

Das »Panorama« (Liberec IV, Moskevská 18/11) diente bis in die späten dreißiger Jahre dieses Jahrhunderts hier wie auch anderorts der Volksbildung. Es fanden dort geographische und kulturhistorische Vorlesungen statt. Der Prager Arzt Univ. Prof. MUDr. Vladimír Vondráček schildert in seinem Erinnerungsband ›Lékař vzpomíná‹ (›Ein Arzt erinnert sich‹) das »Panorama«, das sich in vielen böhmischen Städten vorfand:

»Die Panoramen boten billige, anspruchslose und belehrende Unterhaltung. Die Leute saßen in einem dunklen Raum und schauten in das Stereoskop. Man saß am Außenrand eines Kreises. Das Bild wurde einige Sekunden lang gezeigt, dann bewegte sich der Apparat mit einem Glockenzeichen weiter und ein neues Bild trat in Erscheinung, insgesamt immer etwa 50 Bilder verschiedener Weltreisender und Landschaften. Die Bilder waren sehr gut, sorgfältig koloriert, und die räumliche Wirkung war wirklich ausgezeichnet.«

Prof. MUDr. Vladimír Vondráček Dr. Sc., *Lékař vzpomíná*

Der nicht unbedeutende Anteil der bodenständigen tschechischen Bevölkerung von Reichenberg blickt auf eine lange handwerkliche Tradition zurück und besaß seit dem Jahre 1866 seinen gesellschaftlichen Mittelpunkt im »Tschechischen Casino« (Česká beseda). Kurz vor 1938 war ein Viertel der Bevölkerung von Reichenberg tschechischer Volkszugehörigkeit.

In der 2. Hälfte des 19. Jahrhunderts bis zum Ende des Zweiten Weltkriegs war Reichenberg Mittelpunkt des für Nordböhmen typischen deutschen radikalen Nationalismus, der besonders in der Zeit der Wirtschaftskrise zwischen den beiden Weltkriegen Auftrieb erhielt.

In der Zeit zwischen den beiden Weltkriegen war Reichenberg Sitz bedeutender kultureller Einrichtungen der Selbstverwaltung des damaligen deutschen Bevölkerungsanteils in der Tschechoslowakei, besonders auf dem Gebiet der Volksbildung. 1925 erbaute die damalige Gesellschaft für Deutsche Volksbildung in der Tschechoslowakischen Republik das Goetheheim. Es liegt im Mittelpunkt einer von der Firma Johann Liebig erbauten Gartenstadt. Außerdem gab es in Reichenberg eine Volkshochschule, die Bücherei der Deutschen (1923), ein Gewerbeförderungsinstitut, die Zentrale des Volksbundes deutscher Katholiken und die Zentrale des Reichsbundes der deutschen katholischen werktätigen Jugend.

In der Zeit von 1938–1945 befanden sich in Reichenberg die von den deutschen Okkupationsorganen errichteten Behörden der Reichsstatthalterei und die Verwaltungsorgane des damaligen Reichsgaus Sudetenland. Der von Hitler eingesetzte Statthalter Konrad Henlein entzog sich seiner Verantwortung gegenüber seinen enttäuschten und durch den Krieg ihrer Heimat verlustig gewordenen Landsleuten durch Selbstmord, den er am 9. Mai 1945 in amerikanischer Militärhaft in Pilsen beging.

Alljährlich findet in Reichenberg eine Mustermesse statt. In der Stadt befindet sich die Hochschule für Maschinenbau und Textilindustrie.

Auf dem Friedhof des Stadtteils Liberec-Ruprechtice (Ruppersdorf) befindet sich das Grab und der Gedenkstein von Anton Behr (1854–1931). Nach F. Schwarz war Anton Behr Vorsitzender des Zentralausschusses der Gesamtösterreichischen Sozialdemokratischen Partei, zur Zeit, da diese laut Beschluß des vierten Parteitages im Jahre 1877 ihren Sitz in Reichenberg hatte.

Liberec-Nový Harcov (Neu Harzdorf): Tagungsort des Kongresses der Gesamtösterreichischen Sozialdemokratischen Partei im Juli 1879.

Jeschken (Ještěd): Zweithöchster Berg Böhmens (1012 m), höchste Erhebung des nach ihm benannten Jeschkengebirges. Im Jahre 1844 wurde dort die erste Gastwirtschaft eröffnet. Einige Jahre später wurde ein Schutzhaus erbaut. Nach dem Brand des Schutzhauses in den sechziger Jahren wurde ein neues Berghaus mit einem Observatorium und einer Gaststätte erbaut. Am 7. August 1870 fand am Jeschkenkamm eine gemeinsame Kundgebung von 30.000 tschechischen und deutschen Arbeitern statt. Anlaß zu dieser Manifestation war die Gründung der ersten Arbeitervereine in Böhmen. An der Jeschken-Manifestation nahm auch der Reichenberger deutsche Arbeiterdichter Schiller-Seff teil. Am 12. September 1970 fand aus Anlaß der Jahrhundertfeier dieser Manifestation eine Erinnerungsfeier statt, bei der ein Gedenkstein enthüllt wurde. Granitmonument. Obelisk auf stufenförmigem Sockel. Inschrift (tsch. u. dt.):
»Na paměť tábora českých a německých dělníků 7. VIII. 1870. Zum Andenken an das Meeting der böhmischen und deutschen Arbeiter«.

Krásná Studánka (Schönborn): Geburtsort des Textilarbeiters, deutschböhmischen Politikers, Journalisten und Führers der deutschen Sozialdemokraten Josef Seliger, später Redakteur in Teplitz-Schönau (* 16. 2. 1870 Schönborn † 18. 10. 1920 Teplitz). Geburtshaus mit Gedenktafel. Seliger war von 1907 bis 1918 Abgeordneter im Reichsrat. Nach 1918 übernahm er die Führung der deutschen Autonomiebewegung. Er avancierte zum stellvertretenden Landeshauptmann der Landesregierung von Deutschböhmen mit Sitz in Wien (1918–1919). Nach der Friedenskonferenz schwenkte Seliger auf eine realistische Politik über (Karlsbader Kongreß). Er war Mitglied der Tschechoslowakischen Nationalversammlung und Fraktionschef der Deutschen Sozialdemokratischen Partei und des Abgeordnetenhauses. Bei aller Konsequenz in nationalpolitischen Forderungen ließ sich Seliger nie zu chauvinistischen Ausfällen hinreißen.

Vratislavice nad Nisou (Maffersdorf): Dreifaltigkeitskirche (M. A. Canevale 1700–1701), restauriert von B. Ohmann (1900–1901), Hauptaltar nach Plänen von J. K. Max (1836), Altarbild von F. Leubner (1782). Pfarrhaus, erbaut von J. J. Kunz (1764). Maffersdorf ist der Geburtsort des österreichischen Kraftwagenbauers Ing. Dr. Ferdinand Porsche (1875–1951; Urne auf dem Schütthof der Besitzung von Porsche in Zell am See beigesetzt), Konstrukteur des »Volkswagen«, seit 1906 Chefkonstrukteur bei Austro-Daimler in Wiener Neustadt, 1916 Generaldirektor des Werkes, seit 1930 an der Spitze seines Konstruktionsbüros in Stuttgart und Professor an der Technischen Hochschule. Hier entwarf Porsche den Fünf-Liter-Rennwagen der Auto-Union. Krönung seines Lebenswerkes war die Eröffnung des Volkswagenwerkes in Fallersleben. Porsche wurde zur Romangestalt in H. Mönnich Werk ›Die Autostadt‹ (1951). Das Technische Museum in Wien ist im Besitz eines Fotos aus dem Jahre 1905. Es zeigt den damaligen Thronfolger Franz Ferdinand in einem Auto sitzend, am Lenkrad des Autos ein schmächtiger Soldat. Es ist Ferdinand Porsche aus Maffersdorf, damals Feldwebel in der k. k. Armee.

Die Nachkommen einer Weberfamilie des Ignaz Ginzkey in Maffersdorf waren die Begründer einer bedeutenden Wiener Teppichmanufaktur.

LIBOCHOVICE (Libochowitz)
Bezirk: Litoměřice (Leitmeritz)

Die gotische Feste wurde um 1560 von dem Geschlecht Lobkowicz zu einem Renaissanceschloß und in den Jahren 1683–1690 für das Geschlecht Dietrichstein von Ant. Porta frühbarock umgebaut.
Beachtenswerter Schloßpark und Gewächshäuser.

Auf Schloß Libochowitz wurde der größte tschechische Naturwissenschaftler des 19. Jahrhunderts, Jan Evangelista Purkyně (1787–1869), geboren. Er erfreute sich Goethes Gunst. Seine Dissertation ›Beiträge zur Kenntnis des Sehens in subjektiver Hinsicht‹ (1819) erregte Goethes Interesse. Purkyně übersetzte Schillers Gedichte ins Tschechische. Die höchste staatliche Auszeichnung auf dem Gebiet der Arznei- und Naturwissenschaften, die in der Tschechoslowakei verliehen wurde, war die Purkyně-Medaille. 1970 wurde dem größten tschechischen Naturforscher zu Ehren ein Mondkrater »Purkyně« benannt. Im Schloß Libochowitz befindet sich eine J. E. Purkyně-Gedenkstätte. Das Purkyně-Denkmal von Strachovský steht vor dem Schloß (Náměstí míru). Büste auf steinernem Sockel. Inschrift (tsch.):

»Jan Ev. Purkyně * 13. 12. 1787 † 28. 1. 1869 – Solange Dir Gott zu leben befiehlt, bleibe treu dem Vaterland und dem Freund –
Dem berühmten Landsmann, Patrioten und Gelehrten zur Erinnerung an die Jahrhundertfeier seiner Geburt mit Beiträgen opferbereiter Verehrer hat das Commité am 15. 8. 1887 das Denkmal errichtet –
Ruft die Heimat Dich, kehre in die Heimat zurück,
sei bereit zu helfen und zu raten!«

Am Stadtplatz befindet sich das Geburtshaus des Geigenvirtuosen Bohuslav Lhotský (* 14. 1. 1879) (Náměstí míru 5). Er war Primarius des Ševčík-Lhotský-Quartetts. Gedenktafel mit Bildnisplakette.

Vor dem Friedhof an der Straße nach Klapý steht eine Gedenksäule zum Gedenken an den Pfarrer Jan von Vinoř, der mit Wratislaw von Mitrovic im Jahre 1599 eine Reise in die Türkei unternahm.

Házmburk (Hasenburg): Ruine einer gotischen Burg auf dem Berg aus der Zeit um 1300, ursprünglich Klapý genannt. Nach 1335 vom Geschlecht der Zajíc umgebaut. Aus der Zeit stammt der kantige Weiße Turm und der walzenförmige Schwarze Turm.

Peruc (Perutz): Auf den Grundmauern einer gotischen Feste entstand ein Renaissanceschloß, später erweitert und in der zweiten Hälfte des 18. Jhs. spätbarock umgebaut (beachtenswertes Stiegenhaus). Museum und Galerie, barocke Peter-und-Paulskirche (1725) vom Raudnitzer Baumeister P. P. Columbani. »Božena-Brunnen« beim Schloß, nicht weit entfernt steht die »Oldřich-Eiche«. Sie erinnert an eine Begebenheit aus dem Leben des Fürsten Oldřich, der zu Beginn des 11. Jhs. von hier seine Braut heimgeführt hat. Über der Quelle wurde während der Thunschen Herrschaft im 19. Jh. ein in gotisierenden Formen gehaltenes Brunnenhaus erbaut.

Slavětín: Spätromanische St. Jakobskirche aus der Mitte des 13. Jhs., Presbyterium umgebaut um 1375, aus der Zeit stammen beachtenswerte gotische Wandmalereien.

Klobuky: Auf dem Weg nach Telce befindet sich auf einem Feld ein drei Meter hoher Stein, vermutlich ein Menhir, Kultstein aus der jüngeren Steinzeit oder Bronzezeit.

Louny (Laun): Bezirksstadt, früher königliche Stadt, gegründet nach 1260, Reste der Befestigungen und Saazertor, mehrere Gotik- und Renaissancehäuser. Ein herausragendes architektonisches Kunstwerk ist die St. Nikolauskirche, in derzeitiger Gestalt von 1520–1538, ein Werk von Benedikt Rieth mit kostbarem Interieur. Außerhalb der Stadtmauer befinden sich die St. Peterskirche (um 1460) und die St. Marienkirche (um 1500). Während der Hussitenkriege stand die Stadt gemeinsam mit Saaz und Schlan auf der Seite der Hussiten. Laun ist der Geburtsort des tschechischen Dichters und Übersetzers von Werken der Weltliteratur Jaroslav Vrchlický (1853–1912), Pseudonym für den bürgerlichen Namen Emil Frída.

Libčeves (Liebshausen): Spätromanische Kirche St. Johannis Enthauptung aus der Zeit um 1240 vom Typ der Kirche in Vinec mit spätgotischem Presbyterium aus der 1. Hälfte des 16. Jhs., im böhmischen Mittelgebirge einzigartige Architektur.

Želkovice: Spätromanische Rotunde St. Peter und Paul aus der Zeit um 1240, in den Jahren 1852–1853 in ungünstiger Proportion verlängert um das pseudoromanische Schiff.

Citoliby: In den Jahren 1919–1921 wurde hier das erste Arbeiterheim auf Staatsgebiet erbaut. Gedenktafel Inschrift (tsch.):
»Den Vorkämpfern der Arbeiterbewegung in Citoliby«

LIBUŇ (Libun)
Bezirk: Jičín (Gitschin)

Gotische St. Martinskirche (14. Jh.), 1771 barockisiert. Barockes Pfarrhaus, in den Jahren 1823–1876 Wirkungsstätte des tschechischen Wiedererweckers und Herderianers Dekan Antonín Marek. Gedenkraum und Denkmal.

Am Ortsende in Richtung Turnau (Turnov), mit Blick auf die Ruine Trosky, steht in einem Hausgarten eine frühbarocke Steinsäule aus dem Jahre 1689 zur Erinnerung an das Martyrium von Pater Mathias Burnatius (1607–1629), schlesischer Seminarpräfekt vom Jesuitengymnasium in Jičín, und seinem Begleiter und Kongregationisten Johannes Rokyta im Jahre 1629.

Hlásná Lhota: Loretokapelle, erbaut von J. B. Mathey 1694, charakteristischer Blickpunkt der Landschaft bei Jičín.

Trosky: Ruine einer gotischen Burg aus dem 14. Jh., deren turmartige Reste auf Basaltfelsen »Jungfrau« und »Großmutter« genannt werden. Von der Burgruine aus bietet sich ein einzigartiges Naturpanorama, das Alexander von Humboldts Bewunderung erregte.

LIDICE (Liditz)
Bezirk: Kladno

Bergarbeiterdorf, 7 km östlich von Kladno gelegen. Pfarrkirche St. Martin wurde 1677 erbaut.

Am 10. Juni 1942 wurde das Dorf auf Befehl von Adolf Hitler von bewaffneten Polizeiformationen der Okkupationsorgane niedergebrannt. Alle männlichen Einwohner ab 16 Jahren wurden vor der Scheune des Anwesens der Familie Horák erschossen. Der älteste unter den Exekutierten war der 80jährige Pfarrer Josef Štembera. 60 Frauen und 88 Kinder wurden verschleppt und bis zum Ende des Zweiten Weltkriegs in Konzentrationslagern festgehalten, aus denen nur wenige zurückkehrten. Über dem Massengrab der ermordeten Männer von Lidice wurde ein Mahnmal errichtet. In der englischen Stadt Stoke on Treut entstand spontan die Solidaritätsbewegung »Lidice wird leben«. Der Freundschaftspark (Sad přátelství) wurde als Rosarium aus Spenden, die aus allen Weltteilen kamen, errichtet. Nach 1945 wurde die Gemeinde wieder aufgebaut und ein Mahnmal für die Opfer errichtet, das zum nationalen Kulturdenkmal erklärt wurde und ein Ort des Gedenkens und der pietätvollen Begegnung geworden ist.

Die erschütternde Tragödie von Lidice steht im Mittelpunkt des Prosawerkes ›Lidice nach Mitternacht‹ von František Křelina (1903–1976). Es beginnt mit dem nächtlichen Gespräch des Pfarrers von Lidice, Josef Štembera, mit einem SS-Offizier, wenige Stunden vor der Erschießung der männlichen Bevölkerung des Dorfes und der Deportation der Frauen und Kinder. Die Okkupanten bieten dem Pfarrer für seine Person Gnade an. Er erzählt dem Offizier des Liquidationskommandos, daß er als ganz junger Kaplan bei Kaiser Franz Joseph in Audienz war, um für seinen Bruder Jindřich, der im politischen Omladina-Prozeß zu einer Freiheitsstrafe verurteilt worden war, um Gnade zu bitten. Der Kaiser begnadigte daraufhin den Bruder des jungen Kaplans. Pfarrer Štembera versucht in dieser Nacht des Grauens, bevor sein Dorf und seine Kirche dem Erdboden gleichgemacht werden, sich auf den Weg zu Hitler nach Berlin zu machen. Die Gestalt des schlichten tschechischen Dorfpfarrers wächst in diesem meisterhaft gestalteten Dialog über die Abgründe von Regimen, Kriegen und Liquidationen zu großer menschlicher Würde. Da man ihm nicht gestattet, zu Hitler zu gehen oder auf telefonischem Wege für sein Dorf um Begnadigung zu bitten, erbittet er eine letzte Gnade für sich selbst. Er wünscht mit seinen Pfarrkindern zu sterben.

LIPNICE NAD SÁZAVOU (Lipnitz)
Bezirk: Havlíčkův Brod (Deutschbrod)

Ruine einer der mächtigsten Burgen Böhmens auf einem Granitfelsen mit Fernsicht bis zum Riesengebirge, erstmals 1316 erwähnt (Abb. 65).
Gotische Kapelle St. Laurentius aus der 2. Hälfte des 14. Jhs. mit gotischen Wandmalereien. Die Kapelle wurde im Jahre 1396 von Erzbischof Wolfram von Škvorec geweiht. Die Burg wurde im 16. und 17. Jh. erweitert und ist seit dem Brand 1869 nur noch eine Ruine.

Der früheste bekannte Besitzer der Burg war Ctibor von Lipnice (1238–1249). Später gehörte die Burg den Geschlechtern der Herren von Lípa, Landstein und Wartenberg. Im Jahre 1436 erwarb sie Nikolaus Trčka von Lípa. Die Herrschaft wurde nach dem gewaltsamen Tod des Adam Trčka von Albrecht von Waldstein in Eger konfisziert und von Ferdinand II. dem Geschlecht Vernier geschenkt. Später ging sie in den Besitz der Grafen Trautmannsdorf über.

In vorhussitischer Zeit befand sich auf der Burg Lipnice ein Kollegiatskapitel. In dieser Kapelle ordinierte im Jahre 1417 der Bischof Hermann von Nikopolis taboritische Priester.

Auf Burg Lipnice starb der Konsekrator von utraquistischen Priestern Augustin von Sankturin.

Unter dem Burghügel steht das einstige Wohnhaus und die Gedenkstätte des tschechischen Humoristen und Schriftstellers Jaroslav Hašek (Nr. 185). Hier hat der Autor des Romans ›Die Abenteuer des braven Soldaten Schwejk‹ seine letzten Lebenstage verbracht und auf dem »Alten Friedhof« (Starý Hřbitov) seine Ruhestätte gefunden. Sein Grabmonument aus Granit in Gestalt eines geöffneten Buches steht über der Gruft an der oberen Friedhofsmauer. Inschrift (tsch.):

»Schriftsteller Jaroslav Hašek * 30. 4. 1888 † 3. 1. 1923.
Dem Andenken des Autors des Schwejk«.

In Lipnice findet ein Festival für satirische und humoristische Literatur statt.

LITOMĚŘICE (Leitmeritz)
Bezirksstadt

An der Stelle einer vermutlich in keltischer Zeit entstandenen Burganlage wurde hier im 19. Jahrhundert eine slawische Siedlung der Lutomericen gegründet.
In der ersten Hälfte des 11. Jhs. entstand hier eine fürstliche Burg der Přemysliden, bei der ungefähr um das Jahr 1057 ein Kollegiatskapitel mit der Kirche des Hl. Stephan gegründet wurde. Zwischen 1228 und 1230 wurde östlich davon bei einer älteren Siedlung eine königliche Stadt, später Kreisstadt, gegründet, deren Befestigung noch heute besteht. Die heutige St. Stephanskirche, mit der Gründung des Bistums Kathedralkirche (1655), wurde in den Jahren 1663–1680 von D. Orsi und G. Broggio in frühbarocken Formen erbaut.
Die bischöfliche Residenz wurde ebenfalls von G. Broggio (1689–1701) erbaut (mehrere Bilder von Karel Škréta).
In der Stadt mehrere Renaissance- und Barockhäuser.
Renaisssance-Rathaus aus den Jahren 1537–1539. Kelchhaus (Abb. 93).
Gotische Allerheiligen-Kirche, barocke Jesuitenkirche Mariä Verkündigung, 1704–1731 von Octavio Broggio erbaut.
Barocke St. Wenzelskapelle (1714–1716) von Octavio Broggio.
Städtische Denkmalreservation.

Das »Kelchhaus« (»Dům u Kalicha«, Mírové náměstí 7/15) besitzt ein reiches Renaissance-Portal mit heraldischem Schmuck. Im Laubengang befindet sich ein kaiserlicher Adler in Stein. Eine Tafel gibt Auskunft über das charakteristische Wahrzeichen des Hauptplatzes der Stadt. Inschrift (tsch.):

> »Dieses in seinem Kern gotische Haus baute der hiesige Baumeister italienischer Abstammung Ambrosius Balli (gest. 1576) im Renaissance-Stil für Jan Mráz z Milešovky, Bürgermeister der Weinberge.
> Die Turmbekrönung in Gestalt eines Kelches über dem Dach bringt anschaulich diese Funktion zum Ausdruck.
> Das Haus diente später auch als städtisches Lagerhaus, Salzniederlage, Wachstube, Schule und Museum u.a.m. Das Gebäude wurde im Jahre 1695, später im Jahre 1834 renoviert, als man seine ursprünglichen Renaissance-Giebel abtrug.
> In den Jahren 1960–1961 wurde das Haus zu einem Bestandteil der Denkmalreservation.«

Die Brücke von Leitmeritz über dem Zusammenfluß der Elbe mit der Eger hat besonders in früherer Zeit eine wichtige Rolle gespielt. Sie war lange Zeit hindurch die wichtigste Verbindung der Ufer zwischen Prag und Dresden. Es hieß daher im Volksmund: »Die Leitmeritzer Brücke ist die längste, die Prager die fetteste, die Dresdner die schönste.«

An der Nordseite des Alten Rathauses (Stará radnice, Náměstí míru 1/40) steht die Rolandstatue aus dem Jahr 1539 als Zeichen des Markt- und Stapelrechts. An der Außenfront befindet sich das Original der »Leitmeritzer Elle«.

Der Minnesänger Ulrich von Eschenbach lebte um 1260 in Böhmen. Er gedenkt der Stadt Leitmeritz in seiner Dichtung ›Alexander‹:

> »einen Keller ich mir kiesen wollt zu Lutmeritz in der stat, den min lieber freunt da hat, von Misne (Meissen) heizt er her Conrad, da fund ich trinken allen rat«

Neben den Resten des Prangers befindet sich unter den Rathauslauben eine Gedenkplakette mit einer Bildnisplastik des gelehrten tschechischen Stadtschreibers Magister Pavel Stránský. Inschrift (tsch.):

> »In diesem Hause wohnte als Stadtschreiber Magister Pavel Stránský, Verteidiger der tschechischen Sprache, des böhmischen Staatsrechtes und Autor des Werkes ›Res publica Bohemiae‹.«

1627 ging Pavel Stránský wegen seiner Teilnahme am Aufstand der böhmischen Stände gegen das Haus Habsburg ins Exil. Sein Werk hat Goethes Beachtung gefunden. Er starb 1657 in Thorn in Polen.

Dalibor von Kozojezd, böhmischer Edelmann, war der Anführer einer Bauernrevolte in der Nähe von Leitmeritz. Er wurde in Budin in Gewahrsam gehalten. Dalibor von Kozojezd wurde mit einem Instrument gefoltert, das im Jargon der Kerkermeister die »Geige« genannt wurde. Man verbreitete die Nachricht, der Deliquent habe auf einer mitgebrachten Geige rührende Weisen im Kerker gespielt.

Das Gebäude der alten Lateinschule (Jezuitská ulice 2) erinnert an die Tätigkeit des tschechischen Literaturhistorikers Josef Jungmann (1773–1854), Übersetzer der Werke von Herder. Er war der Verfasser eines deutsch-tschechischen Wörterbuches. Inschrift (tsch.):

>»Hier wirkte in den Jahren 1799 bis 1815 Josef Jungmann, Gelehrter, Lehrer und Erwecker der tschechischen Nation.«

Josef Jungmann erteilte in Leitmeritz unbezahlte Unterrichtsstunden in der tschechischen Sprache.

Das Haus, genannt »Salva Guarda« (Míruvé námestí 4), umgeben von Lauben am Hauptplatz, trägt eine Gedenktafel des Leitmeritzer Realschuldirektors Ferdinand Blumentritt. Inschrift (tsch.):

>»Leitmeritz besuchte im Jahre 1887 ein Freund des hiesigen Professors Ferdinand Blumentritt, eines Forschers über die Philippinen, der berühmte Schriftsteller und Arzt Dr. Josef Rizal (1801–1896), der größte Vorkämpfer für die Befreiung der Philippinen von kolonialer Gewaltherrschaft. Zur Hundertjahrfeier der Städtische Nationalausschuß.«

Das K.-H.-Mácha-Theater (Máchovo divadlo, Máchovy schody 12), entstand 1822 durch Umbau eines älteren Hauses unter der Leitung des Baumeisters Josef Gaube. Es wurde mehrere Male erweitert und gehört zu den ältesten tschechischen Theaterbauten in Böhmen. Das Denkmal für Karel Hynek Mácha in der Nähe des Theatergebäudes ist ein Werk des akademischen Bildhauers Václav Blažek (1936) und wurde zum 100. Todestag des Dichters der tschechischen Romantik aufgestellt. Während der Okkupation im Zweiten Weltkrieg wurde es heimlich in der Grenzstadt Bohušovice verwahrt.

Der markante Turm des Stephansdoms der bischöflichen Kathedrale wurde nach Plänen des Wiener Architekten Heinrich von Ferstl erbaut. Im Dom befinden sich die Gedenktafeln der verstorbenen Bischöfe. In der Geschichte des Bistums trifft man auf viele außergewöhnliche Persönlichkeiten, unter anderem Ferndinand Kindermann, Ritter von Schulstein, Begründer der böhmischen und österreichischen Volksschule, und Vincenz Milde, Wiener Erzbischof und hervorragender Pädagoge sowie Gründer einer Taubstummenanstalt.

Zwei weitere Gedenktafeln erinnern an den letzten deutschen Bischof von Leitmeritz, Anton Alois Weber, und den ersten tschechischen Bischof nach dem Zweiten Weltkrieg, Kardinal Dr. Štěpán M. Trochta (1905–1974). Inschriften (lat.):

>»Antonius Aloisius Weber episcopus Samiensis olim XVI. Litomericensis natus 24. Oct. 1877, praecon. 22. Oct. 1931.
In Domino obiit 12. Sept. 1948 altera fructus pace qui terrenam non habuit.«

>»Stephanus Maria Cardinalis Trochta Tit. S. Joannis Bozco in via Tusculana XVII Episcopus Litomericensis XXVI. III.MCMV Praecon. XVI.II.MCMXLVII creatus XXVIII.IV.MCMLXIX † VI.IV.MCMLXIX in via crucis populum suum fortiter praecedebat.«

Bischof Dr. Alois Anton Weber wurde 1948, Kardinal Dr. Štěpán Trochta 1974 auf dem Leitmeritzer Friedhof bestattet.

Der Leitmeritzer Friedhof gehört zu den größten und kulturgeschichtlich bedeutendsten Friedhöfen Böhmens. Das herausragende Grabmal der tschechischen Poesie ist seit 1938 ein Kenotaph, ein neugotisches turmartiges Monument mit einer Kreuzblume als Bekrönung. Es war das ursprüngliche Grabmal des in Leitmeritz in jungen Jahren verstorbenen romantischen Dichters Karel Hynek Mácha, bedeutendster Vertreter des

Byronismus. Berühmt geworden ist die Inschrift am Monument des Autors des tschechischen Epos ›Maj‹, das zum Symbol der tschechischen Romantik geworden ist. Inschrift (tsch.):

>»Karel Hynek Mácha geb. i. J. 1810 gestorben i. J. 1836. – ›Endlos weit führt mein Weg, vergeblich all mein Rufen‹«

Die sterblichen Überreste des Dichters wurden im Oktober 1938 vor der Besetzung von Leitmeritz nach Prag überführt und im Mai des folgenden Jahres am Wischehrad–Friedhof bestattet.

Neben der bischöflichen Gruft befindet sich über der Begräbnisstätte des deutschen Komponisten Wenzel Heinrich Veit ein Monument mit einer metallenen Porträtplastik und einer Lyra. Inschrift (dt.):

>»W. H. Veit – Dem Andenken des edlen Tondichters des treuen Staatsdieners des geliebten Gatten und Vaters des allverehrten Mannes«

Am Fuße des Sockels befindet sich die Inschrift (dt.):

>»Wenzel Heinrich Veit geboren zu Rzepnitz am 19. Januar 1806 gestorben als Praeses d. k. k. Kreisgerichtes zu Leitmeritz am 16. Februar 1864«

Die bischöfliche Gruft, in schlichten Formen des spätesten Empire gehalten, trägt als einzigen Schmuck ein steineres Kruzifix und lateinische Inschriften zu den Bischöfen, die hier bestattet wurden. Ihre Reihe eröffnet Ferdinand Kindermann, Ritter von Schulstein, ein bedeutender Schulmann und Reformator des Schulwesens in Böhmen und Österreich. Inschrift (lat.):

>»† Episcopus VII Ferdinandus Kindermann eques de Schulstein obiit D. 25. Maji 1801«

Der vorletzte deutsche Bischof von Leitmeritz, Josef Groß, war Gastgeber des Philosophen und Pädagogen Otto Willmann bis zu dessen Tod in der bischöflichen Residenz. Inschrift (lat.):

>»XV Josephus Groß obiit D. 20. Januar 1931«

Der letzte in der Gruft bestattete Bischof von Leitmeritz war Anton Alois Weber.

Die Gruft des Leitmeritzer Domkapitels ist beachtenswert und aufschlußreich hinsichtlich der nationalen Zusammensetzung dieser Institution, deren Diözesane bis zum Jahre 1945 zu zwei Dritteln deutsch und zu einem Drittel tschechisch waren.

Ein kulturgeschichtlich bedeutsames Monument in Gestalt einer Kalksteinstele von I. Fiala bekrönt die Gruft des deutschen Philosophen, Philosophieprofessors und Pädagogen Otto Willmann. Inschrift (lat.):

>»Hic jazit Otto Willmann Doctor olim philosophiae idenque profesor Doctus ab ecclesia eamque profesus«

Mehrere Grabsteine in den Stilformen der Sezession und ein Ehrenmal für die Opfer des mosaischen Bekenntnisses bilden weitere wichtige Monumente des Friedhofs.

Das Sterbehaus des tschechischen Dichters der Romantik Karel Hynek Mácha (Máchův dům, Máchova 5) ist mit einer Gedenktafel bezeichnet. Inschrift (tsch.):

>»In diesem Hause lebte und starb am 15. November 1936 der Dichter Karel Hynek Mácha«

Der Dichter gehört zu den herausragendsten Verehrern Goethes und Vetretern des Goethekultes in der tschechischen Literatur. Sein Hauptwerk, das Epos ›Máj‹ im Stil des Byronismus, gehört der Weltliteratur an.

Die Literaturgeschichte weist den deutschböhmischen Lyriker, Dramatiker und Übersetzer Josef Emanuel (ursprünglich Josef Johann Baptist) Hilscher als gebürtigen Leitmeritzer aus (* 21. 1. 1806). Er stand als Stabsfourier in österreichischen Garnisonen, war mit seinem Landsmann Ludwig August Frankl befreundet und starb am 12. November 1837 in Bologna. Seine literarhistorische Würdigung hat Dr. Spiridion Wukadinovič im Jahre 1906 geschrieben.

Leitmeritz ist der Geburtsort des tschechischen Landschaftsmalers Bedřich (Friedrich) Wachsmann (1820–1897), eines Angehörigen der Münchner Schule und Freundes von Josef Mánes.

1927 wurde in Leitmeritz Ferdinand Seibt, einer der bedeutendsten Historiker und Bohemisten, geboren. Er wurde mit der T.-G.-Masaryk-Medaille ausgezeichnet.

Die Landschaft der Elbestadt wird in dem Gedicht ›Dampferfahrt im Vorfrühling‹ von Franz Werfel eindrucksvoll beschrieben:

In das wallende Gold schäumt der Kiel, aufspritzen Möwen und Gischt.
Erschreckte Wolken laufen davon und manche erlischt.
O heldischer Kampf am Himmel! Schmale Wolken sanken schwer,
Nun treiben skamandrische Leichen den Fluss daher.
Ans matte Ufer, ins nackte Gebüsch, in Bäume zerfetzt,
Auf Mühlen und Barken hat sich die Sonne gesetzt.
Wer vermag zu schaun und all die Wunder zu sehn,
Die an Leichtern, Fähren, Hütten und Netzwerk geschehn?
Die Seemannsschule, das hölzerne Schiffsmodell,
Noch mild belebt, wie blenden sie übergrell!
An Rahen und Masten, Barren, Reck, Ring und Tau
Turnen brennend Matrosen ins rastlose Blau.
Boote, emporgezogen ans Ufergleis,
Erstrahlen wild wie im plötzlichen Rampenweiß.
Fischerschaluppen, gestürzte Karren, Ruderzeug, Segel und Zelt
Sind wie Kulissen gerückt und zusammengestellt...
Die Triumphfahrt, von Flaggen und Wimpelflackern beschwingt,
Ist von prüfenden Häuschen begleitet, von fliegenden Chören umringt.
Volksgesang und Dampfpfeife wetteifern auf blankem Verdeck,
Mädchen lachen in Gruppen und helle Kommis stolzieren keck.
Und an Landungsstellen, wo das Wasser klatscht und die Planken stößt,
Wie sich die Sonntagswelle lachender Leute löst!
O Tanzlokale am Ufer, o Brüder, o Dampfer, Fährhaus,
Erd und Himmelsgeleit!
Ich bin ein Geschöpf! – Ich bin ein Geschöpf! Und breite die Arme weit...

Ploskovice (Ploschkowitz): Barockschloß aus der Zeit um 1720 (erbaut von Oct. Broggio aus Leitmeritz), 1816 erweitert und 1850–1853 für den abdizierten Kaiser Ferdinand V.

adaptiert. Aus der Zeit stammen die dekorativen malerischen Innenausstattungen von Josef Navrátil und die Skulpturen von Václav Levý neben dem ursprünglich barocken Interieur.

Pokratice (Pokratitz): Ortschaft an der ländlichen Peripherie von Leitmeritz gelegen. Geburtsort des legendären böhmischen Räuberhauptmannes Babinský.

Kochovice (Kochowitz): Geburtsort des Kontrabassisten Johann Josef Abert (1832–1915), Hofkapellmeister in Stuttgart.

LITOMYŠL (Leitomischl)
Bezirk: Svitavy (Zwittau)

Ursprünglich eine Burg der Libicer Slawnikinger aus dem 10. Jahrhundert mit der St. Klemenskirche, vor 1150 ein Prämonstratenserkonvent, der in ein Domkapitel und Bischofssitz umgewandelt wurde, beide dauerten von 1344–1421.
Zu Beginn des Jahres 1568 ließ Wratislaw von Pernstein ein monumentales Renaissanceschloß erbauen. Piaristenkirche beim alten Gymnasium.
Gotische Propsteikirche Kreuzerhöhung (3. Viertel des 14. Jhs.).
Barocke Piaristenkirche Kreuzerhöhung (G. B. Alliprandi, F. M. Kaňka).
Mehrere barocke Häuser. Zweitältestes böhmisches Schloßtheater.
Städtische Denkmalreservation.

Als einstiges zweites Bistum Böhmens und als Mittelpunkt der böhmischen Brüderkirche hat die Stadt die religiösen Strömungen in Böhmen sehr stark beeinflußt.

An den Auszug der böhmischen Brüder nach der Schlacht am Weißen Berg erinnert die pietätvolle Gedenkstätte »Růžový Palouček« (»Rosenhag«), die die Legende vom vergrabenen Kelch zum Gegenstand hat. Aus dem Kreis der böhmischen Brüdergemeinde stammt ihr Diplomat Johannes Rokyta, der kurze Zeit ein Schüler Martin Luthers in Wittenberg war.

Die bedeutendsten Bischöfe von Leitomischl waren Johannes von Neumarkt (um 1310), Kanonikus in Breslau, dann Protonotarius und Sekretär Karls IV. in Prag, 1353 Bischof von Leitmeritz, später Hofkanzler und 1364 Bischof von Olmütz († 1380 in Leitomischl). Seine Briefe über den Hl. Hieronymus, Übersetzungen und Formelbücher sind von enormer Bedeutung für die Entwicklung der neuhochdeutschen Schriftsprache.

Leitomischl ist der Geburtsort des tschechischen Politikers am Kremsierer Reichstag, František August Brauner (1810–1880), des Landschafts- und Historienmalers Julius Mařák (1832–1899), des Musikhistorikers und Politikers Zdeněk Nejedlý (1878–1962) und des Literaturhistorikers Arne Novák (1880–1939).

Zu den bedeutendsten Schülern des Leitomischler Piaristengymnasiums zählt der österreichische Schriftsteller Ludwig August Frankl. Bedeutende Lehrer waren der Burgenhistoriker August Sedláček (1843–1926) und der Romancier Alois Jirásek (1851–1930).

Gegen Ende ihres Lebens arbeitete hier die tschechische Schriftstellerin Božena Němcová an der Herausgabe ihres Hauptwerkes ›Großmütterchen‹.

Zu den ansässigen Familien der Stadt gehörten die Eltern von Bedřich Smetana. Der Komponist wurde 1824 im Bräuhaus von Leitomischl geboren (Abb. 69).

LOBKOVICE (Lobkowitz)
Bezirk: Mělník (Melnik)

Gotische Feste, Turm erhalten, umgebaut zu Beginn des 17. Jhs., im Renaissance-Stil und frühbarock erweitert. Ursprung der Familie Lobkowicz, böhmischer Herrenstand, später Fürstenstand, zuletzt Herzöge von Raudnitz. Die Adelsfamilie Lobkowicz bewahrte lange ihren Einfluß auf die Geschichte der tschechischen Nation.

In der zweiten Hälfte des 19. Jahrhunderts war Schloß Lobkovice im Besitz des tschechischen Historikers und Politikers der Ära des Austroslawismus, František Palacký. Auf dem Schloß befindet sich eine Gedenktafel für Palacký mit folgender Inschrift (tsch.):

»Hier lebte und arbeitete der Vater der Nation 1852–1860. Frant. Palacký«

Palacký wurde auf dem Friedhof bei der gotischen Pfarrkiche Mariä Himmelfahrt im Jahre 1876 bestattet. Über der Grabstelle steht eine offene Ädicula, in der sich eine überlebensgroße segnende Christusstatue erhebt. Inschrift (tsch.):

»Dem Andenken des Vaters die Familie Palacký«

Zwei Porträtmedaillons – von František Palacký und seiner Ehefrau – flankieren die Ädicula. Zu Füßen der Christusstatue befindet sich eine weitere Gedenktafel mit Porträtplakette. Inschrift (tsch.):

»František Palacký, Geschichtsschreiber und Vater der tschechischen Nation
* 14. 6. 1798 † 26. 5. 1876 – Marie Riegrová † 29. 3. 1891«

LOKET (Elbogen)
Bezirk: Karlovy Vary (Karlsbad)

Königliche Burg, zeitweilig Sitz der böhmischen Könige, erstmals genannt 1234, umgebaut um 1400 und zu Beginn des 16. Jhs., jetzt Schloßmuseum mit Goethe-Zimmer (Abb. 103). Die Burgstadt wurde als königliche Stadt um 1240 gegründet und war jahrhundertelang Kreisstadt. Die hochgelegene Stadt mit Renaissance-, Gotik- und Barockhäusern ergibt eine ungemein wirksame Silhouette.

Goethe hat die Stadt wiederholt besucht und auch gezeichnet. In einem Schreiben vom 1. Juli 1807 an Karl Ludwig von Knebel bezeichnete Goethe Elbogen als ein landschaftliches Kunstwerk. Zwei Gedenktafeln (tsch. und dt.) am Gasthof »Zum weißen Roß« »U bílého koně« erinnern an Goethes Aufenthalte in Elbogen in den Jahren 1807, 1808, 1810, 1811, 1818, 1819 und 1823. Während seines letzten Aufenthalts am 28. 8. 1823, seinem 74. Geburtstag, dem »Tag des öffentlichen Geheimnisses«, verabschiedete er sich von Ulrike von Levetzow.

Ein Goethe-Denkmal vom akademischen Bildhauer Willy Russ, das sich vor der Stadtbefestigung befindet, wurde im Jahre 1932 enthüllt.

Aus Elbogen stammt die österreichische Industriellenfamilie Haydinger. Im Jahre 1815 gründeten die Brüder Haydinger in Elbogen eine große Porzellanfabrik.

Der Prager Zeichner und Grafiker Vincenc Morstadt (1802–1875) wählte sich Elbogen als Motiv seiner Zeichnungen.

Am Morgen des 15. September 1849 fuhr der deutsche Maler Carl Spitzweg von Eger über Elbogen nach Karlsbad. In Elbogen notierte er in sein Tagebuch:

> »Der Fluß läuft daselbst wie in Wasserburg, der die Stadt zur Halbinsel umschließt.«

LOUČEŇ (Lautschin)
Bezirk: Nymburk (Nimburg)

Barockes Schloß (1704) und barocke Schloßkirche Mariä Himmelfahrt (1700–1714, F. M. Kaňka). Schloßpark. Beliebte Sommerfrische von Prager Familien im letzten Drittel des 19. Jhs., zu denen auch die Familie Rilke zählte.

In Lautschin steht das Geburtshaus des österreichischen Schriftstellers Franz Nabl (* 16. 7. 1883 † 1974 Graz-Welzelsdorf), dessen Vater hier Domänenbeamter war.

Rilke besuchte im August 1910 und vom 23. Juli bis 20. August 1911 als Gast der Familie Thurn-Taxis, einmal auch in Begleitung des österreichischen Philosophen Rudolf Kassner, das Schloß und den Schloßpark von Lautschin. Dort entstand auch seine ›Skizze zu einem Sankt Georg‹.

SKIZZE ZU EINEM SANKT GEORG
Aus dem Besitze der Fürstin Marie von Thurn und Taxis – Hohenlohe

Weil er weißglüht, weil ihn keiner ertrüge,
halten ihn die Himmel immer verborgen.
Denk: es bräche plötzlich das Vordergebüge
und die Roßstirn durch den wolkigen Morgen
über dem Schloßpark. Und zu der alten Allee
niederstiege, vorsichtig tretenden Tanzes,
im Panzer das Pferd, langsam, die Bahn seines Glanzes
Während, silberner über dem silbernen Tier,
unberührt von der Kühle und trübe,
sich der Helm, vergittert und spiegelnd, hübe:
Früh-Wind in der schwingenden Zier.
Und im steileren Abstieg würde der ganze
Silberne sichtbar, klingend von lichtem Gerinn...;
durch den erhobenen Henzen wüchse die Lanze,
ein einziges Glänzen, wer weiß bis wohin –
aus dem stummen, sich um ihn schließenden Park.

Die Fürstin Marie von Thurn und Taxis erinnert sich in ihren Aufzeichnungen an die Begegnungen mit Rilke:

»Am 23. Juli (1910) kam Serafico, wie ich Rilke nun stets nannte, in Lautschin an. Es war ein herrlicher Sommer. Wir saßen fast den ganzen Tag draußen im Park auf dem Rasen vor dem blauen Salon, so genannt wegen des darin befindlichen chinesischen und Delfter Porzellans, das der Dichter so liebte. Es waren wunderbare Stunden an sonnigen Nachmittagen, an denen Rilke meiner Cousine Taxis, geborenen Metternich, und mir vorlas. [...] Uns beiden allein – denn ich hatte Sorge getragen, daß nur Gäste bei uns weilten, die fähig waren, ihn zu würdigen und zu verstehen, um so mehr, als Rilke damals noch nicht so geschätzt wurde, wie er es dann werden sollte (und es immer mehr werden wird). Ich erinnere mich, da selbst viel später, während der schmerzlichen Kriegswinter in Wien, da man nur in kleinstem Kreis und sehr ernst gestimmt zusammenkam, daß man mich da oft bat, Gedichte Rilkes mitzubringen und sie zu ›erklären‹. [...] In diesen Lautschiner Sommertagen hörte ich zum ersten mal drei Gedichte: ›Ein junges Mädchen‹, ›Rückkehr Judiths‹ und ›Skizze zu einem St. Georg‹. [...] Rilke las auf eine sehr charakteristische Weise, stets stehend, mit einer unendlich modulationsfähigen Stimme, die manchmal zu einer außerordentlichen Stärke anschwoll, in einem eigenartigen singenden Ton mit stark betontem Rhythmus. Es war etwas durchaus Ungewohntes, das einen anfangs befremdete, aber dann doch wunderbar ergriff. Ich habe niemals auf eine feierlichere, aber zugleich auch einfachere Art Verse sprechen hören, man wurde nicht müde zu lauschen. Merkwürdig waren die ungewöhnlich lang dauernden Pausen: da senkte er langsam das Haupt mit den niedergeschlagenen, schweren Augenlidern – Man hörte die Stille, wie etwa die Pausen in einer Sonate Beethovens: ›Der Panther‹, ›Schlangenbeschwörung‹, ›Die Parke‹, welch ein Genuß!«

Georg H. Blokesch (Hrsg.), *Rainer Maria Rilke,*
Erinnerungen der Fürstin Marie von Thurn und Taxis

LOUNY (Laun)
Bezirksstadt

Königliche Stadt, gegründet nach 1260. Reste der Befestigung wiederhergestellt um 1500 und Saazer Tor (Žatecká brána), dessen Bekrönung 1842 umgebaut wurde. Erzdekanalkirche St. Nikolaus anstelle eines älteren Kirchenbaus, der 1517 abgebrannt ist, in derzeitiger Gestalt erbaut in den Jahren 1520–1538 von Benedikt Rieth (Beneš Rejt z Pístova) mit dreiteiligem Zeltdach, restauriert in den Jahren 1885–1892 und 1898–1902 von Kamil Hilbert, dreischiffiger Saalbau mit Orgelempore aus den Jahren 1520–1540 und spätgotische Kanzel aus dem Jahre 1540, Hauptaltar und zwei Nebenaltäre in einmaliger Konstellation von J. Kohl, F. J. Preiss und M. Nonnenmacher aus den Jahren 1700–1708 und Bilder von J. J. Schummer aus den Jahren 1701–1704. Gotik- und Renaissance-Bürgerhäuser. Daliborka mit Erker vom Ende des 16. Jhs. Pseudorenaissance-Rathaus (S. Heller, 1886), Zweckbauten in Neurenaissance und eklektizistischen Stilformen (Kamil Hilbert). Mariensäule (J. J. Bendl, 1673) und Hus-Denkmal (J. Kvasnička, 1925) am Marktplatz (Mírové náměstí). Außerhalb der Stadtmauern befindet sich die einschiffige gotische evangelische St. Peterskirche, beendet 1462. Epitaphe und Grabplastik vom Ende des 15. und aus dem 16. Jh. Gotische einschiffige Marienfriedhofskirche, erbaut um 1500, barockes Inventar, Epitaphe aus der 2. Hälfte des 16. Jhs. Theatergebäude (Fučíkova ulice).

Während der Hussitenkriege stand die Stadt gemeinsam mit Saaz und Schlan auf der Seite der Hussiten.

Im Besitz des Bezirksarchivs Laun befindet sich das Kanzionale des Pavel Mělnický, ein literarisches und kulturwissenschaftliches Dokument aus Kalbsleder im Umfang von

357 Seiten aus dem Jahre 1530. Das Kanzionale wurde in den Jahren 1974–1977 im Staatlichen Archiv in Leitmeritz restauriert.

Auf dem Marktplatz (Mírové náměstí 17/49) steht das Geburtshaus des Prager Dombaumeisters Kamil Hilbert. Gedenktafel mit Büste. Inschrift (tsch.):

»In diesem Hause, zu Füßen des hochragenden Meisterwerkes des Benedikt Ried von Pistau verbrachte Jahre seiner Kindheit und Jugend Kamil Hilbert und von hier nahm seine erste Neigung zur mittelalterlichen Baukunst ihren Ausgang, um später bei der Vollendung des St. Veitsdoms auf der Prager Burg sich zu erfüllen.
* 12. Februar 1869 in Laun † 25. Juni 1933 in Prag. Gewidmet von der Gesellschaft der Freunde böhmischer Altertümer ihrem Vorsitzenden.«

In Laun wurde auch der Bruder des Dombaumeisters, der dramatische Schriftsteller Jaroslav Hilbert (1871–1936) geboren.

Laun ist der Geburtsort von Jaroslav Vrchlický (Pseudonym für Emil Frída) (1853–1912), einem der bedeutendsten tschechischen Poeten des 19. Jahrhunderts und Übersetzer des ›Faust‹ und anderer Werke der Weltliteratur.

Friedrich Gentz berichtet in seinen Tagebüchern von einem Zusammentreffen Metternichs mit der Herzogin von Sagan in Laun im Jahre 1813:

»Am 6. September [1813] machte ich mit der Herzogin [gemeint ist Wilhelmine von Sagan. Anm. d. Verf.] eine interessante Reise nach Laun, wohin uns Graf Metternich beschieden hatte. Wir verbrachten den Abend und einen Teil der folgenden Tage mit ihm; worauf er nach Töplitz zurückkehrte und ich mit der Herzogin nach Prag.«

Dolní Ročov: Auf dem Friedhof an der Wallfahrtskirche befindet sich die Ordensgruft der Augustiner-Eremiten der böhmischen Provinz.

LOVOSICE (Lobositz)
Bezirk: Litoměřice (Leitmeritz)

St. Wenzelskirche (barock 1733–1748). Schloß, frühbarock (1655–1664), 1809 teilweise durch Brand zerstört. Bedeutender Industrieort im Elbetal zwischen Leitmeritz und Bösig.

Aus Lobositz stammt der böhmische Exilant Jan Philemon († 1652), der Professor der Erdkunde an der Akademie in Breda in den Niederlanden war.

Am 1. Oktober 1756 schlug Friedrich II. die unter dem Befehl des Feldmarschalls Graf Maxm. Ulysses Brown heranrückenden Österreicher. Zur Erinnerung an die Schlacht wurde die Kapelle Maria Einsiedel auf dem Weg nach Velemín erbaut.

Lobositz ist der Geburtsort von Karl Ritter von Cyhlarz (* 17. 8 1833 † 21. 7. 1914 Wien), österreichischer Rechtswissenschaftler, seit 1892 Universitätsprofessor in Wien und seit 1895 Mitglied des Herrenhauses für die deutsche Verfassungspartei. Sein Hauptwerk ist ein Lehrbuch der Justiz (1889, 1924).

In Lobositz wurde Alfons Dopsch geboren (1868–1953). Er wurde bekannt als ein Experte für mittelalterliche Wirtschaftsgeschichte. In dieser Disziplin lehrte er an der Wiener Universität.

Heinrich von Kleist hat in einem Brief an seine Braut die Landschaft um Lobositz beschrieben:

»Von Teplitz fuhren wir tiefer in Böhmen nach Lobositz, das am südlichen Fuße des Erzgebirges liegt, da, wo die Elbe hineintritt. Wie eine Jungfrau unter Männern erscheint, so tritt sie schlank und klar unter die Felsen. Leise mit schüchternem Wanken naht sie sich – das Geschlecht drängt sich, den Weg ihr versperrend, um sie herum, der Glänzend-Reinen ins Antlitz zu sehen – sie aber ohne zu harren, windet sich flüchtig, errötend hindurch.«

Im Frühjahr 1827 begab sich der junge Richard Wagner mit seinem Freund Rudolf Böhme zu Fuß von Dresden über Teplitz und Lobositz nach Leitmeritz. Unterwegs übernachteten sie mit einem Prager Harfenspieler in einer Schenke in Lobositz und tranken Tschernoseker Wein.

LUŽANY (Luschan)
Bezirk: Plzeň-Jih (Pilsen-Süd)

Ursprünglich Renaissanceschloß, umgebaut 1866–1867 von dem Besitzer Josef Hlávka nach eigenen Plänen. Die Decken- und Wandmalereien in der Schloßkapelle und in einigen Salons sind Arbeiten des Wiener Schülers von Josef Führich, Karl Jobst (* 1835 Mauerkirchen † 1903).

Der tschechische Architekt Dr. h. c. Josef Hlávka (1831–1908) baute Schloß Luschan nach eigenen Vorstellungen um. Hlávka, der Begründer der tschechischen Akademie der Wissenschaften (1890), versammelte dort seine Landsleute, den Dichter Julius Zeyer, J. V. Sládek, Jaroslav Vrchlický und das »Böhmische Quartett« sowie die führenden Kreise der tschechischen Intelligenz nach dem Vorbild des »Rosenhauses« in Stifters ›Nachsommer‹.

Hlávka erbat von Antonín Dvořák eine Messe zur Weihe seiner Schloßkapelle. Dvořák schrieb die Messe D-dur, Op. 86, welche unter seiner Leitung am 11. September 1887 in Lužany uraufgeführt wurde. Die festliche Messe hatte ursprünglich nur Orgelbegleitung; als jedoch die Firma Novello sie 1893 in London herausgab, instrumentierte Dvořák die Begleitung für kleines Orchester.

Švihov (Schwihau): Mächtige spätgotische Wasserburg der Herren Švihovský von Riesenburg (1480–1510), vollendet von Benedikt Rieth (Abb. 51). Man vermutet in der Gegend von Švihov das Schlachtfeld, wo Samo das deutsche Heer im Jahre 630 schlug.

LYSÁ NAD LABEM (Lissa an der Elbe)
Bezirk: Nymburk (Nimburg)

Als Ort bereits in Quellen aus dem 11. Jh. erwähnt. Königliches Renaissanceschloß aus der 2. Hälfte des 16. Jhs., unter der Herrschaft der Grafen Sporck um 1700 wesentlich erweitert und mit Wandmalereien ausgeschmückt. Barocke Kirche St. Johann (1719–1740, erbaut vermutlich von Fr. M. Kaňka) mit wertvollem Interieur. Im »Sporck-Saal« des Schlosses befindet sich ein Wandgemälde mit einer Darstellung der Schlacht bei St. Gotthard (1664) und ein weiteres Porträt des Grafen Johann Sporck. Auf der Terrasse vor der Kirche befinden sich barocke Statuengruppen von M. B. Braun und Schülern.

In Lissa an der Elbe sollte ursprünglich die Begräbnisstätte für Graf Johann von Sporck eingerichtet werden. Es blieb nur bei einem Epitaph mit Relief in Vollgestalt des Grafen Johann Sporck mit dem Wappen im roten Marmor. Inschrift (dt.):

> »Der hoch und wohl gebohrene Herr Herr Johann des Heyligen Römischen Reichs Graf von Sporck Herr auf Liessa Konoged Herzmannmiestez Moraschitz Gradlitz Maleschow Horzenowes und Bierglitz der röm. Kay May. Kriegsrath General über Dero Cavaglie Ria und bestellter Obrister zu Ross Anno 1680.«

Eine Gedenktafel an der Evangelischen Brüderkirche in Lissa an der Elbe berichtet:

> »Hier wurde am 6. Mai 1879 Prof Dr. Bedřich Hrozný, berühmter Orientalist, ein Gelehrter von Weltruf, geboren.«

Lissa an der Elbe ist der Geburtsort des Grafikers und Stechers Anton Karl Balzer (1771–1807). Er war einer der bedeutendsten Repräsentanten der Kupferstecher-Dynastie dieser Region. Balzer führte in Böhmen die Technik der Aquatinta ein. Auf seinen Stichen finden sich vor allem das Riesengebirge und die Alpen.

MARIÁNSKÉ LÁZNĚ (Marienbrunn, Marienbad)
Bezirk: Cheb (Eger)

> »Mir war es, als wäre ich in den nordamerikanischen Einsamkeiten, wo man Wälder aushaut, um in drei Jahren eine Stadt zu bauen.«
> Goethe (1822)

> »Marienbad ist unbegreiflich schön.«
> Franz Kafka

Das weltberühmte Heilbad wurde vom Kloster Tepl (Teplá) unter seinem Abt Karl Kaspar Reitenberger und mit Unterstützung des Arztes Dr. Joseph Johann Nehr im Jahre 1808 gegründet und zehn Jahre später zu einem Kurort erklärt. Marienbad verdankt seine einmalige Landschaftsgestaltung seinem dritten Gemeindevorsteher (Bürgermeister) und Gartenarchitekten Václav (Wenzel) Skalník (1776–1861). Der Sohn des Lobkowiczischen Gartenbauarchitekten Antonín Skalník hat in Anpassung an die Landschaft am südlichen Ausläufer des einstigen Kaiserwaldes (jetzt Slavkovský les) in einer Seehöhe von 630 m den einmaligen Rahmen für nicht weniger als vierzig Quellen geschaffen (Abb. 108).
Der Kreuzbrunnen und die Maxim-Gorki-Kolonnade wurden im Jahre 1818 geplant. Die jetzige Gestalt des Kreuzbrunnens als Brunnentempel, bekrönt von einer Kuppel mit einem antiken vergoldeten Kreuz, stammt aus den Jahren 1911–1918. Im Jahre 1749 erfolgte die erste Fassung der Quelle, die dann Kreuzbrunnen genannt wurde. Die jetzige Maxim-Gorki-Kolonnade steht an der Stelle einer früheren aus dem Jahre 1826 und wurde im Jahre 1889 als Gußeisen-Kolonnade bezeichnet, ausgeführt von der Wiener Firma Miko und Niedzelsky bei Verwendung von Motiven der Neurenaissance

und des Neubarock in Verbindung mit Stahl und Gußeisen. Die Stahlkonstruktion der Kolonnade lieferte die österreichische Brückenbaufirma Ing. Griedel, die Gußeisenbestandteile die Gräflich Salmschen Eisenwerke in Blansko in Mähren.

Die Kolonnade besitzt eine Orchestertribüne und schließt sich organisch an den Kreuzbrunnen an. In der an die Maxim-Gorki-Kolonade anschließenden Parkanlage, Promenade genannt, finden sich die Denkmäler des Tepler Abts und die Plakette des Gartenarchitekten Wenzel Skalník. Auf dem Waldfriedhof befindet sich das Grab von Wenzel Skalník (1776–1861). Die Plakette stammt von B. Benda.

Das Porträt im Museum ist eine Arbeit von Albert Lustig (1842).

Den Mittelpunkt von Marienbad bildet die römisch-katholische Dekanalkirche Mariä Himmelfahrt aus den Jahren 1844–1848, erbaut im Auftrag des Prämonstratenserstiftes Tepl von dem Architekten J. G. Gutenson in einer Stilvariante des Münchner Neobyzantinismus. Die Vorgängerin der jetzigen Dekanalkirche war eine vom Brunnenarzt Dr. Joseph Johann Nehr in der Nähe des Kreuzbrunnens erbaute kleine Kapelle, die im Jahre 1820 abgerissen wurde, um einer größeren Platz zu machen, die noch 1820 benediziert wurde. Die Grundsteinlegung der Dekanalkirche erfolgte am 15. August 1844 in Gegenwart des Erzherzogs Stephan. Benediziert wurde die Kirche am 19. November 1848 vom Bauherrn Marian Heinl, Abt von Tepl, und am 8. September 1850 wurde sie vom Prager Fürsterzbischof Kardinal Friedrich Schwarzenberg konsekriert. Zur oktogonförmigen Kirche führt eine balkonartige Freitreppe mit dreiunddreißig Stufen, die symbolisch an die dreiunddreißig Lebensjahre Christi erinnern sollen. Über dem Kirchenportal befindet sich das Wappen des Stiftes Tepl, dessen inkorporierte Pfarrei Marienbad ist. Die dekorativen sakralen Malereien des Apostelzyklus schufen Strauß und Hohenegg aus München, die Marienbilder der Prager Dombaumeister Josef Kramer, den Stuck Bader und Pellegrini aus Prag. Bemerkenswert ist auch die evangelische Kirche (Náměstí míru 7/90).

Sie wurde 1857 erbaut. Das Pfarramt der Evangelischen Kirche mit dem für gottesdienstliche Zwecke bestimmten Gemeindesaal (erbaut vor 1890) befindet sich in der Lidická 16/189. Außerdem gibt es eine anglikanische Kirche (Anglický kostel, Ruská 5/98). Sie wurde 1879 erbaut und dient als Ausstellungsraum und für literarische Darbietungen. Das Haus Pax (früher Heimdal, später Hedy),

1914 erbaut, fungiert nun als Erholungsheim der Katholischen Caritas.

Marienbad bekam im Jahre 1872 Anschluß an das Eisenbahnnetz.

Charakteristisch für die in den Stadtkern einbezogene Quellenlandschaft sind die Reste von klassizistischen Architekturen, die sich als Solitäre neben Brunnentempeln in die weitläufige Szenerie der Kurhäuser, Casinobauten, Heilbäder und Hotels einfügen.

Das Gesamtbild führt die Vorliebe für eklektizistische Stilformen in der zweiten Hälfte des 19. Jahrhunderts und dem ersten Drittel des 20. Jahrhunderts vor Augen. So vereinigen sich die urbanistischen Elemente der Wiener Ringstraße mit den typischen Fassaden der Bäderarchitektur mit Musikpavillons neben asphaltierten Parkwegen, vorbei an Casinobauten, Luxushotels und Schweizerhäusern, die sich als Ruhepunkte für Spaziergänger und Kurgäste an den Endpunkten und Aussichtsplätzen dem Besucher darbieten. Modifizierte Fassaden der Sezession schließen die Ensembles historisierender Architekturen ab.

»Der Kurort Marienbad ist eine Schöpfung des neunzehnten Jahrhunderts. Der Waldbezirk, welcher diesen Ort umschließt, gehörte schon seit der Gründung des Prämonstratenserstiftes Tepl durch Hroznata im Jahre 1193 diesem Stifte, und die Quellen, damals Auschowitzer Quellen genannt, werden schon im sechzehnten Jahrhundert urkundlich erwähnt. Es wurden unter Kaiser Ferdinand I. 1528 vergebliche Versuche unternommen, aus diesen Quellen Kochsalz zu gewinnen.«

Dr. E. Heinrich Kisch, *Erlebtes und Erstrebtes. Erinnerungen*

Auf der »Promenade« befindet sich das Denkmal des Gründers der Kurstadt, Karl Reitenberger (* 29. 12. 1779 Neumarkt † 21. 3. 1860 Wilten in Tirol, seit 1908 in der Gruft der Äbte von Stift Tepl bestattet), Abt von Tepl und Freund Goethes. Inschrift:

»Carolus Casparus Reitenberger abbas Teplensis nat. 29. Dec. 1779 Neofori in Bohemia, mort. 21. Mart. 1860 Vietini in Tiroli«

Abt Reitenberger mußte im Jahre 1827 unter dem Druck des Wiener Hofes auf seine Würde verzichten und lebte bis zu seinem Tod im Tiroler Exil.

Dr. Nehr, der erste Arzt, der im Jahre 1779 als ordinierender Arzt des Stifts Tepl nach Marienbad kam, schrieb eine medizinische Abhandlung über die große Bedeutung der Marienbader Quellen und baute das erste Kurhaus zur Aufnahme einiger Kurgäste. Im Vestibül des Kreuzbrunnens steht die Büste des Bäderarztes Dr. Joseph Johann Nehr (1752–1820), Autor: Emanuel Max (1848), abgegossen bei Burgschmidt (1853).

Carl Gustav Carus (1789–1869), vielseitig engagierter Arzt, Philosoph, Kunstschriftsteller und Maler, königlich sächsischer Hofarzt und Professor für Geburtshilfe in Dresden, durch seinen freundschaftlichen Verkehr mit Goethe bekannt, hielt sich im Juni 1934 in Marienbad auf. Dort las er die Memoiren des berühmten Häftlings des Brünner Spielbergs, Silvio Pellico, die ›Memoires de Silvio Pellico‹. Während seines Aufenthaltes begegnet Carus hier dem Dante-Übersetzer Karl Streckfuß (1778–1844) und dem Altertumswissenschaftler und Kunsthistoriker Sulpic Boisseré (1783–1854). Von großer Bedeutung war für Carus außerdem die Begegnung mit Goethes Altersfreund, Graf Kaspar Maria Sternberg:

»Eine dritte interessante Begegnung war mir Graf Kaspar von Sternberg, auch einer der noch überlebenden Freunde Goethes, der dem Prinzen hier einen Besuch abstattete und den ich am 15. Juni an der Tafel desselben antraf. Wieder hatte ich an ihm der Erscheinung eines im höhern Alter noch frisch und aufrecht sich haltenden Geistes mich zu erfreuen! Er brachte allerhand Neues mit aus den Steinkohlenlagern Böhmens; Zeichnungen ihrer vorweltlichen Gewächse, mit wunderbaren Formen von Stämmen, Blättern und Früchten, noch ungekannte Gestalten eines zu der Familie der Trilobiten gehörigen Thiers jener uralten Sümpfe und Seen; kurz, die Mittheilungen, die er machte, waren ebenso anziehend als die Persönlichkeit des Mittheilenden selbst.«

Sehenswert ist das Kurhaus »Schloß Windsor« (Ostrava, Třebízského, früher Waldbrunnenstraße), das im Jahre 1871 erbaut wurde. Der Universitätsprofessor MUDr. Samuel von Basch wohnte und praktizierte hier. Samuel von Basch war ein Schüler von Rokitansky, der ihn dem Kaiser Max von Mexiko als Leibarzt empfahl. Basch begleitete den Monarchen; er übernahm nach der Exekution dessen Leichnam, der auf dem Dampfer »Tegethof« nach Wien gebracht wurde.

Samuel von Basch, der nobilitiert wurde, habilitierte sich zunächst als Privatdozent für Experimentielle Pathologie. Auf diesem Gebiet arbeitet er nach Ansicht seines Kollegen Prof. Dr. E. Heinrich Kisch mit Forscherlust und wissenschaftlicher Strenge. Besonders auf dem Gebiet der Blutzirkulation und des Blutdruckes leistete er Hervorragendes. Für die Messung des Blutdruckes begründete er eine wissenschaftliche Methode.

Ein Denkmal des Dr. S. Ritter von Basch befand sich in der Nähe des jetzigen Hauses Tatra innerhalb der Parkanlage. Es wurde von den Okkupationsorganen beseitigt. Die Inschrift lautete:
> »Professor von Basch, dem Vater der klinischen Blutdruckmessung 1837–1905«

Das Monument bestand aus einer Bronzebüste auf einem Marmorsockel.

In Marienbad war auch der Universitätsprofessor E. Heinrich Kisch, ein Onkel des Journalisten Egon Erwin Kisch, ansässig. Er erbaute sich die Villa Kisch, die dann als Erholungshaus der Gewerkschaften diente (Wasilewská, Třebízského třída 11/113).

> »Im Jahre 1872 baute ich mir eine kleine Villa am äußersten Westende Marienbads, zunächst der Waldquelle mitten in den Wald hinein.«
> Univ. Professor E. Heinrich Kisch

Der einst weit über Marienbad hinaus bekannte Arzt wurde besonders von Patienten aus Polen, Rußland und Serbien aufgesucht und zählte zahlreiche Fürstlichkeiten, Mitglieder des Großbürgertums, ja auch Rabbiner aus dem europäischen Osten zu seiner Klientel. Professor Kisch entstammte einer unbemittelten Familie der Prager Judenstadt. Sein Vater unterhielt eine Privatschule.

In der Villa Kisch wohnten während ihrer Aufenthalte in Marienbad der Begründer der slawischen Altertumswissenschaften Josef Dobrovský, und Goethes Gast, der Komponist Tomašek.

Besonders bemerkenswert ist auch das Haus des Marienbader Arztes Dr. Hans Turba (1866–1939), genannt »Villa Turba« (Třída Československé armády 3/370).

Dr. Turba war der letzte demokratisch gewählte Bürgermeister von Marienbad, der aus der Deutschen Christlich-Sozialen Partei in den Stadtrat gewählt worden war. In der Villa Turba wohnte im Jahre 1913 laut Marienbader Kurliste vom 18. Juli 1913 der am 17. Juni 1913 hier eingetroffene MUDr. Sigmund Freud mit Ehefrau Marta und Fräulein Tochter Anna und weiteren Angehörigen. Zwei Jahre zuvor war Sigmund Freud in Karlsbad zur Kur gewesen. Jetzt befindet sich in dem Haus die Städtische Bibliothek.

Das Städtische Museum (Městské muzeum), das auch die Funktion einer Goethe-Gedenkstätte erfüllt, volkstümlich »Goethe-Haus« genannt, gehört zu den ältesten erhaltenen klassizistischen Architekturen der Stadt. Eine Rundplakette mit Goethes Kopf im Profil in Bronzeguß befindet sich über dem Hauseingang. Eine Metalltafel hält den Werdegang des Hauses in einer Inschrift an der Fassade links vom Eingang fest:

> »Städtisches Museum. Ursprünglich das Haus ›Zur goldenen Traube‹, erbaut im Jahre 1818. Im Jahre 1823 wohnte hier Johann Wolfgang Goethe.
> Seit dem Jahre 1953 befindet sich hier das Städtische Museum, das im Jahre 1979 auf Veranlassung des Städtischen Nationalausschusses installiert wurde.«

Im Vestibül des Museums befindet sich eine Gedenktafel mit deutscher Inschrift:
> »Hier wohnte Goethe in dem Jahre 1823.«

Das Museum zeigt in seiner ständigen Exposition den erdgeschichtlichen, zivilisatorischen und balneologischen Werdegang des Bades sowie eine Reihe von Exponaten zur Geschichte von Marienbad. Eine Reihe von Räumen sind mit Mobiliar ausgestattet, welches zur Wohnungseinrichtung des Hauses gehörte, als Goethe es bewohnte.

Goethe weilte insgesamt viermal in Marienbad. Er war auf den Rat des Arztes A. W. Hufeland in den Jahren 1821, 1822 und 1823 zur Kur nach Marienbad gekommen. A. W. Hufeland berichtet darüber in einer Notiz, die in den Briefwechsel zwischen Goethe und Zelter aufgenommen wurde:

>»Eines muß ich noch anführen, daß nämlich Goethe, der Stolz unserer Nation, im Kreuzbrunnen nach einer schweren Krankheit seine beste Hilfe und in diesem Sommer die vollkommenste Wiederherstellung gefunden hat.«
> Dr. Friedrich Riemer (Hrsg.), *Briefwechsel zwischen Goethe und Zelter in den Jahren 1796 bis 1832*

In Marienbad schloß Goethe seinen Freundschaftsbund mit dem Grafen Kaspar Maria Sternberg. Der Graf berichtet darüber in seiner Autobiographie:

>»1822. Schon lange sehnte ich mich Göthe's persönliche Bekanntschaft zu machen, den ich so oft in Karlsbad verfehlt, in Marienbad um einige Stunden versäumt hatte. [...] Marienbad bot hierzu die Gelegenheit, wo wir zusammen unter einem Dache wohnend, uns sehr bald näherten. Die Steine der Umgegend, welche sein Zimmer erfüllten, waren die ersten Vermittler; bald aber wurden die wichtigeren Momente unserer beiderseitigen Lebensfahrt durchgesprochen, die Gegenwart überblickt, und wir fühlten, daß wir uns näher angehörten. Wir speisten Mittags und Abends an demselben Tische, fuhren öfter zusammen spazieren, und blieben nach dem Nachtessen noch stundenlang auf seinem Zimmer.«
> Dr. Franz Palacký (Hrsg.), *Leben des Grafen Kaspar Maria Sternberg von ihm selbst beschrieben*

Zu den für Goethe schicksalhaften Begegnungen in Marienbad gehört die jugendliche Ulrike von Levetzow, seine späte Liebe. Diese »letzten Liebeswirrungen«, wie es Paul Wiegler bezeichnet, erwähnt Goethe in einem Schreiben aus Eger vom 24. August 1823:

>»Auch ist es trostlos von politischen Dingen, wohin man auch horcht, zu vernehmen. Mich von allen solchen wie von ästhetischen Gesprächen und Vorlesungen zu befreyen, hatte ich mich auf sechs Wochen einem hübschen Kinde in Dienst gegeben, da ich denn vor allen äußeren Unbilden völlig gesichert bin.«
> Dr. Friedrich Riemer (Hrsg.), *Briefwechsel zwischen Goethe und Zelter in den Jahren 1796 bis 1832*

Schon am Ende seines letzten Aufenthaltes in Böhmen besann sich Goethe auf seine Lebenschronik. In einem Brief aus Marienbad an Zelter heißt es:

>»Was ich aber eigentlich fördere, ist die Redaction meiner Lebenschronik. Nach mancherley Versuchen hab' ich endlich von der neuesten Zeit angefangen, da ich mich denn bey frischem Gedächtnis nicht lange um Stoff zu bemühen brauche; endlich merke ich, so rückwärts arbeitend, wie das Bekannte, Gegenwärtige, das Verschwundene, Verschollene wieder Zurückruft. Marienbad, den 24. July 1823.«
> Dr. Friedrich Reimer (Hrsg.), *Briefwechsel zwischen Goethe und Zelter in den Jahren 1796 bis 1832*

Die große Verbundenheit, die Goethe zu Böhmen empfand, kommt durch folgende überlieferte Anekdote zum Ausdruck:

>»Göthe bemühte sich in den letzten Jahren seines Lebens böhmisch zu lernen.«
> Karl Egon Ebert an den Fürsten Karl Egon von Fürstenberg, geschrieben in Donaueschingen den 7. October 1832

Als Reminiszenz auf seine Aufenthalte in Marienbad verfaßte Goethe 1823 die ›Marienbader Elegien‹.

Richard Wagner weilte während seines Aufenthalts in Marienbad im Jahre 1845 in einem Haus, das 1832 erbaut wurde. Es gehört zu den ältesten sowie fast völlig erhalten gebliebenen Gebäuden aus der Zeit der Entstehung Marienbads.

Richard Wagner trug sich mit dem Gedanken, die Idee, die seinem Bayreuther Festspielhaus zugrunde liegt, in Marienbad zu verwirklichen.

Im Haus Fatra wohnte im Jahre 1854 der deutsche Dichter Friedrich Hebbel. In seinem Tagebuch berichtet er unter der Eintragung 3. Juli 1854:

>»Hier sitz' ich in einem böhmischen Bade, wohin ich mit meiner lieben Frau gereist bin, weil sich ein heftiges Leberleiden bei ihr eingestellt hat.«

Am 4. Juli vertraut er seinem Tagebuch an:

>»Das Bad macht einen sehr freundlichen Eindruck; überall die schönsten Waldspaziergänge und geschwätzige Bäche, die bald still dahinrieseln, bald tosen und aufschäumen; in unser Zimmer rauscht eine Fontäne hinein, die nicht weit von unserm Haus steht.«
>
>Friedrich Hebbel, *Tagebücher in Auswahl*

Eine Gedenktafel erinnert an den Aufenthalt von Friedrich Hebbel.

Das Haus Krym (früher Klinger) diente dem russischen Schriftsteller Nikolaj Wassiljewitsch Gogol als Unterkunft. Das ursprüngliche Gebäude wurde im Jahre 1977 demoliert. Eine Gedenktafel erinnert an den Aufenthalt des russischen Schriftstellers. Im Jahre 1839 kam Nikolaj Wassiljewitsch Gogol aus Italien nach Marienbad, um hier sein Magen- und Nervenleiden zu heilen. Ein hier gleichzeitig anwesender Millionär und Unternehmer inspirierte Gogol zur Gestalt seines Kostausschogel im zweiten Teil seines Romans ›Tote Seelen‹. Er hat hier an seinem ›Taras Bulba‹ gearbeitet.

Während seines Kuraufenthaltes in Marienbad im Jahre 1857 schuf Iwan Aleksandrowitsch Gontscharow die Gestalt seiner Olga Sergejewna Iljinska aus dem Roman ›Oblomow‹ (1857).

Hugo von Hofmannsthal begann im Hochsommer des Jahres 1894 in Marienbad das märchenhafte Trauerspiel ›Das Bergwerk von Falun‹ niederzuschreiben.

Auch der König von England, Eduard VII., weilte als Kurgast in Marienbad. Ein Porträt von dem königlichen Besuch findet sich in Willy Haas' ›Belle Epoque‹:

>»Der König trug einen hellgrauen Anzug, einen noch helleren grauen Hut dazu, weiße ›spats‹ oder Gamaschen, wie es sich gehörte, eine farbige Krawatte, die durch einen goldenen Ring mit einem Edelstein gehalten wurde. Er war vollkommen fein und korrekt angezogen, wie ich es nicht anders erwartet hatte.«

Weitere bedeutende Namen sind auf der Kurliste zu finden: Josef Dobrovský (1823), I. S. Turgenjew (1840 und 1842), Henryk Ibsen, Rudyard Kipling, Mark Twain.

Auch Antonín Dvořák weilte hier 1875 zur Kur.

Vom 6. 12. 1923 bis 3. 4. 1924 wohnte Maxim Gorki im Hause »Maxhof«, jetzt »Maxim Gorki«.

Im einstigen »Schwarzen Roß«, das in der Nachkriegszeit zerstört wurde, wohnte Anton Bruckner.

Im Jahre 1870 war Berthold Auerbach in Marienbad zu Besuch.

Jan Neruda hat im Jahre 1872 ein bedeutendes Feuilleton über Marienbad geschrieben.

Im Jahre 1884 starb in Marienbad der tschechische Priester und Volksschriftsteller Václav Beneš-Třebízský (1849–1884).

Vom 3. bis zum 15. Juli 1915 verbrachten Franz Kafka und Felice Bauer zwölf Tage im Hotel Balmoral in Marienbad.

Über den Ursprung des Bades existiert eine Quellenlegende. Diese erlangte in der poetisierten Fassung von Gaudentius Koch Bekanntheit:

»Als das Christkind auf dieser Welt erschienen war, kam die Zeit, wo es gebadet werden sollte. Alle Engel stiegen vom Himmel, um ihm dabei zu dienen. Der kleine Herrgott aber sprach: Soll ich hienieden gebadet werden, so will ich die Quellen segnen, die mein Vater auf dieser Erde hervorspringen läßt. Bringt mir vom Wasser aus dem Tal der Zähren. Die Engel kannten alle Quellen der Welt. Doch darin kamen sie überein, die edelsten Quellen seien in den Wäldern, wo heute die Tepl fließt. Und je ein Engel brachte in großer kostbarer Schale vom Wasser im Böhmerland. Und unsere Liebe Frau badete den Christenknaben. Und so für jeden Tag in einem andern Wasser. Ein Wasser aber gefiel dem Christuskind vor allem, das Wasser aus dem Teplgrunde. Wie wollen wir das Tal dort heißen? fragte der Heiland seine Engel. Wir heißen es nach der Mutter, weil ihre Hände mir mit diesem Wasser das edelste Bad bereitet haben: Marienbad soll die Waldung dort heißen für alle Zeit. Und Heilung sollen dort finden alle Kranken bis aufs Ende der Tage.«

Gaudentius Koch, *Böhmische Bilder und anderes*

Marienbad, um die Jahrhundertwende ein Kurort von weltweiter Bedeutung, besaß eine Vielzahl professioneller Bediensteter in den balneologischen Einrichtungen, die meist aus dem Kleinbürgertum stammten und für den reibungslosen Betrieb dieses Räderwerkes Sorge trugen. Ein Journalist der neunziger Jahre des letzten Jahrhunderts, Michael Balucki, hat in launiger Darstellung diesen Menschen ein Medaillon gewidmet:

»Zum Schlusse sei noch einiges über das dortige Volk erwähnt, über die ganze Armee von Stubenmädchen, Hausmeistern, Kellnern, Hoteliers, Hausbesitzern, der Badebedienerschaft, welche von früh bis abend um die Gäste bemüht ist und zu deren Diensten steht. Auch hier könnten unsere Josefinen, Katharinen, Maries, Jacques und Michaels von einer Peppi oder Anna (es ist dies der unter Stubenmädchen populärste Vornamen) oder von solchen Antons und Johanns Manches in peto Diensteifer profitieren. Namentlich die Stubenmädchen und das weibliche Geschlecht überhaupt ist hier ungleich arbeitsamer als die Männer.«

Michael Balucki, *Skizzen aus Marienbad. Marienbader Tagblatt* 8. 6. 1892.

MIKULÁŠOVICE (Nixdorf)
Bezirk: Děčín (Tetschen an der Elbe)

Große St. Nikolauskirche aus der Zeit um 1750, beachtenswerte Lösung der Fenster, Madonna von Joseph Führich. Der etwa 6 km am Rauschenbach gelegene Ort ist Böhmens »Stadt der Messerschmiede« (Stadterhebung im Jahre 1916).

Der Großhändler Zacharias Römisch d. J. besaß in der 1. Hälfte des 19. Jahrhunderts in Nixdorf eine bemerkenswerte Bibliothek sowie eine Sammlung von Kunstwerken und naturkundlichen Exponaten. In seinem Hausgarten ließ er ein gemeinsames Monument für Kaiser Joseph II., General Laudon, den Physiker Newton und den Dichter Gotthold Ephraim Lessing errichten.

Nixdorf hat seinen Platz in der Geschichte des ländlichen Handels in Nordböhmen:
»Der Nixdorffer fanget seinen Handl gemeniglich alla minuta (im kleinen) mit einem Schubkarren oder Kraxen an, bis er durch seinen Fleiß und Mühe sich endlich so weit emporbringet, daß er ein Kramel in seiner Heimath aufrichten oder all ingrosso mit Auswärtigen negociiren kann, und auf solche Art leithet er ingleichen seyne Kinder ein. Eben dieser Handlung ist es zuzuschreiben, daß dorten wohlhabende, und mit nützlichen Credit versehene Leuthe anzutreffen sind.«

    Aus dem Bericht des Kammerrates Loscani über den Zustand
    der Industrie in Böhmen im Jahre 1756

MILEŠOV (Milleschau)
Bezirk: Litoměřice (Leitmeritz)

Barocke Pfarrkirche St. Antonius von Padua, erbaut von Antonius della Porta (1680), hölzerner Glockenturm auf gemauertem Postament, barocke Kalvariengruppe (1777). Schloß in zwei Etappen (16. und 17. Jh.) erbaut.
A. della Porta baute 1682 das neue Schloß für Kaspar Kaplíř von Sulevic, später bis 1945 im Besitz der Grafen Ledebour.

In der Mileschauer Pfarrkirche wurde Zdeněk Kaplíř von Sulevic, Marschall Kaiser Leopolds I., im Jahre 1669 bestattet. Er ging zusammen mit König Johann Sobieski III. von Polen in die Geschichte ein, und zwar als Retter Wiens vor den Türken im Jahre 1683. Sein Marschallstab und die Schärpe wurden im Pfarrhaus von Milleschau aufbewahrt.

Milešovka (Milleschauer Donnersberg): Höchster Berg des Böhmischen Mittelgebirges (České Středohoří) (835m) mit freier Rundsicht vom Gipfel. Observatorium. Zu den berühmtesten Besuchern des Berges gehören Alexander von Humboldt und der brasilianische Weltreisende Decamera, welcher den Berg zu den schönsten Aussichtspunkten der Erde zählte. Der deutsche Naturwissenschaftler und Montanist Jacob Nöggerath schreibt über eine Besteigung des Milleschauer Donnersberges in seinem böhmischen Reisebuch:
»Den 7. Okt. unternahmen wir eine Tour nach dem Milleschauer, oder, wie ein böhmischer Schriftsteller ihn nannte, dem Schlußsteine der Bergkrone Böhmens, dem Belvedere des Landes der Czechen, dem Könige des Mittelgebirges, dem Festaltar einer aufgetürmten Gottesstadt.«

MIMOŇ (Niemes)
Bezirk: Česká Lípa (Böhmisch Leipa)

Nordböhmische ländliche Industriestadt. Zu den bedeutenden Denkmälern gehört das »Heilige Grab«, das Anlaß zu Wallfahrten und kirchlichen Festen gab.

Niemes ist der Geburtsort des Arztes und medizinischen Schriftstellers Karl Ignaz Lorinser (* 24. 7. 1796 † 2. 10. 1853 Patschkau, Schlesien, jetzt Paczków Grodek). Zuerst war Lorinser im höheren Sanitätsdienst des einstigen preußischen Staates tätig, nach Reisen durch mehrere Länder publizierte er Arbeiten über pestartige Erkrankungen. Seine Schrift ›Zum Schutze der Gesundheit in der Schule‹ (Berlin 1836) rief den sogenannten »Lorinserischen Schulstreit« hervor und führte zu planmäßigen gymnastischen Übungen an vielen Gymnasien.

MLADÁ BOLESLAV (Jungbunzlau)
Bezirksstadt

Gegründet zu Ende des 10. Jhs., zur Stadt erhoben im Jahre 1334, jahrhundertelang Kreisstadt. Auf den Grundmauern einer Feste wurde die gotische Burg erbaut, später oft umgebaut, in der 2. Hälfte des 18. Jhs. zur Kaserne bestimmt. Renaissance-Rathaus aus den Jahren 1554–1559 (vermutlich Math. Borgorelli), gotische Marienkirche vom Anfang des 15. Jhs., ehemals Brüder-Versammlungsraum aus den Jahren 1544–1554 (Math. Borgorelli), später als katholische St. Wenzelskirche geweiht, jetzt Museum. Die Stadt nimmt eine bedeutende Stellung in der Geschichte der Automobilindustrie ein. Im Jahre 1895 wurde hier die Firma Laurin und Klement gegründet, mit der die Tradition der Erzeugung von Motorfahrzeugen in dieser Stadt begann.

Die ehemalige Piaristenkirche St. Bonaventura an der Stelle des einstigen Minoritenklosters, genannt »Na Františku« (»Bei St. Franziskus«), geht auf eine Gründung des Jan von Michalovic, eines Günstlings Karls IV., aus dem Jahre 1345 zurück. Der Fundator trat nach seiner Resignation auf seine Prager Domherrenpfründe in Prag in das von ihm gestiftete Kloster ein und starb dort.

Der Jungbunzlauer Arzt und Drucker Mikuláš Klaudyán, Mitglied der Böhmischen Brüderkirche, zeichnete die erste Landkarte Böhmens, die im Jahre 1518 in Nürnberg in der Hoelzelschen Druckerei in Druck erschien.

Michael Weisse (* 1543), Prediger der Brüdergemeinde, Mönch in einem Breslauer Kloster, gab ein ›New Gesengbüchlein‹ heraus, das 1531 bei Georg Wylmschwerter in Jungbunzlau erschien. Das Gesangbuch war den deutschsprachigen Brudergemeinden zu Landskron und Fulnek gewidmet. Es enthält 157 Lieder (20 Übersetzungen und 137 Weisen). Luther selbst übernahm einige der Lieder in seine Kirchenliedersammlung.

Im Jahre 1539 wurde der St. Gallusfriedhof angelegt. Die Friedhofskirche vom gleichen Weihetitel wurde im Jahre 1559 von den Krajíř von Krajek erbaut, die dort ihre Gruft errichteten.

In der St. Galluskirche (Sv. Havel) wurde der Bischof der Böhmischen Brüder Jan Augusta und Jiří Kezelius Bydžovský, Chronist der Stadt Jungbunzlau, bestattet.

Auf dem Friedhof wurde die Studentenmutter von Jungbunzlau, Anežka Drobná geb. Schulzová, bestattet, die als »Lateinische Großmutter« in den Roman ›Latinská babička‹ von Ferdinand Schulz eingegangen ist.

Jungbunzlau ist der Geburtsort des Komponisten Georg Benda (* 1721 † 6. 11. 1795 Kostritz bei Gotha), Konzertmeister in Berlin, Kapellmeister in Gotha sowie Musikdirektor in Hamburg.

Bei der St. Galluskirche befindet sich das Grab der Mutter von Bedřich Smetana, Frau Barbora geb. Linková. Gedenktafel mit Inschrift (tsch.):

»Dem leuchtendem Andenken der Mutter von Bedřich Smetana
– Barbora Smetanová, verstorben am 20. 11. 1864 im Alter von 73 Jahren.«

In den Jahren 1833–1837 besuchte der deutschböhmische Dichter Moritz Hartmann (1821–1872) das Piaristengymnasium in Jungbunzlau. Hier war sein Großvater, der Rabbiner Spitz, ein Nachkomme einer alten Rabbinerfamilie, die ihre Abkunft unter anderem auf den Rabbi Löw zurückführt, beamtet. In die Schulzeit des jungen Moritz Hartmann fällt seine Jugendfreundschaft mit dem österreichischen Schriftsteller Leopold Kompert (1822–1886). Auch Hartmanns Schwager, der tschechische Dichter und Übersetzer von Volksliedern Siegfried Kapper (1820–1879), war einige Jahre als Arzt in Jungbunzlau ansässig.

Jabkenice: Im barocken Forsthaus lebte bei seinem Schwiegersohn in den Jahren 1875–1884 der Komponist Bedřich Smetana. Das Forsthaus ist heute als Gedenkstätte eingerichtet und gehört als Außenstelle in den Verband des Prager Smetana-Museums. Ein Teil des Wildgartens, den Smetana oft und gerne besuchte, ist seit 1956 unter Denkmal- und Naturschutz gestellt worden. Smetana-Denkmal von František Bílek. Im Ort befindet sich eine gotische Kirche (Ziegelbau) aus der Mitte des 14. Jhs., daneben ein hölzerner Glockenturm, vermutlich aus dem 16. Jh.

Vinec: Spätromanische Tribünenkirche St. Nikolaus aus dem 2. Viertel des 13. Jhs., von hohem architektonischem und künstlerischem Niveau. Nach dieser Kirche wird eine Reihe von romanischen Kirchen bezeichnet.

MLADĚJOV
Bezirk: Jičín (Gitschin)

Frühklassizistisches Schloß aus dem Jahre 1769, im Jahre 1913 neubarock umgebaut. Einstiger Landsitz des hervorragenden Technikers Franz Josef Gerstner (1756–1832). Gotische Kirche St. Ägidius, teilweise barockisiert, Glockenturm teilweise in Holzkonstruktion (1793).

Auf Schloß Mladějov befand sich 1778 achtzehn Tage lang das österreichische Hauptquartier im Feldzug gegen Preußen. Kaiser Joseph II. nahm hier zeitweilig Aufenthalt. Der »Kaiserbrunnen« im Wald Kopanina leitet aus dieser Zeit seinen Namen ab.

Auf dem Friedhof bei der gotischen St. Ägidiuskirche befindet sich das Grab von Franz Joseph Ritter von Gerstner, Mathematiker, Ingenieur, k. k. Gubernialrat, Wasserbaudirektor, erster Direktor der Ständischen Technischen Lehranstalt in Prag, Rektor der Technischen Hochschule und Projektant der ersten Eisenbahn auf dem Kontinent. Sie wurde dann von seinem Sohn Franz Anton von Gerstner (1795–1840) auf der Strecke Böhmisch Budweis – Linz erbaut.

Franz Josef von Gerstner starb am 25. Juni 1832 im 76. Lebensjahr. Das Grab besitzt eine lateinische Aufschrift, die vom klassischen Philologen und vaterländischen Dichter Professor Wenzel Swoboda (1791–1849) verfaßt wurde:

Immenso juvenis spectabat sidera coelo;
Certa vir undantes jura decebat aquas;

Naturae humanas adjuvit viribus artes
Laude senex multa clarus ad astra redit
Stern als Jüngling erspäht er dereinst am unendlichen Himmel
Lehrt nach festem Gesetz wogen die Wasser als Mann.
Jegliche Kraft der Natur eint er dem menschlichen Kunstsinn;
Ruhm umstrahlet als Greis kehrt zu Sternen er heim.

Über dem Grab ist eine Metallgußplatte in die Friedhofsmauer eingefügt. Sie zeigt das Wappen von Franz Joseph Ritter von Gerstner: im oberen Feld ein Stern mit Winkelmaß, im unteren drei gebündelte Ähren. Über dem Schild befinden sich die Helmzieren.

Unterhalb der Grabstelle wurde in jüngster Zeit eine Metallplatte mit tschechischer Inschrift angebracht:

»Hier ruht seit dem Jahre 1832 Franz Josef Gerstner, geboren im Jahre 1756 in Komotau, berühmter Mathematiker und Astronom, weltbekannt als Fachmann auf dem Gebiet der Mechanik und Hydraulik. Er beantragte im Jahre 1807 die Verbindung von Böhmisch Budweis und Linz durch die erste Eisenbahn auf dem Kontinent, und mit seinem Sohn Franz Anton führte er ihren Bau durch. Er trug Sorge, daß die älteste öffentliche technische Schule, das Böhmische Ständische Ingenieursinstitut in Prag, gegründet im Jahre 1707, mittels Reskript in eine Polytechnische Schule umgewandelt wurde, zu deren Professor und erstem Direktor er im Jahre 1803 ernannt wurde. Diese von ihm errichtete technische Lehranstalt ging im Jahre 1920 in die Tschechische Hochschule in Prag über.«

Das Grabmonument wurde kürzlich pietätvoll erneuert.

Franz Joseph Ritter von Gerstner stand in Briefwechsel mit Goethe. Goethe schloß 1812 in Teplitz mit Franz Joseph von Gerstner Bekanntschaft. Am 31. Juli 1813 schrieb Goethe dem Prager Gelehrten:

»Wie sehr wünscht ich, daß es mir vergönnt sein möge, Ihnen in Prag aufzuwarten, um doch endlich einmal jene bedeutende Stadt, die darin wohnenden vortrefflichen Männer und so manche Merkwürdigkeiten zu sehen.«

MNICHOVO HRADIŠTĚ (Münchengrätz)
Bezirk: Mladá Boleslav (Jungbunzlau)

Als Stadt um die Mitte des 13. Jhs. gegründet vom nahen Zisterzienserkloster Hradiště (Kloster bei Münchengrätz). Anstelle einer gotischen Feste entstand im Jahre 1606 ein Renaissanceschloß, erbaut von Václav Budovec von Budov, der im Jahre 1621 am Altstädter Ring in Prag hingerichtet wurde. Das Schloß wurde um 1700 von der Familie des Grafen Waldstein nach Plänen von Marc. Ant. Canevale umgebaut. Reiches Schloßinterieur und eine Bibliothek, die von Dux hierher übersiedelt wurde und die Hinterlassenschaft von G. Casanova enthält. Vor dem Schloß steht das Denkmal des Budovec von Budov; Autor: Josef Bílek.

In der Gruft der Doppelkapelle der Hl. Anna (1721–1724) und der Hl. Drei Könige beim ehemaligem Kapuzinerkloster vom Ende des 17. Jahrhunderts im Schloßpark zu Münchengrätz wurden am 3. März 1785 die sterblichen Überreste Albrecht von Waldsteins, kaiserlicher Generalissimus im Dreißigjährigen Krieg, beigesetzt.

1934 ließ der Herr des Hauses, Graf Karl Waldstein, über die bis dahin unbezeichnete Gruft eine Gedenktafel mit lateinischer Inschrift setzen.

»Zum dreihundertsten Todestag ließ die Familie an der Wand über der Gruft eine neue Marmorkomposition anbringen. In der Mitte, überlebensgroß, sieht man im Relief Kopf und Brust, Harnisch, Feldherrnstab; darunter das Wappen. Links alle Titel, auch die mecklenburgischen, Fürst der Wenden, Graf zu Schwerin; der Lande Rostock und Stargard Herr. Rechts die Lebensdaten. Links unten: ›Was leuchtet heller als die Sonne? Und auch sie weicht der Finsternis.‹ – Ein Vers, in dem etwas mitschwingt von Böhmens Schwermut.«

Golo Mann, *Wallenstein*

1833 fand auf Schloß Münchengrätz ein Treffen zwischen dem österreichischen Kaiser Franz I. und dem russischen Zar Nikolaus I. statt. Beim sogenannten Münchengrätzer Kongreß, der im Rahmen der bestehenden Verträge der Hl. Allianz stattfand, empfahl Franz I. seinen Sohn Ferdinand dem Schutz des Zaren.

Am 28. Juni 1866 griff das IV. preußische Corps zusammen mit einem Teil der Elbe-Armee unter der Führung des preußischen Prinzen Friedrich Karl bei Münchengrätz die österreichischen Einheiten des Grafen Eduard Clam-Gallas an und besiegte sie.

Im einstigen Ghetto zu Münchengrätz wurde der österreichische Schriftsteller Leopold Kompert (1822–1886) geboren. In seinen Novellen schildert er die Landschaft seiner Jugend in Böhmen. Er ist der Begründer der deutschsprachigen literarischen Gattung der Ghettogeschichte.

Mohelnice nad Jizerou (Mohelnitz): Spätromanische Marienkirche aus der Zeit um 1240.

Valečov: Ruine der gotischen Burg aus dem 14. Jh., teilweise in den Sandsteinfelsen gehauen.

Bezděz (Bösig): Königliche Burg (Abb. 79) auf markantem Doppelberg über der böhmischen Landschaft (603 m, zwei nebeneinander gelegene Phonolitkegel). Der niedrigere heißt Klein-Bösig, auch Neuberg oder Teufelsberg genannt. In den sechziger und siebziger Jahren des 13. Jhs. von Přemysl Ottokar II. erbaut, beeinflußt von der burgundischen Zisterzienser-Bauhütte. Typische frühgotische Baudisposition mit vorgeschobenem Wachtturm in Verbindung der Burgmauer mit dem Hauptturm, dahinter der Palast und die Burgkapelle der Hl. Katharina. Albrecht von Waldstein konnte nur einen Teil der beabsichtigten Barockisierung der Burg durchführen. Im Barock vielbesuchter Wallfahrtsort mit einem Priorat der Benediktiner (1666–1785), das dem Prager Emauskloster unterstand. Im Jahre 1844 ließ Graf Christian Waldstein den Turm der Ruine Bösig restaurieren. Vor dem Revolutionsjahr 1848 sollte die Burgkapelle restauriert werden.

1868 fand am Bösig eine deutsch-tschechische Zusammenkunft der Arbeiterschaft statt. Die Arbeiter richteten sich gemeinsam mit sozialen Forderungen an die Öffentlichkeit.

Bělá pod Bezdězem (Weißwasser): Denkmal des tschechischen Romantikers und Byronisten Karel Hynek Mácha von L. Rotter (1936). Schauplatz der Oper ›Tajemství‹ (›Das Geheimnis‹) von Bedřich Smetana (1879). Der Text stammt von Eliška Krásnohorská.

MNÍŠEK POD BRDY
Bezirk: Příbram (Prschibram)

Frühbarockes vierflügeliges Schloß aus den Jahren 1656–1672 (Martin Ringer).
In der Schloßkapelle des Hl. Servatius zeitgenössische Stukko- und Deckengemälde von Fabian Harovnik.
In die Stadtpfarrkirche St. Wenzel wurde in den fünfziger Jahren dieses Jahrhunderts eine Ölwandmalerei von Peter Brandl mit der Darstellung der Hl. Maria Magdalena vom nahen Klösterchen Skalka (1692–1693, Chr. Dienzenhofer) übertragen.

Besitzer von Schloß und Herrschaft Mníšek war seit 1655 Servatius Engel von Engelfluß († 1674), ein reichgewordener Prager Bürger und Kombattant des Rektors der Gesellschaft Jesu in Prag, Pater Jiří Plachý, Verteidiger der Karlsbrücke gegen die Schweden im Jahre 1648. Dieser förderte den von den Prager Jesuiten des St. Norbertskollegs im Jahre 1667 besorgten Druck des Werkes von Johann Amos Komenský (Comenius), ›Janua linguarum resserata‹, in lateinischer, tschechischer und deutscher Sprache.

Mníšek ist der Geburtsort des Prager deutschen Malers Willi Nowak (* 3. 10. 1886 † 1977). Nowak lehrte als Professor an der Prager Akademie der Bildenden Künste. Seit 1907 und 1908 vertrat er das deutsche künstlerische Ensemble Prags bei den Ausstellungen der »Osmá« (»Gruppe der 8«). Nowak war Zeitgenosse von Emil Filla, Emil Netik und B. Kubišta, außerdem war er mit Egon Erwin Kisch befreundet. Nach längeren Aufenthalten im Ausland kehrte Nowak 1929 nach Prag zurück, wo er regen Anteil am Kunstleben nahm. Eine noble Rezension des Künstlers stammt von F. X. Šalda (1910):

»Willy Nowak ist ohne Zweifel ein entzückender Maler, ein großer Zauberer, ja selbst ein Alchymist. Seine Bilder zumeist kleinen Umfangs sind erfüllt von jeder uns denkbaren malerischen Schönheit hoher Meisterschaft, aller Zartheit und Holdseligkeit. Ein verspielter Einsamer, der fern allein der Welt lebt und die Landschaft und das Leben als ganzes in Abstand sieht, durch einen besonders gearteten Nebel von Verträumtheit und durch (das Prisma) des Zaubers zu fabulieren, der sich zwischen ihm und sein einzelgängerisches Geschick und der Welt ausbreitet.«

Malá Sv. Hora (Kleiner Hl. Berg): Straßenweiler unweit von Mníšek an der Fernstraße Prag – Písek. Bildstock, Kapelle und Einkehrgasthaus.

MOST (Brüx)
Bezirksstadt

Erstmals im 11. Jh. erwähnt, als Stadt 1250 begründet und befestigt.
Dekanalkirche Mariä Himmelfahrt, spätgotisch aus den Jahren 1517–1518 (Jakob Hellwig aus Schweinfurt). Die Kirche wurde später an eine andere Stelle übertragen, als es zu einer Niederlegung des historischen Stadtkerns aus Gründen des Abbaus der Kohlenflöze kam. Museum mit beachtenswerten Sammlungen.

In Brüx wurde der Begründer des neulateinischen Schuldramas, Jakob Pontanus (Spannmüller) (* 1542 † 25. 11. 1626 Augsburg), geboren. Der Theoretiker der barocken Dramaturgie, Jesuitendramatiker und Autor von Schulbüchern studierte bei den Jesuiten in Prag und Öttingen. Er war seit 1581 Lehrer am St. Salvatorkolleg der Gesellschaft Jesu in Augsburg.

MŠECKÉ ŽEHROVICE (Kornhaus Žehrovic, Scherowic)
Bezirk: Rakovník (Rakonitz)

Spätbarocke St. Martinskirche, erbaut im Jahre 1774.

1943 wurde hier beim Ackern eines Feldes der Keltenkopf (eine Basaltplastik, die einen keltischen Fürsten darstellt) aufgefunden. Sie wird der Zeit um das Jahr 100 v. Chr. zugeschrieben und stellt die einzige bekannte Plastik dieser Art von keltischer Herkunft östlich des Rheins dar. Das Kunstwerk von einzigartigem Wert befindet sich nun in der historisch-archäologischen Sammlung des Nationalmuseums in Prag.

NÁCHOD
Bezirksstadt

»Das Schloß von Náchod und von Ratibořice ruft eine andere Tradition hervor, die des Rokoko und des Hofes; die Tradition erzherzoglicher Häuser und der Herrn »Franze«, rebellischer Richter und aufgeklärter Patres. Dieser Erdenwinkel liegt auf der Landstraße der Geschichte, aber dabei in einer intimen und beinahe abgeschlossenen Einsamkeit; eine sehr alte Vergangenheit hat in den abgeschiedenen Winkeln und Weilern, in den Holzhütten und in den geschnitzten Giebeln und Säulchen ihr Leben zu Ende gelebt.«

Karel Čapek, *Die Gegend Jiráseks*

Ostböhmische Bezirks- und Industriestadt in der Nähe der Staatsgrenze in Richtung Glatz (Klodsko).
Frühgotische Burg aus der Mitte des 13. Jhs. (walzenförmiger Turm), umgebaut in den Jahren 1566–1614 vom Geschlecht der Smiřický zu einem Renaissanceschloß, das weithin sichtbar über der Stadt liegt (Abb. 72).
Unter dem Hause Piccolomini frühbarock umgebaut (1650–1659, Carlo Lurago).
In der Stadt St. Laurentiuskirche vom Anfang des 14. Jhs., umgebaut in den Jahren 1570–1578 von V. Baltazar. Die Kirche besitzt zwei ungleich massive Türme, im Volksmund »Adam und Eva« genannt. Die Westseite des Stadtplatzes nehmen mehrere baugeschichtlich beachtenswerte Gebäude ein.
Das alte Rathaus, erbaut 1663–1665 von Carlo Lurago, mit einem Sandsteinportal von Carlo Sereno, davor die Reste eines steinernen Prangers (dat. 1719), anstelle eines älteren aus dem Jahre 1531. Die Dechantei aus der Mitte des 18. Jhs., auf der Westseite des Hauptplatzes liegt der Sezessionsbau des Stadttheaters mit dem anschließenden Hotel »U Beránků«, erbaut von Dr. J. Čížek.
Gedenktafel an die Staatsgründung im Jahre 1918.
Das Rathaus, ein Neurenaissancebau aus den Jahren 1902–1903 besitzt eine Steinplastik des Ritters Hron, des Gründers der Stadt, von L. Novák.
Die heraldischen Wandmalereien wurden nach Kartons von Mikoláš Aleš angefertigt.

In der Gruft der Dekanalkirche zu St. Laurentius wurde am 12. März 1645 als erster Agnat aus dem Hause Piccolomini, der in der Schlacht bei Jankau (Jankov) am 6. März 1645 als kaiserlicher Obrist gefallene Joseph Silvio, genannt Max Piccolomini, Prior des Ordens vom Hl. Stephan in Pisa, bestattet. Sein Porträt befindet sich im »Piccolomini-

Saal« des Náchoder Schlosses. Sein Lebenslauf soll Friedrich Schiller als Anregung für die Gestalt des »Max« in der Wallenstein-Trilogie gedient haben. Ottavio Piccolomini, Herzog von Amalfi, Kaiserlicher General im Dreißigjährigen Krieg und Gegner Waldsteins (* 1599 Pisa oder Florenz † 1656 Wien) wurde in der dritten Seitenkapelle links in der Servitenkirche in Wien bestattet. Kein Denkmal bezeichnet die Grabstelle.

Die Tatsache, daß sich Friedrich Schiller eingehend mit den Schicksalen der Familie Piccolomini vertraut gemacht hat und diese in der Wallenstein-Trilogie mit weitgehender geschichtlicher Treue verarbeitete, ließ die begründete Vermutung aufkommen, Schiller sei in Náchod gewesen. Die neuere Forschung hat für diese Vermutung eine Reihe von Hypothesen aufgestellt.

Goethe hat die Stadt anläßlich seiner Wanderungen durch Ostböhmen und das Braunauer Ländchen sowie die Felsenstädte von Adersbach und Weckelsdorf zumindest von den Hügeln in der Umgebung aus kennengelernt.

Im Schloßtheater zu Náchod, dem sogenannten Turion, wurde unter der Herrschaft von Herzog Peter von Kurland, der nach dem Verlust seiner baltischen Provinz hier als vermögender Liebhaber von Kunst und Wissenschaft lebte, Mozarts Oper ›Don Juan‹ von einer wandernden Schauspieltruppe aufgeführt. Als Gäste seiner Tochter und Nachfolgerin in der Regentschaft des Herzogtums Sagan, der Herzogin Katharina Wilhelmine Benigna von Sagan, verbrachten deren Tante, die deutsche Schriftstellerin Elisa von der Recke, und ihr Seelenfreund, der deutsche romantische Dichter Ludwig Tieck, im Kriegsjahre 1812 einige Monate auf Schloß Náchod.

Am Gebäude des Postamtes befindet sich eine Gedenktafel des Widerstandskämpfers und Angehörigen der tschechoslowakischen Auslandsarmee Otakar Jaroš.

Am Bankgebäude an der Ecke des Hauptplatzes und der Hauptverkehrsader der Stadt, genannt Kamenice, befindet sich eine figurale bronzene Gedenktafel mit Daten aus der Geschichte der Stadt. Inschrift (tsch.):

»Gemäß Überlieferung flüchtete im Jahre 1620 nach der Schlacht am Weißen Berg über Náchod der Winterkönig Friedrich von der Pfalz. Am Altstädter Ring verlor er seinen Kopf in Gemeinschaft mit dem böhmischen Herren Tobias Štefek von Koloděj, Burggraf auf Náchod, dessen Haus an dieser Stelle gestanden. Geweiht vom vergossenen Blut der großen Helden von Zborov, Vouziere, Terrano Dos'Altos wurde unsere Freiheit am 28. 10. 1918 geboren.«

Am sogenannten Novákhaus befindet sich am Straßengiebel die Büste einer Frau. Angeblich stellt sie Königin Elisabeth, die Gemahlin des Winterkönigs Friedrich von der Pfalz dar. Sie soll, als sie sich im November 1618 nach der Schlacht auf dem Weißen Berg auf der Flucht befand, hier Rast gemacht haben. Im Pflaster der Steinernen Gasse (Kamenice) und des angrenzenden Karlsplatzes (Náměstí republiky), befindet sich ein Hufeisen, das an die Flucht des Winterkönigs erinnern soll.

Eine in den Stadtplatz einmündende Gasse trägt den Namen des gebürtigen Náchoder Gelehrten Antonín Strnad (1749–1799). Der Exjesuit war Mathematiker, Astronom und Universitätsprofessor.

Auf dem St. Johannisfriedhof befindet sich ein Denkmal in Form eines Obelisken für die Gefallenen aus dem Krieg von 1866 mit tschechischer, deutscher, polnischer und ungarischer Aufschrift. Außerdem sind auf dem Friedhof mehrere Grabstellen der ostböhmischen Industriellenfamilie Josef Ritter Bartoň von Dobĕnín.

In der Mauer der Friedhofskapelle befindet sich ein Epitaph mit den priesterlichen Emblemen Kreuz und Kelch über dem Grab des vaterländischen Priesters und nationalen Wiedererweckers Josef Regner (1794–1852). Regner war Stadtdechant in Náchod. Er ist das Urbild des Paters Havlovický in der literarischen Chronik des tschechischen Romanciers Alois Jirásek ›U nás‹ (›Bei uns zu Lande‹).

Auf dem Friedhof fand Franz Alexander Heber, Historiograph der böhmischen Burgen und Schlösser, seine letzte Ruhe. Die von Břetislav Štorm entworfene Gedenktafel trägt die Inschrift:

»Franz Alexander Heber Historiograph der böhmischen Burgen
* 19. VII. 1815 † 29. VII. 1849«

NALŽOVY (Elischau, Ellischau)
Bezirk: Klatovy (Klattau)

Frühbarockes Schloß aus der Mitte des 17. Jhs., Renaissance-Anlagen. In der Nähe des Schlosses im Wald liegt eine künstliche romantische Burgruine aus dem 19. Jh.

Seit dem Jahre 1769 war die Herrschaft im Besitz des irischen Adelsgeschlechts der Grafen Taafe. Aus diesem Geschlecht stammt auch Eduard Graf Taafe, Peer von Irland, Baron von Ballymote (1868–1870) und 1879–1893 österreichischer Ministerpräsident.

Ein reizvoller literarischer Essay über Schloß Ellischau findet sich in den Memoiren der Pazifistin Bertha von Suttner:

»Im August jenes Jahres (1902) folgten wir, mein Mann und ich, einer Einladung des Grafen Heinrich Taafe (Sohn des gewesenen österreichischen Ministerpräsidenten) und seiner liebreizenden Frau nach dem Schlosse Ellischau in Nordböhmen [richtig Westböhmen. Anm. d. Verf.] wo wir eine sehr gemütliche Woche verlebten. Eine schöne Überraschung ward mir dort zugedacht: Als wir um neun Uhr abends nach dem Diner auf dem Balkon saßen, von wo der Blick auf die den Horizont umrandenden, bewaldeten Berge fällt, flammte plötzlich auf einem Gipfel in Riesenlettern gegen den dunklen Himmel das Wort »Pax« auf. Zugleich bewegten sich aus der Ferne kleine Lichter, die immer zahlreicher und immer näher durch die Büsche glimmten, auf das Schloß zu. Es war ein Fackelzug. Zahlreiches Volk strömte mit, eine Musikbande fing zu spielen an, und schließlich versammelte sich der ganze Zug auf dem Platze unter dem Balkon; ein Mann trat vor – es war der Schullehrer und hielt in böhmischer Sprache eine Ansprache, in der das Wort »Friede« öfter vorkam. Ich mußte antworten, auch böhmisch – der Hauslehrer soufflierte mir die Worte, denn ich kenne meine Landessprache nicht. Die Kinsky sind zwar eine tschechische Familie, aber zu meiner Jugendzeit war das tschechische Nationalbewußtsein noch nicht erwacht, und in meinem Alter war ich dafür – da ich zum europäischen Bewußtsein gelangt war – auch nicht mehr empfänglich. Darum freute mich aber die Ansprache des Herrn Lehrer nicht minder. Die Dorfleute – auch aus den benachbarten Dörfern waren sie gekommen – blieben noch lange versammelt; die Musikanten spielten eine Polka, und die Jugend tanzte. Mein Mann und ich waren durch die sinnreiche kleine Feier lebhaft erfreut worden. Niemals hat ein dankbareres Feuerwerkpublikum »ah!« gerufen als wir in dem Momente, da das haushohe »Pax« den Nachthimmel erhellte. Glücklich unsere Nachkommen, denen dieses Wort am politischen Horizont leuchten wird – nicht als flüchtiges pyrotechnisches Spiel, sondern als unverrückbares Wahrzeichen.«

Die Biographen des Kronprinzen Erzherzog Rudolf von Österreich (1858–1889) stimmen darin überein, daß das Dossier über die Ereignisse beim Tode des Thronerben in

Meyerling am 30. Januar 1889 auf Wunsch von Kaiser Franz Joseph I. dem österreichischen Ministerpräsidenten Graf Eduard Taafe übergeben wurde, um später bei einem Brand auf Schloß Ellischau vernichtet zu werden.

Nicov: Große Wallfahrtskirche Mariä Geburt aus den Jahren 1719–1730 (K. Ign. Dienzenhofer).

NEJDEK (Neudek)
Bezirk: Karlovy Vary (Karlsbad)

Pseudobarockes Schloß (1889) anstelle eines barocken Gebäudes, dessen Architekt dem Kreis um G. B. Alliprandi angehörte. Von Alliprandi stammt der Entwurf für den Altar der Schloßkapelle und den Schloßpark (1696).

Goethe zeichnete den Schloßturm von Neudek. An der Landschaft fand er großen Gefallen:

»Das Gebirge schlug sanfte Wellen ernster, kühler Wälder. Nur am Bache gerodetes Land, Wiesen meist und wenige Felder einer spärlichen Frucht, der man das Reifen kaum glaubte. Niedrige Behausungen, hie und da eingestreut ein feuchtes, getünchtes Mauerwerk mit kleinen Fenstern, ein sommerverbranntes Schindeldach, dem die Schneelasten des Winters schwer werden konnten.«

NEPOMUK, früher auch Pomuk
Bezirk: Plzeň-Jih (Pilsen-Süd)

Zisterzienserkloster, gegründet um 1144, besiedelt vom Rheinländischen Ebrach und 1420 zerstört. Ursprünglich genannt Abbatia Nepomucena sub. Monte viridi – nach dem Berg Zelená Hora (Grüneberg) in der Nähe der heutigen Stadt. Nepomuk ist seither eine selbständige Stadtgemeinde, etwa 2 km vom einstigen Kloster entfernt. Frühgotische St. Jakobskirche aus dem 3. Viertel des 13. Jhs., umgebaut in den Jahren 1360–1370, an einer alten Pilgerstraße. Barocke Kirche des hier gebürtigen St. Johannes von Nepomuk, aus den Jahren 1733 bis 1738, vermutlich ein Werk von K. Ign. Dienzenhofer.

Im Jahre 1330 wurde in Nepomuk Johannes von Pomuk geboren, der aus einem Saazer Patriziergeschlecht stammte (Wölflin).

Am Vorabend des Festes Christi Himmelfahrt im Jahre 1393 wurde der damalige Generalvikar des Prager Erzbischofes auf Befehl König Wenzels IV. in der Moldau ertränkt. Im Jahre 1729 wurde er heiliggesprochen und schmückt als weltweit verehrter böhmischer Landespatron die Brücken in aller Welt.

Zelená Hora (Grüneberg): Ursprünglich der Name eines Berges (533 m) über der Stadt Nepomuk. Hier gründete Nikolaus von Hus, einer der ersten Hussitenführer, im Jahre 1419 eine Burg, genannt Ölberg. Die Burganlage wurde bald erweitert und Zelená Hora (Grüneberg) genannt. Im Jahre 1465 wurde hier unter der Führung der Mitglieder aus dem Haus Sternberg der Herrenbund von Grüneberg (»Jednota Zelenohorská«) als Bündnis der ständischen Opposition gegen König Georg von Poděbrad gegründet. Die Burg wurde in der 2. Hälfte des 17. Jhs. zu einem frühbarocken Schloß umgebaut. Dort soll angeblich 1819 die sogenannte Grüneberger Handschrift, die das ›Gericht der Libussa‹ enthält, von einem Priester der literarischen Romantik aufgefunden worden sein. Man vermutete, daß es sich dabei um ein literarisches Frühwerk der tschechischen Poesie aus dem 9. Jh. handelt. Der Fund wird ebenso wie jener der Handschrift von Königinhof von der tschechischen Philologie und Altertumswissenschaft – nach langen Kontroversen, an denen bekanntlich auch T. G. Masaryk teilgenommen hat – nicht als authentisch anerkannt.

NEUMĚTELY
Bezirk: Beroun (Beraun)

Auf dem Dorfplatz in der Nähe des Friedhofs steht ein Denkmal des legendären Pferdes Šemík des Fürsten Horymír. Das Denkmal besteht aus einem Gedenkstein, überdacht von einer rustikalen Kapelle aus Sandstein (datiert 23. Oktober 1887). Der Gedenkstein wurde vom Fürsten Karl zu Schwarzenberg gesetzt und trägt das Monogramm seines Stifters. Inschrift (tsch.):

> »In Neumětely glaubte man und glaubt, daß hier Šemík, das getreue Pferd des Ritters Horymír, seine Ruhestätte gefunden hat.«

Die Szene des Pferdesprungs vom Vyšehrad ist auf dem Vorhang des örtlichen Theaters festgehalten.

NEZAMYSLICE (Nesamislitz)
Bezirk: Klatovy (Klattau)

> Gotische Marienkirche, Presbyterium aus der Zeit um 1390, dreischiffige Halle mit Zellengewölbe (vom Anfang des 16. Jhs.). Spätromanischer Turm aus der Mitte des 13. Jhs. von der früheren Kirche.

In der frühbarocken, aus der Zeit der 1. Hälfte des 17. Jahrhunderts stammenden Friedhofskapelle, die dem Heiligen Erasmus geweiht ist, befinden sich die Gruft und mehrere Kenotaphe des gräflichen Hauses Lamberg. Graf Lamberg ließ die Renaissance-Grabmäler von anderen Begräbnisorten seiner Familie nach der Mitte des 19. Jahrhunderts hierher bringen. Das neugotische Interieur der Kapelle, der Altar und die Orgelempore, sind unikate Glanzstücke neugotischer Bildschnitzerarbeit der Bildschnitzer und Restauratoren Johann und Josef Rint, die nach ihrem Wirken im Dienste des Grafen Buquoy auf Rosenberg seit 1848 in Linz tätig waren und hier unter der Patronanz von Adalbert Stifter eine umfangreiche künstlerische Tätigkeit entfalteten. Graf Lamberg ließ die bei der Marienausstellung in Linz prämierten Rintschen Schnitzwerke, die auf Entwürfe des österreichischen Architekten Heinrich von Ferstel zurückgehen, aufgrund eines Gutachtens von Adalbert Stifter nach Nezamyslice in Westböhmen bringen und hier in der Erasmuskapelle aufstellen. Über die preisgekrönten Kostbarkeiten berichtete damals auch die Presse:

»Seine Durchlaucht, Herr Fürst Lamberg hat den rühmlich bekannten Bildhauer Herr Johann Rint in Linz mit der Ausführung eines gotischen Altares aus Lindenholz betraut, welcher für Necamylic in Böhmen, wo sich die fürstbambergische Familiengruft befindet, bestimmt ist. Die Zeichnung hierzu entwarf der Wiener Architekt Herr Ferstel. An der Ausführung, welche ein Meisterwerk der Bildschnitzerei ist, arbeiteten die Herren Johann und Josef Rint (Vater und Sohn). Der Altar ist 17 Schuh hoch und 9 Schuh breit und zeugt sowohl bezüglich der Figuren, als der Ornamente von einem Fleiße und einer Kunstbildung, die beide gleich bewundernswert sind. Mit einem Blick steht das Ganze als Bild vor den Augen und stimmt das Gemüt zur Andacht und Erhebung. Einfachheit des Gesamteindruckes und Reichtum der Einzelheiten sind die Hauptvorzüge dieses Kunstwerkes, auf welches wir die Aufmerksamkeit aller Kunstfreunde lenken, da dasselbe wie wir erfahren, in Kürze zur Besichtigung ausgestellt wird. Die beiden Künstler Rint haben mit diesem Kunstwerke, welches sich gewiß des Beifalles des kunstsinnigen Betrachters, sowie aller Kunstkenner erfreuen wird, ihren Ruf dauernd gesichert.«

Linzer Zeitung 15. 5. 1860

Horaždovice (Horaschdowitz): Anstelle eines früher befestigten Ortes wurde die Stadt im Jahre 1279 gegründet. Aus dieser Zeit stammen die Reste der Befestigung und das Außentor. Die frühgotische Kirche St. Peter und Paul stammt aus den Jahren 1260–1273, die Burg vermutlich vom Ende des 14. Jhs. Beide wurden dann spätgotisch und barock umgebaut. Mehrere spätgotische Bürgerhäuser. Die Stadt gehörte zum Territorialbesitz und heute noch zum Kirchensprengel des Malteserordens in Südböhmen. Geburtsort des bekannten Geigers und Musikpädagogen Otakar Ševčík (1852–1935).

Rabí: Ruine einer Burg aus der 1. Hälfte des 14. Jhs., wesentlich erweitert und umgebaut zu Ende des 15. Jhs. Dreifaltigkeitskapelle aus dem Jahr 1498. Bei der Belagerung der Burg im Jahre 1421 verlor der hussitische Feldhauptmann Jan Žižka von Trocnov sein zweites Auge.

Sušice (Schüttenhofen): Reste der städtischen Befestigung aus dem Jahre 1322. Gotische St. Wenzelskirche aus dem 2. Viertel des 14. Jhs. Alter jüdischer Friedhof. Am Marktplatz befindet sich die ehemalige Dechantei, ein spätgotisches Gebäude aus der 2. Hälfte des 15. Jhs. mit Renaissance-Attika aus der Zeit um 1600 (Museum). Über der Stadt auf einer Anhöhe die frühbarocke Wallfahrtskapelle zu den Hl. Schutzengeln (Andělíček, 1682–1683) mit einem aus späterer Zeit stammenden Ambitengang.

Albrechtice u Sušice (Albrechtsried): Kirche St. Peter und Paul, gegründet vom böhmischen König Wladislaw I., geweiht von dessen Sohn Adalbert, dem Erzbischof von Salzburg. Die Kirche samt einem kleinen landwirtschaftlichen Besitz gehörte bis zum Jahre 1803 dem Prämonstratenserkloster Windberg in Bayern.

Kašperk (ursprünglich Karlsberg): Königliche Burg auf regelmäßigem Grundriß, gegründet im Jahre 1356 von Karl IV. zum Schutze der in der Umgebung befindlichen Bergwerke.

Velhartice (Welhartitz): Gotische Burg aus der 1. Hälfte des 14. Jhs., erweitert nach der Mitte des 14. Jhs. von Bušek von Velhartice um einen großen kantigen Turm, in Verbindung zum alten Palast durch eine einzigartige mächtige Brückenkonstruktion. Das neue Palais aus den Jahren 1628–1653, genannt nach Heff-Huerta, wurde in neuester Zeit rekonstruiert und denkmalpflegerisch gesichert.

NIMĚŘICE, Neměřic
Bezirk: Mladá Boleslav (Jungbunzlau)

Schloß, erbaut 1832 anstelle einer Feste. Pseudoromanische Kapelle im Schloßpark (1864) mit Madonnenstatue im Kararischen Marmor von V. Levý in Rom ausgeführt (1853), Wandmalereien von A. König.

Das Schloß war während des Feldzuges im Jahre 1866 ein Quartier preußischer Truppen und zugleich das Zentrum der antihabsburgischen radikaldemokratischen Bewegung. Leitfigur dieser Bewegung war ein Außenseiter des böhmischen Hochadels, Dr. Rudolf Hugo Maximilian Fürst Thurn und Taxis (1833–1894). Er war ein hervorragender Jurist, Fachschriftsteller und Mitarbeiter an einer Reihe von Periodika. Thurn und Taxis gehörte zu den Gründern des nationalen Gesangsvereins Hlahol in Prag. Im Gegensatz zum Austroslawismus von Palacký und Rieger hielt der radikale Aristokrat, der ein militanter Gegner der Habsburger war, im Jahre 1866 den Zeitpunkt für gekommen, im Rahmen der politischen Projekte Bismarcks ein unabhängiges Königreich Böhmen zu errichten. Nach dem Ausgang des Krieges wurden Dr. Rudolf Thurn und Taxis sowie einige seiner Kombattanten sehr glimpflich behandelt. Er entsagte seinen Standesprärogativen und seinem Namen, erhielt dann aber durch Verleihung am 3. März 1894 eine Baronie mit dem Prädikat eines Freiherrn von Troskow. Das Wappen zeigt eine zweitürmige Ruine, die unschwer als Burgruine Trosky zu deuten ist. Nachdem der ehemalige Standesherr sich nach 1866 genötigt sah, sich aus dem öffentlichen Leben seiner Heimat zurückzuziehen, war er beim Aufbau des Justizwesens in Bulgarien (Plowdiw) tätig, wurde zeitweiliger Generalstaatsanwalt und war Verfasser des ersten bulgarischen bürgerlichen Strafgesetzbuches. Thurn und Taxis beschritt unter dem Eindruck von radikaldemokratischen Tendenzen seiner Zeit den Weg vom traditionellen doppelsprachigen Landespatriotismus seiner einstigen Standesgenossen zum bürgerlichen Nationalismus. Nach seiner Rückkehr in die Heimat lebte er im Genuß einer Familienrente abwechselnd in Prag und in seiner Villa in einer Vorstadt von Dresden, wo er im Jahre 1894 verstarb.

NOVÉ HRADY (Gratzen)
Bezirk: České Budějovice (Böhmisch Budweis)

Südböhmische Provinzstadt mit zahlreichen Denkmälern. Die Burg mit mächtigem in den Fels gehauenem Burggraben wurde in der 2. Hälfte des 13. Jhs. erbaut, erstmals erwähnt 1279, umgebaut im 16. Jh. im Renaissance-Stil, und im 18. Jh. barock. Ursprünglich frühgotische Kirche St. Peter und Paul, spätgotisch umgebaut zu Ende des 15. Jhs. Im Jahre 1677 wurde dort ein Servitenkloster gegründet. Am anderen Ende der Stadt wurde in den Jahren 1801–1810 für die gräfliche Familie Buquoy ein Empireschloß nach Plänen des Wiener Architekten F. von Werschafeld, angeblich in Anlehnung an ein vorher im Besitz der Buquoy befindliches französisches Schloß, erbaut. Unweit der Stadt befindet sich ein Naturpark mit Kleinarchitekturen aus der 2. Hälfte des 18. Jhs., genannt Theresiental (Terčino údolí).

Das Theresiental (1756), früher »Garten der Freundschaft« genannt, wurde in den Jahren 1788–1789 um eine Reihe von Pavillons liebenswürdiger Parkarchitektur bereichert. Es handelt sich dabei um jene Landschaft unweit des »Neuschlosses«, in welche der deutsche Romantiker Eduard Mörike (1804–1875), angeregt durch den ihm bekannten Mozartkult im Hause Buquoy, die Schloß- und Parkszenen seiner Erzählung ›Mozart auf der Reise nach Prag‹ (1855) verlegt hat.

Auf Burg Gratzen wurde am 3. August 1808 der österreichische Arzt Johann von Oppolzer, ein Repräsentant der Wiener klinischen Schule, als Sohn eines herrschaftlichen Angestellten geboren. Der hervorragende Diagnostiker und Therapeut war Universitätsprofessor in Prag, Leipzig und Wien († 16. 4. 1871 Wien). Gedenktafel.

Žumberk (Sonnberg): Gotische Kirche St. Johann d. T. aus dem 3. Viertel des 14. Jhs. spätgotisch umgebaut nach 1455. Spätgotische Feste aus dem 15. Jh., im Renaissance-Stil umgebaut, mit einer teilweise erhaltenen Befestigung, die das ganze Dorf umschloß. Ein Wehrdorf aus der Spätgotik ist erhalten geblieben.

Trhové Sviny (Schweinitz): Städtchen mit Marienkirche, in derzeitiger Gestalt aus der Spätgotik (1495–1520). Unweit der Stadt liegt eine barocke Wallfahrtskapelle der Allerheiligsten Dreifaltigkeit aus den Jahren 1709–1710 mit sternförmigem Grundriß, mit Ambiten umgeben. Schweinitz ist der Geburtsort von JUDr. Emil Hácha (1872–1945), dritter Präsident der Tschechoslowakischen Republik und einziger Staatspräsident in Böhmen und Mähren zur Zeit des Protektorats. Vor 1918 war Hácha zweiter Präsident des Verwaltungsgerichtshofes in Wien, dann Präsident des Verwaltungsgerichtshofes in Prag. Er wurde im Jahre 1938 nach dem Rücktritt von Dr. Edvard Beneš zum Präsidenten der territorial verkleinerten Republik gewählt. Am 14. März 1939 begab er sich angesichts der bevorstehenden Okkupation zu Adolf Hitler nach Berlin und stellte unter physischem Zwang bei Androhung der Vernichtung Prags den nach dem Diktat von München bestehenden Reststaat unter den Schutz Adolf Hitlers. Er wurde Staatspräsident in Böhmen und Mähren und Oberhaupt der protektoratseigenen Verwaltung. Hácha starb in den ersten Tagen nach der Wiedererrichtung der Tschechoslowakischen Republik im Mai nach seiner Inhaftierung im Gerichtsgefängnis in Prag-Pankrác und wurde in der Gruft seiner Familie am Weinberger Friedhof bestattet.

NOVÉ MĚSTO POD SMRKEM
(Neustadt an der Tafelfichte)
Bezirk: Liberec (Reichenberg)

Bergstadt, gegründet 1584, mit viereckigem Platz. Katharinenkirche aus dem Anfang des 17. Jhs., in evangelischer Zeit 1823 durch einen Neubau ersetzt. Der Turm aus dem Jahre 1693 von M. A. Canevale wurde 1890 um ein Geschoß erhöht. Im Städtchen befindet sich aus der Zeit der deutschen evangelisch-lutherischen Gemeinde eine Kirche, genannt Luther-Burg (Lutherův hrad), erbaut im Jahre 1911 nach einem Projekt des Berliner Architekten O. Barziag. Die Kirche dient jetzt dem Kult der evangelischen und reformierten Bekenntnisse.

In der Nähe von Neustadt befindet sich einer der Grenzberge Böhmens, die Tafelfichte (Smrk). Seit dem Ende des 11. Jahrhunderts verläuft die Landesgrenze zwischen Böhmen und Schlesien am Kamm dieses Berges.

Anläßlich seiner Reise ins schlesische Feldlager im September 1790 bestieg Goethe die Tafelfichte.

Am 16. August 1809 wagte auch der damalige Dichter und Freiberger Student der Montanwissenschaft Karl Theodor Körner »unter großer Beschwerde« den Aufstieg von Flinsberg aus. Auf dem Gipfel befindet sich ein aus rohen Felsblöcken zusammengetragenes Denkmal, das an diesen Aufenthalt des Dichters erinnert.

Im Januar 1911 war Kafka in Neustadt und berichtet in seiner Korrespondenz mit Oskar Baum über seinen Aufenthalt in dieser Kleinstadt, die ihm einige Augenblicke ungetrübten Glücks in der von ihm so sehnlich erwünschten Ruhe bot:

> »Heute war ich in Neustadt an der Tafelfichte. [...] Hier könnte man glücklich sein.«
> Franz Kafka an Oskar Baum (dat. Friedland 29. 2. 1911)

NOVÝ KNÍN
Bezirk: Příbram (Prschibram)

Ehemalige königliche Bergstadt. Ursprünglich romanische Kirche St. Nikolaus, Fragmente aus dem 13. Jh., Zubauten aus dem 16. Jh., 1652 Umbau, 1719 Turmbau. Renaissance-Rathaus.

In einem der ältesten Stadthäuser, genannt »Na salaši«, wurde unter der Regierung von Maria Theresia die erste Junkerschule auf dem Gebiet der Österreichisch-Ungarischen Monarchie errichtet.

NOVÝ STUDENEC (Neustudenetz)
Bezirk: Havlíčkův Brod (Deutsch Brod)

Renaissanceschloß aus der Zeit um 1600, vermutlich anstelle einer gotischen Feste. Barocke St. Michaelskapelle aus dem Jahr 1699.

Auf Schloß Oberstudenetz wirkte im Jahre 1903 Oskar Pollak (1883–1915), ein Mitschüler und Jugendfreund von Franz Kafka, als Erzieher in der Familie des Schloß- und Gutsbesitzers Goldreich von Bronneck. Pollak war später als Kunsthistoriker und Assistent des Wiener Ordinarius Max Dvořák tätig.

In einem Brief aus Prag vom 9. November 1903, zu einer Zeit, als er sich mit dem Schloß-Thema seines späteren Romanwerkes zu beschäftigen begann, schrieb Kafka seinem damaligen Mentor Oskar Pollak auf Schloß Oberstudenetz folgenden berühmt gewordenen Satz:

> »Du aber auf Deinem Schloß darfst lachen, denn dort ist der Himmel der Erde nahe, wie Du schreibst. Ich lese Fechner, Eckehart. Manches Buch wirkt wie ein Schlüssel zu fremden Sälen des eigenen Schlosses.«

Maleč: Anstelle einer gotischen Feste aus der Zeit um 1700 barockes Schloß, seit 1862 im Besitz des tschechischen Politikers Dr. František Ladislav Rieger (1818–1903). Jedes Jahr verbrachte sein Schwiegervater František Palacký (1798–1876) hier einige Sommermonate. Reste des Interieur sind erhalten geblieben.

Chotěboř (Chotieborsch): Zweischiffige gotische Pfarrkirche. Rathaus aus dem 16. Jh. (Náměstí 1. Máje 322), früher Urbansches Haus genannt, von Johann Rudolf Graf Trčka von Lípa 1633 der Stadt geschenkt (Gedenktafel). Eine weitere Gedenktafel aus schwarzem Marmor berichtet über das Schicksal des letzten Agnaten des Hauses. Inschrift (tsch.):

»Die Trčka von Lípa, ein mächtiges böhmisches Adelsgeschlecht, besaßen Chotěboř von 1499 bis 1634, als der letzte von ihnen, Adam Erdmann, Sohn des Johann Rudolf, des Wohltäters der Stadt, gemeinsam mit Waldstein in Eger von Mördershand getötet wurde. Des Hochverrates bezichtigt wurde ihr Besitz vom Kaiser konfisziert und ihr Andenken als geächtet erklärt.«

Gedenktafeln im Jahre 1936 vom Klub Tschechischer Touristen errichtet.

Das Haus am Hauptplatz (Náměstí 1. máje 325) ist das Geburtshaus des schlesischen Schriftstellers und Politikers JUDr. František Sláma (1850–1917). Gedenktafel mit bronzener Reliefplakette (Pelikán, 1967). Bürgerhäuser am Hauptplatz.

NOVÝ VESTEC
Bezirk: Praha-Východ (Prag-Ost)

Das villenartige Landhaus war der Alterssitz und Sterbeort des größten tschechischen Musikers um die Jahrhundertwende, PhDr. h. c. Josef Bohuslav Foerster (* 30. 12. 1859 Prag † 29. 5. 1951), Komponist, Musiktheoretiker, Operndirigent, Schriftsteller und Präsident der Tschechischen Akademie der Wissenschaften. Bohuslav Foerster, Abkömmling einer Prager Musikerfamilie, verbrachte einige Jahre als Operndirektor in Hamburg. Er trat mit vielen Persönlichkeiten des deutschen und österreichischen Geisteslebens in Kontakt. Über seine Begegnungen mit zwei deutschen Dichtern schreibt er:

»Besuch bei einem Dichter
  Falke verursachte, daß ich mit seinen beiden liebsten persönlichen Freunden Bekanntschaft schloß: mit den Dichtern Detlev von Liliencron und Richard Dehmel. [...] Was alles bei Alfred Berger sozusagen einfach von der Nase beherrscht wird, waren es bei Liliencron wiederum bloß die Augen. Schöne, stille, melancholische Augen. Er saß schweigend, als ich ihm vorgestellt wurde, er drückte mir die Hand und verfiel wieder in Schweigen. Er liebte es nicht, Worte zu machen. Obwohl seinen Mund fast immer ein biederes und freundliches Lächeln umspielte, hatte man den Eindruck, als wäre er nicht gegenwärtig. An seinen Bewegungen erkannte man den Aristokraten und gewesenen Offizier, aber alles an ihm entbehrte Alltäglichkeit und war erfüllt von unaufdringlicher Güte. Liliencron liebte frohen Scherz. Davon zeugt nicht nur eines seiner in Hamburg populär gewordenen Gedichte, die zu meiner Zeit die beliebtesten Kabarettnummern in ganz Deutschland waren, aber noch teurer war ihm der Traum. Hatten Ovidius sein ›Tusculum‹, Blake sein ›Golgonovza‹, Moericke sein ›Orplid‹, so baute sich Liliencron aus dem Nebel seiner Träume sein ›Pogfred‹, die märchenhaft schöne Burg, auf der er ganz nach seinem Wunsch mit seinem treuen Diener Bertuch leben konnte. Denn Leben war ihm Träumen.«
  Josef Bohuslav Foerster, *Návštěva u básníka*

NYMBURK (Nimburg)
Bezirksstadt

Königliche Stadt, gegründet 1276 von Přemysl Ottokar II., beachtenswerter Grundriß mit teilweise erhaltener Befestigung mit Wassergraben und Umwallung aus der 1. Hälfte des 14. Jhs. Kirche St. Ägydius, teilweise Ziegelbau, erbaut 1280–1380, Presbyterium. König Wenzel II. erbaute in den Jahren 1282–1305 eine frühgotische St. Nikolauskirche, die später in Etappen teilweise als Ziegelbau zu Ende gebaut wurde. Die Fenster und Portale waren aus Stein. Sechseckiger Wasserturm, erbaut im Jahre 1597. Eisenbetonbrücke über die Elbe von Fr. Roith, erbaut 1915.

Auf der Alten Poststation in Nymburk fand eine der Begegnungen zwischen Joseph II. und Friedrich II. von Preußen statt.

Am Eckhaus des Hauptplatzes (Náměstí České armády 12) und der zur Elbe führenden Fernstraße (Kolínská ulice) erinnert eine Gedenktafel an die Anwesenheit König Friedrichs II. nach der Niederlage bei Kolín. Inschrift (tsch.):

»Hier ruhte unter den Lauben Friedrich der Große am 18. Juni 1757 nach seiner Niederlage bei Kolín. Der Museumsverein in Nymburk.«

Die Episode ›Friedrich II. in Nimburg nach der Schlacht bei Kolín‹ ist auf einem Stich von D. Berger festgehalten worden.

Vor dem Eckhaus der Fernstraße nach Jungbunzlau (Boleslavská třída) und der Straße »Velké Valy« Nr. 14/243 steht die Büste der tschechischen Schriftstellerin Božena Němcová. Inschrift am Sockel (tsch.):

»Božena Němcová zum Gedenken an ihren Aufenthalt in diesem Hause (i. d. J.) 1848–1850. Gewidmet von Lada 1927«.

Nimburg ist der Geburtsort des Minoritenpriesters und Komponisten Bohuslav Matěj Černohorský (Czernohorsky) (* 16. 2. 1684 † 1740 vermutlich in Graz während einer Reise nach Italien). Um 1715 wirkte Černohorský als Organist am Franziskanerkloster in Assisi. Dort wurde er »padre boem« genannt. Im Jahre 1735 leitet er dann den Chor der St. Jakobskirche in Prag. Černohorský beherrschte den Kontrapunkt.

OBŘÍSTVÍ
Bezirk: Mělník (Melnik)

Kulturgeschichtlich bedeutender Ort am Flußlauf der Elbe, 8 km von Mělník entfernt. 1290 erstmalig erwähnt. Im Besitz mehrerer böhmischer Geschlechter, darunter der Herren von Lobkowicz auf Hassenstein. Seit Beginn des 18. Jhs. im Besitz der Grafen Trautmannsdorf, zeitweise auch Clam-Gallas.
Anstelle einer Feste aus dem 13. Jh., die als Schloßbau später wiederholt erweitert und umgebaut worden ist, wurde in den Jahren 1824–1826 das Schloß in seiner jetzigen Gestalt erbaut. Heute dienen die Räumlichkeiten der Grundschule und der Landwirtschaftlichen Fachschule. Im Wildgehege steht eine 800 Jahre alte Eiche. Pfarrkirche St. Johannes Bapt. aus dem 14. Jh., gotisch, später im Renaissance-Stil umgebaut und barockisiert, anläßlich der Restaurierung teilweise regoti-

siert. 2 Grüfte gotisch, Renaissance-Grabstein in der Sakristei aus dem Jahre 1581. Unter dem Presbyterium befindet sich die Gruft des österreichischen Generalmajors Franz Freiherr von Koller und seiner Angehörigen. Pfarrkirche. Neben der Kirche freistehender, teilweise in Holz erbauter Glockenturm, wahrscheinlich aus der Mitte des 16. Jhs. Vor dem Glockenturm symbolischer Friedhof für die im Ersten Weltkrieg gefallenen Ortsangehörigen.

Das Friedhofskreuz am Friedhof ließ Baron Franz Koller aus geschliffener Lava des Vesuvs anfertigen und nach Obříství bringen; es wurde dort im Jahre 1870 aufgestellt. Das Elbewehr wurde im Jahre 1910 von dem Architekten Pavel Janák erbaut.

Schloß Obříství gehörte vor 1817 und nach 1847 dem Grafen Trautmannsdorf. Zwischen diesen Jahren wurde es von seinem zeitweiligen Besitzer, dem österreichischen Generalmajor Franz Freiherr von Koller umgebaut. Koller war im Jahre 1813 Generaladjutant des Fürsten Carl Schwarzenberg, Sieger in der Völkerschlacht bei Leipzig. Im Jahre 1814 begleitete Franz Freiherr von Koller Kaiser Napoleon I. auf die Insel Elba. Koller besaß auf Obříství eine bedeutende Sammlung von pompejanischen Ausgrabungen. Er starb im Jahre 1826 als Kommandeur der österreichischen Truppeneinheiten in Neapel. Dort war ihm Matěj Milota Zdirad Polák (1788–1856) als Adjutant zugeteilt worden. Polák war oft Gast auf Schloß Obříství gewesen.

Ihm wurde ein ungewöhnliches Schicksal zuteil. Polák kam vom Lehrberuf zur Armee, kämpfte 1809 bei Aspern und Wagram, nahm am französischen Feldzug teil sowie an den Schlachten bei Dresden und Leipzig (1813). Während seiner Aufenthalte in böhmischen Garnisonen (Königgrätz, Tschaslau und Leitomischl) trat er mit den führenden Köpfen der tschechischen Wiedergeburt (Dobrovský, Jungmann, Ziegler, Puchmajer) in freundschaftliche Beziehung. In Wien publizierte er in der Literaturzeitung des Bohemisten Prof. Hromátko 1813 seine ersten poetischen Versuche. Polák studierte eifrig die abendländischen Altertümer und Denkmäler und schrieb unter der Sonne Italiens seine Lehrgedichte über die Natur sowie seine ›Italienische Reise‹. Seine vielgerühmten Lehrgedichte waren für seine tschechischen Landsleute eine literarische Sensation und stellten M. M. Zd. Polák neben Thomson, Haller und Kleist. Nach einem Aufenthalt in Böhmen (genauer, in Prag und auf Schloß Obříství) von 1818 bis 1821 begab er sich wieder mit seinem Regiment nach Neapel (1821–1827). Inzwischen waren seine beiden Hauptwerke in Prag erschienen (›Vznešenost přírody‹ 1819 und ›Italienische Reise‹ 1815–1818, 4. Teil 1820–1822). Nach dem Tod seines Vorgesetzten Baron Franz Koller wurde Polák im Jahre 1827 zurückberufen und lehrte an der Militärakademie in Wiener Neustadt drei Jahre hindurch tschechische Sprache und Literatur. Oft befördert kam er in damals ungarische Garnisonen (Preßburg) und nach 1837 wieder als Präfekt für Sprachen nach Wiener Neustadt, wo er im Rang eines Generalmajors in den Ruhestand ging und am 31. März 1856 im Alter von 68 Jahren verstarb.

Nach dem Tod von Franz Freiherr von Koller verkauften seine Erben die Altertumssammlungen von Obříství. Zu diesem Zweck kam im Jahre 1828 Alexander von Humboldt auf das Schloß in Böhmen, um die Sammlungen zu besichtigen. Die etruskischen Stücke kaufte der preußische König für die Berliner Sammlungen zum Preis von 175.000 Gulden.

Am malerischen Dorfplatz von Obříství, der zu den schönsten Böhmens gehört, befinden sich mehrere Denkmäler: eine Pestsäule (1714), die St. Johannes v. Nepomuk-Statue von V. Prachner vor dem Pfarrhaus (im Empire-Stil, 1815) und das Denkmal des tschechischen Dichters Svatopluk Čech (1846–1908) von V. Mach (1912).

Im Haus Nr. 41 wohnte von 1844–1852 als Pächter des damaligen herrschaftlichen Bräuhauses der Vater des Komponisten Bedřich Smetana. Ab dem Jahre 1844 hielt sich Bedřich Smetana regelmäßig in Obříství auf.

Nach dem Tod seiner ersten Ehefrau Katharina († 1859) lernte Smetana in Obříství die neunzehnjährige Tochter des Güterdirektors Betty Ferdinandi kennen, die er im Jahre 1860 in zweiter Ehe heiratete. Sie wurden am 10. Juli 1860 in der Pfarrkirche getraut.

Die Familie Ferdinandi besaß seit 1846 ein Landgut (Nr. 12) in der angrenzenden Nachbargemeinde (jetzt Ortsteil) Semelkovice, genannt Lamberk. Die Besitzer ließen die beiden Häuser zu einem Landsitz im Stil des böhmischen Biedermeier umbauen und bezogen diesen im Jahre 1856.

Hierher kam Bedřich Smetana regelmäßig zu Landaufenthalten. Unter dem Eindruck der böhmischen Landschaft, der Elbelandschaft und der Weinberge von Mělník begann Smetana, seine Oper ›Die verkaufte Braut‹ zu komponieren.

Vor dem Landhaus »Lamberk« steht die Büste Bedřich Smetanas von Bohumil Kafka (1924). Inschrift (tsch.):

> »Hier auf Lamberk komponierte Bedřich Smetana ›Die Verkaufte Braut‹ während seiner Sommeraufenthalte bei den Eltern seiner Ehefrau Betty Ferdinandi.«

Nach erfolgter Rekonstruktion wurde der Landsitz Lamberk vom Smetana-Museum in Prag als Smetana-Gedenkstätte eingerichtet.

Der Dichter Svatopluk Čech lebte eine Zeitlang in Obříství. Das Wohnhaus des Dichters (Nr. 83), mit einem Anbau in volkstümlicher Holzarchitektur, der ihm als Gartenhaus diente (1895), ist jetzt Sitz der Gemeindeverwaltung. Das Stübchen des Gartenhauses ist als Dichter-Gedenkstätte eingerichtet. An der Straßenfront des Hauses befindet sich eine Gedenktafel. Inschrift (tsch.):

> »Hier wohnte der tschechische Dichter Svatopluk Čech (1.11.1895 – 1.10.1903).«

Am 27. April 1847 starb auf Schloß Obříství, in dessen Nähe sich einer der ältesten Elbhäfen befindet, der Engländer John Andrews (* 20. 1. 1787 London), Begründer der Dampfschiffahrt auf Flüssen in Böhmen und Österreich. Er hatte das erste Dampfschiff am Comer See von Stapel laufen lassen und veranlaßte im Jahre 1824 die Gründung der Donau-Dampfschiffahrtsgesellschaft in Wien, für die er vier Dampfer baute. Der von ihm gebaute Flußdampfer »Bohemia« trat am 26. Mai 1841 seine erste Fahrt von Prag nach Dresden an. Später erbaute er noch den Dampfer »Germania«. Das Büro der Dampfschiffahrtsgesellschaft in Prag kündigte im Jahre 1846 in der Prager Zeitung an:

> »Aus besonderer Gefälligkeit des Herrn Herrschafts-Besitzers von Obřístwy ist zur Bequemlichkeit der mit den Dampfschiffen »Bohemia« und »Germania« Herren Reisenden an den Dampfschiffahrts-Unternehmer ein Teil des Schlosses verpachtet worden, wo diejenigen, welche das zu frühe Aufstehen zu vermeiden wünschen, eine höchst elegante und bequeme Unterkunft nebst der besten Bedienung finden.«

Die Abfahrt der Dampfer erfolgte von Prag um 4 Uhr früh, jene von Dresden um 6 Uhr morgens. Die Verbindung zwischen Prag und Obříství wurde mittels Omnibus und »Separat-Kaleschen« hergestellt. Unter den Reisenden auf dem Dampfer befand sich auch der Kaiser und König Ferdinand V.

In seiner Reisebeschreibung aus dem Jahre 1842 erwähnt Hans Christian Andersen (1805–1875), der dänische Märchendichter, daß er die Reise von Prag nach Dresden auf dem neuen Dampfer »Bohemia« zurückgelegt hat.

In der herrschaftlichen Mühle zu Obříství wurde am 15. Mai 1880 der Müllerssohn Adolf Polívka geboren. Er war Absolvent des Prager Konservatoriums, Solist für Violoncello des Orchesters des Nationaltheaters und später Professor am Konservatorium in Tiflis (Kaukasus). Nach einer schweren Krankheit kehrte Polívka im Jahre 1906 zu seinen Eltern zurück und starb am 3. 10. 1906 in Obříství. Polívka wurde ein Ehrengrab eingerichtet. Eine russische Delegation nahm an seinem Begräbnis teil. Sein Schüler, der Georgier Iliko Abaschidze, verabschiedete sich von dem Virtuosen am offenen Grab.

In Richtung von Prag nach Mělník wird die Elbe von einer Brücke in Eisenkonstruktion (1912) überquert. Sie trägt den Namen der einstigen Fähre »Štěpánský přívoz«. Auch das Schlößchen, daß sich dort befindet, heißt so. Es wurde vom Prager Baumeister Jan Bělský 1860 erbaut und kam später in den Besitz der Familien Waldstein und Thun. In diesem Schlößchen starb 1898 Graf Leopold Thun.

> **Libiš, Neratovice-Libiš:** Gotische St. Jakobskirche, erbaut vor 1391 von Petr Lutka. Renaissance-Paradisus, gotisches Portal, Turm aus der 1. Hälfte des 16. Jhs., Glockenturm in Holzkonstruktion (zwei Glocken aus den Jahren 1499 und 1512), Herrschaftstribüne, getäfelte Decke im Schiff, Malereien der Orgelempore aus der 2. Hälfte des 17. Jhs., Wandmalereien im Presbyterium und Schiff vom Ende des 14. Jhs., christologischer und Heiligenzyklus (St. Christophorus), Tafelaltar aus der Zeit um 1500 mit Renaissance-Seitenaltar mit Altarbild von der Auferstehung. Evangelische Kirche, erbaut im Jahre 1789. Auf dem Friedhof befindet sich die Gruft des Operettensängers Hugo Kraus (1894–1961).

OPOČNO (Opotschno)
Bezirk: Rychnov nad Kněžnou (Reichenau an der Knjeschna)

> Ursprünglich eine Fürstenburg der Prager Přemysliden, erwähnt bereits 1068, später gotischer Adelssitz. In den Jahren 1560–1569 erbauten die Trčka hier ein großzügiges Renaissanceschloß, mit Arkaden umgeben, mit reichem Interieur und einer besonders reichen Waffensammlung ausgestattet. Die Schloßkirche wurde nach dem Jahre 1560 in den Formen der Renaissance erbaut.

Nach der Ermordung des Schwagers von Albrecht von Waldstein, Graf Adam Erdmann Trčka von Lípa, am 25. Februar 1634 auf der Burg zu Eger wurde seine Herrschaft Opotschno von Kaiser Ferdinand II. konfisziert.

1813 befand sich das Hauptquartier des österreichischen Kaisers Franz I. auf Schloß Opotschno. Dort fanden Beratungen der Monarchen der Heiligen Allianz statt.

Der österreichische Publizist Josef von Gentz hielt sich im Gefolge Metternichs zeitweise auf Opotschno auf.

ORLÍK NAD VLTAVOU (Worlik)
Bezirk: Písek

Ursprünglich frühgotische Burg aus der 2. Hälfte des 13. Jhs., aus dieser Zeit stammt der Rundturm, umgebaut in der 2. Hälfte des 14. Jhs. und zu Anfang des 15. Jhs., zu Anfang des 16. Jhs. erweitert, zu Ende des 16. Jhs. aufgestockt um ein zweites Geschoß. Nach dem Brand im Jahre 1802 wurde ein drittes Geschoß aufgesetzt., teilweise regotisiert von Architekt Bernard Grueber in den Jahren 1849–1860, reiches Interieur.
Nach Errichtung der Talsperre wurde Orlík zum Wasserschloß.

Schloß Orlík befand sich seit 1719 im Besitz der Fürsten zu Schwarzenberg und wurde im Jahre 1802 Sitz der Schwarzenbergischen Sekundogenitur, deren erstes Haupt der Marschall Carl zu Schwarzenberg (1771–1820) war, der Sieger über Napoleon in der Schlacht von Leipzig im Jahre 1813.

Seine Witwe Anna, genannt »Fürstin Nanni«, war literarisch vielseitig interessiert. Gemeinsam mit ihrer Gesellschafterin Betty Pauly zog sie den jungen Adalbert Stifter in ihren Wiener Kreis, wo er als Vorleser in die Familien des Hochadels Eingang fand. Das literarische Porträt der Mathilde in Stifters ›Nachsommer‹ trägt manche Züge der »Fürstin Nanni«. Der älteste Sohn von Carl und Anna Schwarzenberg, Friedrich, ist als »letzter Landsknecht« in die Gesellschaftsgeschichte des 19. Jahrhunderts als konservativer Außenseiter und Liebhaberschriftsteller eingegangen. Er stand mit vielen Schriftstellern seiner Zeit in Briefwechsel.

Die Baronin Emilie von Binzer, geborene von Gerschau, literarisch begabte Ziehtochter der Herzogin von Sagan, deren dritter Gemahl Adjutant des Fürsten auf Schloß Orlík war, verfaßte eine literarische Vedute des Schlosses aus der Zeit nach den baulichen Veränderungen zu Anfang des 19. Jahrhunderts. ›Der ungeratene Prinz‹, eine Episode aus der Jugendfreundschaft der Autorin mit Friedrich Schwarzenberg, die stark biographische Züge trägt, erschien unter dem Pseudonym »Ernst Ritter«.

> Zvíkov (**Klingenberg**): Ursprünglich prähistorischer Burgwall mehrerer Kulturen im Zeitraum der 1. Hälfte des 1. Jahrtausends vor Christi, später frühgotische königliche Burg, 1234 erstmals erwähnt. Ältester Teil der Anlage ist der Wachtturm, in romantischer Zeit »Markomanka« genannt (Abb. 49). Aus den Jahren 1250–1270 stammt der Palast mit dem Arkadenhof, ebenso wie die Burgkapelle ein Werk der Frühgotik. Die Burg wurde in der Renaissance um die Mitte des 16. Jhs. baulich verändert.

OSEK (Osseg)
Bezirk: Teplice (Teplitz)

> Zisterzienserkloster gegründet 1198 (Abb. 86). Klosterkirche Mariä Himmelfahrt, barock in den Jahren 1712–1717 von Octavio Broggio erbaut, die Fresken sind von V. V. Reiner und J. Steinfels, wertvolles Kircheninterieur, Kapitelsaal aus der Zeit um 1240, die Ambiten vor 1350 beendet. In den Jahren 1705–1725 wurden von Octavio Broggio barocke Trakte hinzugebaut. Herausragendes sakrales Denkmal am Fuß des Erzgebirges in landschaftlich schöner Lage.

Goethe hat das Stift Osseg wiederholt besucht. Am 8. Mai 1808 machte Goethe sich Notizen über die Verwüstungen, die Stift Osseg während des Dreißigjährigen Krieges erfahren hatte.

1810 war Goethe hier zweimal zu Gast, einmal in Gesellschaft von Marianne von Eybenberg. Während seines Besuchs wurde er festlich begrüßt und nahm an einem zu seinen Ehren veranstalteten Festessen teil. Von den Osseger Konventualen stand ihm Professor Pater Anton Franz Dietrich, der später in Prag tätig war, sehr nahe. Goethe lernte ihn 1813 in Teplitz kennen und Professor Dietrich stattete ihm später einen Besuch in Weimar ab. Das Grab von Anton Franz Dietrich befindet sich auf dem Kleinseitner Friedhof in Prag.

Im Klostergarten von Osseg befindet sich laut Überlieferung das Grab des Taboriten von Čechtice, Held im Roman ›Der letzte Taborit‹ (1834) von Karl Reginald Herlossohn (recte Herloš, 1804–1849).

Auf dem Friedhof befindet sich das Grab der Opfer der Katastrophe am Schacht Nelson im Januar 1934. Zur Erinnerung an das Unglück wurde vom Bildhauer Karel Pokorný ein Denkmal errichtet: ein alter Bergmann und eine Bergarbeiterfrau mit gesenkten Häuptern.

OSEK (Wossek)
Bezirk: Strakonice (Strakonitz)

Ursprünglich ein Renaissanceschloß aus der 2. Hälfte des 16. Jhs., im 19. Jh. umgebaut und wiederum im Jahre 1911 in pseudobarocken Formen von Architekt Leuthendorfer umgebaut. Alter jüdischer Friedhof aus dem 17. Jh.

Aus der kleinen Judengemeinde zu Osek beim Städtchen Radomyšl in der Nähe von Strakonitz stammt die Familie von Kafka. Der Vater Hermann Kafka wurde dort in der Gemeinde geboren. Auf dem alten jüdischen Friedhof wurde sein Großvater Jakob Kafka bestattet. Franz Kafka kannte die väterliche Ahnenheimat von Verwandtenbesuchen.

Einige Autoren suchen ohne bestimmte Anhaltspunkte das Urbild des Schlosses in Franz Kafkas gleichnamigem Roman in Schloß Osek.

Blatná: Ursprünglich spätromanische Wachburg des Geschlechts Bavor von Strakonice. Reste einer romanischen Kapelle, dann gotische Wasserburg der Herren von Rožmitál aus der Zeit um 1400. Zugebaut wurde in den Jahren 1520–1530 von der Bauhütte des Benedikt Ried der Renaissancepalast. Auf Schloß Blatná wirkte in den Jahren 1809–1818 der junge Jan Purkyně (1787–1869), der später als genialer Physiologe bekannt geworden ist, als Erzieher im Hause Hildprant. Er erregte Goethes Interesse und wurde auf dessen Empfehlung an die Universität Breslau berufen. Purkyně hat Friedrich Schillers Gedichte ins Tschechische übersetzt. Er ist als Autor einer ›Austria polyglotta‹ sowie als Reichstagsmitglied in Wien politisch im Sinne des Austroslawismus hervorgetreten. Im Schloßhof befindet sich eine Gedenktafel für Professor Jan Ev. Purkyně. Am Geburtshaus des Sängers Karel Strakatý in Blatná, der im Jahre 1834 zum ersten Mal in dem Singspiel ›Fidlowatschka‹ von Josef Kajetán Tyl das Lied ›Kde domov můj‹ (›Wo mein Heimatland ist‹) sang, das später zur tschechischen Nationalhymne wurde, befindet sich eine Gedenktafel. Der russische Biologe V. Mičurin besuchte in den dreißiger Jahren dieses Jahrhunderts die großen Rosenplantagen von Blatná.

OSTROV (Schlackenwerth)
Bezirk: Karlovy Vary (Karlsbad)

Die Stadt wurde nach ihrem Gründer Slávek von Osek benannt, der vor 1200 das Kloster Osseg gründete. Zu den wichtigsten Denkmälern gehörten die spätromanische Friedhofskirche St. Jakob aus der Zeit vor 1250, das Schloß aus den Jahren 1693–1696 und der Gartenpavillon aus den Jahren 1674–1683 (Abraham Leuthner), die gotische Mariä Verkündigungskirche und das Piaristenkloster (1666).

Am Piaristengymnasium von Schlackenwerth studierte in den Jahren 1832–1835 der spätere deutschböhmische Dichter und radikale Demokrat Alfred Meissner (1822–1885), der Autor des Epos ›Žižka‹ (1846), Mitglied des Böhmischen Nationalausschusses von 1848 und Freund von Heinrich Heine in Paris. Alfred Meissner lebte seit 1867 in Bregenz.

Der Herzog Julius Heinrich von Sachsen-Lauenburg hielt sich sehr gerne im Schloßpark von Schlackenwerth auf.

Der Park wurde vom Poeten Schmutzerus in Hexametern als das »Achte Wunder der Welt« gepriesen.

Nicht minder entzückt von der Anmut des Schloßparks war der größte böhmische Historiker des barocken Historismus Bohuslav Balbín:

»Zu meiner Zeit errichtete der berühmte Fürst Julius Heinrich von Sachsen-Lauenburg d. Ä. in Schlackenwerth einen kunstvollen Garten, dessen Wunder ich an Ort und Stelle unter der Führung des gütigen Fürsten gesehen habe. Berge und Täler sind gleichgemacht, der Egerfluß ist einige tausend Schritte weit herbeigeleitet und fließt in mehreren Windungen unter dem Garten, ihn so bewässernd. Die Eger selbst liegt, in Stein gehauen in Form eines Giganten und hält eine Urne, in die der ganze Fluß gedrängt wird, den er, auf einen untergelegten Arm gestützt, mit harmonischem Klang und wenn ich so sagen darf, strömendem Donner hinabstürzen läßt. Goldene Fische, zwischen Flächen herrlicher Blumen spielend und mit Ringlein bezeichnet, kommen auf den Ruf eines Glöckchens herbei und sind so zahm, daß sie furchtlos das Futter aus der Hand nehmen und sich gern anfassen lassen. In den Bäumen und Blumen welche Anmut, welche Seltenheit, welche Ordnung! Künstliche Berge, Einsiedeleien, Sonnenuhren, Höhlen, Wassergrotten, gedeckte Schutzhäuschen mitten im Wasser, ein Palast, dann ein Haus, das bei bewölktem Himmel die Blumen bedeckt, bei klarem mit Rädern entfernt werden kann, damit die Blumen frei der Sonne ausgesetzt werden können. Nie habe ich bisher mehr und schönere Arten des Cariophyllum (Nelken) gesehen. Über die Sehenswürdigkeiten dieses Gartens, der an Ausdehnung die Fläche mancher Stadt erreicht, gibt es ein gedrucktes Buch mit vielen Kupferstichen.«

Bohuslav Balbín S. J., *Miscellaneorum historicum Bohemiae decadis I, lib. I, qui historiam naturalem Bohemiae complectitur*

Der damals jugendliche Erzherzog Leopold Ferdinand von Österreich aus der Habsburgischen Toskana, der spätere Leopold Wölfling, verbrachte in den siebziger Jahren des 19. Jahrhunderts oft einige Sommerwochen in Schlackenwerth. Er hat das Schloß im Park von Schlackenwerth im VI. Kapitel seiner ›Freimütigen Aufzeichnungen eines ehemaligen Erzherzogs‹ unter dem Titel ›Böhmische Sommertage‹ beschrieben:

»Es war im kleinen Städtchen Schlackenwerth ein umfangreiches Schloß gelegen, dreistöckig, mit breiter Ausladung nach dem Park, der wundervoll schattig und kühl war. [...] Es waren ringsumher liebliche versteckte Teiche mit Waldparzellen und prachtvollen Wiesen oder Getreide- und Kartoffelfeldern. [...] Sehr anheimelnd waren die alten Kachelöfen mit Platten, die allerlei Figuren darstellten, die Podeste vor jedem Fenster, die durch die dicke Mauer geteilt, sich jedes zu einem Erkerstübchen herrichten ließen.

Breite steinbelegte Gänge zogen um die Höfe, und diese Gänge waren von oben bis unten behängt mit Hirschgeweihen, Rehgewichteln und Gemskrickeln, mit angestopften Wildschwein-Köpfen, Auer- und Birkhähnen und allerlei Wasservögeln. [...] Der Park war der Allgemeinheit zugänglich, durch eine Mauer mit umlaufendem Spazierweg abgeschlossen und von einem Bach, der Bistritz, durchflossen, an deren Ufer kleine eisenhaltige Quellen mündeten, die das Wasser goldbraun färbten, das still und ruhig dahinfloß, so klar und durchsichtig, daß man die Fische am Grunde hin- und herkreisen sehen konnte. Der Privatgarten war abgeschlossen und eigentlich wieder ein Park für sich, wo insbesondere viele jetzt nur mehr in Bauerngärten gezogene Blumen gepflegt wurden: Rittersporn, brennende Liebe, Levkojen, Malven, Georginen, viele Rosen und nebenbei unzähliges Baumobst. [...] Auf der Höhe der Abschlußmauer, über der Dorfstraße, stand ein Salette oder Gartenhaus, achteckig, tapeziert; die Tapeten stellten Chinesen und Szenen aus China dar. Eine mächtige Linde beschattete diesen idealen Kinderspielplatz.«

PARDUBICE (Pardubitz)
Bezirksstadt

Als Stadt 1340 unter dem Geschlecht der Pernstein gegründet, nach zahlreichen Stadtbränden erweitert (1507 und 1538). Der Grundriß der Stadt ist seit 1507 gleich geblieben. Aus dieser Zeit stammt das Grüne Tor (Zelená brána) und eine Reihe von Spätgotik- und Renaissance-Bürgerhäusern.
Städtische Denkmalreservation. Mehrere Häuser innerhalb der städtischen Denkmalreservation sind mit plastischen Darstellungen in Stuckmanier geschmückt (St. Wenzel mit Fahne zu Pferd, Pernštýnské náměstí 3/15; am Hause genannt »U Jonáše« großflächige Plastik des Propheten Jonas mit dem Walfisch, Pernštýnské náměstí 50; St. Johann von Nepomuk, Pernštýnská ulice 6).
Ursprünglich frühgotische Bartholomäuskirche neu aufgebaut in den Jahren 1507–1514. Das Schloß entstand anstelle einer Feste vermutlich zu Ende des 13. Jhs. durch Erweiterung und Umbau einer frühgotischen Burg seit 1491, im Renaissance-Stil nach der Mitte des 16. Jhs umgebaut.
Das große fortifikatorische Objekt mit Vorburg stellte bis zur 1. Hälfte des 19. Jhs. ein sehr wirksames Verteidigungssystem dar. Auch die Stadt ist befestigt.
Mit den Bauten des historischen Stadtkerns kontrastiert der Sezessionsbau des Theaters (Náměstí osvobození), an den beiden Seitenfassaden befinden sich je ein Medaillon von Bedřich Smetana (links) und von Josef Kajetán Tyl (rechts).
Laut Chronik wird schon seit dem Mittelalter in Pardubitz der böhmische Lebkuchen erzeugt.

Am 22. 1. 1838 wurde im Haus V zámku Nr. 4 der Pädagoge und Schriftsteller Jiljí Vratislav Jahn, ein Mitglied des Kreises um Jan Neruda, geboren.

Im Hause Pernštejnské náměstí Nr. 49 wurde der Ägyptologe Prof. PhDr. František Lexa (1876–1960) geboren.

Pardubitz ist auch der Geburtsort des tschechischen Schriftstellers und Regisseurs Emil Artur Longen (bürgerl. Name: E. A. Pittermann; * 29. 7. 1885 † 24. 4. 1936 Benešov). Mit seiner Ehefrau, der Schauspielerin Xena Longenová, gehörte er zum Prager Freundeskreis von Egon Erwin Kisch und Jaroslav Hašek.

In der Nähe der St. Johanneskirche befindet sich das aus dem Jahre 1883 stammende Denkmal der Vettern Václav und František Veverka. Der Schmiedemeister des Dorfes Bukovina bei Pardubitz, Václav Veverka (* 1790 Rybitví † 1849 Bukovina), baute nach den Angaben und Entwürfen seines Vetters, des Landwirts František Veverka (* 1799 Rybitví † 1849 Břeh bei Přelouč) den ersten mechanischen Pflug. Das den Erfindern gewidmete Denkmal ist ein Werk des Bildhauers J. Strachovský. Die Doppelstatue trägt die Inschrift (tsch.):

> »Den Erfindern des mechanischen Pfluges den Vettern Veverka«

Am Sockel des Denkmals befinden sich zwei figurale Metallreliefs. An den Seitenflächen links die Jahreszahl »1827«, rechts »1883«. Außerdem gibt es eine Inschrift auf der Rückseite des Sockels (tsch.):

> »Die tschechoslowakische Bauernschaft vertreten durch den Wirtschaftsverein für die Bezirke Pardubice, Holice, Přelouč. Enthüllt am 8. 9. 1883«.

Die Festrede anläßlich der feierlichen Enthüllung des Denkmals hielt der tschechische Politiker Dr. František Ladislav Rieger, der Schwiegersohn von František Palacký. Der tschechische Prosaist und größte Journalist seiner Nation Jan Neruda begrüßte die Enthüllung des Denkmals mit einem geistreichen Feuilleton in der Prager tschechischen Tageszeitung ›Národní listy‹.

Am 5. November 1874 fand das erste der seither weltweit bekannten Pferderennen in Pardubitz statt. Die hundertjährige Tradition des Pardubitzer Rennens wurde nach dem Zweiten Weltkrieg wieder aufgenommen.

> **Kunětická Hora (Kunetitzer Berg):** Auf einem Basaltfelsen (305 m) wurde in herausragender Lage nach 1421 eine gotische Burg gebaut, umgebaut und durch das Geschlecht Pernstein nach 1491 wesentlich erweitert. Von den Schweden zerstört, überdauert sie bis heute als Ruine. In den zwanziger Jahren des 20. Jhs. von Dušan Jurkovič restauriert.
>
> **Dašice (Daschitz):** Barocke Kirche Mariä Geburt (1677–1707). In Dašice steht das Geburtshaus des sozialistischen tschechischen Politikers Josef Hybeš (1850–1921), Abgeordneter des Wiener Reichstages und Senator der Tschechoslowakischen Republik, Redakteur der Zeitschriften ›Dělnické listy‹ und ›Rovnost‹. In seinem Geburtshaus wurde eine Gedenkstätte eingerichtet. Der Dašicer Pfarrer Josef Turek züchtete im 19. Jahrhundert als erster in Böhmen Georginen. Zwischen Pardubitz und Moravany liegen eine Reihe ehemals deutscher Kolonistendörfer aus der Zeit von 1780–1781 (Spojil, Gunstdorf, Weska, Kleindorf, Teichdorf, Seindorf, Lehrdorf, Dreidorf).
>
> »1780 wurden auf den Gründen des ehemaligen Hradischter Meierhofes, nördlich von Pardubitz, zehn deutsche Familien angesiedelt, die den Ort Deutsch Hradischt bildeten. Im selben Jahre entstanden, zumeist auf Teichgründen, östlich der Stadt die Dörfer Weska (von der tschechischen Bevölkerung ursprünglich Nová Veska, »Neudörfel«, genannt) mit 13, Gunstdorf und, bei der Stadt Daschitz, Teichdorf mit je 9, 1781 in ihrer Nähe Kleindorf mit 5 Familien. Ihnen folgten im nächsten Jahre Seindorf mit 16, Dreidorf mit 11, näher bei Holitz Trauerndorf mit 9 und Maidorf mit 12 Häusern. Nördlich davon bot 1783 die große Hutweide Hrachowitsch Raum für die 21 Siedlerfamilien von Streitdorf. In demselben Jahr erwuchs südlich von Pardubitz auf dem Boden des ehemaligen Altjesnitschauer Teiches das kleine Dorf Neujesnitschan mit vier Nummern und als zwölftes mußte 1785 der neugegründete Ort Spojil, in unmittelbarer Nachbarschaft von Weska und Gunstdorf gelegen, außer 17 tschechischen auch noch vier deutsche Familien aufnehmen. Die Kopfzahl aller deutschen Ansiedler auf der Pardubitzer Herrschaft betrug über 400. Mit Ausnahme von neun Familien, die aus Niederschlesien herkamen, stammten alle Einwanderer aus der Grafschaft Glatz.«
>
> Dr. Franz J. Beranek, *Untergegangene deutsche Dörfer bei Pardubitz*

Aus dem Dorf Weska stammt der Leibarzt des Kaisers Franz Joseph I. MUDr. Joseph Ritter von Kerzl.

Holice (Holitz): Barocke St. Martinskirche (1736–1739) nach Plänen von T. Haffenecker. Barockes Pfarrhaus (1734 von T. Haffenecker). Geburtsort des Afrikaforschers und Weltreisenden Dr. med. Emil Holub (* 2. 10. 1847 † 11. 5. 1902 Wien). Denkmal von K. Dudych und Afrika-Museum. Grabdenkmal am Wiener Zentralfriedhof vom Bildhauer Jakitsch.

PELHŘIMOV (Pilgram)
Bezirksstadt

In der Nähe der Wasserscheide zwischen Elbe und Donau gelegene Stadt, von den Prager Bischöfen in der 2. Hälfte des 13. Jhs. begründet.
Mehrere Renaissance- und Barock-Bürgerhäuser, teilweise erhaltene Befestigungen und zwei spätgotische Tore. Gotische St. Bartholomäuskirche aus dem 14. Jh.
mit einem Kreuzweg von František Bílek. St. Veitskirche in der Vorstadt, um die Mitte des 13. Jhs. erbaut.

Im Museum befindet sich die Gedenkstätte des international bekannten Schriftkünstlers Oldřich Menhart (1897–1962).

Ein mehrbändiges Geschichtswerk des gebürtigen Pilgramer Historikers Josef Dobiáš (1888–1972) gehört zu den besten Werken dieser Disziplin.

Štítné: Auf der Burgfeste, deren Reste erhalten geblieben sind, lebte der tschechische Landedelmann Tomáš ze Štítného, der erste tschechisch schreibende Schriftsteller und Laientheologe in der Zeit von 1331–1401. Er war der Vordenker der böhmischen Reformation. Gedenktafel mit Inschrift (tsch.):
»Dem Andenken von Thomas von Štítné, dem Begründer des tschechischen Schrifttums. Errichtet an der Stelle der einstigen Feste 1901.«

PÍSEK
Bezirksstadt

»Písek ist eine altertümliche Stadt, berühmt ob ihrer Gelehrsamkeit. Die fürsorglichen Vorsteher der Stadt haben hier eine der ersten tschechischen Realschulen und die erste tschechische höhere Mädchenschule errichtet. In Písek wurde die erste Übersetzung Puschkins veröffentlicht; gedruckt erschien sie aus der gleichen Druckerei wie die erste tschechische Zeitschrift für ländliche Leser.«

Jiří Tuček, *Toulání s knížkami a dobrou notou. Svobodné slovo* 27. 9. 1975

Eine Reihe von Gotik-, Renaissance- und Barock-Bürgerhäusern im historischen Stadtkern werden nach erfolgter Rekonstruktion pfleglich erhalten und betreut. Die Mariensäule mit einer wirkungsvollen Balustrade mit Plastiken (Alšovo náměstí) bildet den Mittelpunkt des ehemaligen sogenannten »Kleinen Platzes«. Gotische Marien- und Dekanalkirche aus der Zeit um 1260, umgebaut im Jahre 1489 von Meister Nikolaus, aus dieser Zeit stammt der hohe Turm, Relief aus dem 15. Jh. über dem Hauptportal der Kirche, am Pfeiler bei der Kanzel Reste der gotischen Wandmalerei, zinnernes Taufbecken aus dem Jahre 1587, im Seitenschiff das Votivbild der »Píseker Madonna«, gotisches Tafelbild. Barocke Kapelle St. Johann von Nepomuk auf ovalem Grundriß, angebaut im Jahre 1743, Deckenmalereien in der von einem Tambour gekrönten Kuppel. Der älteste erhaltene Grabstein aus dem 13. Jh. vom ehemaligen Friedhof wurde in die Kirchenmauer eingefügt. Reste der ehemaligen Stadtbefestigung, genannt Bastei. Zu den erhaltenen mittelalterlichen Bauwerken der Stadt gehört das »Putimer Tor« (Putimská brána) bzw. dessen bauliche Reste. Der Name des Tores leitet sich vom Nachbarort ab. Hl. Kreuzkirche (Kostel sv. Kříže) mit Resten des ehemaligen Dominikanerklosters aus dem 13. Jh., von den Hussiten im Jahre 1419 zerstört. Das ehemalige nördliche Kirchenschiff wurde zu einem Salzkasten umgebaut, Sgraffitos. Im Jahre 1636 wurde das Kloster vom Kommandanten der Stadt, Don Huerta, wiederhergestellt. Joseph II. löste im Jahre 1787 das Dominikanerkloster auf. Kaiser Franz I. bestimmte die Kirche zur Garnisonskirche.

An der Stelle des gegenüberliegenden Sparkassengebäudes aus den Jahren 1933–1934 stand das Kreisamtsgebäude des Prachimer Kreises, später der Sitz der Bezirkshauptmannschaft.

Die »Steinerne Brücke« (Kamenný most) in Písek, die vermutlich aus der 2. Hälfte des 13. Jahrhunderts stammt, ist die älteste steinerne Brücke Böhmens (Abb. 50). Sie trägt im Volksmund die Bezeichnung »Hirschbrücke« (Jelení most), weil sie gemäß Überlieferung zuallererst von einem Hirsch begangen wurde. Die Überlieferung berichtet weiter, die Brücke sei auf trockenem Grund errichtet worden und der Flußlauf sei für die Zeit des Brückenbaus abgeleitet worden. In den Jahren 1445, 1740 und 1767 wurde die Brücke vom Hochwasser beschädigt. Im Jahre 1768 wurde ein Brückenturm vom Hochwasser zerstört, im Jahre 1825 der andere niedergelegt. Drei Statuengruppen, eine Kreuzigung, eine St. Johann–Nepomuk-Statue und eine Antonius-Statue (aus den Jahren 1770–1790) bilden den plastischen Schmuck der Brücke. Dieser Schmuck stellt eine bewußte Anlehnung an die Galerie von Statuen auf der Prager Karlsbrücke dar.

Im Jahre 1741 wurden im Klostergarten des damaligen Dominikanerklosters bei der Hl. Kreuzkirche etwa 400 französische und bayrische Soldaten bestattet, die im österreichischen Erbfolgekrieg gefallen waren.

Am Vorplatz der Dekanalkirche, genannt »Na Bakalářích« (zur Erinnerung an die einst berühmte Píseker Pfarrschule), steht inmitten einer Grünanlage das Denkmal des ehemaligen Píseker Regiments Nr. 11 in Gestalt eines steinernen Löwen auf hohem Sockel von Emanuel Max (1861). Das Denkmal erinnert an die Teilnahme des Píseker Regiments in den Schlachten von Melegnano und Solferino (1859).

Am heutigen Hauptplatz fand am 4. September 1918 eine Hungerdemonstration statt, und am 14. Oktober dieses Jahres wurde unter dem Eindruck der Auflösungserscheinungen der Österreichisch-Ungarischen Monarchie im Verlaufe einer Demonstration der selbständige Tschechoslowakische Staat ausgerufen. Eine Gedenktafel, die sich bis zum Jahre 1933 am damaligen Gebäude der Bezirkshauptmannschaft befand, wurde dann am Haus der Städtischen Kompanie (Dům městské kompanie) angebracht. Das Haus aus dem 16. Jahrhundert, mit einem Renaissance-Giebel aus dem 17. Jahrhundert, seit der 1. Hälfte des 19. Jahrhunderts auch Stift (Štift) genannt, diente damals als Militärerziehungsanstalt. In den Jahren 1850–1877 zog in das Haus das Gymnasium und später die Forstlehranstalt ein. Die Gedenktafel mit einem Relief symbolisiert die Revolution des 14. Oktober 1918 in Písek. Autor ist der akademische Bildhauer J. Jiříkovský. Inschrift (tsch.):

>»Am 14. Oktober 1918 hat auf diesem Platz die arbeitende Bevölkerung der Píseker Werke die Selbständigkeit der Tschechoslowakischen Republik ausgerufen.«

Die Gedenktafel ist ein historisches Monument ersten Ranges in der Geschichte der Tschechoslowakischen Republik.

Eine ungewöhnlich große Anzahl von schöpferischen Persönlichkeiten aus vielen Bereichen von Kunst, Literatur, Musik, Wissenschaft und öffentlicher Wirksamkeit sind durch Geburt, Studium oder andere Umstände mit Písek verbunden.

Johann Zacharias Quast (* 23. 10. 1814 Březová), ein Sohn des aus Ansbach in Bayern stammenden Porzellanmalers Konrad Ferdinand Quast, kam nach Wanderjahren durch halb Europa im Jahre 1836 in seine Geburtsheimat Böhmen zurück und ließ sich in Písek nieder. Er gehörte in den Jahren 1838–1839 dem Schülerkreis von Franz Tkadlík an der Prager Akademie an.

In Písek wurde am 5. November 1832 Antonín Otakar Zeithammer geboren. Er wurde gemeinsam mit Karel Habětínek vom Grafen Leo Thun als Präfekt an das Wiener Theresianum berufen. Später als Professor in Agram (Zagreb) tätig, kam er im Jahre 1861 an das Akademische Gymnasium nach Prag und wurde Mitarbeiter von František Palacký, František Ladislav Rieger, Brauner und Klaudy. Als Gegner Schmerlings wurde Zeithammer nach Troppau versetzt. Er gehörte seit 1866 dem Böhmischen Landtag an, war Deklarant (1868), später Landesausschußbeisitzer und als solcher Intendant des Böhmischen Landestheaters (amtliche Bezeichnung des Nationaltheaters zu Zeiten der Monarchie), sowie Vizepräsident des Wiener Reichsrates. Von Zeithammer stammt das prophetische Wort:

>»Österreich wird entweder auf der Grundlage der Verständigung aller seiner Nationen bestehen, oder es wird überhaupt zu bestehen aufhören.«

In den Jahren 1889–1926 war August Sedláček (1843–1926) Direktor des Städtischen Museums. Der frühere Gymnasialprofessor zählte zu den bedeutenden Persönlichkeiten im Kulturleben der Stadt. Bekannt wurde er vor allem auch durch sein viele Bände umfassendes Kompendium über die Burgen, Festen und Schlösser Böhmens. Es wurde zu einem Standardwerk von internationaler wissenschaftlicher Bedeutung auf diesem Gebiet. Als Sedláček, in der Absicht seinen Ruhestand in seiner einstigen Schulstadt zu verbringen, sich dauerhaft in Písek niederließ, bot er sich der Stadt als Betreuer ihres Archivs, der Bibliothek und des Museums an. Im Ruhestand schrieb er auch sein dreibändiges Werk über die Geschichte der Stadt Písek (›Dějiny královského města Písku‹). 1927 wurde das damalige Städtische Museum nach ihm benannt. Sedlaček wurde auf dem Dreifaltigkeitsfriedhof in Písek bestattet.

An den Aufenthalt des tschechischen volkstümlichen Malers Mikoláš Aleš (* 1852 Mirovice bei Písek † 1913 Prag) in Písek erinnert eine Gedenktafel mit einer Bildnisbüste an seiner einstigen Studentenwohnung (Ningerova ulice 7/13). Inschrift (tsch.):

»In diesem Hause lebte Mikoláš Aleš, der berühmte tschechische Maler, als Student bei seinem Onkel Tomáš Fanfule und mit seinen Brüdern Franz und Johann in den Jahren 1865–1869.«

Die bedeutenden tschechischen Maler Otakar Nejedlý (1883–1957) und Vincenz Beneš (1883–1979) fanden sich zeitweise in Písek ein.

Auch auf musikalischem Gebiet war Písek seit der Mitte des 19. Jahrhunderts von Bedeutung.

Im Jahre 1851 gründete hier der Komponist und Dirigent František Gregora (1819–1887) einen vielbeachteten Kirchenchor.

Dvořák wohnte hier den Erstaufführungen einer Mozartschen Messe und der Psalmen Davids bei.

In Písek lebte der tschechische Geigenvirtuose und Musikpädagoge Otakar Ševčík (1852–1935). Im Jahre 1907 eröffnete er hier seine internationale Violinenschule. Die von ihm geleitete Künstlerkolonie zählte über dreißig Schüler aus aller Welt. Seit 1909 wurde der repräsentative, im Stil der Neurenaissance erbaute Fremdenhof »Hotel Otava« (Komenského třída 56) zum Mittelpunkt der Künstlerkolonie, die sich um Otakar Ševčík als ihren Meister scharte. Gedenktafel mit Inschrift:

»An Stelle des alten Budweiser Tores errichtet im Jahre 1899 dem Mag. Pharm. Rudolf Dvořák Apotheker in Písek nach Plänen des Architekten und Baumeisters Rudolf Štěch mit 11 dekorativen Bildern von Mikoláš Aleš aus der Geschichte von Písek. [Die elf Bilder von Mikoláš Aleš hat der akademische Maler J. Bosáček ausgeführt. Anm. d. Verf.] Im Jahre 1909 wurde das Hotel Sitz einer Künstlerkolonie von Prof. Otakar Ševčík, des weltweit bekannten Geigenpädagogen.«

In Písek wurde der Komponist Otokar Jeremiáš geboren. Sein Geburtshaus (Komenského třída 16/87) ist mit einer Gedenktafel mit der Büste des Künstlers geschmückt. Inschrift:

»Hier wurde am 17. Oktober 1892 der nationale Künstler Otakar Jeremiáš, ein hervorragender tschechischer Komponist, Dirigent und Pädagoge, geboren. Im südböhmischen Kreis verbrachte er seine glückliche Jugend, von hier trat er mit seiner schöpferischen Arbeit hervor.«

An die langwährende Tradition Píseks im Schulwesen erinnert eine Gedenktafel am »Kronberger Altan« (Kronbergův altán, Komenského ulice). Der Gartenpavillon aus dem Jahre 1840 steht in unmittelbarer Nachbarschaft mehrerer Bildungsanstalten. In diesem Altan hielt der vaterländische Priester J. Kronberger für die Schüler der hiesigen Lehranstalten Vorträge über Obstbau. Gegenüber steht das ehemalige Gymnasialgebäude (Komenského ulice 86), erbaut in den Jahren 1865–1871. Es diente zeitweise der im Jahre 1778 gegründeten Anstalt als Unterrichtsgebäude. Zu den bedeutendsten Schülern des Píseker Gymnasiums gehörte der Dichter František Ladislav Čelakovský (1799–1852).

Am Ende der Straße steht das Gebäude der ehemaligen Píseker Realschule, erbaut in den Jahren 1883–1886. Heute ist in dem Gebäude ein Gymnasium untergebracht, benannt zu Ehren der Helden von Dukla »Gymnasium der Helden von Dukla« (Komenského ulice 20/89). Die Anstalt wurde im Jahre 1851 begründet und war seit 1860 die erste höhere Realschule mit tschechischer Unterrichtssprache. Ihr erster Direktor war der Mineraloge Jan Krejčí.

Dem Lehrkörper der Anstalt gehörten der Dichter Adolf Heyduk und der Komponist Bohumil Jeremiáš an. Zu den bedeutendsten Schülern zählten der Maler Mikoláš Aleš, der Schriftsteller Ladislav Stroupežnický und der Schriftsteller Richard Weiner.

Einen besonderen Platz im Schulwesen des Landes nimmt die erste tschechische Forstwirtschaftliche Mittelschule ein, die seit dem Jahre 1885 besteht.

In seiner so sprichwörtlichen Rolle als »böhmisches Pensionopolis« hat Písek Eingang in ein Werk der Weltliteratur gefunden. Gustav Meyrink läßt in seiner ›Walpurgisnacht‹, dem Seitenstück zu seinem bekannteren Roman ›Golem‹, den kaiserlichen Leibarzt Thaddäus Flugbeil, genannt »der Pinguin«, im achten Kapitel dieses Buches, das den Untertitel ›Die Reise nach Pisek‹ trägt, zu einem bereits mehrfach gefaßten Entschluß gelangen, dauerhaft nach Písek zu übersiedeln und die »böhmische Liesel«, alias Liesel Kossut, seine einstige Geliebte, als Haushälterin seines Ruhestandes bei sich dort aufzunehmen. Gemäß eigenhändig verfaßtem Testament wollte Thaddäus Flugbeil am »Gottesacker in Písek« bestattet werden. Der Gottesacker in Písek war der weit über die Grenzen der Stadt und ihre engere südböhmische Umgebung hinaus bekannte Dreifaltigkeitsfriedhof, der auf eine vierhundertjährige Vergangenheit als Begräbnisstätte zurückblickt. Nach dieser testamentarischen Verfügung tritt der Held des Meyrinkschen Buches seine letzte Reise von Prag aus an, die ihn jedoch nicht mehr lebend das Ziel seiner Wünsche erreichen ließ. Zu seinen letzten Worten, bevor er unterwegs nach Karlsbad das Opfer eines Eisenbahnunglücks werden soll, gehört der Satz: »Dort muß – dort muß Písek sein.«

Auch im Werk von Egon Erwin Kisch findet Písek Erwähnung. In einer seiner ersten Kriegsreportagen des Bandes ›Soldat im Prager Korps‹ schildert Kisch den Ausmarsch des k. k. Infanterieregiments Nr. 11 aus Písek an die Front am 1. August 1914 und die vorangegangene Vereidigung der ausrückenden Mannschaften am Marktplatz. Kisch selbst gehörte diesem Regiment als Reservekorporal an. Das Kapitel stellt in seiner Realistik ein literarisches Meisterstück dar, besonders was die Darstellung der Nationalitätenproblematik der alten Monarchie in Böhmen bei Kriegsausbruch betrifft:

»Samstag, den 1. August 1914. [...] Am Marktplatz war um 7 Uhr Schwur. Der Platz konnte die Menschen nicht fassen; wie in einem Heringsfaß war man gedrängt. Oberstleutnant Haluska umarmte seine alten Kompagniesoldaten, aus den Fenstern des Rathauses wurden Blumen gestreut, die Damen warfen Kußhände, und jeder der armen Reservisten, die gestern verzweifelt von Weib und Kind fortgezogen sind, bezog die Kußhände der eleganten Frauen nur auf sich und erwiderte sie. Als die Regimentsfahne unter den Klängen der Volkshymne auf den Platz getragen wurde, stieg die Erregung und in der Pause zwischen den beiden Avisi »Zum Gebet« und »Vom Gebet« sandte gewiß fast jeder ein Stoßgebet zum Himmel, obwohl bei den hundertfachen Wiederholungen dieser Übung auf den Exerzierfeldern niemandem jemals gesagt worden war, daß dieser Zeitraum für ein Gebet verwendet werden solle. Nach kurzer Messe las Hauptmann Turner mit Schwung, Pathos und erstaunlichem Organ den Schwur deutsch für die deutsche Mannschaft, die ihn wiederholte; dann kam der tschechische Schwur. Es war falsch organisiert, daß man nicht aus den Deutschen ein Bataillon formiert hatte, das getrennt von den anderen geschworen hätte. So stand bei jedem Schwur die Mannschaft der nicht-beteiligten Nation bedeckten Hauptes in ›Ruht‹-Stellung dabei. Die Worte der Schwurformel sind überdies in jämmerlichem Stil abgefaßt, die Zäsuren unsinnig, die Sprache ist phrasenhaft und geschwollen. Es folgte eine anhand des kaiserlichen Manifestes ausgearbeitete Rede des neuen Regimentskommandanten, des Obersten Karl Wokoun, die von Major Lašek dann ins Tschechische übersetzt wurde. Hierauf brachte der Oberst ein Hurrah auf den Kaiser aus, die Mannschaft schwenkte die Kappen, die Offiziere zückten die Säbel, das

Publikum in den Fenstern winkte mit den Hüten und Taschentüchern. Nachdem noch vom Bürgermeister die Fahne mit einem rotweißen Bande geschmückt worden war, begann der Abmarsch, Blumen regnete es aus manchen Fenstern, die Frauen und alten Männer im Publikum weinten, und die Erregung pflanzte sich auf die Mannschaft fort, die sich vergeblich mühte, die Rührung unter Zynismen zu verdecken.«

Egon Erwin Kisch, *Soldat im Prager Korps*

Putím: Zweischiffige St. Laurentiuskirche, ursprünglich frühgotisch, spätere Zubauten aus dem 14. und 15. Jh., Karner aus dem 14. Jh., Epitaphe aus dem 16. Jh. An der Friedhofsmauer befindet sich das Grab des Bauern Jan Cimbura, der Held im gleichnamigen Roman von Jindřich Šimon Baar. Durch die Umgebung von Putím wandert der »brave Soldat Schwejk« im Roman von Jaroslav Hašek während seines Marsches nach Böhmisch Budweis.

Myšenec: St. Galluskirche aus dem 17. Jh., erhalten geblieben im Bereich der heutigen Sakristei, Kirchen- und Turmanbau in der 2. Hälfte des 13. Jhs., Presbyterium, Schiff und Tribüne, regotisiert in den siebziger Jahren des 19. Jhs., Wandmalereien im Presbyterium und in der Sakristei (1340–1350). Gotische Burgruine. Der Ort ist als Wallfahrtsort und durch den guten Ruf seiner Apfelernte bekannt geworden. Laut Überlieferung soll der päpstliche Legat am kaiserlichen Hof Ippolito Aldobrandi diese sehr gemocht haben. Als Papst Clemens VIII. ließ er sich von der Lobkowiczischen Grundherrschaft Äpfel aus Myšenec nach Rom kommen.

Chraštice (Chraschtiz): Gotische Kirche Mariä Himmelfahrt, barockisiert 1723–1724, Reste von gotischen Wandmalereien (Marienzyklus, St. Michael, St. Wenzel) im abgetrennten Rest des gotischen Presbyteriums, barocke Marienstatue am Hochaltar. Ein anschauliches Bild über das Leben der südböhmischen Landjuden und ihre sprachlichen Besonderheiten aus der Zeit vor der Jahrhundertwende hat Samuel Hugo Bergmann in seine Erinnerungen an Franz Kafka aufgenommen:
»Ein großer Teil meiner Familie lebte noch im Dorf, und wir verbrachten jedes Jahr die beiden Ferienmonate in diesem Dorf – Chraštice mit Namen – bei einem Bruder meines Vaters. [...] Der Hof meines Onkels lag neben der katholischen Kirche und dem sie umgebenden Friedhof; aber diese Nähe hatte nichts Beängstigendes. Wir kletterten auf die Mauer, die zwischen dem Hof und dem Friedhof entlang lief, und sprangen von dort einmal in den Hof und einmal in den Friedhof, mit derselben Fröhlichkeit. [...] Aber der hauptsächliche Einfluß dieser Monate auf dem Dorf war das jüdische Erlebnis. In den auf dem Lande verstreuten wenigen jüdischen Familien wurde das jüdische Erbe viel stärker und frischer erhalten als in der Stadt. Der Schabbat, an dem die Juden sich in einem der Bauernhäuser, das als Bethaus diente, versammeln, oder der Weg zu den Bußgebeten den frühen Morgen durch die herbstlichen Felder machte auf den Knaben großen Eindruck. [...] Die kleinen jüdischen Gemeinden in den tschechischen Dörfern waren deutsche Sprachinseln im tschechischen Gebiete und unterhielten ihre jüdischen deutsch-sprachlichen Privatschulen, damit die Kinder ihr Judentum, zusammen mit der deutschen Sprache kennenlernen konnten. Unter dem Ansturm des beginnenden tschechischen Nationalismus mußten diese Schulen, die ein starkes nationales und religiöses Band für die kleinen Gemeinden bildeten, aufgelöst werden, und dies war wohl der Grund, daß unsere Eltern aus den tschechischen Dörfern, woher sie stammten, in die Stadt Prag zogen, damit die Kinder deutsch erzogen werden konnten. Die tschechische Stadt Prag hatte eine deutschsprachige Minderheit, die fast ausschließlich jüdisch war. [Um die Jahrhundertwende waren es etwa fünfzig Prozent. Anm. d. Verf.]

Prof. Dr. Dr. h. c. Samuel Hugo Bergmann, *Erinnerungen an Franz Kafka*

Mirotice: Romanische Pfarrkirche St. Ägidius, umgebaut 1694 und in pseudoromanischen Stilformen in den Jahren 1870–1872 restauriert. Jüdischer Friedhof aus dem 16. Jh. Plakette am Geburtshaus des tschechischen volkstümlichen Malers Mikoláš Aleš von J. Sychrovský. Denkmal von Mikoláš Aleš von Antonín Lhoták (1955). Das als Gedenkstätte eingerichtete Geburtshaus von Mikoláš Aleš ist eine naturgetreue Rekonstruktion des einstigen Elternhauses. Die Bedeutung des Gesamtoeuvres von Mikoláš Aleš für die tschechische künstlerische Tradition im Zeitraum der nationalen Bewußtwerdung seines Volkes ist von überragender Bedeutung. Er ist der volkstümlichste und, neben Josef Mánes, der größte Maler des tschechischen Volkes im 19. und zu Beginn des 20. Jahrhunderts. Sein Lebenswerk vergegenwärtigt das Jírásek-Aleš-Museum auf Schloß Stern in Prag. Der Autor historischer Romane Jírásek und der Maler Mikuláš Aleš waren eng befreundet. Sie repräsentieren beide das letzte Stadium der nationalen Emanzipation des tschechischen Volkes auf dem Wege zur Wiedererrichtung seines Staates.

PLANÁ (Plan)
Bezirk: Tachov (Tachau)

Stadt mit zahlreichen Gotik-, Renaissance- und Barock-Bürgerhäusern. Städtische Denkmalreservation. Frühgotische Marienkirche aus der Zeit um 1280, barockisiert in den Jahren 1745–1747. Schloß anstelle einer frühgotischen Feste in der Renaissance entstanden und barock umgebaut.

In Plan bei Marienbad steht das Geburtshaus des Ahnherrn der in Böhmen und Österreich beheimateten Familie Helfert. Joseph Helfert d. Ä. (1791–1847) wurde im Haus Nr. 45 am Marktplatz geboren. Er war in Olmütz, Wien und später vor allem in Prag als Kirchenrechtler und Begründer der Terminologie der neuzeitlichen Denkmalpflege tätig. Als Autor und Rektor der Prager Universität erwarb er sich eine geachtete Stellung als Mitglied des Prager Ebert-Kreises. Er war der Vater des österreichischen Staatsmannes Josef Alexander, später nobilitierter Freiherr von Helfert.

Plan bei Marienbad ist der Geburtsort des deutschen Chemikers Hans Tropsch (1889–1935 Mühlheim). Als Mitarbeiter von Fr. Fischer am Institut für Kohleforschung hat Tropsch an der Entwicklung der Benzin-Synthese wesentlich mitgearbeitet.

Tachov (Tachau): Burgflecken des böhmischen Fürsten Soběslav I. aus der Zeit um 1130. König Přemysl Ottokar II. gründete die Stadt neu als königliche Stadt, deren Befestigung aus der Mitte des 14. Jhs. zum größten Teil erhalten geblieben ist. Gotische Marienkirche aus dem 3. Viertel des 14. Jhs. Spätbarockes Schloß vom Ende des 18. Jhs. mit klassizistischen Stukkos und Malereien. Mehrere Gotik-, Barock- und Renaissance-Bürgerhäuser. Paulaner-, später Franziskanerkloster, barockisiert im letztes Viertel des 18. Jhs. Jüdischer Friedhof. In Tachau trat der Begründer der tschechischen Orientalistik, Pater Wenzel Fortunat Durych (1738–1802), in den Paulanerorden ein und empfing hier 1758 die Priesterweihe. Aus Tachau stammen die ältesten Ahnen der aus Bayern im 18. Jh. nach Böhmen eingewanderten Familie Helfert, die hier in mehreren Generationen als Handwerker ansässig waren, und später nach Plan bei Marienbad abwanderten.

Chodová Planá (Kuttenplan): In den Jahren 1612–1613 war Magister Zacharias Theobald (1584–1627), der Verfasser des Geschichtswerkes ›Der Hussitenkrieg‹ (1609), als evangelischer Prediger des Barons Sodok Adam von Schirmdinger in Kuttenplan tätig. In Kuttenplan wurde als Sohn jüdischer Eltern Johann Emanuel Veith geboren (* 10. 7.

1787 † 6. 11. 1876). Er gehörte in Wien dem Romantikerkreis um Pater Clemens Hofbauer an, war Arzt und Universitätsprofessor, wurde 1821 zum Priester geweiht, trat dem Redemptoristenorden bei, war in den Jahren 1831–1834 Domprediger bei St. Stephan und trat als Lyriker und Schriftsteller hervor.

Staré Sedliště (Alt Zedlitsch, Alt Zetlisch): Auf seinem Landschloß in Alt Zedlitsch verlebte Ignaz von Born (1742–1791), der Gründer der »Privatgesellschaft der Wissenschaften« (1770), welche 1784 als »Königlich-böhmische Gesellschaft der Wissenschaften« von Joseph II. bestätigt wurde, einen Teil des Jahres.

PLANÁ NAD LUŽNICÍ (Plan an der Leinsitz)
Bezirk: Tábor

St. Wenzelskirche, ursprünglich gotisch, im Jahr 1796 umgebaut.

Von Ende Juni bis September 1922 verweilte der bereits erkrankte Kafka bei seiner Schwester Ottla, verehelichte David, in Planá. Dort arbeitete er an seinem Roman ›Das Schloß‹. Kafka schrieb erstaunlich viele Briefe aus Planá an seine Freunde Max Brod, Robert Klopstock, Felix Weltsch und Oskar Baum. Mehrmals kommt Kafka in Briefen an Max Brod auf den von beiden hochgeschätzten tschechischen Bildhauer František Bílek zu sprechen. Vielleicht vergegenwärtigte sich Kafka, daß sein zeitweiliger Aufenthaltsort unweit von Bíleks Heimatort Chýnov gelegen war. Ende Juli 1922 schreibt Franz Kafka an Max Brod:

»Auch Bílek erwähnst Du nicht, gern würde ich ihn in Deinen Arm betten. Ich denke seit Jahren an ihn mit großer Bewunderung. Zuletzt hat mich freilich, wie ich gestehen muß, erst wieder eine Bemerkung in einem mit andern Dingen sich beschäftigenden Feuilleton in der ›Tribuna‹ (von Chalupný glaube ich) an ihn erinnert.«

Kafka übt im folgenden heftige Kritik an der Qualität gewisser Denkmäler in Prag und bedauert, daß – seiner Meinung nach – »mittelmäßige Arbeiten« oder »miserable« aufgestellt werden, »dagegen zweifellos unvergleichliche Entwürfe Bíleks zu einem Žižka- oder Komenský-Denkmal unausgeführt bleiben.« Im weiteren bittet er seinen Freund um Unterstützung für den Künstler; er schreibt:

»[...] und ein Regierungsblatt wäre der richtige Ansatzpunkt. Ob freilich jüdische Hände die richtigen sind, das auszuführen, das weiß ich nicht, aber ich weiß keine andern Hände, die das könnten, und Deinen traue ich alles zu.«

PLAŇANY (Planan)
Bezirk: Kolín nad Labem (Kolin an der Elbe)

Romanische Friedhofskirche Mariä Verkündigung um 1200, gotisches Presbyterium aus dem 14. Jh. Neue neugotische Pfarrkirche (1913) mit markantem schiefem Turm. Das Stadtbild wird von drei Türmen in eigenartiger Konfiguration beherrscht.

Am 18. Juni 1757 verfolgte der König von Preußen, Friedrich II., vor der Schlacht bei Kolín vom Turm der romanischen Marienkirche den Aufmarsch seiner Truppen.

Lipany (Lipan): Am 30. Mai 1434, einem Sonntag in der Oktave des Fronleichnamsfestes, schlug das böhmische ständische Heer das hussitische Volksheer vernichtend. Im Jahre 1881 wurde auf dem einstigen Schlachtfeld in der Nähe von Lipan eine Gedenkstätte errichtet.

Kouřim: Slawischer Burgwall, genannt Alt Kouřim (40 ha), in jüngster Zeit archäologisch erforscht. In der Nähe des Walls befand sich die 1260 gegründete königliche Stadt. Reste der Stadtbefestigung aus dem 13. Jh. und besonders aus dem 15. Jh. sind erhalten geblieben, sowie das frühgotische Prager Tor aus der 2. Hälfte des 13. Jhs. Frühgotische Erzdekanalkirche St. Stephan mit spätromanischen Details, Krypta der Hl. Katharina. Die Katharinenkrypta der Erzdekanalkirche besitzt eine Einwölbung in Form eines achtspitzigen Sterns und gehört zu den ältesten Architekturen dieser Stilgattung. In Kouřim wurde im Jahre 1516 der lateinische humanistische Dichter und Magister der Prager Karlsuniversität Matouš Kolín von Chotěrany (»Collinus«), ein Schüler Melanchtons und der Wittenberger Universität geboren. Er war der erste Universitätsprofessor der griechischen Sprache am Karolinum († 4. 6. 1566 Prag). Štěpán Paleč, der Ankläger des Magister Johannes Hus beim Konzil in Konstanz (1414–1418), war Pfarrer in Kouřim. »Paletsch hat sich vom Konzil nicht nach Prag zurückgewagt. Er ist nach Polen gegangen und hat dort eine Professur in Krakau erhalten; wann er dort starb, ist ungewiß.« Richard Friedenthal, *Ketzer und Rebell. Jan Hus und das Jahrhundert der Revolutionskriege*

Kostelec nad Černými lesy (Kosteletz am schwarzen Wald): Anstelle einer Burg aus der Mitte des 14. Jhs. vom Adelsgeschlecht der Smiřický bis 1561 errichtetes Renaissanceschloß von monumentalen Ausmaßen (Hans Tirol, Ulrich Avostalis) mit weitläufiger Vorburg, Umwallung und Schloß-Kirche St. Adalbert (1568–1569).

Tismice (Tismitz): Romanische Basilika Mariä Himmelfahrt vom Anfang des 13. Jhs., fast unverändert erhalten geblieben. Gotische Madonna.

Cerhenice bei Plaňany: Geburtsort des Lexikographen und Bibliothekars des Prämonstratenserstiftes Strahov in Prag, Jan Bohumír (Gottfried) Dlabač (* 17. 7. 1758 † 4. 2. 1820 Prag), Schüler von Ignaz Cornova und Stanislaus Vydra. Sein fundamentales Hauptwerk ist das ›Allgemeine historische Künstler-Lexikon für Böhmen und zum Theile auch für Mähren und Schlesien‹ (Prag 1815, 3 Teile).

PLASY (Plass)

Bezirk: Plzeň-Sever (Pilsen Nord)

Das Zisterzienserkloster wurde 1144 gegründet und 1785 säkularisiert.
Die ursprünglich romanische, später gotische Klosterkirche Mariä Himmelfahrt wurde 1661–1668 barockisiert, der barocke Konvent stammt aus den Jahren 1701–1740 (Giov. Santini, später vermutlich K. I. Dienzenhofer), die barocke Prälatur aus der Zeit um 1700 ist von Jean B. Mathey; von ihm stammt auch die Ausschmückung der frühgotischen sogenannten Königlichen Kapelle aus der Zeit von 1265. Den gesamten Klosterbau erwarb im Jahre 1826 Clemens Lothar Wenzel Metternich. Gegenwärtig befindet sich im schloßartigen Bau der Prälatur ein regionales Museum. Die Gesamtanlage gehört zu den bedeutendsten Kulturdenkmälern Westböhmens.

In unmittelbarer Nähe der einstigen schloßartigen Prälatur befindet sich auf dem Friedhof die St. Wenzelskirche mit der Gruft der Familie Metternich. Durch Umbau und Erweiterung (1703 von J. B. Mathey und 1826 von J. Kraner) entstand über den Fundamenten einer ursprünglich gotischen Kapelle die im Empirestil gehaltene Gruft. Hier wurde der österreichische Staatskanzler Clemens Wenzel Nepomuk Lothar Fürst Metternich-Winneburg-Ochsenhausen, Herzog von Portela (* 5. 5. 1773 Koblenz † 11. 6. 1859 Wien) bestattet.

In der Nähe der Metternichschen Gruft steht eine Büste von Bedřich Smetana. Inschrift (tsch.):

>»In Plass erlebte Smetana eine der reizendsten Episoden in seiner Jugend. Gewidmet von der Gemeinde Plass«

Im Schloßpark nahe der Abteikirche steht die »Kongreßlinde«, die zur Erinnerung an den Wiener Kongreß (1815) von Metternich angepflanzt wurde.

Kačerov (Kacerov): Eines der ersten großen Renaissanceschlösser in Böhmen, erbaut 1540–1556 von italienischen Architekten für Florian Gryspek von Grysbach anstelle einer gotischen Feste, von der der Turm in den Neubau einbezogen wurde, seit dem Brand im Jahre 1912 noch nicht gänzlich wiederhergestellt. Im Burgflecken steht seit 400 Jahren eine der ältesten Gastwirtschaften im Pilsnerland.

Manětín (Manetin): Großes Barockschloß in seiner derzeitigen Gestalt aus dem Jahre 1712, vermutlich von Giov. Santini auf den Grundmauern eines mittelalterlichen Johanniterinnenkonventes erbaut. Zahlreiche barocke Plastiken aus der 1. Hälfte des 18. Jhs. von Št. Borovec und Jos. J. Herscher prägen das Stadtbild. Auf dem Parkweg »Na vysoké cestě« vor dem Schloß stehen 14 barocke Statuen (Museum). Die Friedhofskirche St. Barbara (1697) stammt von J. B. Mathey. Altarbilder von Peter Brandl. In der Nähe der Stadt archäologische Grabungsfelder aus der späten Hallstatt-Periode und der frühen Latènezeit.

PLZEŇ (Pilsen)
Bezirks- und Universitätsstadt

Als königliche Stadt 1295 gegründet, mit schachbrettartigem Grundriß.
Der Name wurde der nahen Burg über dem Flußlauf der Úslava, jetzt Starý Plzenec (Alt-Pilsenetz) entlehnt. Durch Jahrhunderte bis heute Kreisstadt.
In der Mitte des viereckigen Stadtplatzes die Erzdekanalkirche St. Bartholomäus aus dem 14. Jh., ursprünglich Deutschordenskirche bei der Kommende des Deutschen Ritterordens, wurde Mitte des 15. Jhs. umgebaut und besitzt den höchsten Turm in Böhmen (102 m), sie gehört zu den hervorragendsten architektonischen Baudenkmälern des Landes. Gotische Madonna (PilsnerMadonna) aus der zweiten Hälfte des 14. Jhs. Spätgotische Sternberg-Kapelle mit dekorativer Innenausstattung in den Formen der tschechischen Sezession.
Mariä Himmelfahrtskirche aus der ersten Hälfte des 14. Jhs beim Minoriten-, später Franziskanerkloster, aus der Zeit der Stadtgründung; das Kloster wurde barockisiert. Im einstigen Kapitelsaal (1370–1380, St. Barbarakapelle) befinden sich spätgotische Wandmalereien (um 1460). Außerhalb der Altstadt steht die gotische Friedhofskapelle St. Nikolaus (1460) und die Allerheiligenkirche aus der zweiten Hälfte des 14. Jhs. Der monumentale Renaissancebau des Rathauses (1558) ist ein Werk von Johannes de Statia. Mehrere Bürgerhäuser aus der Gotik,

Renaissance und Barock im Raum der Altstadt. Synagoge mit zwei Türmen, erbaut von R. Štěch. Bedeutendes westböhmisches Provinzialmuseum (Západočeské muzeum) mit kunstgewerblichen Sammlungen und Bezirks- und Stadtarchiv.

Die Statue über dem Wasserkasten, im Volksmund »Žumbera« genannt, soll der Überlieferung zufolge König Johann von Luxemburg, den Begründer der Dynastie in Böhmen, dargestellt haben.

In Pilsen wurde das erste Buch in tschechischer Srache, die Trojanische Chronik, im Jahre 1468 gedruckt.

Im Winter 1633–1634 bezog der Generalissimus des Dreißigjährigen Krieges, Albert von Waldstein, im Skribonius-Haus am Stadtplatz (Náměstí republiky 12) Quartier. Vorübergehend wohnte er im sogenannten Philosophischen Studiengebäude (Nr. 105/6) in unmittelbarer Nähe des von Š. M. Schell erbauten Kollegiengebäudes. Im Rathaus auf dem Stadtplatz fand das denkwürdige Bankett Waldsteins mit seinen Generälen statt, wobei ihm seine Unterführer den Treueid ablegten. Friedrich Schiller hat die Szene im ›Wallenstein‹ in den Großen Saal des Rathauses verlegt. Der Historienmaler Julius Scholz hat die Episode auf einem Bild festgehalten (›Das Gastmahl der Waldsteinschen Generäle‹, 1862). Die Bemerkung Goethes: »Erst wußte ich, wie regelmäßig die Stadt Pilsen gebaut sei, nun ist mir auch vor Augen, wie palastartig die Studien wohnen.« bezieht sich auf sein Interesse an dieser Anstalt, die von den ihm befreundeten Professoren der Prämonstratenser von Tepl geleitet wurde. Von ihnen stand Goethe in angeregtem Verkehr mit Josef Stanislaus Zauper (1784–1850), dem Präfekten des Studienhauses in Pilsen und ersten Interpreten Goethescher Ästhetik in Böhmen, dem Goethes Interesse auch noch im Jahre 1829 gehört. Das Gußeisenmonument von Josef Stanislaus Zauper steht in der Nähe der St. Nikolauskapelle auf dem einstigen Friedhof, dessen bedeutendste Monumente, darunter jenes des Dichters der Tschechischen Nationalhymne, Josef Kajetan Tyl (1808–1856), erhalten sind. In den Jahren 1840 und 1841 oblag Bedřich Smetana seinen Studien in Pilsen.

Weltbekannt wurde Pilsen seit der Mitte des 19. Jhs. durch seine Industrie. Im Jahre 1859 legte Graf Ernst Waldstein den Grund zu einer Fabrik, die Emil Škoda im Jahre 1869 erwarb. Sie wurde die Wiege der Škoda-Werke. Im Jahre 1842 war bereits das bürgerliche Brauhaus gegründet worden, das dem Pilsner Bier (Prazdroj, Urquell) Weltruf verschafft hat.

Doubravka (Doubraken): Ursprünglich Kostelec; als der Hl. Adalbert im Jahre 992 aus Italien nach Böhmen zurückkehrte, gründete er ein als Provisorium gedachtes Benediktinerklösterchen bei der Marienkirche, von der noch Reste erhalten geblieben sind; erweitert in der zweiten Hälfte des 14. Jhs. Später kam der Weihetitel St. Adalbert und in neuerer Zeit St. Georg hinzu.

Starý Plzenec (Altpilsenetz): Ursprünglich slawische Burganlage der Prager Přemysliden im 10.–13. Jh. (erstmalig 976 erwähnt) bei der Rotunde des Hl. Petrus aus dem 10. Jh und zwei weiteren im Grundriß freigelegten romanischen Kirchen. Dieser Verwaltungssitz hieß Plzeň und war Vorläufer der heutigen nahen Kreisstadt Pilsen. Unter der Burganlage ursprünglich romanische Pfarrkirche Mariä Geburt, in der Gotik in der zweiten Hälfte des 14. Jhs. umgebaut mit Wandmalereien aus dem 14. und 15. Jh.

Radyně: Gotische Burgruine auf dem gleichnamigen Berg in beherrschender Lage, gegründet um die Mitte des 14. Jhs. von Karl IV. und nach ihm Karlskrone genannt.

Kozel (Jagdschloß): eine malerische Gruppe von spätbarocken eingeschossigen, mit Mansardendächern versehenen schloßartigen Pavillons, erbaut vom Geschlecht Czernin von Chudenitz auf der Herrschaft Štáhlavy (Abb. 110). Das Hauptgebäude stammt aus den Jahren 1784–1789 (V. Haberditz; dekorative Malereien von Anton Tuvora); ursprüngliches Mobiliar; zwei Doppelgarnituren von Bauten aus dem 18. Jh. (Ign. Joh. Nep. Palliardi). Auf Schloß Kozel befinden sich die Schloßbibliotheken der Stadionschen Schlösser in Böhmen, deren Ergänzungen von Chr. M. Wieland auf den deutschen Buchmessen erfolgt sind.

POBĚŽOVICE, früher Ronšperk (Ronsberg)
Bezirk: Domažlice (Taus)

Stadtgründung im Jahre 1424. Kirche Mariä Himmelfahrt, ursprünglich gotisch (1490), 1632 barockisiert. Schloß, ursprünglich Burg, erbaut um 1560, befestigt 1645. 1682–1695 barockisiert. Mariensäule (1736), Schulgebäude (1772). Zwei Friedhofskapellen, Empire-Synagoge (1806). Rituelles Bad, jüdischer Friedhof. Schloß und Herrschaft Ronsberg war im Besitz der Familie Coudenhove-Kalergi. Aus dieser Familie stammen zwei kaiserliche Statthalter von Böhmen:
Graf Karl Coudenhove-Kalergi (1855–1913) war im Jahre 1894 Landespräsident von Schlesien und von 1896–1911 Statthalter von Böhmen.
Sein Bruder Max Coudenhove-Kalergi (1865–1928) war der letzte Statthalter in Böhmen von 1915–1918.

Ronsberg ist der Geburtsort der katholischen Schriftstellerin und Laientheologin Ida Friederike Görres, geborene Gräfin Coudenhove-Kalergi (1901–1973), Tochter des österreichisch-ungarischen Diplomaten Heinrich Graf Coudenhove-Kalergi.

Der Bruder der Schriftstellerin Görres, Richard Nikolaus Graf Coudenhove-Kalergi (* 16. 11. 1894 Tokio † 1972 Wien), Urheber des Paneuropa-Gedankens, Gründer und Präsident der Pan-Europa-Union, erzielte im Jahre 1923 mit seiner Schrift ›Paneuropa‹ Weltruf. Er verlebte einen Teil seiner Jugend auf Schloß Ronsberg. 1924 begründete er die Zeitschrift ›Paneuropa‹, 1938 emigrierte er aus Wien, wo er vor und nach dem Zweiten Weltkrieg seinen Wohnsitz hatte, in die Vereinigten Staaten von Nordamerika. Coudenhove-Kalergi lehrte dort seit 1940 als Professor an der Universität New York Geschichte.

Šitboř, Ješitboř (Schüttwa): St. Nikolauskirche, 1384 erstmalig erwähnt, vermutlich von Mönchen aus Pivoň begründet. Schüttwa ist der Geburtsort des Schulrektors und Stadtschreibers Johannes von Saaz (* um 1350), Autor des Dialogs ›Der Ackermann und der Tod‹ (1400). Dem gegenwärtigen Stand der Forschung zufolge war Johannes von Saaz tschechischer Abstammung und erlernte die deutsche Sprache auf der Klosterschule in Tepl. Er soll ebenfalls der Autor des tschechischen Parallelwerkes ›Tkadleček‹ sein (Hrsg. František Šimek, Praha 1974).

POČÁTKY (Potschatek)

Bezirk: Pelhřimov (Pilgram)

Počátky ist der Geburtsort des tschechischen Dichters Otakar Březina (bürgerlicher Name Jebavý; 1868–1929). Er war einer der bedeutendsten Repräsentanten der Symbolisten. Als Lyriker zählte er zu den überragenden Spiritualisten in der neueren tschechischen Literatur. Sein Werk wurde sehr bald in den deutschsprachigen Ländern bekannt und wird oft mit dem Rainer Maria Rilkes verglichen. Sein bürgerliches Dasein als Lehrer führte er in bescheidener Lebensweise. An seinem Geburtshaus befindet sich eine Gedenktafel. Seine letzte Ruhestätte fand er an dem Ort seiner langjährigen Wirksamkeit, in Jaroměřice nad Rokytnou.

PODBOŘANY (Podersam)

Bezirk: Chomutov (Komotau)

Spätbarocke Kirche St. Peter und Paul (1781). Spätbarockes Pfarrhaus (1788).

Podersam ist Geburtsort des Musiker-Biographen Dr. Roland Tenschert (* 5. 4. 1894). Der in Wien seßhaft gewordene Musikschrifsteller hat Arbeiten über Haydn, Mozart, Schubert und Strauß geschrieben.

Mašťov, Maščov (Maschau): Kirche Mariä Himmelfahrt aus dem 14. Jh., 1765 barockisiert, Gruftkapelle der Mladota von Solopysk im Empire-Stil 1805 erbaut. Gotische Friedhofskirche St. Barbara aus dem 15. Jh. 1863 pseudoromanisch umgebaut. Renaissanceschloß aus dem Jahr 1571. Jüdischer Friedhof aus dem 15. Jh., Synagoge (1830). Der Naturforscher Thaddäus Haenke war in Maschau bei der Familie des Grafen von der Goltz zeitweilig als »Informator« für Musik und Physik tätig.

Nechanice (Nechanitz): Dreischiffige Kirche Mariä Himmelfahrt, in den Jahren 1680–1692 umgebaut, abgerissen im Jahre 1807 und 1833 erneut aufgebaut. Nechanitz ist der Geburtsort des tschechischen Landschaftsmalers Jan Novopacký (1821–1908). Als Landschaftskulisse für seine Bilder wählte er vorzugweise die Alpen, Italien, Dalmatien und Mähren. Aus Nechanitz kamen die zu Beginn dieses Jahrhunderts so bekannten Damenkapellen:

»Alle Damenkapellen stammen aus Nechanitz. [...] Ungefähr ein Jahr vorher hatte der Schriftsteller Hans Müller die Liebesgeschichte einer solchen Wandermusikerin novellistisch behandelt, und der Komponist Oskar Straus fragte an, zu welchen Bedingungen er diese Geschichte zu einer Operette verwenden könne. Hans Müller hielt eine magere Abfindung in der Hand für besser als eine fette Tantieme auf dem Dach und verkaufte seine Autorenrechte für hundert Kronen. Einige Monate später wäre ihm eine tausendfach größere Tantieme zugefallen, und dabei stand der ›Walzertraum‹ erst am Anfang seines Millionenerfolgs.«

Egon Erwin Kisch, *Kämpfe um die Lokalnotiz*

Soběuš (Sobietusch): Sobietusch ist der Geburtsort des Schneidermeisters Franz Tomaschek (* 20. 11. 1801). Er war Protagonist eines in Berlin um die Mitte des 19. Jahrhunderts an der Assurance-Company »Globe« verübten Versicherungsbetrugs. Franz Tomaschek wurde nach seiner Ankunft in Berlin von seinem im Haus Unter den Linden Nr. 47 lebenden Bruder, dem Schneidermeister Anton Tomaschek, am 20. November

1848 als tot gemeldet. Die Beerdigung fand am 25. November auf dem St. Hedwigsfriedhof statt. In Wirklichkeit befand sich im Sarg unter einem aufwendigen Grabstein bei erfolgter Exhumierung ein bekleidetes Bügelbrett. Der angeblich Verstorbene befand sich in seinem böhmischen Heimatort und wurde vom Gendarmerieposten von Königgrätz dingfest gemacht, verhaftet und samt seinem Bruder und einem Wunderarzt Kunze, der den Totenschein für Geld gefälscht und mit Dr. Meyer unterfertigt hatte, am 15. April 1852 in Berlin zu mehrjähriger Strafarbeit und einer hohen Geldstrafe verurteilt. Tomaschek wurde zum Helden einer Reportage von Egon Erwin Kisch, die unter dem Titel ›Trauerfall bei Tomascheks‹ im ›Prager Pitaval‹ Aufnahme fand.

PODĚBRADY (Podiebrad)
Bezirk: Nymburk (Nimburg)

Frühgotische Burg, 1284 urkundlich erwähnt, umgebaut im Renaissance-Stil (1545–1582 G. B. u. Ulrich Avotalis, B. Wohlmut). Regionales Museum mit Schauräumen im Schloß. Propsteikirche Kreuzerhöhung, ursprünglich gotisch aus dem 14. Jh., 1552 v. G. B. Avostalis umgebaut, Turm aus dem Jahre 1818, im Jahre 1900 regotisiert. Vor dem Hochaltar befindet sich die Gruft der Gemahlin Georgs von Poděbrad, Kunigunde (Kunka) von Sternberg (* 13. 10. 1448).
Der alte Grabstein mit tschechischer Inschrift dient als Eckstein der Sakristei, Hochaltar aus dem Jahre 1770 in Nachahmung des Altars von Mariazell, im Seitenschiff der Propsteikirche neben dem St. Annenaltar befindet sich ein hölzernes Epitaph für Kunka von Sternberg. Daneben das Renaissance-Epitaph des kaiserlichen Architekten Joh. Bapt. Avostalis († 31. 7. 1575).
Das Epitaph zeigt den Verstorbenen als Knienden vor dem Kruzifix mit seinem Wappen. Im Jahre 1905 wurden im Schloßhof Heilquellen freigelegt, seither ist Podiebrad als Herzbad bekannt. Parkanlagen am Flußlauf der Elbe.
Der Friedhof wurde nach Plänen von J. Fanta angelegt.

Der böhmische Wahlkönig Georg von Podiebrad (1420–1471) wurde der Überlieferung zufolge auf Podiebrad geboren. König Georg von Podiebrad ergriff 1464 die Initiative zu einer großen internationalen Friedensorganisation und Charte. Goethe nannte ihn eine »großdenkende überschauende« Persönlichkeit. Vor dem Eingang zum Schloß steht ein Reiterdenkmal König Georgs von Podiebrad (1896) von Bohumil Schnirch.

In der einstigen Kirchgasse (jetzt Palackého 13/43 III) steht das Geburtshaus des Malers PhDr. h. c. Ludvík Kuba (1863–1956), einer der bedeutendsten Ruralisten der neuzeitlichen tschechischen Malerei. Am Geburtshaus wurde eine bronzene Bildnisplakette angebracht. Inschrift (tsch.):

»Hier wurde am 16. April 1863 der nationale Künstler PhDr. h. c. Ludvík Kuba, Maler, Musiker, Schriftsteller und Forscher auf dem Felde slawischer Volkskunde, geboren.«

In seinen Erinnerungen berichtet Kuba über sein Geburtshaus:

»Mein Geburtshaus stand an der Hauptverkehrsader, die damals Kirchgasse hieß, weil sie vom Platz geradeaus zur Kirche führte. Das Haus U Knoblochů besaß einen winzigen Hof, und dort befand sich die Werkstätte wie auch die Wohnung. Der Vater begann als Schlossermeister.«

Ludvík Kuba, *Zašlá paleta. Paměti*

Kuba, der bedeutende Forscher und Editor musikalischer Folklore der slawischen Völker, gehörte während seines Aufenthaltes in Wien zu den führenden Köpfen des Hagenbundes, der von dem Brünner Architekten Urban begründet wurde. In seinen Erinnerungen schreibt Kuba:

»Der Hagenbund war bemüht, Künstler aller österreichischen Nationen zu versammeln und mit ihren Künstlervereinen zusammenzuarbeiten. [...] Ende November 1906 wurden sieben Mitglieder des Künstlervereins Mánes zu korrespondierenden Mitgliedern des Hagenbundes ernannt, und ich wurde in den Ausschuß gewählt. Es wurde mir die Funktion des Geschäftsleiters angeboten. Es hatte ein wenig politische Bedeutung: Es sollte damit die überparteiliche Stellung des Vereins in Nationalitätenfragen zum Ausdruck kommen.«

Ludvík Kuba, *Zašlá paleta, Paměti*

Der Lyriker und Dramatiker Rudolf Fuchs, Übersetzer der ›Schlesischen Lieder‹ von Petr Bezruč und anderer tschechischer Autoren, Vorkämpfer der sozialistischen Literatur, wurde in Podiebrad geboren (* 5. 3. 1890). Er starb während des Zweiten Weltkriegs als politischer Emigrant in London († 17. 2. 1942). Rudolf Fuchs war vor 1939 Kunstreferent im Redaktionsstab des ›Prager Tagblatts‹. 1938 wurde er in Anerkennung seiner Übersetzung der ›Schlesischen Lieder‹ von Petr Bezruč und seiner Nachdichtungen tschechischer Poesie mit dem damaligen tschechoslowakischen Herderpreis ausgezeichnet. Rudolf Fuchs erinnert sich in seiner Lebensbeschreibung:

»Ich bin am 5. März 1890 in Podiebrad, einer kleinen tschechischen Provinzstadt an der Elbe geboren. Meine Muttersprache war tschechisch. Erst mit 10 Jahren habe ich deutsch gelernt. Nach dem Ratschluß der Familie mußte ich nach Prag gehen, um hier eine deutsche Realschule zu besuchen. Das war 1901. [...] Ich besuchte häufig das deutsche Theater, las deutsche Bücher, faßte leise den Vorsatz, meinen Freunden zu zeigen, was es Schönes in der tschechischen Literatur gebe, indem ich es ins Deutsche übersetzte – es blieb sehr lange beim bloßen Vorsatz.«

Aus Podiebrad stammt der deutsche Schriftsteller der »Prager Schule«, Franz Janowitz (1892–1917 gefallen an der italienischen Front). In seiner Autobiographie erinnert sich Max Brod an seinen Freund Janowitz:

»Janowitz aber stammte aus dem Märchenland der Wälder und Wiesen, aus dem kleinen böhmischen Landstädtchen Podiebrad, in dem seine Familie einen Gutshof, ein Haus, eine Fabrik besaß. [...] Ein deutscher Jude, inmitten slawischer Umgebung in jener Harmonie aufgewachsen, die es da und dort in versteckten Winkeln noch gab.«

Max Brod, *Streitbares Leben. Autobiographie*

In Podiebrad wurde Julie Löwy, verehelichte Kafka, die Mutter von Franz Kafka, geboren (1856–1934). Der jüngste Bruder der Mutter, Siegfried Löwy, war Landarzt in Triesch (Třešť) und wurde zum Vorbild für den Protagonisten der Erzählung Kafkas ›Ein Landarzt‹.

Auf dem städtischen Friedhof im Ortsteil Kluk befindet sich das Grab des Kunsthistoriker-Ehepaares Vojtěch und Alžběta Birnbaum mit einem spätbarocken Schmiedeeisenkreuz. Inschrift (lat.):

»Hic jacet doctissimus Dominus Adalbertus Birnbaum professor Universitatis Carolinae nat. Vindobonae 27. Jan. 1877 mort. Pragae 31. maji 1934 et Domina docta Elisabet Catharina Birnbaum discipula et amica ejus nat. 16. mart. 1898 mort. 19. Novemb. 1967«

Auf der Gedenktafel befindet sich folgende Inschrift (tsch.):
»Univ. prof. Dr. Vojtěch Birnbaum 1877–1934
PhDr. Alžběta Birnbaumová 1898–1968«

Libice nad Cidlinou: Slawischer Wasser-Ringwall um 800, im 10. Jh. Hauptsitz der Fürsten aus dem Geschlecht der Slawnikinger, bedeutendster Abkömmling war der zweite Prager Bischof, der Hl. Adalbert († 987). Das Geschlecht der Slawnikinger wurde 935 auf Befehl Boleslavs II. ausgerottet. Archäologische Grabungen haben eine Kirche aus dem 10 Jh. von ottonischem Typ freigelegt. Gotische Pfarrkirche St. Adalbert. Beim Bau der evangelischen Kirche (Č. Křička) wurden die Grundmauern einer Kirche mit dem Grundriß eines lateinischen Kreuzes und halbkreisförmigem Chorabschluß vom Anfang des 11. Jhs. aufgedeckt. Der tschechische Maler und Folklorist Ludvík Kuba schreibt in seinen Erinnerungen über Libice:
»Nach Kosmas war Libice die zweite böhmische Metropole und der Hauptsitz des Trutzstaates der Slawnikinger. Die Mutter des Hl. Adalbert, Střezislava, der Überlieferung gemäß eine Polin, gebar hier mehrere Söhne. Erfreuen wir uns an ihren schönen Namen: Soběbor, Spytihněv, Pobraslav, Pořej, Čáslav und Radim – bevor wir uns eine andere höllische Tatsache vergegenwärtigen. Alle, soweit sie nicht entkamen, wurden im Jahre 995 als Rivalen der Prager Fürsten von den Angehörigen des Hauses der Werschowetzen ermordet und nach einhundertdreizehn Jahren traf das gleiche Schicksal dieses Geschlecht, wiederum im Interesse der Einheit des in Bildung begriffenen böhmischen Staates. Libice verschwand vom Erdboden. Die Regierungsstellen wurden nach dem nahen Havransko verlegt – heute steht hier ein Meierhof mit einer Fasanerie – und von hier wiederum im zwölften Jahrhundert nach einem wenig bekannten Burgflecken, genannt Poděbrady, der bald ein Königssitz werden sollte.«
Ludvík Kuba, *Zašlá paleta. Paměti*
Kirchliche Traditionspflege hat die Erinnerung an den Geburtsort des Hl. Adalbert wachgehalten. Ludvík Kuba beschreibt in seinen Erinnerungen die alljährliche Kirchweihe in Libice, zu der eine Prozession aus seiner Heimatstadt Poděbrady geführt wurde:
»Die Erinnerung an die Libicer Wallfahrt ist für mich zunächst mit der Vorstellung von frühen Butterblumen verbunden, die bei manchen auch Pferdehufe genannt werden. [...] Jedesmal am Sonntag nach dem dreiundzwanzigsten April, also nach dem Fest des Hl. Adalbert, begab sich von Podiebrad aus um sieben Uhr früh eine Prozession dorthin: zwei weiße Ministranten mit roten Kutten und Fähnchen an der Spitze, hinter ihnen einige Schulkinder, unter ihnen immer einige von Kubas, dann der Kirchvater mit den Ministranten und dem hochwürdigen Herrn und am Ende ein Häuflein von mancherlei Leutchen, aber immer schon älterer.«
Ludvík Kuba, *Zašlá paleta. Paměti*

Oškobrh (Oschkobrh), Voškobrd, Voškov (Wolfsberg): Berg (285 m) in paßartiger Lage zwischen den Ebenen von Poděbrady und Chlumec nad Cidlinou, auf dem Gebiet der Gemeinde Vlkov. Burgwall aus der Latènezeit, außerdem slawischer Burgwall; eventuell das im Jahr 805 erwähnte Camburg oder das noch ältere bei Ptolemaios erwähnte Askiburgion, vermutlich ein Sitz der Slawnikinger vor der Besiedlung von Libice. Die barocke Kirche aus den Jahren 1735–1736 (Thomas Haffenecker) wurde im Jahre 1786 profanisiert und zu einem Wohnhaus umgebaut. In der Nähe befinden sich die Grundmauern einer älteren, vielleicht vorromanischen Kirchenanlage. Nach volkstümlicher Überlieferung liegt hier das Grab der Fürstin Libuše.

POLIČKA (Politschka)
Bezirk: Svitavy (Zwittau)

Als königliche Stadt 1265 gegründet, später Leibgedingstadt der böhmischen Königin. Stadtbefestigung aus dem 13. Jh. mit Basteien vom Ende des 15. Jhs. zum großen Teil erhalten. Viele architektonische Denkmäler wurden beim Brand im Jahre 1845 vernichtet. Neubau der gotischen St. Jakobskirche aus den Jahren 1853–1855. Die St. Jakobsstatue am Hochaltar schuf W. Levý. Mariensäule aus den Jahren 1727–1731 (J. Pacák) und barockes Rathaus (1739–1740) mit gotischem Turm aus dem 15. Jh.

Am 8. Dezember 1890 wurde in der Türmerstube der Dekanalkirche zum Hl. Jakobus einer der bedeutendsten tschechischen Komponisten, Bohuslav Martinů, geboren, der, nach langen Jahren im Ausland am 28. August 1959 in Pratteln starb. Sein Grab befand sich im Park des Landsitzes Schöneberg in der Schweiz. Seine sterblichen Überreste sowie die seiner Eltern wurden in das Familiengrab in Polička überführt. Bohuslav Martinů vertonte am 18. Juli 1954 auf Bitten des damaligen Stadtdechanten Jaroslav Daněk eine Dichtung von ihm zum ›Hymnus auf den Hl. Jakobus‹. Anläßlich des St. Jakobsfestes im darauffolgenden Jahr fand dann in der St. Jakobskirche die Uraufführung dieser zwölf Minuten dauernden musikalischen Laudatio statt. Sie wird seither alljährlich aufgeführt. In der Widmung des Komponisten heißt es:

»Niedergeschrieben zum Andenken an unsere Kirche in Politschka, deren Turm mit meiner Kindheit verbunden ist. Nizza, am 18. Juli 1954.«

Im Städtischen Museum befindet sich die »Martinů-Gedenkstätte« (»Památník Bohuslava Martinů«). Die Turmstube im Turm der Dekanalkirche St. Jakob (196 Stufen), mit dem Geburtszimmer des Komponisten ist zur Besichtigung freigegeben.

Die Brüder Alois und Vilém Mrštík beschreiben die Stadtlandschaft von Polička:

»Ich denke an die Leitomischler Vorstadt in Politschka in meiner frühesten Kindheit. Im Winkel ein kleines Wirtshaus, beschattet von einem schattigen Birnbaum und dem Gebüsch des Weißen Flieders über der Straße, und die kleine Kapelle. Klein, niedrig und schlicht geschmückt stand dieses Kapellchen, jedoch sauber, still und lieb sah es aus wie die verwunderten Kinderaugen, die voll Bewunderung und Gottesfurcht durch das Türlein hineinblickten und die herrlichen goldenen Cetky bewunderten, die weißen leuchtenden Steine und die Statue des Hl. Johannes von Nepomuk. [...] Ein Häuflein Leute kniete davor, darunter die kleinen Gestalten der Kinder an den lauen Abenden unter dem wie von Blüten übersäten Himmel, beteten die Litanei und sangen das liebe Lied vom Johann von Nepomuk, bei dem der Kirche gelungen war, ihn auf die Stufe des vielleicht geliebtesten Heiligen zu stellen.«

Alois a Vilém Mrštíkové, *Rok na vsi. Kronika moravské dědiny*

Březiny u Poličky: Auf dem Friedhof befindet sich das Grab des Schriftstellers der nationalen Wiedergeburt J. V. J. Michl (1810–1862). Er diente als Vorbild für den Protagonisten im Roman ›Drašar‹ (1914) von Tereza Nováková.

Svojanov: Frühgotische königliche Burg, ursprünglich Fürstenberg genannt, gegründet um 1265 von Přemysl Ottokar II., im Kern erhalten, umgestaltet im Renaissance-Stil.

POTŠTEJN (Pottenstein)
Bezirk: Rychnov nad Kněžnou (Reichenau an der Knjeschna)

Ruinen einer gotischen Burg vom Anfang des 14. Jhs., erweitert und erneut befestigt während der Herrschaft des Geschlechts der Pernstein um 1500. Bei der Burg eine barocke zentrale Kapelle der Hl. Stiegen (1762), zu der vom Städtchen ein Kreuzweg führt. Dortselbst barockes Schloß (1749) mit der Dreifaltigkeitskapelle und St. Laurentiuskirche (Empire, 1817–1821). Am Friedhof barocke St. Markuskapelle. Pottenstein gehört zu den ältesten Sommerfrischen Böhmens. In der Nähe des Ortes ein Betgraben (Modlivý důl), eine Zufluchtstätte der Böhmischen Brüder während der Gegenreformation.

Am Friedhof befindet sich die Gruft des österreichischen Politikers und Anwalts der tschechischen Belange seiner Landsleute am Wiener Hof Joseph Alexander (nobil. Freiherr von) Helfert (1820–1910). Der gebürtige Prager war langjähriger Präsident der Zentralkommission zur Erhaltung der Baudenkmäler in Wien und als ehemaliger Erzieher des Kaisers eine markante Gestalt der Ära Franz Josephs I.

Auf Schloß Potštejn verkehrten in der Zeit vor dem Ersten Weltkrieg im Hause der Gräfin Dobřenský Rainer Maria Rilke, Karl Kraus und Rudolf Kassner.

Litice nad Orlicí (Lititz): frühgotische Burg vom Ende des 13. Jhs.; neu errichtet unter König Georg von Poděbrad im Jahre 1468.

Častolovice (Tschastolowitz): Renaissanceschloß aus der Zeit um 1600; neugotisch restauriert nach 1870 und nach 1910. Reiche Interieurs zur Besichtigung freigegeben.

Rychnov nad Kněžnou (Reichenau an der Knjeschna): Bezirksstadt. Das Geschlecht der Kolowrat ließ in den Jahren 1676–1690 ein monumentales Schloß errichten, das um 1720 wahrscheinlich von Giov. Santini erweitert wurde. Von ihm stammt auch die Stirnfront der Schloßkirche, ehedem Piaristenkirche zur Hl. Dreifaltigkeit aus den Jahren 1594–1602, umgebaut in den Jahren 1838–1843 von Fr. Pavíček in den sehr frühen Stilformen romantischer Neugotik. Loretokapelle. In der Nähe des Schlosses steht das Geburtshaus und ein Obelisk des bedeutenden tschechischen Historikers und nationalen Wiedererweckers František Martin Pelcl (1734–1801).

Vraclav: slawische Burganlage aus dem 11.–12. Jh., woselbst im Jahre 1108 auf Befehl des Fürsten Svatopluk das Fürstengeschlecht der Werschovzen (Vršovci) ausgerottet wurde (Gedenkstein). Unter der Burganlage barocke St. Nikolauskirche (1724–1726, Carlo Antonio Canevale) in der Nähe eines aufgelassenen barocken Bades bei einer älteren Brunnenkapelle.

PRACHATICE (Prachatitz)
Bezirksstadt

Gotische Stadtanlage vom Anfang des 14. Jhs. am »Goldenen Steig«, auch »Prachatitz-Passauer-Steig«, über die Landesgrenzen hinaus wichtiger Handelsort. Bedeutende Reste der Stadtbefestigung aus dem 14. Jh., sowie ein weiteres Befestigungssystem aus den zwanziger Jahren des 16. Jhs. (»Píseker Tor«) sind erhalten geblieben. Renaissance-Rathaus aus der Zeit nach 1570 mit figuralen Sgraffitos, außerdem eine Reihe von Gotik- und Renaissance-Häusern.

Die St. Jakobskirche ist ein herausragendes gotisches Monument aus dem 14. Jh. (beendet 1513). Städtische Denkmalreservation.

Der Überlieferung zufolge haben Magister Johannes Hus und Jan Žižka von Trocnov die Lateinschule in Prachatitz besucht.

In Prachatitz wurde am 28. März 1811 der Missionsbischof und Redemptoristenordenspriester Johann Nepomuk Neumann geboren (Geburtshaus: Hořejší ulice 129). Sein Vater war Deutscher, die Mutter Anežka (Agnes), geborene Lepší, war tschechischer Volkszugehörigkeit († 17. 7. 1849). Pater J. N. Neumann trat als Pädagoge hervor und war von 1852–1860 Bischof von Philadelphia (USA). Dort starb er am 5. Januar 1860. Seinen Heimatort besuchte er zum letzten Mal im Jahre 1856, wo ihn noch sein Vater begrüßen konnte.

Einer angesehenen Prachatitzer Bürgerfamilie entstammte der Schriftsteller Josef Meßner (1822–1862). Er wurde vor allem aufgrund seiner Schilderungen der Waldleute, Handwerksburschen, Wanderlehrer und »Hantierer in Böhmerwald« berühmt. Josef Meßner veröffentlichte historische Romane aus der böhmischen Geschichte im ›Album deutscher Original-Romane‹ im Verlagshaus Kober in Prag.

Von 1871–1872 war der tschechische und österreichische Pädagoge Gustav Adolf Lindner (1828–1887) Direktor des Realgymnasiums in Prachatitz.

> **Husinec (Husinetz):** Südböhmische Kleinstadt mit gotischer Pfarrkirche zur Kreuzerhöhung. Rathaus mit spätgotischem Portal. Das Haus, in dem der Überlieferung zufolge Magister Johannes Hus (* um 1369 † 1415 Konstanz) geboren wurde, besitzt einen Renaissancekern. Es wurde nach dem Stadtbrand vom 15. Oktober 1859 wiederaufgebaut (Abb. 52). Gedenkstätte mit Gedenktafel und Relief (Autor B. Schnirch). Hus-Denkmal am Stadtplatz (Autor: Prof. Karel Lidický). Im Garten des Geburtshauses von Magister Johannes Hus steht der Neubau der Tschechischen Huskirche. Die Husfeier in Konstanz am Bodensee an Hussens Gedenktag, dem 6. Juli 1868, war eine nationale Demonstration für die aus Böhmen herbeigeeilten Pilger. Josef Václav Frič, ein »Achtundvierziger«, hielt die Gedenkrede. Unter den Teilnehmern der Feier befand sich Bedřich Smetana. Die deutsche Rede von J. V. Frič erschien in Zürich im Druck. Der tschechische Maler Hugo Ullík hielt die Husfeier in Konstanz auf einer Zeichnung fest. In Konstanz war bereits im Jahre 1862 auf Initiative von K. Zogelmann, dessen Ahnen aus Rokycany stammten, an der Stelle, wo Johannes Hus den Feuertod erlitt, ein großer Gedenkstein aufgestellt worden. Die Husfeier in Husinec fand am 500. Geburtstag des Reformators, am 6. September 1869, statt. Zudem wurde am 4. September in Prag auf dem Bethlehemsplatz eine Gedenkfeier abgehalten. Zur Feier in Husinec hatte man Einladungen an Garibaldi, Victor Hugo und K. Zogelmann ergehen lassen. Man schätzte eine Teilnehmerzahl von 60.000 Personen. Die Festrede hielt der tschechische Politiker Karel Sladkovský. Nach ihm ergriff als erster ausländischer Redner M. A. Buchtjejow, Mitglied des Slawischen Ausschusses in Moskau, das Wort; ihm schlossen sich Redner aus Polen, Bulgarien und Serbien an. Das Schlußwort hatte der tschechische Schriftsteller Karel Sabina.

Pravonín (Prawonin)
Bezirk: Benešov (Beneschau)

Ungewöhnlich hohe romanische Rotunde des Hl. Johannes d. T. aus der Zeit um 1200. Barockes Schlößchen, umgebaut im 19. Jh.

In den Jahren 1827 und 1832 verbrachte Richard Wagner mehrere Ferienwochen als Gast der Familie Pachta von Rájov auf Schloß Prawonin. Der Aufenthalt im Jahre 1832 fand im Anschluß an einen vierwöchigen Aufenthalt im Spätsommer dieses Jahres in Wien statt. Wagner verliebte sich hier in die Schwestern Jenny (später verehelichte Gräfin Reimann-Erdödy) und Auguste Pachta.

Einiges Licht in die Zusammenhänge zwischem dem Aufenthalt des jungen Richard Wagner auf Schloß Prawonin und seiner Oper Tannhäuser brachte der noch lange nach dem Zweiten Weltkrieg in Prag, später in München lebende Schriftsteller Leo Brod aufgrund seiner Kenntnisse einer Familienchronik, die unter dem Titel ›Großvater Brod und Richard Wagner‹ veröffentlicht wurde. Der Großvater des Autors war Isaak Brod, geboren im Jahre 1812. Er lebte mit seiner Familie als Schuhmacher in Lukavice als Nachkomme des Adam Brod. Seine Vorfahren sollen laut Familienchronik aus dem damaligen Deutschbrod (nach dem Zweiten Weltkrieg Havlíčkův Brod) stammen. Der Zweig dieser Familie gehörte zu jener Gruppe von tolerierten Juden, die man in großbürgerlichen und adligen ländlichen Haushalten als »Hausjuden« bezeichnete. In die Zeit des zweiten Aufenthaltes des jungen Wagners fällt laut Brodscher Familienüberlieferung die Begegnung von Isaak Brod mit Richard Wagner. Der der deutschen Umgangssprache mächtige Isaak Brod soll während einer Mittagspause, die er im Schloßgarten verbrachte, dem jungen Richard Wagner die böhmische Sage vom Berg Blaník, einem Gegenstück zur deutschen Kyffhäuser-Sage, erzählt haben. Richard Wagner soll die Parallelität mit dem Kyffhäuser- und dem Tannhäuser-Motiv bemerkt haben, erinnerte sich angeblich auch an den Schreckenstein in Böhmen, den er von seiner Fußwanderung in Böhmen kannte und soll versprochen haben, einmal eine Oper darüber zu schreiben.

Auf Schloß Prawonin komponierte Wagner das Lied ›Abendglocken‹ auf den Text seines Schulfreundes Theodor Apel, Sohn von Johann August Apel, aus dessen ›Gespensterbuch‹ der Stoff zum ›Freischütz‹ herrührt.

Im Schloß wird das Klavier ausgestellt, auf dem der Überlieferung zufolge der junge Wagner gespielt haben soll.

Kondrac (Kondratz): Beachtenswerte romanische St. Bartholomäuskirche mit Tribüne aus dem 13. Jh. mit zwei walzenförmigen Türmen und Resten romanischer Wandmalereien, gotisches Presbyterium und Sakristei, erbaut nach 1375.

Blaník: Legendärer Berg mit zwei Gipfeln (Großer Blaník und Kleiner Blaník). Auf dem Großen Blaník befindet sich eine frühgeschichtliche Burganlage der späthallstattischen Kultur aus der 1. Hälfte des 1. vorchristlichen Jahrtausends. Spuren einer mittelalterlichen Burganlage. Sagenumwobener Berg der schlafenden Ritter – der Legende zufolge werden in nationaler Notzeit die schlafenden Reiter unter Leitung des Hl. Wenzel aus dem Blaník hervorreiten. Vom Berg Blaník wurde im Jahre 1868 ein Stein in die Grundmauer des Prager Nationaltheaters eingefügt. Bedřich Smetana hat mit dem symphonischen Gedicht ›Blaník‹ (1873) seinen Zyklus ›Mein Vaterland‹ abgeschlossen.

Lounovice pod Blaníkem: Ursprünglich gotische Pfarrkirche Mariä Himmelfahrt, barockisiert in der 2. Hälfte des 17. Jhs. Barockes Schloß (1675), ehemaliges Dominium der Prager Erzbischöfe. Der erste Pfarrer der hiesigen Pfarrkirche war Jan Ignác Komenský aus Ostmähren, ein Neffe des Völkerlehrers Jan Amos Komenský. Er wirkte hier als Pfarrer vom Frühjahr 1679 bis zu seinem Tod am 15. Juli 1687. Jan Ignác Komenský taufte am 16. Oktober 1679 den erstgeborenen Sohn des Lounovitzer Lehrers, Kirchenkantors und Organisten Georg Zeleněk aus Bavorov Johann Lukas, später genannt Johann Dismas Zelenka, Hofmusikus des sächsischen Kurfürsten in Dresden. In der Krypta der Pfarrkirche befinden sich die sterblichen Überreste des Pfarrers Jan Ignác Komenský sowie des Kirchenkantors Georg Zelenka aus Bavorov († 1724).

PROSEČ (Prosetsch)
Bezirk: Havlíčkův Brod (Deutschbrod)

Pfarrkirche St. Nikolaus, ursprünglich frühgotisch vom Ende des 13. Jhs.,
verlängertes Schiff aus dem 17. Jh., umgebaut von B. Dvořák (1912–1913),
Dreifaltigkeitsstatue aus dem Jahre 1751.

In Proseč erwarb die tschechische Schriftstellerin Tereza Nováková (1853–1912) ein Haus, in dem sie einen Kreis tschechischer Intellektueller um sich versammelte. Dem Kreis gehörte ihr Sohn, tschechischer Bohemist und Universitätsprofessor Arne Novák, an.

Am 21. August 1935 wurde vom Gemeinderat in Proseč auf Veranlassung des Fabriksbesitzers Rudolf Fleischmann der Beschluß gefaßt, dem deutschen Schriftsteller Heinrich Mann das Heimatrecht in dieser Gemeinde zu verleihen. Auf Grund der damaligen gesetzlichen Bestimmung war dies die Voraussetzung für den Genannten und seine Angehörigen, die tschechoslowakische Staatsbürgerschaft zu erwerben. Am 24. April 1936 wurde der Schriftsteller aufgefordert, am tschechoslowakischen Konsulat in Marseille das Treuegelöbnis für die Tschechoslowakei abzulegen.

Abermals durch Vermittlung von Rudolf Fleischmann, der Thomas Mann in Zürich aufgesucht hatte, wurde durch den Gemeinderat in Proseč am 18. August 1936 das Heimatrecht an Thomas Mann, seine Ehefrau Katharina, den erwachsenen Sohn Gottfried Thomas (Golo) und die Kinder Elisabeth und Michael verliehen. Ebenso wurde dem Gesuch des zweiten erwachsenen Sohnes Klaus stattgegeben. Das Gesuch von Thomas Mann um die Heimatzugehörigkeit in der damals noch von einer deutschen Rathausmehrheit geleiteten Stadt Reichenberg war negativ beschieden worden. Am 19. November 1936 unterschrieb Thomas Mann vor dem tschechoslowakischen Konsul J. Lašek in Zürich das Treuegelöbnis für die Tschechoslowakei. Heinrich und Klaus Mann blieben bis zu ihrem Tod tschechoslowakische Staatsbürger. Thomas Mann nahm während des Krieges die amerikanische Staatsangehörigkeit an, weil dies die ihm vom Präsidenten Roosevelt verliehene Funktion erforderte. Thomas Mann richtete am 29. Juli 1944 einen Brief an den damaligen Präsidenten der tschechoslowakischen Exilregierung Dr. Edvard Beneš, in dem er sich förmlich dafür entschuldigte, daß er die tschechoslowakische gegen die amerikanische Staatsbürgerschaft eingetauscht hat.

Přelouč (Prschelautsch)
Bezirk: Pardubice (Pardubitz)

Stadt am Ufer der Elbe, gegründet von Herzog Vratislav II. im Jahre 1086, bis 1421 dem Abt von Opatovice gehörig. Seit 1261 Stadt. Ursprünglich gotische St. Jakobskirche, barockisiert 1646, Wandmalereien von J. Kramolín (1782). Frühbarocke Friedhofskapelle Mariä Heimsuchung (1682–1684), Malereien von J. Kramolín aus der 2. Hälfte des 18. Jhs. Jüdischer Friedhof.

In Přelouč wurde der Wiener Universitätsprofessor und Direktor der Universitätsbibliothek Rudolf Wolkan geboren (* 21. 7. 1860 † 16. 5.1927 Wien). Zu seinen bedeutendsten wissenschaftlichen Werken gehören die ›Geschichte der deutschen Literatur in Böhmen‹ (3 Bde.; 1890–1894) und ›Der Ursprung des Humanismus‹ (1916). Wolkan hat die Herausgabe mehrerer literarischer Kompendien besorgt: ›Die politischen Dichtungen der Deutschen in Böhmen‹ (1889), ›Wiener Volkslieder aus fünf Jahrhunderten‹ (1920–1926), ›Das deutsche Kirchenlied der böhmischen Brüder‹ (1891), ›Eula S. Piccolomini, Briefwechsel‹ (1909–1912), ›Briefe von M. Hartmann‹ (1921). Außerdem war er Mitarbeiter am Reallexikon (Merker-Stammler, 1926 ff.).

Přestanov (Pristen)
Bezirk: Ústí nad Labem (Aussig an der Elbe)

Eine halbe Stunde vom Schlachtfeld bei Chlumec entfernt steht das Denkmal der gefallenen Angehörigen der russischen Garde in der Schlacht vom 29. und 30. August 1813 in Gestalt einer Nike, nach Entwürfen des österreichischen Architekten Pietro Nobile (1835–1837), ausgeführt in Hořovicer Guß. Neben dem Denkmal steht ein Wachhäuschen in den Stilformen des Empire in Gestalt eines antiken Tempels. Das Denkmal feiert den russischen Sieg über die französische Armee unter der Leitung des Feldherrn Vandamme. In dieser Schlacht verloren 7.000 russische Soldaten ihr Leben. Das Denkmal wurde am 29. August 1837 enthüllt. In der Nähe des »Russischen Monuments« befinden sich unter einem Erdhügel die Reihengräber der Gefallenen.

Přestice (Prscheschtitz)
Bezirk: Plzeň-Jih (Pilsen-Süd)

Anstelle einer Kirche aus der Mitte des 13. Jhs., bei der Benediktinerpropstei des Kladruber Mutterklosters von 1245 bis in die Hussitenkriege und wiederum von 1719–1785 entstand in den Jahren 1748–1775 ein monumentaler spätbarocker Kirchenbau Mariä Himmelfahrt (K. J. Dienzenhofer, Anselmo Lurago und A. Hafenecker), imposanteste barocke Landkirche Böhmens mit wertvollem Interieur. In den Jahren 1818–1823 war Franz de Paula Pištěk (1786–1846), der spätere Erzbischof von Lemberg, Dechant von Přeštice.

In unmittelbarer Nähe der Kirche am Rand des großen Marktplatzes (einst Pferdemärkte) steht das Geburtshaus von Dr. techn. Josef Hlávka (1831–1908), Begründer der Tschechischen Akademie der Wissenschaften (23. 1. 1890), Architekt und ausführender Baumeister am Wiener Opernbau (1869), ein Schüler der Architekten van der Nüll, Sicardsburg und Heinrich von Ferstel. Hlávka begann als Bauassistent am Votivkirchenbau, arbeitete an mehreren Gebäuden der Wiener Ringstraße (Deutschmeisterpalais), der Altlerchenfelder Kirche, der Kirche in Kopfing (Oberösterreich) und projektierte die palastartigen Sakralbauten des Patriarchalsitzes in Czernowitz.

Als Schloßherr von Lužany (Luschan) scharte Hlávka einen Kreis geistig hochstehender Zeitgenossen aus Prag und Wien um sich. Auf dem Friedhof in Přeštice steht seine von ihm projektierte und erbaute Gruftkapelle in den Stilformen des Wiener Eklektizismus. Der Mariologische Zyklus seines Freundes und Mitarbeiters, des Führich-Schülers Karl Jobst (1835–1903), schmückt als monumentales Wandgemälde die Ädikula.

Vícov: St. Ambrosiuskapelle bei einem Landhaus, ältester Teil des Kapellenbaues aus der Zeit um 1200, nach den Hussitenkriegen erneuert, Presbyterium und Zyklus des Hl. Ambrosius nach 1500, Vorhalle um 1710, Madonnenstatue (Holz) um 1480, St. Annen-Statue vom Ende des 16. Jhs., Marmor-Epitaphe aus dem 16. Jh.

Červené Poříčí: Renaissanceschloß (1611) anstelle einer Feste aus dem 14. Jh., barock umgebaut. In der Mauer des Schloßgartens sind 23 Büsten böhmischer Herrscher mit Rokoko-Kartuschen aus der Zeit nach 1765 eingefügt.

PŘÍBRAM (Prschibram)
Bezirks- und Bergstadt

Seit 1348 bis in die Hussitenkriege gehörte die Stadt den Prager Erzbischöfen, deren erster, Ernst von Pardubitz († 1364), hier eine gotische Burg erbauen ließ, die im Kern erhalten geblieben ist.
Dekanalkirche St. Jakobus d. Ä. aus der 2. Hälfte des 13. Jhs., umgebaut in den Jahren 1795 und 1869. Bergbau-Museum.

Quellen aus dem 16. Jahrhundert belegen die Silberschürfung in Prschibram. 1579 wurde Prschibram zur königlichen Bergstadt erhoben. Seit dem Ende des 18. Jahrhunderts setzte eine neue Blütezeit für den Bergbau ein. Es gab in Prschibram die damals tiefsten Schächte Europas. Im dritten Geschoß des Adalbert-Schachtes befindet sich eine Gedenktafel zu Ehren des Geologen Joachim Barrande (1799–1883).

1849 wurde die weit über die Grenzen des Landes bekannte Bergakademie im einstigen erzbischöflichen Schloß errichtet, die bis zum Ende des Zweiten Weltkriegs bestand. Die Ostrauer Montanhochschule hat ihre Nachfolge angetreten.

In Prschibram und dem jetzt eingemeindeten Stadtteil Březové Hory (Birkenberg) befinden sich Denkmäler zur Erinnerung an die bis damals größte Grubenkatastrophe am 31. 5. 1892.

Prschibram ist der Geburtsort des Dichters der tschechischen katholischen Moderne und Priesters Pater Sigismund Ludvík Bouška (* 1871).

Auf dem Friedhof befinden sich das Grab des Prager Architekten monumentaler Bauten Ignatz Ullmann (1822–1897) sowie Grabsteine mit Plastiken der Bergmannsthematik.

Svatá Hora (Heiliger Berg): Am Ostrand der Stadt liegt Böhmens berühmtester und größter marianischer Wallfahrtsort, dessen Anfänge bis in das 14. Jh. zurückliegen. Aus dieser Zeit stammt die Kirche Mariä Himmelfahrt, barockisiert in den Jahren 1658–1675, Ambiten und barocke Kapellen, ungemein reiches barockes Interieur (C. Lurago, Schlayer, J. Ursini, Canevale, M. Allio, B. Cometa). Die Wallfahrtskirche am Hl. Berg ist mit der Stadt Prschibram durch eine 400 m lange gedeckte Stiege verbunden (»Heiligenberg-Stiegen«). Im Jahre 1732 wurde die Marienstatuette feierlich gekrönt. Seit dem Jahre 1905 ist die Propsteikirche päpstliche Basilica minor. Die Seelsorge der Wallfahrtskirche war ursprünglich den Jesuiten, später den Redemptoristen anvertraut. Die Orgel der Wallfahrtskirche am Hl. Berg wurde oft von Antonín Dvořák bespielt. Er hat das kleine musikalische Opus ›Na svaté Hoře‹ (›Am Hl. Berg‹) komponiert. Die Wallfahrtskirche am Heiligen Berg ist als visionäre Gottesburg in die Gralarchitektur der sakralen Tradition Böhmens eingegangen.

Obořiště u Příbrami (Oborschischtze bei Prschibram): St. Josephskirche beim einstigen Paulaner-, später Redemptoristenkloster (K. J. Dienzenhofer). Das Kloster wurde vom Kapiteldekan des Metropolitankapitels von St. Veit, dem Weihbischof und Geschichtsschreiber Thomas Pešina von Čechorod, in seinem Sterbejahr (1680) gegründet.

Slivice: In der ursprünglich gotischen, 1846 umgebauten St. Peterskirche befindet sich eine St. Petrusstatue am Hochaltar aus der Zeit um 1400. In der Kirchenmauer wurde am 11. Mai 1945 die letzte Granate vom Ende des Zweiten Weltkriegs zur Erinnerung eingemauert. Der sowjetische General Swiridof schrieb in seinem Tagebuch: »Dieses Geschoß befindet sich noch heute dort. Es erinnert daran, daß in diesem stillen, malerischen Dorf Slivice der Zweite Weltkrieg in Europa sein Ende gefunden hat.«

Hrazany: Keltisches Oppidum der späten Latènezeit und Stradonitzer Kultur aus dem 1. Jh. v. Chr., hoch gelegen an der Mündung des Flusses Mastník in die Moldau.

PŘIMDA (Pfraumberg)
Bezirk: Tachov (Tachau)

Ruine einer hochgelegenen romanischen Burg des böhmischen Fürsten Soběslav I. († 1140) aus den zwanziger Jahren des 13. Jhs., eine der frühesten romanischen Burgen in Böhmen. Nationales Kulturdenkmal. Der Burgberg bildet die Wasserscheide zwischen dem Baltischen und dem Schwarzen Meer.

In den Jahren 1148–1150 und 1161–1173 wurde hier der spätere böhmische Herzog Soběslav II., ein Sohn Soběslavs I., in Gefangenschaft gehalten.

Magister Zacharias Theobald (1548–1627), aus Schlaggenwald (Horní Slavkov) gebürtig, beschreibt in seinem Buch ›Geschichte des Hussitenkrieges‹ (1609) den Zustand der Ruine Pfraumberg:

»Dieses Schloß Pfraumberg ist auf einem überaus hohen felsigen Berge, aber zu unserer Zeit ganz öde, eingefallen und verlassen. Man sieht noch unter dem Berge gegen dem Städtlein viel große Schanzen, auch einen langen und weiten Laufgraben vor dem Schloß, so sehr verfallen, doch an vielen Orten noch zwei Mann tief. Die Schanzen alle sind [...] von den Alten so gut gemacht worden, da man es sonst an keinem Ort mit angreifen kann; man kann es auch ohne Bogenschuß nicht beschießen, man lagere sich gleich an welchem Ort man wolle. Ehe man in das Schloß kommt, ist eine sehr hohe zum Teile eingefallene Mauer, die einen kleinen Platz begreifet, der gegen Morgen das Thor zu der Einfahrt, gegen Abend einen Stall hat. Von diesem Platz muß man an einem rauhen Felsen in das Schloß klettern, das dann mit einer überaus hohen starken Mauer befestiget, welche viele Jahre ohne Dach gestanden, dadurch ein enges Türlein, welches in den Hof des rechten Schlosses geht, da ein ziemlicher Platz, in welchem ein schöner Brunnen mit kleinen Werkstücken eng umfaßt, darinnen ein schön hell lauter Wasser ist, daß es einer mit der Wehr erlangen kann, Sommers- und Winterszeit. Gegen Morgen ist ein überaus hoher, fester Turm von 2 klaftrigen Werkstücken, dessen Mauer 2 Klafter dick. Man kann aber (weilen die Stiegen weggefault) ohne Leiter nicht mehr hineinkommen. Nach Mitternacht sieht man von der Mauer über den Felsen hinab, daß einem das Gesicht vergeht. Nach Abends sind etlich Gebäude zu sehen, darinnen die Herren von Schwamberg gewohnt. Ungefähr eines Steinwurfes von dem Vorschloß, nicht weit von dem Ort, wo Albertus die Werkleute verbrannt, ist ein feiner Brunnen, daraus ein ziemliches Flüßlein fließet. Dieses alles habe ich dem günstigen Leser, der an den Orten nicht bekannt, erzählen wollen, woraus er lernen kann, wie Gott, der beste Röhrmeister, Wasser auf einen sehr hohen Berg zu führen vermag. Es ist ja gemelter Berg höher als alle herum und viele Meilen Wegs sind, da man von dannen bis gegen Prag sehen kann; dennoch ist lebendiges Wasser auf dem Berg, der so voll Felsen, da man ihn nicht untergraben kann.«

Das Haus Nr. 4 bei der spätgotischen Pfarrkirche St. Georg am Marktplatz ist das Geburtshaus des Leitmeritzer Bischofs Josef Groß (1866–1931).

Auf Schloß Pfraumberg errichtete Graf Alexander Kolowrat (1886–1927) vor dem Ersten Weltkrieg das erste Filmatelier auf dem Staatsgebiet der Österreichisch-Ungarischen Monarchie. Er war der Gründer und Präsident der Sascha Film A.G. (1914).

Bor (Haid): Frühgotische Burg aus der 2. Hälfte des 13. Jhs. mit walzenförmigem Turm und Mauerwerk des Pallas, spätgotisch umgebaut um 1500, barockisiert und zum Teil den Formen der Neugotik um die Mitte des 19. Jhs. angepaßt. Im Städtchen barocke St. Nikolauskirche (1737–1749), vom Pilsner Architekten Jakob Auguston erbaut, mit einem älteren spätgotischen Turm (1526) und einer frühbarocken Loretokapelle (1685). Auf Schloß Haid fand im Jahre 1883 eine Beratung christlich-sozialer und adelig-konservativer Sozialpolitiker statt. Gastgeber war der Besitzer dieser westböhmischen Herrschaft, Karl Fürst zu Löwenstein-Wertheim-Freudenburg (1834–1921), Präsident des Katholikentages in Düsseldorf (1869), seit 1908 Mitglied des Dominikanerordens. Im Mittelpunkt der Beratungen der »Freien Vereinigung katholischer Sozialpolitiker« stand der Vater der christlich-sozialen Bewegung Österreichs, Karl Freiherr von Vogelsang (1818–1890). Unter anderem nahmen der Dominikanerordenspriester Pater Albert M. Weiß (1844–1925), der damalige Theologieprofessor und Domkapitular Paul Haffner (1829–1899), der später Bischof von Mainz (1886–1899) wurde und Gründungsmitglied der Görresgesellschaft ist, sowie der Professor für christliche Gesellschaftslehre, Franz Hitze (1851–1921), der als Bahnbrecher auf dem Gebiet der Arbeiterschutzgesetzgebung, der Lohnbestimmung und der Handwerkerfrage gilt, an diesen Beratungen teil. Die hier formulierten ›Haider Thesen‹ werden als Vorarbeiten und Impulse für die Sozialenzyklika ›Rerum novarum‹ (1891) des Papstes Leo XIII. gewertet (veröffentlicht 1932 von A. M. Knoll in ›Der soziale Gedanke im modernen Katholizismus‹).

RADÍČ (Raditsch)
Bezirk: Příbram (Prschibram)

Frühbarockes Schloß aus dem Jahr 1683 mit zeitgenössischen Deckenmalereien und Stuck. Schloßkapelle Mariä Heimsuchung vom Ende des 17. Jhs.

In der Zeit nach seiner Entfernung vom Lehrstuhl für Religionswissenschaft an der Prager Universität (1820) war der Philosoph Bernard Bolzano (1781–1848) oft auf Schloß Raditsch zu Gast. Er widmete hier seine Aufmerksamkeit sozialethischen Aufgaben und künftigen Bedürfnissen der Volksbildung. Eine Quelle im Schloßpark erinnert an seinen Lieblingsaufenthalt.

RADOMYŠL (Radomischl)
Bezirk: Strakonice (Strakonitz)

Johanniterkirche und Pfarrkirche St. Martin aus der Zeit um 1200, zum Teil im jetzigen gotischen Bau aus der 1. Hälfte des 14. Jhs. erhalten. Friedhofskirche St. Johann d. T.

In Radomischl wurde der weit über die Grenzen Böhmens hinaus bekannte Bibliothekar Dr. Bohumír Lifka geboren. Er gehörte zu den Experten auf dem Gebiet der Heraldik in den böhmischen Ländern und galt als profunder Kenner der geistlichen Ritterorden, besonders des Malteserordens und dessen Geschichte in den böhmischen Ländern. An seinem Geburtshaus befindet sich eine Gedenktafel.

In Radomischl steht das Geburtshaus von Josef Kovář. Er behauptete, die »Grüneberger Handschrift« aufgefunden zu haben.

RATIBOŘICE (Ratiborschitz)
Bezirk: Náchod

Das barocke Landschloß der Piccolomini von 1708 wurde in den Formen des Empire umgebaut und nach 1800 für die Herzogin Katharina Wilhelmine Benigna von Sagan († 1834), geborene Prinzessin von Kurland, erweitert. Nationales Kulturdenkmal und Naturschutz-Reservation.

Das Schloß, die Alte Bleiche (1797), die Mühle (1773), die Ruinen der Riesenburg (Ryzmburk) und die Landschaft im »Tal der Großmutter« entlang des Flußlaufs der Aupa (Úpa) wurden zum Schauplatz der Erzählung ›Großmütterchen‹ (›Babička‹) der tschechischen Schriftstellerin Božena Němcová (1820–1862). Němcová war gebürtige Wienerin, verbrachte aber einen Teil ihrer Jugend in Ratiborschitz. Die Herzogin von Sagan ist als »Frau Fürstin« und ihre älteste Ziehtochter Emilie Freifrau von Binzer als »Comtesse Hortensie« in die Novelle eingegangen (Abb. 73).

Auf Schloß Ratiborschitz, dem sommerlichen Musensitz der intellektuellen Hofhaltung der Sagan, fand 1813 die Dreikaiserbegegnung statt.

Wiederholt waren hier der Dichter Christoph August Tiedge, die Schriftstellerin Elisa von der Recke, Wilhelm von Humboldt, Karl Theodor Körner und auch Clemens von Metternich zu Gast.

ROBEČ (Hrobitsch)
Bezirk: Litoměřice (Leitmeritz)

Ursprünglich gotische Pfarrkirche St. Martin, barockisiert nach 1650 und im 18. Jh. baulich verändert.

Während der Hungersnot in Böhmen in den Jahren 1770–1772 verbrachte der junge Thaddäus Haenke (1761–1817) zwei Jahre im Pfarrhaus seines Onkels mütterlicherseits, Matthäus Eschler. Er erlernte hier die lateinische Sprache. Pfarrer Eschler war ein hervorragender Orgelspieler und unterrichtete auch seinen Neffen in dieser Kunst.

ROKYCANY (Rokitzan)
Bezirksstadt

Ursprünglich eine Untertanenstadt der Prager Bischöfe. Gotische Dekanalkirche Maria Schnee aus dem 14. Jh., umgebaut (1784–1788) von Ign. Palliardi. Dreifaltigkeitskirche am Friedhof, Renaissancebau aus dem Jahre 1609. Reste der Stadtbefestigung aus der 1. Hälfte des 14. Jhs. sind erhalten geblieben. Ursprünglich barockes Rathaus (1728–1735), später umgebaut.
Auf dem nahen Bergrücken in Richtung nach Pilsen, genannt Vršík, steht die barocke Wallfahrtskapelle Mariä Heimsuchung (1744–1747) auf dem Grundriß eines griechischen Kreuzes und gekrönt von einer Kuppel mit zwei Türmchen.

In Rokitzan steht das Geburtshaus des utraquistischen Prager Erzbischofs Jan Rokycana (1397–1471) (Rokycanova Nr. 11/26). Am Rathaus befindet sich eine Gedenktafel für Jan Rokycana von J. Strachovský. Inschrift (tsch.):

»Dem berühmten Sohn der Heimatstadt die dankbaren Landsleute.
Eingesetzt am 13. August im Jahre des Herrn 1882 Magister Jan Rokycana«

Der bedeutende Repräsentant des utraquistischen Zweiges der Kirche residierte an der Teinkirche in Prag.

Žďár: Berg (630 m) und Burgwall der frühgeschichtlichen Epoche von Knovíz aus der ersten Hälfte des ersten Jahrtausends v. Chr. mit mächtigen Steinwällen.

Dobřív: Hammerwerk aus dem 15. Jh., in neuerer Zeit restauriert als Objekt des Technischen Nationalmuseums.

Zbiroh: Reste der gotischen Befestigung und Fragmente eines Heiligenzyklus in der Kapelle der Pfarrkirche St. Nikolaus, im 18. Jh. barockisiert. Die frühgotische Burg aus der zweiten Hälfte des 13. Jhs. wurde mehrmals umgebaut, zuletzt aus der Zeit um 1870 als Sitz des Berliner Großunternehmers Dr. Bethel Strousberg, genannt »der Eisenbahnkönig«. Am alten Rathaus befindet sich eine Gedenktafel für den tschechischen Schriftsteller Josef Václav Sládek (1845–1912), der sich in seinen Memoiren mit dem Aufenthalt Friedrich Schillers in Böhmen beschäftigt.

Mirošov: St. Josephskirche (1693). Schloß, Nordflügel im Renaissance-Stil (1550), Südflügel im Barock-Stil (1728). Geburtsort des Prager Erzbischofs und Kardinals ThDr. und JuDr. Karel Kašpar (1870–1941), der als Primas von Böhmen seit der Oktroyierung des Protektorats der höchste legitime Repräsentant der Nation war.

Břazy u Rokycan: Im Bereich des ehemalig betriebenen Schachtes »Matylda« wurde ein Tagbau aus dem 17. Jh. aufgedeckt. Die Kohle wurde in Kübeln mittels handbetriebenem Rumpal gefördert.

ROUDNICE NAD LABEM (Raudnitz an der Elbe)
Bezirk: Litoměřice (Leitmeritz)

Ursprünglich romanische Burg des französischen Typus der Prager Bischöfe (Reste im Kellergelaß), vom Geschlecht Lobkowicz zu monumentalem Barockschloß (1652–1684 F. Caratti, L. Orselini, A. Porta) umgebaut (Abb. 94). Gotische Propsteikirche Mariä Geburt (1333 – Mitte des 14. Jhs.) anstelle einer älteren romanischen Kirche bei der Kanonie der lateranensischen Augustiner, 1333 gegründet vom Prager Bischof Johannes IV. von Dražice, in den Jahren 1725–1750 von Octavio Broggio barockisiert.
Schloßgalerie in der adaptierten Reithalle.

Im Jahre 1350 hielt der Prager Erzbischof und Kanzler Karls IV., Ernst von Pardubitz, den ihm vom König und Kaiser anvertrauten römischen Volkstribunen Cola di Rienzo auf Schloß Raudnitz in Gewahrsam.

1805 wurde auf Schloß Raudnitz Josef Haydns ›Schöpfung‹ in tschechischer Sprache aufgeführt.

Der Schriftsteller Ervin Špindler (1843–1918) verlebte einige Zeit in Raudnitz und bereicherte das kulturelle Leben der Stadt. Neben eigenen literarischen Werken fertigte er auch Übersetzungen von Heinrich Heine, Friedrich Schiller, Victor Hugo, E. T. A. Hoffmann und Meissner ins Tschechische an.

Von 1870 bis 1871 wohnte der Jugendschriftsteller und evangelische Pfarrer Jan Karafiát in Raudnitz am Stadtplatz.

Auf Schloß Raudnitz wurde 1874 als Sohn des fürstlichen Archivars Max Dvořák (* 14.6.1874 † 8. 2.1921) geboren. Seit 1909 war Dvořák Universitätsprofessor in Wien und Repräsentant der Wiener kunsthistorischen und geistesgeschichtlichen Schule. Er starb auf Emmahof in Hrušovany nad Jevíšovkou (Grußbach bei Znaim) und wurde dort in einem Ehrengrab bestattet.

Sein Hauptwerk, mit dem er sich als einer der größten Kunsthistoriker des Jahrhunderts erwies, ist die ›Kunstgeschichte als Geistesgeschichte. Studien zur abendländischen Kunstentwicklung‹. Seine Deutung von Dürers ›Apokalypse‹ gehört zu den größten Aussagen der neueren Geistesgeschichte:

»So ist aber die Apokalypse das erste große deutsche Kunstwerk der Neuzeit und zugleich ein Kunstwerk sui generis, eine Predigt von Luther, in der der Geist zum Geiste spricht und die mit anderen als ihren Maßstäben, welche die der deutschen Kunst jener Zeit sind, gar nicht gemessen werden kann. Nachdem Dürer einmal den Ton gefunden hat, entrollen sich die Bilder Schlag auf Schlag. Und in steigender Dramatik, wie wir sie in gleichzeitiger Kunst sonst vergeblich suchen würden, zieht an unseren Augen, wie dies der Künstler innerlich sah, die Vernichtung der Menschheit und der Kampf des Himmels und der Hölle vorbei. Im schauerlichen Vorwärts rasen die Verkörperer des Todes in vielfacher Form – die Vision des unaufhaltsam dahinjagenden Fatums, dem Hekatomben zum Opfer fallen. Man sieht in einem noch gewaltigeren Bilde die vier Würgeengel ihres Amtes walten; eine formlose Masse, aus der sie sich emporheben; vier Gestalten und doch nur ein Akkord; von einer Dynamik der Bewegung, der die italienische Kunst nichts an die Seite stellen kann. Es sind keine Idealgestalten, diese Sendboten des Todes, wie in Italien, keine göttlichen Herven, sondern Wikinger – durch den Furor ihrer Lebensenergien ins Göttliche gesteigert. [...] So ist aber Dürers Apokalypse nicht nur eine Illustration, sondern nicht minder eine selbständige Dichtung in Bildern, in der Dürer seine persönliche Auffassung der wichtigsten geistigen Probleme der Zeit künstlerisch ausgedrückt hat, so daß man in dieser Verbindung von Wirklichkeit und Traum, von Wahrheit und Dichtung beinahe ein Stück Selbstbiographie wie in den Werken moderner Dichter sehen könnte. [...] So entsteht aber ein Künstlertypus, der von den gleichzeitigen italienischen und niederländischen diametral verschieden war, der Typus eines neuen Bildungsidealismus und Universalismus, wobei dieser Universalismus nicht wie bei Leonardo auf naturwissenschaftlicher Empirie allein beruhte, sondern wie dreihundert Jahre später bei Goethe in einer nie versiegenden Anteilnahme an allem, was die Menschen geistig beschäftigte und der Phantasie Nahrung bot, begründet war.«

Der Schüler, Assistent und spätere Nachfolger von Max Dvořák an der Wiener Universität, Prof. Dr. phil. Karl Maria Swoboda (* 1889), wurde als Sohn eines Lobkowiczschen Bibliothekars auf Schloß Raudnitz geboren.

Der Dichter Josef Hora (1891–1945) verbrachte in Raudnitz seine Jugendjahre. Während seiner späteren Aufenthalte entstanden hier seine Übersetzungen von Werken Puschkins und Lermontows. In der Parkanlage des Schlosses wurde eine Büste von Josef Hora aufgestellt.

1896 legte am Raudnitzer Gymnasium der Dichter Fráňa Šrámek (1877–1952) seine Reifeprüfung ab.

Auf dem Raudnitzer Friedhof befindet sich die Familiengruft Siebenschein mit folgender Inschrift:

»Univ. Prof. PhDr. Hugo Siebenschein (* 6. 4. 1889 Strážnice † Prag).
Germanist und Autor eines deutsch-tschechischen Wörterbuches«

Martiněves: Geburtsort des tschechischen Kunst- und Musikhistorikers Otakar Hostinský (1847–1910), Professor an der Karlsuniversität und Verfasser eines Buches über Ästhetik.

ROZTOKY (Rostok)
Bezirk: Praha-Západ (Prag-West)

Ursprünglich gotische Feste, Reste von Wandmalereien aus dem 14. Jh., spätgotisch umgebaut, Renaissanceschloß auf kreisförmigem Grundriß, in jüngster Zeit großzügig adaptiert. Gebietsmuseum mit bedeutenden Sammlungen, naturwissenschaftliche und geschichtliche Exponate zur regionalen Historie. Gedenkstätte der Malerin Zdenka Braunerová, in der auch ihr Selbstbildnis aufbewahrt wird.

Die archäologischen und erdgeschichtlichen Funde von Rýzner erhellen die vorgeschichtliche Situation der Landschaft um Rostok. Der französische Geologe Joachim Barrande fand hier viele Trilobiten. Das nahe gelegene Unětice hat einer großen erdgeschichtlichen Epoche ihren Namen gegeben.

Seit der Mitte des 19. Jahrhunderts war Rostok eine beliebte Sommerfrische in unmittelbarer Nähe der Landeshauptstadt. Im Rostoker »Max-Thal«, auch »Stilles Tal« genannt, bauten Prager Architekten für Bürgerfamilien anspruchsvolle Sommervillen. Hier finden wir im Prager Maßstab die Fassaden von Ischl, Aussee und von den Hängen des Wienerwaldes.

1856 vermittelten Prager Freunde von Bedřich Smetana seiner Familie einen Sommeraufenthalt im Stillen Tal. Heute steht Smetanas Büste in der Parkanlage vor dem Schloß.

Quido Mánes, der jüngere Bruder von Josef Mánes, hat hier eines der schönsten Kunstwerke der böhmischen Romantik, das Bild ›Späte Reiter vor dem Rostoker Schloß‹, gemalt. Das Original ist im Besitz der Prager Nationalgalerie, befindet sich jetzt aber im Rostoker Schloßmuseum.

Die Familie des Politikers und Rechtsanwaltes Dr. František August Brauner (* 22. 1. 1810 Leitomischl † 22. 5. 1880 Roztoky) ließ Rostok zu einem Künstlerdorf am Stadtrand von Prag, zu einem frühen »böhmischen Worpswede« im Moldautal werden. Die »Alte Mühle« (Riegrova 3) war der Sommersitz dieser angesehenen Patrizierfamilie.

Dr. František August Brauner unterstützte als Reichstagsabgeordneter in Kremsier am 7. September 1848 den vom schlesischen Abgeordneten Hans Kudlich vorgetragenen Antrag auf Aufhebung der Erbuntertänigkeit in den Habsburgischen Ländern. Brauner bereitete diesen Antrag in den Reihen der slawischen Abgeordneten vor. An dem Haus befindet sich eine Gedenktafel, die an die verdienstvolle Tätigkeit von Brauner erinnert. Inschrift (tsch.):

> »Hier lebte und starb am 21. Juni 1880 Dr. František August Brauner,
> tschechischer Patriot, der sich Verdienste um die Aufhebung der Robot
> beim tschechischen Volke im Jahre 1848 erworben hat.«

Der berufene Kommentator des Prager künstlerischen und gesellschaftlichen Lebens Prokop H. Toman kommentiert in anschaulicher Weise die Rostoker Gesellschaft:

> »Rostok bei Prag, das war in der zweiten Hälfte des vergangenen Jahrhunderts bereits eine beliebte Sommerfrische. Mit Rostok und seiner Umgebung ist ein Abschnitt in der Geschichte des tschechischen künstlerischen Lebens verknüpft. Dorthin am Ende des »Stillen Tals« hat Adolf Kosárek die ideale Landschaft seiner berühmt gewordenen Bauernhochzeit verlegt. Suchdol, über Rostok gelegen, ist für immer mit dem Namen von Mikoláš Aleš verbunden, der hier als Gast von Alexander Brandejs den größten Teil seiner Ölgemälde und den unsterblich gewordenen Zyklus ›Vaterland‹ geschaffen hat. Und zu Ende der fünfziger Jahre kaufte hier der Politiker Dr. František Brauner ein Mühlenanwesen, das er liebgewann, so daß er hier seine gesamte freie Zeit verbrachte und hier am 21. Juni 1880 starb. Dr. Brauner war eine bedeutende politische Persönlichkeit. Als Abgeordneter zum Reichstag hatte er ein wesentliches Verdienst um die Aufhebung der Robot; noch im Jahre 1867 war er führendes Mitglied der tschechischen Delegation, die sich zur aufwendigen Slawischen Wallfahrt nach Moskau zur Ethnographischen Ausstellung aufgemacht hatte; unter den Mitgliedern dieser Exkursion finden wir Palacký, Rieger, Skrejšovský und Josef Mánes. Wie sehr Dr. Brauner geschätzt wurde, darüber berichtet ein

Histörchen, das ich von alten Zeitgenossen gehört habe. Die Braunersche Mühle lag nur wenige hundert Meter vom Bahnhof in Richtung Prag entfernt. Es soll – und nicht nur einmal – passiert sein, daß Dr. Brauner zu spät das Haus und der Zug bereits die Station verlassen hatte. Dr. Brauner hob den Spazierstock – und der Lokomotivführer kehrte seinetwegen mit dem Zug in die Station zurück. [...] Am meisten genoß den Reiz des Anwesens und des Gartens Dr. Brauners Tochter Zdenka Braunerová. Dazumal galt es als Wagnis, wenn eine Tochter aus geachteter Familie erklärte, daß sie Malerin von Beruf werden wolle. [...] Hier durchwanderte sie die Umgebung mit der Malerstaffelei in Begleitung ihres geschätzten Lehrers Antonín Chittussi. Wieviel schöne Winkel in Rostok haben beide Künstler verewigt. [...] Hier erging sich die unglückliche Tochter von Karel Havlíček-Borovský, Zdenka, »die Tochter der Nation«, wie sie genannt wurde. Dr. Brauner war ihr Vormund, und Zdenka Havlíčková wurde mit den Braunerschen Kindern erzogen. Hier trafen einander viele Freunde Dr. Brauners, besonders sein sehr enger Freund Dr. Fr. L. Rieger, dessen Tochter Libuše Bráfová in der Nachbarschaft eine Villa besaß. [...] Die Gesellschaft der Politiker löste nach Brauners Tod jene der Künstler und Literaten ab, die hier Pläne schmiedeten und ihre Probleme lösten. Hierher kam außer Chittussi auch Václav Brožík, der im örtlichen Restaurant zwei Zimmer gemietet hatte und in der Umgebung von Rostok eine Reihe seltener Landschaftsstücke gemalt hat; auch Felix Jennewein und eine nicht absehbare Reihe von Künstlern der jüngeren Generation kam hierher. Hier besuchte sie im Jahre 1895 der berühmte Komponist der ›Komödianten‹, Ruggiero Leoncavall – Zdenka hat über diesen Besuch auf liebenswürdige Art ihrer Schwester Anna geschrieben. Zdenka war in der Tat eine Persönlichkeit, und zu ihren Freunden gehörten die bedeutendsten Köpfe und Künstler Europas. Ja, hierher waren zu ihr auch Auguste Rodin, Louis Légér, Ernest Denis, Paul Claudel, Mendělejev und andere gekommen. In der Rostoker Idylle trafen einander ihre Freunde F. X. Šalda, Vilém Mrštík, Julius Zeyer, Paul Claudel, zuletzt auch der junge Miloš Marten, dessen Talent sie entdeckt hatte. Und natürlich eine Reihe von Malern und Grafikern. [...] In Rostok verkehrte Zdenka auch mit der Familie des Direktors Schweitzer. [...] Ich habe erst jüngst erfahren, daß dieser Herr Schweitzer ein Bruder des berühmten Albert Schweitzer gewesen war.«

Prokop H. Toman, *Roztoky Zdenky Braunerové*. Lidová demokracie 16. 12. 1972

Im Hause des Rostoker Oberpostmeisters Kohn, in der »Alten Post« (Na Staré poště, Nádražní 22), verbrachte im Jahre 1900 der junge Kafka mit seiner Familie einen Sommer und schloß mit der Tochter seiner Gastgeber, Selma, eine Jugendfreundschaft.

Eine Eintragung in das Album der Tochter seines Hauswirts, das erhalten geblieben ist und nach Ansicht von Max Brod das früheste erhalten gebliebene literarische Skriptum von Kafka darstellt, wurde nach mehr als einem halben Jahrhundert von der Besitzerin, Frau Selma Robitschek, geborene Kohn, an Dr. Max Brod, den Herausgeber der Briefe Franz Kafkas, übermittelt und durch ein Begleitschreiben erläutert:

»Wer ich bin? Die Tochter des Oberpostmeisters Kohn aus Roztok bei Prag. Kennen Sie Roztok, den Wald? Erinnern Sie sich an den steilen Weg dahin und wie man plötzlich auf der herrlichsten Waldlichtung steht, das hohe Gras voll Himmelschlüssel, Marientränen, Glockenblumen und mitten darin eine sehr sehr alte Eiche! Unter dieser Eiche sind wir Kinder, Franz und ich, oft gesessen und er hat mir Nietzsche vorgelesen, was und ob ich es verstand, Dr. Brod, es liegen 55 Jahre dazwischen, wir haben uns gegenseitig angeschwärmt, wie man damals war, ich war schön, und er war sehr klug, und beide waren wir so himmlisch jung. Kafkas wohnten einen Sommer lang bei uns im 1. Stock. Und unser Garten lief in einen hohen Berg aus. Oben stand eine Bank und des Abends gingen wir oftmals, Franz eine brennende Kerze in der Hand, zu dieser Bank – man sah so weit, das ganze Tal, das silberne Band der Moldau, am anderen Ufer Klettau und Bruky beleuchtet und er wollte mich überreden, meinen Vorsatz zu studieren auszuführen. Aber es nützte nichts, mein Vater erlaubte es nicht – man hat damals den Vätern gefolgt –, und so kamen wir auseinander.«

Die Eintragung in das Album aus der Feder von Franz Kafka lautet:

»Wie viel Worte in dem Buche stehn! Erinnern
sollen sie! Als ob Worte erinnern könnten!
Denn Worte sind schlechte Bergsteiger und schlechte
Bergmänner. Sie holen nicht die Schätze von den
Bergeshöhen und nicht die von den Bergestiefen!
Aber es gibt ein lebendiges Gedenken, das über alles
Erinnerungswerte sanft hinfuhr wie mit kosender Hand.
Und wenn aus dieser Asche die Lohe aufsteigt, glühend
und heiß, gewaltig und stark und Du
hineinstarrst, wie vom magischen Zauber gebannt,
dann...
Aber in dieses keusche Gedenken, da kann man sich
nicht hineinschreiben mit ungeschickter Hand und
grobem Handwerkszeug, das kann man nur in diese
weißen, anspruchslosen Blätter.
Das that ich am 4. September 1900
Franz Kafka«

Suchdol: Im Dorf Suchdol lebten Mikoláš Aleš (1852–1913), Václav Brožík (1851–1901) und der Bildhauer Josef Václav Myslbek (1848–1922), Schöpfer des Reiterstandbildes des Hl. Wenzel am Prager Wenzelsplatz und des betenden Kardinals im St. Veitsdom.

Klecany: In Klecany schrieb in seiner ländlichen Kaplanei der Priester-Dichter Václav Beneš-Třebízský (1849–1884) seine volkstümlichen Erzählungen.

Maxovo údolí (Maxtal): Eine Cottage-Landschaft mit Villen des Prager Großbürgertums aus der 2. Hälfte des 19. Jhs. bis in die zwanziger Jahre des 20. Jhs. Die repräsentative Villa »Sakura« wurde von Eduard Hnilička (1887–1967) erbaut. Hnilička war außerdem Autor von Kriminalromanen.

Levý Hradec: Slawischer Burgwall aus dem 9. Jh., der Zeit der frühesten Přemysliden, mit den Resten der von Bořivoj erbauten romanischen Rotunde unter der St. Klemenskirche, einer der ältesten Kirchen in Böhmen. Die nachfolgende gotische Kirche wurde im Jahre 1684 barockisiert. Staatliche archäologische Reservation. Im Souterrain der Kirche finden sich freigelegte romanische Reste und Grundmauern. Levý Hradec (Burgstätte am linken Moldauufer genannt) war der Ort, an dem der Hl. Adalbert zum zweiten Bischof von Prag gewählt wurde. Der Überlieferung zufolge, nicht jedoch historisch belegt, erfolgte hier die Taufe der Hl. Ludmila, erste christliche Fürstin des Landes, Gemahlin des Herzogs Bořivoj und Großmutter des Hl. Wenzel. Die Taufe vollzog der mährische Metropolit St. Methodius.

ROŽĎALOVICE (Roschdalowitz)
Bezirk: Nymburk (Nimburg)

Barocke Dekanalkirche St. Gallus (1725–1734), Altarblätter von L. Mayer, J. Hellich u. Ph. Leubner.
Ursprünglich Renaissanceschloß (1622), im Jahre 1760 umgebaut, drei Flügel, allegorische Plastiken von M. J. Brokoff, Deckenmalereien, im Erdgeschoß Deckengemälde ›Waldstein führt Przemysl 23 Söhne zu‹.
Dechantei, 1760 erbaut, 1827 und 1905–1906 umgebaut.
Mariensäule am Marktplatz (1718).

Rožďalovice ist der Geburtsort des tschechischen Humanisten Georg Melantrich. Am Renaissance-Rathaus (náměstí 93) befindet sich eine Gedenktafel aus weißem Marmor. Inschrift (tsch.):

»Georg Melantrich Rožďalovský von Aventin der böhmische Erz-Typograph wurde zu Rožďalovice im Jahre 1511 geboren und starb in Prag am 19. 11. 1580. Ruhm seinem Andenken.«

Georg Melantrich studierte in Wittenberg. Dort traf er mit Philipp Melanchton zusammen. Unter dem Eindruck dieser Begegnung hat er seinen Familiennamen (Černovlásek/Schwarzkopf) zu »Melantrich« gräzisiert. Seine Bibel wurde 1549 gedruckt. Melantrich wurde im Jahre 1570 in der Bethlehem-Kapelle in Prag beigesetzt.

Ein älterer Landsmann Melantrichs war der um 1490 in Rožďalovice geborene Propst am Prager Karlskolleg Václav (Wenzel) Rožďalovský († 13. 9. 1520 Prag). Im Jahre 1515 wurde er Bakkalaureus, im Jahre 1517 Magister artium und 1519 Dekan. In den Jahren 1518–1519 war er Mitglied des Utraquistischen Konsistoriums an der Teinkirche. Am 17. Juli 1519 schrieb er einen Brief an Martin Luther.

An einen bedeutenden Sohn der Stadt erinnert eine Gedenktafel aus rotem Marmor im Vestibül des Schulgebäudes von Rožďalovice (Nr. 278):

»Professor PhDr. Gustav Adolf Lindner, Pädagoge, Philosoph und Schöpfer der tschechischen Volksschule, geboren am 11. März 1828 in Rožďalovice, gestorben am 16. März 1887 in Prag. Zu Erinnerung an seinen 100. Geburtstag gewidmet von den dankbaren Bürgern am 20. 5. 1928.«

Über der Attika des Schulgebäudes befinden sich die Büsten von Lindner, Komenský und Melantrich.

Auf dem alten Friedhof bei der Kirche befindet sich das Grab von Eduard Lindner (1838–1867) und Josef Lindner (1832–1869), Brüder von Gustav Lindner.

Am 21. Februar 1876 wurde in Rožďalovice der österreichische Schriftsteller Rudolf Jeremias Kreutz geboren († 3. 9. 1949 Gründlsee i. d. Steiermark). Kreutz schrieb Romane, Satiren, Lyrik und Dramen. Bekannt wurde er vor allem durch seine ›Geschichte eines behinderten Kindes‹.

ROŽMBERK NAD VLTAVOU (Rosenberg an der Moldau)
Bezirk: Český Krumlov (Böhmisch Krumau)

Ursprünglich frühgotische Burg aus der Mitte des 13. Jhs., Wiege der mächtigen Linie des Hauses der Wittigonen, der Herren von Rosenberg (erloschen 1611), nur der Turm, »Jakobínka« genannt, blieb erhalten. In seiner unmittelbaren Nähe wurde nach 1330 die »Untere Burg« erbaut, später im Renaissance-Stil umgebaut und in den Jahren 1840–1857 teilweise regotisiert, reiches Interieur und Sammlungen. Im Städtchen sind eine Reihe von Renaissance-, Gotik- und Barockhäusern erhalten geblieben. Pfarrkirche St. Nikolaus ursprünglich frühgotisch aus der 2. Hälfte des 13. Jhs., in jetziger Gestalt spätgotisch aus dem 15. Jh., in der St. Nikolauskirche sind an unbekannter Stelle die sterblichen Überreste des Befehlshabers des kaiserlichen Heeres in der Schlacht am Weißen Berg (8. November 1620), des Grafen Karl Bonaventura Longueval Buquoy (1571–1621), beigesetzt.

Das Schloß, das den Namen des einst mächtigen Herrengeschlechts der Rosenberger trägt, hat Adalbert Stifter zu seinem historischen Roman ›Witiko‹ angeregt (Abb. 55).

Vor 1848 arbeiteten die Restauratoren Johann und Josef Rint an der Ausschmückung der Innenräume in den Stilformen der romantischen Gotik. Einen besonderen Platz innerhalb dieses dynastisch motivierten Pantheons zum Ruhme des Geschlechts Buquoy nimmt die Kreuzfahrergalerie ein. Dort sind Darstellungen und heraldische Embleme der mit der Familie verwandten Kreuzritter zu besichtigen.

Eine aus dem 19. Jahrhundert stammende Darstellung der Frau Berta von Rosenberg erinnert an die hier lokalisierte Variante von der Sage der »Weißen Frau«.

Hans Watzlik läßt den Helden seines Romans ›Die Abenteuer des Florian Regenbogner‹ durch die Landschaft von Rosenberg wandern:

»Am gefährlich abfallenden Ufer traten nun weiß getünchte Schützsteine im Gänsemarsch an und kündeten die nahe Stadt. [...] Hernach bot sich das Schloß zur Schau, es lag hoch auf felsiger Halbinsel, von der Moldau umflossen. Mit schlichten Schindeln gedeckt rosenlos, glich es nimmer dem geträumten Bau, doch lag es ganz abenteuerlich und lieblich wild auf seinem Stein, und der Zimmerturm taugte wohl zu einsamer Sternenschau, wenn nachts des Himmels Pracht sich aufrollte.«

Hans Watzlik, *Die Abenteuer des Florian Regenbogner*

RYBNÍK (Certlov, Certlau)
Bezirk: Český Krumlov (Böhmisch Krumau)

Reste des Oberbaus und Fragmente einer Brücke der Pferdeeisenbahn Böhmisch Budweis – Linz (um 1827) sind erhalten geblieben. Nationales Kulturdenkmal.

Auf dem Bahnsteig des Bahnhofes von Rybník steht ein Gedenkstein für den Erbauer der ersten Eisenbahn auf dem Kontinent, Franz Anton Gerstner (1795–1840). Das Denkmal besteht aus einem Granitblock mit Gedenktafel. Inschrift (tsch.):

»Zum Gedenken an die erste europäische Eisenbahn, die von Ing. Fr. A. Gerstner, geb. in Prag 1795 und verstorben in Philadelphia, in den Jahren 1825–1827 geplant und erbaut wurde. Gewidmet vom Verein tschechischer Ingenieure«

Bujanov: Stationsgebäude der Pferdeeisenbahn beim heutigen Stationsgebäude, einstöckiger Bau aus dem Jahre 1830.

RYZMBERK (Riesenberg)
Bezirk: Domažlice (Taus)

Gotische Burgruine aus der 2. Hälfte des 13. Jhs., dominiert über dem Orte Kdyně (Gedein), spätgotische Fortifikation, Aussichtsturm auf der Ruine (1847), einer der frühesten in Böhmen.

Einen Teil der Handlung ihres Romans ›Consuelo‹ verlegte die französische Schriftstellerin George Sand (1804–1876) auf die Riesenburg. Die Autorin, die nie in Böhmen war, verließ sich auf Erlebnisberichte ihres Vaters, der mit der hussitischen Bewegung symphatisierte.

Die in Wien geborene tschechische Schriftstellerin Božena Němcová (1820–1862) wies in der literarischen Skizze ›Obrazy z okolí Domažlického‹ (›Bilder aus der Umgebung von Taus‹) auf diese Zusammenhänge hin:

> »Vom Schlosse in Kout (Kaut), von dem sich ein schöner Park erstreckt, sah ich auf einem hohen Berge die Ruine der Riesenburg und erinnerte mich dabei an den berühmten Roman ›Consuelo‹, dessen Handlung zum großen Teil in diese Landschaft verlegt ist.«

1811 kam der junge Moritz von Schwind (1804–1871) zu einem einjährigen Aufenthalt nach Altgedein am Fuße der Riesenburg in die Familie einer Tante väterlicherseits. Er bereitete sich hier auf seine bevorstehenden Gymnasialstudien vor. Wir wissen aus seinen Aufzeichnungen, wie gern er die Ruine Riesenburg aufgesucht hat.

Domažlice (Taus): Bezirksstadt; gegründet nach 1260 von Přemysl Ottokar II. als königliche Stadt und Zollstation an der Zollstraße. Erhalten geblieben sind das Untere Tor aus dem 3. Viertel des 13. Jhs. und die Burg aus der gleichen Zeit (walzenförmiger Turm); im 18. Jh. zu einem barocken Schloß umgebaut, jetzt Museum. Die Kirche Mariä Geburt zugleich mit der Stadtgründung erbaut, barock umgebaut in den Jahren 1751–1756 von Jan Záhořík. Gotischer Turm mit ringförmigem Grundriß, die charakteristische Dominante der Stadt. Städtische Denkmalreservation mit reichem Bestand an gotischen, Renaissance-, barocken und Empire-Bürgerhäusern. Mittelpunkt des Chodenlandes, einer ethnographisch reichen Landschaft, der »Grenzhüter« Böhmens im Westen. Am Laurenziberg (Vavřineček) finden alljährlich im August aus Anlaß des Kirchweihfestes volkskundlich bedeutende Kundgebungen statt.

Horšovský Týn (Bischofteinitz): In der Nähe eines slawischen Burgwalles (um das 10. Jh.) vielleicht der Dynastie der Slawnikinger; frühgotische Burg aus den Jahren 1270–1280 der Prager Bischöfe. In den Jahren 1547–1560 wurde von Johann d. J. von Lobkovicz ein großes Renaissance-Schloß (Architekt Augustin Galli) gebaut. Spätgotische, Renaissance- und barocke Bürgerhäuser und zwei frühgotische Kirchen aus dem 13. Jh.

St. Apolinarius und St. Peter und Paul. Städtische Denkmalreservation. Hier lebte in den Jahren 1547–1671 der slowakische Dichter Jan Silván, der als erster Dichtungen in seiner Muttersprache geschrieben hat. Geburtsort des österreichischen Mathematikers und Astronomen Joseph Johann Littrow (1781–1840); 1807 Direktor der Sternwarte in Krakau, 1810 in Kasan, dann in Ofen; ab 1817 Professor, ab 1819 Direktor in Wien.

ŘÍMOV (Rzimau)
Bezirk: České Budějovice (Böhmisch Budweis)

Südböhmischer Wallfahrtsort mit Hl. Geistkirche und Loretokapelle (1658–1672). Der Ambitenkranz aus den fünfziger und siebziger Jahren des 17. Jhs. ist ein Werk der Jesuiten von Böhmisch Krumau.

Der Kreuzweg von Římov mit seinen 25 Kapellen, Stationen und Plastiken aus der zweiten Hälfte des 17. Jahrhunderts und der ersten Hälfte des 18. Jahrhunderts wird das »Südböhmische Jerusalem« genannt. Seine Bauherren bildeten im Geist der spätbarocken volkstümlichen sakralen Landschaftsgestaltung und in bewußter Anlehnung an die Formen des Kreuzweges die heiligen Stätten von Christi Leben und Leiden nach.

Římov hat viel zur Erhaltung des sakralen Landschaftsbildes in Südböhmen mit dessen Vielzahl an Wegkreuzen und Stationen beigetragen.

Komařice (Komarschitz): Renaissanceschloß (1565–1566), umgebaut im 17. und 19. Jh., Reste von Sgraffitos. Barocke St. Bernhardskapelle. Ehemaliges Klostergut der Hohenfurter Zisterzienser. Geburtsort des tschechischen Kunsthistorikers und Denkmalpflegers PhDr. Jakub Pavel (1903–1974), Biograph von Max Dvořák. Eine innerhalb der deutschen Reise- und Memoirenliteratur sehr ungewöhnliche Beschreibung des südböhmischen Ortes Komařice (hier Komaritz geschrieben) und der Landschaft von Římov stammt von dem Schwarzwälder Volksschriftsteller Heinrich Hansjakob (1837–1916), einem katholischen Priester, Volksbildner und christlich-demokratischen badischen Landtagsabgeordneten. Er ist als Verfasser von Reisebeschreibungen und Predigtzyklen bekannt geworden. In seinem Reisebuch ›Letzte Fahrten. Erinnerungen von Heinrich Hansjakob‹ (Stuttgart 1902) hat er auch südböhmische kirchliche Denkmäler und Örtlichkeiten, die er anläßlich einer Reise im September des Jahres 1900 kennengelernt hat, beschrieben. Er war von einer Fahrt durch die oberösterreichischen Stifte nach Böhmen gekommen. In seinem Werk hat er seine Sympathie für das tschechische Volk und dessen nationale Bestrebungen bekundet.

»Wer will es nun den 7 Millionen slawischen Czechen in Österreich verübeln, wenn sie auch als solche gelten und respektiert sein wollen? [...] Ich bin der letzte, der dies thut; einmal thue ich es nicht aus Gerechtigkeitsgefühl und dann nicht, weil ich ein alter Freund des czechischen Volkes bin. Mir unbewußt, kommt diese Freundschaft vielleicht daher, daß der Böhmenkönig Wenzel, der Faule, einem Czechen, seinem Kammerherrn, dem Baron Benesch von Chaussnik, einst meine Vaterstadt Hasela an der Kinzig als ein Lehen gab.«

Heinrich Hansjakob, *Letzte Fahrt. Erinnerungen*

Hansjakob berührt in seinem Reisebuch auch so brisante Themen wie die Nationalitätenpolitik des alten Österreich:

»Ich begreife deshalb nicht, warum die Sprachenverordnung des Ministeriums Badeni, wonach in Böhmen und Mähren alle Beamte der czechischen und der deutschen Sprache mächtig sein sollten, die deutsche Partei so in Wut versetzte. Die Leute wurden darob förmlich tobsüchtig und machten im Reichstag Skandale, die dem deutschen Wesen und der deutschen Bildung wahrlich keine Ehre brachten.«

Heinrich Hansjakob, *Letzte Fahrt. Erinnerungen*

ŘÍP (St. Georgsberg)
Bezirk: Litoměřice (Leitmeritz)

Legendärer, abseits vom Böhmischen Mittelgebirge in der Nähe der Stadt Raudnitz aufragender helmförmiger Basaltberg in der Nähe des Flußlaufes der Elbe in fruchtbarer Lage (459 m).
Der Überlieferung zufolge ist der St. Georgsberg der Ort der Landnahme durch den Stamm der Tschechen unter Führung des Stammvaters Čech (Tschech) bei ihrem Eintritt nach Böhmen (Abb. 95).
Auf dem Gipfel steht die im Jahre 1126 erbaute romanische Rundkapelle St. Georg zur Erinnerung an den Sieg des böhmischen Herzogs Soběslav II. über Kaiser Lothar. Seit 1962 sind Berg und Kapelle nationale Kulturdenkmäler.
Laut Überlieferung wurde der Stammvater Čech »sieben mal 125 Schritt von der Kirche entfernt« begraben.

Die ethnologische Stammessage weist in ihrer ersten mittelalterlichen Fassung in der ›Kronika česká‹ beim Chronisten Cosmas, dem Urvater der böhmischen Geschichtsschreibung, das lateinische Bildungsmotiv des Boetius auf.

Seit 1848 und besonders im Jahre 1868 war der Georgsberg Schauplatz zahlreicher nationaler Demonstrationen. Der Grundstein des Prager Nationaltheaters wurde vom Georgsberg geholt.

Der damalige Kaplan von Raudnitz, Josef Valerián Jirsík (1798–1883), der spätere Bischof von Böhmisch Budweis, begründete die Tradition der nationalen Wallfahrten zum Georgsberg.

Ctiněves: Der Überlieferung zufolge befindet sich im Presbyterium der Pfarrkirche des Hl. Matthias aus dem 18. Jh. die Begräbnisstätte der beiden Stammväter Čech und Krok. Letzterer war der Vater der Fürstin Libussa (Libuše). Der Prager Domdechant und böhmische Chronist Cosmas besaß an der Südseite des Georgsberges ein Anwesen. Hier soll er die mündliche Überlieferung von der Landnahme aufgezeichnet haben.

SADSKÁ
Bezirk: Nymburk (Nimburg)

Ursprünglich ein Meierhof der böhmischen Fürsten auf einem Hügel in der Elbe-Niederung, vermutlich aus dem 11. Jh. (curtis principalis).
Im 12. Jh. fanden hier mehrere wichtige Landtage statt.
Romanische Kirche St. Apolinarius, bei welcher von 1120–1362 ein Kollegiatskapitel bestand, das von Karl IV. nach St. Apolinarius auf der Prager Neustadt übertragen wurde.
Bei der Kirche entstand 1362 eine Kanonie der Augustiner Regularkanoniker, besiedelt von der Kanonie in Raudnitz, die bis in die Hussitenkriege dauerte.
Die Kirche wurde gotisch umgebaut, um 1750 um das barocke Schiff erweitert.
Das Suburbium wurde im Jahre 1784 zur Stadt erhoben.

»Eine solche Lage ist niemals und für nichts und wieder nichts! Stand doch dort einst eine Přemyslidenburg, hochaufragend, damit sie die selbstbewußten Libitzer Slavoniker im Blickfeld behal-

ten konnte. In Sadská besaßen die Prager Fürsten ihre Häuser, wohin sie sich zu Lustwandel hinbegaben und woher Ihnen regelmäßig ›das innere Glück‹ allen Geistes zuteil geworden.«
> Ludvík Kuba, *Zašlá paleta. Paměti* (1955)

Am Marktplatz steht das ebenerdige spätklassizistische Wohnhaus Nr. 377, das der bekannten Musikerfamilie Němeček (Niemetschek) gehörte. Der Überlieferung zufolge wohnte hier im Jahre 1787 Wolfgang Amadeus Mozart als Gast seines ersten Biographen, des Prager, später Wiener Professors Franz Xaver Němeček (1766–1849). Dieser übernahm nach Mozarts Tod zeitweise die Erziehung seiner beiden Söhne Karl und Franz Xaver Wolfgang und lebte seit 1822 bei seiner Tochter in Wien. Sein Grab befindet sich auf dem St. Marxer Friedhof in Wien. Eine Gedenktafel an der Straßenfront erinnert an den Aufenthalt Mozarts. Inschrift (tsch.):

> »Hier wohnte 1787 W. A. Mozart. Im Jahre 1902 errichtet von N. Koloková, Z. Orlíková, H. Lange, J. Simorský, L. Zelenka.«

Mozart hat in der Kapelle der Schmerzhaften Muttergottes (1775–1779), die aus der Dienzenhoferschen Werkstätte stammt, auf der Orgel präludiert, als er in den damals noch vorhandenen Moorbädern Heilung suchte.

Der Maler und Folklorist Ludvík Kuba, Mitbegründer des Wiener »Hagenbundes«, hat in seinem Memoirenwerk die Landschaft von Sadská beschrieben:

»Wir durchfahren die letzte Ortschaft Kostelní Lhota [...] und sehen schon den von der Kirche bekrönten Hügel. Von seinem ehrwürdigen Alter spricht nicht nur seine Lage, sondern auch die Namen seiner Patrone, von denen der erste, Klemens, eine tausendjährige und der andere, Apolinarius, eine achthundertjährige Vergangenheit bezeugt. [...] Nirgends, von der Lage der Kirche abgesehen, eine Spur von großer Vergangenheit. Nur eine schöne barocke Kapelle steht hier, die im Jahre 1721 vom Pfarrer Schritter gestiftet wurde aus Dankbarkeit dafür, daß er nach dem Gebrauch des hiesigen heilkräftigen Wassers gesund wurde. In eine etwas spätere Zeit versetzt uns ein ebenerdiges Häuschen am Platz mit einer Gedenktafel, die an Mozarts Aufenthalt erinnert. Er war hier beim Lehrer und Erzieher seines Sohnes, dem Prager und später Wiener Universitätsprofessor F. X. Němeček, seinem Freund und ersten, bisher in vielfacher Hinsicht besten Biografen, zu Besuch. Aber auch nichts erinnert an die hochberühmte Zeit von Sadská, an die Zeit des denkwürdigen Landtages. Hierher hatte doch im Jahre 1110 Herzog Wladislaw den Fürsten Otto von Brünn eingeladen, um ihm Genugtuung zu leisten für seinen mährischen Separatismus. Und hier trug 1138 Soběslav seinen Ruhm zu Grabe, der gerühmte Sieger über die Deutschen bei Chlum.«

Přerov nad Labem (Prscherov an der Elbe): Königliches Renaissanceschloß (1563–1564), entstanden durch Erweiterung einer Feste (Matteo Borgorelli), mit figuralen Sgraffittos geschmückt. Eine Gruppe von Gebäuden volkstümlicher Architektur der mittelböhmischen Elbelandschaft bildet einen Miniatur-Skansen. In der Nähe des Genossenschaftshofes steht ein pseudogotisches Monument über dem Gemeinschaftsgrab von Teilnehmern der Kriege von 1866, die ihren Verwundungen hier erlegen sind.

Milovice (Milowitz): Zu Zeiten der Monarchie bekannter Truppenübungsplatz. Aus der Zeit des Ersten Weltkriegs stammt der Friedhof russischer und italienischer Kriegsgefangener (etwa 8000 Beerdigte).

SÁZAVA (Sazau)
Bezirk: Kutná Hora (Kuttenberg)

Slawisches Benediktinerkloster, begründet vom böhmischen Fürsten Oldřich (1032). Der erste Abt war der Hl. Prokop. Die Abteikirche mit dem Titel Mariä Himmelfahrt, St. Johannes d. T. und St. Prokop stammt aus dem 3. Viertel des 14. Jhs., in den Jahren 1663–1687 teilweise barockisiert. Das Kirchenschiff blieb unvollendet. Wertvolles barockes Kircheninterieur. Kapitelsaal aus dem Jahre 1350 mit gotischen Wandmalereien aus der Zeit um 1360.

Das Benediktinerkloster Sázava war im 11. Jh. Mittelpunkt der slawischen Liturgie und des Schrifttums in Böhmen und bewahrte auf dem Boden Böhmens die Reste der ostkirchlichen Cyrilo-Methodischen Tradition nach dem Zerfall des Großmährischen Reiches. Nach der Vertreibung der slawischen Mönche wurde der Konventuale Diethard, der in der Schreibstube des Klosters Břevnov tätig gewesen war, Abt von Sázava. Im Jahre 1785 wurde das Kloster säkularisiert. Im ehemaligen Konvent, der nach der Säkularisierung zu einem Landschloß ausgebaut wurde, befindet sich nun ein Museum. In den fünfziger Jahren dieses Jahrhunderts wurde durch die Bemühung des Emauser Benediktinerordenpriesters Pater Metod Karel Klement im Verein mit der Staatlichen Denkmalpflege Sázava als Kulturdenkmal und als Wallfahrtsort zu neuer Blüte gebracht.

Im Jahre 1855 wurde der Wirtschaftsdirektor des Gutes in Sázava, Wilhelm Tiegel Ritter von Lindenkron, zum Vizepräsidenten der Londoner Gesellschaft »Universelle des Arts« gewählt. Von Lindenkron erhielt den Posten in Anerkennung seiner Erfindung eines Pflugmodells mit dem Namen »Doppelgänger« (»Hrobčák«), der in Paris vorgeführt wurde und große Beachtung fand.

Im Ortsteil Černé Búdy wurde am 10. November 1840 die zweite Ehefrau von Bedřich Smetana, Bettina geb. Fernandi, geboren.

Ebenfalls im Ortsteil Černé Búdy wurde am 19. Juni 1905 der Mitbegründer der tschechischen Avantgardistenbühne »Befreites Theater« (»Osvobozené divadlo«) Jiří Voskovec (Wachsmann) geboren.

Am Ufer der Sázava, nahe der von Pragern vielbesuchten Sommerfrische Senohraby, rezitierte der jugendliche Franz Werfel in Gesellschaft von Franz Kafka und Max Brod Gedichte.

SEDLČANY (Sedltschan, Seltschan)
Bezirk: Příbram (Prschibram)

Seit dem 14. Jh. bedeutende Stadt, vorübergehend Sitz der Behörden des einstigen Moldau-Kreises. Frühgotische St. Martinskirche (um 1270), mit Presbyterium und Doppelschiff aus der Zeit nach 1375.

Sedlčany war Rosenbergischer Besitz. Im Jahre 1579 tauschte der Rosenbergische Regent und südböhmische Teich-Architekt Jakub Krčín (1535–1604) die Herrschaft Sedlčany gegen die von Leptáč bei Netolice ein.

Aus Seltschan stammt Daniel Sedlčanský, der Herausgeber der ersten periodischen Zeitschrift in Prag im Jahre 1595.

Vysoký Chlumec (Hochchlumetz): Burg aus dem 14. Jh., spätgotisch umgebaut, teilweise in Renaissance- und Barockstil. Von 1474–1948 im Besitz des Geschlechts Lobkowicz.

Kosova Hora (Amschelberg): Kirche St. Bartolomäus, ursprünglich gotisch, 1761–1762 umgebaut, Taufbecken aus dem Jahre 1590. Friedhofskirche St. Michael vom Ende des 17. Jhs., neu errichtet 1731. Barocker Karner (1720–1721) mit Kapelle St. Joachim und Barbara. Renaissanceschloß aus dem 16. Jh., ursprünglich mit vier, jetzt mit drei Flügeln. In Amschelberg wurde am 13. 2. 1857 der Prager deutsche Lyriker Friedrich Adler geboren (1857–1938). Er hat das lyrische Oeuvre des tschechischen Dichters Jaroslav Vrchlický (1853–1912) ins Deutsche übersetzt.

SEDLEC (Sedletz, Sedlitz)
Bezirk: Benešov (Beneschau)

Pseudoromanische St. Hieronymuskirche (1898–1899) anstelle einer 1350 erweiterten Pfarrkirche aus dem 13. Jh. Doppelstadt Sedlec-Prčice. Hier hat das Geschlecht der Wittigonen mit Vítek von Prčice († 1194) seinen Ausgang genommen; es hat sich im 13. Jh. in mehrere Äste geteilt und spielte bis in das 17. Jh. in mehreren Linien als Herren von Rosenberg, Neuhaus, Landstein und Stráž eine bedeutende Rolle in der böhmischen Geschichte.
Die St. Laurentiuskirche in Prčice besitzt einen Turm aus dem 12. Jh., das Schiff wurde im 3. Viertel des 14. Jhs. umgebaut.
Die Brücke (erbaut von Karel Burka 1816–1822), die nach Prčice führt, ist mit Statuengruppen von Platzer geschmückt.
Das Schloß stammt aus dem 16. Jh., urkundlich erwähnter ältester Sitz des Ahnherrn der Wittigonen Vítek von Prčice (1699).

In Sedletz wurde im Jahre 1758 der Komponist Josef Jelínek, ein Freund W. A. Mozarts, geboren († 1825 Wien). Auf Mozarts Empfehlung wurde er nach seiner Weihe Hauskaplan im Hause Kinský.

In den Jahren 1860–1863 war Dr. jur. Jaroslav Rilke, der Onkel von Rainer Maria Rilke, Notar in Sedlec. Seine Tochter Paula von Rilke, Rainer Maria Rilkes älteste Cousine und Förderin seines Werkes, wurde hier geboren.

SEMILY (Semil)
Bezirks- und Industriestadt

Stadtrecht aus dem 15. Jh. Pseudoromanische Kirche St. Peter u. Paul, erbaut von K. Andrýsek und B. Štěrba im Jahre 1908 anstelle einer barocken Kirche aus dem 17. Jh.

Am 6.1.1882 wurde in Semily der tschechische Schriftsteller und Journalist Ivan Olbracht (1882–1952), ein bedeutender Vertreter der sozialistischen Prosa innerhalb der tschechischen Literatur, geboren.

Semily ist auch der Geburtsort des tschechischen Politikers und Schwiegersohns von František Palacký, Dr. František Ladislav Rieger (nobil. Baron Rieger; 1818–1903), Sohn eines Mühlenbesitzers. Sein Geburtshaus (Nr. 6) steht neben dem Gasthof »Zur böhmischen Krone«, nahe der Statue des Heiligen Wenzel.

>»In der Semiler Mühle erblickte unser Rieger am 10. Dezember 1818 das Licht der Welt. [...] In seinem sechsten Lebensjahre wurde er zu seinem Taufpater Pfarrer Kramář in Hochstadt gegeben, wo er die böhmische Schule besuchte. Mit acht Jahren kam er zu dem Schullehrer Karásek bei Gablonz, wo er bei seiner Begabung ein doppeltes Deutsch erlernte, die Schriftsprache bei seinem Quartierherrn und den Dialekt von seinen Spielkameraden.«
> Josef Alexander Freiherr von Helfert,
> *Graf Leo Thun k. k. Gubernial-Präsident in Böhmen*

Oft werden von tendenziöser Geschichtsschreibung die Kundgebungen tschechischer Politiker des 19. Jahrhunderts, die im Zeichen des Kampfes um die Rechtsstellung des tschechischen Volkes standen, pauschal als deutschfeindlich angeprangert. Ein Gegenbeweis ist das politische Testament, das Rieger im Februar 1894 im böhmischen Landtag verkündete:

> »Als alter Mann, vor dem Grabe stehend empfehle ich meiner Nation, ihr Schicksal nur rechtschaffenen Leuten anzuvertrauen, die den Frieden mit den Deutschen suchen.«

Semily ist der Geburtsort des führenden Journalisten und Politikers der Deutschnationalen Partei in Mähren Rafael Pacher (1857–1936).

SIŘEM (Zürau)
Bezirk: Louny (Laun)

Barocke Kirche Mariä Empfängnis (1750). Johannes d. T.-Statue am Dorfplatz. Klassizistischer Speicher.

Im Jahre 1918 hielt sich Franz Kafka längere Zeit bei seiner Schwester Ottla in Zürau auf. Viele Szenen seines Romans ›Das Schloß‹ geben Eindrücke vom Leben auf dem Lande wieder. Im Dorf Zürau steht das Urbild des »Brückengasthofes« und des »Herrenhofes«. Aufschlußreich für die Entstehung des Romans ist Kafkas Korrespondenz aus dieser Zeit.

> »Das Dorfleben ist schön und bleibt es. Ottlas Haus steht auf dem Ringplatz, schaue ich aus dem Fenster, sehe ich auf der andern Platzseite wieder ein Häuschen, aber schon dahinter ist das freie Feld.«
> Franz Kafka an Felix Weltsch

Eine Tagebuchaufzeichnung von Franz Kafka vom 9. Oktober 1917 berichtet über einen Besuch in einem Züraudauer Bauernhaus:

> »9. Oktober. Beim Bauer Lüftner. Die große Diele. Theatralisch das Ganze. Er nervös mit Hihi und Haha und Auf-den-Tisch-Schlagen und Armheben und Achselzucken und Bierglasheben wie ein Wallensteiner. Daneben die Frau, eine Greisin, die er als ihr Knecht vor zehn Jahren geheiratet hat. Ist leidenschaftlicher Jäger – vernachlässigte die Wirtschaft.«

Über den Aufenthalt Kafkas in Zürau weiß Brod folgendes zu berichten:

>»Franzens jüngste Schwester hatte in Zürau (Post Flöhau, bei Saaz) die Bewirtschaftung eines kleinen, dem Schwager gehörigen Gutes übernommen. Es wurde beschlossen und endlich allseits zugestanden,

daß Franz dort seinen Erholungsurlaub verbringen sollte. Dieser Urlaub wurde mehrmals verlängert, ein oder das andere Mal versuchte Franz noch, die Berufsarbeit wieder aufzunehmen, doch gelang es nur für kurze Zeitspannen. Die Versetzung in den Ruhestand war schließlich unausweichbar. – Aus dem Zürauer Milieu, das Franz zum erstenmal in enge Berührung mit Landleben, Landwirtschaft, deutschem Bauerntum brachte, erwuchs dann der Roman ›Das Schloß‹.«

> Max Brod, *Über Franz Kafka* (1966)

Max Brod hat ›Das Schloß‹ im Nachwort zur ersten Auflage des Romans (New York 1946) als »Franz Kafkas Faust-Dichtung« bezeichnet.

In Zürau besuchte Felice Bauer nach einer dreißigstündigen Eisenbahnfahrt ein letztes Mal Franz Kafka.

SKRÝJE
Bezirk: Rakovník (Rakonitz)

Barocke St. Michaelskirche (1713), Altarbilder (Maria, Michael, Adalbert) von J. Kroupa (1848), zinnernes Taufbecken aus dem 15. Jh.

Im Schulgebäude (Nr. 100) befindet sich das Geologische Museum mit besonders sehenswerten Trilobiten.

Im Park vor dem Schulgebäude steht das Denkmal des in Böhmen zu Weltruf gelangten französischen Geologen Joachim Barrande (1799–1883) in Form einer Bronzebüste auf behauenem Granitblock. Inschrift (tsch.):

> »1799–1883 Joachim Barrande hat Skrýje durch sein paläontologisches Werk über die Trilobiten ›Systéme silurrien du centre de la Bohème 1852–1872‹ berühmt gemacht.«

SKUTEČ (Skutsch)
Bezirk: Chrudim

Stadt mit gotischer Pfarrkirche Mariä Himmelfahrt aus der Zeit um 1370 und gotischer Fronleichnam-Spitalkirche aus den Jahren 1391 (Peter und Jan Lutka).

In Skuteč steht das Geburtshaus des Komponisten Wenzel Johann Tomášek (1774–1850), der mit Goethe in freundschaftlichem Verkehr stand. Er war Hüter des Mozartkultes in Böhmen. Tomášek vertonte Gedichte von Goethe und Schiller und führte tschechische Folklore in die böhmische Musik ein. Verschwägert mit dem vaterländischen Dichter Karl Egon Ebert gehörte Tomášek zum Kreis der Landespatrioten des Vormärz im biedermeierlichen Prag. Eine symbolische Lyra von Ign. III. Platzer schmückt sein Grab am Kleinseitner Friedhof in Prag.

Im Jahre 1949 starb in Skuteč der tschechische Komponist Vítězslav Novák (1870–1949).

SLANÝ (Schlan)
Bezirk: Kladno

Burg, die nach Hájek von Libočany vom Fürsten Vojen im Jahre 824 begründet worden sein soll. Ihre einstige Lage wird im sogenannten Gymnasialgarten angegeben. Die früheste Erwähnung stammt aus dem Jahre 1126.
Um 1239 nahm sie den Rang einer Gausburg ein.
Dekanalkirche St. Gotthard, erbaut von Benediktinern der Abtei Ostrov, genannt auch Inselkloster, um 1131–1150 als romanische Basilika umgebaut. Im 14. Jh. wurde die Kirche gotisch umgebaut. Sie verblieb bis 1425 im Rang einer Propstei von Ostrov. Die Wandmalereien stammen aus dem 15. Jh. und wurden zuletzt in diesem Jahrhundert restauriert.
Das Tor in der Nähe des Hauptplatzes stammt aus dem Jahre 1460.
Im ehemaligen Piaristen-Kolleg befindet sich das Museum und die Staatliche Bibliothek.
Das Franziskanerkloster mit der Dreifaltigkeitskirche besitzt eine mit der in Brünn vergleichbaren Loreto-Kapelle.

In Slaný wurde Josef Navrátil (1798–1865), der Maler des böhmischen Biedermeier geboren. An seinem Geburtshaus (Vinařického 6/12) wurde eine Gedenktafel mit Porträt-Plakette angebracht. Inschrift (tsch.):
»In diesem Hause wurde der tschechische Maler Josef Navrátil geboren. 1798–1865«.

Im Haus Zum Grünen Baum (U zeleného stromu, Náměstí 8. května 8/111) wohnte der Dichter Svatopluk Čech (1846–1908). Er schrieb hier das Gedicht ›Adamité‹.

In der Tuchmachergasse (Soukenická) lebten zwei für die tschechische Geistesgeschichte des 19. Jahrhunderts bedeutende Männer. Im Hause seiner Eltern, Frída, (Soukenická 26/96) verbrachte der große tschechische Dichter Jaroslav Vrchlický (1853–1912) einige Jugendjahre. Er erlangte vor allem als Faust-Übersetzer und Vermittler von großen Themen der Weltliteratur Berühmtheit. An dem Haus befindet sich eine Gedenktafel. Inschrift (tsch.):
»Für ein wenig Liebe ging ich rund um die Welt...
Jaroslav Vrchlický verlebte in diesem Hause seine Kindheit 1854–1857«

Im Hause Nr. 14/68 wurde der tschechische patriotische Priester, Literat und Denkmalkonservator Karel Vinařický (1813–1869) geboren. Gedenktafel mit Inschrift (tsch.):
»Hier wurde P. Karel Vinařický am 24. Januar 1813 geboren.«

Auf dem Friedhof von Slaný befindet sich das Grab des tschechischen Kunsthistorikers Václav Vílem Štech (1885–1974).

SLOUP (Bürgstein, Berkenstein)
Bezirk: Česká Lípa (Böhmisch Leipa)

Auf einem Sandsteinfelsen (daher die tschechische Ortsbezeichnung) teils in den Felsen gehauene Burganlage aus der Zeit nach 1300.
Lange im Besitz des Geschlechtes der Berka von Dauba (daher die deutsche Bezeichnung Berkenstein).

Barocke St. Katharinenkirche (1707–1719), erbaut vom Raudnitzer Architekten Peter Paul Columbani; barockes Schloß aus den Jahren 1730–1733.
In der Nähe Eingang zum »Betgraben«.

Eine Lindenallee verbindet den Ort mit der St. Johannes-Kapelle und der gräflich Kinskýschen Gruft. Davor das Denkmal des Grafen Philipp Kinský († 1827). Inschrift:
> »Im Kriege diente er ausgezeichnet als General. Im Frieden war er der Freund, der Vertraute und Reisegefährte Kaiser Josephs II.«

In Bürgstein befand sich die erste Kattundruckerei in Böhmen. Im Städtchen stehen die Geburtshäuser der Bildhauer-Brüder Josef Max (1804–1855) und Emanuel Max (Ritter von Wachstein, 1810–1901) und des Historikers und Altertumswissenschaftlers Ferdinand Břetislav Mikovec (1826–1862). Von Josef Max stammen die Statuen am Franzensmonument in Prag, von Emanuel Max die Statuengruppe der Hll. Cyrill und Methodius in der Prager Teinkirche, die Hl. Ludmila im Veitsdom, die Pieta auf der Karlsbrücke und das Modell zum Radecký-Monument.

Ferdinand Břetislav Mikovec war Chefredakteur der tschechischen belletristischen Zeitschrift ›Lumír‹, die im Jahre 1862 Adalbert Stifters ›Hochwald‹ in der tschechischen Übersetzung von Roman Václav Voříšek unter dem Titel ›Vysoký les‹ veröffentlicht hat.

Im Theatersaal (derzeit Kinosaal) des Gasthofes »Zum goldenen Lamm« (»U zlatého beránka«), jetzt »Národní dům«, hat der österreichische Schauspieler Emil Jannings im Jahre 1901 unter dem Prinzipal Jaschek in den ›Räubern‹ debütiert.

SLATIŇANY (Slatinan)
Bezirk: Chrudím

Auf Schloß Slatiňany wird die hippologische Tradition gepflegt. Ein Museum im Schloß stellt die Geschichte des Pferdes in der Zivilisation der Menschheit dar. Es bietet eine Dokumentation und künstlerische Darstellung des Pferdes in allen Kunstbereichen mit einer Kupferstichsammlung der Pferdedressur. Höhepunkte dieser Sammlung sind eine Darstellung des St. Wenzelsdenkmals in Prag und eine Darstellung von Albrecht Waldstein zu Pferde.

SMRK (Tafelfichte)
Bezirk: Liberec (Reichenberg)

Grenzberg (1124) im Isergebirge an der polnischen Grenze. Die Tafelfichte soll ihren Namen nach einer Fichte erhalten haben, die im Jahre 1595 als Dresselfichte erwähnt wird. Die Länder Böhmen, Oberlausitz und Schlesien stoßen hier zusammen.

Albrecht von Waldstein soll auf der Tafelfichte eine Tafel mit seinem Wappen und der Jahreszahl 1628 angebracht haben.

Laut Bericht des Friedländer Burggrafen Görg Seliger aus dem Jahr 1612 soll der Grenzberg »Hoher Heidelberg« geheißen haben. (›Gränzen-Bericht Görge Seligers, jetziger Zeit Burggrafen zur Fridlandt. Anno 1612‹, Schloßarchiv Friedland).

Am 16. August 1809 bestieg der Dichter Karl Theodor Körner (1791–1813) die Tafelfichte. An seinen Aufenthalt erinnert eine aus Felsblöcken zusammengetragene Pyramide mit der verblichenen Inschrift:

>»Zum Andenken an Theodor Körner, der am 16. August 1809 auf diesem Berge weilte, errichtet von der Ortsgruppe Neustadt a. T. d. DGV. 1909.«

Anläßlich seiner Reise ins schlesische Feldlager im September 1790 bestieg auch Goethe die Tafelfichte.

SNĚŽKA (Die Schneekoppe)

»Der höchste Punkt des Riesengebirges ist die Schneekoppe: hier hat die Andacht auf der Spitze des Berges eine Kirche erbaut; sie scheint die Wolken zu tragen und ist ein Wallfahrtsort der Katholiken.«
>Elisa von der Recke, *Tagebücher 1812*

>Höchster Berg (1603 m) im Riesengebirge, zugleich der höchste Punkt zwischen der Oberen Donau und der Ost- und Nordsee. Durch die St. Laurentiuskapelle, erbaut 1668–1681, 1681 geweiht, verläuft die Staatsgrenze zwischen der Tschechischen Republik und Polen. Das Riesengebirge ist der erste Naturpark in den böhmischen Ländern.

Dem Mythos folgend sind die Schneekoppe und das Riesengebirge das Reich des Berggeistes Rübezahl. Auch die Schatzsucher, Glasbläser, Beerenweiblein und Kräutersammler der Märchenwelt haben hier ihre Heimstätte.

Am 7. September d. J. 1670 besuchte der schlesische Dichter Andreas Gryphius (1616–1664) mit einer Gesellschaft die Schneekoppe.

Am 16. September 1790, um fünf Uhr morgens, bei aufgehender Sonne, bestieg Goethe die Schneekoppe. Hier entstand das 94. der ›Venezianischen Epigramme‹:

>*In der Dämmerung des Morgens den letzten Gipfel erklimmen,*
>*Lange den Boten des Tages schauen, den freundlichen Stern,*
>*Ungeduldig die Blicke der Himmelsfürstin erwarten,*
>*Wonne des Jünglings, wie oft hast du mich mächtig verlockt,*
>*Nun erscheint ihr mir, Boten des Tags, ihr himmlischen Augen*
>*Meiner Geliebten, und stets kommt mir die Sonne zu früh.*

>Urfassung nach G. von Loeper, aus Goethes Notizbuch von der schlesischen Reise 1790, zit. nach Johannes Urzidil, *Goethe in Böhmen*

Heinrich von Kleist schrieb sich im Jahre 1781 in das Koppenbuch der Schlesischen Baude mit einem Gedicht ein:

AUF DER RIESENKOPPE
Über die Häupter der Riesen hoch in der Lüfte Meer
Trägt mich, Vater der Riesen, dem dreizackiger Fels
Nebel wallen
Wie Nachtgestalten
Um die Scheitel der Riesen her,
Und ich erwarte dich Leuchtende

Dieses Gedicht wurde 1818 von Franz Schubert vertont.

Der Maler Caspar David Friedrich wurde hier zu seinen romantischen Landschaften inspiriert.

Ludwig Richter (1803–1884) und Hanuš Schwaiger (1854–1912) zeichneten den Berggeist des Riesengebirges.

Im August des Jahres 1833 unternahm der große tschechische Lyriker des 19. Jahrhunderts und Byronist Karel Hynek Mácha (1810–1836) eine Riesengebirgsfahrt.

SNĚŽNÍK (Schneeberg)

Bezirk: Děčín (Tetschen an der Elbe)

Im Forsthaus von Schneeberg wurde am 11. Februar 1857 als Sohn des gräflich Thunschen Revierförsters Wilhelm Eichert der österreichische katholische Dichter Franz Eichert (1857–1926), christlich-sozialer Journalist deutschböhmischer Herkunft geboren. Er war Mitherausgeber der Zeitschrift ›Gral‹ und Mitbegründer des »Gralbundes«.

Unter seinem Pseudonym »Miles« (Sänger der christlichen Freiheit) prägte Eichert in seiner politischen Lyrik das Genre des temperamentvollen Streitgedichtes. (Werke: ›Kreuz und Schwert‹ (1907), ›Alpenglühen‹ (1912)). In seiner Autobiographie erinnert sich Eichert an die heimatliche Landschaft:

»Jener Teil des nordböhmischen Grenzwalles, der in einem stumpfen Winkel, dessen Scheitel der Elbedurchbruch bildet, von der Nollendorfer Höhe bis zum Lausitzer Gebirge sich hinzieht, heißt ›Elbsandsteingebirge‹. Den Kamm dieses Gebirges, der sich in sanfter Steigung als Fortsetzung des Erzgebirgsrückens zur bewaldeten Kuppe des Hohen Schneebergs erhebt und von da ins Elbetal bei Bodenbach abfällt, begleitet ein Gewirr grotesker Felsbildungen aus Sandstein, das sich vom Dörfchen Tyssa weithin in die sächsische Ebene ausbreitet und unter dem Namen »Böhmisch-Sächsische Schweiz« allen Naturfreunden bekannt ist. Die zumeist senkrecht aus der Ebene emporsteigenden Felsensäulen, die sich manchmal zu festungsartigen Rundbauten vereinigen (Königstein, Lilienstein), haben durch Auswaschung die seltsamsten Formen angenommen und die dichtende Volksphantasie sieht in ihnen Tier- und Menschenleiber nachgebildet. Bevor der bewaldete Gebirgskamm zum ›Hohen Schneeberg‹ ansteigt, erweitert er sich zu einer kleinen Hochebene, auf der inmitten ausgedehnter Tannen- und Fichtenwälder das Dörfchen Schneeberg liegt. In der Mitte des Dorfes steht das alte Forsthaus, zur Abwehr der von Norden ungehemmt einherbrausenden Winterstürme aus mächtigen Sandsteinquadern gefügt, die, wenn ich mich recht erinnere, im Erdgeschoß wohl 1 1/2 Meter dick waren und zwischen Wohnraum und Fenster tiefe Nischen übrig ließen, die meine Schwestern als Arbeitsraum für ihre Nähereien benützten. In diesem Hause habe ich am 11. Februar 1857 als letzter Sohn des gräflich Thun'schen Revierförsters Wilhelm Eichert und der Wilhelmine, geborene Weigend, das Licht der Welt erblickt.«

Franz Eichert, *Mein Lebenslauf. Versuch einer Selbst-Biographie*

SOBĚSLAV (Sobieslau)
Bezirk: Tábor

Rosenbergische Stadt mit bedeutenden Denkmälern. Torso einer gotischen Burg aus der 2. Hälfte des 13. Jhs., später erweitert. Gotische Kirche St. Peter und Paul aus dem 14.–15. Jh. mit hohem Turm (1485–1487), erbaut von Beneš aus Schweinitz (Trhové Sviny). Gotische Augustinerkirche St. Veit, erbaut um 1380 mit dem kleinsten Doppelschiff Böhmens. Reste der Stadtbefestigung sind erhalten geblieben, sehenswerte Renaissance- und Barock-Bürgerhäuser.

Michael Gehler (1587–1619), Rektor des vom letzten Agnaten des Hauses Rosenberg, Peter Wok, gegründeten Gymnasiums in Soběslav, war ein Freund von Johannes Kepler.

Miskovice: Am 19. 8. 1901 starb in Miskovice der Universitätsprofessor und Nationalökonom Dr. Josef Kaizl (* 10. 6. 1854 Volyně), der von 1898–1899 Finanzminister im Kabinett Thun war.

SOBOTKA
Bezirk: Jičín (Gitschin)

»Sobotka selber: ein altes Städtchen, aber schon nimmt auch dort die Zahl der Holzhütten mit den Laubengängen ab, wo man in alten Zeiten Zwecken in Jahrmarktstiefel einschlug. Über dem alten Marktplatz erhebt sich der mächtige Kiel des Kirchenschiffes zwischen den butzeligen Barken menschlicher Behausungen. In einer Mondnacht bin ich dort gewesen, wo sich das alles wirklich wie ein Boot im schlafenden Hafen gewiegt hat.«

Karel Čapek, *Der Dichter Sobotka* (aus: *Bilder aus der Heimat*)

Altertümliche ostböhmische Kleinstadt mit Resten von volkstümlicher Holzarchitektur aus der Zeit um 1800, am Rand des Naturschutzgebietes »Böhmisches Paradies«. Gotische Dekanalkirche St. Maria Magdalena an der Stelle einer älteren Holzkirche, erbaut 1590–1596, vermutlich von Peter Vlach aus Turnau, im 18. und 19. Jh. umgebaut, 1885 von J. Mocker restauriert, letzte Restaurierung 1936–1940, sakrale Ausstattung von J. Jelínek, Altarbild vermutlich von J. P. Molitor (1752). Am Marktplatz, der noch teilweise von Holzlauben umfriedet ist, steht die Mariensäule mit den böhmischen Landespatronen (1746). In Sobotka wird das Graduale aus dem Jahr 1582 und die über 1 m hohe Silbermonstranz aufbewahrt. Auf einem Hügel über der Stadt Sobotka steht inmitten eines Wildparks das barocke Jagdschloß Humprecht, 1666–1672 vom Grafen Humprecht Jan Czernin von Chudenice nach Entwürfen von Carlo Lurago in Erinnerung an seine Gefangenschaft in der Türkei und den Galater-Turm in Konstantinopel (340 m) erbaut, nach dem Brand von 1680 unter der Bauleitung von Fr. Ceresola baulich umgestaltet, renoviert 1937–1939. Das zweistöckige doppel-walzenförmige Gebäude steht auf ovalem Grundriß. Der durch zwei Geschosse reichende Saal besitzt Wandmalereien von R. Wiesner mit Themen aus dem Leben von Humprecht Czernin. Das an ein Minarett mit Halbmond erinnernde Bauwerk steht an der Stelle einer Feste.
Burg Kost ist eine der besterhaltensten mittelalterlichen Burgen in Böhmen, baulicher Kern aus der 2. Hälfte des 14. Jhs., im 15. u. 16. Jh. erweitert (Abb. 77). In den Räumen der denkmalpflegerisch konservierten Burg befindet sich eine Bildergalerie spätgotischer Kunst aus den Beständen der Prager Nationalgalerie.

Karel Čapek beschreibt das Jagdschloß Humprecht folgendermaßen:

»Ein hübscher ovaler Gipfel und darauf ein rundes Schlößchen oder eher ein Turm mit einem Halbmond oben und rundherum ein alter Hain; dieses Schlößchen ist meilenweit sichtbar und unten ist ein altes hölzernes Städtchen mit einem Marktplatz und einer schweren Kirche – nun, seid ihr daheim? Ja, das ist Sobotka und das Schlößchen, das ist Humprecht, wo die Frau, die den Schäferhirten liebte, gelebt hat – was man übrigens von jeder böhmischen Burg, von jedem böhmischen Schloß singt.«

Karel Čapek, *Ein Stück Land* (aus: *Bilder aus der Heimat*)

Über das Leben der Bewohner der Burg Kost im 17. Jahrhundert, über die Verhältnisse der Untertanen und die wirtschaftlichen Zustände auf dieser Herrschaft im 17. und 18. Jahrhundert schrieb der bedeutende tschechische Historiker und Universitätsprofessor Josef Pekař (1870–1937) eines seiner wichtigsten Werke: ›Kniha o Kosti‹ (1909–1911) (›Das Buch von der Burg Kost‹).

Eine Gedenktafel am Haus Nr. 259 erinnert an den Schriftsteller Karel Václav Rais (1859–1926). Der Romancier der Vorriesengebirgslandschaft besuchte Sobotka häufig.

In Sobotka wurde der Dichter der tschechischen Moderne Fráňa Šrámek (1877–1952) geboren. Sein Geburtshaus wurde als Gedenkstätte eingerichtet. Am Haus wurde eine Büste von K. Vobišová und eine Gedenktafel aufgestellt. Inschrift:

»In diesem Hause wurde am 19. Januar 1877 der nationale Künstler Fráňa Šrámek, Dichter der Jugend und ungebeugter Kämpfer für die Menschlichkeit geboren.«

In vielen Gedichten von Šrámek spiegelt sich die heimatliche Stadt mit ihrer Landschaft, dem Schloß Humprecht und der Burg Kost. Auch der Brunnen auf dem Stadtplatz fand Eingang in ein Gedicht:

Dort in Sobotka auf dem Marktplatz
Preußenpferde aus dem Brunnen tranken.
Jetzt aus diesem Brunnen trinkt zur Nachtzeit
Mond der weißbemähte,
hält im Trinken inne, hebt den Kopf auf,
um zu sehen, wer und wen heut
wird nach Haus geleiten.

Fráňa Šrámek, *Mond auf dem Marktplatz* (übers. v. Otto Pick)

Auch Hermann Bahr hat kongeniale Worte für das poetische Phänomen Fráňa Šrámek gefunden:

»Er klingt zuweilen nach dem jüngsten Frankreich, man glaubt die geistige Luft der Syndikalisten, der Schüler George Sorels zu spüren, er hat den glühenden Atem der letzten französischen Generation. Technisch erinnert er wieder an manche Skandinavier, manches ist ganz wie von Munch gesehen. Aber dies alles hat er durchaus zu seinem inneren Eigentum umgewandelt, es erscheint an ihm durchaus persönlich und neu. Und es erscheint durchaus tschechisch, alles ist in diese unheimliche Vereinigung von erregter Wildheit mit banger Wehmut getaucht, durch die das tschechische Volk zugleich erschreckt und betört.«

Herman Bahr, *Das Bunte Buch*

Und Max Brod ehrt diesen Dichter:

»Šrámek ist eine naturhafte dichterische, eine empfindungszarte Seele, die das Erlebnis des Krieges nicht mehr losläßt. Schon das spricht für ihn. ›Abscheu vor dem Krieg‹ war ein, zwei Jahre nach dem

Krieg Literaten Konjunktur, die allmählich abgeflaut ist. Šrámek bekämpfte wütend den Krieg – noch lange vor dem Krieg. Und er tut es auch jetzt bei abgeflauter Konjunktur. Schon das allein müßte ihn liebenswert machen. Ecce homo!«

    Max Brod, *Prager Sternenhimmel. Musik- und Theatererlebnisse der zwanziger Jahre*

Šrámek wohnte gegenüber seinem Geburtshaus am Marktplatz in einem biedermeierlich anmutenden Stadthaus mit dem Hauszeichen der Dreifaltigkeit (Náměstí míru 195). Von 1937 bis zu seinem Tod am 1.7.1952 lebte Fráňa Šrámek in Prag-Smíchov (Ulice Fráni Šrámka 15/2302). Er fand seine Ruhestätte auf dem Waldfriedhof seiner Heimatstadt nahe dem Schloß Humprecht an der Seite seiner Ehefrau Miloslava Hrdličková-Šrámková (1884–1958). Das Sandsteinmonument trägt die Inschrift: »Fráňa Šrámek 19. I. 1877 – 1. VII. 1952«.

Neben dem Friedhofskreuz findet sich auch das Grab des zweiten Dichters dieser Stadt, Václav Šolc (1838–1871). Neben der Gruft steht auf einer schlanken Säule die Büste des Dichters.

Beim Forsthaus steht der Gedenkstein von V. Šolc aus dem Jahre 1880. Ein Denkmal des Dichters von A. Procházka steht in der Nähe der Schule.

Auf dem Friedhof von Sobotka befindet sich ein Gedenkstein mit Bildnisbüsten für die bedeutenden Persönlichkeiten, die außerhalb ihrer Heimatstadt ihre Ruhestätte gefunden haben (Architekt P. Janák und Bildhauer K. Pokorný, 1927).

SOKOLOV, Falknov (Falkenau)
Bezirksstadt

»Falkenau, ein wohlgebauter Ort, den ich gar oft, nach Carlsbad fahrend, gar anmutig unten im Tal an der Eger liegen sah; die Hügel dahinter zu einem grenzenlosen Hopfenbau benützt.«
    Goethe, *Tagebuch* (1821)

    Pfarrkirche St. Jakob d. Ä. erstmalig erwähnt im Jahre 1246.
    Die Erzdekanalkirche, die Kapuzinerkirche St. Antonius und das
    Kloster (1663–1667) sind die bedeutendsten Denkmäler der Stadt.

Goethe übernachtete vom 3. auf den 4. August 1822 bei Bergmeister Ignaz Lössl am Marktplatz Nr. 25 (früher Apotheke). Er lernte hier den schwer invaliden Naturdichter Antonín Fürnstein (1783–1841) kennen. Fürnsteins Gedicht ›Der Hopfenbau‹ wurde von Goethe mit zwei weiteren Gedichten des Falkenauers Autors in der Schrift ›Über Kunst und Altertum‹ veröffentlicht. Fürnstein gehörte zum Kreis der im Jahre 1818 in Falkenau gegründeten »Literarischen Gesellschaft«. In einer Seitengasse (Křížová ulice 26) steht das Geburtshaus von Antonín Fürnstein. Dort wurde eine Gedenktafel angebracht. Inschrift:

    »Geburtsstätte des Dichters Anton Fürnstein
    geb. 7. Juli 1783 gest. 11. November 1841«.

Hřebeny (Hartenberg, Hertenberg): Ursprünglich frühgotische Burg Hartenberg, 1668–1688 zum Schloß umgebaut. Auf Schloß Hartenberg verbrachte Goethe als Gast des Grafen Joseph Auersperg, des späteren Präsidenten des Appellationsgerichtes in Brünn, einige Tage. Er beging hier am 28. August 1821 im festlichen Kreis bei Musik und Feuerwerk seinen 72. Geburtstag.

STACHY (Stach, Waldhwozd oder Königlich Freybauern im Tale am Stachauer Bach)
Bezirk: Prachatice (Prachatitz)

Barocke Kirche Mariä Heimsuchung. Kirche Zur schmerzhaften Mutter Gottes. Pfarrhof mit Renaissanceportal aus dem 16. Jh.

In den Grenzgebieten West- und Südböhmens, wo Landes- und Sprachgrenzen die Doppelsprachigkeit für viele Berufe erforderlich machten, blühte bis in die dreißiger Jahre dieses Jahrhunderts der »Wechsel«. Darunter verstand man die praktische Erlernung der jeweils anderen Landessprache:

»Wie es hierherum bei den Bauern gebräuchlich ist, deren Verkehr sich über ihre Sprachgrenzen erstreckt und der unerläßlich die Kenntnisse der beiden Landessprachen bedingt, ward auch ich, ein stockböhmischer Junge, von meinem seligen Vater, der tief unten im Lande gegen Wolin zu hauste, in Tausch, oder, wie man sagt, auf den Wechsel gegen den stockdeutschen Sohn eines seiner bewährtesten, langjährigen Geschäftsfreunde gegeben; er war ein Getreide- und Siebreifenhändler in Möhrengarten an der bairischen Grenze, [...] Während der Bruder deiner Mutter, der bei meinem Vater war, in Böhmen unten mit Pferden umzugehen, mit dem Wendepflug zu ackern, den Klee auf hier niegesehene Art in Hütten aufzuschlagen und was es sonst noch für Eigenheiten im Böhmischen gibt, nebst der böhmischen Sprache lernte, ward ich hier in den Eigenthümlichkeiten der Waldgebirgswirtschaft unterwiesen, lernte mit Ochsen im Joche ackern, Gries, G

raupen und Schrot mahlen, lernte die Bäume kennen, die gehen [›gehen‹ ist der technische Ausdruck für das sich anstandslos in Späne Spaltenlassen der Stämme. Anm. d. Verf.] und dergleichen, und nebstbei deutsch. Nach fast drei Jahren glaubten unsere beiderseitigen Alten, daß wir genug wüßten und es Zeit wäre, uns wieder heimzunehmen. An einem Jahrmarkt in der Stadt wurden wir denn – beide bereits Burschen wie die Bäume – sodann wieder umgetauscht.«

Josef Meßner, *Handwerkburschen* (aus: *Bilder aus dem Volksleben*)

»Die tschechische Sprache war damals im Gymnasium Freigegenstand, der von den bewußten Deutschen geächtet worden ist. Der Besuch dieses Unterrichtsgegenstandes ist mir später im Berufsleben außerordentlich zustatten gekommen. [...] Hätten die Deutschen Böhmens sich in vermehrtem Maße die zweite Landessprache [Man nannte wechselweise die andere Sprache die ›zweite Landessprache‹. Anm. d. Verf.] angeeignet, so hätten mehr ihrer Söhne im Verwaltungsdienst Unterkommen gefunden.«

Ernst Streeruwitz, *Wie es war. Erinnerungen und Erlebnisse eines alten Oesterreichers*

Kunžvart (Kuschwarda): Am »Goldenen Steig« gelegene Burgruine aus dem 13.–14. Jh. mit erhaltener Dreifaltigkeitskirche (1780), erweitert 1786. Kapelle Maria Hilf (1834).

STADICE (Staditz)
Bezirk: Ústí nad Labem (Aussig an der Elbe)

Denkmal in Gestalt eines Pfluges aus der Salmschen Gießerei in Blansko mit Szenen aus der Přemysliden-Mythe (J. Max), entworfen von A. Neumann, 1825 enthüllt, nationales Kulturdenkmal.

Stadice ist der legendäre Ort, an dem Přemysl der Ackermann bei seinem Frühmahl, das er auf seinem umgekehrten Pflug einnahm, die Gesandtschaft empfing, die ihn im Auftrag der Fürstin Libussa bat, an ihrer Seite auf dem Vyšehrad in Prag die Geschicke des Landes zu leiten.

Diese legendäre Begebenheit der böhmischen Geschichte fand ihren literarischen Ausdruck in Franz Grillparzers dramatischem Gedicht ›Libussa‹:

> *Bringt mir die Stiere zum*
> *ersehnten Stall*
> *Der Pflug bleibt hier. Ich will darauf*
> *mich setzen*
> *Der Tag war heiß, die Arbeit*
> *ist getan*
> *Der Wladyke Damoslav spricht:*
> *Und hier der Mann, der,*
> *wie Libussa spricht,*
> *an einem Tisch von Eisen sitzt,*
> *sein Brot*
> *auf einer Pflugschar mit den*
> *Händen teilend*

Franz Grillparzer, *Libussa*, 3. Aufzug

STARÁ BOLESLAV (Altbunzlau)
Bezirk: Praha-Východ (Prag-Ost)

Doppelstadt an der Elbe mit dem gegenüberliegenden Brandýs nad Labem (Brandeis an der Elbe). Ursprünglich slawische Burg der Přemysliden.
Die St. Wenzelskirche (1039) wurde als romanische Basilika erbaut (Abb. 96).
Die romanische Krypta St. Kosmas und Damian ist der Sitz des Kollegiatskapitels.
Neben der Kirche die romanische St. Klementskirche aus dem 12. Jh. mit den ältesten Wandmalereien in Böhmen.
Die große Marien-Wallfahrtskirche und päpstliche Basilika aus den Jahren 1617–1623 (Jac. de Vacca) besitzt wertvolles Interieur, eine Schatzkammer und ein Marienbild, das ›Palladium Böhmens‹.
Die Christusstatue vor der Marien-Basilika war für die kirchliche Schlußfeier des gesamtstaatlichen Katholikentages im Jahre 1935 auf dem Gelände des Strahov-Stadions geschaffen worden. Die St. Wenzelstatue am Stadtplatz schuf der Bildhauer Stanislav Sucharda für die Ethnographische Ausstellung 1895 in Prag.

In Altbunzlau erlitt am Vorabend des St. Michaelsfests, dem 28. September 929 (935), auf Anstiften seines Bruders Boleslav I., der Hl. Wenzel, Herzog und Landespatron, das Martyrium.

Am 15. August 1929 nahm Erzbischof Angelo Roncalli, der spätere Papst Johannes XXIII., am Pilgerzug in Altbunzlau teil. Dieser fand anläßlich der Vorfeiern des St. Wenzel-Milleniums statt.

In Altbunzlau wurde der Reorganisator der österreichischen Artillerie, Erzherzog Leopold Salvator (* 15. 10. 1863 † 4. 9. 1931 Wien), geboren.

Eine Brücke über die Elbe, erbaut von Matteo Borgorelli in den Jahren 1568–1569, verbindet Altbunzlau mit Brandýs nad Labem (Brandeis an der Elbe).

Brandýs nad Labem (Brandeis an der Elbe): Aus der gotischen Burg entstand durch Umbauten in den Jahren 1547–1565 ein repräsentatives Rennaissanceschloß, beliebter Sommersitz Rudolfs II. In den Jahren vor dem Ersten Weltkrieg Wohnsitz des damals der Garnison zugeteilten Erzherzogs Karl, des letzten österreichischen Kaisers. Gotische St. Laurentiuskirche mit Wandmalereien aus der Zeit um 1340. Unweit einer der ältesten jüdischen Friedhöfe Böhmens aus dem Jahre 1568.

»Kaiser Rudolf II. stand keinem Fürsten Europas nach, wie an Edelsteinen, Künsten und anderen Seltenheiten, so auch in der Pracht und Lust der Gärten: so wuchsen in Prag und Brandeis Ölbäume, Palmen, Zedern, Äpfel aller Sorten, fremde Bäume und Sträucher, Gräser, italienische, asiatische und chinesische Blumen, die freilich unter mühevoller Pflege, oft selbst von kaiserlicher und lorbeergekrönter Hand gepflanzt, bedeckt, begossen wurden.«

Bohuslav Balbín S. J., *Miscellaneorum historicum Bohemiae decadis I., lib. I qui historiam naturalem Bohemiae complectitur*

Auf Schloß Brandeis starb im Exil der Großherzog von Toskana, Leopold II. aus dem Hause Habsburg. Er war einer der fortschrittlichsten Regenten in seinem einstigen Fürstentum, besonders auf kulturellem und wirtschaftlichem Gebiet. Das Schloß diente dem letzten Kaiser und König der Österreichisch-Ungarischen Monarchie Karl Franz Joseph als Wohnsitz in der Zeit seiner jungen Ehe. Eine längst vergessene Szene, die sich am 28. November 1911 am Bahnhof in Brandeis abgespielt hat, nämlich der Einzug der jungen Gemahlin des späteren Thronfolgers Erzherzog Karl Franz Joseph und späteren Kaiserin und Königin Zita, wurde von Egon Erwin Kisch in einer seiner Reportagen festgehalten. Der Erzherzog Karl Franz Joseph war damals als Rittmeister dem Lothringer Dragonen-Regiment Nr. 6 in Brandeis zugeteilt.

Hlavenec: Hubertusdenkmal des Grafen Franz Anton Sporck in der Nähe des Forsthauses (Gestalt Kaiser Karls VI. im Gewand eines antiken Heros, überdacht von einem Baldachin mit dreieckigem Grundriß, darüber als Bekrönung eine St. Hubertus-Gruppe), erbaut im Auftrag des Grafen Franz Anton Sporck in dessen Eigenschaft als Großmeister des von ihm gestifteten St. Hubertusordens von Mathias Braun und dem Architekten Fr. M. Kaňka in den Jahren 1724 und 1725 zur Erinnerung an die Promotion Karls VI. zum Ordensritter am 3. April 1725.

STARÉ SEDLIŠTĚ (Alt Zedlitsch, Alt Zettlitsch)
Bezirk: Karlovy Vary (Karlsbad)

Kirche St. Prokop (1706), spätgotische Madonna aus der Zeit um 1500.
Barockes Schloß, erbaut 1706, spätere Zubauten aus dem letzten Viertel des 18. Jhs., vier Flügel, Arkaden in beiden Stockwerken, Reste von Tapeten (Chinoiserie) und Deckenmalereien.

Auf seinem Landsitz, dem Schloß Alt-Zedlitsch bei Tachau, verbrachte Ignaz von Born (* 1742 Karlovský Bělehrad, Siebenbürgen † 1791 Wien), der Gründer der »Privatgesellschaft der Wissenschaften« (1770), welche im Jahre 1784 als »Königlich Böhmische Gesellschaft der Wissenschaften« von Joseph II. bestätigt wurde, einen Teil des Jahres. Der gebürtige Siebenbürger war nach seinen Studien in Wien und Prag als Beamter des Münzamtes 1770 nach Prag gekommen. Er hatte das Allodgut Alt-Zedlitsch bei Tachau käuflich erworben und betrieb hier eifrig naturwissenschaftliche Studien. Er legte bei seinem westböhmischen Landschloß einen botanischen Garten an, im Schloß richtete er eine Bibliothek und ein Münzkabinett ein. Außerdem unterhielt er hier ein Schloßtheater.

Born stand an der Spitze der damals patriotisch gesinnten Wissenschaftler von milder aufklärerischer Geisteshaltung bei starker Betonung des wissenschaftlichen Zweckes im Gegensatz zu den beflissenen »Schöngeistern«, mit dem Professor der schönen Wissenschaften, der Poesie, der Redekunst und Schreibart sowie der praktischen Moral Karl Heinrich Seibt (1735–1806) an der Spitze. Im Jahre 1776 berief Maria Theresia Ignaz von Born zur Einrichtung des Naturwissenschaftlichen Kabinetts nach Wien. Josef Dobrovský (1753–1829) schrieb im Jahre 1795 Borns Biographie.

STRADONICE (Stradonitz)
Bezirk: Beroun (Beraun)

Keltisches Oppidum, befestigte Stadt aus dem 1. Jh. vor Christi im Umfang von über 80 ha.

Aufgrund der Grabungen, die zu Ende des 19. Jahrhunderts das Interesse der Fachwelt erregten, wurde diese Kultur als Stradonitzer Epoche bezeichnet.

Nižbor (Nischburg): Ursprünglich frühgotisch königliche Burg Misenburg (nach dem Fluß Mže (Misa) benannt, über dessen Flußlauf sich die Burg erhebt), aus der Mitte des 13. Jhs., oft umgebaut, besonders im 18. Jh. Gebäudegruppe mit der Kreuzerhöhungskapelle am Ende des riffartigen Felsenrückens. In der Nähe des Schlosses befindet sich die Fürstenbergische Gruft.

STRAKONICE (Strakonitz)
Bezirksstadt

> Burg der Herren Bawor von Strakonitz aus der 1. Hälfte des 13. Jhs.,
> seit 1243 mit einem Konvent und einer Kommende des Johanniterordens.
> Von 1260–1730 Residenz des Großpriors, seither Ordensdechantei.
> Bei der Burg romanisch-gotische Kirche St. Prokop (früher St. Adalbert),
> teilweise barockisiert, wertvolles Interieur, Ambiten und Kapitelsaal mit gotischen
> Fresken aus dem 14. Jh. Die Johanniterburg stellt ein außerordentliches Gefüge
> von Bauwerken von der Romanik bis zum Barock dar.
> Steinerner Tisch am Burghof. St. Margaretenkirche in der Stadt, neuerbaut
> 1580–1583 von Vincenz Fugolini.

Bis 1784 wurde seit Zeiten der Herren von Bawor am Vorabend von Mariä Himmelfahrt »der süße Brei« (medová kaše), später anstelle dessen ein Pfund Brot, ein Seidel Bier und ein Kreuzer an Arme ausgeteilt. Im Jahre 1784 kaufte sich der Orden davon los, indem er einmal 213 Gulden an die Armenkasse bezahlte. Die Sage von Švanda, dem Dudelsackpfeifer, der mit dem Teufel getanzt haben soll, soll in Strakonice beheimatet sein. Neben dem Festival von Edinburgh finden auch in Strakonice alljährlich internationale Dudelsackpfeifer-Festtage mit folkloristischen Darbietungen statt. In Strakonice befindet sich das Geburtshaus des Romantikers und Wiedererweckers František Ladislav Čelakovský (1799–1852). Dort wurde eine Gedenkstätte für ihn eingerichtet. Čelakovský übersetzte Herder und war enthusiastischer Goethe-Verehrer.

Im Haus, in dem sich nun das Restaurant »Dukla« befindet (Revoluční náměstí 140), wurde der Puppenspieler Josef Skupa (1892–1957) geboren. Gedenktafel mit Bildnisplakette. Inschrift (tsch.):

> »Hier wurde am 16. Januar 1892 der nationale Künstler Josef Skupa, der Schöpfer
> von Špejbl und Hurvínek, geboren.«

> **Volyně (Wollin):** Stadt 1271 erweitert, ehemalige Feste vom Ende des 13. Jhs., Pfarrkirche aus dem 14. Jh., spätgotischer Umbau 1505 beendet. Renaissance-Rathaus aus dem 16. Jh. In Volyně wurde der jungtschechische Politiker Josef Kaizl (* 10. 6. 1854 † 19. 8. 1901) geboren. Er war Universitätsprofessor in Prag. 1885 erhielt Kaizl ein Mandat als Reichsratsabgeordneter. Im Jahre 1898 wurde er zum ersten tschechischen Finanzminister im Kabinett Thun berufen. Auf dem Friedhof befindet sich das Grabmal des Schriftstellers Václav Čeněk Bendl (1833–1870).

STRÁŽ NAD NEŽÁRKOU (Platz)
Bezirk: Jindřichův Hradec (Neuhaus)

> Kirche St. Peter und Paul, ältere Anlage 1413 umgebaut. Burg, erstmals 1284
> erwähnt, 1570 durch ein Unwetter vernichtet, als Ruine erhalten geblieben.
> 1715 zu barockem Schloß umgebaut, 1861 aufgestockt, spätere Umbauten,
> derzeit Pflegeheim für Jugendliche.

Schloß Stráž war der Musensitz der tschechischen Opernsängerin Emma Destinnová (bürglicher Name – E. Kittl, * 1878 Prag † 28. 1. 1930 Böhmisch Budweis), die als ebenbürtige Partnerin von Enrico Caruso galt.

Emma Destinnová wurde in einem Ehrengrab im »Slavín« auf dem Nationalfriedhof auf dem Vyšehrad in Prag bestattet.

STŘEKOV (Schreckenstein)
Bezirk: Ústí nad Labem (Aussig an der Elbe)

Burgruine auf hohem Klingsteinfelsen über dem Flußlauf der Elbe am Rande der Industriestadt Aussig, begründet zu Anfang des 14. Jhs., umgebaut zu Ende des 15. Jhs. und in der Renaissance um 1570 erweitert (Abb. 89).

Goethe bezeichnet nach seinem Besuch auf Schreckenstein die Ruine als eine der schönsten Burgen Europas.

1811 weilte der deutsche Freiheitsdichter Karl Theodor Körner auf Burg Schreckenstein. Unter dem Eindruck der herrlichen Landschaft schrieb er seinen poetischen Dialog ›Der Schreckenstein und der Elbstrom‹.

1834 malte Adrian Ludwig Richter (1803–1884) auf der Reise durch das Elbetal sein vielgerühmtes Bild ›Die Überfahrt am Schreckenstein‹. Ein Gegenstück zur ›Überfahrt am Schreckenstein‹ ist sein ›Aufziehendes Gewitter am Schreckenstein‹. In seinen Erinnerungen schildert Richter seine Eindrücke:

»Ich entschloß mich, durch das Elbtal nach dem böhmischen Mittelgebirge bei Teplitz zu gehen, wohin ich seit meiner italienischen Reise nicht wieder gekommen war. Ich war überrascht von der Schönheit der Gegenden, und als ich an einem wunderschönen Morgen bei Sebusein über die Elbe fuhr und die Umgebung mich an italienische Gegenden erinnerte, tauchte zum ersten Male der Gedanke in mir auf: Warum willst Du denn in weiter Ferne suchen, was Du in Deiner Nähe haben kannst? Lerne nur die Schönheit in ihrer Eigenartigkeit erfassen, sie wird gefallen, wie sie Dir selbst gefällt. Da fielen mir die Goetheschen Strophen ein:
›Aug' mein Aug', was sinkst Du nieder?
Goldne Träume, kehrt ihr wieder?
Weg, du Traum, so Gold du bist;
Hier auch Lieb' und Leben ist!‹
Bald griff ich zur Mappe und zum Skizzenbuch, und ein Motiv nach dem andern stellte sich mir dar und wurde zu Papier gebracht. Von Sebusein bis Kamaik ist eine Fülle der schönsten und großartigsten Landschaftsbilder ausgeschüttet. Nach Aussig zurückgekehrt, zeichnete ich mehrere am Schreckenstein. Als ich nach Sonnenuntergang noch am Ufer der Elbe stand, dem Treiben der Schiffsleute zusehend, fiel mir besonders der alte Fährmann auf, welcher die Überfahrt zu besorgen hatte. Das Boot, mit Menschen und Tieren beladen, durchschnitt den ruhigen Strom, in welchem sich der goldene Abendhimmel spiegelte. So kam unter andern auch einmal der Kahn herüber, mit Leuten bunt angefüllt, unter denen ein alter Harfner saß, welcher statt des Überfahrtkreuzers etwas auf der Harfe zum Besten gab. Aus diesen und anderen Eindrücken entstand nachher das Bild ›Die Überfahrt am Schreckenstein‹, der erste Versuch, in welchem ich die Figuren zur Hauptsache machte.«

Ludwig Richter, *Lebenserinnerungen eines deutschen Malers*

Am Schreckenstein nahm Richard Wagner am 22. Juni 1842 die Arbeiten zum Prosaentwurf des ›Tannhäuser‹, der damals noch ›Der Venusberg‹ hieß, auf. Er wurde hier zum Motiv des ›Pilgermarsches‹ inspiriert. Am 8. Juli dieses Jahres beendete er den zweiten Prosaentwurf des ›Tannhäuser‹.

Auf der Burgruine befindet sich eine Gedenktafel aus schwedischem Granit mit einem Porträtrelief Richard Wagners in Bronzeguß (Autor: Prof. Küstadt). Inschrift (dt.):

»Hier entwarf Richard Wagner im Sommer 1842 den Plan zu seinem Tannhäuser«

Die Gedenktafel wurde von der Dramaturgin und Direktorin des Aussiger Stadttheaters Marie Pospíšil gestiftet.

Eine Gedenktafel für den Maler Ernst Gustav Doerell (* 22. 8. 1832 Freiberg, Sachsen † 18. 3. 1877 Aussig) erinnert an seine Aufenthalte am Schreckenstein. In seinen Bildern verewigte er die Elbelandschaft um Burg Schreckenstein.

Im Bahnhof von Schreckenstein war Franz Eichert (1857–1926), der österreichische Dichter deutschböhmischer Herkunft und Mitbegründer des Gralsbundes, als Verkehrsbeamter tätig. Er hatte in diesem Bahnhofsgebäude auch seine Dienstwohnung.

STŘELA (Strahl)
Bezirk: Strakonice (Strakonitz)

Burgruine vom Ende des 13. Jhs. Renaissanceschloß,
später barockisiert mit großer barocker Schloßkapelle.

Schloß Střela liegt inmitten der Landschaft, in der Kafkas Vater, Hermann Kafka, aufgewachsen ist. Auch dieses Schloß mag als Vorbild für Franz Kafkas Roman ›Das Schloß‹ gedient haben:

»Nun sah er oben das Schloß deutlich umrissen in der klaren Luft und noch verdeutlicht durch den alle Formen nachbildenden, in dünner Schicht überall liegenden Schnee. [...] Im ganzen entsprach das Schloß, wie es sich hier von der Ferne zeigte, K.'s Erwartungen. Es war weder eine alte Ritterburg noch ein neuer Prunkbau, sondern eine ausgedehnte Anlage, die aus wenigen zweistöckigen, aber aus vielen eng aneinander stehenden, niedrigen Bauten bestand; hätte man nicht gewußt, daß es ein Schloß sei, hätte man es für ein Städtchen halten können. Nur einen Turm sah K., ob er zu einem Wohngebäude oder einer Kirche gehörte, war nicht zu erkennen. [...] Aber im Näherkommen enttäuschte ihn das Schloß, es war doch nur ein recht elendes Städtchen, aus Dorfhäusern, zusammengetragen, ausgezeichnet nur dadurch, daß vielleicht alles aus Stein gebaut war. [...] Flüchtig erinnerte sich K. an sein Heimatstädtchen; es stand diesem angeblichen Schlosse kaum nach. Wäre es K. nur auf die Besichtigung angekommen, dann wäre es schade um die lange Wanderschaft gewesen und er hätte vernünftiger gehandelt, wieder einmal die alte Heimat zu besuchen, wo er schon so lange nicht gewesen war. [...] So ging er wieder vorwärts, aber es war ein langer Weg. Die Straße nämlich, die Hauptstraße des Dorfes, führte nicht zum Schloßberg, sie führte nur nahe heran, dann aber, wie absichtlich, bog sie ab, und wenn sie sich auch vom Schloß nicht entfernte, so kam sie ihm doch auch nicht näher.«

Milejovice (jetzt eingemeindet in **Hoštice**): St. Adalbertuskapelle (1800). Marienkapelle und Kreuzweg (1800). An der Straße von Milejovice nach Přechovice steht ein russisches Holzkreuz an einer militärischen Begräbnisstätte. Funde von Skeletten, Uniform- und Waffenresten. Laut Ortschronik wurden hier 1715 und vermutlich auch 1812 russische Soldaten bestattet.

STŘÍBRO (Mies)
Bezirk: Tachov (Tachau)

»Die Stadt Mies liegt hoch oben inmitten einer großen Flußschlinge und kann an zwei Stellen ins Umland hinaus verlassen werden. Am sogenannten Ringplatz steht das alte Rathaus und eine Anzahl hochgiebeliger Bürgerhäuser, auch das meiner Familie gehörige schöne Posthaus, das seiner alten Bestimmung heute entzogen ist. In der Mitte ragt die in der Pestzeit errichtete, breit ausladende Mariensäule hoch empor. Unmittelbar hinter der Stadt liegt, von einem Seitenbach durchströmt, die felsige Stadt.«

Ernst Streeruwitz, *Wie es war. Erinnerungen und Erlebnisse eines alten Oesterreichers*

Königliche Bergstadt, begründet um 1240 bei älteren Silberbergwerken. Der lateinische Name der Stadt ist »Argentina«, die deutsche Namensform geht auf den Fluß Mže zurück, der in seinem Unterlauf Berounka (Beraun) genannt wird. Teilweise erhaltene spätgotische Stadtbefestigung. Spätgotische Kirche Allerheiligen (1566), 1757 barockisiert und mit Fresken von Jul. Lux und Elias Dollhopf ausgemalt. Renaissance-Rathaus (1543), in derzeitiger Gestalt von 1883–1888. Gotische St. Peterskirche mit gotischen Wandmalereien. Bürgerhäuser mit Renaissanceportalen. Steinerne Brücke aus der Zeit um 1560 (Abb. 109). Einstiges Minoritenkloster, gegründet 1253 v. d. H. v. Schwamberg mit der Gruft des Gründers in der Kirche Mariä Himmelfahrt. Das Kloster wurde von Joseph II. (1785) suprimiert.

Im Dreißigjährigen Krieg wurde Mies von den Schweden mehrfach geplündert, die Gruben wurden zerstört und das von Christian von Ilow 1623 unweit der Stadt erbaute Schlößchen zerstört.

Am Rande der Innenstadt befindet sich das Geburtshaus (Ulice Jakobka ze Stříbra) des hussitischen Magisters Jacobellus von Mies († 1429), gemäßigter Parteigänger und Jugendfreund des Magister Johannes Hus. In einer Disputation an der Prager Universität im Jahre 1414 sprach er die Forderung nach der Reichung des Abendmahles unter beiderlei Gestalten aus.

Albrecht von Waldstein verbrachte auf der Flucht von Pilsen nach Eger in Mies die letzte Nacht vor seiner Ermordung. Nach dem Mord am 25. Februar 1634 wurden die Leichen von Waldstein und seinen Getreuen in der Kirche des Minoritenklosters zu Mies beigesetzt. Die Leiche Albrechts von Waldstein und auch jene seiner Genossen wurden nach kirchlichem Ritus bestattet. Nur der Leichnam des Rittmeisters Heinrich Neumann wurde unter dem Galgen eingescharrt. Die Stelle am Galgenberg ist von einer Steinsäule bezeichnet. Die Aufschrift »Henricus Neumann 1634« ist bereits unleserlich.

Mies ist der Geburtsort des Komponisten Vinzenz Houška (Hauschka) (* 21. 1. 1766 † 13. 9. 1840 Wien). Houška war in Prag Mitglied der Kapelle des Grafen Josef Thun. Er hat sich um die Gesellschaft der Musikfreunde und um das Konservatorium sehr verdient gemacht.

In Mies wurde am 6. April 1850 der Historiker und Universitätsprofessor Emil Werunsky geboren († 1930). Er lehrte an der Deutschen Universität in Prag. Seine Hauptwerke sind ›Karl IV. und seine Zeit‹ (1880–1892) und die ›Österreichische Reichs- und Rechtsgeschichte‹ (1884 ff).

Am 19. Juli 1890 wurde in Mies der österreichische Lyriker und Autor von Romanen und Erzählungen Hans Deissinger geboren. Gemeinsam mit Otto Pfeifer ist er der Verfasser einer Monographie über Ferdinand Sauter (›Leben und Gedichte‹).

In Mies wurde am 23. September 1874 im Postmeisterhaus als jüngster Sohn eines k. k. Erbpostmeisters und Landtags- und Reichstagsabgeordneten Ernst Streer von Streeruwitz (1874–1952), der spätere österreichische Bundeskanzler, geboren. Das Familiengrab der Streer von Streeruwitz befindet sich auf dem Mieser Friedhof.

Dort ist auch das Grab des österreichischen Historikers Dr. theol. Dr. phil. Georg Juritsch (* 1. 4. 1851 Wien † 11. 3. 1925 Pilsen) zu finden. Er wirkte in den Jahren 1895–1905 als Direktor des Staatsgymnasiums in Mies, 1905–1915 in gleicher Eigenschaft in Pilsen. Sein Hauptwerk ist die ›Geschichte der Babenberger und ihrer Länder‹ (1894).

Auf dem Friedhof wurden auch die sterblichen Überreste des Domkapitulars und Pädagogen Dr. theol. Anton Gebert (* 10.4. 1885 Heilig Kreuz), Rektor der Prager deutschen Seelsorge an der St. Salvatorkirche, beigesetzt. Gebert verstarb 1942 nach langer Haft im Konzentrationslager Dachau.

Kladruby (Kladrau): Benediktinerkloster, gegründet 1115 (oder 1108) mit Abteikirche Mariä Himmelfahrt. Kladrau wurde von Mönchen aus Hirsau besiedelt. Zeitweise für einen westböhmischen Bischofssitz ausersehen, wurde das Benediktinerkloster am 7. 11. 1785 säkularisiert. Der letzte Abt war Amandus Streer (1702–1783). Die ursprünglich romanische Klosterkirche wurde in den Jahren 1701–1729 von Giovanni Santini in »barocker Gotik« umgebaut und mit Fresken von Kosmas Damian Assam (1726) und vermutlich Thadäus Super ausgemalt. Der gotische Konvent und die alte Prälatur wurden im 17. Jh. umgebaut. Der sogenannte Neue Konvent aus der 1. Hälfte des 18. Jhs. ist vermutlich ein Werk von Giov. Santini und K. I. Dienzenhofer. Das Kladrauer Kloster gehört zu den herausragendsten architektonischen Denkmälern Böhmens.

»Neben der nordwestböhmischen Kleinstadt Kladrau (Kladruby) steht ein hochinteressanter Barockbau. Auf einem schöngelegenen Hügel stand hier seit dem 12. Jahrhundert ein Kloster, das im ausgehenden 18. Jahrhundert säkularisiert und später ein Schloß des Fürsten Windischgrätz wurde. Noch in der Klosterzeit zwischen 1712–1726 wurde die ursprünglich romanische Kirche in gotischem Stil umgebaut. Mitten im böhmischen Spätbarock entstand hier ein Werk ausgeprägten gotischen Charakters! Strebepfeiler, Spitzbögen, Gewölberippen; nichts fehlt vom ›gotischen‹ Eindruck. Freilich ist diese Gotik letzten Endes doch eine ›barocke Gotik‹. Die gotischen Motive werden mit dem Auge des barocken Künstlers gesehen und gestaltet. Besonders eindringlich ist dieses Ineinander, Miteinander und Durcheinander gotischer und barocker Motive auf dem schönen, geschnitzten Hochaltar. Unter gotischen Spitzbögen stehen hier barock gestikulierende Heiligenfiguren. Das Ganze erinnert den modernen Betrachter an die Art, wie Max Reinhardt um 1930 in einer Salzburger Kirche das ›Große Welttheater‹ von Calderon und Hofmannsthal inszenierte.«

Andreas Angyal, *Die slawische Barockwelt*

Die bildhauerische Ausschmückung der in barocker Gotik umgebauten Abteikirche stammt (im Presbyterium) aus der Werkstätte von M. B. Braun (1726–1728), vermutlich auch von J. Pacák, Statuen auf zwei Altären von J. Weber (1743), die kolorierte Madonna stammt aus der Zeit um 1500. Das Grabdenkmal des böhmischen Königs Wladislav d. Stifters wurde im Jahre 1728 errichtet.

Kopec (Kopetzen): Schloß aus dem 15.–16. Jh., umgebaut im 17. und 18. Jh., ehemals vierflügliger Bau mit Turm, der Stammsitz des Ministerialengeschlechts Streer von

Streeruwitz. Das Geschlecht Streer von Streeruwitz leitet seine Abstammung von einem in der Schlacht von Taus versprengten deutschen Soldaten ab, Josef Streer, der sich in Böhmen angesiedelt haben soll. Eine Nebenlinie soll sich später in Flandern niedergelassen haben. Dem Geschlecht entstammte der österreichische Bundeskanzler Ernst Streer Ritter von Streeruwitz (1874–1952).

Prostiboř (Prostiborsch): St. Nikolauskirche, ursprünglich gotisch, in den Jahren 1753–1756 barockisiert und Turm hinzugebaut, gotisches Sanktuarium, Altar von A. Barvitius (1881). Am 10. Juni 1759 wurde in Prostiborsch Isak-Löw Hofmann geboren. Er war der Urgroßvater des österreichischen Dichters Hugo von Hofmannsthal (1874–1929). Isak-Löw Hofmann wurde am 13. August 1835 mit dem Prädikat »von Hofmannsthal« nobilitiert. Sein Urenkel Hugo von Hofmannsthal unterhielt zeitlebens mannigfache Beziehungen zu seiner Ahnenheimat Böhmen und zu deren Hauptstadt Prag. So sah ihn der Prager deutsche Schriftsteller Willy Haas:
»Sein Habitus war der irgendeines hohen Diplomaten, etwa eines französischen Botschafters, etwas beleibt, aber ziemlich hoch, also sehr repräsentativ, mit einem vollkommen gesicherten breiten, ruhig plastischen Antlitz und dem heruntergebürsteten Schnurrbart des Diplomaten.«
Willy Haas, *Gestalten. Essays zur Literatur und Gesellschaft*

STUPNO
Bezirk: Rokycany (Rokitzan)

Klassizistische Gruft des Grafen Kaspar Maria Sternberg, erbaut nach seinen Angaben 1808. Pseudoromanische St. Laurentiuskirche (1880–1882) anstelle einer Pfarrkirche aus dem 14. Jh., Altarbilder von V. Kandler.

In der Nähe des Friedhofs steht an einem landschaftlich markanten Punkt das Grabmal des Grafen Kaspar Maria Sternberg (1761–1838), Naturforscher, Goethe-Freund und Gründer des Böhmischen Nationalmuseums. Seine letzte Ruhestätte fand er in einer klassizistischen Gruft in Gestalt eines antiken Tempels, der sich in seinen Formen an die Fürstengruft von Weimar anlehnt. Der Graf selbst entwarf diese Grabstätte:

»Da ich nun weniger in Březina lebte, so wollte ich mir dort wenigstens eine künftige Ruhestätte bereiten. Ich ließ auf einem Hügel, den ich aus meinen Fenstern sehen kann, nächst dem Friedhof der Pfarre Stupno, wohin Březina eingepfarrt ist, eine Gruft und eine Kapelle darüber mit einem Peristyl in jonischer Ordnung erbauen und mit allen Pinusarten, welche unter dieser Breite gedeihen, Thuja und Juniperus, von denen ich die meisten von Samen erzogen, umpflanzen, und in die Nische über meinem Grabgewölbe ein vorweltliches Lepidodendron aufstellen. Daran werden die Naturforscher mein Grab erkennen. (1827)«

Dr. Franz Palacký (Hrsg.), *Leben des Grafen Kaspar Sternberg von ihm selbst beschrieben*

SVATAVA (Zwodau)
Bezirk: Sokolov, Falknov (Falkenau)

Im barocken Posthaus (Nr. 1) verbrachte Goethe bei seinem ersten Aufenthalt in Böhmen die erste Nacht vom 4. zum 5. Juli 1785. Daran erinnert eine Gedenktafel. Dort im Posthaus hielt er auch erste Rast auf seiner fluchtartigen Reise nach Italien, am 3. September 1786. Dabei entstand eine Zeichnung, die er mit ›Posthaus Zwotau‹ betitelte. Eine weitere Zeichnung skizzierte er am 19. Mai 1810: eine Gänseherde vor dem Posthaus unter einem Kruzifix. Dieses Bild nannte er ›Anseres Christcolae‹.

Auch die Brandschiefer von Zwodau erwähnt Goethe in seinen naturwissenschaftlichen Schriften.

In der Nähe der Stadt befindet sich ein Gedenkstein für die Opfer des Konzentrationslagers während der Okkupation im Zweiten Weltkrieg.

SVATÝ KŘÍŽ U PETRKOVA
Bezirk: Havlíčkův Brod (Deutschbrod)

Barocke Kreuzauffindungskirche (1712).

Auf dem Friedhof, nahe beim Tor, fand die franz. Dichterin Suzanne Renand († 1964) ihre letzte Ruhestätte. Sie war die Ehefrau des tschechischen Schriftstellers Bohuslav Reynek, der ihre Verse ins Tschechische übersetzt hat. Die Eheleute, die vor dem Zweiten Weltkrieg abwechselnd in Petrkov in Böhmen und Grenoble in Frankreich wohnten, gehörten dem Kreis um Josef Florian in Stará Říše (Altreisch in Mähren) an. Die französische Dichterin hat Gedichte von Otakar Březina übersetzt. Ihre Bewunderung für ihre böhmische Wahlheimat und ihre Solidarität mit der Heimat ihres Ehemannes hat Suzanne Renand in der in tschechisch erschienenen Sammlung ›Křídla z popela‹ (1935) und in dem Buch ›Victimae laudes‹ (1935) poetisch zum Ausdruck gebracht. Das Original von ›Victimae laudes‹ erschien in französischer Sprache beim Verleger Vokolka in Pardubitz. Zu den Bewunderern ihrer Verse gehörte auch Georges Bernanos.

SVÉBOŘICE (Schwabitz)
Bezirk: Česká Lípa (Böhmisch Leipa)

Vor der einstigen Ortschaft ist die ruinöse Marienkirche (1864) noch erhalten, in deren frühbarockem Presbyterium der älteren Vorgängerin (1680–1681) eine Loretokirche eingebaut wurde.

Auf dem Schloßgut Sperning bei Schwabitz (Svébořice) wurden Rainer Maria Rilkes Vater, Joseph Rilke, und dessen Geschwister geboren. Der Urgroßvater Rainers, Johann Josef Rilke, der das Familiengut Kamenice nad Lipou (Kamenitz an der Linde) in Südböhmen 1811 veräußern mußte, ging damals als gräflich Nostitzscher Wirtschaftsbeamter nach Tschochau (Šachov) bei Aussig. Er starb als Kastner des Grafen Hartig und ruht in der Familiengruft am Olšaner Friedhof in Prag. Über ihn schrieb Rainer Maria Rilke an seine Tochter Ruth:

»Er ist, wie Du weißt, Landwirt gewesen, vorbereitet, das große Gut seines Vaters zu übernehmen, das dann verkauft werden mußte, verwaltete er von Schloß Sperning aus die Besitzungen des Grafen Hartig.«

SYCHROV (Sichrow)
Bezirk: Liberec (Reichenberg)

Frühbarockes Schloß, Ende des 17. Jh. erbaut, seit den zwanziger Jahren des 19. Jhs. bis 1862 in romantischer Gotik für das Geschlecht der Fürsten Rohan umgebaut und erweitert, Sammlungen und reiches Interieur, Schnitzereien der Künstlerfamilie Busch, Rohansche Galerie (Abb. 80).
Dendrologischer Park, 1820 angelegt.

In der Schloßkapelle von Sychrov steht das marmorne Standbild Gottfrieds von Boullion (um 1060–1100), »Herzog des Hl. Grabes und Beschützer von Jerusalem«, Feldherr des ersten Kreuzzuges. Das Denkmal wurde 1861 vom Bildhauer Emanuel Max, einem bedeutenden Vertreter des klassizistischen Historismus, geschaffen. Das Geschlecht der Fürsten Rohan leitet seine Herkunft von Gottfried von Bouillon ab. Im Schloß befindet sich eine Galerie von Porträts der französischen Könige.

Schloß Sychrov war das Hauptquartier des preußischen Königs und späteren Kaisers Wilhelm I. vor der Schlacht bei Königgrätz.

»Am 2. Juli 1866 fährt König Wilhelm mit dem Ministerpäsidenten Otto von Bismarck von Sichrow nach Jitschin. Es ist ein langwieriger und ernster Weg. Er führt an vielen noch unbestatteten Leichen, an Hunderten von notdürftigen Lagern vorbei, auf denen Verwundete aus der Jitschiner Schlacht liegen.«

Wilhelm Pleyer, *Der Weg nach Königgrätz*

1845 weilte der radikale tschechische Demokrat Karel Havlíček-Borovský (1821–1856) auf Sychrov. Er besuchte dort seinen Freund Vilém Gabler, den damaligen Erzieher im Hause Rohan auf Sychrov.

An die zahlreichen Aufenthalte des Komponisten Antonín Dvořák erinnert ein Gedenkraum und eine Gedenktafel mit Porträtrelief am Verwaltergebäude. Inschrift:

»Hier bei seinem Freunde Alois Göbl war öfter Antonín Dvořák zu Gaste und schöpferisch tätig. Gewidmet von der Antonín-Dvořák-Gesellschaft in Prag und dem Gesangsverein Antonín Dvořák in Turnau zur Wiederkehr des Gedenkjahres der Geburt des Meisters im Jahre 1951«

Letařovice (Letařowitz): Ursprünglich gotische St. Jakobskirche, 1695 barockisiert, beachtenswerte Holzdecke mit 160 Darstellungen aus der St. Jakobs-Legende und von St. Jakobs-Wallfahrtskirchen, bedeutender Ort des mittelalterlichen St. Jakobs-Pilgerweges.

Vlastibořice: St. Katharinen-Pfarrkirche, frühe Wehrkirche aus dem 14. Jh., gotischbarock mit freistehendem hölzernen Glockenturm, figural reich geschmückter Hochaltar mit Altarblatt von K. Zimmermann.

Dlouhý Most-Jeřmanice (Langenbruck): Bei der Kirche befindet sich ein Denkmal für die Gefallenen im Krieg von 1866. Im Kulturhaus, dem ehemaligen Gasthof »U Loterie«, fand am 18. August 1878 der Kongreß der Gesamtösterreichischen Sozialdemokratischen Partei statt.

Hodkovice (Liebenau): Im Tal der Mohylka gelegen. Pfarrkirche St. Prokop (1720), Altarbild von A. Lhota (1850), Christgeburtbild von Josef Führich. Liebenau ist der Geburtsort des Steinschneiders Josef Müller (* 1727), später Unternehmer in Karlsbad. Er begleitete Goethe auf seinen naturwissenschaftlichen Expeditionen in Westböhmen. Goethe erwähnt ihn oft in seinen Tagebüchern. Bei Liebenau fand das erste Gefecht zwischen den österreichischen und preußischen Truppen im Juni 1866 statt.

ŠTIBOŘ (Schüttwa, Uitwa)

Bezirk: Žďár nad Sázavou (Saar)

Geburtsort des Johannes von Saaz, auch Johannes von Tepl genannt (* um 1350). Johannes von Saaz ist der Autor des humanistischen Dialogs ›Der Ackermann und der Tod‹, der um 1400 entstand. Dieses Werk ist eines der bedeutendsten Sprachdenkmäler der deutschen Sprache in Böhmen. Der Verfasser, der vermutlich tschechischer Abstammung ist, studierte im Kloster Tepl und eignete sich hier das Humanistendeutsch seiner Zeit an. Johannes von Saaz wirkte seit 1375 als Stadtschreiber und Schulrektor in Saaz. Im Jahre 1411 wurde er städtischer Notar im Prager Neustädter Rathaus. Im Jahre 1415 weilte er nicht mehr unter den Lebenden.

TÁBOR

Bezirksstadt

Vermutlich ein keltisches Oppidum aus der 1. Hälfte v. Chr. (keltische Bronzegegenstände), dann gotische Burg im 14. Jh., später Kotnov genannt.

Im Jahre 1420 gründeten die Hussiten eine Stadt, die sie nach dem biblischen Berg Tábor benannten. Großer Platz und Gassenzüge wurden dem fortifikatorischen Zweck der Stadt angepaßt.

Die Stadt wurde im Verlauf des 15. Jhs. mit einem Befestigungssystem umgeben, das teilweise bis heute erhalten geblieben ist.

Hervorragendes spätgotisches Rathausgebäude aus den Jahren 1440–1515, in dem sich ein Museum der hussitischen Bewegung befindet.

Eng verbunden mit der Geschichte der Stadt und ihren hussitischen Bewohnern sind mehrere Denkmäler, die als steinere Tische bezeichnet werden.

Sie dienten dem Gerichtswesen und auch rituellen Bedürfnissen.

Das Denkmal des hussitischen Feldhauptmannes Jan Žižka von Trocnov auf dem Marktplatz (Abb. 61) stammt von Josef Strachovský (1884).

Das Denkmal des Magister Jan Hus schuf František Bílek.

Die Dekanalkirche zur Verklärung des Herrn auf dem Berg Tábor stammt aus den Jahren 1440–1512 und überragt mit ihrem Turm die Stadtlandschaft.

Eine Reihe von Spätgotik- und Renaissancehäusern befinden sich im historischen

Stadtkern. Der Teich Jordan wurde im Jahre 1492 zur Versorgung der Stadt angelegt und stellt die älteste Talsperre in den böhmischen Ländern dar.
Der historische Stadtkern ist eine Denkmalreservation und aufgrund der Bedeutung, die die Stadt in der Geschichte des Landes und des tschechischen Volkes einnimmt, auch nationales Kulturdenkmal.
Tábor ist mit seiner Nachbarstadt Bechyně durch die älteste elektrische Eisenbahn Böhmens verbunden, die im Jahre 1904 nach einem Projekt von Fr. Křižík (1847–1941) erbaut wurde und heute noch in Betrieb ist.

Im Jahre 1451 besuchte Aeneas Silvio Piccolomini, der spätere Papst Pius II., Tábor während seines Aufenthaltes in Böhmen als päpstlicher Legat.

»Der bittere Hussitengegner Enea Silvio vermerkte bei seinem Besuch in Böhmen mit Erstaunen, wie entwickelt sogar das Bildungswesen bei den Taboriten vorgeschritten war, die er zunächst für wüste Barbaren gehalten hatte. Auch die Frauen kennen die Bibel in- und auswendig, die Taboriten können lesen, viele auch schreiben, ihre Priester haben gründliche Schularbeit geleistet; andere sollten sich daran ein Beispiel nehmen.«

Richard Friedenthal, *Ketzer und Rebell.*
Jan Hus und das Jahrhundert der Revolutionskriege

In Tábor wurde 1862 das erste Realgymnasium auf dem Staatsgebiet der Österreichisch-Ungarischen Monarchie eröffnet. Die Initiative dazu hatte der Prager Philantrop Dobromil Arbeiter (1794–1870) ergriffen, der der neuen Anstalt seine Bibliothek widmete.

Klokoty (Klokot): Anstelle einer Kirche aus dem 13. Jh. entstand zu Anfang des 18. Jhs. eine barocke Wallfahrtskirche Mariä Himmelfahrt, die zum Mittelpunkt der religiösen Folklore in Südböhmen wurde. Die Wallfahrtskirche über dem rechten Ufer des Flusses Lužnice (Leinsitz) bildet eine kultische Konfrontation zur Stadt Tábor, die das Kräftespiel der südböhmischen Geschichte vergegenwärtigt.

Sézimovo Ústí: In Sézimovo Ústí befindet sich das Grab des Präsidenten der Ersten tschechoslowakischen Republik Dr. Edvard Beneš (1884–1948), der hier auf seinem Privatbesitz im Jahre 1948 starb, nachdem er resigniert das Amt des Staatsoberhauptes niedergelegt hatte.

Stádlec: Die barocke Schloßkirche aus den Jahren 1712/13 wurde 1847 und 1876 umgebaut. In der Nähe des Schloßareals befindet sich eine Synagoge. Am Schloßportal ist eine Bogenlampe von Fr. Křižík angebracht. Zu Beginn der siebziger Jahre dieses Jahrhunderts wurde die Kettenbrücke von Podolí bei Stádlec wiederaufgebaut.

TANVALD (Tannwald)
Bezirksstadt

Neben der katholischen Kirche St. Peter und Paul steht in Tannwald eine der ersten alt-katholischen Kirchen. Die in Pseudorenaissance gehaltene Turnhalle stammt aus dem Jahre 1855.

Die erste und einzige Zahnradbahn-Strecke auf dem Staatsgebiet führt von Tannwald nach Harrachov (Harrachsdorf). Sie wurde am 30. Juni 1902 eröffnet.

TĚCHOBUZ (Těchobus)
Bezirk: Pelhřimov (Pilgram)

Romanisch-gotische St. Markuskirche, zu Anfang des 17. Jhs. umgebaut.
Spätbarockes Schloß aus dem Jahre 1798.
Im Jahre 1820 nach genossenschaftlichem Prinzip bewirtschafteter Speicher und ein Musterwohnhaus für Landarbeiter.
Bolzano-Quelle im Schloßpark.
Auf dem Friedhof befinden sich Gräber von Gefallenen aus dem Krieg von 1866.

1822 schrieb der Prager Philosoph Bernhard Bolzano (1781–1848) in Těchobuz seine Wissenschaftslehre. Bolzano, irenäischer Philosoph und Mathematiker, war Professor der Religionswissenschaften an der Prager Universität. Er wurde zu Beginn seiner Lehrtätigkeit beschuldigt, nach Schellings Katechismus vorzutragen. Sein Erzbischof verhinderte seine Entfernung vom Lehramt. 1820 wurde Bolzano auf Betreiben des Wiener Burgpfarrers Jakob Frint, seines Vorgängers auf der Lehrkanzel, seiner Stelle enthoben und lebte als Privatgelehrter in bescheidenen Verhältnissen in Prag und in Těchobuz bei seiner Wohltäterin, Frau Janotyk von Adlerstein.

Pacov (Patzau): Bis 1960 Bezirksstadt. St. Michaelskirche aus dem 13. Jh. mit einem der ältesten Grabsteine Böhmens vom Anfang des 13. Jhs., umgebaut im 14. und 15. Jh. Die Burg vom Ende des 13. Jhs. wurde im 16. Jh. zu einem Schloß umgebaut und nach 1666 in ein Kloster der Unbeschuhten Karmeliten umgewandelt. Überaus wertvolle barocke St. Wenzelskirche (1727–1732, Calabera de Monte Carmelo).

Kámen: Burg aus dem 13. Jh., Zubauten aus dem Jahr 1673, umgebaut im 19. Jh., renoviert im Jahre 1974. Barocke Kirche »Zur schmerzhaften Mutter Gottes« (1763). Die Kirche liegt an der 60 km langen Rennstrecke, auf der seit 1904 Rennen gefahren werden. Am 8. Juli 1894 wurde in Pacov die Internationale Motoristische Föderation (FIM) gegründet. 1974 wurde auf Schloß Kámen ein Motorfahrzeug-Museum errichtet (Muzeum jednostopých motorových vozidel). Im Museum befindet sich das längste Motorrad namens »Čechie – Böhmerwald« aus dem Jahre 1930 (Firma Libisch Šluknov–Kundratice). Insgesamt zählt die Sammlung 30 Maschinen, von denen das Motorrad der Firma Hildebrand-Wolfmüller (1894) das älteste, und jenes der Marke »Čezetka« aus Strakonice das jüngste ist.

TELNICE (Telnitz)
Bezirk: Ústí nad Labem (Aussig an der Elbe)

Im Ortsteil Varvažov (Arbesau) steht in Erinnerung an die Schlacht der Verbündeten gegen Napoleon am 29. und 30. August 1813 das noch im gleichen Jahre nach Plänen von K. Fr. Schinkel erbaute preußische Monument.

In der Nähe des Schlachtfeldes befindet sich ein österreichisches Ehrenmal mit einem Ossarium, das im Jahre 1825 nach Plänen von Oberstleutnant Querlandi als Pyramide errichtet wurde und an den Sieg von Hieronymus Colloredo von Mansfeld am 17. September 1813 über das französische Heer erinnert. Inschrift:

»Gedenket in Ehren der tapferen auf diesen Gefilden gefallenen österreichischen Soldaten 1813«

TEPLÁ, Klášter Teplá (Stift Tepl)
Bezirk: Karlovy Vary (Karlsbad)

Prämonstratenserkloster (»Ducalis canonia Hroznataea Teplensis«), gegründet im Jahre 1193 vom Fürsten Hroznata, besiedelt von Strahov, mit romanischer Abteikirche Mariä Verkündigung, geweiht 1232, wertvolles barockes Interieur, barocker Konvent vom Ende des 17. und Anfang des 18. Jhs. (Ch. Dienzenhofer) aus der zweiten Hälfte des 15. Jhs (Abb. 104).
Bedeutende Stiftsbibliothek, in der sich der ›Codes Teplensis‹, eine vor Luther von einem namentlich nicht bekannten Kleriker aus Böhmen geschaffene Übersetzung der Bibel, befindet. Die Abtei Tepl hat auf ihrer Grundherrschaft als eine der ersten in Böhmen die Leibeigenschaft abgeschafft.

Johannes von Saaz (* um 1350), der Autor des Dialoges ›Der Ackermann und der Tod‹, besuchte die Lateinschule von Tepl.

Bohuslav Balbín S. J., der Geschichtsschreiber des böhmischen barocken Historismus, verfaßte eine Lebensgeschichte des Seligen Hroznata und eine Geschichte des Klosters Tepl. Balbín selbst war im Jahre 1642 in Tepl.

In der Stiftsbibliothek werden die Zeugnisse von Goethes Freundschaftsbund mit mehreren Mitgliedern der Kanonie aufbewahrt. Insbesondere der Literarhistoriker Pater Josef Stanislaus Zauper (1784–1850) zählte zu dem Kreis seiner »Pilsner Freunde«. Zauper veröffentlichte 1822 ›Studien über Goethe als Nachtrag zur deutschen Poetik‹ und übersetzte die Illias und die Odyssee ins Deutsche.

Anläßlich seines ersten Aufenthaltes in Stift Tepl am 21. August 1821 notierte Goethe folgende Sätze:

»Heiter gemalte Säle, große Gesellschaft von Marienbad angetroffen, alles froh über das gute Wetter. Gute Tafel, Unterhaltung mit dem mir gegenüberübersitzenden Prälaten über mancherlei seiner geistlichen und weltlichen Verhältnisse. Nach dem Kaffee wiederholter Anblick des freundlichen Gebäudes. Die Gesellschaft wurde überall herumgeführt. Sitzungszimmer, Kirche, Sommer- und Winterspeisesäle, in deren ersteren wir auch die übrige Geistlichkeit fanden, Garderobe und zuletzt Naturalien- und Kunstkabinett, welches, obgleich nur im Anfange, doch manches Schätzenswerte besitzt.«

Von den drei Steinsammlungen, die Goethe in Marienbad zusammengestellt hat, besitzt Stift Tepl die eine, die zweite bekam Graf Sternberg und die dritte das Böhmische Museum in Prag.

Am 8. Juli 1915 unternahmen Franz Kafka und Felice Bauer von Marienbad aus einen Ausflug zum Prämonstratenserkloster Tepl.

Abt Josef Tyl hat mit einigen wenigen Konventualen während des Zweiten Weltkriegs die Konzentrationslager Auschwitz und Buchenwald überlebt.

Útvina (Uitwa): 1387 erstmals erwähnt, seit 1469 Stadt. Reste der Befestigung sind erhalten geblieben. St. Veitskirche, ursprünglich gotisch, im Jahre 1706 und 1870 barock umgebaut. Herrenhaus, Portal aus dem Jahre 1560. Geburtsort des Mundartendichters Otto Zerlik (* 4. 1. 1907).

TEPLICE, Teplice-Šenov (Teplitz, Teplitz-Schönau)
Bezirks- und älteste Badestadt Böhmens

»Sie haben mich mir selbst wiedergegeben. Sie haben mir mit Teplitz, mit Böhmen ein Geschenk gemacht. Ich sehe nun erst die Natur wieder unbefangen an, mich derselben von vorne zu freuen.«

> Goethe in einem Schreiben vom 1. Juni 1813 an die Gräfin O'Donell.

> Die heißen Quellen dieser Landschaft waren bereits in Kelten- und Römerzeiten bekannt. Hier, »ad calidas Aquas«, gründete nach 1160 Königin Judith, die Gemahlin Wladislaws I., ein Benediktinerinnenkloster, ein Tochterkloster von St. Georg in Prag, das im Jahre 1426 aufgelöst wurde. Die Stifterin, bekannt als Bauherrin der Prager Judithbrücke (Vorgängerin der Karlsbrücke) zog sich an ihrem Lebensende in ihr Kloster zurück und wurde hier bestattet.
> Die romanische Klosterkirche wurde anläßlich von Grabungen im Jahre 1953 freigelegt. Der romanische Konvent ist teilweise erhalten. An das Konvent schließt das Renaissanceschloß an, barockisiert und im Empire-Stil umgebaut. Museum. Hervorragende Dreifaltigkeitsstatue auf dem Schloßplatz von M. Braun (1718). Das Lustschlößchen »Gartensaal« am Eingang zum Schloßgarten wurde anläßlich eines Besuches von Kaiser Karl VI. erbaut. Das Schloßtheater im Park, von Graf Franz Wenzel Clary-Aldringen 1751 als Familientheater erbaut, wurde zum Schauplatz einer Goethe-Uraufführung. Das Mozart-Denkmal von Franz Metzner im Schloßgarten (1915) war ursprünglich für das Prager Ständetheater bestimmt, vor dem Zweiten Weltkrieg stand es auf dem Marktplatz. In der Dekanalkirche zum Hl. Johannes d. T. befindet sich ein Epitaph für den litauischen Hauptmann Paul Anteniewitz (1864). Die Blütezeit des Bades lag zu Anfang des 19. Jhs., als großzügige Empirebauten im Bäderbezirk entstanden.

Im Jahre 1680 wurde die erste Kurliste von Teplitz, das erste Verzeichnis von Badegästen in Böhmen überhaupt, herausgegeben.

Thomas Mitis (1523–1591) feierte in seinem lateinischen Gedicht ›Idylle des Bades Teplitz‹ die Kurstadt.

In Teplitz wurde am 5.12.1769 der Forschungsreisende Johann Christian Mikan geboren. Er bereiste Brasilien und entdeckte Pflanzen als Heilmittel gegen Schlangenbisse, Skorpionstiche und das Wechselfieber. Später wurden diese Heilpflanzen nach ihm »Micania guaco« benannt. Mikan war Professor der Botanik an der Prager Universität.

Zu den interessantesten Besuchern von Teplitz zählt Fürst Karl Joseph de Ligne, der letzte große Kavalier des Ancien Régime (1738–1814). Goethe feierte sein Andenken 1819 mit dem ›Requiem dem frohesten Manne des Jahrhunderts‹.

Im Jahre 1801 schreibt Heinrich von Kleist an seine Braut:

»Von Dresden aus machten wir eine Streiferei nach Teplitz, eine herrliche Gegend. Besonders von dem nahegelegenen Schloßberg aus, wo das ganze Land aussieht wie ein bewegtes Meer von Erde, die Berge wie kolossalische Pyramiden, in den schönsten Linien geformt, als hätten die Engel im Lande gespielt.«

Karl August Varnhagen von Ense berichtete in einem Brief vom 23. Dezember 1811 aus Prag an Ludwig Uhland über seine Bekanntschaft mit Beethoven:

»Die letzten Tage im Ausgang des Sommers lernt' ich in Teplitz Beethoven kennen und fand in dem als wild und ungesellig verrufenen Mann den herrlichen Künstler von goldenem Gemüt, großartigem Geist und gutmütiger Freundlichkeit. Was er Fürsten hartnäckig abgeschlagen hatte, gewährte er uns beim ersten Sehen, er spielte auf dem Fortepiano.«

Ludwig van Beethoven wohnte während seines Aufenthalts im Jahre 1811 in Teplitz im Haus »Zur goldenen Harfe« (Lázeňská 4/75). Dort wurde eine Gedenktafel angebracht. Ihm zu Ehren wurde der Vorplatz des Schlosses, der dem Schloßgarten zugewandt ist, Beethovenplatz benannt.

1812 promenierten Goethe und Beethoven im Schloßgarten von Teplitz.

In einem Brief an Karl Friedrich Zelter aus Karlsbad vom 2. September 1812 hielt Goethe seine Eindrücke anläßlich seiner ersten Begegnung mit Beethoven fest:

»Beethoven habe ich in Teplitz kennengelernt. Sein Talent hat mich in Erstaunen gesetzt; allein er ist leider eine ganz ungebändigte Persönlichkeit, die zwar gar nicht Unrecht hat, wenn sie die Welt detestabel findet, aber sie freylich dadurch weder für sich noch für andere genussreicher macht. Sehr zu entschuldigen ist er hingegen und sehr zu bedauern, da ihn sein Gehör verläßt, das vielleicht dem musikalischen Theil seines Wesens weniger als dem geselligen schadet. Er, der ohnehin lakonischer Natur ist, wird es nun doppelt durch diesen Mangel.«

Dr. Friedrich Wilhelm Reimer (Hrsg.), *Briefwechsel zwischen Goethe und Zelter in den Jahren 1796 bis 1832*

Legenden ranken sich um die Begegnungen der beiden deutschen Künstler mit Mitgliedern des österreichischen Kaiserhauses und Hochadels. 1812 erlebte Goethe in Teplitz den Höhepunkt seiner gesellschaftlichen Ambitionen in einem poetisch-persönlichen Duo mit der Kaiserin Maria Ludovica; ländliche Spaziergänge, gemeinsame Lektüre und improvisierte Theaterszenen bildeten ihren konventionellen Rahmen.

Unmittelbar vor der Schlacht von Leipzig unterzeichneten im Jahre 1813 auf Schloß Teplitz die Herrscher von Österreich, Rußland und Preußen Franz I., Alexander I. und Friedrich Wilhelm III. den Bündnisvertrag der »Heiligen Allianz«. Dieser Vertrag diente ihnen als Instrument ihrer Bündnispolitik gegen Napoleon.

Zar Alexander I. wohnte anläßlich der in Teplitz stattfindenden Konferenz in der »Alten Post« (Zámecké náměstí 3/69).

Im klassizistischen Haus (Zelená ulice 39/180) wohnte im Jahr 1816 der deutsche Philosoph Arthur Schopenhauer (1788–1860).

1821 war Graf Kaspar Maria von Sternberg in Teplitz. Dort machte er die Bekanntschaft des Großherzogs Karl August von Weimar, der ihn einlud, nach Weimar zu kommen, um dort die Bekanntschaft mit Goethe zu vermitteln.

Ende Juni 1835 verbrachte Graf Kaspar Maria Sternberg wiederum einen Kuraufenthalt in Teplitz. Er berichtet darüber in seiner Autobiographie:

»Ich traf da Alexander von Humboldt, in dessen Gesellschaft ich jeden Tag reichliche Nahrung für den Geist fand; im Fürst Clary'schen Hause war ich freundlich aufgenommen, machte Excursionen in die Umgegend, sammelte Pflanzenabdrücke in dem gebrannten plastischen Thon der Braunkohle, und gelangte auch nach Tetschen zu der Thun'schen Familie.«

Dr. Franz Palacký (Hrsg.), *Leben des Grafen Kaspar Sternberg von ihm selbst beschrieben*

Am 17. Juni 1834 traf Richard Wagner mit seinem Schulfreund Theodor Apel während einer zweiwöchigen Böhmenreise in Teplitz ein. Wagner logierte im Fremdenhof »Zum preußischen König« (Nr. 293). Während seines ersten Aufenthalts in Teplitz entstand auf der Schlackenburg bei Teplitz der Prosaentwurf für die Oper ›Das Liebesverbot‹ nach Shakespeares Drama ›Maß für Maß‹ als Tendenzstück jungdeutscher Ideen gegen Scheinmoral.

Im Juli 1835 hielt sich Richard Wagner, von Teplitz über Prag kommend, drei Tage in Karlsbad auf. Auf seiner Weiterreise nach Süddeutschland besuchte er zum ersten Mal Bayreuth.

Am 9. Juni 1842 kamen Richard Wagner und seine Frau Minna mit Wagners Mutter nach Teplitz-Schönau, wo sie im Haus »Zur Eiche« (Nr. 6) Logis nahmen. Eine Gedenktafel erinnert an seinen Aufenthalt. Wagner arbeitete damals am ›Tannhäuser‹. Im Juni und Juli 1842 skizzierte er während seines Kuraufenthaltes in Teplitz den szenischen Entwurf der Oper ›Tannhäuser‹, die zunächst ›Der Venusberg‹ heißen sollte. Am 19. Juli 1843 kam Richard Wagner abermals in den Sommerferien nach Teplitz-Schönau und wohnte wiederum im Haus »Zur Eiche«. Er las damals Jacob Grimms ›Deutsche Mythologie‹ und begann, den ›Tannhäuser‹ zu komponieren.

Die Uraufführung des ›Tannhäuser‹ mit Wagners Nichte Johanna Wagner als Elisabeth, Joseph Tichatschek als Tannhäuser, Wilhelmine Schröder als Venus und Anton Mittenruza als Wolfram fand am 19. Oktober 1845 am Dresdner Hoftheater statt.

Am 15. Oktober 1822 wurde der Schriftsteller und radikale Demokrat Alfred Meissner († 29. Mai 1885 Bregenz) in Teplitz geboren. Er wurde als Autor des Epos ›Žižka‹ bekannt.

Im Stadtteil Schönau (U hadníč lázní 44) steht das Geburtshaus des österreichischen Polarforschers Julius Ritter von Payer (1842–1915). Er erforschte als Teilnehmer der Grönlandexpedition von Koldewey (1869–1870) die Ostküste Grönlands und entdeckte in den Jahren 1872–1874 gemeinsam mit Weyprecht, dem Führer der österreichischen Polarexpedition, auf der »Tegetthoff« das Franz-Josephs-Land. Payer ist der Autor des Buches ›Die Österreichisch-Ungarische Nordpol-Expedition in den Jahren 1872 bis 1874‹. Er selbst betätigte sich auch als Landschaftsmaler. Nach ihm wurde die Payerspitze (2000 m) in Ostgrönland benannt.

Gegenüber dem Steinbad in Teplitz befindet sich eine Gedenktafel Inschrift (dt.):

»Hier wurde der Polarforscher und Entdecker des Franz-Joseph-Landes
auf dem Nordpol, der hervorragende Maler Julius Payer geboren.«

Am 15. 1. 1893 wurde der österreichische Historiker, Universitätsprofessor und Benediktinerordenspriester Dr. Phil. Hugo Hantsch in Teplitz geboren.

Teplitz ist der Geburtsort des deutschböhmischen Komponisten Diezenschmidt (* 21. 12. 1893). Er erhielt für sein Werk im Jahre 1928 den tschechoslowakischen Staatspreis.

In Teplitz wurde der österreichische Historiker und Politiker Hermann Hallwich geboren. Hallwich war von 1869–1891 Sekretär der Reichenberger Handelskammer, seit 1871 Landtags- und Reichsratsabgeordneter. Er war ein entschiedener Gegner der tschechischen nationalen Forderungen. Hallwich war ein engagierter Wallenstein-Forscher. Folgende Werke hat er veröffentlicht: ›Wallensteins Ende. Ungedruckte Briefe und Akten‹ (2 Bde. Leipzig 1879), ›Heinrich Matthias Thurn als Zeuge im Process Wallenstein‹ (1883), ›Gestalten aus Wallensteins Lager‹ (2 Bde. 1884–1885), ›Geschichte von Teplitz‹ (1886), ›Geschichte von Reichenberg‹ (1872–1874).

Gebürtiger Teplitzer ist der Regisseur, Romancier und Dramatiker Melchior Vischer (* 7. 1. 1895).

In der Kreuzkapelle befinden sich Gedenktafeln für die Opfer der Schlacht von 1813 bei Kulm. Außerdem wurde in Teplitz ein Friedhof für die gefallenen sowjetischen Soldaten (1945) und für die italienischen Zivilarbeiter angelegt.

Zu den denkwürdigsten Grabstätten von Teplitz gehört die Gruft des deutschen Schriftstellers und radikalen Demokraten Johann Gottfried Seume (1763–1810), der am 13. Juni 1810 im einstigen Gasthof »Zum Goldenen Schiff« starb. Das Grab befindet sich im heutigen Stadtpark, dem früheren Friedhof bei der Hl. Kreuz-Kapelle. Bei seinem Begräbnis hielt der erste Rektor der Berliner Universität, der Philosoph Johann Gottlieb Fichte, die Abschiedsrede. Die steinerne Grabplatte stiftete Seumes mütterliche Freundin, die Schriftstellerin Elisa von der Recke.

1872 widmete der tschechische Schriftsteller Jan Neruda (1834–1891) Seume einen berühmt gewordenen Zweizeiler:

»Du ruhst o Sänger in böhmischer Erde –
sie werde Dir leicht – Du bist uns kein Fremdling!«

Bei der Kapelle befindet sich Seumes Büste von Wilhelm Gerstner (1895). Die Büste wurde nach erfolgter Restaurierung von der Denkmalpflege im Jahre 1960 wieder aufgestellt (Abb. 91).

In der Nähe von Seumes Grab ruht der am 20. Juni 1822 in Teplitz verstorbene Johann Christoph Sachse, der Verfasser des ›Deutschen Gil Blas‹.

Goethe widmete ihm einen Nekrolog in der Zeitschrift ›Über Kunst und Altertum‹ (3/1823):

»Nun ruhen seine Gebeine zu Füßen des berühmten Wanderers Seume [...] eines anderen, freilich mehr bedeutenden aber mit ihm eigens verwandten Pilgers.«

Chabařovice (Karbitz): Im Jahre 1763 wurden hier erstmals in Böhmen Kartoffeln angebaut. 1768 wurde mit dem Kohleabbau begonnen.

Pohradice (Poratsch): Geburtsort des christlich-sozialen Politikers Josef Böhm, Chefredakteur der österreichischen Volkszeitung, später Senator und Vizepräsident des Senats der Tschechoslowakischen Nationalversammlung zur Zeit der Teilnahme deutscher Parteien in der Regierung.

TEPLICE NAD METUJÍ (Weckelsdorf)

Bezirk: Náchod

Spätbarocke Wallfahrtskirche Maria Hilf aus dem Jahre 1754 (Bohumil Kühn) mit zeitgenössischen Deckenmalereien und Interieur.
Das obere Schloß im Renaissance-Stil aus dem Jahre 1664, im 19. Jh. erweitert.

Während die Felsenstadt von Adersbach bereits im 18. Jahrhundert beliebtes Ziel für Wanderer war – der junge Goethe hat sie im Jahre 1790 besucht –, wurde Weckelsdorf erst nach dem großen Waldbrand im Jahre 1824 für den Tourismus entdeckt, als die bizarre Schönheit der Felsen zum Vorschein kam.

Weckelsdorf ist der Geburtsort des Opernsängers Joseph Alois Tichácek (Tichatschek) (* 11. 7. 1807). Seine Ausbildung erhielt er am Benediktinergymnasium in Braunau.

Ticháček sang bis zu seinem 17. Lebensjahr als Altist und entwickelte sich dann zum Tenor. In Wien wurde sein Talent vom Direktor des Kärntnertheaters Weinkopf entdeckt. Seine Laufbahn trat Ticháček in Graz an. Seit 1838 war er in Dresden engagiert, gastierte an allen großen deutschen Bühnen sowie in London, Holland und Schweden. Er sang am 19. Oktober 1845 den ›Tannhäuser‹ in der Uraufführung am Königlich Sächsischen Hoftheater in Dresden und später auch die Titelrolle des Rienzi. Er erwarb hohe Orden und Auszeichnungen. Sein Grab befindet sich in Dresden.

Aus Weckelsdorf stammte der Arzt Dr. Franz Roser (ursprünglich Moritz Popper). Der einfache Wundarzt von Weckelsdorf absolvierte als Erwachsener seine Studien und wurde Abgeordneter im Reichstag. Er brachte im Jahre 1869 die Arbeiterfrage zur Sprache, war ein Vorkämpfer für Hygiene, kämpfte gegen die Nachtarbeit von Frauen und Kindern, gegen Alkoholismus und Verfälschung von Lebensmitteln. Sein Antrag im Parlament, unschuldig Verurteilten eine Entschädigung zu gewähren, wurde Gesetz.

In der Weckelsdorfer »Schölgerei« wurde der Journalist Oskar Teubner (1852–1901) geboren. Von seinen theaterwissenschaftlichen Werken vollendete er die dreibändige ›Geschichte des Prager Theaters‹ (1883), seine ›Geschichte des Burgtheaters‹ blieb ein Torso.

TEREZÍN (Theresienstadt)
Bezirk: Litoměřice (Leitmeritz)

Großzügig angelegte spätbarocke Festung, 2 km von der Mündung der Eger in die Elbe entfernt, am gegenüberliegenden Ufer von Leitmeritz gelegen. Die Stadt und Festung Theresienstadt bewahrt bis auf den heutigen Tag ihre kompakten klassizistischen Häuserblocks. Die Stadt wird von der Stadt- und Garnisonskirche Zur Auferstehung des Herrn (1805–1810) überragt, die trotz geringer Abmessungen eine monumentale Wirkung ausübt. Die Festung Theresienstadt wurde im Auftrag von Kaiser Joseph II. vom damaligen Obersten Nikolaus Freiherrn von Steinmetz und dem ihm zugeteilten Oberstleutnant de Traux und Major von Gelph erbaut und nach des Kaisers Mutter benannt. Als Gründungstag wird der 10. Oktober 1780, der Tag der Grundsteinlegung, bezeichnet, an der Joseph II. persönlich teilgenommen hat. Zwei Jahre später wurde Theresienstadt zur königlichen Stadt erhoben. Der Minenbau der Festung stammt vom Chef des Minencorps, dem General Minkowicz, General von Schröder und dem Fortifikationsingenieur Wärsch. Beendet wurde der Bau der Festung im Jahre 1784. Erster Festungskommandant war ihr Erbauer General Nikolaus Freiherr von Steinmetz († 8. 11. 1798). Sein Grabmal befindet sich auf dem kleinen Festungsfriedhof. Die Entwürfe zum Festungsbau stammen vom damaligen Kommandanten des Ingenieur-, Sappeur- und Minencorps, Feldzeugmeister Graf Pellegrini, ebenso wie jene der Festungen Josefstadt, Königgrätz und ein Teil der Prager Fortifikationen.

Seit 1815 lebte die gefeierte Sängerin Agnes Schebesta (Sopran) (1813 Wien – 1869 Stuttgart), nach dem Tod ihres Vaters, einem Artillerie-Unteroffizier tschechischer Abkunft, mit ihrer Mutter in der Festung Theresienstadt. Der Fürst Ypsilanti entdeckte die

Stimme der kleinen Agnes. Ihre Ausbildung erhielt sie beim Kammersänger Miksch in Dresden. Dort wurde sie am Hoftheater engagiert, wo sie bis zum Jahre 1832 verblieb. Dann folgten drei Jahre an der Bühne in Pest und Gastspiele durch ganz Europa. Am 30. August schloß sie in Horkheim bei Heilbronn die Ehe mit David Friedrich Strauß (1808–1873), dem protestantisch-nationalistischen Theologen der Tübinger Schule und Hauptstreiter der evolutionären Interpretation und mythologischer Evangelienerklärung, Autor des Buches ›Leben Jesu‹. Die Ehegatten trennten sich im Jahre 1844. Agnes Schebesta war schriftstellerisch tätig, gab Schauspielunterricht und hat ein kleines Werk namens ›Rede und Gebärde. Studien über mündlichen Vortrag und plastischen Ausdruck‹ (1861) verfasst. Die Sängerin gehörte in Stuttgart dem Freundeskreis des Schriftstellers Eduard Mörike an.

Zu den bedeutendsten Häftlingen der Festung Theresienstadt in österreichischer Zeit gehörte der jüngere Moldaufürst Ypsilanti.

Hier wurde der Attentäter des Thronfolgers Erzherzog Franz Ferdinand von Österreich-Este und seiner Gemahlin, der Herzogin Sophie von Hohenberg, geborenen Gräfin Chotek, Gavrilo Princip, in der ersten Einzelzelle des Ersten Hofes gefangengehalten. Gavrilo Princip verstarb auf der Festung. Seine sterblichen Überreste wurden in seine Heimat überführt.

Im Jahre 1918 wurden auf der Festung 560 Soldaten gefangengehalten, die am Rumburger Aufstand des Regiments beteiligt waren.

Im Juni 1940 errichtete die Geheime Staatspolizei auf der Festung Theresienstadt ein Polizeigefängnis.

Am 17. Februar 1942 erließ der stellvertretende Reichsprotektor des Okkupationsregimes in Prag, Reinhard Heydrich, eine Verordnung über die Räumung von Theresienstadt und seine Umwandlung in ein Konzentrationslager. In einem Zeitraum von vier Monaten wurden 1318 tschechische Familien ausgesiedelt. Die exponiert liegende »Kleine Festung« war der Ort des Martyriums von Deportierten aus vielen Nationen, besonders jedoch der jüdischen Bevölkerung. Das Lager war als Zwischenstation vor dem Transport in die Vernichtungslager des europäischen Ostens bestimmt.

GEBET DER JUDEN IM KONZENTRATIONSLAGER
Friede sei den Menschen,
die bösen Willens sind,
und ein Ende sei gesetzt
aller Rache und allem
Reden von Strafe und Züchtigung.

Das Ghetto von Theresienstadt dauerte vom 24. November 1941 bis zum 7. Mai 1945. Es hatte insgesamt 154.551 Insassen, von denen 124.000 starben oder deportiert wurden. Nach dem Zweiten Weltkrieg kehrten nur 3 Prozent der einstigen Insassen in ihre Heimat zurück.

In Theresienstadt starben im Jahre 1942 der letzte Vorsitzende der deutschen sozialdemokratischen Arbeiterpartei in der Tschechoslowakei und deutsche Minister in allen Koalitionsregierungen von 1929–1938, JUDr. Ludwig Czech (1870–1942), der Historiker und Professor der Deutschen Universität in Prag, Samuel Steinherz (1857–1942) und der bedeutende tschechische Germanist und Professor der Tschechischen Karls-Universität, Arnošt Kraus (1859–1943), einer der profundesten Kenner des Faust-Motivs in der Literatur.

Zu den Überlebenden gehörte der Professor der Philosophie an der Deutschen Universität in Prag, Emil Ulitz, ein Mitschüler von Franz Kafka, der Physiologe und Professor an der Medizinischen Fakultät der Deutschen Universität in Prag, Kohn, Entdecker der Epithelkörperchen und Mitglied der Leopoldinischen Akademie der Naturforscher in Halle/Saale, der Direktor des Mährischen Landesmuseums in Brünn Ph.Dr. Jaroslav Helfert, Kunsthistoriker, Denkmalpfleger und Schüler von Max Dvořák. Sein Bruder, der Musikwissenschaftler und Brünner Universitätsprofessor PhDr. Vladimír Helfert, starb kurz nach Kriegsende an den Folgen der Haft in Prag.

Der deutsche Schauspieler, Kabarettist und Regisseur Kurt Gerron († 1944) mußte auf Befehl der Lagerleitung in Theresienstadt den Propagandafilm ›Der Führer schenkt den Juden eine Stadt‹ drehen und wurde anschließend mit den meisten seiner Mitwirkenden im Konzentrationslager Auschwitz vergast.

Auf dem jüdischen Friedhof beim Krematorium sind in Massen- und Einzelgräbern an die 12.000 Tote des Ghettos bestattet worden. Dort befindet sich ein Mahnmal. Der Friedhof und das Areal der »Kleinen Festung« mit der Gedenkstätte werden alljährlich im Monat Mai zum Schauplatz von Kundgebungen internationaler Solidarität für einen Frieden ohne Gewalt.

Im 4. Hof der Kleinen Festung erinnert eine liegende Gußplatte an die Angehörigen der hier internierten Nationen:

> Tschechoslowakei, Union der Sozialistischen Sowjetrepubliken, Belgien, Frankreich, Italien, Jugoslawien, Luxemburg, Ungarn, Deutschland, Niederlande, Polen, Österreich, Rumänien, Griechenland, Spanien, Türkei, Großbritannien

Der Friedhof und die Festung wurden zum nationalen Kulturdenkmal erklärt.

> **Bohušovice (Bauschwitz):** Während seines Staatsbesuches in der Tschechischen Republik besuchte der israelische Staatspräsident Ezer Weizmann die Orte der Vernichtungslager der Juden in Theresienstadt und Bohušovice sowie das Krematorium. Am Ufer des Flusses Eger, an jener Stelle, von der im November 1944 die Asche von 22.000 ermordeten Häftlingen in den Fluß geschüttet wurde, warf Ezer Weizmann eine weiße Rose in den Fluß.

TETÍN
Bezirk: Beroun (Beraun)

> Ursprünglich slawischer Burgwall des Stammes der Tschechen, bekannt geworden durch das Martyrium der Hl. Ludmila, Gemahlin des ersten geschichtlich bekannten Fürsten aus dem Stamme Bořivoj, Großmutter des Hl. Wenzel. Drei Kirchen (St. Katharina, St. Ludmila, St. Johannes von Nepomuk, früher St. Michael) und Reste einer gotischen Burg. Synagoge, jüdischer Friedhof bis 1872 in kultischer Verwendung. Die St. Katharinenkirche steht vermutlich

anstelle einer früheren Gründung mit älterem Weihetitel; gotisches Presbyterium und Holzdecke, Hochaltarbild von J. Hellich (nach 1850) als Triptychon mit einer Vedute des Tetín mit St. Ferdinand und Anna, gestiftet vom resignierten König und Kaiser Ferdinand V. und seiner Gemahlin. Plastik der Hl. Ludmila von J. Max (1858) im Vorgarten der Kirche. Pfarrkirche St. Ludmila anstelle einer Kirche aus dem 14. Jh., im 17. Jh. als einschiffiger Raum erbaut, mit Interieur aus der Zeit der Mitte des 18. Jhs. Unter der Mensa des Hochaltars befindet sich der Stein, auf dem gemäß Überlieferung die Hl. Ludmila ihr Martyrium erlitten hat.

Die Friedhofskapelle St. Johann von Nepomuk beim alten Friedhof hoch über dem Tal der Beraun, mit romanischem Kern aus dem 13. Jh. wurde später barockisiert und im Jahre 1836 als Sakralraum rekonziliert.

In den Höhlen des »Böhmischen Karstes« in der Umgebung von Tetín finden sich Reste vorhistorischer Siedlungen, besonders aus dem Paläolithikum.

Der Verfasser der ›Böhmischen Chronik‹, Václav Hájek von Libočany († 1553), wirkte als Pfarrer in Tetín.

Ein Jahr vor seinem Tod besuchte Joseph Dobrovský (1753–1829), der Patriarch der Slawistik und Vater der slawischen Altertumskunde, Tetín und äußerte sich ergriffen:

»Hier auf diesem geheiligten Boden möchte ich mein Zelt aufschlagen und meinen Lebenslauf beenden.«

Auf dem Friedhof von Tetín befindet sich das Grab der Jana Alžběta Vojáčková († 6. 9. 1833 im Alter von 19 Jahren), die als »Röschen vom Tetín« in das volkstümliche tschechische Lied ›Nad Berounkou pod Tetínem‹ einging. Der Autor des Textes war der tschechische Dichter J. K. Chmelenský, vertont wurde es von Josef Vorel.

Dem Zauber, der von dem volkstümlichen Lied vom Tetín ausgeht, konnte sich auch der deutsche Ethnograph Dr. Richard Andree, der sich in seinem Buch ›Tschechische Gänge. Böhmische Wanderungen und Studien‹ (1872) sonst recht einseitig und scharf nationalbetont mit den Zuständen in Böhmen auseinandersetzte und damit zu manchen Kontroversen Anlaß gab, nicht entziehen. Er schreibt:

»Es ist gleichsam als ob ein geheimnisvoller Zauber den Tschechen nach Tetín lockt; dort steht er oben auf den hohen Bergen und schaut hinab in den Strom, hinter sich in die fruchtbare Landschaft – und vom Schifflein da unten, das auf den Wogen der Beraunka tanzt, klingen die herrlichen Weisen tschechischer Volkslieder herauf:

›Ob der Beraun unterm Tetín blüht die Rose rot.‹

Wir vernehmen deutlich die Worte; Melodie folgt auf Melodie, eine gewaltiger und ergreifender als die andere, echte Kinder des Volkes und der Natur.«

Aus dem kleinen einstigen Dorfghetto von Tetín stammt der österreichische Schriftsteller Joseph Weil, Ritter von Weilen (* 28. 12. 1828 † 3. 7. 1889 Wien).

Nach bewegter, in Armut verbrachter Jugend war er zeitweilig Mitglied einer wandernden Theatergruppe, gelangte über den Militärdienst zum Leutnantspatent und wurde Lehrer an der Kadettenschule in Krakau und an der Genieakademie in Klosterbruck (Louka) bei Znaim, wo er den Major Ebner von Eschenbach und dessen Gemahlin, die Schriftstellerin Marie von Ebner-Eschenbach, kennenlernte.

Während seines Znaimer Aufenthaltes schrieb Weil die romantische Tragödie ›Tristan‹, die am 15. September 1859 im Burgtheater aufgeführt wurde. Seine literarische Begabung war längst aufgefallen, und es wurde ihm der Übertritt als Skriptor in die

Wiener Hofbibliothek ermöglicht. Im Jahre 1863 wurde er Professor für deutsche Literatur an der Kriegsschule und auch Professor am Konservatorium in Wien. Im Jahre 1865 schrieb er das Festspiel ›Der Tag von Oudenarde‹ zur Enthüllung des Prinz-Eugen-Denkmals am Wiener Heldenplatz, bei dessen Aufführung Lewinsky und Christine Hebbel brillierten, der Autor aber als »Meister des Festspiels« alsbald den Hofratstitel erhielt und als Ritter von Weilen nobilitiert wurde. Das letzte gesprochene Wort im Alten Burgtheater und das erste im Neuen Haus stammt von Joseph von Weilen. Lange Jahre hindurch war er Präsident der »Concordia«. Im Jahre 1886 wurde Weil von Weilen mit der Redaktion des »Kronprinzenwerkes« betraut. Diese Länderkunde der Monarchie umfaßt 587 Textbeiträge und 4529 Illustrationen. Sie erschien in den Jahren 1885–1902.

Das sogenannte Kronprinzenwerk oder, seinem vollen Titel nach, ›Die Österreichisch-Ungarische Monarchie in Wort und Bild auf Anregung und unter Mitwirkung Seiner Kaiserlichen und Königlichen Hoheit, des durchlauchtigsten Kronprinzen Erzherzog Rudolf‹ (Wien 1886) war dem Kaiser Franz Joseph I. gewidmet. Rudolfs Majestätsgesuch, die »Österreichisch-Ungarische Monarchie in Wort und Bild« betreffend, vom März 1884 enthält folgende beachtenswerte Feststellungen:

»›Die Österreich-Ungarische Monarchie entbehrt trotz mancher guter Vorarbeiten noch immer eines großen ethnographischen Werkes, welches, auf der Höhe der gegenwärtigen wissenschaftlichen Forschung stehend, mit Zuhilfenahme der so sehr vervollkommneten künstlerischen Reproduktionsmittel, anregend und belehrend zugleich, ein umfassendes Bild unseres Vaterlandes und seiner Völkerstämme bietet. [...] Es wäre daher gerade in unserem Vaterland von hoher Wichtigkeit, die Ethnographie und ihre Hilfswissenschaften zu betreiben, da dieselben, ferne von allen unreifen Theorien, von allen Parteileidenschaften, das Material sammeln, aus welchem allein eine objektive Vergleichung und Abschätzung der verschiedenen Völker hervorgeht.‹

Das Werk ›Die Österreichisch-Ungarische Monarchie in Wort und Bild‹ erreichte 21 Bände, darunter drei Doppelbände. Die letzte Lieferung der deutschen Ausgabe erschien am 1. Juni 1902, die letzte der ungarischen am 1. Oktober 1901. Nach Rudolfs Tod übernahm die Kronprinzessin – Witwe Stephanie – das Protektorat. Die Redaktion der deutschen Ausgabe leitete Hofrat von Weilen und nach dessen Tod Professor von Zeissberg, die der ungarischen Ausgabe Moritz Jókai.«

Oskar Freiherr von Mitis, *Das Leben des Kronprinzen Rudolf*

»Wie Josef von Weilen dieses Standardwerk dann gestaltet hat, mit welcher universellen Begabung er die fähigsten Fachleute als die richtigen Mitarbeiter ausgesucht hat, bewies aufs neue, daß hier ein Meister der Feder an der Arbeit war.«

Siegfried Weyr, *Die Wiener*

Joseph Weil von Weilen stand in freundschaftlichem Verkehr mit Franz Grillparzer. Sein Drama ›Drahomíra‹ (1867) behandelt ein lokalgeschichtliches Thema seines böhmischen Heimatortes, das Leben der Mutter des Hl. Wenzel und Schwiegertochter der Hl. Ludmila.

Rückblickend auf die Jahre seiner in Tetín im engsten Kreis der Familie verbrachten Kindheit schreibt Joseph Weil von Weilen über sein Elternhaus in Tetín:

»Da saßen wir in der Dezembernacht beisammen, bei einer hellen Lampe, in der Gesindestube, Großmutter, die greise, wie eine Priesterin in der Mitte. Ringsherum Mägde mit Nachbarinnen, Federn schleißend, ich angeschmiegt an das Kleid der Großmutter und zu ihren Füßen kauernd, zuhorchend den Märchen, die beim Federschleißen erzählt werden.«

Svatý Jan pod Skálou (St. Johann unter dem Felsen): Der junge Maler Joseph Führich hielt die Szene ›Sankt Ivan bei Herzog Bořivoj‹ auf einem Historienbild fest, das die Familie Thun-Hohenstein erwarb.

TRHANOV (Chodenschloß)
Bezirk: Domažlice (Taus)

Frühbarockes Schloß (1677), umgebaut im Jahre 1810.

Trhanov war Sitz des berüchtigten Unterdrückers der Choden (Freibauern), Maximilian Laminger von Albenreuth, im Volksmund »Lomikar« genannt († 1696). Laminger war Vorbild für den Protagonisten in Alois Jirásek Roman ›Psohlavci‹ (»Grenzhüter«, wörtlich »Hundsköpfe«).

Nach Laminger trat im Jahre 1696 die Familie Stadion ihre Herrschaft in Chodenschloß an. Die ehemals in reichsständischen, später österreichischen Diensten stehenden Repräsentanten des Hauses nahmen bedeutende Persönlichkeiten in ihren Familienkreis auf, so zum Beispiel Korborn, Hudtwalker, Weintridt und Franz Grillparzer.

Am Aufbau der Schloßbibliothek wirkte auch Christoph Martin Wieland mit.

TRHOVÉ DUŠNÍKY (Duschnik)
Bezirk: Příbram (Prschibram)

Anstelle einer Feste entstand im Jahre 1700 ein einfacher Schloßbau.
Barocke Dreifaltigkeitskapelle (1707).

Am 15. Oktober 1821 wurde im Hause Nr. 51 als Sohn eines Eisenhammer-Besitzers der deutschböhmische Dichter Moritz Hartmann (1821–1872) geboren. Hartmann vertritt innerhalb der deutschen Poesie Böhmens den Übergang von der Romantik mit ihrer Vorliebe für vaterländische Themen zum Jungen Deutschland. In Paris stand Hartmann in freundschaftlicher Beziehung zu Heine, Béranger und Musset.

Eines seiner bedeutendsten Werke mit böhmischer Thematik ist die Gedichtsammlung ›Kelch und Schwert‹, in der er die hussitische Revolution besingt (1845). Dafür wurde er 1847 in Haft genommen, 1848 kam er wieder frei. Hartmann kämpfte in Wien auf den Barrikaden, er wurde Abgeordneter des Nationalausschusses in Prag und des Frankfurter Parlaments, war zweimal im Exil, um sich dann 1868 dauernd in Wien niederzulassen.

Moritz Hartmann entstammt einer in Böhmen angesehenen jüdischen Familie. Sein Ahne war der bis 1842 in Mladá Boleslav (Jungbunzlau) ansässige Rabbiner Spitz, der selbst auch literarisch tätig war. Die Familie Hartmann führt ihren Stammbaum auf den Prager Rabbi Löw zurück.

Seinen Heimatort Dušníky schildert Moritz Hartmann folgendermaßen:

»An dem eben genannten Flüßchen [Litavka. Anm. d. Verf.], das während des Sommers unscheinbar und nur mit Mühe durchs Gestein sickert, im Frühling aber und mit anbrechendem Winter gewaltig aufbraust und Wälder und Wiesen verheert, liegt das zerrissene, arme Dorf Duschnik. Ein kleines Schlößchen mit einer unbedeutenden Turmuhr, und ein mit Mauern umgebener Kohlgarten, der sich Schloßgarten nennt, bilden seinen ganzen Schmuck. Sonst Strohdächer, teilweise noch mit Rasen bedeckt, aus denen wilde Pflanzen aufwuchsen, einzelne Bäume, zerbrochene Holzhecken, tiefe Lehmgruben mitten zwischen den Häusern, ein heiliger Johann von Nepomuk in der Mitte, einige rot angestrichene Fensterläden an den wohlhabendsten Häusern – in der Ferne das dumpfe Klopfen der Eisenhämmer und der ewig aufsteigende Rauch der Silberschmelzhütte.«

Moritz Hartmann, *Gesammelte Werke (I. Bd. Moritz Hartmanns Leben und Werke. Erster Teil: Der Vormärz und die Revolution)*

TRMICE U ÚSTÍ NAD LABEM (Türmitz bei Aussig)
Bezirk: Ústí nad Labem (Aussig an der Elbe)

Neben dem Alten Schloß aus der Zeit um 1680 erbaute der Architekt Friedrich von Stache in den Jahren 1856–1863 unter Mitwirkung seines Neffen, des Wiener Architekten Heinrich von Ferstel, das Neue Schloß in historisierenden Formen des Elisabethanischen Stils aus der Zeit um 1600 für den Grafen Albert Nostitz. Museum. Kirche Mariä Geburt aus der Mitte des 18. Jhs., 1898 von Jiří Stibral umgebaut.

Im alten Schloß bei der Türmitzer Kirche nächtigte Friedrich II. vor der Schlacht bei Lobositz (1. 10. 1756).

Aus Türmitz bei Aussig stammen die ältesten in Böhmen ansässigen väterlichen Ahnen von Rainer Maria Rilke. Als ältester Besitzer des heute nicht mehr bestehenden Stammhauses Nr. 19 wird der im Jahre 1625 verstorbene Donath Rilke genannt. Einem Nebenzweig der Familie gehörte der hier 1802 geborene Arzt Dr. Wenzel Friedrich Rilke an, der als Epidemiologe und später als Nervenarzt in Prag unter seinen Zeitgenossen in hohem Ansehen stand. Rainer Maria Rilkes Urgroßvater Johann Franz Rilke († 1719) war Bürgermeister von Türmitz und erwarb im Jahre 1806 mit seinem Sohn Johann Joseph Rilke (* 1175) die südböhmische Schloßherrschaft Kamenitz an der Linde.

TRNOVÁ (Trnowa)
Bezirk: Praha-Jih (Prag-Süd)

Hl. Geistkirche aus der 1. Hälfte des 14. Jhs. Schlößchen.

Johann Ferdinand von Schönfeld, Druckereibesitzer und Buchhändler in Prag, errichtete in Trnová 1791 auf seinem Gutsbesitz die erste »Bauernschule« in Böhmen. Die Zöglinge wurden im zwölften Lebensjahr aufgenommen und sollten sechs Jahre hindurch in allen Bereichen der Land-, Forst- und Teichwirtschaft unterrichtet werden. Die Anstalt ging einige Jahre später wieder ein, weil die Bauern kein Verständnis für den Unterricht ihrer Kinder aufbrachten.

Im Jahre 1791 wurde über diese Anstalt eine Programmschrift in Druck gegeben. Sie trägt den ausführlichen Titel:

»Die erste Bauernschule in Böhmen, welche zur Erlernung des Bauernhandwerkes auf dem von Schönfeldschen Gute Trnowa im Berauner Kreise bei Prag aus der Ursache angelegt worden ist, damit allda erwachsenen Kindern die ganze Landwirtschaft durch sechs Jahre ordentlich erlernen, und diese jungen Leute alsdann entweder ihrer Eltern Wirtschaft selbst führen, oder als brauchbare Knechte und Schaffer oder als eigene Wirthe die Arbeit mit Nutzen und Freuden, so wie es sich gehört, verrichten können. Gedruckt zu Prag in der ordinären Bauernsprache, damit es alle Leute lesen können, in der von Schönfeldschen k. k. Hofbuchdruckerey im Jahre 1791 [Beigefügt ist eine Abbildung, die einen Zögling dieser Schule in seiner Uniform darstellt. Anm. d. Verf.]«

TRUTNOV (Trautenau)
Bezirksstadt

Ursprünglich Upa (Aupa), dann auch Neu-Trautenau genannt, im Gegensatz zu Alt-Trautenau, heute Horní Staré Město (Ober-Altstadt) genannt. Einst königliche Leibgedingstadt mit einer Burg, die später verfiel. An ihrer Stelle steht heute das Museumsgebäude in den späten Formen des Empire.
Spätgotische Stadtbefestigungen in Fragmenten erhalten.
Rechteckiger Hauptplatz mit Lauben, die sich in Richtung der Gassen fortsetzen.
Große spätbarocke Kirche Mariä Geburt (1755–1782, Leopold Niederöcker) anstelle einer Pfarrkirche aus dem 13. Jh.
Kreuzherrenkloster gegründet 1260, 1424 endgültig aufgelöst.
Am Hauptplatz befindet sich der Rübezahlbrunnen. Der Brunnen stellt die Gestalt des Rübezahl in wehendem Mantel dar. Rübezahl späht einem Jüngling nach, der ihm seine Braut entführt hat (Flögl-Kirschner-Pöninger, 1892).
Die Gruppe steht auf einem Hügel von Natursteinen.

»Eine Meile von Trautenau in Böhmen, auf dem Riesenberge, liegt der Helfenstein, ein hoher Fels, auf dem sonst ein Raubschloß gestanden, nachher aber versunken ist, und niemand weiß, wo die Menschen, die darin lebten, hingekommen sind.«
Mit diesen Worten beginnt die Sage vom Helfenstein, die die Gebrüder Grimm in ihre ›Deutschen Sagen‹ (1816) aufgenommen haben.

Der Schauspieler Karel (Karl) Čechtický (1759–1813) ist gebürtiger Trautenauer. Nach einem Debüt im Jahre 1777 in Linz wurde er Mitglied des Hoftheaters in Berlin (1787). Berühmtheit erlangte er als Darsteller des Franz Moor.

Am Marktplatz Nr. 69 steht das Geburtshaus des böhmischen Landespatrioten Uffo Horn (1817–1860), tschechischer und deutscher Literat und Teilnehmer an der Revolution von 1848. Sein Grab befindet sich auf dem Friedhof an der Südwand in der Nähe des Beinhauses. Das Monument, ein trauernder Genius mit Lyra, von Thomas Seidan (mit einer metallenen Bildnisplakette) (1860) trägt die Inschrift:

»Uffo Horn Literat, geb. 18. Mai 1817, gest. 23. Mai 1860.«

Eine Büste von Uffo Horn vom Bildhauer V. O. Tilgner (Wien 1889) war ursprünglich im Park am Schützenhaus aufgestellt worden. Später stand sie im Neuen Park und nach 1919 wurde sie anstelle eines Kaiser-Joseph-Denkmals am Marktplatz aufgestellt. Seit 1945 steht sie im Uffo-Horn-Gedenkraum des Museums.

Trautenau ist der Geburtsort des Chirurgen Vinzenz Czerny (1842–1916), Begründer des Krebsforschungsinstituts in Heidelberg.

Das einzige für die österreichischen Truppen siegreiche Gefecht im Feldzug von 1866 fand am 27. Juni 1866 am Kapellenberg bei Trautenau statt. Die Johanneskapelle ist von Grabsteinen gefallener Teilnehmer der Schlacht umgeben. In der Nähe des Schlachtfeldes auf dem Gablenzberg steht ein monumentales Pantheon in Eisenguß (1868) für den Sieger der Schlacht bei Trautenau, Feldmarschall Ludwig von Gablenz (1814–1874).

»Am Stadtplatz befindet sich eine im Pflaster versenkte steinerne Gedenktafel mit dem Datum 27-6-1866, an jener Stelle, wo nach dem Einmarsch von preußischen Truppen 18 Mitglieder des Stadtrates, mit dem Bürgermeister Dr. Roth an der Spitze, gefesselt wurden, weil angeblich auf die Truppen aus den Häusern geschossen wurde. Die Geiseln wurden in die Festung Glogau gebracht und kehrten erst nach Friedensschluß am 15. September nach Hause zurück. Jahrelang erhielt sich der Brauch, die Inschrift der Gedenktafel am Jahrestag der Einnahme von Trautenau mit schwarzer Farbe und am 15. September mit weißer Farbe zu bezeichnen. [Die Gedenktafel wurde im September 1967 anläßlich der Pflasterung des Hauptplatzes renoviert. Anm. d. Verf.]«

Dr. Roth, *80 Tage in preußischer Gefangenschaft*

In Trautenau wurde am 3. April 1903 der deutschböhmische Schriftsteller und Germanist Dr. phil. Josef Mühlberger geboren. Er zählt zu den größten Talenten innerhalb der deutschen Literatur Böhmens. Mühlberger, Schüler des Prager Germanisten August Sauer, gab in den Jahren 1928–1930 die Zeitschrift ›Witiko‹ heraus, die damals in avantgardistischer Voraussicht deutsch-tschechischer Kulturbeziehungen den Alleingang antrat, um den deutschen Lesern Informationen aus der neuen tschechischen Literatur und Kunst zu bieten. Mühlberger gehört in die Reihe jener schöpferischen Menschen Böhmens, die sich ihrer Herkunft aus national gemischten Familien (sein Vater war Deutscher, die Mutter tschechischer Abstammung) bewußt waren und unbeschadet ihrer Zugehörigkeit zum eigenen Volkstum mit tiefem Einfühlungsvermögen für das andere ihre künstlerische Aussage zu höchsten musischen Leistungen steigerten. Sein autobiographisches Memoirenwerk ›Eine Kindheit in Böhmen‹ erschien im Jahre 1960.

Mühlberger, der eine Schlüsselstellung innerhalb der sich zu Beginn der dreißiger Jahre anbahnenden tschechisch-deutschen Verständigung einnahm, erlebte die doppelte Tragik von Menschen, die an den Grenzen von Sprachräumen, Völkern, Staaten und Kulturen leben. Als ein großer Teil seiner deutschen Landsleute in Böhmen dem Verständigungsgedanken in sinnloser Verwirrung ablehnend gegenüberstanden, begann für Mühlberger die Zeit des befohlenen Schweigens.

Trautenau ist auch die Heimat des Bildhauers Emil Schwantner. Mühlberger berichtet in seinen böhmischen Erzählungen über Schwantner:

»Der Bildhauer Schwantner führte mit seiner greisen Mutter, einer Schwester der alten Wittichen aus Gerhart Hauptmanns ›Versunkenen Glocke‹, das Leben der Menschen eines einsamen Gebirgsdorfes in der Stadt weiter; Schwantner stammte aus Albendorf.«

Josef Mühlberger, *Der Scherbenberg* (aus: *Erzählungen aus Böhmen*)

Auch Schwantners künstlerische Laufbahn findet Erwähnung in den böhmischen Erzählungen:

»Der holzschnitzende Gebirgsjunge kam auf Schulen, schließlich an die Prager Kunstakademie, wo er bei Jan Štursa, einem der bedeutendsten tschechischen Bildhauer, studierte, war Mitarbeiter Franz

Metzners an den Skulpturen für das Leipziger Völkerschlachtdenkmal. Aus dem Ersten Weltkrieg hatte Schwantner erschütternde Gruppenplastiken mitgebracht, die er angesichts des kriegerischen Alltags in Ton skizziert hatte. Dann wandte er sich der Tierplastik zu. Angeregt durch die Werke des Matthias Braun im barocken Kukus schuf er einen Totentanzzyklus. Von seinen zahlreichen Kriegerdenkmälern wurde eines in unserem Stadtpark aufgestellt, ebenfalls eine Totentanzgruppe, die, weil nicht heroisch, nach 1938 entfernt und eingeschmolzen wurde.«

Josef Mühlberger, *Der Scherbenberg* (aus: *Erzählungen aus Böhmen*)

Malé Svatoňovice (Schwadonitz): Barocke Marienkirche aus dem Jahre 1737, umgebaut im Jahre 1831. Barocke Wallfahrtskapelle über einem Gutwasserbrunnen mit geöffneten Arkaden (1730). Wallfahrtsort mit 7 Kapellen im »Mariengarten«. Karel Čapek, der tschechische Klassiker der Moderne, wurde in Schwadonitz geboren. Museum der Brüder Karel und Josef Čapek.

»Klein-Svatoňovice, mein Geburtsort, ist wegen seiner Jungfrau Maria bekannt, die zwar nicht so allgewaltig wie die aus Albendorf ist, aber nichtsdestoweniger ist auch sie wundertätig; um meinetwillen ist meine Mutter oft hingegangen, um eine Wachsbrust zu opfern, damit ich kräftige Lungen habe.«
Karel Čapek, *Aus unserer Gegend*

Josef Mühlberger schilderte in seinem aus Jugenderinnerungen genährten Bändchen ›Eine Kindheit in Böhmen‹ (1960) die Wallfahrt nach Schwadonitz:
»Nach Schwadowitz wurde in großen Gruppen gewallfahrtet, mit einer Kirchenfahne voran, mit einem Vorbeter, der ununterbrochen eine Litanei hersagte oder den Rosenkranz betete und vor jedem Heiligenbilde, daran man vorbeikam, das richtige Gebet sprach, weil er eben jeden Heiligen kannte und wußte, wofür er gut war. Ich sah die Wallfahrtszüge oft an Sonntagabenden müde aus den Fluren in die Stadt kommen, dennoch singend, mit gesenkter Fahne vor einem schon aufgelösten Haufen, der wie von einem Kriegszug heimkehrte, in eine Staubwolke gehüllt. Allerdings, Vater und Mutter waren allem abgeneigt, wozu allzu viele Menschen beisammen waren, und meine Mutter meinte, sie könne nur allein in der Kirche fromm sein. Also war' s wohl doch so etwas wie eine Wallfahrt, die wir mit dem Besuch bei unserem Herrn Schuster verbanden.«
Josef Mühlberger, *Eine Kindheit in Böhmen*

TŘEBENICE (Trebnitz)
Bezirk: Litoměřice (Leitmeritz)

Stadt unterhalb des Bergs Košťál gelegen. Gotische Renaissancekirche Mariä Geburt aus der 2. Hälfte des 16. Jhs. Das reich illuminierte Kantionale stammt aus den Jahren 1574–1578. In der ehemaligen Sakristei wurde das Sterbezimmer der Baronin von Levetzow aus dem Schloß Třebivlice (Tschriblitz) aufgestellt.

In der ehemaligen deutschen evangelischen Kirche (1902) befindet sich das »Museum der böhmischen Granaten«. Die Sammlung zeigt auch einen Granatschmuck aus dem Besitz von Ulrike von Levetzow (1804–1899) aus der Zeit um 1820, der Überlieferung zufolge ein Geschenk Goethes.

TŘEBÍVLICE (Trschriblitz)
Bezirk: Litoměřice (Leitmeritz)

Einschiffige barocke Pfarrkirche St. Wenzel mit Turm (V. P. Bianca; 1695), Altarbild von V. Kandler (1840). Landschloß aus dem 18. Jh. anstelle einer Feste. Nun befindet sich im Schloß eine Schule.

Das einfache Landschloß war bis 1899 im Besitz von Ulrike von Levetzow (1804–1899). Photographien, die den Zustand des Raumes aus ihren letzten Lebenstagen festhalten, zeigen das Altjungfernstübchen der letzten Liebe Goethes mit vielen Erinnerungen aus ihrer Jugend. Das Sterbezimmer von Ulrike ist der jetzige Konferenzraum.

Am 15. November 1899 brachte die Prager deutsche Zeitung ›Bohemia‹ folgende Nachricht:

»Statt jeder besonderen Mitteilung. Heute früh um 6 Uhr ist Baronin Ulrike von Levetzow, Stiftsdame zum Heiligen Grabe, nach kurzem Unwohlsein sanft entschlummert. Trieblitz, den 13. November 1899.«

Ulrike von Levetzow wurde auf dem Friedhof unter einer geöffneten Ädikula in spätklassizistischen Formen bestattet. Ein Eisenkreuz trägt die Tafel mit der Inschrift (dt.):

»Ulrike von Levetzow, geboren am 4. Februar 1804 Leipzig,
gestorben am 13. November 1899 in Triblitz«

Auf der gegenüberliegenden Seite befindet sich eine Replik der Gruft. Hier ruhen Franz Graf Klebelsberg, Freiherr von Thumburg (1774–1853), der Stiefvater, und Amalia Gräfin von Klebelsberg (1788–1868), die Mutter Ulrikes, die in ihrer Jugend mit Goethe befreundet war.

»Die besten Wünsche und Grüße der guten Mutter, deren ich, als eines glänzenden Sterns meines früheren Horizonts, gar gern gedenke.«
Goethe in einem Brief vom 9. Januar 1823 an Ulrike

TŘEBNICE (Trschebnitz)
Bezirk: Příbram (Prschibram)

Schloß aus der Mitte des 18. Jhs. Nun Forstlehranstalt.

Auf Schloß Třebnice wurde am 2. November 1766 der österreichische Feldherr und Marschall Johann Josef Wenzel Graf Radecký von Radetsch geboren. Im Vestibül befindet sich eine Gedenktafel. Inschrift (tsch.):

»Hier wurde der k. k. Feldmarschall Graf Radecký von Radeč am 2. November 1766 geboren. Er starb in der Villa Reale bei Mailand am 5. Januar 1858.«

Der österreichische Sonderling Josef Gottfried Pargfrieder (1781–1863), der *cronique scandaleuse* zufolge ein unehelicher Sohn Josephs II., legte, nachdem er als Heereslieferant ein großes Vermögen erworben hatte, bei Wetzdorf in Niederösterreich einen Heldenhain mit der monumentalen Ruhestätte von Joseph Radetzky an, in der er dann auch selbst beigesetzt wurde. Die Inschrift am Grabmonument, einer Pyramide, lautet:

»Hier ruhet Josef Wenzel Graf Radetzky von Radez Ritter des Kais. österr. Ordens des Goldenen Vlieses, Großkreuz des kais. Militair Maria Theresien- des ungarischen St. Stefano- des österr. St. Leopold- und des Ordens der Eisernen Krone, Besitzer des Militärverdienst Kreutzes – Großkreuz vieler hoher fremdherrlicher Orden, k. k. wirklich geheimer Rath, Kämmerer, Feldmarschall, General Civil und Militairs Gouverneur des Lombardisch-Venet. Königreichs, Inhaber des Husaren Regiments No 5, Feldmarschall der Russisch Kais. Armeen, und Inhaber eines Russischen Husaren Regiments – Großkreuz des kais. Russisch St. Georgs Ordens, und des Goldenen Degens der Tapferkeit in Brillanten, Ehren Bürger der Residenzstadt Wien, und vieler anderer Städte – Ehrenmitglied vieler gelehrter Gesellschaften etc., etc., etc. Geboren am 2. November 1766 zu Trzebenitz in Böhmen, gestorben Mayland, Villa Reale 5. Januar 1858«

Die Gestalt des Feldhern Radetzky wurde in Kunst und Literatur zum Mythos verklärt, so in Franz Grillparzers Gedicht auf den Feldmarschall ›Glück auf, mein Feldherr, führe den Streich‹ (erstmals veröffentlicht in der Constitutionellen Donau-Zeitung vom 8. 6. 1848, Nr. 68) und natürlich in dem bekannten ›Radetzky-Marsch‹ von Johann Strauß.

Die Radetzky-Tradition der österreichischen Armee hat der Schriftsteller Joseph Roth zum Thema seines auch verfilmten Romans ›Radetzky-Marsch‹ (Berlin 1932) gemacht.

TŘEBUŠÍN (Triebsch)
Bezirk: Litoměřice (Leitmeritz)

Dorf am Fuße des Burghügels mit der Ruine Kalich (Kelch), nordöstlich von Leitmeritz gelegen. Barocke St. Nikolauskirche von O. Broggio, 1710 erbaut, Hauptaltar aus dem 18. Jh. mit Altarbild von J. Ongers (1721).
Barocke St. Johanniskapelle (1724).
Renaissanceschloss, ein Flügel im Jahre 1860 neu aufgebaut.
Gedenksäule mit einem Kreuz als Bekrönung aus dem Jahre 1726 am Dorfplatz.

Auf dem alten Friedhof bei der Kirche sind mehrere Epitaphe, sowie die Doppelgruft (Hochgrab) der freiherrlichen Familie Puteani zu finden.

An der Kirchenmauer befindet sich die von einem Marmorkreuz ohne Korpus bekrönte wappengeschmückte Gruft des josephinischen Staatsrates Franz Karl Kressl von Qualtenberg. Inschrift (dt.):

»Durch Macht zum Licht«

Das Epitaph an der Kirchenmauer trägt folgende Inschrift (dt.):

»Hier ruht Der Wohlgeborene Herr, Franz Karl Freiherr von Kressl, Exzellenz, ein aufgeklärter Staatsmann, den Joseph II. schätzte, ein Vater seiner Unterthanen, ein zärtlicher Freund u. Gatte, er verschied am 17. May 1801 im 73. Jahr seines thatenreichen Lebens. Sanft ruhe seine Asche.«

Freiherr von Kressl, Abkömmling einer wappenfähigen Iglauer Ratsfamilie, die später in den Ritterstand erhoben wurde, war im Jahre 1754 erster Studiendirektor an der Juristischen Fakultät der Prager Universität. Seit 1760 war Freiherr von Kressl Mitglied des Herrenstandes im Königreich Böhmen, später Geheimer Rat in der Wiener Hofkanzlei und Kaiserlicher Rat. Als Mitglied des Staatsrates war er insbesondere mit Handels- und Schulangelegenheiten betraut und beteiligte sich als enger Mitarbeiter von Kaiser Joseph II. an der Regelung der Robot- und Kontributionsangelegenheiten. Franz Karl Freiherr von Kressl starb im Jahre 1801 als letzter seines Geschlechts.

Burgruine Kalich (Kelch): Auf einer Basaltkuppe, 1 km über dem Dorfe Třebušín (Triebsch) gelegen. Bis 1421 hölzerne Feste des Deutschen Ritterordens, die von Jan Žižka erobert und zu einer Burg ausgebaut wurde. Der Burgturm in Gestalt eines Kelches gab ihr den Namen. Im Jahre 1423 wohnte hier zusammen mit seinem Bruder Jaroslav der hussitische Feldhauptmann Jan Žižka, der von dieser Burg sein Prädikat Jan Žižka z Kalicha (»Jan Žižka vom Kelch«) ableitete. Im Jahre 1437 wurde die Burg Kalich von König Sigismund zerstört.

TURNOV (Turnau)
Bezirk: Semily (Semil)

Als Stadt im Jahre 1272 an beiden Ufern der Iser gegründet. St. Nikolauskirche aus dem 14. Jh., im Jahre 1722 barockisiert. Frühbarocke Franziskanerkirche St. Franziskus von Assisi (1651–1655). Vor der Kirche barockes Hl. Grab. Franziskanerkloster, gestiftet am 1. 5. 1651 von Maximilian Graf Waldstein.
Die monumentale neugotische Friedhofskirche Mariä Himmelfahrt (1825–1853, J. Hausknecht, K. A. Schramm, B. Grueber) gehört zu den beachtenswerten Bauten dieser Stilgruppe in Böhmen. In der Umgebung von Turnau lebt die Tradition der Bearbeitung von Naturstein, vor allem das Schleifen böhmischer Granate.
In Turnau wurde im Jahre 1884 die erste Fachschule für die künstlerische Verarbeitung von Metallen und Natursteinen gegründet.
Die Landschaft wurde 1955 zum Naturschutzgebiet erklärt und ist damit das erste Naturschutzgebiet Böhmens.

In Turnau wurde am 28. September 1753 der Paulanerpriester Pater Wenzel Michael Fortunat Durych, der Begründer der tschechischen Orientalistik, Freund von Josef Dobrovský und Mitbegründer der Slawistik, geboren. Sein Geburtshaus steht am Stadtplatz (Nr. 25). Dort wurde eine Gedenktafel angebracht. Sein Sterbehaus (Nr. 338) steht in der Vorstadt hinter dem Gitschiner Tor. Der Stadtteil wurde ihm zu Ehren im Jahre 1889 Durychov benannt. Kurz vor seinem Tod hatte ihn hier sein großer Freund Josef Dobrovský besucht.

Durych war in Prag, Wien und München wissenschaftlich tätig. In den Jahren 1778–1780 war er mit Fr. Faustin Procházka mit der Herausgabe einer neuen verbesserten tschechischen Bibelausgabe betraut, zu der Maria Theresia den Auftrag erteilt hatte.

Sein Grab befindet sich auf dem Turnauer Friedhof. Die Steinpyramide an der Friedhofsmauer trägt die Inschrift (tsch.): »Der Slawist P. Fortunat Durych * 1738 † 1802«.

Die Festrede bei der Enthüllungsfeier des Denkmals am 29. 9. 1867 hielt der Herderianer Antonín Marek, Dechant in Libuň.

Gegenüber an der Außenwand der Friedhofskirche befindet sich ein Biedermeier-Grabmonument mit Porträtplakette von E. Schmidt († 26. 4. 1866).

Am Eingang des Friedhofs steht ein Monument für die gefallenen Angehörigen der Sowjetarmee (1945), erbaut 1949 nach einem Projekt von Prof. Arch. A. Metelák, Plastik und Dekor von Prof. A. Hrdlička u. Vl. Link.

Im Haus Zum Hirschen (U Jelena, Hauptplatz 135) wohnte im Juni 1854 der tschechische Dramatiker und Autor der Nationalhymne ›Kde domov můj‹ Josef Kajetán Tyl

(1808–1856) während seiner Tätigkeit als Regisseur und Schauspieler in der Theatergesellschaft des Direktors Filip Zöller, der hier im Stadttheater »Zum goldenen Einhorn« (»U Zlatého jednorožce«) (Nr. 2) auftrat.

Im »Sächsischen Hof«, der an der Stelle des Restaurants »Central« (Hauptplatz) stand, starb am 28. 8. 1876 der tschechische Schriftsteller und Germanist Josef Wenzig, der Librettist von Bedřich Smetanas Opern ›Dalibor‹ und ›Libuše‹. Am Haus wurde eine Gedenktafel angebracht.

Auf der Orgel in der Burgkapelle spielte der Komponist Josef Bohuslav Foerster (1859–1951). Hier entwarf er sein Meisterwerk, das St. Wenzels-Oratorium.

TÝN NAD VLTAVOU (Moldautein)
Bezirk: Česke Budějovice (Böhmisch Budweis)

Siedlung aus dem 10. Jh., 1609 zur königlichen Stadt erhoben.
Zu Wasser und zu Land an der Salzstraße gelegen.
St. Jakobskirche (früherer Weihetitel St. Christoph), ursprünglich frühgotisch, umgebaut 1279 und 1560–1567, barockisiert 1753.
Zentrale Friedhofskapelle St. Veit, frühbarock 1681–1682 vermutlich von Antonio de Alfreri. Reste der romanischen St. Katharinenkapelle in Starý Týnec, erbaut von Bischof Jaromír, im 17. Jh. niedergerissen. Erzbischöfliches Schloß, frühbarock (1699), bischöflicher Hof in Resten erhalten. Barocker Salzkasten (1708). Im Ortsteil Širočiny »Depot«, ursprünglich Pulvermühle.
Maria Theresia ließ nach einer Explosion auf dem Artilleriegelände im Jahre 1753 eine Kalvariengruppe erbauen.
Rathaus, ursprünglich Renaissance- und Rokokostil.

Týn ist der Geburtsort des Dichters, Philosophen und Übersetzers Antonín Jaroslav Puchmajer (1769–1820), Autor des ersten tschechischen Lehrbuches für Zigeuner.

Aus Týn stammte Johanna Gajusová, die Ehefrau des Pädagogen Jan Amos Komenský. In der ersten Hälfte des 19. Jahrhunderts wirkte in Týn 10 Jahre hindurch der Priester-Dichter Karel Alois Vinařický.

Auf dem Friedhof befindet sich das Grab des Patriarchen der tschechischen Puppenspieler, Matěj Kopecký (* 24. 2. 1775 Libčany, † 3. 7. 1874 Koloděje nad Lužnicí), mit einem Relief von J. Vojna.

TÝNEC NAD LABEM (Elbeteinitz)
Bezirk: Kolín nad Labem (Kolin an der Elbe)

Malerisch gelegene Kleinstadt am Elbeufer. Kirche St. Johann d. T., 1354 erstmals erwähnt, anstelle einer gotischen Kirche 1780–1781 erbaut. Friedhofskirche der Schmerzhaften Mutter Gottes, erbaut zu Ende des 18. Jhs. Brunnen mit Statue Karls IV. von F. Pischelt.

Aus Týnec stammt die Mutter des großen tschechischen Dichters Petr Bezruč (1867–1958).

In Týnec wurde der Polka-Tanz erfunden:

»Zu Anfang der dreißiger Jahre tanzte ein junges Bauernmädchen, das in Elbeteinitz bei einem Bürger im Dienste stand, eines Sonntagsnachmittags zur eigenen Erheiterung einen Tanz, den es sich selbst erdacht und sang hierzu eine passende Melodie. Der dortige Lehrer, namens Joseph Neruda, der zufällig anwesend war, schrieb die Melodie nieder, und der neue Tanz wurde kurz darauf zum ersten Male zu Elbeteinitz getanzt. Um das Jahr 1835 fand er in der böhmischen Metropole Eingang und erhielt dort, wahrscheinlich wegen des in ihm vorwaltenden Halbschrittes, von dem tschechischen Worte půlka, das ist die Hälfte, den Namen Polka. Vier Jahre später wurde er durch eine Abteilung des Musikcorps der Prager Scharfschützen unter der Leitung des Kapellmeisters Pergler nach Wien gebracht, woselbst Musik und Tanz sich eines außerordentlichen Beifalls erfreuten. Im Jahre 1840 tanzte zuerst Raab, ständischer Tanzlehrer in Prag, diese böhmische Polka auf dem Odeontheater zu Paris mit ausgezeichnetem Erfolge, worauf derselben mit staunenswerter Schnelligkeit der Eingang in die eleganten Salons und Ballsäle von Paris gestattet wurde.«

Alfred Waldau, *Böhmische Nationaltänze*

ÚSTÍ NAD LABEM (Aussig an der Elbe)
Bezirksstadt

Die Ortschaft aus dem 10. Jh. wurde unter König Přemysl Ottokar II. im Jahre 1260 zur königlichen Stadt erhoben. Im 19. Jh. wuchs die Stadt zur Industriemetropole Nordböhmens an. Die chemischen Werke aus dem Jahre 1856 sind die ältesten Industrien dieser Art in Böhmen.

Gotische Erzdekanalkirche Mariä Himmelfahrt aus dem 14. Jh., mit der Stadt in den Hussitenkriegen zerstört. Ende des 15. Jhs. spätgotisch, und noch einmal im 16. Jh. umgebaut. Die Kanzel aus dem Jahre 1578 wurde aus einem Sandsteinblock gehauen. Der Turm ist seit dem Fliegerangriff am 17. April 1945 geneigt. Im Glockenturm befindet sich eine Glocke mit dem Relief des Magister Johannes Hus aus dem Jahre 1544, in Raudnitz an der Elbe gegossen.

Barocke Kirche St. Adalbert aus dem Jahre 1731 (vermutlich vom Leitmeritzer Architekten Oct. Broggio) beim ehemaligen Dominikanerkloster aus dem 14. Jh. (Sitz des Kreisdenkmalamtes). An seiner Stelle stand vermutlich die Burg und ein fürstlicher Meierhof mit einer Kirche, die im Jahre 1186 bei der Trauung der Fürstin Sophie, der Tochter des böhmischen Herzogs Friedrich, mit Albrecht von Meissen erwähnt wird.

Als moderner Zweckbau verdient das erste Hochhaus auf dem Staatsgebiet Erwähnung, der zehngeschossige Verwaltungsbau des Aussiger Chemischen Vereins (Losson und Kühn), daneben das alte Verwaltungsgebäude aus der 2. Hälfte des 19. Jhs.

Auf dem Lauffeld (Na běhání), auch Bihana oder Bihanberg genannt, erinnert ein Gedenkstein an die Schlacht bei Aussig am 16. Juni 1426 und an den Sieg des hussitischen Heeres unter dem Oberbefehl von Prokop dem Kahlen über ein Kreuzfahrerheer auf freiem Feld. Inschrift (tsch.):

»An dieser Stelle siegten die Hussiten unter dem Befehl von Prokop dem Großen am 15. Juni 1426 gegen die Übermacht des deutschen Kreuzheeres. Zur Erinnerung dieses berühmten Sieges wurde hier am Tage des 500jährigen Gedenktages am 16. Juni 1926 ein Denkmal enthüllt, das die deutschen Okkupanten am Vorabend des Überfalles auf die Sowjetunion am 20. Juni 1941 vernichteten. Im Jahre 1952 wurde dieser Gedenkstein errichtet, der das Erbe der Hussiten verkünden soll.«

Im Monument sind die Widmungssteine von bedeutenden Orten mit hussitischer Tradition aus den böhmischen Ländern und der Slowakei eingemauert.

Aussig ist der Geburtsort von Fabian Polirär (Pulíř) (um 1520–1562), Illuminator der Renaissance.

In Aussig wurde der deutsche Maler dänischer Abstammung Anton Rafael Mengs (1728–1779) geboren (Mírové náměstí 36). Er war Schüler und Reisebegleiter von Johann Joachim Winckelmann. Die Rolle, die Anton Rafael Mengs im Leben seines Freundes Winckelmann eingenommen hat, geht aus einem Brief des letzteren an Franke vom 20. März 1756 aus Rom hervor:

»Die Beschreibung des Apollo erfordert den höchsten Stil, eine Erhebung über das Alles, was der Augenblick desselben für eine Wirkung macht. Ich würde nicht gedacht haben, etwas zu schreiben; aber da mich Herr Mengs und andere dazu aufmunterten, so habe ich mich, anfänglich fast wider meinen Willen, entschlossen.«

Die Bedeutung J. J. Winckelmanns im Schaffen von Rafael Mengs geht aus einer Reisebeschreibung aus dem Jahre 1830 hervor:

»Betrachten wir ferner Mengs als Schriftsteller; so finden wir ihn überall in den Maximen begriffen, welche er in der Ausübung befolgte. Er nahm wie sein Freund Winckelmann das objektiv Schöne als Bestimmungsgrundsatz an: zu befolgen seyen Antike und Raphaelistische Formen, Tizianisches Colorit und Corregiosches Helldunkel. In seiner Kritik, wie in seiner Übung blieb er sich gleich und folgerecht.«

    A. Hirt, *Kunstbemerkungen auf einer Reise über Wittenberg und Meissen nach Dresden und Prag*

Goethe bewunderte im Jahre 1813 in der Aussiger Marienkirche die von Ismael Mengs, dem Vater von Rafael Mengs, auf Kupfer gemalte Madonna, eine Kopie der ›Madonna del Dito‹ von C. Dolci.

Das im Sezessionsstil gehaltene Stadttheater von Aussig spielte in der deutschböhmischen Theatergeschichte eine bedeutende Rolle. Die erste Direktorin des deutschen Theaters, Marie Pospišil, eine geborene Tschechin, war Mitglied des Prager Nationaltheaters. Sie wurde als Gretchen-Darstellerin berühmt. Marie Pospišil leitete das Theater von 1909–1913. Sie war die Verfasserin des theatergeschichtlichen Kuriosums ›Erläuterungen zu Goethes Faust von M. Pospischil‹ (Hamburg 1900).

Das Aussiger Stadttheater wurde am 21. September 1908 mit Grillparzers ›Sappho‹ eröffnet. In der Titelrolle trat die erste Direktorin des Hauses auf. Die Pläne für den Theaterbau stammten vom Wiener Architekten Alexander Graf, die Deckengemälde von Professor Eduard Veit (Wien). Der Sänger Leo Slezak ist im Aussiger Stadttheater aufgetreten.

Zu den charakteristischen Blickpunkten der Elbestadt gehören die beiden einander gegenüberstehenden Verwaltungsgebäude des »Vereins für chemische und metallurgische Produktion«. Dieser Verein wurde im Jahre 1856 als Kombinat nordböhmischer Industrieller ins Leben gerufen und wirkte entscheidend auf die industrielle Entwicklung dieser Region ein.

Dubice (Dubitz): Die Kirche St. Barbara über dem Elbetal, ursprünglich evangelisch (1579), ragt weit über die Landschaft.

Stradov (Straden): In der Nähe der Ortschaft steht ein einfaches Monument zur Erinnerung an die Schlacht der Verbündeten gegen Napoleon im Jahre 1813.

Žandov (Schandau): Nördlich von Žandov befindet sich das Denkmal für die in der Schlacht im Jahre 1813 gefallenen Franzosen.

ÚŠTĚK (Auscha)
Bezirk: Litoměřice (Leitmeritz)

Als Siedlung im 11. Jh. entstanden, im Jahre 1352 als Feste erwähnt, 1428 zur Stadt erhoben. Mittelalterliche Landstadt mit Fragmenten der Stadtbefestigung und gotischen Häusern. Ursprünglich gotische, später barocke Kirche St. Peter und Paul (1764–1772). Altarbild von Karel Škréta (1656). Barocke Dechantei (O. Broggio, 1722). Burg.
Am Marktplatz Bauernbefreiungsdenkmal, Eiserner Pflug auf steinernem Sockel.
Jüdischer Friedhof bei Lhota, Grabsteine aus dem Jahre 1579.

In Auscha wurden am 16. Mai 1680 drei Anführer der Bauernrevolte hingerichtet: der Schuster Gottfried Heft aus Auscha, der den Sturm auf die herrschaftliche Gerberei in Liběšice angeführt hatte, und die Bauern Jan Trčka und Georg Ringel aus Chotiněves.

In Auscha wurde Professor Alois Klar (1763–1833) geboren. Er wirkte als Universitätsprofessor der griechischen und klassischen lateinischen Literatur an der Prager Universität. Klar war, unterstützt von einigen Philanthropen, der Begründer des nach ihm benannten Klarschen Blindeninstitutes in Prag. Am Geburtshaus befindet sich eine Gedenktafel mit folgender Inschrift (tsch.):

»In diesem Hause wurde am 25. April 1763 Dr. Alois Klar,
der Gründer der Blindenanstalt in Prag, geboren.
Zur Erinnerung an die 200-Jahr-Feier der Wiederkehr seines Todes
gewidmet vom Städtischen Nationalausschuß in Auscha.«

Im rabbisierten Gutshof, der zuvor den Jesuiten gehörte, errichtete I. J. Leitenberger, ein bedeutender Vertreter des frühkapitalistischen Unternehmertums um 1800, eine Bleiche und Tuchfärberei.

Liběšice (Liebeschitz): Kirche Mariä Himmelfahrt, 1589 erbaut, 1683 abgebrannt, jetziger Empirebau von D. Dialler (1813–1816). Schloß, ursprünglich Jesuitenresidenz (1654), 1738 umgebaut zu dreiflügligem Bau, sehenswerte Statuen und Vasen (T. Süsmayer 1757) im Schloß, zahlreiche Heiligenstatuen aus der 1. Hälfte des 18. Jhs. von einem namentlich nicht bekannten Prager Bildhauer.

VALEČ (Waltsch)
Bezirk: Karlovy Vary (Karlsbad)

Malerisches Städtchen. Renaissanceschloß, barock umgebaut um 1720.
Im Schloßpark barocke Statuen aus dem Kreis der Werkstätte von M. Bernhard Braun und barockes Theater. Sporck-Denkmal.
Vor dem Schloß barocke Dreifaltigkeitskirche auf zentralem Grundriß (1718–1728), vermutlich von Giov. Santini, Dreifaltigkeitsstatue (1727–1730).
Baulich veränderte gotische Kirche St. Johannes d. T.

»Schöne Kalkstufen mit Fischen und Pflanzen von der Herrschaft Welsch« empfing Goethe 1822 als Gabe des Stifts Tepl. Sein Gegengeschenk an das Kloster am 13. November 1822 waren Porträts von Winckelmann und Lessing, beide von Müller.

Žlutice (Luditz): Städtchen mit gotischer Kirche St. Peter und Paul aus der Mitte des 14. Jhs. mit wertvollem Interieur. Im Museum (Hussitica) befindet sich das Luditzer Kantional, ein hervorragendes Werk des Illuminators Fabian Puliř (1558).

VALTÝROV (Waltirsch)
Bezirk: Ústí nad Labem (Aussig an der Elbe)

Pfarrkirche. Epitaphe aus der St. Laurentiuskirche in Vrbovice wurden in die Außenwand der Kirche eingesetzt.

Neben der Pfarrkirche steht die in Ziegelbau ausgeführte Gruftkapelle der gräflichen Familie Chotek auf viereckigem Grundriß. Das Grab thront in exponierter Lage über dem Flußlauf der Elbe. Inschrift (dt.):

»Carl Grafen Chotek Oberstburggrafen von Böhmen zu Ehre und Angedenken
erbaut von seiner Gemahlin Maria Gräfin Chotek, geborene Gräfin Berchtold
im Jahre 1869.«

In der Parkanlage von Valtýrov wurde 1966 eine Statue der 14 Nothelfer aus Čachovice aufgestellt, die beim Bau der Talsperre von Nechranice ihren Standort verloren hatte.

VARNSDORF (Warnsdorf)
Bezirk: Děčín (Tetschen an der Elbe)

Mittelalterliche Siedlung, in deren Umkreis Ende des 17. und 18. Jhs. fünf weitere Orte entstanden, die 1849 zum größten Dorf Böhmens vereinigt wurden. Spätbarocke St. Peter und Paulskirche (1774, J. V. Kosch). Evangelische Kirche und Altkatholische Kathedralkirche für den Bischof dieser Religionsgemeinschaft in Böhmen.
Bis 1910 war Warnsdorf das größte Industriedorf Böhmens; seither Stadt.

Am 29. Juni 1830 fand in der Warnsdorfer St. Peter und Paulskirche die erste vollständige liturgische Uraufführung von Ludwig van Beethovens Missa solemnis D-dur, op. 123, statt, welche, vom Olmützer Erzbischof Erzherzog Rudolf bestellt, in den Jahren 1818–1823 komponiert wurde. Ursprünglich sollte sie bereits im Jahre 1820 fertig sein; Beethoven übergab sie jedoch erst am 19. März 1823. Der Dirigent der Warnsdorfer Uraufführung war der Kirchenkantor O. V. Richter. Sängerchöre aus der Umgebung bis aus dem sächsischen Zittau nahmen daran teil.

VEJPRTY (Weipert)
Bezirk: Chomutov (Komotau)

Grenzstadt am Erzgebirgskamm, ehemals königliche Bergstadt (1607).
Pfarrkirche Allerheiligen (1758), klassizistisches Interieur. Friedhofskirche
St. Martin, Kalvariengruppe (1717).

Im Ortsteil Weipert-Neugeschrei wurde am 25. Dezember 1875 der Wiener Kardinalerzbischof Theodor Innitzer geboren (* 1875 † 9. 10. 1955 Wien). Innitzer war Universitätsprofessor, Dekan der Theologischen Fakultät, Rektor der Wiener Universität und österreichischer Sozialminister, bevor er im Jahre 1932 zur höchsten kirchlichen Würde Österreichs aufstieg. Kardinalerzbischof Innitzer versuchte nach dem gewaltsamen Anschluß Österreichs im Jahre 1938 durch eine Anerkennung des nationalsozialistischen Regimes für die Kirche eine erträgliche Stellung zu sichern. Weil ihm dies nicht gelang, wurde er zu einem der Hauptfeinde der Nationalsozialisten.

Viktor Reimann schildert in seiner Biographie die familiäre Herkunft von Theodor Innitzer:

»Neugeschrei bildet einen Stadtteil der nordböhmischen Bergstadt Weipert, die nahe am Keilberg, dem höchsten Gipfel des Erzgebirges liegt. Innitzers Großvater wanderte im Jahre 1816 vom obersteirischen Weißenbach nach Weipert aus, um sich hier eine neue Existenz zu schaffen. Der Name Innitzer findet sich auch im Garstental. In der Geschichte des Zisterzienserklosters Wilhering wird berichtet, daß sich bei den Aufständen im Garstental um das Jahr 1539 Valentin Innitzer, ein wilder und störrischer Mann, besonders hervortat.

Innitzers Vater war Posamentierer, das heißt, er knüpfte Fransen, die er Händlern um wenig Geld verkaufte. Als seine Familie jedoch auf drei Kinder, zwei Söhne und eine Tochter anwuchs, mußte er seine berufliche Selbständigkeit aufgeben. Er ging als Arbeiter in die Textilfabrik der Brüder Kanneberger, wo der Bruder des Kardinals Prokurist und Teilhaber wurde. Die Eltern besaßen zwar ein kleines Haus, doch waren sie so arm, daß auch die Kinder Heimarbeit zu leisten hatten. Das Häuschen der Innitzer stand direkt am Grenzbach, der Neugeschrei von Sachsen trennt und den die Einheimischen den Goldbach nannten, weil über ihn der Schmuggel nach Deutschland führte.«

Viktor Reimann, *Innitzer. Kardinal zwischen Hitler und Rom*

VELKÉ BŘEZNO (Groß Priesen)
Bezirk: Ústí nad Labem (Aussig an der Elbe)

Nordböhmisches Städtchen am rechten Elbufer stromabwärts bei Aussig. Im Mittelalter im Besitz des Johanniterordens, im 16. Jh. Herrschaftsdomäne der Salhausen, später der Dietrich und Harrach, seit 1840 im Besitz des böhmischen Geschlechts der Grafen Chotek. Sogenanntes »Oberes Schloß« erbaut in den Jahren 1840–1850 in abklingenden Formen des Empire, später in Neurenaissance umgebaut.

In Groß Priesen wurde die Gräfin Olga Chotek (1860–1934) geboren. Gräfin Chotek war erste Oberin des Vincentinums in Prag-Břevno und Smečno. Sie ließ in Groß Priesen im Jahre 1893 eine Herz-Jesu-Kirche erbauen. Gräfin Chotek wurde am ordenseigenen Friedhof der Boromaer in Prag-Řepy bestattet.

VELTRUSY (Weltrus)
Bezirk: Mělník (Melnik)

Barockes Schloß aus der 1. Hälfte des 18. Jhs., ehemalig im Besitz der Grafen Chotek, nach der Mitte des 18. Jhs. erweitert, kostbares Interieur, Plastiken im Schloßhof. Umgeben von einem ausgedehnten Park mit Kleinarchitekturen aus Klassizismus, Empire und Romantik. Freundschaftstempel, gewidmet den Freunden des Landlebens und der Gärten (1792–1794), Laudon-Pavillon zu Ehren des kaiserlichen Heerführers (1797), Maria-Theresien-Pavillon (1811–1813), pseudogotische Mühle und Gruftkapelle zum Hl. Kreuz im Empire-Stil (1832–1840).

1754 veranstaltete Graf Rudolf Chotek im Empirepark die erste Mustermesse zur Stärkung der Industrie in Böhmen.

Rilke, einer der besten Kenner der europäischen Schlösser, schreibt über die Gartenarchitektur von Schloß Weltrus:

»Dieser Park voll baulicher Überraschungen, wie man sie im ausgehenden achtzehnten Jahrhundert so sehr liebte, als gälte es, eine solche, an einen Wohngedanken repräsentativ angeschlossene Umgebung, nicht nur zum zentralen Schloß hin gebunden zu halten, sondern auch wieder diese zu steife und stramme Bindung zu lockern, durch das Nebenspiel kleiner Architekturen, die sich ihrerseits auch wieder wichtig nehmen und jede einzelne, stark genug sind, ein paar Bosketts zu beschäftigen und ein paar Wege zu sich zu verführen. Diese Solo-Stimmen im Großen und Ganzen der orchestralen Disposition können von unbeschreiblicher Bezauberung sein, manchmal sind sie wie ein Solo der Stille, wenn man den übrigen Park in seiner vielfältigen Musik plötzlich aus dem Gefühl verliert, um auf das Abseitssein einer solchen Mühle, eines solchen Tempelchens oder einfach einer »Chaumière de Plaisir« einzugehen. Wieviel wunderbare Übersetzungen seiner Erfahrungen und Selbstkenntnis hat sich doch der menschliche Geist geschaffen, wie diskret und geständig zugleich übertrug er sich in das Wesen einer solchen Anlage, spannte und rühmte sich in ihr auf eine Art, wie die Welt sich um Sternen-Himmel spannt und rühmt.«

Rainer Maria Rilke, *Die Briefe an Gräfin Sizzo*

Veltrusy ist der Geburtsort des Lexikographen und Philologen Dr. phil. Josef Sterzinger (1866–1939), Herausgeber eines enzyklopädischen deutsch-tschechischen Wörterbuchs

(4 Bände 1916–1936) und eines tschechisch-deutschen Konversationsbuchs (1910). Unter dem Pseudonym »Ivan Ríva« veröffentlichte er Lyrik.

Nelahozeves (Mühlhausen an der Moldau): Monumentales Renaissanceschloß (1553–1613), erbaut für Florian Gryspek von Gryspach. Derzeit ist hier ein Teil der Lobkowicz-Galerie von Schloß Raudnitz untergebracht. Der Komponist Antonín Dvořák (1841–1904) wurde in Nelahozeves geboren. In seinem Geburtshaus befindet sich eine Gedenkstätte. Seine Oper ›Der Jakobiner‹ spielt auf Schloß Weltrus. Dvořák war von 1901 bis zu seinem Tod Herrenhausmitglied des Wiener Reichsrates.

Kralupy (Kralup): Industriestadt, nördlich von Prag in der mittelböhmischen Landschaft gelegen, mit vielen Schloßgärten. Erholungsgebiet der Prager bürgerlichen Gesellschaft der Jahrhundertwende. Am 12. 2. 1888 wurde der russische Komponist Peter Iljitsch Tschaikowskij (1840–1893) von einer Deputation der Prager Künstlervereinigung »Umělecká beseda« am festlich geschmückten Bahnhof von Kralup in Anwesenheit von Vereinen und Korporationen feierlich begrüßt. Der gebürtige Trautenauer deutsche Schriftsteller Josef Mühlberger (*1903), machte Peter Iljitsch Tschaikowskij zum Helden seines Romans ›Im Schatten des Schicksals‹ (1950). Antonín Dvořák fuhr eine Zeitlang täglich mit dem Zug von Kralup nach Prag. Während dieser Eisenbahnfahrten entstand seine bekannte ›Humoreska‹. Das erste Motiv der Komposition hatte er zwar bereits während seines Aufenthaltes in Amerika niedergeschrieben, angeblich jedoch wurde Dvořák vom Rhythmus des Anschlages der Räder an die Schienen im ländlichen Personenzug von Kralup nach Prag zum Hauptmotiv inspiriert. Dazu wird folgende Anekdote berichtet: Nach Vollendung des Opus hätte Antonín Dvořák bei der Ankunft in Prag dem Lokomotivführer Vorhaltungen gemacht, neulich wäre er im Allegretto-Tempo dahingerollt, heute wieder Andante.

Auf dem Friedhof von Kralup wurde der erste tschechische Literatur-Nobelpreisträger Jaroslav Seifert (1901–1986) im Grab seiner Eltern bestattet.

Chvatěruby u Kralup nad Vltavou: Kirche St. Peter und Paul (1538). Reste einer mittelalterlichen Burg und eines unvollendet gebliebenen Schlosses. An der Bastion erinnert eine Gedenktafel (1936) an die Aufenthalte des Dichters der tschechischen Romantik Karel Hynek Mácha (1810–1836). Die historische Erzählung ›Chvatěrubský kvas‹ des tschechischen Priester-Dichters Václav Beneš Třebízský (1849–1884) spielt auf Schloß Chvatěruby. Gedenktafel am Schloß.

VERNEŘICE (Wernstadt)

Bezirk: Děčín (Tetschen an der Elbe)

Im Jahre 1797 erbaute der Fabrikant Johann Josef Leitenberger eine große Baumwollspinnerei in Wernstadt. Es war die erste Spinnerei in Böhmen und Österreich.

In Wernstadt wurde am 24. Dezember 1852 Josef Strobach geboren. Er erlernte bei seinem Onkel Josef Strobach das Handwerk eines Buchbinders und war auch eine Zeitlang am heimatlichen Postamt tätig. Strobach kam nach Wien, um ein Lehrmittelgeschäft zu eröffnen. Im Jahre 1893 wurde er von den Christsozialen des Wiener 5. Bezirks in den Gemeinderat gewählt. Als Dr. Lueger im Mai 1896 die kaiserliche Bestätigung seiner Wahl zum Bürgermeister von Wien nicht erhielt, wurde Josef Strobach zum Bürgermeister gewählt. Jedoch schon im folgenden Jahre machte er wieder Lueger auf dem Bürgermeisterstuhl Platz. Im März des Jahres 1897 wurde Strobach als Landtagsabgeordneter und Landeshauptmannstellvertreter in den Reichsrat gewählt. Er starb am 11. Mai 1905.

In Wernstadt wurde 1820 von den ortsansässigen Bürgern Josef Richter und Heinrich Reinisch eine Kattundruckerei begründet. Für die damals in den Fabriken beschäftigten Kinder wurde 1832 eine Abendschule eingerichtet, die von den Kattunfabrikanten Ferdinand Zoch und Josef Richter geleitet wurde. 1839 setzte sich der Wernstädter Pfarrer Adalbert Peters für die Abschaffung des Unterrichts während der Abendstunden und seine Verlegung in die Morgenstunden ein.

VLAŠIM (Wlaschim)
Bezirk: Benešov (Beneschau)

Ursprünglich gotische Burg, als Spätrenaissanceschloß umgebaut, romanisches Tor (1846). Landschaftspark mit Pavillons und künstlichen Ruinen.
In der Nähe von Wlaschim befindet sich eine barocke Loretokapelle (1703–1706, J. J. Erhardt).

Am 9. Februar 1750 wurde in Vlašim Joseph Niemecz, der Leibeigene der Prinzessin Maria Josepha Auersperg geboren. Niemecz trat im Jahre 1768 in Prag in den Orden der Barmherzigen Brüder ein, empfing im Jahre 1776 in Königgrätz die Priesterweihe und wurde im Jahre 1780 Fürstlich Esterházyscher Bibliothekar auf Schloß Esterházy. Der hochbegabte Musiker, Mitglied der fürstlichen Kapelle und Freund Joseph Haydns, war Komponist, Mechaniker, Orgelbaumeister und Konstrukteur von Musikinstrumenten († 9. 1. 1806 Wien).

Der Architekt und Baumeister Franz Schebek (František Šebek) wurde als Sohn des herrschaftlichen Gärtners am 15. April 1814 in Wlaschim geboren. Schebek ließ sich nach seiner Schulausbildung in Prag 1835 in Wien als Baumeister nieder und gehörte zu den bedeutendsten Vertretern der tschechischen Kolonie in Wien. In den Jahren 1843–1849 erbaute er den Zwettlerhof. Seit 1850 bis zu seinem Tod unterhielt er eine private Baumeisterschule in seinem Haus. 1861 wurde Schebek in das Wiener Stadtverordnetenkollegium gewählt. Außerdem war er Mitglied des Böhmischen Landtags und des Reichsrats.

Von seinen Einkünften gründete Schebek Stiftungen für Prager Studierende. Er übertrug dem Wiener Baumeister und tschechischen Politiker Dr. Josef Hlávka seine Firma. Seinem Prager Lehrer Bernard Bolzano setzte er auf dem Olschaner Friedhof in Prag ein Grabmonument. Seinem Heimatort Vlašim stiftete er einen Brunnen. Schebeks Grab befindet sich auf dem Währinger Friedhof († 6. 3. 1862).

In seiner Novelle ›Ein Junge vom Lande‹ unternahm Max Brod eine poetische Beschreibung des romantischen Schloßparks von Vlašim. Der Held der Novelle, Viktor Kanturek, verbrachte eine glückliche Kindheit in Vlašim.

Český Šternberk (Böhmisch Sternberg): Monumentale Burg, gegründet nach 1240 vom Geschlecht Sternberg, umgebaut und erweitert um 1500 im Renaissance-Stil und frühbarock im 3. Viertel des 17. Jhs., wertvolles Interieur und Sammlungen.

VODŇANY (Wodnian, Aquileja Bohemorum)
Bezirk: Strakonice (Strakonitz)

Stadtgründung um die Mitte des 13. Jhs. auf kreisförmigem Grundriß mit viereckigem Marktplatz. Reste der Stadtbefestigung sind erhalten geblieben. Denkmal des Vorläufers der böhmischen Reformation Petr Chelčický von František Bílek.

Vodňany ist der Geburtsort des im 16. Jahrhundert tätigen Gelehrten Wenzel Nikolaides. Er war ein Freund Melanchthons. Nikolaides verfasste Gesänge in tschechischer Sprache auf Johannes Hus und Hieronymus, die aus seinem Nachlaß 1554 in Wittenberg mit einer Vorrede von Melanchthon in Druck erschienen.

In Vodňany wurde der Violinvirtuose Váša Příhoda (1900–1960) geboren.

Chelčice: Ursprünglich romanische St. Martinskirche aus der 1. Hälfte des 13. Jhs., 1759 barockisiert und bemalt, Hochaltar mit illusiv gemalter Architektur. Geburtsort des tschechischen Vordenkers der Reformation Petr Chelčický. Denkmal am Dorfplatz von V. Dušek.

Lomeček: Marien-Wallfahrtskirche im Auftrag des Grafen F. E. Buquoy 1692–1702 erbaut, turmartiger Kapellenbau auf viereckigem Grundriß, im Inneren von Pilastern gegliedert, freistehender Altar in der zentralen Kapelle, inspiriert vom päpstlichen Altar des St. Petersdoms in Rom, Schnitzwerk am Altar vom Linzer Bildschnitzer Wauscher, achteckiger Tabernakel in Art einer Laterne freihängend an vergoldeten Girlanden, Wallfahrtsstatuette der Muttergottes von Foya. Zu den bedeutendsten Besuchern der Wallfahrtskirche gehörten Magister Jan Campanus, František Palacký, Josef Holeček und das Vodnauer literarische Dreigestirn Julius Zeyer, Herites und Novotný.

VOTICE (Wotitz)
Bezirk: Benešov (Beneschau)

Auf dem Friedhof steht die Kapelle des Hl. Grabes, erbaut im Jahre 1685 im Auftrag der Gräfin Marie Franziska Sezima von Wrtba nach Maßen und Angaben, die der Franziskaner Pater Innocenz Maryška von seiner Pilgerreise zum Hl. Grab aus Jerusalem mitgebracht hatte.

Jankov (Jankau): Romanisch-gotische Pfarrkirche St. Johannes d. T., Ziegelbau aus dem 3. Viertel des 13. Jhs., restauriert zu Ende des 17. Jhs., St. Anna-Selbdrittstatue aus der 1. Hälfte des 16. Jhs. Zur Erinnerung an die Schlacht vom 6. März 1645 zwischen dem schwedischen Kontingent unter Torstenson und den kaiserlichen Generälen Halzfeld und Götz wurde das tschechische Sprichwort kolportiert: »Siegt wie Götz bei Jankau.« (»Zvítězil jako Gotz (Kec) u Jankova.«). Während der Schlacht von Jankau zeichnete sich Graf Johann Sporck durch besondere Tapferkeit aus. Er wurde schwer verwundet und geriet nach der Schlacht bei Iglau in Gefangenschaft der Schweden. Sporck wurde vom Kurfürsten von Bayern ausgelöst und zum Generalwachtmeister ernannt.

VRCHOTOVY JANOVICE (Janowitz)
Bezirk: Benešov (Beneschau)

Ursprünglich Renaissanceschloß vom Ende des 16. Jhs., umgebaut und im Stiegentrakt mit Malereien von Theodor Dallinger (1762) ausgeschmückt, teilweise regotisiert (1856). Gotische St. Martinskirche aus dem 14. Jh. mit romanischem Turm der älteren Kirche aus der Zeit von 1170–1180. Das Schloß dient Zwecken des Prager Nationalmuseums.

Rainer Maria Rilke war oft Gast der Geschwister Zdenka, Johannes und Karl Nádherný auf Schloß Janowitz. Im Schloß erinnert ein Gedenkraum an die Aufenthalte des Dichters. Zahlreiche Äußerungen belegen die Faszination, die Schloß Janowitz auf Rilke ausübte. In einem Brief schreibt er:

»Auch von Janovic wäre viel zu erzählen. Schon die Wagenfahrt durch den verglasten harten Herbstnachmittag und das naive Land war so schön. [...] Und das war Böhmen, das ich kannte, hügelig wie leichte Musik und auf einmal wieder eben hinter seinen Apfelbäumen, flach ohne viel Horizont und eingeteilt durch die Äcker und Baumreihen wie ein Volkslied von Refrain zu Refrain. Und plötzlich glitt man aus alledem (als führe man mit einem Kahn durchs Wehr) in ein Parktor, und es war Park, alter Park, und kam ganz nahe an einen heran, mit seinem feuchten Herbst. Bis nach mehreren Wendungen, Brücken, Durchblicken, durch einen alten Wassergraben abgetrennt, das Schloß aufstieg, alt, oben zurückgebogen wie aus Hochmut, mit Fenstern und Wappenschildern ungleichmäßig bedeckt, mit Altanen, Erkern und um Höfe herumgestellt, als sollte sie nie jemand zu sehen bekommen.«

Jahrelang stand Karl Kraus (1874–1936) in freundschaftlichem Verkehr mit der Besitzerin des Schlosses Janowitz, der Baronin Sidonie Nádherny. Zwischen beiden entspann sich ein überaus reicher Briefwechsel, der erst in jüngster Zeit der Öffentlichkeit zugänglich gemacht wurde. Aus der Zeit seiner Sommeraufenthalte auf Schloß Janowitz stammt das Gedicht ›Wiese im Park‹:

WIESE IM PARK (SCHLOß JANOWITZ)

Wie wir mir zeitlos rückwärts hingebannt
weil' ich und stehe fest im Wiesenplan,
wie in dem grünen Spiegel hier der Schwan.
Und dieses war mein Land.
Die vielen Glockenblumen! Horch und schau!
Wie lange steht er schon auf diesem Stein,
Der Admiral. Es muß ein Sonntag sein
Und alles läutet blau.
Nicht weiter will ich. Eitler Fuß mach Halt!
Vor diesem Wunder ende deinen Lauf,
Ein toter Tag schlägt seine Augen auf.
Und alles bleibt so alt!

Mladá Vožice (Jungwoschitz)–Neustupov: Romanische Kirche Mariä Himmelfahrt aus dem 11. Jh. mit Turm, Mitte des 13. Jhs. spätromanisch erweitert. Renaissanceschloß aus der Mitte des 16. Jhs. mit gotischem Kern aus dem 14. Jh.

VŠERUBY (Wscherau)
Bezirk: Plzeň (Pilsen)

>Pfarrkirche zum Hl. Geist, spätgotisch, im Schiff Einwölbungen von zwei Feldern durch A. M. Gilmetti (1712–1717), restauriert im 19. und 20. Jh., Turm aus dem Jahre 1837, Hauptaltar als Fresco aus der 2. Hälfte des 18. Jhs., Madonnenplastik aus dem 15. Jh., Grabsteine aus dem 17. und 18. Jh. Friedhofskirche St. Martin, romanisch vom Ende des 12. Jhs., einschiffige Burgkapelle, später diente sie als Pfarrkirche, Tribüne an der Westseite, Interieur aus dem 17. Jh.

Všeruby ist der Geburtsort des deutschböhmischen Priesterdichters Heinrich Suso Waldeck (bürgerlicher Name: Augustin Popp). Er wurde am 3.10.1873 als Nachfahre eines Egerländer Bauerngeschlechts geboren. Seine Gymnasialstudien absolvierte Waldeck in Pilsen, dann erlernte er den Beruf des Bankbeamten. 1895 trat Waldeck in den Redemptoristenorden ein, 1900 wurde er zum Priester geweiht.

Waldeck wurde bekannt als Autor balladesker und grotesker Lyrik, die zwischen der Qual des Unerlösten und volksliedhafter Gottesminne schwankt.

An der Kirche Maria am Gestade (Maria Stiegenkirche, Wien I, Passauerplatz – Salvatorgasse) befindet sich eine Gedenktafel mit Reliefplastik (Basrelief im Stein) für Heinrich Suso Waldeck. Inschrift:

>»Der ich meiner so müd und am vergehen bin mich verlangt nach Dir –
>Du Ewiger Anbeginn.
>Dem Dichter Heinrich Suso Waldeck * 3.10.1873 † 4. 9. 1923«

In Všeruby wurde der österreichische Schriftsteller und Lyriker Alfred Görgl (* 12. 6. 1908) geboren. Er wurde vor allem durch sein Werk ›Gruß an Böhmen‹ (1952) bekannt.

VYSOKÁ U PŘÍBRAMĚ (Wysoka)
Bezirk: Příbram (Prschibram)

>Villenartiges, von einem Naturpark umgebenes Schlößchen aus der Zeit um 1880, jetzt Gedenkstätte des Komponisten Antonín Dvořák (1841–1904), der hier gerne in seinem nahegelegenen Landhaus weilte.

Im Jahre 1884 erwarb Antonín Dvořák in Vysoká, wo sein Schwager Graf Wenzel Kaunitz (Kounic) eine Villa besaß, ein Häuschen, genannt »Ovčín« (Schafstall), mit Garten. Das Häuschen, das sich nun im Besitz seiner Nachkommen befindet, heißt jetzt »Rusalka«.

Dvořak komponierte hier seine Opern ›Rusalka‹, ›Čert a Káča‹ (›Die Teufelskäthe‹), ›Jakobín‹ (›Der Jakobiner‹), die Symphonie ›V přírodě‹ (›In der Natur‹), ›Othello‹ und das kleine musikalische Opus ›Na svaté Hoře‹ (›Am Hl. Berg‹).

1894 kaufte Dvořák für die Kirche in Vysoká eine neue Orgel. Er spielte gerne bei der Frühmesse auf dem Instrument. Im Gedenkbuch der Schule des Ortes steht unter dem 8. September 1894 folgender Eintrag (tsch.):

>»Der berühmte Meister der Musik Dr. Ant. Dvořák schenkte dem hiesigen Gotteshaus eine neue Orgel, die am 8. September eingeweiht und ihrer Bestimmung übergeben wurde.
>Und ich spielte die Orgel! Ant. Dvořák [eigenhändige Eintragung]«

Über Dvořáks Alltag in Vysoká berichtet eine Briefstelle von Jan Hertan (1860–1943), damaliger Forstverwalter des Kaunitzschen Gutes in Vysoká, Ehemann einer Schwester von Frau Dvořák:

»Mein Schwager Dvořák ging während seines Sommeraufenthaltes in Vysoká täglich zeitig früh im Park spazieren – oft weckte er uns schon um 5 Uhr und wunderte sich, daß wir schlafen konnten, wenn die Drosseln unter unseren Fenstern jubilierten. Oft ging er ins Lustschloß oder zu uns ins Jägerhaus, außerdem führte sein Weg oft in die Felder, wohin ihn einer der dortigen jungen Lehrer, Dražan, begleitete, den er schätzte.

Abends ging er ins Gasthaus, das die Bergleute besuchten und erzählte ihnen von seinem Aufenthalt in Amerika, was sie natürlich sehr interessierte. Oft ging er auch in den Nachbarort Třebsko, in die Pfarrkirche, wo er gern auf der Orgel spielte, die er der Kirche zum Gedenken der glücklichen Rückkehr seiner Familie aus Amerika geschenkt hatte.

Im Winter war in Vysoká Ruhe, nur im Walde wurde gearbeitet, aber im Frühjahre und im Sommer, wenn die Ehegatten Kounic und die Familie Dvořák sich einfanden, kam Leben in den Ort. In einer kleinen Villa am Waldesrand wohnte im Sommer lange Jahre hindurch der Dichter Sládek mit seiner Frau und seiner Tochter Helene. Beinahe täglich kamen alle bei uns im Jägerhaus, bei Dvořáks oder vor der Villa der Kounic zusammen und es ging da laut und fröhlich zu; da flüchtete Dvořák gewöhnlich in die Ruhe und Stille des Waldes.

Gern saß er auf dem Hof und beobachtete stundenlang die Scharen schöner Tauben, die sein Stolz und seine Liebe waren.«

Auf Schloß Vysoká starb am 27. Mai 1895 die Schauspielerin Josefína Čermáková. Sie war seit 1873 Mitglied des Großherzoglichen Hoftheaters in Weimar und eine bekannte Bühnenkünstlerin ihrer Zeit. Nach 1877 trat sie in Gastrollen auf tschechischen Bühnen auf. Nach ihrer Verheiratung mit dem böhmischen Aristokraten Dr. Wenzel Grafen Kaunitz lebte sie vorwiegend in Vysoká. Sie war eine Schwester der Konzertsängerin und Ehefrau von Antonín Dvořák, Anna geb. Čermáková (1854–1931), die hier am 14. Juli 1931 verstorben war.

Třebsko bei Vysoká: Gotische Pfarrkirche Mariä Himmelfahrt im 17. Jh. umgebaut, frühbarocker Hochaltar.

VYSOKÉ MÝTO (Hohenmauth)
Bezirk: Ústí nad Orlicí (Wildenschwert)

Königliche Stadt, begründet von Přemysl Ottokar II. um das Jahr 1260 auf unregelmäßigem Grundriß, 1265 bereits befestigt. Leibgedingstadt der böhmischen Königinnen. Drei Tore und Fragmente der Umwallung erhalten. St. Laurentiuskirche vom Ende des 13. Jhs., im 14. Jh. beendet, regotisiert von F. Schmoranz (1875–1892) und J. Mocker (1892–1899) und weiteren bis 1904, Mariä Himmelfahrtsbild am Hochaltar von Peter Brandl (1728). Der Altar von M. V. Jäckel (1700) wurde aus dem Kloster Sedletz hierher übertragen.

In Hohenmauth wurde um das Jahr 1310 Johannes von Neumarkt geboren († 24.12.1380 Leitomischl). Er war im Jahre 1341 Kanoniker in Breslau (Wroclaw), 1344 Pfarrer in Neumarkt bei Breslau, bald darauf Protonotar und Sekretär Karls IV. in Prag. Im Jahre 1353 wurde Johannes von Neumarkt Bischof von Leitomischl und Hofkanzler, im Jahre 1364 Bischof von Olmütz.

Johannes von Neumarkt hat das Buch ›Solognia animae ad Demu‹ unter dem Titel ›Buch der Liebkosungen‹ übersetzt. Seine Briefe über den Hl. Hieronymus sind für die Entwicklung der neuhochdeutschen Schriftsprache von großer Bedeutung. Seine Formelbücher ›Cancellaria‹ und ›Summa cancellaria‹ sind als Quelle für die Kanzleisprache am Hofe Karls IV. besonders wichtig.

In den Jahren 1622–1625 fand der Pädagoge Jan Amos Komenský im Wald Klopot bei Hohenmauth Zuflucht. Eine Sandsteinpyramide erinnert an seinen Aufenthalt.

Hohenmauth ist der Geburts- bzw. Heimatort von drei Mitgliedern der Familie Jireček, die als tschechische Gelehrte im Ausland bedeutende Stellungen einnahmen.

Der tschechische Literaturhistoriker Josef Jireček (1825–1888), Schwiegersohn des Archäologen P. J. Šafařík, war Redakteur der konservativen Zeitung ›Vídeňský deník‹. Zeitweise hielt er den Posten eines Ministerialsekretärs. Als Mitarbeiter an tschechischen, südslawischen und ungarischen Lehrbüchern und Autor zahlreicher Werke über die ältere böhmische Geschichte wurde er bekannt. Besonders interessant ist die von ihm erstellte volkskundliche Landkarte Böhmens (1850).

Sein Sohn, der Altertumsforscher, Slawist und Historiker der Balkanslawen, Konstantin Jireček (1854–1918), war 1881–1882 bulgarischer Unterrichtsminister, 1884 Universitätsprofessor in Prag und 1893 in Wien.

Hermenegild Jireček (1827–1909), der Bruder von Josef Jireček, Rechtshistoriker und Slawist, war zeitweise Minister im Wiener Kabinett. Eine Gedenktafel am Wohnhaus (Jiřečkova ulice 77) erinnert an die erfolgreiche Familie. Inschrift (tsch.):

> »In diesem Hause wurde Hermenegild Jireček, der Begründer der tschechischen und slawischen Rechtsgeschichte, geboren. Dem erfolgreichen Sohn die Heimatgemeinde (* 1827 † 1909).«

In Hohenmauth wurden auch die Brüder Hermenegild und Karel Škorpil geboren, die als Mittelschulprofessoren in Bulgarien tätig waren. Sie begründeten das Archäologische Museum in Warna. Karel Škorpil war erster Direktor des Museums und in der Zeit nach dem Ersten Weltkrieg tschechoslowakischer Konsul in Warna.

Der Philologieprofessor Alois Šembera (1807–1882) stammt aus Hohenmauth.

> **Zámrsk:** St. Martinskirche (1781–1782) anstelle einer gotischen Kirche, Hl. Grabkapelle. Kanzel von J. Pácalt aus der 2. Hälfte des 18. Jhs. Schloß, ursprünglich Feste, erweitert im 17. Jh., Fragmente der Renaissancesgraffitos sind erhalten geblieben, im 18. Jh. erweitert, restauriert in der 1. Hälfte des 20. Jhs. Im Schloss befindet sich eine Zweigstelle des Staatsarchivs. In Zámrsk wurde 1768 der Feldmarschall Ferdinand Graf Bubna geboren.

ZAHRÁDKY (Neugarten)
Bezirk: Česká Lípa (Böhmisch Leipa)

> Renaissanceschloß aus der 2. Hälfte des 16. Jhs., später barockisiert. Dammdurchstich des Großherrnaer Teiches (Novozámecký rybník) mit dem bekannten in den Felsen gehauenen Stollen und »Schluck«, einem wassertechnischen Werk aus der Zeit Karls IV.

Nach der Ermordung Albrecht von Waldsteins wurden alle seine Besitztümer konfisziert. Kaiser Ferdinand II. beließ der Witwe nur die Herrschaft »Neuschloß« (Neugarten) bei Böhmisch Leipa.

»Wie aller andere Besitz Wallensteins, wurde nach seinem Tode auch Neuschloß konfisziert. Die Herzogin Isabella kämpfte zwar die ganze Herrschaft für ihre Tochter frei. Sie selbst hat nach der Bluttat in Eger nie wieder das Schloß betreten, in welchem sie vielleicht die glücklichsten Stunden als Gattin und Mutter verlebt hat. Sie starb 20 Jahre nach ihrem Manne in Wien und liegt in der Augustinerkirche in der Harrachschen Gruft begraben.«
    Josef Bergel, *Wallensteinstätten in Böhmen und Mähren*

Die einzige Tochter Albrecht von Waldsteins, Maria Elisabeth († 1664), verehelichte sich mit Rudolf Freiherr von Kaunitz.

In den Jahren 1717–1722 war Alexander Gluck, der Vater von Christoph Willibald Gluck, als Forstmeister des Grafen Kaunitz in Neugarten beruflich tätig. Sein Sohn, der junge Christoph Willibald (1714–1787), verbrachte hier fünf Jugendjahre.

Der Komponist Wenzel Johann Tomaschek (Tomášek) (1774–1850), der Schwager des Dichters Karl Egon Ebert (1801–1882), weilte im Jahre 1821 in Neugarten, das man auch Neuschloß nannte. Er beschreibt eine Wasserfahrt durch den nahen Höllengrund:

»Nie vergesse ich die Wasserfahrt durch den sogenannten Höllengrund, wo man in einem bequemen Kahne drei Viertelstunde lang angenehm geschaukelt wird und von den auf beiden Seiten bald nah, bald entfernt stehenden, hie und da mit Gesträuch geschmückten Felsenwänden in schauerliches Dunkel gehüllt und von langer Stille begleitet, wie mit einem Zauberschlage sich in freier Landschaft sieht, von wo wenige Schritte hinreichen, um in der Stadt Leipa zu sein.«

ZÁKUPY (Reichstadt)
Bezirk: Česká Lípa (Böhmisch Leipa)

Renaissanceschloß aus der Mitte des 16. Jhs., umgebaut nach 1680. Anläßlich der Adaptierung als Sommersitz für Kaiser Ferdinand V. nach seinem Thronverzicht (1848) wurden die Prunkzimmer um 1850 von Josef Navrátil mit kostbaren Wandmalereien versehen. Kirche St. Fabian und St. Sebastian (1550–1562), 1836 regotisiert. Frühbarocke Kapuzinerkirche (1679–1685).

In Reichstadt trat der junge Kaplan Wenzel Hocke (1732–1808), der spätere Erzdechant von Ober-Politz, für die geknechteten Bauern ein. Er war ein nordböhmischer Eulenspiegel und wurde deshalb auch »Hockenwanzl« genannt.

In den vierziger Jahren des 18. Jahrhunderts war Alexander Gluck, der Vater des Komponisten Christoph Willibald Gluck (1714–1787), Forstmeister in Diensten der Großherzogin von Toskana auf Schloß Reichstadt. Vater Alexander Gluck starb in Reichstadt im Jahre 1747. Der junge Christoph Willibald verlebte hier einige Jugendjahre, bevor er sich im Jahre 1732 zum Studium an die philosophische Fakultät der Prager Universität begab.

In der Kattunfabrik in Reichstadt wurde zu Beginn des 19. Jahrhunderts einer der ersten Arbeiter-Unterstützungsvereine in Böhmen gegründet. Im Jahre 1835 kam es zu einem Streik aus Protest gegen die Beschäftigung von Kindern und Mädchen.

Der Sohn Napoleons I. führte den Titel »Herzog von Reichstadt«, war jedoch niemals auf Schloß Reichstadt.

Während eines Zusammentreffens der Monarchen von Österreich-Ungarn und Rußland, Franz Joseph I. und Zar Alexander II., am 8. Juli 1876 auf Schloß Reichstadt wurde die Frage der endgültigen Anerkennung der Okkupation von Bosnien und Herzegowina beraten und zugunsten Österreichs entschieden. Die sogenannte »Reichstädter Konvention« wurde im Januar 1877 als Militärkonvention in Budapest kodifiziert.

In der Schloßkapelle wurde am 1. Juli 1900 zu nächtlicher Stunde die Ehe des österreichisch-ungarischen Thronfolgers Erzherzog Franz Ferdinand (* 1863 Graz † 1914 Sarajewo) mit Gräfin Sophie Chotek (1863–1914), seit 1909 Herzogin von Hohenberg, vom Religionslehrer des Thronfolgers und späteren Wiener Weihbischof Dr. Gottfried Marschall ohne Prunk und Pracht eingesegnet.

ZBRASLAV (Königsaal)
Bezirk: Praha-Západ (Prag-West)

Aula Regia – Königsaal heißt das von König Wenzel II., dem Minnesänger auf dem böhmischen Königsthron, im Jahre 1292 gegründete Zisterzienserkloster am Zusammenfluß der Moldau und Beraun, an einer Stelle, die vordem sein Jagdsitz gewesen war. Das Kloster wurde von Sedletz besiedelt und im Jahre 1785 säkularisiert. Die jetzigen Gebäude stammen aus dem 1. Drittel des 18. Jhs. (barock, Giov. Santini, Fr. M. Kaňka), Stukkaturen von Tomasso Soldati, Malereien von V. V. Reiner, in den Jahren 1911–1912 von Dušan Jurkovič baulich verändert, jetzt Dependance der Nationalgalerie für die Sammlungen moderner Plastik. Jetzige Klosterkirche St. Jakobus Major (die einstige Marienkirche wurde zerstört), wurde in den Jahren 1650–1654 durch Umbau des gotischen Klostertraktes errichtet, Königsaaler Madonna aus der Zeit um 1360.
Im Kirchenschiff befindet sich ein Denkmal in Gestalt des Přemysl Oráč (Přemysl der Ackermann). In der stilisierten Krone einer Linde sind die mutmaßlichen Schädel des Gründers, seines Sohnes und der Tochter Elisabeth eingefügt. Das Denkmal (J. Štursa und Pavel Janák d. J.) wurde im Jahre 1924 errichtet.
In der St. Jakobskirche befindet sich unter einer Gedenkplatte Erde aus der Schlacht von Crècy (26. August 1346) in Erinnerung an König Johann von Luxemburg, Begründer der Dynastie in Böhmen, der in dieser Schlacht gefallen ist.
Brauhaus 1764 erbaut, 1812 baulich verändert. Das Kloster wurde im Jahre 1785 säkularisiert und vom Fürsten Öttingen-Wallerstein erworben. Über der Stadt beim Friedhof befindet sich die romanische Kirche St. Gallus (Havlín), bereits 1115 erwähnt, 1660 barockisiert. Die einstige Prälatur dient ausländischen Staatsoberhäuptern bei ihren offiziellen Besuchen als Residenz.

Abt Petrus von Zittau (1260–1270), seit 1316 an der Spitze des Klosters, Verfasser einer ›Cronica Aulae Regiae‹ (beendet 1338), gehört zu den bedeutendsten Kirchenfürsten des mittelalterlichen Böhmens. Seine Chronik ist eines der wichtigsten Quellenwerke der mittelalterlichen Geschichte Böhmens.

Auf dem Friedhof von Zbraslav wurde 1305 König Wenzel II. ebenso wie seine Kinder und Nachfolger bestattet. Als letzte fand seine jüngste Tochter, die Königin Elisabeth, Mutter Karls IV., die letzte Přemyslidin auf dem böhmischen Thron, dort ihre letzte Ruhestätte.

In Zbraslav wurde Josef Häusler, ein zu Mozarts Zeiten in Prag stadtbekannter Harfenist geboren. Er traf mit Mozart im Jahre 1787 in der Neuen Gastwirtschaft (Nová hospoda) in der Nähe des Prager Ständetheaters zusammen. Mozart widmete dem Harfenspieler – in Bewunderung und Freundschaft – ein Thema mit Variationen.

Im Jahre 1835 gründete Fürst Friedrich von Öttingen-Wallerstein in Zbraslav die erste gewerbliche Fortbildungsschule mit tschechischer Unterrichtssprache in Böhmen. Mit seinem Tod hörte die Schule auf zu existieren.

Eine Schilderung der schwermütig anmutenden Landschaft um Zbraslav unternahm Max Brod:

»Die ruhige Landstraße von Zbraslav, zu der die beiden einbogen, lag in der Klarheit eines Herbstabends. Milde Luft, wie immer nach dem Regen, mischte sich mit den Ausdünstungen der Bäume und Gräser, mit einem kühlen Windzug, der zeitweilig absetzend über die Schienen von der Moldau heraufwehte, mit Jasminduft aus den Villengärten.«

Max Brod, *Menschliche Gemeinschaft. Die Geschichte einer kleinen Seele*

Rainer Maria Rilke widmete der St. Galluskapelle auf dem Berge Havlín bei Königsaal ein Gedicht.

ZÁVIST

Bezirk: Praha-Západ (Prag-West)

Umfangreiche vorgeschichtliche Burganlage (170 ha) mehrerer Kulturen, auch von den Kelten im 1. Jh. vor Chr. als Oppidum benutzt. Die Grabungen und Absicherungen der Grundmauern dauern im Rahmen eines mehrjährigen Forschungsplans an.

Ostrov (Insula, Inselkloster): Auf einer Moldauinsel bei Davle wurde vom böhmischen Herzog Boleslav II. und seinem Sohn Boleslav III. im Jahre 999 ein Benediktinerkloster gegründet und von Niederaltaich besiedelt. Von dort kam auch sein erster Abt Lambert. Das in vorhussitischer Zeit angesehene Kloster wurde im Jahre 1420 vernichtet. Die Grabungen ergaben die Reste einer romanischen dreischiffigen Basilika aus der Zeit um 1160 und spätromanische Gebäude-Fragmente aus den Jahren 1210–1230. Am rechten Moldauufer wurde die Existenz einer ehemals befestigten Handwerker-Ansiedlung aus dem 12. und 13. Jh. festgestellt, die zum Kloster gehörte, nach dem in den Felsen gehauenen Zugangsweg »Sekanka« benannt. Am linken Moldauufer befindet sich die ursprünglich gotische St. Kilianskirche, erweitert im 14. Jh., neu errichtet nach dem Brand von 1692 mit erhaltenem gotischem Presbyterium.

Průhonice (Pruhonitz): Romanische Kirche Mariä Geburt aus dem Jahre 1187, gotische Wandmalereien aus der 1. Hälfte des 14. Jhs. Renaissanceschloß, zu Ende des 19. Jhs. von J. Stibral umgebaut. Berühmter dendrologischer Park und Arboretum, angelegt vom letzten österreichischen Ackerbauminister Graf Ernst Sylva-Taroucca. Der Maler Hanuš Schwaiger hat das St. Georgsbild auf Schloß Průhonice gemalt. Während eines Besuchs seines Freundes, des damaligen Universitätsprofessors und Abgeordneten T. G. Masaryk, führte der Schloßherr Graf Ernst Sylva-Taroucca, den Masaryk aus dem Wiener Reichsrat kannte, eine Begegnung mit dem christlich-sozialen Parteiführer Professor

Dr. Michael Mayr (1864–1922), Reichsratsabgeordneter und österreichischer Bundeskanzler (1920–1921), herbei.

Jílové u Prahy (Eule): Mittelalterliche königliche Bergstadt, in deren Umgebung schon in Keltenzeit Gold geschürft wurde. Ursprünglich romanische, dann gotische St. Adalbertskirche. Rathaus, turmartige Architektur aus dem 14. Jh., im 18. Jh. barock umgebaut und erweitert. Museum der Technik in Goldbergwerken.

ŽACLÉŘ (Schatzlar)
Bezirk: Trutnov (Trautenau)

Ursprünglich der Name einer Burg aus der Zeit um 1300, nicht befestigter Renaissance-Bau aus dem 16. Jh., später umgebaut. Der Name wurde später auf das Städtchen übertragen, erstmals erwähnt 1334 als Bornfloß, später Bernstadt. Die deutsche Bezeichnung Schatzlar für die Stadt wurde 1854, die tschechische Žacléř im Jahre 1886 amtlich angeordnet. In den Jahren 1636–1773 Jesuitenresidenz des Provinzialates von St. Anna in Wien. Ursprünglich Renaissance-Dreifaltigkeitskirche vom Ende des 16. Jhs., 1732 barock umgebaut und 1750–1760 eine Loreto-Kapelle hinzugebaut. Letzte Reste volkstümlicher Holzarchitektur am Rande der Stadt. Seit dem Ende des 18. Jhs. wurde in Žacléř Kohle gefördert. Im 19. Jh. wurden bis zu 1500 Bergleute beschäftigt. 1879 wurde eine Porzellanfabrik errichtet.

Gemäß Überlieferung verbrachte der große Völkerlehrer Jan Ámos Komenský in Schatzlar vom 2. auf den 3. Februar 1926 seine letzte Nacht auf heimatlichem Boden, bevor er sein Vaterland für immer verlassen mußte.

Der Weg von Prkenný Důl, heute ein Ortsteil von Schatzlar, den Komenský beim Verlassen des Vaterlandes beschritt, heute »Cesta Jana Amose Komenského« genannt, wurde von seinen damaligen deutschen Landsleuten »Amosweg« genannt.

Horní Branná (Branna): Renaissanceschloß aus der Zeit um 1580 mit Sgrafittomalereien. Vor seiner Reise ins Exil lebte Jan Amos Komenský eine Zeitlang als Gast der Familie Záruba von Hustiřany auf Schloß Branna. Spätgotische Wehrkirche St. Nikolaus mit Renaissanceturm mit Gedenktafel für Komenský. Barockes Spital mit Kapelle St. Aloisius (1709–1710) und neuromanischer Gruftkapelle der Grafen Harrach (1844–1848 von J. Herkner).

ŽAMBERK (Senftenberg)
Bezirk: Ústí nad Orlicí (Wildenschwert)

Große barocke St. Wenzelskirche (1729–1738). Renaissanceschloß um 1600 erbaut, 1810–1814 umgebaut. Museum.

In Žamberk an der Wilden Adler (Divoká Orlice) steht das Geburtshaus des Prämonstratenserpriesters Pater Prokop Diviš (* 1. 8. 1696 † 21. 12. 1765 Přímětice). Der leidenschaftliche Naturwissenschaftler erfand unabhängig von Benjamin Franklin einen Blitzableiter. Er war als Pfarrer in Přímětice bei Znaim tätig. Sein Geburtshaus ist als Gedenkstätte eingerichtet.

Am Hauptplatz (Mírové náměstí) steht das Geburtshaus des Physikers August Jan Bedřich Seydler (* 1. 6. 1849). Seydler besuchte die Schulen der Piaristen in Prag, wurde Universitätsprofessor für theoretische Physik und war Autor von Lehrbüchern dieser wissenschaftlichen Disziplin.

Im Schloßpark steht die von der Familie des Herrschaftsbesitzers Baron Richard Parish im Jahre 1844 für den dänischen Astronomen Theodor Brorsen (* 1819 Norburk auf Alsen) erbaute Sternwarte. Brorsen hat hier mehrere Sterne entdeckt und über seine Arbeiten in den ›Astronomischen Nachrichten‹ berichtet.

An dieser Sternwarte war später auch der Gymnasialprofessor Paul Hackel tätig, welcher den von Le Verrier berechneten und am 23. 9. 1846 von Galle in Berlin entdeckten Planeten Neptun am 9. Oktober 1846 zum ersten Mal in Böhmen beobachtete.

In Žamberk wurde der tschechische Schriftsteller und Übersetzer Eduard Albert (1841–1900) geboren. Der Professor der Chirurgie an der Innsbrucker, seit 1881 an der Wiener Universität, trat vor allem als Übersetzer hervor. Er trug wesentlich zur Kenntnis der tschechischen Literatur im Ausland bei, indem er tschechische Autoren des 19. Jahrhunderts ins Deutsche übertrug. Sehr bemerkenswert ist auch seine Edition ›Poesien aus Böhmen‹ (1893 und 1895).

Albert war seit 1895 Herrenhausmitglied. Er praktizierte als einziger Arzt im damaligen Österreich die von Josef Lister entdeckte antiseptische Methode. Die erste antiseptische Operation nahm Albert an seiner damaligen Klinik in Innsbruck am 27. Oktober 1875 vor. Im Jahre 1888 führte er die ersten Impfungen gegen Tollwut durch. Albert starb in der Nacht vom 25. auf den 26. September 1900 in seiner Villa in Žamberk. Seinem Wunsch gemäß wurde er in der Familiengruft in Žamberk bestattet. Nach Jahresfrist wurden seine sterblichen Überreste auf Veranlassung der Wiener Regierung auf den Zentralfriedhof in Wien überführt, wo er in einem Ehrengrab nahe jenem seines Landsmannes Dr. Emil Holub beigesetzt wurde. Sein Grabmal auf dem Wiener Zentralfriedhof stammt vom tschechischen Bildhauer A. Štafl (1902).

ŽATEC (Saaz)
Bezirk: Louny (Laun)

Ursprünglich eine slawische Burgstätte des Stammes der Lutschanen, später der Prager Přemysliden, erstmals erwähnt im Jahre 1004, oft Sitz von böhmischen Teilfürsten. Die Kirche Mariä Himmelfahrt aus dem 11. Jh., erbaut aus der Přemysliden-Burg, 1340 spätgotisch umgebaut, ist die Hauptkirche der Stadt. Die Seelsorge wird von den Prämonstratensern des Stiftes Strahov in Prag besorgt. Die Stadt wurde um 1250 als königliche Stadt gegründet. Reste der gotischen Stadtbefestigung und Bürgerhäuser aus Gotik, Renaissance und Barock sind erhalten geblieben. Saaz war besonders eifrig der hussitischen Partei ergeben. Nach dem Dreißigjährigen Krieg wurde die Stadt vorwiegend deutsch, blieb durch Jahrhunderte Kreisstadt und erlebte ihre besondere Blüte seit dem 18. Jh. als Mittelpunkt der böhmischen Hopfen-Region.

> »Ich nenne mich einen Ackermann, von der Vogelfeder nehme ich meinen Pflug, ich wohne im Lande zu Böhmen.«
>
> Johannes von Saaz, *Der Ackermann und der Tod*

Johannes von Tepl, auch Johannes von Saaz genannt, schrieb als Stadtschreiber und Notar zu Saaz um 1400 das bedeutendste literarische Werk des Frühhumanismus in deutscher Sprache, seinen großartigen Dialog ›Der Ackermann und der Tod‹. Die tschechische Literatur kennt ein Gegenstück zu dieser Dichtung im ›Tkadleček‹.

Saaz ist der Geburtsort des böhmischen Historikers Karl Raphael Ungar (1743–1807), Prämonstratenser-Ordenspriester und Bibliothekar des Stifts Strahov. Im Jahre 1780 wurde er von Maria Theresia zum Direktor der Prager Universitätsbibliothek ernannt. Er verließ Strahov, wurde Weltpriester und Rektor der Universität. Ungar wird als Begründer der Prager Universitätsbibliothek bezeichnet. Er hat Bohuslav Balbíns ›Bohemia docta. Partes 3. Pragae 1776–1780‹ herausgegeben.

Goethe äußerte sich begeistert beim Anblick des Stadtplatzes von Saaz (Abb. 92) am 6. August 1810:

> »Der Marktplatz mit seinen Bürgerhäusern gleicht den schönsten Plätzen der Städte Frankens – eine wahrhaft schöne Stadt«.

Am 1. August 1812 reiste Goethe wieder durch Saaz und nahm für seine Ehefrau Christiane einige Krüge Hopfensalat mit.

> **Libočany (Libotschan):** Barocke Kirche Allerheiligen (1749–1769), illusiver Altardekor von V. Tschoeper (1773). Barockes Schloß aus der Zeit um 1770, Landschaftsszenen von V. Tschoepper. Geburtsort des tschechischen Chronisten Václav Hájek von Libočany, Autor der ›Böhmischen Chronik‹ (1539). Im Sommer 1808 beschäftigte sich Goethe erstmals mit Hájeks ›Böhmischer Chronik‹.

ŽEHUŠICE (Schehuschitz)
Bezirk: Kutná Hora (Kuttenberg)

> Renaissanceschloß aus dem 16. Jh., sogenanntes »Altes Schloß«, frühbarockes »Neues Schloß«, erbaut nach 1670 von Francesco Caratti, Umbau im Empire-Stil 1826. Wildgehege.

Žehušice ist der Geburtsort von Jan Štich, berühmt geworden in seiner Zeit unter dem Namen Giovanni Punto (1748–1803). Er war bedeutender Komponist und Virtuose auf dem Waldhorn. Štich war mit Ludwig van Beethoven befreundet. Er war als Unfreier aus der Erbuntertänigkeit entflohen und verbarg sich darum unter dem angenommenen italienischen Namen. An seinem Geburtshaus befindet sich eine Gedenktafel.

ŽELEZNÝ BROD (Eisenbrod)
Bezirk: Semily (Semil)

Altes Pfarrdorf an der Iser, im Jahre 1500 zum Städtchen erhoben. Mittelpunkt jahrhundertelanger Glasmanufaktur im Isergebirge, der später von Gablonz überflügelt wurde. St. Jakobskirche an Stelle eines Kirchenbaus aus dem 14. Jh., zuletzt erweitert und umgebaut im Jahre 1762 (J. J. Volkert), Hochaltar aus Slivenetzer Marmor und Glas, nach einem Entwurf von R. Klenka (1932–1933), Glasmalereien von Z. Juna (böhmischer Landespatron), St. Jakobsstatue von D. Pešan, gotische Pieta aus der Zeit um 1400 (restauriert 1932). Spätbarocker Karner auf dem alten Friedhof auf achteckigem Grundriß (1764). Hölzerner Glockenturm. Kirche St. Johannes von Nepomuk auf einer Anhöhe über der Stadt (»Pouště«), erbaut 1769 von J. J. Volkert auf kreuzförmigem Grundriß, Hauptaltar in illusiver Technik aus der gleichen Zeit.
In der Krypta befindet sich die Familiengruft der Grafen Defours.
Rathaus erbaut von J. Zeyer (1890). Glasfachschule erbaut von A. Vosátka mit Dekor von J. Brychta. Bethaus der Brüdergemeinde (Jednota bratrská, Herrnhut) erbaut 1925. Das Sparkassengebäude am Hauptplatz, erbaut im Jahre 1936 (Architekten Freiwald und Böhm) mit Plastiken an der Balustrade wurde in der Art der Anastylose an der Fassade mit der Hausfront eines Hauses der volkstümlichen Architektur des Isergebirges (1792) versehen.
Im Gebäude befindet sich das Volkskundliche Museum des Oberen Iserlandes »Národopisné museum Horního Pojizeří« (Glas- und Perlmanufaktur, Holzplastik und Krippenkunst) und eine Galerie mit einem bedeutenden Fond tschechischer Maler der neueren Zeit. Hotel Cristal, erbaut von den Architekten Stalmach und B. Svoboda (1943). Reste der einstigen Holzarchitektur des Isergebirgstypus (Ortsteil Trávníky). Denkmal der Glasindustrie von J. Brychta.
Drei Brunnen und zahlreiche sakrale Freiplastiken.

In Eisenbrod lebte der Architekt Professor Alois Metelák, bedeutender Pädagoge der hiesigen Glasfachschule.

ŽELIV (Selau)
Bezirk: Pelhřimov (Pilgram)

In das einstige Benediktinerkloster, das um 1145 gegründet wurde, kamen im Jahre 1148/49 auf Veranlassung des Olmützer Bischofs Heinrich Zdik sowie des Herzogs und späteren Königs Ladislav Prämonstratenser (Regia Canonica Silvensis). Die Abteikirche Mariä Geburt und das Konventgebäude wurden in den Jahren 1713 – 1726 von Giov. Santini in barocker Gotik umgebaut.
Bei der Kanonie befindet sich die Trčka-Burg aus der zweiten Hälfte des 16. Jhs. Sie rührt aus der Zeit um 1468 bis 1622, als sich die Klosterherrschaft in weltlichen Händen befand.

In Selau wirkte der hussitische Priester der Prager radikalen Fraktion Jan Želivský (Johann von Selau), der auch Johannes von Humpolec genannt wurde.

Zu den bedeutendsten Kindergräbern in den Böhmischen Ländern gehört das Grab des 11jährigen Oldřich, Sohn des Komponisten František Škroup, Autor der tschechischen Nationalhymne, das sich auf dem Friedhof in Selau befindet.

ŽINKOVY (Schinkau, Scheinkam)
Bezirk: Plzeň-Jih (Pilsen-Süd)

Schloß aus dem 17. Jh., umgebaut und erweitert um 1900 in historisierender Manier von der Wiener Firma Fellner und Helmer. Barocke St. Wenzelskirche (1736 F. J. Prée) mit bedeutendem plastischen Schmuck von Lazarus Widmann (1735–1768).

Im sogenannten »Alten Schloß« (Schulgebäude) hat um 1860 der tschechische Schloßkaplan Roman Václav Voříšek (1821–1893) Adalbert Stifters ›Hochwald‹ ins Tschechische übersetzt. Die tschechische Übersetzung erschien im Jahre 1862 unter dem Titel ›Vysoký les‹ in der damals einzigen tschechischen belletristischen Zeitschrift ›Lumír‹. Roman Václav Voříšek beendete sein Leben als Schloßkaplan von Křivoklát (Pürglitz) und ruht auf dem dortigen Ortsfriedhof.

ŽLUTICE (Luditz)
Bezirk: Karlovy Vary (Karlsbad)

Kirche St. Peter und Paul, gotisiert (1350). 13 Grabsteine adeliger Familien aus der Zeit um 1560. Gruft der adeligen Familie Kokotek. Barockes Interieur nach 1650. Wandmalereien St. Katharina und Margarethe aus der 1. Hälfte des 15. Jhs., barocke zweimanualige Orgel (1774). Pfarrhaus. Dreifaltigkeitssäule. Brunnen. Museum.

Luditz ist der Geburtsort des tschechischen Malers Václav Špála (1885–1946). Sein Ehrengrab befindet sich in der Gruft Slavín auf dem Vyšehrad in Prag.

Ortsregister

A

Adersbach s. Adršpach
Adlerkosteletz s. Kostelec nad Orlicí
Adršpach (Adersbach) 15, 30, 189, 275
Agram s. Zagreb
Albendorf 284, 285
Albrechtice nad Vltavou (Albrechtitz) 19
Albrechtice u Sušice (Albrechtsried) 193
Albrechtitz s. Albrechtice nad Vltavou
Albrechtsried s. Albrechtice u Sušice
Alt Zetlitsch s. Staré Sedliště
Altbunzlau s. Stará Boleslav
Altdorf 92
Altenberg 56
Altenburg 103
Altgedein 241
Altlerchenfeld 229
Altovadum s. Vyšší Brod
Altpilsenetz s. Starý Plzenec
Altreisch s. Stará Říše
Alt-Trautenau s. Horní Staré Město
Amalfi 189
Amschelberg s. Kosova Hora
Andělská Hora (Engelsberg) 16
Anín 121
Ansbach 209
Aquileja Bohemorum s. Vodňany
Arbesau s. Varvažov
Arcis 136
Arnau s. Hostinné
Asch s. Aš
Aschaffenburg 36
Askiburgion 222
Aspern 199
Assisi 198
Aš (Asch) 16 ff.
Augsburg 34, 187
Aupa s. Trutnov
Auscha s. Úštěk
Auschwitz 271, 278
Aussee 236
Auspitz s. Hustopeče
Aussig an der Elbe s. Ústí nad Labem
Außergefild s. Kvilda
Avignon 20

B

Bad Liebwerda s. Lázně Libverda
Bakov 139
Bamberg 28, 104
Bar sur Aube 136
Basel 107
Bauschwitz s. Bohušovice
Bautzen 134
Bayreuth 180, 274
Bayrisch Eisenstein s. Železná Ruda
Bechyně (Bechin) 18 f., 269
Bečov nad Teplou (Petschau) 92
Bečváry 148
Bělá pod Bezdězem (Weißwasser) 186
Benátky nad Jizerou (Benatek an der Iser) 19 f.
Benešov (Beneschau) 20 f., 95, 127, 155, 205, 226, 246, 297-299
Benešov nad Černou (Německý Benešov, Deutsch Beneschau) 113
Benešov nad Ploučnicí (Bensen) 60, 68
Beraun s. Beroun
Bergreichenstein s. Kašperské Hory
Berkenstein s. Sloup
Berlin 37, 53, 83, 100, 107, 108, 112, 126, 133, 136, 142, 183, 195, 199, 219, 220, 233, 275, 283, 287, 307
Bernstadt s. Žaclér
Beroun (Beraun) 22, 23, 98, 117, 128, 192, 259, 278, 283
Bethlehem 145, 239
Bezděkov (Bezdiekau) 24
Bezděz (Bösig) 139, 156, 173, 186
Bezdiekau s. Bezděkov
Bezdružice (Weseritz) 24
Bílina (Bilin) 74, 76
Birnai s. Brná nad Labem
Bischofteinitz s. Horšovský Týn
Blaník 226
Blankenburg 15
Blansko 176, 257
Blatná 94, 95, 203
Blatno (Platten) 25
Blühnbach 128
Bodenbach s. Podmokly
Bodisch 15
Böhmisch Aicha s. Český Dub
Böhmisch Budweis s. České Budějovice
Böhmisch Kamnitz s. Česká Kamenice
Böhmisch Krumau s. Český Krumlov
Böhmisch Leipa s. Česká Lípa

B   B–C   Ortsregister

Böhmisch Lhotitz s. České Lhotice
Böhmisch Skalitz s. Česká Skalice
Böhmisch Sternberg s. Český Šternberk
Böhmisch Trübau s. Česká Třebová
Bohosudov (Mariaschein) 25 f., 74
Bohušovice (Bauschwitz) 166, 278
Bologna 84, 168
Bon Repos 20
Bonn 16, 70, 107
Bor (Haid) 231
Borek s. Červený Hrádek
Bornfloß s. Žaclér
Borotín u Tábora (Borotin bei Tábor) 26 f.
Borová 85
Bořeň (Borschen) 76
Bösig s. Bezděz
Boží Dar (Gottesgab, Wintersgrün) 27 f.
Brandeis an der Adler s. Brandýs nad Orlicí
Brandýs nad Labem (Brandeis an der Elbe) 257 f.
Brandýs nad Orlicí (Brandeis an der Adler) 28
Branna s. Horní Branná
Bratislava (Preßburg) 199
Braunau s. Broumov
Breda 173
Bregenz 204, 274
Bremen 53
Brenditz s. Přímětice
Breslau 15, 33, 53, 169, 183, 203, 301
Brienne 136
Brixen 85
Brná nad Labem (Birnai) 28 f.
Brno (Brünn) 48, 56, 61, 108, 177, 249, 278
Brod (Furt) 22
Broumov (Braunau) 15, 29 ff., 59, 97, 189, 275
Brschesnitz s. Březnice
Bruky 237
Brünn s. Brno
Brüx s. Most
Brzezina s. Březina
Břazy u Rokycan 234
Břeh 206
Břevnov 29, 31, 119, 245
Březina (Brzezina) 32 ff., 265
Březiny u Poličky 223
Březnice (Brschesnitz) 34
Březno (Priesen) 34 f.
Březová 209
Buchberg s. Bukovec
Buchenwald 271
Buchofteinitz s. Horšovský Týn
Buckov s. Buštěhrad
Budapest 52, 96, 304
Budeč (Budetsch) 119

Budyně nad Ohří (Budin an der Eger) 35, 165
Bujanov 240
Buková Hora (Zinkenstein) 35 f.
Bukovany (Bukowan) 36 f.
Bukovec (Buchberg) 37 f.
Bukovina 205
Bukowan s. Bukovany
Bürglitz s. Křivoklát
Bürgstein s. Sloup
Buštěhrad (Buschtiehrad, Buštěves, Buckov) 38 f.
Buttelstedt bei Weimar 71
Bylany 146
Bystřany bei Teplitz 23

C

Cadix 53
Callau 136
Camburg 222
Celje 53
Cerhenice bei Plaňany 215
Certlau s. Rybník
Certlov s. Rybník
Chabařovice (Karbitz) 275
Chacholice 50
Chalupy (Friedrichsthal) 72
Cheb (Eger) 16, 18, 39 ff., 55, 74, 76-78, 87, 110, 115, 116, 121, 139, 149, 164, 171, 175, 179, 197, 255, 263, 303
Chelčice 298
Chemnitz 102
Chicago 34
Chiesch s. Chýše
Chlum b. Hradec Králové 97
Chlum nad Ohří (Chlum sv. Máří, Maria Kulm) 45 f.
Chlum u Třeboně (Chlumetz) 109
Chlumec (Kulm) 35, 46, 136, 228, 244, 275
Chlumec nad Cidlinou (Chlumetz) 97, 222
Chlumetz s. Chlum u Třeboně
Chocenice 122
Chodenschloß s. Trhanov
Chodová Planá (Kuttenplan) 92, 213
Chomutov (Komotau) 25, 34, 47 f., 57, 58, 84, 104, 110, 185, 219, 294
Chotěboř (Chotieborsch) 48, 197
Chotěšov (Choteschau) 71
Chotieborsch s. Chotěboř
Chotice (Chotuc) 141
Chotiněves 292
Chotouň 126
Chotuc s. Chotice
Chotusice (Chotusitz) 148
Choustníkovo Hradiště (Kukus Gradlitz) 146

Chraschtiz s. Chraštice
Chrast 48 ff.
Chrastava (Kratzau) 50 ff., 80, 86
Chraštice (Chraschtiz) 212
Christophsgrund s. Údolí sv. Kryštofa
Chrudim 48, 52 f., 88, 248, 250
Chřibská (Kreibitz) 53 f.
Chudenice 54
Chvatěruby u Kralup nad Vltavou 296
Chvojen 21
Chýnov 54 f., 214
Chýše (Chiesch) 55
Cínovec (Cinvald, Zinnwald, Vorderzinnwald, Hinterzinnwald) 55 f.
Citoliby 162
Claiga 105
Colonia circa Albiam s. Kolín nad Labem
Comoravium s. Komárov
Cosmanos s. Kosmonosy
Crécy 304
Ctiněves 243
Czernowitz 229

Č

Čachovice 294
Čáslav (Tschaslau) 56 f., 108, 124, 199
Častolovice (Tschastolowitz) 224
Čechtice 203
Černousy (Tschernhausen) 80
Čertová stěna (Teufelswand) 82
Červená Lhota (Rothlhota) 68
Červené Pečky (Rothpetschkau) 57
Červené Poříčí 229
Červený Hrádek (Schloß Rotenhaus) 25, 57 ff., 58
Červený Kostelec (Rothkosteletz) 30, 59
Červený Zámek s. Krakovec
Česká Kamenice (Böhmisch Kamnitz) 59 f.
Česká Lípa (Böhmisch Leipa, Lipá, Lipé) 35, 60, 91, 101, 139, 153, 182, 249, 266, 303
Česká Skalice (Böhmisch Skalitz) 60 f.
Česká Třebová (Böhmisch Trübau) 28, 61
České Budějovice (Böhmisch Budweis) 62 f., 70, 88, 93, 113, 184, 185, 194, 212, 240, 242, 243, 260, 289
České Lhotice (Böhmisch Lhotitz) 53
Český Dub (Böhmisch Aicha) 63
Český Krumlov (Böhmisch Krumau) 64 ff., 70, 81, 89, 90, 93, 112, 154, 240
Český Šternberk (Böhmisch Sternberg) 297
Češov 107

D

Dachau 28, 264
Dalovice (Dallwitz) 66
Dašice (Daschitz) 206
Děčín (Tetschen an der Elbe) 59, 67 f., 133, 134, 139, 181, 252, 273, 293, 296
Delft 172
Deschtna s. Deštná
Desná 100
Deštná (Deschtna) 68 f.
Deutsch Beneschau s. Benešov nad Černou
Deutsch Gabel s. Jablonné v Podještědí
Deutsch Hradischt 206
Deutschbrod s. Havlíčkův Brod
Dimokur 141
Dittersbach 15
Diváky b. Hustopeče 108
Dlouhý Most-Jeřmanice (Langenbruck) 268
Dobrovice (Dobrowitz) 57
Dobrschisch s. Dobříš
Dobruška 31, 150
Dobříš (Dobrschisch) 69
Dobřív 233
Doksany (Doxan) 70
Dolánky u Turnova 98
Dolní Dvořiště (Unterhaid) 70 f.
Dolní Lukavice (Unter Lukawitz) 71
Dolní Ročov 173
Domažlice (Taus) 72, 92, 218, 241, 265, 281
Donaueschingen 179
Doubravka (Doubraken) 217
Doxan s. Doksany
Dražice 20
Dreidorf 206
Dresden 28, 29, 44, 55, 60, 66, 114, 115, 136, 157, 160, 165, 174, 177, 194, 199-201, 227, 272, 274, 276, 277, 291
Držkov 100, 101
Dubí (Eichwald) 56, 74
Dubice (Dubitz) 292
Duchcov (Dux) 72 ff., 185
Duschnik s. Trhové Dušníky
Düsseldorf 231
Dux s. Duchcov
Dvůr Králové nad Labem (Königinhof an der Elbe) 145, 192

E

Ebrach 191
Edinburgh 260
Eger s. Cheb
Ehrenbreitstein 36
Eichwald s. Dubí

Eisenberg s. Jezeří
Eisenbrod s. Železný Brod
Elbekosteletz s. Kostelec nad Labem
Elbeteinitz s. Týnec nad Labem
Elbogen s. Loket
Eleonorenheim s. Lenora
Elischau s. Nalžovy
Ellischau s. Nalžovy
Engelsberg s. Andělská Hora
Engel(s)haus s. Andělská Hora
Erfurt 57
Eule s. Jílové u Prahy

F

Falkenau s. Sokolov
Falknov s. Sokolov
Fallersleben 160
Flinsberg 196
Florenz 189
Frankfurt a. M. 72, 117, 136, 141, 149, 281
Františkovy Lázně (Franzensbad) 44, 76 f., 117, 129
Frauenberg s. Hluboká nad Vltavou
Frauenthal s. Pohled
Frauntál s. Pohled
Freiberg 103, 196, 262
Freiburg im Breisgau 136
Freistadt/Oberösterreich 71
Friedberg s. Frymburk
Friedland in Böhmen s. Frýdlant v Čechách
Friedrichsthal s. Chalupy
Frohsdorf 39
Frýdlant v Čechách (Friedland in Böhmen) 38, 42, 78 ff., 80, 86, 105, 196, 251
Frymburk (Friedberg) 81 f., 90
Fulnek 28, 49, 96, 183
Fürstenbrunn 103
Furt s. Brod

G

Gablonz an der Neisse s. Jablonec nad Nisou
Gedein s. Kdyně
Geiersberg s. Kyšperk
Gelnhausen 99
Germania 157
Gitschin s. Jičín
Glatz s. Kladsko
Glogau 284
Goethův kamen (Goethestein) 18
Golčův Jeníkov (Goltsch Jenikau) 83
Gotha 20, 101, 183
Gottesgab s. Boží Dar

Graslitz s. Kraslice
Gratzen s. Nové Hrady
Graupen s. Krupka
Graz 171, 198, 276, 303
Grenoble 266
Grimma 124
Groß Meseritsch s. Velké Meziříčí
Groß Priesen s. Velké Březno
Groß Rohosetz s. Hrubý Rohozec
Groß Ullersdorf s. Velké Losiny
Großdorf 31
Grulich s. Králíky
Gründlsee 239
Grüneberg s. Zelená Hora
Grünhain 103
Grüssau s. Hrusow
Grußbach bei Znaim s. Hrušovany nad Jevíšovkou
Gunstdorf 206
Gütersloh 107
Györ 80

H

Haan s. Háj
Haid s. Bor
Haida s. Nový Bor
Haindorf s. Hejnice
Háj (Haan) 75
Hájek (Waldel) 84
Halle 145, 278
Hambach 117
Hamburg 53, 140, 183, 197
Hameln 143
Harrachov (Harrachsdorf) 77, 269
Hartenberg s. Hřebeny
Hasela 242
Hasenburg s. Házmburk
Hasištejn (Hassenstein) 84
Haslau 18
Hassenstein s. Hasištejn
Hauptmannsdorf 15, 31
Havlíčkův Brod (Deutschbrod) 48, 78, 83, 85, 99, 163, 196, 226, 227, 266
Havransko 222
Házmburk (Hasenburg) 161
Heidelberg 284
Heilbronn 277
Heilig Kreuz 264
Heiligenkreuz s. Svatý Kříž
Heiliger Berg s. Svatá Hora
Hejnice (Haindorf) 86, 152, 153
Hermanitz s. Heřmanice
Herschmanitz s. Heřmanice
Herschmann-Miestez s. Heřmanův Městec

Hertenberg s. Hřebeny
Heřmanice (Herschmanitz, Hermanitz) 79, 86 f.
Heřmanův Městec (Herschmann-Miestec) 88, 145
Hinterzinnwald s. Cínovec
Hirsau 264
Hlásná Lhota 162
Hlavenec 258
Hluboká nad Vltavou (Frauenberg) 88
Hochchlumetz s. Vysoký Chlumec
Hochheim 136
Hochwartl s. Stráž u Domažlic
Hodějov 89
Hodkovice (Liebenau) 268
Hohenfurt s. Vyšší Brod
Hohenmauth s. Vysoké Mýto
Holice (Holitz) 206, 207
Holitz s. Holice
Horaždovice (Horaschdowitz) 193
Höritz s. Hořice na Šumavě
Horkheim 277
Horní Branná (Branna) 306
Horní Litvínov (Oberleutensdorf) 76, 157
Horní Planá (Oberplan) 64, 89 f., 113
Horní Police (Ober-Politz) 91, 303
Horní Slavkov (Schlaggenwald) 92, 230
Horschin s. Hořín
Horschitz s. Hořice v Podkrkonoší
Horschowitz s. Hořovice
Horsitz s. Hořice v Podkrkonoší
Horšovský Týn (Bischofteinitz) 72, 241
Hory Matky Boží (Muttergottesberg) 61
Hořice na Šumave (Höritz) 93
Hořice v Podkrkonoší (Horschitz, Horsitz) 94 f.
Hořín (Horschin) 155
Hořovice (Horschowitz) 95 f., 228
Hostinné (Arnau) 145
Hoštice 262
Houska 156
Hrabišín s. Duchcov
Hradec Králové (Königgrätz) 30, 48, 49, 87, 94, 96 f., 127, 132, 199, 220, 267, 276, 297
Hrádek 97
Hradsko 156
Hranice (Mährisch Weißkirchen, Weißkirchen) 41
Hrazany 230
Hrob (Klostergrab) 46, 74, 97
Hrobitsch s. Robeč
Hronov 31
Hroznětín 117
Hrubá Lhota 108
Hrubý Rohozec (Groß Rohosetz) 98
Hrusow (Grüssau) 15

Hrušovany nad Jevíšovkou (Grußbach bei Znaim) 234
Hřebeny (Hartenberg, Hertenberg) 256
Hubenov 133
Hudlice (Hudlitz) 98
Humpolec (Humpoletz) 99 f.
Humprecht b. Sobotka 253-255
Husinec (Husinetz) 225
Hustopeče (Auspitz) 108
Hvězda (Stern) 31

I

Iglau s. Jihlava
Innsbruck 53, 307
Inselkloster s. Ostrov
Insula s. Ostrov
Ischl 236

J

Jabkenice 184
Jablonec nad Nisou (Gablonz an der Neisse) 37, 100, 101, 247, 309
Jablonné v Podještědí (Německé Jablonné, Deutsch Gabel) 57, 101 f.
Jáchymov (Joachimstal, Sankt Joachimstal) 27, 102 f., 115
Jakub (Sv. Jakub, Hl. Jakob) 148
Jankov (Jankau) 188, 298
Janowitz s. Vrchotovy Janovice
Jaroměř 87
Jaroměřice nad Rokytnou 219
Jemniště (Jemnitscht) 21
Jena 41, 76, 77, 137
Jenišovice 103
Jerusalem 148, 241
Jeschken s. Ještěd
Ješitboř s. Šitboř
Ještěd (Jeschken) 160
Jezerní stěna (Seewand über dem Plöckensteinsee) 90
Jezeří (Eisenberg) 47, 103 f.
Jezvé (Neustadtl) 91
Jičín (Gitschin) 74, 78, 79, 94, 105 f., 162, 184, 253, 267, 288
Jihlava (Iglau) 83, 99, 287, 298
Jílové u Prahy (Eule) 306
Jimramov 107 f.
Jindřichův Hradec (Neuhaus, Nova domus) 68, 108 f., 150, 260
Jitschin s. Jičín
Joachimstal s. Jáchymov
Josefov (Josefstadt) 87, 276

J–K   K   Ortsregister

Josefův Důl (Josefsthal) 101, 138, 139
Jungbunzlau s. Mladá Boleslav
Jungwoschitz s. Mladá Vožice

K

Kačerov (Kacerov) 133, 216
Kačina (Katschina) 109
Kadaň (Kaaden) 110 f.
Kaleh 48
Kalich (Kelch) 287, 288
Kaliště (Kalischt, Schönfeld) 111
Kamaik 261
Kámen 270
Kamenice nad Lipou (Kamenitz an der Linde) 112, 266, 282
Kamenz 102
Kanina 156
Kaplice (Kaplitz) 71, 112 f., 133
Kaplitz s. Kaplice
Karbitz s. Chabařovice
Karlovský Bělehrad 259
Karlovy Vary (Karlsbad) 16-18, 27, 45, 52, 55, 66, 68, 74, 84, 96, 102, 113 ff., 129, 160, 170, 171, 178, 179, 191, 204, 211, 255, 259, 268, 271, 273, 274, 293, 310
Karlsberg s. Kašperk
Karlskrone s. Radyně
Karlsruhe 40, 41
Karlštejn (Karlstein) 117 f.
Kasan 72, 241
Kašperk (Karlsberg) 193
Kašperské Hory (Bergreichenstein) 121
Katschina s. Kačina
Kdyně (Gedein) 241
Keilberg s. Klínovec
Kelch s. Kalich
Kladno 38, 84, 119, 163, 249
Kladruby (Kladrau) 264
Kladsko (Klodsko, Glatz) 126, 132, 188, 206
Klapý s. Házmburk
Klášter (Kloster) 151
Klášter Hradiště nad Jizerou (Kloster an der Iser) 120
Klášter Teplá s. Teplá
Klášterec nad Ohří (Klösterle) 84
Klatovy (Klattau) 24, 54, 72, 119, 120 f., 190, 192
Klattau s. Klatovy
Klecany 238
Kleindorf 206
Kleiner Hl. Berg s. Malá Sv. Hora
Kleinskal s. Vranov
Klenová (Klenau) 121
Klettau 237

Klingenberg s. Zvíkov
Klínovec (Keilberg) 27
Klobuky 162
Klodsko s. Kladsko
Klokoty (Klokot) 269
Klopoty 28
Kloster s. Klášter
Kloster an der Iser s. Klášter Hradiště nad Jizerou
Klosterbruck s. Louka
Klostergrab s. Hrob
Klösterle s. Klášterec nad Ohří
Klosterneuburg 151
Koblenz 216
Kocanda s. Komárov
Kochovice (Kochowitz) 169
Kohl-Janowitz s. Uhlířské Janovice
Kokořín (Kokorschin) 156
Kolín nad Labem (Colonia circa Albiam, Kolin an der Elbe) 21, 57, 122 ff., 198, 214, 289
Köln 108
Koloděje (Koloděj) 127, 289
Komárov (Comoravium, Komorau) 127
Komařice (Komarschitz) 241
Komorau s. Komárov
Komotau s. Chomutov
Kondrac (Kondratz) 226
Königgrätz s. Hradec Králové
Königinhof an der Elbe s. Dvůr Králové nad Labem
Königlich Freybauern im Tale am Stachauer Bach s. Stachy
Königsaal s. Zbraslav
Königsberg an der Eger s. Kynšperk nad Ohří
Königshof s. Králův Dvůr
Königswalde s. Království
Königswart s. Kynžvart
Konopiště (Konopischt) 21, 128 f.
Konstantinopel 253
Konstantinovy Lázně (Konstantinsbad) 129
Konstanz 142, 143, 215, 225
Kopec (Kopetzen) 264
Koper 53
Kopetzen s. Kopec
Kopfing 229
Kopidlno 130
Kornhaus-Žehrovic s. Mšecké Žehrovice
Kosmonosy (Kosmonos, Cosmanos) 138 f.
Kosova Hora (Amschelberg) 246
Kost 253, 254
Kostelec nad Černými lesy (Kosteletz am schwarzen Wald) 215
Kostelec nad Labem (Elbekosteletz) 130 f.
Kostelec nad Orlicí (Adlerkosteletz, Kosteletz an der Adler) 131

Kosteletz am schwarzen Wald s. Kostelec nad Černými lesy
Kosteletz an der Adler s. Kostelec nad Orlicí
Kostelní Lhota 244
Kostritz 183
Kotnov s. Tábor
Kouřim 215
Kout (Kaut) 241
Kozel 218
Kozí Hrádek (Ziegenburg) 132
Kožlany 133
Krakau 72, 215, 241, 279
Krakovec (Červený Zámek, Roth-Schloß) 143
Králický Sněšík (Spielglitzer Schneeberg) 132
Králíky (Grulich) 132
Kralovice (Kralowitz) 133
Království (Königswalde) 133 f.
Kralowitz s. Kralovice
Kralupy (Kralup) 119, 296
Králův Dvůr (Königshof) 22, 23
Krasíkov (Švamberk, Schwanberg) 134
Kraslice (Graslitz) 134
Krásná Lípa (Schönlinde, Pulchra Tilia) 134 f.
Krásná Studánka (Schönborn) 160
Krásný Dvůr (Schöndorf, Schönhof) 136 f.
Krásný Les-Nakléřov (Schönwald-Nollendorf) 137
Kratochvíle (Kurzweil) 137 f.
Kratzau s. Chrastava
Krečhoř 122
Kreibitz s. Chřibská
Kroměříž (Kremsier) 64, 169, 236
Kronstadt s. Kunštát
Krupka (Graupen) 25, 74, 139 f.
Krušovice 141
Křinec (Kuncberk, Kunstberk) 141
Křivoklát (Pürglitz, Bürglitz, Hrádek) 142 f., 143, 310
Kublov 23
Kuks (Kukus) 144 f., 146, 285
Kukus Gradlitz s. Choustníkovo Hradiště
Kulm s. Chlumec
Kuncberk s. Křinec
Kunětická Hora (Kunetitzer Berg) 206
Kunstberk s. Křinec
Kunštát (Kronstadt, jetzt Ortsteil von Orlické Záhoří) 146
Kunžvart (Kuschwarda) 256
Kurzweil s. Kratochvíle
Kuschwarda s. Kunžvart
Kutná Hora (Kuttenberg) 56, 99, 109, 146 f., 245, 308
Kuttenplan s. Chodová Planá

Kvilda (Außergefild) 148 f.
Kynšperk nad Ohří (Königsberg an der Eger) 46
Kynžvart (Königswart) 149 f.
Kyšperk (Geiersberg, Letohrad) 150

L

La fere Chauenoire-Paris 136
Ladendorf 157
Laibach (Ljubljana) 22, 53
Lämberg s. Lemberk
Lana s. Lány
Landskron s. Lanškroun
Landštejn (Landstein) 150 f.
Langenbruck s. Dlouhý Most-Jeřmanice
Langendorf 146
Lanškroun (Landskron) 151, 183
Lány (Lana) 152
Laun s. Louny
Lausanne 110
Lausitz 26
Lautschin s. Loučeň
Lázně Libverda (Bad Liebwerda) 152 f.
Lehrdorf 206
Leipzig 18, 20, 32, 45, 52, 58, 106, 114, 125, 135, 136, 147, 199, 202, 273, 274, 285
Leitmeritz s. Litoměřice
Leitomischl s. Litomyšl
Lemberk (Lämberg) 57, 153
Lenora (Eleonorenheim) 154
Leptáč 245
Letařovice (Letařowitz) 267
Letohrad s. Kyšperk
Levin 36
Levoča 122
Levý Hradec 238
Lewin s. Levin
Libáň 130
Libčany 127, 289
Libčeves (Liebshausen) 162
Liberec (Reichenberg) 50, 63, 78, 79, 86, 139, 152, 156 ff., 195, 227, 250, 267, 274
Liberec-Nový Harcov (Neu Harzdorf) 160
Liběchov (Liboch an der Elbe) 155, 156
Liběšice (Liebeschitz) 292
Libice nad Cidlinou 169, 222
Libiš (Neratovice-Libiš) 201
Liblice (Liblitz) 155
Liboch an der Elbe s. Liběchov
Libochovice (Libochowitz) 161
Libočany (Libotschan) 308
Libosad 107
Libotschan s. Libočany
Libuň (Libun) 162, 288

Lidice (Liditz) 163
Liebenau s. Hodkovice
Liebeschitz s. Liběšice
Liebshausen s. Libčeves
Linnich Brabant 20
Linz 62, 70, 89, 113, 184, 185, 192, 193, 240, 283, 298
Lípa s. Česká Lípa
Lipany (Lipan) 215
Lipé s. Česká Lípa
Lipnice nad Sázavou (Lipnitz) 163 f.
Lipno 81, 82
Lissa an der Elbe s. Lysá nad Labem
Litice nad Orlicí (Lititz) 224
Litoměřice (Leitmeritz) 25, 35, 36, 70, 91, 101, 134, 161, 164 ff., 173, 174, 182, 231, 233, 234, 243, 276, 285-287, 290, 292
Litomyšl (Leitomischl) 49, 107, 169, 199, 223, 236, 301
Lobkovice (Lobkowitz) 170
Lobositz s. Lovosic
Lodz 135
Loket (Elbogen) 46, 114, 115, 170 f.
Lokšany 34
Lomeček 298
London 116, 174, 200, 245, 276
Loreto 84
Lossdorf s. Ludvíkovice
Loučeň (Lautschin) 171 f.
Louka (Klosterbruck) 279
Lounovice pod Blaníkem 227
Louny (Laun) 58, 136, 162, 172 f., 247, 307
Lovosice (Lobositz) 173 f., 282
Löwenberg s. Lemberk
Lübeck 28
Luditz s. Žlutice
Ludvíkovice (Lossdorf) 68
Lukavice 226
Luschan s. Lužany
Lützen 138
Lužany (Luschan) 174, 229
Luže 50
Lysá nad Labem (Lissa an der Elbe) 20, 88, 174 f.

M

Maffersdorf s. Vratislavice nad Nisou
Mährisch Budwitz s. Moravské Budějovice
Mährisch Ostrau s. Ostrava
Mährisch Schönberg s. Šumperk
Mährisch Weißkirchen s. Hranice
Maidorf 206
Mailand 19, 131, 286, 287
Mainz 117, 231

Malá Skála (Kleinskal) 98
Malá Sv. Hora (Kleiner Hl. Berg) 187
Malé Svatoňovice (Schwadonitz) 285
Maleč (Maletsch) 197
Malín 146
Manchester 99, 139
Manětín (Manetin) 157, 216
Mannheim 85, 116
Marburg s. Maribor
Maria Brunn 53
Maria Kulm s. Chlum nad Ohří
Maria Ratschitz s. Mariánská Radčice
Maria Teinitz s. Mariánská Týnice
Mariánská Týnice (Mara Teinitz) 133
Mariánské Lázně (Marienbrunn, Marienbad) 92, 114, 117, 149, 175 ff., 181, 213, 271
Mariánská Radčice (Maria Ratschitz) 75
Mariaschein s. Bohosudov
Mariazell 220
Maribor (Marburg) 53
Marienbad s. Marianské Lázně
Marienbrunn s. Marianské Lázně
Marseille 227
Martiněves 235
Mašťov (Maščov, Maschau) 219
Mauerkirchen 174
Mauth s. Mýto
Maxovo údolí (Maxtal) 238
Meersburg 95
Meissen 135, 291
Melegnano 208
Mělník (Melnik) 130, 155, 170, 198, 200, 201, 295
Memmelsdorf b. Bamberg 104
Meyerling 191
Mies s. Stříbro
Mikulášovice (Nixdorf) 98, 181 f.
Mikulov (Nikolsburg) 49, 84
Milejovice 262
Milešov (Milleschau) 182
Milešovka (Milleschauer Donnersberg) 182
Milevsko (Mühlhausen) 19
Milleschau s. Milešov
Milleschauer Donnersberg s. Milešovka
Milovice (Milowitz) 244
Mimoň (Niemes) 182 f.
Mirošov 234
Mirotice 127, 212
Mirovice 209
Misenburg s. Nižbor
Miskovice 253
Mladá Boleslav (Jungbunzlau) 19, 120, 138, 139, 183 f., 185, 194, 198, 281
Mladá Vožice (Jungwoschitz) 27, 299
Mladějov 47, 184 f.

Mnichovo Hradiště (Münchengrätz) 107, 185 f.
Mníšek pod Brdy 187
Mogersdorf 145
Mohelnice nad Jizerou (Mohelnitz) 186
Moldautein s. Týn nad Vltavou
Moravany 206
Moravské Budějovice (Mährisch Budwitz) 83
Moskau 225, 236
Most (Brüx) 103, 110, 187
Mšecké Žehrovice (Kornhaus-Žehrovic, Scherowic) 152, 188
Mšeno 58
Mühlhausen s. Milevsko
Mühlhausen an der Moldau s. Nelahozeves
Mühlheim 213
München 39, 41, 115, 135, 176, 195, 226, 288
Münchengrätz s. Mnichovo Hradiště
Muttergottesberg s. Hory Matky Boží
Myšenec 212
Mýto (Mauth) 23

N

Náchod 15, 29, 59, 60, 74, 86, 188 ff., 232, 275
Nalžovy (Elischau, Ellischau) 190 f.
Naumburg 17
Neapel 199
Nechanice (Nechanitz) 219
Nechranice 293
Nejdek (Neudek) 191
Nelahozeves (Mühlhausen an der Moldau) 296
Německé Jablonné s. Jablonné v Podještědí
Německý Benešov s. Benešov nad Černou
Neměřic s. Niměřice
Nepomuk (Pomuk) 191
Neratovice-Libiš s. Libiš
Nesamislitz s. Nezamyslice
Netolice (Netolitz) 137
Neu Harzdorf s. Liberec-Nový Harcov
Neu Joachimsthal s. Nový Jáchymov
Neu Straschnitz s. Nové Strašecí
Neudek s. Nejdek
Neudorf s. Nová Ves
Neudörfel s. Nová Veska
Neuern s. Nýřany
Neugarten s. Zahrádky
Neuhaus s. Jindřichův Hradec
Neuhof s. Nový Dvůr bei Deštná
Neujesnitschan 206
Neumarkt 177
Neumětely 192
Neustadt a. d. Saale 57

Neustadt a. d. Tafelfichte s. Nové Město pod Smrkem
Neustadtl s. Jezvé
Neustudenetz s. Nový Studenec
Neustupov (Neustupow) 299
Neu-Trautenau s. Trutnov
New York 218, 248
Nezamyslice (Nesamislitz) 192 f.
Nicov 191
Niederaltaich 305
Niemes s. Mimoň
Nikolsburg s. Mikulov
Nimburg s. Nymburk
Niměřice (Neměřic) 194
Nischburg s. Nižbor
Nixdorf s. Mikulášovice
Nizza 223
Nižbor (Nischburg) 259
Norburk auf Alsen 307
Nová Buková 100
Nova Domus s. Jindřichův Hradec
Nová Ves (Neudorf) s. Konstantinovy Lázně
Nová Veska (Neudörfel) 157, 206
Nové Hrady (Gratzen) 194 f.
Nové Město pod Smrkem (Neustadt an der Tafelfichte) 15, 195 f., 251
Nové Strašecí (Neu Straschnitz) 144
Nový Bor (Haida) 53
Nový Dráhov 45
Nový Dvůr (Neuhof) bei Deštná 68
Nový Jáchymov (Neu Joachimsthal) 98, 143, 144
Nový Knín 196
Nový Studenec (Neustudenetz) 196
Nový Vestec 197
Nový Žeberk s. Červený Hrádek
Nürnberg 16, 77, 92, 102, 183
Nymburk (Nimburg) 141, 171, 174, 198, 220, 239, 243
Nýřany (Neuern) 70

O

Oberaltstadt 283
Oberammergau 93
Oberleutensdorf s. Horní Litvínov
Oberplan s. Horní Planá
Ober-Politz s. Horní Police
Obořiště u Příbrami (Oborschischtze bei Prschibram) 230
Obříství 198 ff.
Ofen 72, 241
Ohrada (Hluboká nad Vltavou) 88
Olomouc (Olmütz) 61, 81, 132, 169, 213, 294, 301

Opatovice 228
Opava (Troppau) 209
Opočno (Opotschno) 69, 201
Orléans 149
Orlické Záhoří 146
Orlík nad Vltavou (Worlik) 202
Oschkobrh s. Oškobrh
Osek (Osseg) 46, 74, 97, 202 f., 204
Osek (Ossek, Wossek) 203
Osseg s. Osek
Ossek s. Osek
Ostrava (Ostrau, Mährisch Ostrau) 229
Ostrov (Insula, Inselkloster) 305
Ostrov (Schlackenwerth) 204 f., 249
Oškobrh (Oschkobrh, Voškobrd, Voškov, Wolfsberg) 222
Öttingen 187
Ouvaly (Ouwal) 126
Oxford 59, 62

P

Pacov (Patzau) 270
Paczków Grodek (Patschkau) 182
Pardubice (Pardubitz) 21, 205 f., 228, 266
Paris 110, 124, 125, 147, 204, 245, 281, 290
Passau 154, 224
Patschkau s. Paczków Grodek
Patzau s. Pacov
Pecka 107
Peking 107
Pelhřimov (Pilgram) 111, 112, 207, 219, 270, 309
Peruc (Perutz) 161
Pest 96, 277
Petersburg 70
Petrkov 266
Petrohrad (Petršpurk, Petersburg) 137
Petschau s. Bečov nad Teplou
Pfraumberg s. Přimda
Philadelphia 225, 240
Pilgram s. Pelhřimov
Pilsen s. Plzeň
Pirna 96
Pisa 69, 188, 189
Písek 187, 202, 207 ff., 224
Pivoň 72, 218
Plan s. Planá
Plan an der Leinsitz s. Planá nad Lužnicí
Planá (Plan) 213 f.
Planá nad Lužnicí (Plan an der Leinsitz) 55, 125, 214
Planan s. Plaňany
Plánice 121
Plaňany (Planan) 214

Plasy (Plass) 133, 215 f.
Platten s. Blatno
Platz s. Stráž nad Nežárkou
Ploskovice (Ploschkowitz) 168
Plowdiw 194
Plzeň (Pilsen) 22, 23, 42, 71, 73, 75, 113, 133, 159, 174, 191, 215, 216 f., 228, 233, 263, 264, 271, 300, 310
Poběžovice (Ronšperk, Ronsberg) 218
Počaply (Potschapel) 23
Počátky (Potschatek) 219
Podbořany (Podersam) 219
Poděbrady (Podiebrad) 220 ff.
Podersam s. Podbořany
Podiebrad s. Poděbrady
Podhradí 107
Podlažice 50
Podmokly (Bodenbach) 67, 68
Podolí 269
Podubnie Wolkowsky 136
Pohled (Frauntál, Frauenthal, Vallis Mariae) 85
Pohradice (Poratsch) 275
Pokratice (Pokratitz) 169
Police nad Metují (Politz an der Mettau) 31
Polička (Politschka) 223
Politz an der Mettau s. Police nad Metují
Polná (Polna) 85
Pompeji 86
Pomuk s. Nepomuk
Popice (Poppitz) 104
Popovice 23
Poppitz s. Popice
Poratsch s. Pohradice
Poříčí nad Sázavou (Porschitz an der Sázava) 21
Postoloprty (Postelberg) 84
Potštejn (Pottenstein) 224
Potschapel s. Počaply
Potschatek s. Počátky
Pottenstein s. Potštejn
Potvorov (Potworow) 133
Prachatice (Prachatitz) 148, 154, 224 f., 256
Praha (Prag) 16, 18, 19, 22-26, 28-34, 36-38, 40, 43-45, 47, 50, 52, 53, 55, 56, 58-61, 63-65, 67, 69-74, 76-80, 83-86, 90, 94, 96-99, 105, 107-109, 112-115, 117, 119, 121, 122, 124-127, 129, 131, 133-135, 138-140, 142, 145-147, 151-153, 156-159, 165, 167, 169, 171, 173, 174, 176, 178, 183-188, 191, 194-201, 203, 205-207, 209, 211-215, 217, 220-222, 224-227, 229-241, 243, 244-246, 248, 250, 253, 255, 257-261, 263-265, 267-272, 274, 276-278, 281-284, 286-288, 290-292, 295-297, 299, 301-305, 307-310

Pratteln 223
Pravonín (Prawonin) 226
Preßburg s. Bratislava
Priesen s. Březno
Pristen s. Přestanov
Prkenný Důl s. Žaclér
Proseč (Prosetsch) 227
Prostiboř (Prostiborsch) 265
Proßnitz 147
Prschelautsch s. Přelouč
Prscherov an der Elbe s. Přerov nad Labem
Prscheschtitz s. Přestice
Prschibram s. Příbram
Průhonice (Pruhonitz) 305
Přechovice 262
Přelouč (Prschelautsch) 206, 228
Přerov nad Labem (Prscherov an der Elbe) 244
Přestanov (Pristen) 46, 228
Přestice (Prscheschtitz) 228 f.
Příbram (Prschibram) 34, 36, 69, 187, 196, 229 f., 232, 245, 281, 286, 300
Přimda (Pfraumberg) 92, 230 f.
Přímetice (Brenditz) 306, 307
Pšov (Pschow) s. Mělnik
Pulchra Tilia s. Krásná Lípa
Putím 212
Pürglitz s. Křivoklát

R

Rabí 193
Radbor s. Ratiboř
Radboř s. Ratiboř
Radebeul 28, 29
Radíč (Raditsch) 232
Radomyšl (Radomischl) 203, 232
Radyně (Karlskrone) 218
Rakovník (Rakonitz) 141-143, 152, 188, 248
Raspenava (Raspenau) 80, 86, 153
Ratboř s. Ratiboř
Ratiborschitz s. Ratibořice
Ratiboř (Ratboř, Radboř, Radbor) 126
Ratibořice (Ratiborschitz) 188, 232 f.
Raudnitz an der Elbe s. Roudnice nad Labem
Regensburg 32, 70, 133
Reichenau an der Knjeschna s. Rychnov nad Kněžnou
Reichenau bei Gablonz s. Rychnov nad Nisou
Reichenberg s. Liberec
Reichenstein 15
Reichstadt s. Zákupy
Riesenberg s. Ryzmberk
Riesenburg s. Ryzmburk
Robeč (Hrobitsch) 233

Rochlitz/Sachsen 102
Ročov (Rotschov) 152
Rohr 30
Rokycany (Rokitzan) 32, 225, 233, 265
Rom 44, 52, 194, 212, 291, 294, 298
Ronsberg s. Poběžovice
Ronšperk s. Poběžovice
Roschdalowitz s. Rožďalovice
Rosenberg an der Moldau s. Rožmberk nad Vltavou
Rostock 186
Rostok s. Roztoky
Rothkosteletz s. Červený Kostelec
Rothlhota s. Červená lhota
Rothpetschkau s. Červené Pečky
Roth-Schloß s. Krakovec
Rotschov s. Ročov
Roudnice nad Labem (Raudnitz an der Elbe) 104, 108, 170, 234 f., 242, 243, 250, 290, 296
Rouen 149
Rovné 148
Roztoky (Rostok) 235 ff.
Rožďalovice (Roschdalowitz) 239
Rožmberk nad Vltavou (Rosenberg an der Moldau) 192, 240
Rudig s. Vroutek
Rumburk (Rumburg) 134, 136, 277
Rybitví 205, 206
Rybník (Certlov, Certlau) 240
Rychnov nad Kněžnou (Reichenau an der Knjeschna) 131, 146, 201, 224
Rychnov nad Nisou (Reichenau bei Gablonz) 101
Ryzmberk (Riesenberg) 241
Ryzmburk (Riesenburg) 232, 241
Rýzner 235
Rzimau s. Římov

Ř

Řasnice 80
Řepín 156
Římov (Rzimau) 242
Říp (St. Georgsberg) 155, 243

S

Saar s. Žďár nad Sázavou
Saaz s. Žatec
Sachsenhausen 119
Sächsisch Zinnwald 55
Sadová 97
Sadská 243 f.

S   S   Ortsregister

Sagan 113
Sandau s. Žandov
Salzburg 193, 264
Sangues 39
Sankt Joachimstal s. Jáchymov
Sarajewo 303
Sázava (Sazau) 126, 245
Schandau s. Žandov
Schatzlar s. Žacléř
Schehuschitz s. Žehušice
Scheinkam s. Žinkovy
Schelesen s. Želízy
Scherowic s. Mšecke Žehrovice
Schinkau s. Žinkovy
Schlackenwerth s. Ostrov
Schlaggenwald s. Horní Slavkov
Schlan s. Slaný
Schleb s. Žleby
Schloß Rotenhaus s. Červený Hrádek
Schluckenau s. Šluknov
Schneeberg s. Sněžník
Schneekoppe s. Sněžka
Schönborn s. Krásná Studánka
Schönbüchel 135
Schöndorf s. Krásný Dvůr
Schöneberg 223
Schönfeld 54
Schönfeld s. Kaliště
Schönfeld s. Tuchomyšl
Schönhof s. Krásný Dvůr
Schönlinde s. Krásná Lípa
Schönwald-Nollendorf s. Krásný Les-Nakléřov
Schreckenstein s. Střekov
Schumburg 101
Schüttenhofen s. Sušice
Schüttwa s. Šitböř
Schwabitz s. Svébořice
Schwadonitz s. Malé Svatoňovice
Schwanberg s. Krasíkov
Schwarzenberský kanál (Schwarzenbergkanal) 90
Schweinfurt 187
Schweinitz s. Trhové Sviny
Schwerin 186
Schwihau s. Švihov
Sebusein 261
Sedlčany (Sedltschan, Seltschan) 245
Sedlec (Sedletz, Sedlitz) 147, 246
Sedlec (Sedletz), Kloster 301, 304
Sedletz s. Sedlec
Sedlitz s. Sedlec
Sedltschan s. Sedlčany
Seefelden b. Gotha 101
Seelau s. Želiv

Seewand ü. d. Plöckensteinsee s. Jezerní stěna
Seindorf 206
Selau s. Želiv
Seltschan s. Sedlčany
Semily (Semil) 98, 246 f., 288, 309
Senftenberg s. Žamberk
Senohraby 245
Sézimovo Ústí 133, 269
Sichrow s. Sychrov
Siena 66
Siřem (Zürau) 247
Skalka 187
Skalná (Wildenstein) 77
Sklenářžova Lhota 121
Skryje 248
Skuteč (Skutsch) 248
Slaný (Schlan) 162, 172, 249
Slatiňany (Slatinan) 250
Slavětín 161
Slivice 230
Sloup (Bürgstein, Berkenstein) 249
Smiřice (Smirschitz) 97
Smrk (Tafelfichte) 195, 196, 250 f.
Sněžka (Schneekoppe) 94, 251 f.
Sněžník (Schneeberg) 252
Soběslav (Sobieslau) 253
Sobětuš (Sobietusch) 219
Sobieslau s. Soběslav
Sobietusch s. Sobětuš
Sobotka 253 f.
Sokolov (Falknov, Falkenau) 45, 92, 134, 255, 266
Solferino 208
Solothurn 104
Sonnberg s. Žumberk
Sperning 266, 267
Spielglitzer Schneeberg s. Králický Sněšík
Spojil 206
St. Benigna s. Svatá Dobrotivá
St. Georgsberg s. Říp
St. Gotthard 145
St. Jakob s. Jakub
St. Joachimstal s. Jáchymov
St. Johann unter dem Felsen s. Svatý Jan pod Skálou
St. Thomas s. Svatý Tomáš
Stachy (Stach, Waldhwozd, Königlich Freybauern im Tale am Stachauer Bach) 256
Stadice (Staditz) 257
Stádlec 269
Stadln im Böhmerwald s. Stodůlky
Stalkov 151
Stará Boleslav (Altbunzlau) 257 f.
Stará Paka 106

Stará Říše (Altreisch) 266
Staré Hrady 130
Staré Sedliště (Alt Zedlitsch, Alt Zetlisch) 214, 259
Starý Plzenec (Altpilsenetz) 217
Starý Týnec 289
Stargard 186
Stauffen 136
Stendal 44
Stern s. Hvězda
Stift Tepl s. Teplá
Stirling 66
Stockholm 50
Stodůlky (Stadln im Böhmerwald) 121
Stoke on Treut 163
Straden s. Stradov
Stradonice (Stradonitz) 142, 230, 259
Stradov (Straden) 292
Strahl s. Střela
Strakonice (Strakonitz) 203, 232, 260, 262, 270, 298
Straßburg 96, 147
Stráž nad Nežárkou (Platz) 260 f.
Stráž nad Nisou 157
Stráž u Domažlic (Hochwart) 72
Strážnice 235
Streitdorf 206
Střekov (Schreckenstein) 28, 226, 261 f.
Střela (Strahl) 262
Stříbro (Mies) 139, 263 f.
Stupno 265
Stuttgart 41, 160, 169, 242, 276, 277
Suchdol 236, 238
Suchomasty 23
Sudoměřice 27
Sušice (Schüttenhofen) 193
Svatá Dobrotivá (St. Benigna) 128
Svatá Hora (Heiliger Berg) 230
Svatava (Zwodau) 265
Svatý Jakub s. Jakub
Svatý Jan pod Skálou (St. Johann unter dem Felsen) 281
Svatý Kříž (Heiligenkreuz) 92
Svatý Kříž u Petrkova 266
Svatý Tomáš (St. Thomas) 82
Svébořice (Schwabitz) 266 f.
Svitavy (Zwittau) 169, 223
Svojanov 223
Swarau 100
Sychrov (Sichrow) 267
Syrakus 35, 56, 124

Š

Šachov (Tschochau) 266
Šitboř (Ješitboř, Schüttwa) 218, 268
Šluknov (Schluckenau) 135, 136, 270
Štiboř (Schüttwa, Uitwa) 268
Štítné 112, 207
Šumperk (Mährisch Schönberg) 80
Švamberk s. Krasíkov
Švihov (Schwihau) 174

T

Tábor 18, 19, 26, 54, 68, 132, 133, 214, 253, 268 f.
Tachov (Tachau) 24, 129, 134, 213, 230, 259, 263
Tafelfichte s. Smrk
Tanvald (Tannwald) 269
Taus s. Domažlice
Těchobuz (Těchobus) 270
Teichdorf 206
Telce 162
Telnice (Telnitz) 270
Teplá (Tepl) 71, 73, 75, 114, 175-177, 217, 218, 268, 271, 293
Teplice (Teplitz, Teplice-Šanov, Teplitz-Schönau) 23, 25, 55, 56, 68, 72, 74, 96, 97, 104, 111, 139, 140, 160, 173, 174, 185, 202, 203, 261, 272 ff.
Teplice nad Metují (Weckelsdorf) 15, 30, 189, 275 f.
Teplice-Šanov s. Teplice
Teplitz s. Teplice
Teplitz-Schönau s. Teplice
Terezín (Theresienstadt) 21, 276 ff.
Terrano Dos' Altos 189
Tetín 278 ff.
Tetschen an der Elbe s. Děčín
Teufelswand s. Čertova stěna
Theresienstadt s. Terezín
Thorn 165
Tiflis 201
Tismice (Tismitz) 215
Tokio 218
Tolštejn (Tollenstein) 58, 68
Trauerndorf 206
Trautenau s. Trutnov
Trebnitz s. Třebenice
Trhanov (Chodenschloß) 122, 281
Trhové Dušníky (Duschnik) 281 f.
Trhové Sviny (Schweinitz) 195
Triblitz s. Třebívlice
Trieblitz s. Třebívlice
Triebsch s. Třebušín

Trient 142
Trier 117
Triesch s. Třešť
Triest 44, 53, 131
Trmice u Ústí nad Labem (Türmitz bei Aussig) 282
Trnová (Trnowa) 282 f.
Troppau s. Opava
Trosky 162
Trschebnitz s. Třebnice
Trschriblitz s. Třebívlice
Trutnov (Trautenau) 94, 144, 283 f., 296, 306
Třebenice (Trebnitz) 285
Třebívlice (Trschriblitz) 285, 286
Třebnice (Trschebnitz) 286 f.
Třeboň (Wittingau) 109
Třebsko bei Vysoká 301
Třebušín (Triebsch) 287, 288
Třešť (Triesch) 221
Tschaslau s. Čáslav
Tschastolowitz s. Částolovice
Tschernhausen s. Černousy
Tschochau s. Šachov
Tübingen 277
Tuchomyšl (Schönfeld) 68
Türmitz bei Aussig s. Trmice u Ústí nad Labem
Turn s. Turnovany
Turnov (Turnau) 98, 103, 139, 162, 253, 288
Turnovany (Turn) 74
Týn nad Vltavou (Moldautein) 289
Týnec nad Labem (Elbeteinitz) 289 f.
Tyssa 252

U

Údolí sv. Kryštofa (Christophsgrund) 80
Uhlířské Janovice (Kohl-Janowitz) 148
Uitwa s. Útvina
Uitwa s. Štiboř
Unter Lukawitz s. Dolní Lukavice
Unterhaid s. Dolní Dvořiště
Upa s. Trutnov
Ústí nad Labem (Aussig an der Elbe) 28, 35, 46, 67, 74, 136, 137, 228, 257, 261, 262, 266, 270, 282, 290 ff., 293, 295
Ústí nad Orlicí (Wildenschwert) 28, 132, 150, 151, 301, 306
Úštěk (Auscha) 292
Útvina (Uitwa) 271

V

Václavice 21, 22
Valdek (Waldek) 128
Valdice (Walditz) 105, 107
Valeč (Waltsch) 293
Valečov 186
Vallis Mariae s. Pohled
Valtýřov (Waltirsch) 293
Varnsdorf (Warnsdorf) 91, 101, 293 f.
Varvažov (Arbesau) 270
Vatikan 27
Vechingen 158
Vejprty (Weipert) 294
Velemín 173
Velešín 113
Velhartice (Welhartitz) 193
Veliš 107
Velké Březno (Groß Priesen) 295
Velké Hamry-Svárov 101
Velké Losiny (Groß Ullersdorf) 80
Velké Meziříčí (Groß Meseritsch) 83
Veltrusy (Weltrus) 295 f.
Venedig 75
Verneřice (Wernstadt) 296 f.
Verona Bohemica s. Beroun
Vícov 229
Vimperk (Winterberg) 154
Vinec 162, 184
Vitězov 122
Vítkův Hrádek (Vítkův Kámen, Wittigstein, Wittingshausen) 82
Vlaskovec 151
Vlastibořice 267
Vlašim (Wlaschim) 297
Vlkov 222
Vodňany (Wodnian, Aquileja Bohemorum) 298
Volary (Wallern) 154
Volyně (Wollin) 253, 256, 260
Vorderzinnwald s. Cínovec
Voškobrd s. Oškobrh
Voškov s. Oškobrh
Votice (Wotitz) 298
Vouziere 189
Vraclav 224
Vranov 98
Vrapice 38
Vratislavice nad Nisou (Maffersdorf) 160
Vrchotovy Janovice (Janowitz) 299
Vrobice 294
Vroutek (Rudig) 137
Všeruby (Wscherau) 72, 300
Vysoká u Příbramě (Wysoka) 300 f.

Vysoké Mýto (Hohenmauth) 301 f.
Vysoký Chlumec (Hochchlumetz) 246
Vyšší Brod (Hohenfurt, Altovadum) 82, 93, 242

W

Wagram 199
Waldek s. Valdek
Waldel s. Hájek
Waldhwozd s. Stachy
Walditz s. Valdice
Wallern s. Volary
Waltirsch s. Valtýřov
Waltsch s. Valeč
Warasdin 78
Warna 302
Warnsdorf s. Varnsdorf
Warschau 54
Washington 53, 99
Wasserburg 171
Weckelsdorf s. Teplice nad Metují
Weimar 18, 33, 71, 83, 111, 136, 203, 265, 273, 301
Weipert s. Vejprty
Weißenbach 294
Weißer Berg 16, 88, 92, 107, 169, 189, 240
Weißkirchen s. Hranice
Weißwasser s. Bělá pod Bezdězem
Welhartitz s. Velhartice
Weltrus s. Veltrusy
Wernstadt s. Verneřice
Weseritz s. Bezdružice
Weska 206, 207
Westerloh 88, 145
Wetzdorf 286
Wetzelsberg 115
Wetzlar 116
Wien 19, 31, 37, 48-50, 52, 53, 60, 62, 64-66, 71-73, 75, 77, 81, 83, 86, 90, 94, 96, 97, 100, 101, 106, 107, 111, 113, 121, 123-125, 128, 131, 134, 135, 137, 140, 148, 151, 153, 154, 156, 158, 160, 166, 172-177, 182, 189, 194-196, 199, 200, 202, 203, 206, 207, 209, 213, 214, 216, 218, 219, 221, 224, 226, 228, 229, 232, 234, 241, 244, 246, 258, 259, 263, 264, 276, 270, 279-283, 287, 288, 290, 291, 294, 296, 297, 300, 302-307
Wiener Neustadt 160, 199
Wildenschwert s. Ústí nad Orlicí
Wildenstein s. Skalná
Wilhering 294
Wilten 177

Windberg 193
Winterberg s. Vimperk
Wintersgrün s. Boží Dar
Wittenberg 27, 64, 92, 151, 169, 215, 239, 291, 298
Wittigstein s. Vítkův Hrádek
Wittingau s. Třeboň
Wittingshausen s. Vítkův Hrádek
Wlaschim s. Vlašim
Wodnian s. Vodňany
Wolfsberg s. Oškobrh
Wolfsgrub 154
Wollin s. Volyně
Worlik s. Orlík nad Vltavou
Worpswede 236
Wossek s. Osek
Wotitz s. Votice
Wscherau s. Všeruby
Würzburg 40, 73
Wysoka s. Vysoká u Příbramě

Z

Záboří nad Labem 109
Zagreb 209
Zahrádky (Neugarten) 302 f.
Zaječov 128
Zákolany u Kladna 119
Zákupy (Reichstadt) 303
Zamosc 95
Zámrsk 302
Závist 305
Zbiroh 233
Zborov 189
Zbraslav (Königsaal) 304 f.
Zdice 23
Zelená Hora (Grüneberg) 191, 192
Zell a. S. 160
Zerbst 71
Ziegenburg s. Kozí Hrádek
Zinkenstein s. Buková Hora
Zinnwald s. Cínovec
Zittau 134, 135, 294
Znojmo (Znaim) 83, 279, 307
Zürau s. Siřem
Zürich 225, 227
Zvíkov (Klingenberg) 202
Zwiesel 71
Zwittau s. Svitavy
Zwodau s. Svatava
Zyrardow 135

Ž

Žacléř (Schatzlar) 306
Žamberk (Senftenberg) 306 f.
Žandov (Schandau) 150, 292
Žatec (Saaz) 58, 162, 172, 191, 247, 307 f.
Žďár 233
Žďár nad Sázavou (Saar) 107, 268
Žebrák 23
Žehušice (Schehuschitz) 308

Železná Ruda (Bayrisch Eisenstein) 71
Železný Brod (Eisenbrod) 309
Želiv (Selau, Seelau) 19, 85, 309
Želízy (Schelesen) 156
Želkovice 162
Žinkovy (Schinkau, Scheinkam) 310
Žleby (Schleb) 57
Žlutice (Luditz) 293, 310
Žumberk (Sonnberg) 195

Namensregister

A

Abaschidze, I. 201
Abert, J. J. 169
Achard, A. 138
Adalbert 193
Adalbert, Hl. 222
Adamík, J. 55
Adelheid v. Vohburg 39
Adler 76
Adler, B. 128
Adler, F. 246
Adlerstein, J. v. 270
Agnes v. Böhmen 70
Agricola, G. 102
Albert, E. 307
Albert v. Sachsen 103
Albertus 231
Albrecht v. Meissen 40, 290
Albrechtsberger, J. G. 47
Aldobrandi, I. (Clemens VIII.) 212
Aleš, F. 210
Aleš, J. 210
Aleš, M. 119, 188, 209, 210, 211, 213, 236, 238
Alexander I. 35, 49, 98, 273
Alexander II. 304
Allio, M. 29, 230
Alliprandi, G. B. 16, 50, 137, 138, 144, 155, 169, 191
Ambros, A. W. 23
Ambrosi 111
Amerling, K. 119, 120
Amsterdam, C. G. H. v. 78
Andersen, H. Ch. 124, 201
Andreas d' Austria 34
Andree, R. 279
Andrews, J. 200
Andrýsek, K. 246
Angyal, A. 264
Anteniewitz, P. 272
Apel, J. A. 226
Apel, T. 226, 273
Appelt, W. 158
Arany, J. 116
Arbeiter, D. 269
Arlt, F. v. 140
Arnim, A. v. 37
Äsop 153
Assam, K. D. 264
Auerbach, B. 115, 180

Auersperg, v. 49, 57
Auersperg, G. v. 49
Auersperg, J. v. 256
Auersperg, M. J. v. 297
Augusta, J. 142, 183
Auguston, J. 71, 231
Aurogallus (Goldhahn), M. 47
Avostalis, G. B. 220
Avostalis, J. B. 220
Avostalis, O. 145
Avostalis, U. 215, 220

B

Baar, J. Š. 212
Babák, A. 138
Babenberger 73, 264
Babinský 169
Bach, J. S. 71, 145
Badeni 242
Bader 176
Bahr, H. 254
Balbín, B. 30, 68, 105, 106, 137, 138, 141, 204, 258, 271, 308
Balli, A. 165
Baltazar, V. 188
Balucki, M. 181
Balzer 145
Balzer, A. K. 175
Barnes 135
Barrande, J. 39, 152, 229, 236, 248
Barta, Š. 63
Barták, F. 138
Bartoň v. Dobenín, J. 189
Baruch, J. 149
Barvitius, A. 265
Barziag, O. 195
Basch, S. v. 177, 178
Basseur v. Treuenburg, J. S. 105
Batka, R. 92
Baudelaire, Ch. 47, 126
Bauer, F. 68, 181, 248, 271
Baum, O. 111, 196, 214
Baumgartner, A. v. 81
Bawor v. Strakonice 203, 260
Bayer, P. I. 50, 88, 148
Beer, F. 88
Beethoven, L. v. 37, 44, 73, 77, 116, 149, 172, 272, 273, 294, 308

Behr, A. 160
Belcredi, v. 50
Bělský, J. 201
Benda 20
Benda, B. 176
Benda, F. 20
Benda, G. A. 20, 183
Benda, J. 106
Bendel, F. 136
Bendl, J. J. 172
Bendl, V. Č. 260
Benesch v. Chaussnik 242
Beneš, E. 133, 195, 227, 269
Beneš, V. 210
Beneš aus Schweinitz (Trhové Sviny) 253
Beneš-Třebízský, V. 181, 238
Beneš v. Hořovice 96
Bentham 33
Bentulius 77
Bentulius, D. 77
Beranek, F. J. 206
Béranger, P. J. de 281
Berchtold, M. v. (verh. v. Chotek) 293
Bergel, J. 79, 105, 303
Berger, A. 197
Berger, D. 198
Berger, J. G. 157
Bergler 156
Bergmann, S. H. 212
Berka v. Dubá (Dauba) 249
Berka v. Dubá (Dauba), P. 53
Berler 79
Bernanos, G. 266
Berzelius 43
Bethmann, M. v. 141
Bezruč, P. 221, 289, 290
Biemann, D. 77
Bihler, A. 37
Bílek, F. 54, 55, 125, 126, 184, 207, 214, 268, 298
Bílek, J. 142, 185
Binnert, F. 134
Binzer, E. v. (geb. v. Gerschau) 202, 232
Birken, S. v. 77
Birkenstock, M. 37, 49
Birnbaum, V. 221, 222
Birnbaumová, A. 221, 222
Bismarck, O. v. 94, 194, 267
Blaha, J. 99
Blake 197
Blažek, V. 166
Blokesch, G. H. 172
Blücher v. Wahlstadt, L. 77
Blum 149
Blumentritt, F. 166

Boeheim, C. v. (Franzel, E.) 75
Boetius 243
Böhm 309
Böhm, J. 275
Böhme, R. 174
Boiserée, S. 118, 122, 177
Boleslav I. 257
Boleslav II. 122, 222, 305
Boleslav III. 305
Bolzano, B. 47, 155, 232, 270, 297
Borgorelli, M. 183, 244, 258
Born, I. v. 214, 259
Borotin, v. 26
Borotin, V. v. 26
Borovec, Š. 216
Borovský, K. H. 85
Bořivoj I. 155, 238
Bosáček, J. 210
Bouda, C. 119
Boullion, G. v. 267
Bouška, S. L. 229
Bradký, W. Th. 143
Bráfová, L. 237
Brahe, T. 19, 34
Brandejs, A. 236
Brandejs, S. 31
Brandl, P. 97, 146, 187, 216, 301
Bratřice, J. J. v. 40
Braun 42
Braun, M. B. 72, 87, 95, 128, 145, 175, 258, 264, 272, 285, 292
Braunbock, W. 46
Brauner, F. A. 169, 209, 236, 237
Braunerová, A. 237
Braunerová, Z. 235, 237
Braunschweig, K. v. 137
Breda, v. 153
Breda, Ch. R. v. 57
Breda, J. J. v. 126
Brehm, B. 24, 128
Brentano, B. v. 36, 37
Brentano, C. v. 36, 37
Brentano, F. v. 36
Brey, Th. 132
Brixi, F. X. 138
Brod, A. 226
Brod, I. 226
Brod, L. 226
Brod, M. 38, 55, 125, 126, 156, 214, 221, 237, 245, 247, 248, 254, 255, 297, 305
Broggio, G. 25, 91, 164
Broggio, O. 25, 91, 164, 168, 202, 234, 287, 290, 292
Brokoff, F. M. 30, 68
Brokoff, M. J. 239

Brorsen, Th. 307
Brown, M. U. 173
Brožík, V. 237, 238
Bruckner, A. 81, 180
Brychta, J. 309
Břetislav I. 23, 52, 122
Březina (Jebavý), O. 219, 266
Bubna, F. V. 302
Buchtjejow, M. A. 225
Budovec v. Budov, V. 185
Bukovský, V. 148
Bulle, H. 133
Buquoy, v. 25, 133, 192, 194, 195, 240
Buquoy, F. E. v. 298
Buquoy, K. B. L. v. 240
Burgschmidt 177
Burka, K. 246
Burnatius, M. 162
Busch 267
Bušek, P. 103
Bušek v. Velhartice 193
Butler, W. 42
Bydžovský, J. K. 183
Byron, G. G. 149, 167, 168

C

Cajthaml, F. (Liberté, V. L.) 23
Calabera de Monte Carmelo 270
Calderón de la Barca, P. 27, 264
Canaval, M. F. v. 132
Canevale, C. A. 224, 230
Canevale, F. 62
Canevale, G. D. 128
Canevale, M. A. 45, 72, 160, 185, 195
Capistran, J. v. 110
Caratti, F. 138, 234, 308
Carl August v. Weimar 114
Carus, C. G. 177
Caruso, E. 260
Casanova de Seingalt, G. J. 56, 74, 75, 185
Causis, M. de 85
Ceresola, F. 138, 253
Chalupný 214
Chamaré-Fünfkirchen, v. 50
Chelčický, P. 298
Chittussi, A. 237
Chlumczanský v. Přestavek, W. 157
Chmelenský, J. K. 23, 279
Chopin, F. 44, 63, 67
Chotek, v. 293, 295
Chotek, C. v. 293
Chotek, M. v. (geb. v. Berchtold) 293
Chotek, O. v. 295
Chotek, R. v. 109, 295

Chotek, S. v. (v. Hohenberg) 128, 277, 304
Cimbura, J. 212
Cipriani, J. 62
Clam-Gallas, v. 64, 78, 80, 130, 198
Clam-Gallas, E. v. 86, 186
Clam-Gallas, F. v. 86
Clary-Aldringen, v. 74, 273
Clary-Aldringen, F. W. v. 272
Claudel, P. 237
Clemens VIII. (Aldobrandi, I.) 212
Colloredo-Mannsfeld, H. v. 46, 69, 270
Colloredo-Mannsfeld, J. v. 69
Columbani, P. P. 161, 250
Comenius (Komenský), J. A. 28, 41, 63, 187, 214, 227, 239, 289, 302, 306
Cometa, B. 230
Constant de Rebecque, H. B. 110, 111
Corda 33
Corlson 135
Cornova, I. 215
Corregio 291
Cosmas (Kosmas) 222, 243
Cotte, J. R. de 69
Coudenhove-Kalergi, v. 218
Coudenhove-Kalergi, H. v. 218
Coudenhove-Kalergi, I. F. v. (verh. Görres) 218
Coudenhove-Kalergi, K. v. 218
Coudenhove-Kalergi, M. v. 218
Coudenhove-Kalergi, R. N. v. 125, 218
Creutz, U. 110
Cuno, H. 16, 45
Cyhlarz, K. v. 173
Cyrill, Hl. 245, 250
Cyrilová, D. 28
Czech, L. 277
Czenková v. Wartenberg, K. (verh. v. Rosenberg) 64
Czernin, H. v. 16
Czernín v. Chudenice 54, 136, 137, 155, 218
Czernín v. Chudenice, H. J. 138, 253
Czernín v. Chudenice, J. 136
Czernín v. Chudenice, O. 141
Czernohorsky (Černohorský), B. M. 131, 198
Czerny, V. 284
Czibulka, A. v. 126
Czörnig v. Tschernhausen, K. 80

Č

Čapek, J. 126, 285
Čapek, K. 38, 55, 66, 83, 87, 103, 106, 188, 253, 254, 285
Čáslav 222

Čech (Tschech) 243
Čech, M. 135
Čech, S. 135, 200, 249
Čechtický, K. 283
Čelakovský, F. L. 23, 56, 210, 260
Čeleda, K. 19
Čermáková, A. (verh. Dvořaková) 301
Čermáková, J. 301
Černil, M. 61, 94
Černohorský (Czernohorsky), B. M. 131, 198
Černohorský, M.
Černovlásek (Melantrich) Rožďalovský v. Aventin 239
Čížek, J. 188

D

Dačický v. Heslova, M. 147
Dalibor v. Kozojezd 165
Dallinger, T. 299
Daněk, J. 223
Dannecker 136
Dante Alighieri 96, 125, 177
Daun, L. J. M. 122, 123
David, O. (geb. Kafka) 214, 247
David, W. 81
Debureau J. G. (Dvořák, J. K.) 124
Decamera 182
Defoe, D. 147
Defours, v. 101, 309
Dehio, G. 40
Dehmel, R. 197
Deissinger, H. 264
Demel, L. 48
Denis, E. 237
Destinnová (Kittl), E. 260, 261
Deutsch, L. 93
Deveroux 40
Deworetzky, F. D. 88, 109
Dialler, D. 292
Dienzenhofer 244
Dienzenhofer, Ch. 39, 187, 271
Dienzenhofer, K. I. 23, 29, 31, 34, 38, 59, 94, 113, 119, 121, 146, 152, 191, 215, 228, 230, 264
Diethard 245
Dietrich, v. 295
Dietrich, A. F. 203
Dietrich, J. 62
Dietrichstein 161
Dietz (Tietz), F. 104
Diezenschmidt 274
Ditters v. Dittersdorf, K. 19, 68, 69
Dittrich 135
Dittrich, K. 135

Diviš, P. 306
Dlabač, A. 28
Dlabač, J. B. (G.) 215
Dlask 98
Dobiáš, J. 112, 207
Dobrovský (Dobrowsky), J. 36, 37, 40, 54, 85, 97, 155, 178, 180, 199, 259, 279, 288
Dobřenský, v. 224
Doerell, E. G. 262
Don Huerta 208
Dondorf, A. 114
Dolci, C. 291
Dollhopf, E. 263
Domažlice, B. v. 72
Dopsch, A. 173
Drahoňovský, J. 28
Dražan 301
Dreyfus, A. 126
Drobná, A. (geb. Schulzová) 183
Dudik, B. 50
Dudych, K. 207
Durych, J. 42
Durych, W. M. F. 138, 213, 288
Dürer, A. 52, 234, 235
Duslovský, v. 22
Dušek, V. 298
Dvořák, A. 21, 60, 174, 180, 210, 230, 267, 296, 300, 301
Dvořák, B. 227
Dvořák, J. K. (Debureau, J. G.) 124
Dvořák, M. 130, 196, 234, 235, 242, 278
Dvořák, R. 210
Dvořáková, A. (geb. Čermáková) 301

E

Eberle, G. 46
Eberle, J. 54
Ebert, K. E. 40, 84, 113, 142, 143, 155, 179, 213, 248, 303
Ebner-Eschenbach, v. 279
Ebner-Eschenbach, M. v. 279
Eckehart 196
Eckermann, J. P. 33, 41
Eduard VII. 180
Eggenberg, v. 64
Ehremvert, J. 25
Eichendorff, J. v. 65
Eichert, F. (Miles) 252, 262
Eichert, W. 252
Eichert, W. (geb. Weigend) 252
Eiselt, B. 106
Elisabeth, Kaiserin 131
Elisabeth, Königin 189
Elisabeth, Mutter Karls IV. 304

Ender, E. 41
Engel v. Engelfluß, S. 187
Entz, S. (verh. Rilke) 35, 139
Eppinger, K. 31
Erben, J. 23, 131
Erhardt, J. J. 297
Ernst v. Pardubitz 30, 117, 126, 229, 234
Ernst v. Sachsen 103
Eschler, M. 233
Esterházy, v. 52, 64, 297
Eugen v. Savoyen 280
Eulenspiegel, T. 91, 303
Exner, W. 102
Eybenberg, M. v. 203

F

Falke 197
Fanfule, T. 210
Fanta, J. 220
Fasch, J. F. 71
Faulfisch, N. 62
Faust, J. 17, 23, 25, 136, 147, 173, 248, 249, 278
Fechner 196
Feder, R. 21
Felbiger, J. I. v. 113, 134
Fellner, F. 114, 156, 310
Fénelon, F. de Salignac de la Mothe 97
Ferdinand I. 23, 110, 177
Ferdinand II. 42, 164, 201, 303
Ferdinand III. 19, 77
Ferdinand V. 168, 201, 279, 303
Ferdinand, Erzherzog v. Tirol 34, 142
Ferdinandi 200
Ferdinandi, B. (verh. Smetanová) 63, 200
Ferstel, H. v. 81, 90, 166, 192, 193, 229, 282
Feuchtwangen, K. v. 57
Fiakermilli (Pemmer, E.) 48
Fiala, J. 167
Fiala, M. (geb. Wewerka) 133
Fichte, J. G. 76, 275
Filla, E. 187
Findlater 117
Firmian 84
Fischer, D. (verh. Mauthner) 95
Fischer, E. 47
Fischer, F. 213
Fischer, H. 100
Fischer, O. 38
Fleischmann, R. 227
Flögl 283
Florian, J. 266
Foerster, J. B. 54, 55, 197, 289
Fontane, Th. 42

Fousek, K. (verh. Körner) 52
Födisch 136
Förster-Nietzsche 77
Francesconi, H. 61
Franck 43
Franke 291
Frankl v. Hochwart, L. A. 49, 50, 168, 169
Franklin, B. 306
Franz I. 76, 98, 106, 186, 201, 208, 273
Franz Ferdinand v. Österreich-Este 21, 63, 109, 128, 160, 277, 304
Franz Joseph I. 39, 70, 147, 163, 191, 207, 224, 280, 304
Franzel, E. (Boeheim, C. v.) 75
Freiwald 309
Freud, A. 178
Freud, M. 178
Freud, S. 178
Fricken, E. v. 17
Frič, J. V. 225
Frída, E. (Vrchlický, J.) 162, 173, 174, 246, 249
Friedenthal, R. 132, 143, 215, 269
Friedl, Th. 78
Friedländer v. Mahlheim, F. 148
Friedler, J. 101
Friedrich 290
Friedrich, C. D. 252
Friedrich I. Barbarossa 39
Friedrich II. 97, 122, 148, 173, 198, 214, 282
Friedrich Anton 53
Friedrich Karl 186
Friedrich v. d. Pfalz 40, 189
Friedrich Wilhelm I. v. Hessen 127
Friedrich Wilhelm III. 98, 273
Friepes, M. (verh. Stifter) 89
Frind, A. 135
Frint, J. 270
Fuchs, R. 221
Fučík 100
Fučík, J. 100
Fugolini, V. 260
Führich, Ch. 80
Führich, J. v. 50, 51, 52, 80, 86, 135, 149, 153, 157, 174, 181, 229, 268, 281
Führich, J. W. 50, 51, 80
Fürnstein, A. 255
Fürstenberg, v. 142, 143, 144, 259
Fürstenberg, K. E. v. 119, 143, 179
Fux 131

G

Gablenz, L. v. 284
Gabler, V. 267
Gabriel, K. 54
Gajusová, J. 289
Gallas, v. 78
Galle, J. G. 307
Galli, A. 72, 241
Gallus v. Lemberk 63, 101, 153
Gangl, J. 113
Garibaldi, G. 225
Gaube, J. 166
Gebert, A. 264
Gehler, M. 253
Geibel, E. 115
Gelnhausen (Selau, Želivsky, Humpolec), J. v. 99, 309
Gelph, v. 276
Gentz, F. 173
Gentz, J. v. 201
Georg IX. 52
Georg v. Milevsko 19
Georg v. Poděbrad (Jiří z Poděbrad) 20, 40, 98, 122, 191, 220, 224
Geraldi 42
Geringer, A. 34
Gerron, K. 278
Gerschau, E. v. (verh. v. Binzer) 202, 232
Gerstner, F. A. v. 184, 185, 240
Gerstner, F. J. v. 47, 184, 185
Gerstner, F. M. 61
Gerstner, W. 275
Gertrud v. Babenberg 70
Gilmetti, A. M. 300
Ginzkey, I. 160
Girarde, Ph. de 135
Glaser, I. 44, 113
Glinka, M. 115
Gluck, A. 47, 60, 104, 303
Gluck, Ch. W. 47, 60, 104, 303
Göbl, A. 267
Gočár, J. 99
Goethe, J. W. v. 15-18, 25, 30, 32-34, 36-39, 41-45, 47, 52, 56, 61, 63, 73-77, 79, 83, 84, 92, 97, 111, 113-116, 136, 139, 140, 143, 145, 149, 150, 156, 159, 161, 165, 168, 170, 175, 177-179, 185, 189, 191, 196, 203, 217, 220, 235, 248, 251, 255, 256, 271, 272, 275, 260, 261, 265, 266, 268, 285, 286, 291, 293, 308
Gogol, N. W. 180
Göhre, P. 137
Goldberg, v. 35
Goldenstein, D. B. 95
Goldhahn (Aurogallus), M. 47
Goldreich v. Bronneck 196
Goll, J. 97
Goltz, v. d. 219
Gontscharow, I. A. 180
Gonzaga, F. 145
Göppert 33
Görgl, A. 300
Gorki, M. 175, 176, 180
Görres, I. F. (geb. Coudenhove-Kalergi) 218
Gose, J. 51
Götz 298
Graf, A. 291
Grafe, F. 100
Grasel 151
Gregor XIII. 142
Gregora, F. 210
Greipl, M. 81
Greipl, F. 81
Griedel 176
Grillparzer, F. 27, 47, 65, 159, 257, 280, 281, 287, 291
Grimm, J. 98, 274, 283
Grimm, W. 98, 283
Groll, O. 86
Gröllhesl, P. 93
Groß, J. 167, 231
Grueber, B. 67, 115, 202, 288
Grün, A. 146
Grüner, J. S. 18, 43, 44
Gruß, J. 35
Gryphius, A. 251
Gryspek v. Gryspach, F. 133, 216, 296
Günther, A. 28
Günther, J. Ch. 145
Gutenberg, J. 146
Gutenson, J. G. 176

H

Haas, W. 180, 265
Haberditz, V. 218
Habert, M. J. (geb. Jenne) 90
Habětínek, K. 209
Habsburg, v. 25, 39, 64, 136, 165, 194, 204, 236
Hácha, E. 195
Hackel, P. 307
Haenke 53
Haenke, M. 53
Haenke, Th. P. X. 53, 54, 219, 233
Hafenecker, A. 228
Haffenecker, Th. 86, 207, 222
Haffner, P. 231
Hager, J. 130, 148
Hahn 25

Hájek v. Libočan, V. 110, 249, 279, 308
Haller 199
Hallwich, H. 274
Halzfeld 298
Hanau, v. 95, 96
Hancke, B. 146
Hanka, V. 115, 145
Hansgirg, K. V. 113
Hansjakob, H. 242
Hantsch, H. 274
Harant v. Polžice u. Bezdružice, K. 107
Harovnik, F. 187
Harrach, M. J. 27
Harrach, v. 97, 295, 303, 306
Hartig, v. 266, 267
Hartmann, M. 69, 184, 228, 281, 282
Hašek, J. 21, 164, 205, 212
Hauptmann, G. 38, 284
Hauschka (Houška), V. 263
Hauser, O. 111
Hausknecht, J. 288
Häusler, J. 305
Havlíček-Borovský, K. 85, 130, 236, 267
Havlíčková, Z. 237
Hay, J. L. 48, 49, 50, 96, 97
Haydinger 170
Haydn, J. 71, 131, 219, 234, 297
Hebbel, Ch. 280
Hebbel, F. 92, 93, 149, 150, 180
Heber, F. A. 190
Heff-Huerta, M. de 193
Heft, G. 292
Hegel, G. W. F. 125
Heine, H. 106, 204, 234, 281
Heinl, M. 176
Heinrich v. Prčice 108
Hek, F. V. 150
Helfert 213
Helfert, J. 278
Helfert, Jos. 213
Helfert, J. A. v. 25, 113, 213, 224, 247
Helfert, V. 278
Heller, S. 172
Hellich, A. 129
Hellich, J. 103, 126, 129, 239, 279
Hellwig, J. 187
Helmer, H. 114, 156, 310
Henlein, K. 58, 159
Herbig 100
Herder 16
Herder, J. G. 76, 114, 132, 162, 165, 221, 260, 288
Herites 298
Herkner, J. 306
Herlossohn (Herloš), K. R. 203
Herout, A. 22

Herscher, J. J. 216
Hertan, J. 301
Herzog, R. 101
Hesiod 105
Heydrich, R. 277
Heyduk, A. 211
Hiernle, K. J. 119
Hieronymus 298, 302
Hilbert, J. 173
Hilbert, K. 172, 173
Hildebrandt, J. L. 101, 134
Hildebrand-Wolfmüller 270
Hildprant 203
Hilgenreiner, K. 26
Hille 135
Hille, E. 135
Hille, K. 135
Hilscher, J. E. 168
Hilsner, L. 85
Hinkelmann, S. 140
Hirsch, S. 94
Hirt, A. 291
Hitler, A. 159, 163, 195, 294
Hitze, F. 231
Hlávka, J. 174, 229, 297
Hlouch, J. 63
Hněvkovský, Š. 23
Hnilička, E. 238
Hocke, W. 91, 303
Hoefler, K. 115
Hoelzel 183
Hofbauer, C. 214
Hoffmann, C. 126
Hoffmann, E. T. A. 234
Hoffmann, H. 122
Hofmann (v. Hofmannsthal), I. L. 265
Hofmann, J. 116
Hofmannsthal, H. v. 48, 149, 180, 264, 265
Hohenberg, F. v. 122
Hohenberg, S. v. (v. Chotek) 128, 277, 304
Hohenegg 176
Hohenlohe-Langenburg, M. E. 58
Hohenzollern 137
Holbein, F. I. v. 142
Holeček, J. 298
Holek, W. 136
Höller, F. 134
Holman, J. 106
Holub, E. 207, 307
Homer 106
Hora, J. 235
Horák 163
Horn, K. 158
Horn, U. 283
Horymír 192

Hostinský, O. 235
Houška (Hauschka), V. 263
Hrdlička, A. 99, 288
Hrdličková-Šrámková, M. 255
Hromátko 199
Hron 188
Hroznata 71, 176, 271
Hrozný, B. 175
Hrubý z Jelení (Hrubý v. Gellenij) 57
Hrubý z Jelení (Hrubý v. Gellenij), J. 57
Hrůzová, A. 85
Hrzan v. Harasov 57
Hudtwalker 281
Hufeland, A. W. 179
Hugo, V. 225, 234
Huleš, J. 89
Humboldt, A. v. 35, 36, 76, 136, 162, 182, 199, 273
Humboldt, W. v. 233
Humpolec (Gelnhausen, Selau, Želivsky), J. v. 99, 309
Hurt 93
Hus, J. 23, 55, 62, 85, 106, 112, 122, 125, 126, 130, 132, 143, 147, 172, 191, 215, 225, 263, 269, 290, 298
Hus, N. v. 191
Huss, K. 149
Hybeš, J. 206

I

Ibsen, H. 180
Illo 40, 41
Ilow, Ch. v. 263
Innitzer, Th. 111, 294
Innitzer, V. 294

J

Jäckel, M. V. 148, 301
Jacobellus v. Mies 263
Jacobi, F. H. 152
Jacquin, J. F. v. 109
Jacquin, M. J. v. 109
Jahn, J. V. 205
Jakitsch 207
Jan Campanus 298
Jan IV. v. Dražic 20
Jan v. Michalovic 183
Janáček, L. 126
Janák, P. 199, 255
Jannings, E. 250
Janowitz, F. 221
Jarloch (Gerlach) 19

Jaromír 122, 289
Jaroš, O. 189
Jaschek 250
Jebavý (Březina), O. 219, 266
Jedlička, F. 28
Jedlička, M. 88
Jehuda Liva ben Bezalel (Rabbi Löw) 184, 281
Jelínek, J. 23, 246, 253
Jeník v. Bratřice (Bratřic), J. 40
Jeníšek v. Újezd, P. 34
Jenne, A. 89
Jenne, J. 89
Jenne, M. J. (verh. Habert) 90
Jennewein, F. 237
Jeremiáš, B. 211
Jeremiáš, O. 210
Jilemnický, P. 150
Jirásek, A. 30, 31, 80, 87, 130, 150, 169, 188, 190, 213, 281
Jireček, H. 302
Jireček, J. 302
Jireček, K. 302
Jirsík, J. V. 62, 243
Jiří z Poděbrad (Georg v. Poděbrad) 20, 40, 98, 122, 191, 220, 224
Jiříkovský, J. 209
Jobst, K. 174, 229
Johann 136
Johann Friedrich v. Sachsen 27, 110
Johann v. Luxemburg 217, 304
Johann v. Sachsen (Philaletes) 125
Johannes XXIII. (Roncalli, A.) 258
Johannes de Montibus Cutnis 147
Johannes IV. v. Dražice 234
Johannes v. Nepomuk, Hl. 95, 130, 191, 223, 282
Johannes v. Neumarkt 169, 301, 302
Johannes Adolf II. 154
John 45
Jókai, M. 280
Joseph II. 15, 25, 35, 49, 67, 76, 87, 98, 138, 146, 157, 181, 184, 198, 208, 214, 250, 263, 276, 259, 283, 286, 287
Jost, F. 67
Judith 272
Julius Caesar d´Austria 64, 65
Julius Heinrich v. Sachsen-Lauenburg 204
Juna, Z. 309
Jungbauer, G. 25, 90
Jungmann, A. 98
Jungmann, J. 22, 93, 98, 153, 165, 166, 199
Juritsch, G. 264
Jurkovič, D. 206, 304

K

Kafka 237
Kafka, F. 52, 55, 68, 79, 80, 83, 125, 126, 155, 156, 159, 175, 181, 196, 200, 203, 212, 214, 221, 237, 238, 245, 247, 248, 262, 271, 278
Kafka, H. 203, 262
Kafka, J. (geb. Löwy) 203, 221
Kafka, O. (verh. David) 214, 247
Kaizl, J. 253, 260
Kalista, Z. 20
Kaminský, B. (Kaminsky, F.) 41, 69
Kandler, V. 265
Kandler, W. 50, 52, 126
Kanneberger 294
Kant, I. 35
Kaňka, F. M. 21, 97, 128, 136, 146, 155, 169, 171, 174, 258, 304
Kantor, H. 103
Kaplický, V. 80
Kaplíř v. Sulevic, K. 182
Kaplíř v. Sulevic, Z. 182
Kapper, S. 69, 184
Karafiát, J. 57, 107, 108, 234
Karásek 247
Karl I. 258
Karl IV. 23, 52, 98, 99, 113, 117, 118, 122, 126, 142, 152, 169, 183, 193, 218, 234, 243, 263, 289, 302, 305
Karl VI. 258, 272
Karl X. 39
Karl d. Große 110, 156
Karl August v. Weimar 16, 273
Karl v. Burgau 142
Kassner, R. 171, 224
Kästner 116
Kästner, A. 116
Kästner, L. 116
Kašpar 61
Kašpar, K. 234
Kaufungen, K. v. 103
Kaunitz, v. 303
Kaunitz, M. E. v. (geb. v. Waldstein) 79, 303
Kaunitz, R. v. 79, 303
Kaunitz (Kounic), W. v. 300, 301
Kavalír, F. 99
Kelley, E. 142
Kepler, J. 19, 78, 253
Kern, A. 140
Kern, B. 140
Kerzl, J. v. 207
Kindermann v. Schulstein, F. 25, 91, 112, 113, 133, 134, 166, 167
Kinský, v. 40, 41, 49, 60, 97, 190, 250

Kinský, B. v. (geb. v. Suttner) 190
Kinský, P. v. 250
Kipling, R. 180
Kirschner 283
Kirschner, L. (Schubin, O.) 20
Kisch, E. E. 21, 29, 30, 55, 59, 83, 116, 124, 129, 178, 187, 205, 211, 212, 219, 220, 258
Kisch, E. H. 177, 178
Kittel, J. E. 101
Kittl (Destinnová), E. 260, 261
Klácel, F. M. 61
Klar, A. 292
Klaudy 209
Klaudyán, M. 183
Klebelsberg, A. v. 286
Klebelsberg, F. v. 286
Klein, W. 86
Kleist, v. 114
Kleist, F. A. v. 114
Kleist, H. v. 174, 199, 251, 272
Klement 183
Klement, M. K. 245
Klemt 46
Klenka, R. 309
Klicpera, V. K. 97
Klik, J. 68
Klimt, G. 66
Klopstock, R. 214
Klusáček 95
Kmoch, F. 125
Knebel, K. L. v. 170
Knobloch, M. 99, 111
Knoll, A. M. 231
Knoll, J. L. 132
Kocián, A. 94
Koch, B. 98
Koch, G. 51, 52, 181
Kochmann, L. 144
Kočová, M. 131
Kögler 124
Kohl, J. 172
Kohn 237
Kohn, Prof. 278
Kohn, S. (verh. Robitschek) 237
Kokotek 310
Kolár, J. J. 41, 151
Kolbenheyr, E. Q. 116
Koldewey, K. 274
Köler, D. 92
Kolín v. Chotěřany, M. 215
Kollár, J. 96
Koller, F. v. 199
Koloděj, T. Š. v. 189
Koloková, N. 244

Kolowrat, v. 33, 224
Kolowrat, A. v. 152
Kolowrat, Alex. v. 231
Komenský (Comenius), J. A. 28, 41, 63, 187, 214, 227, 239, 289, 302, 306
Komenský, J. I. 227
Kompert, L. 184, 186
Konecchlum, V. v. 107
König, A. 194
Kopecký, M. 53, 127, 289
Kopp, H. 102
Korborn 281
Kordáč, F. 26
Kordik, G. 115
Korec, F. V. 147
Körner, K. Th. 52, 60, 66, 67, 106, 108, 114, 118, 136, 152, 196, 233, 251, 261
Körner, K. (geb. Fousek) 52
Kořan, Št. 54
Kořínek, J. 147
Kosárek, A. 236
Kosch, J. Ch. 34, 84, 110
Kosch, J. V. 293
Kossuth, E. J. 46
Kosta, O. (Pont, P.) 83
Kosmas (Cosmas) 222, 243
Kotěra, J. 31, 126
Kotrba, F. 122
Kotzebue, A. v. 17, 115, 116
Kounic (Kaunitz), W. v. 300, 301
Kovář, J. 232
Koželuh, J. A. 81
Krajíř z Krajků (Krajíř v. Krajek) 183
Krajíř z Krajků (Krajíř v. Krajek), K. 151, 183
Kralik v. Mayerswald, R. 154
Krallner, K. 80
Kramář 247
Kramer, J. 176
Kramolín, J. 228
Kramolín, V. P. 107
Kraner, J. 216
Krásnohorská, E. 82, 186
Kratzmann, G. 52
Kraukling 52
Kraus, A. (E.) 24, 31, 278
Kraus, H. 201
Kraus, K. 106, 224, 299
Kraus, O. 30, 59
Krause, E. 38
Krčín v. Jelčany, J. 109, 245
Krejčí, J. 122, 210
Kressl v. Qualtenberg, F. K. 287
Kreutz, R. J. 239
Kreutzberg, H. 158
Kriegs-Au, A. v. 115

Kroha, J. 138
Krok 243
Kroll 140
Krolop, K. 106
Kronberger, J. 210
Krosch, J. 79, 158
Kroupa, J. 248
Krügniger, J. 102
Křelina, F. 107, 163
Křička, Č. 222
Křižík, F. 19, 121
Kuba 222
Kuba, L. 34, 65, 66, 220-222, 244
Kubišta, B. 187
Kudlich, H. 68, 236
Kuen, F. A. 75
Kuenburg, J. J. 27
Kühn 290
Kühn, B. 275
Kühnel, J. 54
Kulička, K. 64
Kuneš, K. 116
Künigl, v. 24
Kunz, J. J. 156, 160
Kunze 220
Kurland, D. v. 15, 140
Kurland, K. W. v. (verh. v. Sagan) 15, 114, 173, 202, 232
Kurland, P. v. 189
Küstadt 262
Küttler, G. 102
Kvapil, J. 54
Kvasnička, J. 172
Kýn, V. 101

L

Ladislav 309
Laichter 31
Lamb 97
Lamberg, v. 192, 193
Lambert 305
Lamezan 63
Laminger v. Albenreuth, J. 92
Laminger v. Albenreuth, M. 281
Landa, J. 126
Landek, L. v. (verh. v. Waldstein) 107
Landstein, v. 26, 150, 164, 246
Landsteiner, K. 93
Lange, H. 244
Lasalle, F. 45, 158
Lašek, J. 227
Laub, F. 115
Laube 35

Laudon, G. E. 148, 181, 295
Lauer 87
Laurin 183
Lautner 80
Lažanský, V. 55
Ledebour, v. 182
Lederer, J. 64, 65
Lefl v. Lažany, J. 143
Leger, K. 124
Légér, L. 237
Leibl, E. 134
Leitenberger, F. v. 138, 139
Leitenberger, I. J. 292
Leitenberger, J. J. 36, 296
Leitzmann, A. 37
Lenau, N. 47
Lenz, V. Ch. 16
Leo XIII. 231
Leonardo da Vinci 235
Leoncavall, R. 237
Leopold I. 182
Leopold II. 58, 258
Leopold III. 70
Leopold Ferdinand v. Österreich (Wölfling, L.) 204
Leopold Salvator 258
Lepší, Ag. (verh. Neumann) 225
Lermontow, M. J. 235
Lessing, G. E. 35, 181, 293
Leubner, F. 160
Leubner, Ph. 239
Leutelt, G. 101
Leutelt, J. M. 101
Leutelt, M. 101
Leuthendorfer 203
Leuthner, A. 204
Le Verrier, U. J. J. 307
Levetzow, U. v. 170, 179, 285, 286
Levit, V. 95
Levý, V. (W.) 155, 169, 194, 223
Lewinsky 280
Lexa, F. 205
Lexa v. Aerenthal, A. 70
Lhota, A. 268
Lhoták, A. 96, 213
Lhotský, B. 161
Liberté, V. L. (Cajthaml, F.) 23
Libisch 270
Libuše (Libussa) 192, 222, 243, 257, 289
Lichnowsky, K. 83
Lichtenberg, v. 134
Lidický, K. 225
Liebig 157, 159
Liebig, J. 157
Liebknecht, K. 18

Liechtenstein, B. v. (geb. v. Rosenberg) 64, 108, 240
Liechtenstein, E. v. (verh. v. Schwarzenberg) 154
Liechtenstein auf Nikolsburg, H. v. 64, 108
Lifka, B. 232
Ligne, de 136
Ligne, K. J. de 74, 272
Liliencron, D. v. 60, 123, 197
Lindacker 32
Linden, M. J. v. 75
Lindenbaum, R. 47
Lindner, E. 239
Lindner, G. A. 147, 225, 239
Lindner, J. 239
Link, Vl. 288
Linková, B. (verh. Smetanová) 183, 184
Lipá (Lipé), v. 91, 164
Lipinski, K. J. 96
Lipnice, C. v. 164
Lister, J. 307
Liszt, F. 44, 63, 115, 135, 136
Littrow, J. J. 72, 241
Lobkowicz, v. 25, 47, 76, 104, 110, 114, 155, 161, 170, 175, 212, 234, 235, 246, 296
Lobkowicz, J. v. 72, 241
Lobkowicz v. Hassenstein, B. 83, 84, 103, 110, 198
Loeper, G. v. 251
Loewe, J. H. 137
Lohel (Lohelius), J. 46, 97
Longen (Pittermann), E. A. 21, 205
Longenová, X. 21, 205
Lorinser, K. I. 182
Loscani 182
Lössl, I. 255
Losson 290
Lothar 46, 243
Lothringen, K. v. 148
Louis XVI. 135, 136
Löwenstein-Wertheim, K. v. 231
Löwenstein-Wertheim, Konst. v. 129
Löwy, J. (verh. Kafka) 203, 221
Löwy, S. 221
Ludmila, Hl. 155, 238, 278-280
Lueger, K. 296
Lüftner 247
Luragho (Lurago), A. 38, 152, 155, 228
Luragho (Lurago), C. 34, 84, 96, 188, 230, 253
Lustig, A. 176
Luther, M. 16, 27, 47, 84, 96, 102, 140, 151, 169, 183, 195, 234, 239, 271
Lutka, J. 248
Lutka, P. 201, 248

Lutomericen 164
Lux, J. 71, 263
Luxemburg, v. 146

M

Mach, V. 200
Mácha, K. H. 27, 142, 156, 166, 167, 186, 252
Maderna, G. B. 138, 150
Mahler, G. 111
Mánes, J. 95, 143, 168, 213, 236
Mánes, Qu. 236
Mann, E. 227
Mann, G. 78, 79, 86, 87, 186, 227
Mann, H. 227
Mann, K. 227
Mann, Klaus 227
Mann, M. 227
Mann, Th. 227
Mannsfeld, P. E. v. 92
Marci v. Kronland, J. M. 151
Marek, A. 162, 288
Maria Ludovica 273
Maria Theresia 25, 30, 58, 97, 122, 123, 148, 196, 259, 287-289, 295, 308
Markus, J. K. 81, 90
Marquart 153
Marschall, G. 304
Marten, M. 237
Martinelli, A. E. 62, 88
Martinelli, D. 85
Martinů, B. 223
Martinus v. Dražov, S. 96
Marx, E. 116
Marx, K. 116
Maryška, I. 298
Mařák, J. 169
Masaryk, J. 152, 192
Masaryk, Th. G. 85, 103, 108, 152, 168, 305
Mathesius, J. 27, 102
Mathey, J. B. 45, 57, 76, 107, 162, 215, 216
Matiega, J. 21, 155
Mauthner, D. (geb. Fischer) 95
Mauthner, F. 94, 95
Mauthner, I. J. 95
Max, E. 121, 136, 177, 208, 250, 267
Max, J. 115, 121, 138, 160, 250, 257, 279
Max v. Mexiko 177
Maxandt, J. N. 81
Maximilian 52
May, K. 28, 29
Mayer, A. 144
Mayer, L. 239

Mayerl, A. 46
Mayr, M. 306
Meinert, J. G. 36, 37
Meinl, J. 134
Meissner, A. 204, 234, 274
Meister Jan 19
Meister Nikolaus 207
Meister Staněk 19
Meister Theodorich 117
Melan, A. 137
Melanchton, Ph. 84, 215, 239, 298
Melantrich (Černovlásek) Rožďalovice v. Aventin, G. 239
Mendělejev 237
Mendelssohn-Bartholdy, F. 44, 63
Mengs, A. R. 291
Mengs, I. 291
Menhart, O. 207
Messner (Meßner), J. 148, 149, 154, 225, 256
Metelák, A. 288, 309
Method(ius), Hl. 238, 245, 250
Metternich, v. 215, 216, 172
Metternich, v. (verh. v. Thurn u. Taxis) 172
Metternich, C. W. L. v. 46, 52, 116, 149, 173, 201, 215, 216, 233
Metternich, M. v. 52
Metzner, F. 272, 285
Meude, J. G. 56
Meyrink, G. 65, 211
Mělnický, P. 172
Michelangelo 40
Michl, J. V. J. 223
Mickiewicz, A. 114
Mičurin, V. 203
Mikan, J. Ch. 272
Miko 175
Mikovec, F. B. 250
Miksch 277
Milde, A. 66
Milde, V. 166
Miles (Eichert, F.) 252, 262
Minkowicz 276
Miselius, A. 87
Mitis, O. v. 280
Mitis, T. 84, 272
Mitrovic, W. v. 161
Mittenruza, A. 274
Mladota v. Solopysk 219
Mocker, J. 67, 117, 253, 301
Mohaupt, A. (verh. Stifter) 115
Mohr 43
Molitor, J. P. 69, 128, 253
Moll, B. F. 122
Molory, J. 52
Mönnich, H. 160

Morgan, P. 117
Mörike, E. 18, 109, 195, 197, 277
Morstadt, V. 171
Morzin, K. J. v. 71
Morzin, P. v. 140
Mozart, F. X. W. 47, 244
Mozart, K. 63, 244
Mozart, W. A. 18, 19, 47, 63, 83, 109, 114, 131, 189, 195, 210, 219, 243, 246, 248, 272, 305
Mráz z Milešovky, J. 165
Mrštík, A. 108, 223
Mrštík, V. 108, 223, 237
Mugerauer, A. 81
Mühlberger, J. 75, 284, 285, 296
Müller, H. 219
Müller, J. 268, 293
Müller, W. 102
Munch, E. 254
Musil, R. 47
Musset, A. v. 281
Mydlář 52, 53
Myslbek, J. 56, 238
Mysliveček 19

N

Nabl, F. 171
Nádherná, Z. 299
Nádherný, J. 299
Nádherný, K. 299
Nádherný, S. 299
Nadler, J. 26
Nahl, C. 41
Napoleon 32, 58, 95, 102, 139, 199, 202, 270, 273, 292, 304
Navratíl, J. 121, 122, 155, 169, 249, 303
Nehr, J. J. 175-177
Nejedlý, J. 23
Nejedlý, O. 210
Nejedlý, V. 23
Nejedlý, Z. 169
Neklan 122
Němcová, B. (geb. Panklová) 34, 44, 60, 61, 72, 87, 153, 169, 198, 232, 241
Němeček (Niemetschek) 243, 244
Němeček (Niemetschek), F. X. 244
Néméthy, F. 79
Neruda, J. 180, 205, 206, 275, 289
Netik, E. 187
Netolický, S. 109
Nettl, P. 56
Neuhaus, v. 108, 246
Neukomm, S. 47
Neumann 225

Neumann, A. 257
Neumann, Ag. (geb. Lepší) 225
Neumann, B. 39, 40
Neumann, C. 153
Neumann, F. v. 78, 156
Neumann, H. 40, 263
Neumann, J. N. 225
Newton, I. 181
Nezval, V. 20
Niederöcker, L. 283
Niedzelsky 175
Niemecz, V. J. 297
Niemetschek (Němeček) 243, 244
Niemetschek (Němeček), F. X. 244
Nietzsche, F. 17, 44, 77, 237
Nikolaides, W. 298
Nikolaus I. 186
Nikopolis, H. v. 164
Nittel 91
Nittinger, F. 144
Nittinger, Franziska 144
Nobile, P. 149, 228
Nöggerath, J. 16, 33, 34, 43, 44, 182
Nonnenmacher, M. 172
Nostitz, v. 266
Nostitz, A. v. 282
Novák, A. 61, 169, 227
Novák, L. 188
Novák, V. 112, 248
Nováková, T. 61, 223, 227
Novopacký, J. 219
Novotný 298
Nowak, D. 145
Nowak, W. 187
Nüll, E. v. d. 229

O

O'Donell 272
Ohmann, F. (B.) 117, 160
Olbracht, I. 246
Oldřich 161, 245
Ongers, J. 287
Opatrný, K. 22
Opitz, A. 26
Opitz, F. 56
Opitz, Ph. M. 56
Oppolzer, J. v. 195
Orlíková, Z. 244
Orselini, L. 234
Orsi, D. 146, 164
Ossian 106
Otáhal, K. 22
Ott, E. 69
Öttingen-Wallerstein, v. 304

Öttingen-Wallerstein, F. v. 305
Otto, A. 141
Otto v. Brünn 244
Otto v. Griechenland 115
Ouředník, V. 121
Ovid 197

P

Paar, J. B. v. 18
Pacák 87
Pacák, J. 223, 264
Pácalt, J. 302
Pacher, R. 247
Pachta v. Rájov 226
Pachta v. Rájov, A. 226
Pachta v. Rájov (verh. v. Reimann-Erdödy), J. 226
Paganini, N. 19, 96
Palacká, M. (verh. Riegrová) 170
Palacký, F. 33, 40, 96, 170, 179, 194, 197, 206, 209, 236, 246, 265, 273, 298
Paleč, Š. 215
Palliardi, I. J. N. 218, 233
Pank 33
Panklová, B. (verh. Němcová) 34, 44, 60, 61, 72, 87, 153, 169, 198, 232, 241
Pappenheim, G. H. v. 138
Parč, F. X. 73
Pargfrieder, J. G. 286
Parish, R. 307
Parler, P. 122, 126
Paton 45
Paudler, A. 60
Paula Pištěk, F. de 228
Pauly, B. 202
Pavel, J. 242
Pavíček, F. 224
Payer, J. v. 274
Pazverat, J. 127
Pečírka 50
Pekař, J. 20, 103, 254
Pelcl, F. M. 224
Pelikán, J. 108, 197
Pellegrini 176
Pellegrini, v. 276
Pellico, S. 177
Pemmer, E. (Fiakermilli) 48
Pemmer, M. 48
Pereira, H. v. 106
Pergler 289
Perner, J. 61
Pernstein, v. 205, 206, 224
Pernstein, V. v. 169
Pešan, D. 309

Pešina, I. J. 131
Pešina v. Čechorod, T. 230
Peters, A. 297
Petöfi, S. 47
Petrick, F. 98
Pfeifer, O. 264
Philaletes (Johann v. Sachsen) 125
Philemon, J. 173
Piccolomini 188, 189, 232
Piccolomini, A. S. (Pius II.) 20, 269
Piccolomini, E. S. 228
Piccolomini, J. S. (M.) 74, 188
Piccolomini, O. 189
Pichl, J. 124
Pichl, V. (W.) 19
Pick 23
Pick, O. 254
Pickhart 127
Piepenhagen, A. 115
Pieroni, G. 105, 107
Piffl, G. 151
Pilat, D. 21
Piloty, K. v. 41, 115
Pischelt, F. 289
Pittermann (Longen), E. A. 21, 205
Pius II. (Piccolomini, A. S.) 20, 269
Pius XI. 26
Plachý, J. 34, 187
Planer, M. (verh. Wagner) 274
Platen v. Hallermünde, A. 16, 39, 115
Platzer, I. F. 69, 246, 248
Plečnik, J. 152
Plener, E. v. 44, 45
Plener, I. 44
Pleyer, W. 267
Pobraslav 222
Pohl 43
Pokorný, K. 203, 255
Polák, M. M. Z. 199
Polirär (Pulíř), F. 291, 293
Polívka, A. 201
Pollak, O. 155, 196
Poniatowska, v. 50
Pöninger 283
Pont, P. (Kosta, O.) 83
Pontanus (Spannmüller), J. 187
Popp, A. (Waldeck, H. S.) 300
Popper, M. (Roser, F.) 276
Popper-Lynkeus, J. 124, 125
Porsche, F. 160
Porta, A. della 57, 76, 161, 234
Pořej 222
Pospíšil (Pospischil), M. 262, 291
Postl, K. (Sealsfield, Ch.) 19, 104, 130
Prachner, V. 200
Pražák, K. 129

Prée, F. I. 152, 310
Preisler, J. 23
Preiss, F. J. 172
Pretlych 147
Princip, G. 277
Procházka, A. 255
Procházka, F. F. 288
Prokop, Hl. 126, 245
Prokop, D. 30
Prokop, R. 86
Prokop d. Kahle (d. Große) 290, 291
Proksch, J. 136, 157
Przezdziecki, A. 114
Přemysl d. Ackermann (Přemysl Oráč) 122, 257, 304
Přemysl Ottokar II. 18, 62, 72, 110, 122, 186, 198, 213, 223, 241, 290, 301
Přemysliden 46, 52, 67, 76, 134, 146, 164, 201, 217, 238, 243, 257, 307
Přibyslava 153
Příhoda, V. 298
Pšov (Pschow), v. 155, 156
Pták, J. 64
Ptolemaios 222
Puchmajer, A. J. 199, 289
Puklice, A. 62
Pulíř (Polirär), F. 291, 293
Punto, G. (Štich, J.) 308
Purkyně, J. E. 61, 161, 203
Puschkin, A. 207, 235
Puteani, v. 287

Q

Quast, J. Z. 209
Quast, K. F. 209
Querlandi 270
Querlonde du Hamel, L. 87

R

Raab 289
Raab, I. 105
Rabbi Löw (Jehuda Liva ben Bezalel) 184, 281
Radecký (Radetzky) v. Radeč (Radetsch), J. J. W. 73, 94, 250, 286, 287
Radim 222
Raedern (Redern) 78
Rais, K. V. 254
Ramiro v. Leon 105
Rank, J. 72, 120, 121
Ranke, L. v. 78
Raphael 291

Rašín, A. 30
Rath, P. 149
Rautenstrauch, S. 30
Ravenau 149
Recke, E. v. d. 15, 66, 114, 140, 189, 233, 251, 275
Redelmayer, J. 148
Redern (Raedern) 78
Redern, C. v. 78
Redern, K. v. 79
Redern, M. v. 37, 78
Regner, J. 190
Reimann, V. 294
Reimann-Erdödy, J. (geb. Pachta v. Rájov) 226
Reimer, F. W. 273
Reiner, V. V. (W. L.) 21, 31, 72, 202, 304
Reinhardt. M. 264
Reinisch, H. 297
Reinmar v. Hagenau 73
Reiser, V. 151
Reitenberger, K. K. 175, 177
Reiter, A. 35
Reiter, W. (verh. Rilke) 35
Rejsek, M. 146, 147
Renand, S. 266
Rentz 145
Ressel, A. H. 53
Ressel, J. 53
Reynek, B. 266
Ricci, L. 131
Richter, A. L. 140, 252, 261
Richter, J. 297
Richter, O. V. 294
Ried v. Pistau, B. 173, 203
Rieger, F. L. v. 106, 126, 194, 197, 206, 209, 236, 237, 246, 247
Riegrová, M. (geb. Palacká) 170
Riemer, F. W. 76, 179
Rienzo, C. di 234
Riesenburg, v. 73
Riesenburg, Š. v. 174
Rieth, B. 146, 162, 172, 174
Rilke 171
Rilke, Ch. 88, 112, 145
Rilke, D. 282
Rilke, J. 139, 266
Rilke, J. B. J. 35
Rilke, J. F. 282
Rike, J. J. 266, 282
Rilke, P. v. 246
Rilke, R. v. 267
Rilke, R. M. 35, 37, 41, 58, 63, 65, 68, 88, 98, 112, 129, 139, 145, 171, 172, 219, 224, 246, 266, 267, 282, 295, 299, 305

Rilke, S. (geb. Entz) 35, 139
Rilke, W. (geb. Reiter) 35
Rilke, W. F. 282
Rilke v. Rüliken, E. 129
Rilke v. Rüliken, I. 129
Rilke v. Rüliken, J. 246
Rilke v. Rüliken, M. 129
Rilke v. Rüliken, M. (geb. v. Schlosser) 129
Rilke v. Rüliken, P. 129
Ringel, G. 292
Ringer, M. 187
Rint, Joh. 192, 193, 240
Rint, Jos. 192, 193, 240
Ríva, I. (Sterzinger, J.) 295, 296
Rizal, J. 166
Robitschek, S. (geb. Kohn) 237
Rodin, A. 53, 237
Roggendorf, A. v. 109
Rohan, v. 267
Roith, F. 198
Rokitanský, K. v. 97, 177
Rokycana, J. 233
Rokyta, H. 89, 129, 136
Rokyta, J. 162, 169
Römisch, C. 135
Römisch, F. Z. v. 98
Römisch, Z. 181
Roncalli, A. (Johannes XXIII.) 258
Roosevelt, F. D. 227
Rosenauer, J. 90
Rosenberg, v. 18, 26, 64, 70, 89, 108, 109, 240, 245, 246, 253
Rosenberg, B. v. (verh. v. Liechtenstein) 64, 108, 240
Rosenberg, E. v. 108, 109
Rosenberg, J. v. 109
Rosenberg, K. v. (geb. Czenková v. Wartenberg) 64
Rosenberg, P. W. v. 64, 82, 253
Rosenberg, U. II. v. 64
Rosenberg, W. v. 137
Roser, F. (Popper, M.) 276
Rösner, J. 16
Rossini, G. 156
Roth 284
Roth, J. 287
Rottenhahn, v. 25, 58
Rottenhahn, H. 58
Rotter, L. 186
Rousseau 20
Rožďalovský, V. (W.) 239
Rožmitál, v. 203
Rübezahl 104, 251, 283
Rudl, S. 134
Rudolf 190, 280

Rudolf II. 19, 37, 64, 78, 122, 141, 142, 152, 258
Rudolf, Bischof 294
Runciman, W. 58
Russ, W. 170
Russel 93

Ř

Říha 63

S

Saaz (Tepl), J. v. 218, 268, 271, 308
Sabina, K. 225
Sacher, J. 80
Sachse, J. Ch. 275
Sagan, K. W. v. (geb. v. Kurland) 15, 114, 173, 202, 232
Samo 174
Sand, G. 241
Sand, K. L. 116
Sandel, J. 110
Sankturin, A. v. 164
Santini, G. B. 97, 99, 126, 130, 133, 148, 215, 216, 224, 264, 293, 304, 309
Saudek, R. 125
Sauer, A. 77, 90, 284
Sauguszko, D. 87
Sauter, F. 264
Savigny, F. K. v. 37, 122
Schebek (Šebek), F. 297
Schebesta, A. 276
Scheffler, F. A. 21
Schell, Š. M. 217
Schelling, F. W. J. v. 270
Schiele, E. 66
Schiller, F. 40, 41, 74, 79, 111, 114, 116, 117, 124, 130, 138, 142, 149-151, 156, 161, 189, 203, 217, 234, 248
Schiller, J. 157, 158, 160
Schinkel, K. F. 39, 270
Schirmdinger, S. A. v. 92, 213
Schlayer 230
Schlegel, F. 118
Schleinitz, v. 134
Schleinitz, E. v. 135
Schleinitz, G. v. 136
Schlick (Šlik), v. 130
Schlick (Šlik), E. v. 130
Schlick, S. 102
Schlosser, M. v. (verh. Rilke v. Rüliken) 129
Schmerling 209
Schmidt, E. 288

Schmidt, F. 117
Schmidt, J. J. 67, 109
Schmidt, L. (geb. Stöss) 17
Schmoranz, F. 48, 57, 301
Schmutzerus 204
Schneidel, J. 46
Schnirch, B. 220, 225
Schnorr v. Carolsfeld, J. V. 35
Scholz, H. 74
Scholz, J. 40, 217
Schön, J. 132
Schönfeld, v. 59, 283
Schönfeld, J. F. v. 282
Schönkirch, K. J. v. 110
Schopenhauer, A. 125, 273
Schöpf, J. A. 62
Schorr, J. F. 71, 95
Schramm, K. A. 288
Schreiter v. Schwarzenfeld 111
Schremmel, J. 47
Schritter 244
Schröder, S. 65
Schröder, v. 276
Schröder, W. 274
Schubert, F. 219, 252
Schubin O. (Kirschner, O.) 20
Schulz, F. 183
Schulzová, A. (verh. Drobná) 183
Schumann, R. 17, 63
Schummer, J. J. 172
Schuricht, C. F. 109
Schwaiger, H. 252, 305
Schwamberg, v. 231, 263
Schwantner, E. 15, 30, 284, 285
Schwarz, F. 160
Schwarz, J. 59
Schwarzenberg, v. 64, 88, 109, 202
Schwarzenberg, A. v. 202
Schwarzenberg, C. v. 129, 192
Schwarzenberg, C. v., Feldmarschall 18, 35, 90, 98, 136, 199, 202
Schwarzenberg, E. v. (geb. v. Liechtenstein) 154
Schwarzenberg, F. v. 176, 202
Schwarzenberg, J. A. 154
Schwarzenberg, K. v. 192
Schweitzer 237
Schweitzer, A. 237
Schwenkfeld, K. 152
Schwind, M. v. 241
Sealsfield, Ch. (Postl, K.) 19, 104, 130
Sebregondi, N. 105, 107
Sechter, S. 81
Sedláček, A. 27, 169, 209
Sedláček, J. 109

Sedlčanský, D. 245
Seemann, T. 146
Segert, J. F. 156
Seibt, F. 168
Seibt, K. H. 259
Seidan, Th. 101, 115, 283
Seidl, J. 30, 59
Seifert, J. 296
Selau (Gelnhausen, Humpolec, Želivsky), J. v. 99, 309
Selender, W. 30
Seliger, G. 251
Seliger, J. 160
Selinger 129
Selvi, R. 42
Seni (Zemo), G. B. 41, 42
Sereno, C. 188
Servandoni, G. 69
Seume, J. G. 25, 35, 56, 124, 153, 275
Seydel, G. E. 60
Seydl, J. A. 22
Seydler, A. J. B. 307
Shakespeare, W. 98, 273
Siccard v. Siccardsburg, A. 229
Siebenschein 235
Siebenschein, H. 235
Sigmund 143
Silván, J. 72, 241
Simon, Ch. 78
Simon, J. 57
Simorský, J. 244
Singer, L. 125
Sizzo 295
Skalník, A. 175
Skalník, V. 175, 176
Skrejšovský 236
Skupa, J. 260
Sládek, J. V. 174, 234, 301
Sladkovský, K. 225
Sláma, F. 48, 197
Slávek v. Osek 204
Slávek v. Ryzmburk 92
Slavibor 155
Slavíček, K. 107
Slavík, J. 95, 96
Slawnikinger 72, 146, 169, 222, 241
Slezák, L. 100, 111
Sluníčko, J. J. 99
Smetana, B. 15, 22, 41, 44, 63, 82, 94, 157, 169, 183, 184, 186, 200, 205, 216, 217, 225-227, 245, 288
Smetana, F. 94
Smetanová, B. (geb. Ferdinandi) 63, 200, 245
Smetanová, B. (geb. Linková) 183, 184
Smetanová, F. 63

Smetanová, K. 200
Smetanová, S. 63
Smiřice, M. v. (verh. v. Waldstein) 87
Smiřický v. Smiřice 188, 215
Soběbor 222
Sobek v. Bilenberg, F. 30
Soběslav I. 46, 145, 213, 230, 244
Soběslav II. 230, 243
Sobieski III. 182
Sochor, E. 156
Soldati, T. 304
Sommerset 102
Sonnenfels, J. v. 49, 96
Sonnenschein 133
Sophie 290
Sorel, G. 254
Spannbruckner, A. V. 85
Spannmüller (Pontanus), J. 187
Spezza, A. 105, 107
Spiess, Ch. H. 24
Spitz 184, 281
Spitzweg, C. 44, 77, 171
Sporck, v. 174, 293
Sporck, F. A. v. 20, 88, 144-146, 258
Sporck, J. v. 88, 145, 175
Spytihněv 222
Stache, F. v. 282
Stadion, v. 122, 281
Stadion, J. P. v. 122
Stalmach 309
Stamic, J. V. 71, 85
Starburg, Š. v. 156
Starhemberg, R. v. 98
Stark 76
Stašek, A. 106
Statia, J. de 216
Stein, Ch. v. 77, 114
Stein, H. F. C. v. u. z. 58, 122
Steinfels, J. 97, 202
Steinherz, S. 278
Steinmetz, N. v. 276
Stelzig, A. 78, 80
Stephan, Erzherzog 176
Stephan v. Landskron 151
Stephanie 280
Sternberg, v. 216, 297
Sternberg, A. v. 142, 149
Sternberg, F. v. 32
Sternberg, J. v. 98
Sternberg, K. M. v. 32, 33, 43, 45, 77, 119, 120, 177, 179, 265, 271, 273
Sternberg, Kun. v. 220
Sternberg, L. v. 142
Sterzinger, J. (Ríva, I.) 295, 296
Stibral, J. 282, 305

Stiepel, H. T. 157
Stifter, A. 21, 64-66, 69, 81, 82, 88-90, 113, 115, 141, 143, 149, 174, 192, 202, 240, 250, 310
Stifter, A. (geb. Mohaupt) 115
Stifter, A. M. 89
Stifter, An. 141
Stifter, J. M. J. 89
Stifter, M. (geb. Friepes) 89
Stifter, Mar. 141
Stifter, Mat. 89
Stillfried, I. v. 68, 69
Stolz, A. 131
Stolz, F. 131
Stolz, Th. (Štolcová, T.) 131
Stolz, V. 131
Stöss, G. 17
Stöss, L. (verh. Schmidt) 17
Strachovský, J. 161, 206, 233, 268
Stradal, A. 135
Strakatý, K. 203
Stránský, P. 165
Straus, O. 219
Strauss, R. 48
Strauß 176
Strauß, D. F. 277
Strauß, J. 100, 219, 287
Stráž, v. 246
Streckfuß, K. 177
Streer, A. 264
Streer, J. 265
Streer v. Streeruwitz 264, 265
Streer v. Streeruwitz, E. 139, 256, 263, 264, 265
Streicher, A. 47
Strnad, A. 189
Strobach, J. 296
Strobach, Jos. 296
Stroupežnický, L. 211
Strousberg, B. 233
Střezislava 222
Sucharda, A. 106
Sucharda, S. 257
Super, Th. 264
Süsmayer, T. 292
Suttner, B. v. (geb. v. Kinský) 190
Svátek, J. 74
Svatopluk 122, 224
Svoboda, B. 309
Svoboda, K. 28
Svoboda, T. 130
Swiridof 230
Swoboda, K. M. 235
Swoboda, W. 184
Sychrovský, J. 213
Sylva-Taroucca, E. v. 305

Š

Šafařík, P. J. 302
Šalda, F. X. 156, 158, 187, 237
Šaloun, L. 53, 94, 130
Šebek (Schebek), F. 297
Šembera, A. 302
Šercl, L. 22
Ševčík, O. 161, 193, 210
Šimek, F. 218
Škaloud, J. 80
Škoda, E. 217
Škorpil, H. 302
Škorpil, K. 302
Škréta, K. 76, 78, 164, 292
Škroup, F. 309
Škroup, O. 309
Škvor, B. 57
Škvorec, W. v. 163
Šlik (Schlick), v. 130
Šlik (Schlick), E. v. 130
Šmirous, K. 66
Šolc, V. 255
Špála, V. 310
Španiel, O. 23
Špindler, E. 234
Špot, J. V. 27
Šrámek, F. 235, 254, 255
Štafl, A. 307
Štěch, R. 210, 217
Štěch, V. V. 249
Štejskal 62
Štembera, J. 163
Štembera, Jos. 163
Štěpánek, J. N. 46
Štěrba, B. 246
Štich, J. (Punto, G.) 308
Štítný ze Štítného, T. 112, 207
Štolcová, T. (Stolz, Th.) 131
Štorm, B. 143, 190
Štursa, J. 284, 304
Šulc, J. 21
Šusta, J. 109
Šusta, J. 109
Švanda 260

T

Taafe, v. 190
Taafe, E. v. 190, 191
Taafe, H. v. 190
Talich, V. 22
Tandler, M. 56
Taussig, L. 35
Teichmann, H. 69

Tell, W. 156
Tenschert, R. 219
Tepl (Saaz), J. v. 218, 268, 271, 308
Teubner, O. 31, 276
Thám, V. Š. 46
Thény, G. 87
Theobald, Z. 92, 213, 230
Thieberger, F. 83
Thieberger-Urzidil, G. 83
Thiel, F. 50
Thomson 199
Thun, v. 61, 84, 161, 201, 252, 260, 273
Thun, J. v. 263
Thun, L. v. 201, 209, 247
Thun-Hohenstein, v. 67
Thun-Hohenstein, F. v. 67
Thurn, H. M. 274
Thurn u. Taxis, v. 171, 172
Thurn u. Taxis, M. v. 171, 172
Thurn u. Taxis, R. H. M. v. 194
Tichatschek (Ticháček), J. (A.) 274-276
Tichý, V. 75
Tieck, J. L. 122, 189
Tiedge, Ch. A. 233
Tiegel v. Lindenkron, W. 245
Tietz (Dietz), F. 104
Tigesar, S. v. 77
Tilgner, V. O. 283
Tirol, H. 215
Tischler, L. 66
Tittmann, F. W. 27, 28
Tizian 291
Tkadlík, F. 135, 209
Tolstoj, A. 116
Tolstoj, L. N. 115
Toman, P. H. 236, 237
Tomaschek, A. 219, 220
Tomaschek, F. 219, 220
Tomášek, V. J. 43, 178, 248, 303
Toskana, v. 303
Trautmannsdorf, v. 164, 198, 199
Traux, de 276
Trčka, J. 292
Trčka v. Lípa 40, 48, 197, 201, 309
Trčka v. Lípa, A. E. 48, 164, 197, 201
Trčka v. Lípa, N. 164
Trčka v. Lípa, J. R. St. 48, 197
Trochta, Š. M. 166
Tropsch, H. 213
Trütschler 149
Třeboň, v. 109
Tschaikowskij, P. I. 296
Tschech (Čech) 243
Tschinkel, A. 54
Tschoepper, V. 308
Tschuppik, K. 70, 122

Tuček, J. 207
Tůma, F. I. 131
Tůma, V. H. 131
Turba, H. 178
Turečková, A. 48
Turek, J. 206
Turgenjew, I. S. 20, 180
Tuvora, A. 218
Twain, M. 180
Twinger v. Königshofen, J. 96
Tyl, J. 271
Tyl, J. K. 63, 147, 203, 204, 217, 288
Tyrš, M. 56, 67

U

Uechtritz 149
Uhland, L. 272
Ulitz, E. 278
Ullík, H. 225
Ullmann, V. I. 24, 230
Ulrich v. Eschenbach 165
Ungar, K. R. 308
Urban 221
Ursini, J. 230
Urzidil, J. 15, 24, 45, 56, 83, 251
Urzidil, Jos. 24

V

Vacca, J. de 257
Vacek-Kamenický, F. J. 112
Valois, B. v. 142
Vančura, V. 83
Vandamme, D. R. d'Unebourg 46, 228
Varnhagen v. Ense, K. A. 272
Veit, E. 291
Veit, W. H. 167
Veith, A. v. 155
Veith, J. E. 137, 213
Verdi, G. 131
Verlaine, P. 47
Vernier, v. 164
Veverka, F. 205, 206
Veverka, V. 205, 206
Vilímek, J. 158
Vinařický, K. 249, 289
Vinoř, J. v. 161
Vischer, M. 274
Vítek v. Prčice 108, 246
Vlach, P. 253
Vladislav (Wladislaw) 244, 272
Vladislav (Wladislaw) I. 193, 264
Vladislav (Wladislaw) Jagelo II. 70, 84,122, 142, 146

Vlček, J. 106
Vobišová, K. 254
Vocel, J. E. 147
Vogelsang, K. v. 231
Voigt, A. 76
Vojáčková, J. A. 279
Vojen 249
Vojna, J. 289
Vojslava 71
Vokolka 266
Volkert, J. J. 309
Vomio, B. M. da 88, 137
Vondráček, V. 159
Vorel, J. 279
Voříšek, R. V. 21, 143, 250, 310
Vosátka, A. 309
Voskovec (Wachsmann), J. 245
Vratislav II. 228
Vratný, K. 96
Vrchlický, J. (Frída, E.) 162, 173, 174, 246, 249
Vršovci (Werschovzen) 222, 224
Vulpius, Ch. 308
Vydra, S. 215

W

Wachsmann (Voskovec), J. 245
Wachsmann, B. 141, 168
Wagner, J. 274
Wagner, M. (geb. Planer) 274
Wagner, R. 95, 174, 180, 226, 261, 262, 273, 274
Waldau, A. 290
Waldeck, H. S. (Popp, A.) 300
Waldmüller, F. G. 148
Waldstein, v. 76, 86, 139, 185, 201
Waldstein (Wallenstein), A. v. 40-44, 48, 65, 74, 78, 79, 86, 87, 91, 105-107, 111, 122, 138, 139, 141, 164, 185, 186, 189, 197, 201, 217, 250, 251, 263, 274, 303
Waldstein, Ch. v. 186
Waldstein, E. v. 217
Waldstein, F. A. v. 75
Waldstein, H v. 79
Waldstein, J. v. 303
Waldstein, J. K. v. 75
Waldstein, K. v. 186
Waldstein, L. v. (geb. v. Landek) 107
Waldstein, M. v. 288
Waldstein, M. v. (geb. v. Smiřice) 87
Waldstein, M. E. v. (verh. v. Kaunitz) 79, 303
Waldstein, W. 87
Walther v. d. Vogelweide 73, 74
Wärsch 276

Wartenberg, v. 164
Wartenburg, V. v. 134
Watzal, J. 17
Watzlik, H. 65, 70, 71, 75, 240
Wauscher 298
Wawra, F. T. 81
Weber, A. A. 166, 167
Weber, C. M. v. 86, 152, 153
Weber, J. 264
Weigend, W. (verh. Eichert) 252
Weil (v. Weilen), J. 279, 280
Weilguny, M. 71
Weiner, R. 211
Weintridt 281
Weisse, M. 151, 183
Weiß, A. M. 231
Weizmann, E. 278
Welser, F. 142
Welser, Ph. 34, 142
Weltsch, F. 214, 247
Wenzel, Hl. 119, 122, 153, 226, 238, 242, 258, 278, 280, 289
Wenzel I. 22, 74
Wenzel II. 304
Wenzel IV. 22, 23, 142, 147, 191
Wenzig, J. 121, 122, 289
Werfel, F. 133, 168, 245
Werner, Z. 76
Wersa, P. 137
Werschafeld, F. v. 194
Werschovzen (Vršovci) 222, 224
Werth, J. v. 19, 20
Werunsky, E. 263
Wewerka, M. (verh. Fiala) 133
Weyprecht, K. 274
Weyr, E. 124
Weyr, Ernst 124
Weyr, S. 280
Wiclif, J. 62
Widman, G. 137
Widmann, L. 21, 71, 310
Wiegler, P. 75, 118, 179
Wiehl, A. 22
Wieland, Ch. M. 58, 114, 218, 281
Wiesner, R. 253
Wigh, J. 71
Wilfert, K. 41, 90
Wilhelm I. 267
Wilhelm II. 128
Willemer, J. v. 17
Willmann, O. 167
Wimmer, J. v. 141
Winckelmann, J. J. 44, 291, 293
Winder, L. 128
Windischgrätz, v. 264
Winter, Z. 80

Witiko 64, 82, 240, 284
Wittigonen 26, 109, 150, 240, 246
Wladislaw (Vladislav) 244, 272
Wladislaw (Vladislav) I. 193, 264
Wladislaw (Vladislav) Jagelo II. 70, 84, 122, 142, 146
Wohlmut, B. 220
Wohryzek, J. 156
Wojen 122
Wolfger v. Passau 73
Wölflin, v. 191
Wölfling, L. (Leopold Ferdinand v. Österreich) 204
Wolkan, R. 228
Wolker, J. 20
Wrangel, G. v. 134
Wrbna, R. v. 96, 127
Wrtba, M. F. S. v. 298
Wukadinovič, S. 168
Wylmschwerter, G. 183

Y

Ypsilanti, A. 276, 277

Z

Zacharias, F. v. 98
Zafouk, D. 127
Záhořík, J. 72, 241
Zajíc 161
Zajíc v. Hasenburk, O. 128
Zámeček 135
Zápotocký, A. 119
Zápotocký-Budečeský, L. 119
Zapp, K. V. 21
Záruba v. Hustiřany 306
Zasche, J. 100
Zauper, J. S. 75, 217, 271
Zaupes, S. J. 73
Zázvorka, J. 130
Zbraslav 57
Zdik, H. 309
Zdislava v. Křižanov 63, 101, 153
Zeissberg, v. 280
Zeithammer, A. O. 209
Zelenka 32
Zelenka (Zeleněk), G. 227
Zelenka, J. L. (Zeleněk, J. D.) 227
Zelenka, L. 244
Zelter, C. F. 33, 179, 273
Zeno (Seni), G. B. 41, 42
Zerlik, O. 271
Zettl, Z. 121
Zeyer, J. 174, 237, 298, 309

Z

Zichy, v. 150
Ziegler 199
Zimmer, L. 100
Zimmermann, K. 267
Zita 258
Zítek, J. 113
Zittau, P. v. 304
Zoch, F. 297
Zogelmann, K. 225
Zöller, F. 289
Zring, N. 98
Zriny, N. v. 108, 109
Zvonář, J. L. 23
Zweig, St. 75, 126

Ž

Žďárský v. Žďár, F. D. 84
Želivsky (Gelnhausen, Humpolec, Selau), J. v. 99, 309
Žerotín, v. 28
Žerotín, K. v. 28
Žižka v. Trocnov, J. 26, 56, 63, 96, 122, 193, 204, 214, 225, 274, 268, 288
Žižka v. Trocnov, Jar. 288
Žvec, V. 22

Hugo Rokyta
Die Böhmischen Länder
Handbuch der Denkmäler und Gedenkstätten
europäischer Kulturbeziehungen
in den Böhmischen Ländern
BÖHMEN

© Vitalis Buchverlag, Prag
Zweite völlig neu bearbeitete
und stark erweiterte Ausgabe 1997
Lektorate: Katherine Heumos,
Birgit Trinker
Redaktionelle Gesamtleitung:
Tanja Krombach
Typographie und Umschlaggestaltung:
Leo Novotný
Satz: MU Typograf. Studio
Druck und Bindung: Severografie Most

Die Deutsche Bibliothek – CIP-Einheitsaufnahme

Rokyta, Hugo:

Die Böhmischen Länder:
Handbuch der Denkmäler und Gedenkstätten europäischer
Kulturbeziehungen in den Böhmischen Ländern
Hugo Rokyta. – Prag: Vitalis-Buchverl.
Böhmen. – 1997 ISBN 80-85938-23-5